Arno Schmidt

BARGFELDER AUSGABE

WERKGRUPPE III

ESSAYS UND BIOGRAFISCHES

STUDIENAUSGABE BAND 3

ARNO SCHMIDT

ESSAYS UND AUFSÄTZE

1

EINE EDITION DER
ARNO SCHMIDT STIFTUNG
IM HAFFMANS VERLAG

DIE BARGFELDER AUSGABE
WIRD VON DER ARNO SCHMIDT STIFTUNG, BARGFELD,
HERAUSGEGEBEN.
REDAKTION DIESES BANDES VON
BERND RAUSCHENBACH.

KORREKTOREN WAREN
HAJO LÜST, WERNER SCHMITZ UND
RUDI SCHWEIKERT.

DIESE AUSGABE ENTHÄLT
ZEHN ABBILDUNGEN IM TEXT.

1.–3. TAUSEND, FRÜHJAHR 1995

TYPOGRAPHIE UND SATZ:
FRIEDRICH FORSSMAN, KASSEL
REIHENKONZEPTION: URS JAKOB, HAFFMANS VERLAG AG, ZÜRICH
HERSTELLUNG: FRIEDRICH FORSSMAN UND ROBERT WILK
DRUCK: P. R. WILK, FRIEDRICHSDORF
BINDUNG: G. LACHENMAIER, REUTLINGEN
ISBN 3251800353

Inhalt

Herrn
Dante Alighieri
Berlin
Reichssicherheitshauptamt
Abt.: Einrichtung von Lagern.

Verehrter Meister!

Ich habe mit größtem Interesse Ihr großangelegtes »Inferno, Handbuch für KZ-Gestaltung« gelesen, und erlaube mir, Ihnen meinen tief gefühlten Dank dafür auszusprechen: der schmucke Band gehört auf das Bücherbrett jedes Redlichdenkenden. Der reizende Einfall, Ihre Anregungen unter der Einkleidung einer Führung durch ein ideales KZ vorzutragen, die überall hervortretende einwandfreie Gesinnung, sowie die eindringliche Gestaltung des durchaus originellen Stoffes, sichern dem apart bebilderten Büchlein weiteste Verbreitung. –

Da es immer gut und sogar nötig ist, das Höchste, wonach man streben soll, wenn man es gleich nie erreichen wird, wenigstens zu kennen, lassen Sie das Lager, wie billig, »ewig« sein (III, 8); denn Sie betonen ja sogleich, daß es von der höchsten Weisheit, Gerechtigkeit und Liebe (III, 18) eingerichtet worden ist (»Gerechtigkeit trieb meinen hohen Schöpfer« – nebenbei: hätten Sie doch den verehrten Namen ganz offen genannt; ich habe gerade dies schon von vielen Seiten bedauern hören!), und daß nicht nur grobe Verbrecher, sondern vor allem auch jene Unbelehrbaren, »die der Erkenntnis höchstes Gut verloren«, hier der »ew'gen Gerechtigkeit graunvolle Kunst« (XIV, 6) zu spüren bekommen sollen. Nachdem Sie so die zureichende Begründung für die Einführung der Anstalt gegeben haben, gehen Sie dann in's bedeutend Einzelne:

Wie muß es auf die »Nackten und Müden« (III, 100) wirken, wenn sie, noch die Donnerworte des Eingangstransparentes »... laßt, die Ihr eingeht, alle Hoffnung fahren!..«, im Ohr, von Charon gleich mit dem Ruder eine erste anständige Auffrischung erhalten (III, 111). Auch die Aufstellung von Bienenkörben am Eingang mag einen nicht zu verachtenden weiteren Vorgeschmack geben (III, 65–69: »Sie waren nackt und wurden viel gestochen / von Bremsen und von Wespen, die hier schwärmten; / ihr Antlitz netzten ihnen die mit Blute, / das, tränenuntermischt, zu ihren Füßen / von ekelhaften Würmern ward gesammelt.«) – Ja; das ist nun einmal der Stand, »der jedes Menschen harrt, der IHN nicht fürchtet.« (III, 108). Die Brausen mit schmutzigem Eiswasser, die derben Hundebisse

(V,10–21); von fern sieht man im Steinbruch das Volk »mit lautem Geheule Lasten wälzen mit den Brüsten« (VII, 26–29) – gleichem erzieherischen Zweck dienen wohl auch die erst später (XXIII,58–68) erwähnten »Bleimäntel« ? – und dann die köstliche Episode am Lagergraben (VII, 109–120 / VIII,31–60) : Es wälzt sich »schlammbedecktes Volk in dieser Lache, nackt insgesamt«, und der Führer versichert, auf Ehrenwort, man könne getrost annehmen, daß auch »unter'm Wasser Volk ist, welches seufzet«, man sähe ja die Luftblasen noch ! Beim Übersetzen will sich nun ein Sinkender was Weniges am Kahn halten; aber »der Hund« wird zurückgestoßen, und Sie wünschen ihm in gerechter Entrüstung »weiteres Weinen und Klagen« und »sehr begierig wär' ich / in diesen Schlamm versenken ihn zu sehen / bevor wir aus der Lache uns entfernen«; und gleich darauf sehen Sie ihn solche Qualen leiden, »daß Gott ich noch darüber lob' und preise«. Brav, sehr brav ! Mit Recht umarmt Sie der Führende, lobt Sie als »Feuerseele«, und »segnet die, so Dich empfangen«.

Die Kunst der höchsten Weisheit und ihre »Kraft, wie sie gerecht verteilet« (XIX,10–12) offenbart sich gleich darauf auf's Eindringlichste, wenn man sieht, wie die »Irrtumsstifter, mit ihren Jüngern aller Sekten« in glühenden Särgen sich winden (IX,118–133 / X). Möchte doch dies jedem Vorwitzigen eine letzte heilsame Warnung sein; die Wahrheit ist doch nun einmal erkannt, und wer von ihr freventlich abweicht oder sie auf's Neue suchen will, kann nur entweder ein Rasender oder ein Böswilliger sein, und vor Beiden muß die Gemeinschaft der Rechtgläubigen geschützt werden ! Wie schön und faßlich haben auch Sie dies durch die Ulysses=Episode (XXVI,89–142) versinnbildlicht : die Säulen des Herakles sind als Warnung aufgestellt, daß man eben nicht weiter westwärts fahren solle; Odysseus übertritt diese gottgesetzte Schwelle in erkenntnislüsternem Kitzel, und wird folglich durch einen Sturm vernichtet. – Auch sind die von Ihnen vorgeschlagenen Varianten der Feuerpein recht bemerkenswert : da sind Viele mit halbem Oberleib in die Erde eingegraben, und den in Todesangst Erstickenden werden noch zusätzlich die Sohlen verkohlt (XIX,13–30). Anderswo kocht durch des Lagerschöpfers »Kunst ein dicker Pechbrei« (XXI,16–57); Wachmannschaften mit langen spitzigen Haken zerkrallen die gurgelnden Sünder, und tunken sie wieder unter, wenn sie sich den Rücken kühlen wollen – »nicht anders läßt der Koch das Fleisch mit Gabeln in den Kessel drücken ...« – habe recht lachen müssen. Andre Posten haben »gewalt'ge Peitschen, / von hinten unbarmherzig jene schlagend« (XVIII,34–39); wieder Andere schießen mit Pfeilen auf Jeden, der sich aus dem »blutroten Sude« aufzutauchen unterfängt (XII,55–76). Unvergeßlich auch das glutfunkelnde Sandmeer (XIV,13–39), mit seinem Regen der

»breiten Feuerflocken« – leider haben Sie die Vorrichtung hierzu nicht detailliert: gelt, Sie geben's uns noch?! – und wie zum Scherze verwenden Sie das Bild der sinkenden Kühle als Vergleich »wie auf den Alpen Schnee an stillen Tagen – come di neve in Alpe senza vento ...«: das ist groß; das ist erhaben!

Bevor Sie an die Jauchegruben geleiten, müssen wir uns erst an den furchtbaren Gestank gewöhnen (XI, 11–12); dann aber »sehn wir von da unten / im Graben Volk in einen Mist versenket, / wie man ihn leert aus menschlichen Aborten« (XVIII, 103–114). Gleich daneben hocken mit Aussatz, Eiter und Grind Gestrafte (Injektionen: hab' ich Sie erraten, Meister?!), die sich vor Jucken, »dem nimmermehr wird Hilfe« (XXIX, 46–84), mit den eigenen Nägeln zerfleischen – hier auch das unvergängliche Bild des elefantenhaft aufgeschwollenen Wassersüchtigen, der vor Durst vergeht, und dessen gespannter gluckender Riesenwanst wie eine Trommel dröhnt, wenn man darauf schlägt (XXX). Zwischen Schlangengruben (XXIV, 81–96) rennen Verstümmelte (XXVIII, ab 22) ohne Nasen oder Ohren, und Geschlachtete treten ins eigene Eingeweide.

Mit der grandiosen Schau der Eingefrorenen (XXXII, ab 22) schließen Sie unübertrefflich: bis zum Halse stehen die Elenden im Eise; vor der ungeheuren Kälte sind ihnen die Ohren abgefallen, blaurot bebeult die metallstarren Häupter, und immer noch – ewig, (III, 8) – leben Sie! (Verzeihung: »sie« natürlich klein!) Von Einem, dem Sie ins Gesicht treten, und der seinen Namen nicht nennen will, wickeln Sie das Haar um Ihre Hand und reißen es dem Fluchenden in großen Locken aus (XXXII, 103–105) – wer versteht nicht Ihren edlen Unwillen über das unverbesserliche Pack (und wem juckte es wohl nicht in den Fingern, ein bißchen mitzumachen!). Manche sind schon völlig vom Eise bedeckt und schweben darin wie in Glas, in den seltsamsten Stellungen (XXXIV, 10–15). Einem sind die Augenhöhlen mit Eisklumpen angefüllt »wie mit kristall'nen Brillen« (XXXIII, 97 – schön!!), und er bittet Sie, ihn zu erleichtern, damit er weinen könne; Sie versprechen es ihm für seine Geschichte; Jener erzählt und schließt mit der Bitte, nun auch Ihr Wort einzulösen, und ihm die Augen zu öffnen, »und ich öffnet' sie ihm doch nicht; / denn edel war's zum Schelm an ihm zu werden ...!« (149–150) –

Wie dankenswert selbstlos ist es doch von der heiligen Kirche – mit ihrer jahrhundertelangen Erfahrung und Praxis in solchen Veranstaltungen – gewesen, gerade Sie aus der großen Schar ihrer Könner uns zur Verfügung zu stellen. Nie werden die Denkmale Ihres reichen Geistes – Auschwitz, Dachau, Buchenwald, Belsen – im Gedächtnis der Nachwelt untergehen! Sollte man diese auch einst schließen, werden doch Ihre genialen Anregungen immer wieder anderswo auf empfänglichen Grund und Boden fallen, und stets auf's Neue zeugen von dem, was der Menschengeist vermag!

Möge die Vorrsehung Sie uns noch lange erhalten:

Gelobt sei Jesus Christus / mit deutschem Gruß /

Ihr Arno Schmidt

Herrn
Theodor von Tane
Hohen-Vietz
Märkisches Adelsarchiv.

Sehr geehrter Herr Archivrat!
Erlauben Sie mir vor allem, Ihnen meinen ergebensten Glückwunsch zur nunmehr erfolgten Nobilitierung auszusprechen; langjährigen selbstlosesten Verdiensten ist damit endlich die Anerkennung geworden, die wohl schon jeder Ihrer Leser bisher mit Befremdung und Bedauern auf der Titelseite Ihrer Bücher vermißt hat. –

Umso penibler ist es mir, daß ich nun gerade heut der Übermittler der pedantischen Beschwerden eines Herrn David C r a n t z (geb. 1765 in Barby bey Heinrich Detlef Ebers, 8vo, 1132 Seiten und Register) – eines eigensinnigen alten Herrnhuters – werden muß, dem ein böser Wind den Knaur'schen Neudruck Ihres meisterlichen »Vor dem Sturm« zugeweht hatte. Vergebens stellte ich ihm vor, daß das besagte Buch bei jedem deutsch=redlich Gebildeten doch geradezu als Nachschlagewerk neben dem Gothaer und Meyers Lexikon stehe; vergebens las ich ihm laut die vielen herrlichen homerisch rauschenden Stammbäume vor (*darf* man den Schiffskatalog hier überhaupt noch nennen?!); vergebens deutete ich ihm leise das Primat der märkischen Angelegenheiten über die göttlichen an: er blieb gefühllos bei seinem altmodischen Spruch, »daß Wahrheit nicht allein ein gutes Ding sei, sondern sogar das Allerbeste«. – Ich beginne also, – zögernd – bitte jedoch zuvor nochmals versichern zu dürfen, daß ich lediglich die Ansichten des alten Menschen referiere, welche sich natürlich in keiner Beziehung mit den meinigen decken!:

Schon den Namen Schorlemmer ließ er kaum passieren; wies mir nach, daß ein solcher Bruder damals nie, weder in Neu-Herrnhut noch in Lichtenfels, amtiert habe, und lachte nur, als ich etwas von Rücksicht auf noch Lebende sagen wollte; das sei nichts als Menschenfurcht, meinte er, und brachte einiges Schlagende vom Grafen Zinzendorf vor. – Sein eigentlicher Zorn jedoch galt der von Ihnen so rührend schlicht erzählten Geschichte des Eskimo Kajarnak (S. 229–232), die wohl jeden Ihrer Leser schon recht gelabt hat; hier die Einzelheiten:

1.) Daß Sie (S. 229) das Johannesevangelium von Matthäus Stach übersetzen und den Grönländern vorlesen lassen, nannte er eine bare Lüge: das sei der Bruder Johann Bek gewesen (DC. S. 490)

2.) Daß Kajarnak gesagt habe : »Wie war das ? Ich will das noch einmal hören ?« (S. 230) sei nur halb richtig; denn K. habe als unbefangenes ehrlich-begehrliches Naturkind noch dazu gesetzt : »Denn ich möchte auch gern selig werden !« (DC. 491)

3.) Als er dann mit seiner Großfamilie zurückblieb, seien dies nicht 14 Personen (S. 230) gewesen, sondern nur 9 (DC. 493) !

4.) Als nach einem halben Jahre die Taufe der ersten 4 Grönländer erfolgte, sei dies nicht am 2. Ostertage (S. 230), sondern am 29. 3., also dem 1. Feiertage, geschehen (DC. 508), wie Euer Edlen nebenbei unschwer mit der Gauß-Hartmannschen Osterformel nachprüfen könnten.

5.) Sie geben (S. 230) den Taufnamen der kleinen Tochter vornehm mit Anna an; sie habe aber immer Ännel geheißen (DC. 509).

6.) Nachdem Kajarnak aus Furcht vor seinen Landsleuten die Siedlung hatte verlassen müssen, kam er erst nach über einem Jahre wieder; und Sie berichten in Ihrer gedrängten epischen Art (S. 231) : ».. da feierten wir, es war eben Johannistag, die Hochzeit von Anna Stach und Friedrich Böhnisch ...« – und wen ergriffe hier nicht die tiefe, recht eigentlich preußisch exakte Symbolik, daß am Lichtfeste der erste grönländische Zeuge des Lichtes wiederkehrt ! Und nun kommt dieser, dieser – oh pfui : Augenzeuge ! – und will das herrliche Faktum mit seinem Bettel von Urkunde ruinieren ! Mit spitzen Fingern nur habe ich die Blätter entgegengenommen, mit denen er dartat, daß die besagte Hochzeit und Wiederkunft am 4. Juli 1740 stattgefunden habe (DC. 518). »Süßlich frisiert« nannte er Ihren Text (Oh, diese Krämer haben keinerlei Tournure; aber, gottlob, ihr Gezänk dringt nicht bis in den Äther von Hohen-Vietz !)

7.) Sie erwähnen (S. 231), daß der arme K. »sich in seiner Treue nicht genug tun konnte, und daß er sich (er war nur von schwachem Körper) in seinem Eifer übernahm ..« Anstatt von diesen, doch ganz in seinem Interesse erzählten, rührenden Zügen ergriffen zu sein, bemerkte der Barbar nur, von einem schwachen Körper sei ihnen nichts bekannt gewesen, wohl aber, daß er ein »Meister im Tanz« (DC. 526) gewesen sei, was bekanntlich bei Wilden eine ziemlich anstrengende Übung ist.

8.) Zu der fast wortgetreu zitierten Rede (Sie haben natürlich schicklich gekürzt !) nickte er nur grimmig, und als ich – tränenerstickt; ich muß es Ihnen gestehen; ich war immer von weicher Natur – die Worte las (S. 232) »danach schlief er ein, während unsere Gebete seine scheidende Seele dem Erbarmer empfahlen ...« – schlug er mit der Hand auf den Tisch, und wies mir seine Seite 532, aus welcher allerdings hervorging, daß jene Rede am 25. 2. gehalten worden, der Tod aber keineswegs »danach« sondern erst am 27. erfolgt sei. – Ich fragte ihn etwas scharf, ob er denn selbst gar nicht fühle, daß es doch wohl ganz einfach Kajarnaks Pflicht gewesen wäre, sogleich nach solchen Worten zu verscheiden, und daß Sie lediglich dies unverständliche Verhalten in dankenswertester Weise berichtigt hätten – ich hätte nie geglaubt, daß ein Christ derart ungehalten werden könne; ich erspare Ihnen seine Ausdrückungen. –

9.) (Und endlich : Letztens) beanstandete er noch, daß Sie (S.232) sagen: »Seine Frau bestand darauf, ... daß er nach christlicher Weise begraben würde ..« Er berichtete, Frau und Anverwandte seien »gegen der Grönländer Gewohnheit« ganz gelassen geblieben, und sagten »wir sollten es mit dem Begräbnis halten, wie es unter den Christen gebräuchlich wäre.« (DC.532). Und das sei dem Sinne nach wohl etwas ganz Anderes, Passiveres, als Ihr »bestand«. – Wenn Goethe (er schlug ein verstohlenes Kreuz) aus dem alten Familienvater Egmont einen jungen Springinsfeld gemacht habe, so sei das schon schlimm genug; denn der Dichter dürfe (nach seiner Ansicht !) allenfalls historische Lücken ergänzend ausdeuten; wer aber seine Bücher mit einem so gußeisernen Maßwerk von Namen und Zahlen versehe, wie Sie, müsse sich dann auch schon als ambitiöser Halbgelehrter der entsprechenden Kritik stellen. Sie hätten jedenfalls aus der alten ehrlichen Episode der Brüderchronik einen rührselig-effektvollen Reißer gemacht ! Ob die grauseidenen adeligen Einzelheiten stimmten, wolle er sich nicht die Mühe geben zu untersuchen, dazu sei ihm der Stoff nicht wichtig genug, er glaube es aber gern (»wes Brot ich eß'«). Als ich ihm seine respektlosen Äußerungen gegen unseren Adel verwies, erwiderte er, schon im Gehen, – wer eine Feder in redlicher Hand führe, brauche keine auf dem Hute; und es sei auch unter ihnen recht wohl bekannt, wie der Storm mit seinem Wollschal dem feinen Herrn bei Kranzler mit seinem Offizierspublikum so peinlich gewesen sei, daß er gleich einen langen, langen Brief darüber habe säuseln müssen. – Dann empfahl er sich – d.h. nein; er empfahl sich nicht : er ging nur ! Oh ! –

Ich bitte Sie, Herr Archivrat, das Vorstehende nicht mir anzurechnen; ich mußte versprechen, es Ihnen ausführlich mitzuteilen, da der fromme Plebejer drohte, es sonst durch den Druck öffentlich bekannt machen zu wollen. Vielleicht gewinnen Sie es über sich, ein paar unverbindliche Zeilen zu schreiben; recht einfach, volkstümlich – aber Ihr unvergleichlicher Takt wird schon die vornehmst=angemessene Lösung herbeiführen. –

Immer ergebenst, Ihr :

Arno Schmidt

Herrn
W. Carl Neumann
Leipzig
Reclamia, div. Nr.

Herr Neumann!
Auf dreierlei Art ist es, daß sich ein redlich Strebender um die leidende Menschheit verdient machen kann: entweder er wird Denker und Forscher, und zieht so schärfer die Grenzlinie zwischen Wahrem und Falschem; oder er predigt und übt Güte, lindert Schmerzen, und beschränkt damit das Böse; oder er wird Künstler und vermehrt so die Summe der Tröstungen. »Denn der Ursprung aller Poesie ist ja das Verlangen nach wilderer Schönheit, nach kristallenerer Gerechtigkeit, nach elfischeren Gebärden und Worten als unser irdenes Gestirn vermag; Poesie selbst ist ja der leidenschaftlich-hilflose Versuch, den seligen Durst zu stillen, und gelingt dies auch nur schmerzhaft unzulänglich, findet dieses Sehnen auch nur einmal karge Erfüllung – wenn es geschieht, wird rauschend solche Seligkeit frei, gegen die jed'anderer menschlicher Aufschwung schlaff und belanglos erscheint. Dann erwacht bei jedem Laut der Leier ein luftiges und nicht stets deutbares Echo, aber erregend ist's und hebt die Seele in Unbetretbarkeiten. Dann, aus jeder musischen Andeutung, spüren wir mit geweiteten Augen Bildermeere und Fabelküsten, und rätseln an bestürzend glühenden Visionen geistiger Schöne *hinter* dem Schlüsselwort!«

Musik und Bildwerk sind wortlos zugänglich, und bedürfen nicht lokaler Umprägung; aber hilflos steht der philologisch Ungelehrte dem fremdländischen Sprachkunstwerk gegenüber. Und edelster Beruf, reinster Genuß und tiefe Befriedigung muß es einem zwar mittelmäßigen, aber mit selten umfangreichen Spezialkenntnissen auf dem Gebiet der fremden und eigenen Sprache ausgerüsteten rezeptiven Talente sein, dem Größeren durch eine vollendete Übertragung seiner Werke, dem eigenen Volke durch Erschließung einer neuen Quelle zu dienen. Wo diese Kunst in ihrer Vollendung geübt wird, da ist dem redlichen Vermittler der Dank seiner Nation gewiß, und seit Jahrhunderten ehren wir Namen wie Voß und Tieck und Schlegel.

Und es gibt eine andere Reihe, und sie beginnt mit Samuel Gotthold Lange, Pastor zu Laublingen, der einmal Latein gelernt hatte, und auch ein Buch vom Horaz besaß, und viel schön geschnittene Federn und gar weißes Papier. Auch diese Sorte verdient es, unsterblich zu werden, wenn gleich auf eine andere peinlichere Art; und damit auch ihr Kontinuum nicht abreiße, will ich dem Publikum Neumann vorstellen, Neumann aus Leipzig, WC-Neumann, das Übersetzerjuwel Philipp Reclams II, den das Haussprachrohr, das »Universum« zu preisen sich so gewaltig angriff, daß ihm die Backen hätten springen mögen. Denn nachdem Jener schlecht und recht den Darwin in kunstloses Deutsch überschrieben hatte, dachte er, das nun doch einmal erlernte Englisch auch weiterhin kommerziell zu verwerten, und in einer bösen Stunde gelang es ihm, sich davon zu überzeugen, daß er – der uns bisher auf seinem Frachtkahn nur Stoff in derben Ballen zugeführt hatte – wohl auch herrisch strenge Geistergestalt einzuladen vermöchte : er setzte den Melanchlänen POE aus Dschinnistan nach Deutschland über. Ich hob ehrfürchtig den Blick zu dem kühnen Schiffer; denn agressi sunt mare tenebrarum quid in eo esset exploraturi, und bei dem Versuch waren schon Viele gescheitert.

Edgar Allan Poe – Messieurs : wir erheben uns von den Plätzen ! – Wenn man das eine Schock wahrhaft bedeutender Schriftsteller, welches die Menschheit bis jetzt hervorgebracht hat, namentlich aufzählt, dann ist er Einer davon.

Er hat in seinem gewaltigen Essay »Heureka« – unbekannt mit den Leistungen der historischen Emanationstheorien; ohne von den Ergebnissen seines Zeitgenossen Schopenhauer zu wissen; lediglich auf Grund der damaligen spärlichen naturwissenschaftlichen Daten, und seiner wahrhaft übermenschlichen analytischen und divinatorischen Fähigkeiten – das philosophische Groß-Weltbild der kommenden Jahrhunderte skizziert. Er hat unnachahmliche literarische Kritiken geschrieben, meist zwangsläufig an Mediokres angeknüpft, aber sich im Verlaufe der jeweiligen Untersuchung zu allgemeinen Formulierungen von unvergleichlicher sprachlicher und seelischer Schönheit ausweitend (siehe Absatz 1), und die überraschendsten und schärfsten Einzelurteile wagend (siehe letzter Brief). Er hat Erzählungen von solch arabesker Prägnanz der Fabel und so einheitlicher Stimmung geschrieben, daß sie keinem Meisterstück der Weltliteratur weichen. Seine Kunst der Wortwahl, seine Vokalharmonie, seine Instrumentierung der Perioden, sein Satzgeflute, geregelt vom feinsten Ohr, fixiert von der beherrschtesten Hand – Kalligraphie : das ist die einzige Wehr gegen Orkus und Orkan, Tempter and tempest – Bernard Shaw nennt ihn ein »Wunder der Literatur« und »die Nachwelt wird sich weigern zu glauben, daß er zur selben Zivilisation gehört.« – Natürlich gilt auch für ihn, daß er von den 4 Bänden meiner Ingram'schen Ausgabe von 1874 die Hälfte besser nicht geschrieben hätte; aber er war – im Gegensatz zu Goethe, Fouqué usw. – blutarm, und hat überdies dem Editor die Unterscheidung zwischen Probehaltigem und taubem Tagelöhnerwerk nicht sonderlich erschwert, so daß auch der Übersetzer bei der Auswahl nicht fehlgreifen sollte.

Eine Übersetzung der Bücher dieses Trismegistos in unsere Sprache ist vielleicht das kühnste aller Wagnisse, welches die Musen einem höchstbegünstigten, an Herz und Geist ebenbürtigen, poe-tischen Liebling einhauchen, oder die rächenden Erinnyen irgend einem unglücklichen literarischen Gartenzwerg im nächtlichen Alptraum zukekkern können. Es wäre wohl nicht zu viel verlangt, wenn man von dem Unternehmenden alle Fähigkeiten forderte, die auch ein Dichter haben muß – Schöpferdrang und -kraft vielleicht ausgenommen – ; daß er panische Übermacht der Phantasie mit scharfem unerbittlichem Geist vereinige; daß er nach langem ehrfürchtig sich mühendem Umgang mit Poe nichts Dunkles mehr in dessen Leben, Bildung, Belesenheit und Sprache für sich finde; daß seine Kenntnis unseres Wortschatzes so ausgedehnt wie möglich sei; und daß er willens wäre, die Arbeit vieler Jahre, vielleicht seines restlichen Lebens, daran zu setzen, wenn er dem Gegenstand auch nur einigermaßen gerecht werden wollte.

So streng war nun freilich Herr Neumann nicht gegen sich; er betrachtete 5 tintige Finger, ein Wörterbuch, und platte Waschhaftigkeit als überflüssig ausreichend, um zwischen Schlaf und Wachen so ein paar hausmacherne Histörchen nachzudahlen. Er hatte außerdem noch einen rührigen Schutzgeist, der mit meiner gesamten Bibliothek auch seine Übersetzung des »Gordon Pym« verloren gehen ließ, zu der ich bereits eine beträchtliche Zahl schlimmer Anmerkungen – betreffend freche Auslassung ganzer Seiten, Mißverständnisse, unverschämte Flüchtigkeiten, ganze Fuder von Sprachlumpereien etc. – gemacht hatte; und er hatte einen bösen Genius, der mich, als ich im Spätherbst 45 als Kriegsgefangener im Munsterlager »weilte«, zum Ersatz in einem grimmig verwanzten Spinde ein Exemplar der »seltsamen Geschichten« finden ließ. Zwar fehlten vorn und hinten je einige 20 Blätter, von unheiligen (oder Kenner- ?) Händen entfernt; aber das Juwel Poe'scher Kunst, der »Untergang des Hauses Usher«, war vollständig erhalten, und dessen Übersetzung birgt ja auf seinen 25 Seiten Materials genug, um mehr als *einen* literarischen Ruf zu vernichten. –

Es ist das Kennzeichen des Stümpers, daß er dem Meister überlegen ist. Poe legt im Beginn die Worte wie graue Steine zusammen, schwer, zögernd, fügt viele Zeichen der Düsternis aneinander, in langen Gesetzen, um so schon den noch unwissenden Leser unmerklich zu stimmen : »During the whole of a dull, dark and soundless day / in the autumn of the year / when the clouds hung oppressively low in the heavens / I had been passing alone, on horseback / through a singularly dreary tract of country / and at length found myself / as the shades of evening drew on / within view of the melancholy House of Usher«. – Und so händigt uns Herr Neumann die bildschweren Zeilen aus : »Es war ein trüber unfreundlicher Herbsttag Punkt. Grau und schwer hingen die Wolken am Himmel und tiefes Schweigen lag in der Natur Punkt. Den ganzen Tag war ich durch eine ungewöhnlich öde Gegend geritten, und erst als der Abend zu dunkeln begann, gewahrte ich endlich den melancholischen Stammsitz der Usher Punkt.« Abgesehen von dem unerträglich geschäftigen Hopsatakt, den Carlchen durch diese Dreiteilung hineinzubringen gewußt hat, beachte man die edle Schprache und die erlesenen ergreifenden Bilder : »unfreundlich«, so sagte unsre Waschfrau auch, wenn es nieselte; wen ergriffe nicht das beliebte »Schweigen der Natur«, das aus dem »tonlos« des Originals geworden ist; und der Abend kann bei Neumann's nur »dunkeln«, es fällt einem auch unwillkürlich gleich die Lorelei ein, nicht ? Oh, er hat schon den Rat älterer Übersetzer benützt, und dem Volke fleißig »aufs Maul gesehen«; »recesses of mind« sind ihm apart »Falten des Herzens«, »acting upon this idea« heißt »die Probe aufs Exempel machen«, »air of heaven« ist eben die »gewöhnliche« Atmosphäre usw. usw. Seine Banalität ist unerschöpflich :

Poe zeichnet in einer letzten Anspannung der Sprachmöglichkeiten das Gemüt seines Freundes so : »a mind from which darkness, as if an inherent positive quality, poured forth upon all objects of the moral and physical universe in one unceasing radiation of gloom« also »eine Seele, aus welcher wirklich und wirksam gewordene Dunkelheit über alle Objekte seines geistigen und physischen Universums flutete, in einer einzigen nicht enden wollenden schwarzen Strahlung«; und wie erlebt Neumanns Sensorium diese (erst später wieder von der Physik entdeckte) »schwarze Strahlung« ? »Ihm war die Schwermut gleichsam in Fleisch und Blut übergegangen.« Gleichsam. Und »in Fleisch und Blut« ! – Sonst nichts; man sehe selbst auf S. 36 nach!

Poe versucht eins der Bilder Ushers zu schildern, der ihm »Ideen« zu malen schien (nicht »Gedanken«, Herr Neumann; Sie haben wohl an »dumme Ideen« gedacht ?); keine Lichtquelle sah man »yet a flood of intense rays rolled throughout, and bathed the whole in a ghastly and inappropriate splendour« – »das ihm ein ebenso gespenstisches wie rätselhaftes Aussehen verlieh« empfindet Neumann erschauernd nach. Und wir brechen in ein ebenso amüsiertes wie unbarmherziges Hohnlachen aus; denn sein Gewäsch ist wahrlich nicht »in einen geisterhaft widersinnigen

Glanz getaucht«. »Sulphurous lustre« soll »seltsames Licht« heißen; »Übermacht« für »prostrating power« ist recht enttäuschend karg, wo man doch das genau entsprechende »gliederlösend« hätte setzen können; die »wild gossamer texture« von Ushers flutendem Haar ist viel mehr als Ihr gedankenloses »Weichheit und Zartheit« : »als wilde sommerfädige Webe« umfaßt es das Antlitz des Vergeisterten (das Wort kommt zuerst bei Wieland vor). Und wenn Poe »at length drank in the hideous import of his words«, »vernahm« Neumann »erstaunt« (!) was er sagte.

Bücher werden dort gelesen, alte Bände, wie sie seit Jahrhunderten Abseitige und Träumer und Genien entzückt haben : Holbergs unterirdische Reise des Nikolas Klim (Meine alte deutsche Ausgabe von 1753 hab ich mir in die Tasche gesteckt, als ich zum letzten Male vor meinen Büchern stand, und der Russe 5 km vor der Stadt; jetzt ist sie polnisch), Tiecks unvergängliche »Reise ins Blaue hinein« (oh, ich hatte Alles, Alles!), »and there were passages in Pomponius Mela, about the old African Satyrs and Oegipans over which Usher would sit dreaming for hours«; und schon plapperts bauernschlau : »und bei Pomponius Mela fanden sich Stellen von alten afrikanischen Berg- und Waldgeistern, über die Usher stundenlang nachgrübeln konnte«. Da hat sich nun ein Poe gemüht – nur bei Hölderlin noch hat die Aufzählung antiker Namen so langsam edel weitbogigen Pans-Klang – »und da waren Stellen im Pomponius Mela, über die alten Satyrn und Aegipane Africas, über denen Usher sitzen und träumen konnte, stundenlang.«

Aus dem »Mad Trist« des Sir Launcelot Canning liest er Usher vor, und der Ton der alten biedren Abenteure schallt gar holzschnittartig im Gemach : »And Ethelred .. (S. 195, Abs. 3)«. Neumann, den ganzen strotzenden Satz sogleich erst einmal drittelnd, und gefühllos, wie es einem Halbbiologen so wohl ansteht, behält den alten Leierton selig bei : »Und Ethelred ... (S. 47, Abs. 3)« Die Hütte verwandelt sich sogleich in einen drachenbewachten Palast, und an der Wand hängt ein Schild »with this legend enwritten« oder, wie unser Übersetzer sagt »mit folgender Aufschrift« :

»Who entereth herein, a conqueror hath bin;
Who slayeth the dragon, the shield he shall win!«

Also ein naiver Zweizeiler mit Innenreim, und nicht ganz reizloser Rhythmik; sogleich verdeutscht man es uns (und wenn auch nicht die Typen, so ist doch wenigstens der Einband der Scharteke errötet) :

»Wer will den Schild des Siegers erringen,
Muß zuvor den Drachen zwingen.«

Nee, Nee, Neumann ! Also so geht es nun doch nicht ! – Ich schlage der Kürze halber vor:

»Allhier trete ein nur ein Sieger allein;
erschlägt er den Drachen, der Schild wird dann sein.«

Das ist doch ganz leidlich, nicht wahr ? – Und was ist das Ihre ?! – – – – : Einverstanden !!

Und so sitzen und lesen die Beiden im Sturm; denn die Nacht war zuvor schwül gewesen, und »the dark and tattered draperies, tortured into motion by the breath of a rising tempest, swayed fitfully to and fro upon the walls, and rustled uneasily about the decorations of the bed.« Und Neumann erklärt, dies seien »die dunklen zerschlissenen Vorhänge, die der von einem aufziehenden Gewitter herrührende Luftzug stoßweise hin- und herbewegte, *wobei dann auch die Verzierungen meiner Bettstatt unheimlich raschelten.*« ! Dabei sind es die Draperien, »die, vom Atem eines aufziehenden Wetters bis zur Regsamkeit gequält, sich unstet an den Wänden bewegten, und ruhelos am Zierwerk der Bettstatt raschelten.« Eine Verzierung bricht sich höchstens Herr Neumann ab, der, abgesehen davon, daß er Poe's Wortarabesken wie üblich geschunden hat, auch zeigt, daß er manchmal aus Flüchtigkeit und Faulheit gar kein Englisch mehr versteht. Denn »beyond this indication of *extensive* decay« gibt er mit »außer diesen *kleinen* Anzeichen der Verwitterung« wieder; also genau das Gegenteil von Poe's Aussage. Oder : »for something of this nature I had indeed been prepared, no less by his letter than by reminiscenses ...« heißt einfach »Ich war auf etwas derartiges übrigens gefaßt gewesen, weniger (!) auf Grund seines Briefes, als in Erinnerung ...«. »Having carefully shaded his lamp ...«; er spricht : »nachdem er die Lampe *hingestellt* hatte ..«. Die »tressels«, auf welche der Sarg Madeleines abgestellt wird, werden auch gerade »Gerüste« sein ! »Böcke« sind's, ein Wort, das Ihnen geläufiger sein sollte. »We replaced *and screwed down* the lid« heißt nicht nur »wir schoben den Sargdekkel wieder zurecht«, sondern er wurde auch noch *verschraubt* (ohne welches das nachherige »Aufsprengen« des Sarges sinnlos wäre !). Warum lassen Sie einfach zwei Zeilen wissenschaftlicher Anmerkungen über Spallanzani etc. ganz weg ? »Matt fielen die purpurnen Strahlen der untergehenden Sonne durch die vergitterten Scheiben ...«; schön, sehr schön : aber woher wissen Sie das ? In meinem Exemplar steht nur : »subtle gleams of encrimsoned light made their way through the trellised panes.« »The discoloration of ages had been great ..« = »die Zeit war nicht spurlos an ihm vorübergegangen ..«; hätten Sie Ihrer Phantasie doch das Letzte abgerungen, und den »Zahn der Zeit« bemüht, dann hätte man doch *ganz* befreit darüber lachen können ! »A nose of a delicate Hebrew model, but with a breadth of nostril unusual in similar formations« ist »die gebogene, aber dank ihrer breiten Nüstern *nicht* jüdische Nase« – – man atmet direkt auf, wie ? Das hätte auch gefehlt, daß die Nase »nach edlem hebräischem Modell« geformt gewesen wäre, und die Nazis standen so dicht vor der Tür (Oder waren sie schon eingetreten ? Ich weiß nicht, wann es Ihnen gelungen ist, Reclam breit zu schlagen.). Zuweilen machen Sie aus 2 Absätzen Poes einen Neumannschen (z.B. Ihre S. 45/46) – wobei das »manschen« tiefe Bedeutung gewinnt. »He hearkened, or apparently hearkened, to the words ..« wird in der Eile des Zu-Ende-Treibens : »mit der er meinen Worten lauschte«; das »oder besser : scheinbar lauschte« bleibt kurz weg; er lauscht halt, cela suffit.

Kennen Sie einen »Grasset« ? (S. 41). Ich meine der Mann hieß Jean Baptiste Louis de *Gresset,* wie Sie, großer Neumann, mit mehrerem im größeren »Meyer« wahrscheinlich hätten finden können. Und, mein Herr vom Tiegel und der Retorte (bestenfalls kommt noch ein Werkstattmikroskop dazu) : was mag denn wohl jenes fatale Wort »porphyrogen« heißen ?

Denn Usher singt – unangenehm für den Übersetzer, zugegeben – eine seiner Improvisationen zur Guitarre, und die Verse lauten »very nearly if not accurately« so (was Sie mit »ungefähr folgendermaßen« wiederzugeben belieben – vielleicht vorsichtshalber, falls was schief gehen sollte, eh ?) :

The haunted Palace.	*Neumanns »verzaubertes Schloß«*
In the greenest of our valleys,	In der Täler grünster Welle –
By good angels tenanted,	Guter Geister liebster Rast –
Once a fair and stately palace –	Hob sein Haupt in Himmelshelle
Radiant palace – reared its head.	Einst ein strahlender Palast.
In the monarch Thought's dominion –	Engel schatteten mit schlanken
It stood there !	Schwingen nie ein stolzer Haus,
Never seraph spread a pinion	Und der König der Gedanken
Over fabric half so fair.	was der Herr des stolzen Baus.
Banners yellow, glorious, golden,	Und in goldenem Entfalten
On its roof did float and flow;	Flogen Banner kühn gehißt ...
(This – all this – was in the olden	Ach, es war in jener alten
Time long ago)	Zeit, die längst erstorben ist.
And every gentle air that dallied	Sanfte Morgenlüfte neckten
In that sweet day,	Tändelnd sich vor Tau und Tag
Along the ramparts plumed and pallid,	Und beflügelten und weckten
A winged odour went away.	Duft, der um die Wälle lag.
Wanderers in that happy valley	Wandrer, der von stillen Steigen
Through two luminous windows saw	In erhellte Fenster schaute,
Spirits moving musically	Sah der Geister holden Reigen
To a lute's well-tuned law,	Bei Musik und Lied der Laute,

Round about a throne, where sitting
(Porphyrogene !)
In state his glory well befitting,
The ruler of the realm was seen.

Der in seligem Umfangen
Schwebt' um dunklen Porphyrstein;
Und des Herrschers Blicke drangen
Sieghaft durch die lichten Reihn.

And all with pearl and ruby glowing
Was the fair palace door,
Through which came flowing, flowing, flowing,
And sparkling evermore,
A troop of Echoes whose sweet duty
Was but to sing,
In voices of surpassing beauty
The wit and wisdom of their king.

Perlen und Rubinen glühten
An des Schlosses hohem Tor,
Draus wie Duft von schweren Blüten
Strömte süßer Stimmen Chor –
Stimmen, deren jubelnd Tönen
Nur ein einzig Sehnen kennt :
Schönres Echo sein dem schönen
Geist, der sich ihr Herrscher nennt.

But evil things, in robes of sorrow,
Assailed the monarch's high estate;
(Ah, let us mourn, for never morrow
Shall dawn upon him, desolate !)
And, round about his home, the glory
That blushed and bloomed
Is but a dim-remembered story
Of the old time entombed.

Jedoch der dunkle Fürst der Sorgen
Hat jäh gestürzt des Herrschers Macht.
O klage Herz ! Kein neuer Morgen
Je dem Verzweifelten mehr lacht.
Und um sein Reich, das ruhmeshehre,
Von Blüten einst und Glück geweiht,
Raunt düster die Erinnrungsmäre
Aus längst begrabner Zeit.

And travellers now within that valley,
Through the red-litten windows, see
Vast forms, that move fantastically
To a discordant melody;
While, like a rapid ghastly river,
Through the pale door,
A hideous throng rush out forever,
And laugh – but smile no more.

Und Wandrer, die aus jenem Tale
Durch roterglühte Fenster sehn,
Schaun Geister, seltsam düstre, fahle,
Zu wüstem Mißakkord sich drehn.
Ein wildes, scheußliches Gedränge
Entstürzt dem Tor, des lichter Glanz verdarb,
Gelles Gelächter tönt statt holder Klänge –
Und ach – des Lächelns Süße starb.

Allerdings, Herr Neumann, hier wird wohl Jedem »des Lächelns Süße« absterben, denn bei so Etwas hört nun der Spaß wirklich auf ! –

Die melodische Anlage deutet auf vierfüßige Trochäen als Grundmaß, die aber (nach speziell Poe'scher Theorie; vgl. »The rational of verse«) von, mit feinstem Gefühl angeordneten, scheinbar drei- und sogar zweifüßigen – dazu noch sinnschwer verzögerten, wahrhaft »einsilbigen« – Trochäen unterbrochen werden. Bei Neumann rattert der Schüdderump voll abgemurkster Gedanken und Metaphern seelenlos weiter im immer gleichen, grobschlächtigen Pumpertakt : da zeigen Sie's dem Poe (und uns) mal, was so ein richtiger kompletter Vierfüßler ist ! (In der letzten Strophe gibt er sogar noch einen zu; Goethe hat's in der »Braut von Korinth« ja auch mal gemacht). Und der Unwissenheit und Mißverständnisse ist kein Ende; (denn Neumann ist auch einer von der Sorte, die da glaubt, daß Shakespeare und Cervantes am selben Tage gestorben seien, weils ja so im Lexikon steht; und daß der Groß-Glockner seinen Namen von der Bimmel auf dem Gipfel hat) – »Porphyrogen« – – Porphyr, Porphyr : das kann doch eigentlich nur das bekannte Mineral sein, wie ? So : »Feldspat, Quarz und Glimmer . . .« Nun, Herr Neumann, Ihre Platitüden sind freilich nicht kaiserlich »im Purpur geboren«, wohl aber stößt die Gose überall auf. Und daß besagter Palast nur 2 Fenster hat, *ausgerechnet zwei, Herr* ! : ist Ihnen das gar nicht aufgefallen ? ! Aber Sie lassen das ja ganz einfach weg; n'importe, oder, wie man jetzt dort sagt, nitschewo. – –

Oh, Edgar Allan Poe, der Du aus dem schönen Anderson'schen Porträtstich auf mich herunter blickst – : ja, das ist dieser »Palast der Gedanken«; das ist das bannergleich wogende Haar um die Zeusstirn; das sind die zwei schimmernden Fenster; ja, Deine Worte meldeten überall Scharfsinn und Weisheit ihres Herrn, und wohl kündeten sie dem Ehrfürchtigen, daß Dein Haupt, ushergleich, göttlich gefährdet im unerbittlichen Raum schwanke. –

Das Neumannsche Oberstübchen zu besingen wäre allerdings ungleich vergnüglicher, halb Affenhaus, halb Kaffeeklatsch; und statt »porphyrogen« bietet sich sogleich zwanglos das ja gleichfalls byzantinisch belegbare »Kopronymos« an. –

Um Ihnen jede Flucht in's »Kritisieren und besser machen« abzuschneiden, lege ich eine eigene Übersetzung des »House of Usher« bei, die mir beileibe noch kein Genüge tut; aber im Vergleich mit Ihrem Gewäsch allerdings ein wahres ergon Hephaistoy ist.

Viele Grüße an Pastor Lange :

Schmidt

Anmerkung für künftige Kritikbeflissene : ich erkläre hiermit feierlich an Eides statt, daß ich von den Fehlern und Mißverständnissen nur die groben, von den Plattheiten nur ein Zwanzigstel gerügt habe. Da N. (außer dem Gordon Pym) noch gut ein Dutzend anderer Geschichten transkribiert hat, die wahrscheinlich dem Usher nicht im Geringsten nachstehen, vielleicht ihn gar noch übertreffen mögen, ist noch reichlich Material für Invektiven vorhanden. Ich habe meine Schuldigkeit getan.

Herrn Prof.
George R. Stewart
University of California
U.S.A.

Sehr geehrter Herr Professor!
Ich habe mit großem Interesse den instruktiven Auszug aus Ihrem neuen Buche »Man, an autobiography«, welchen »Reader's Digest« vom Juli 1947 auf den Seiten 141–176 bringt, durchlesen, und mit tiefem Staunen diese Geschichte der Menschheit nacherlebt.

Mit Recht rühmt ein Ungenannter in seinem kurzen Vorwort die »Originalität Ihrer Schriften«, und daß Sie aus dem alten Thema eine »rattling good story« ohne den üblichen Ballast schwerfälliger Namen und Zahlen gemacht hätten. Hierzulande schreckt man zwar vor dem Ge-rattle in kulturgeschichtlichen Fragen noch immer etwas zurück; desto mehr aber schätzt man Ihre weiterhin garantierte »Sorgfalt, mit der er (d.h. Prof. Stewart) seine Belege ausgewählt hat.«

Zunächst ein Wort hierzu. Langes früheres Studium der Geographie der Alten läßt mich auf dieses Gebiet auch heute noch stets aufmerken. Deshalb war mir Ihre Behauptung (S. 170a) besonders empfindlich und hat mir keine besonders günstige Meinung von Ihrem Wissen oder Ihrer Sorgfalt beigebracht: »Trotz Griechen und Phöniziern waren die Alten im wesentlichen Landratten (landlubbers), ausgesprochene Küstenfahrer. Aber wer am Atlantik wohnte, mußte schon entweder Seefahrer werden oder zu Hause bleiben. Und sie fuhren, und bauten tüchtige Schiffe, und segelten weiter: die Wikinger, Flamen und Engländer, die Hansakaufleute, Bretonen und Portugiesen ...« (Ich will das sinnige »entweder – oder« übergehen; »der Löwe brüllt wenn er nicht schweigt«). – Wenn Sie (und Andre) immer wieder die Wikinger preisen, dann denken Sie wahrscheinlich an die erste Entdeckung Amerikas; vergessen aber dabei, daß keiner dieser Seeräuber jemals in direkter Fahrt von Norwegen oder England aus Vinland erreichte, sondern stets über die Zwischenstationen Island und Grönland (die z.B. in Sichtweite voneinander liegen!): keine dieser Etappen verlangt mehr als allerhöchstens 1000 km Hochseefahrt; die letzte wurde meist unfreiwillig gemacht. – Ich will nicht zur Entschuldigung der Alten anführen, daß in den Meeren, deren Anwohner sie waren – Mittelmeer, schwarzes und rotes Meer – für solche Strecken gar kein Raum gewesen wäre. Sobald sie die Gewässer genügend erkundet hatten, verließen sie natürlich die

Ufer, und durchkreuzten regelmäßig die Flut nach allen Richtungen; und von Byzanz nach Phanagoria waren es doch auch schon über 700 km (ich will allerdings nicht unredlich verschweigen, daß auf dieser Route nach den Berichten der Schiffer sich ein Punkt fand, wo der Wissende Kap Kriumetopon im Norden und Karambis im Süden wie einen leichten Dunst ausmachen konnte). - Aber es gibt ein ganz anderes Großbeispiel, nämlich den Indienhandel! Nachdem Eudoxos zur Zeit des Ptolemaios Euergetes als erster Grieche den Seeweg nach Indien offiziell erschlossen hatte, nahmen die Handelsunternehmungen wahrhaft gigantische Formen an. Ich empfehle Ihnen, die wirklich interessanten »facts« in Ihr Repertoire aufzunehmen: wie man von Alexandria nilaufwärts nach Koptos fuhr, und von dort mit Karawanen nach Berenike am roten Meer zog, wo die Indienflotte mit bis zu 120 (sic!) Großschiffen wartete. Bis Oikilis am Ausgange des roten Meeres war man freilich noch zwangsläufig in Landnähe; aber von da fuhr der Geleitzug im Juli/August mit dem Monsun in *40 Tagen ununterbrochener Hochseefahrt, Herr Professor,* 3000 km nach Barygaza, etc, an der Malabarküste; im Dezember wieder zurück. Und diese Fahrt wurde seit dem Schiffer Hippalos jahrhundertelang, Jahr für Jahr mit Großgeleiten betrieben, so daß Plinius den Wert der Güterausfuhr mit 50 Millionen Sesterzen, den der Einfuhr mit 5 Milliarden angeben konnte. Auch die Chryse-Fahrten über den Bengalischen Meerbusen (1300 km Hochseefahrt) gehören hierher; denn die Reisen wurden regelmäßig gemacht, und Ptolemaios spricht davon als einer bekannten Sache. – Niemals ist vor Kolumbus auch nur vereinzelt Ähnliches unternommen worden, von keiner der von Ihnen als überlegen angepriesenen Nationen des Entweder-oder; und auch Kolumbus selbst ist ja mit Vinlandkenntnissen gestartet. Sie aber stellen denen die Alten als »landlubbers« gegenüber, nicht wahr?!

Ich mache Ihnen den Vorwurf der Unwissenheit! –

Nicht, daß ich jede Ihrer Ansichten ablehnte; denn wie Sie richtig bemerken (S. 165a): »Continual talking is likely to be associated with some thought here and there«, nur sollte man nach dieser Maxime keine Bücher verfertigen, zumal keine kulturgeschichtlichen. Doch ich will Ihnen kein Unrecht tun – in dem ganzen Auszug aus Ihrer Entwicklungsgeschichte der Menschheit kommt nicht einmal das Wort »Kultur« vor; noch mehr: Sie haben auch gar keinen Begriff davon, daß dies das Wichtigste und Auszeichnendste des Menschseins überhaupt sein könnte. (Nur einmal, S. 168a, sprechen Sie in einer Zeile ironisch von solchen, denen ein Gedicht mehr gilt als ein Pflug.)

»Civilization«, d.h. nach Ihrer eigenen Definition auf S. 175b »The mass of such things as agriculture, metalworking and social tradition,« (!!!)

ist das Ausschlaggebende für Ihren Man, denn das gibt die »control over the outside world« (S. 166 b) und das ist Ihnen auch der eigentliche »rough and easy way« (S. 167 b), das entscheidende Kriterium, Epochen miteinander zu vergleichen, oder, wie Sie Ihre Methode deutlicher präzisieren, zu »testen«. Dann ist es allerdings ziemlich logisch, wenn Sie (S. 163 b) sagen, daß »um 2000 v. C. die Welt einen Zustand erreicht hatte, der sich in den folgenden 3000 Jahren nicht nennenswert mehr veränderte«, und beweisen dies unnötig ausführlich durch die fast gleichen Ackerbau- und Viehzuchtmethoden, Maschinen, Baukunst etc. Seltsamerweise betrachten aber selbst Sie es als allerdings einen Rückschritt, daß inzwischen das babylonische Dezimalsystem verloren gegangen war.

Es war wesentlich mehr verloren gegangen; und ich komme damit zu dem eigentlichen Anlaß meines Briefes.

Denn wie um uns das volle Gewicht Ihres Zivilisationstestes recht handgreiflich zu machen, applizieren Sie ihn (unser »anwenden« gibt Ihr Verfahren nur unvollkommen wieder) mit anerkennenswerter Parteilosigkeit auch auf die Griechen (S. 164 a–166 a).

Zunächst machen Sie uns die Entstehung hellenischer Kultur unschwer faßlich (S. 164 b) : *»Not having much regular work to do, they had to pass the time in various ways. Thus the Greek citizens were able to develop art, athletics, and philosophy«.* Klingt ganz einleuchtend, wie ? Und so einfach ! – – Nicht wahr : Die Regierenden und Priester der Jahrtausende vor und nach Jenen hatten diese faule Zeit nicht ?! Und die gleichfalls arbeitsscheuen Südseeinsulaner, oder Germanen, oder Klosterinsassen etc., hatten sie auch nicht ?! Und dennoch haben Die alle Künste und Wissenschaften (von Philosophie ganz zu schweigen) nicht nur nicht entwickelt, nicht nur sie gar nicht verstanden, wo sie ihnen begegneten, sondern sogar ihr Bestes getan, sie zu unterdrücken ! (Kultur ist nämlich für gewisse Leute – so 99 % – langweilig : wissen Sie das !?) – Wohl braucht der Künstler und Denker Muße; aber umkehrbar ist dieser Satz, ähnlich wie der vom Schwein und der Wurst, nicht.

»Viel Unsinn ist schon über die Griechen im Allgemeinen, und besonders die Perserkriege geschrieben worden. Immer noch wird ernsthaft behauptet : durch ihren Sieg über Persien haben die Griechen die Zivilisation gerettet.« Für den ersten Teil dieser Behauptung gibt Ihr Buch den besten Beleg; ich wage keinen Einwand. Zu dem zweiten Satz habe ich nur zu sagen, daß außer Ihnen noch Niemand – zumindest in Europa – solch ein Diktum gewagt hat; wir pflegen zu sagen : weil Griechenland nicht unterlag, konnte es jene Kultur entwickeln . . . . .

»Das Hauptunglück der Perser war nämlich nicht, den Griechenkrieg zu verlieren, sondern die Griechen die Geschichte dieses Krieges schreiben und an die Nachwelt weitergeben zu lassen.« Es ist einer Ihrer ständigen Irrtümer, anzunehmen, daß es in jenem Kriege so etwas wie Sieger und Besiegte in unserem Sinne gegeben habe; wohl in den einzelnen Schlachten, ja; aber der Krieg als Ganzes hörte mehr so auf. Kein Friedensschluß beendete ihn; keine Reparationen wurden amtlich gefordert oder gezahlt; keine nennenswerte Grenzveränderung trat ein. Die Griechen hatten sich eines Angriffs erfolgreich erwehrt; sie waren nicht unter persische Herrschaft geraten. – Und daß der Bericht Herodots – *er* ist ja die Quelle, nicht »die Griechen« – ein Unglück für die Perser gewesen sei, kann nur Jemand sagen, der ihn nie gelesen hat; denn »Was Herodotos von Halikarnassos erkundet, das hat er hier aufgezeichnet, auf daß nicht mit der Zeit vergehe, was von Menschen geschah, noch die großen Wundertaten ruhmlos vergehen, die *Hellenen nicht minder als Barbaren* vollbracht haben ... !« Das war nämlich auch so Etwas, was Ihre »intelligent Egyptians or Babylonians« oder Ihre »in many ways more admirable« Perser von den Griechen hätten lernen können : wie man objektiv und in genialer Gesamtschau Universalgeschichte schreibt, anstatt des engstirnigen und überheblich-verlogenen hölzernen Chronikentons der ägyptischen oder alttestamentarischen Lokalklätschereien.

Nach diesen allgemein einleitenden Feststellungen setzen Sie nun erbarmungslos Ihren »test« an, und – ich übergehe Ihre billigen und dabei nichts weniger als originellen Ausführungen über den Zusammenhang zwischen Quatschen und Denken; Burckhardt hat schon vor Gründung der Universität California über das agorazein wesentlich lesenswertere Betrachtungen hinterlassen – Sie resümieren : »Nirgends in aller Welt ist auch nur eine wichtige Erfindung im Gebrauch, die wir mit Sicherheit den Griechen zuschreiben könnten.« : »Aus all dem ziehe ICH (ich, Prof. G. R. Stewart !) die Folgerung, daß die Griechen die Zivilisation weder schufen, noch retteten, noch nennenswert erneuerten.« Dennoch gestehen Sie den Griechen einige Bedeutung zu »der Meinung halber, welche spätere Völker von ihnen hatten«; denn wenn sie schon nichts erfunden haben, »sie dachten und schwatzten und schrieben's dann auf. Solchergestalt wurden dann noch ihre Fehler wichtig, weil sie spätere Männer anregten, über die gleichen Probleme nachzudenken, und sie vielleicht zu lösen.« Thank You; nun sehen wir, so lange vom präjudicium antiquitatis gehemmten, abendländischen Neurotiker doch endlich einmal klar ! Zwar hatten uns die fliegenden Blätter schon vor Jahrzehnten davon unterrichtet, wie man in Arkansas Wandmalerei treibt; Mark Twain vom Zeitungswesen in Tennessee; und vor Monaten entlas ich mit tiefem Glücksgefühl der New-York-Post, wie man endlich in Cazenovia, NY, für 4–5 Millionen Dollar die so lang entbehrte Fußball-Ruhmeshalle errichten wird (allerdings von den Griechen entlehnt; die setzten ihren Raufern und Luftspringern auch immer Denkmale zu Olympia); aber Ihrem Buch, dieser Bonanza des Unsinns, war es vorbehalten, uns zu informieren, wie man in den US Menschheitsgeschichte lehrt.

Wir pflegten den Griechen bisher kurz Folgendes zuzuschreiben:

1.) daß sie als Erste Geist und Methode abendländischer Forschung entwickelt und geübt haben. Ihnen verdanken wir so wichtige Einzelresultate wie die genaue Messung der Erdkugel, und, daraus resultierend, Karten mit nach Länge und Breite fixierten Objekten – Dinge, die noch wesentlich bedeutsamer waren, als das babylonische Dezimalsystem, und auch von den Späteren vergessen oder unterdrückt wurden; vergleichen Sie nur das christlich-offizielle Terrarium des Kosmas, oder die kreisrunde, auf Jerusalem zentrierte Erdscheibe der Radkarten damit: oh, man hatte schon etwas von der Rotundität der Erde gehört, wie? – In der Astronomie sind Sternkataloge, geo- und heliozentrisches Weltbild, etc. auch griechische Erfindung; biologische Systeme rühren von ihnen her; könnten Sie diophantische Gleichungen lösen?

2.) Vergleichen Sie die griechischen Kunstleistungen, Statuen, Tempel, Epen, Dramen usw. selbst mit allen vorhergehenden, gleichzeitigen und späteren Leistungen; größere Männer als wir Beide haben davon geschrieben und geschwärmt.

3.) Philosophie – – nun, soweit sind Sie da drüben noch nicht. –

Wir sind und bleiben der Meinung, daß, dem Stewarttest zum Trotz, unsere gesamte geistige Existenz, wie sie als Ergebnis aus den zwei letzten Kulturwellen, der Renaissance und der Zeit von 1750–1850, hervorgegangen ist, wie diese selbst, auf dem Griechentum beruhte. Sie stellen fest (S. 166 a), daß es gar keinen »fall of civilization« jemals gegeben habe, und ich will Ihnen – mit Einschränkungen – beistimmen: aber Sie hatten als Ihr Thema »Man« angegeben, Herr; »Man«, nicht »civilization« !! Die Gleichung zwischen diesen beiden ist allerdings originell und Ihr geistiges Eigentum; aber ich bezweifle, daß Sie deswegen viele Neider finden werden. Es mag beschämend sein, daß Ihre Nation – Edgar Poe ausgenommen – noch keinen Beitrag zur großen Kultur geliefert hat; aber auch diese Zeit wird einmal kommen! – Allerdings nicht durch Ihr Verdienst. –

Möge Ihre Wasserspülung stets funktionieren:

In aufrichtiger Verachtung

Arno Schmidt

Herrn
Major Georg Freiherrn von Vega
ad Rhen. sup.
1794

»... äußerste Sorgfalt ....
... mit der nämlichen Sorgfalt und Genauigkeit ....
... auf das Genaueste durchgesehen ...
... bis keine fehlerhaften Stellen mehr entdeckt werden konnten ...
... alles geleistet haben, was menschliche Kräfte bei einem so mühevollen und kostspieligen Werk vermögen ...
... Es ist zwar nicht wahrscheinlich, .. daß bei der Herausgabe dieses Werkes irgend eine fehlerhafte Stelle sei übersehen worden ...«

G. Vega, Thesaurus logarithmorum completus, Leipzig 1794 in der Weidmannischen Buchhandlung, Vorrede SS. VII und VIII.

Herr Major!
Mit welchen Gefühlen ich dieses Buch in die Hand nahm, wird jedem Einsichtigen verständlich sein: das Fundament der, nächst der Buchdruckerkunst und der Luftschiffahrt, wichtigsten Erfindung der Neueren war endlich unverrückbar fixiert. –

Und im Geiste sah ich die Schar der in jenen verflossenen Jahrhunderten erschienenen Tafeln, – von den vierzehnstelligen Fragmenten des ehrwürdigen Henry Briggs bis zu Callet's gallisch-geschwätziger Oberflächlichkeit – sah die unermüdliche Mönchsarbeit der großen Rechner, die, von der verständnislosen Menge belächelt, und selbst von den Fachmathematikern hochmütig als bloße mechanische Handlanger bezeichnet, ihr rätselvoll den Zahlen verschwistertes Leben an die mühevolle Feststellung jener unumstößlichen Wahrheiten setzen.

Und ich gedachte fernerhin des immer merkwürdigen Umstandes, daß, trotz der klassischen Einfachheit der Aufgabe, bisher noch keine völlig fehlerfreie Tafel hergestellt werden konnte; sodaß die Schwierigkeiten bei der Handhabung einer so großen Menge von Zahlen entweder stets die Sorgfalt und Ausdauer des Herausgebers überwogen haben, oder aber die Arbeitsfähigkeit, das intellektuelle Volumen, eines Einzelnen, auf der jetzigen geistigen Entwicklungsstufe der Menschheit, hierfür nicht zureicht. Wohl aber müßte eine befriedigende Lösung der Tätigkeit einer *Gruppe* von Rechnern möglich sein, die, vor äußerer Not gesichert, ihre Energie und Aufmerksamkeit unter kluger und verantwortungsbewußter Leitung für einige Jahre zu solchem Unternehmen vereinigten.

Zwar genügen für die Ansprüche des täglichen Lebens und der Technik Rechenschieber (-walzen) oder Logarithmen mit 4, höchstens 5, Stellen, und nur scharfe geodätische oder astronomische Rechnungen verlangen 6 oder 7 Dezimalen; aber eben diese werden durch Abkürzung aus den zehnstelligen Tafeln erhalten, die demnach als Grundlagen hierfür, wie auch für die Berechnung jeder anderen neuen hochstelligen Hilfstabelle unerläßlich sind, also die eigentlichen Fundamente aller Logarithmik darstellen. Eine noch höhere Stellenzahl würde entweder den Umfang des Buches unbehilflich machen, oder die Schnelligkeit und Bequemlichkeit der Benützung unmäßig erschweren, ohne dennoch von größerem Nutzen zu sein. In Erkenntnis dieser Tatsachen hatte schon Adrian Vlack 1628 und 1633 seine beiden zehnstelligen Tafelwerke herausgegeben, die aber einerseits im Laufe der Zeit ungemein rar, fast unzugänglich, geworden sind, andrerseits eine Unzahl von Druckfehlern und Fehlern der Endziffer aufweisen, und zudem weder Anleitung noch Hilfsmittel für das Arbeiten mit zweiten Differenzen geben, deren Berücksichtigung ja bei solcher Stellenzahl, und solange keine bessere Tafelanordnung erfunden wird, unvermeidlich ist.

Hier war also eine Gelegenheit, eine wahre Lücke der Wissenschaft auszufüllen, und gleichzeitig das unvollkommene Werk des Alten von allen Irrtümern zu reinigen, neue ingeniöse und exakte Rechenhilfen zu entwerfen und untadelige Gebrauchsanweisungen beizufügen. Solch eine unschätzbare Leistung macht dann den Namen des Gelehrten, der sie verläßlich vollbrachte, bei allen Denkenden seiner Zeit und der folgenden Jahrhunderte ehrwürdig, und noch der späte Enkel, der sorgsam die vergilbten Seiten des kostbaren Folianten wendet, gedenkt dankbar des Redlichen. –

Unter solchen Betrachtungen las ich Ihre Vorrede zum Thesaurus Logarithmorum, und fand alle Vorbedingungen erfüllt: die Schar der Mathematikbeflissenen, vor Brotsorgen geschützt, unter einheitlicher Leitung eingesetzt, und das oftmals ruhig und zuversichtlich ausgesprochene Bewußtsein, das Menschenmögliche an Sorgfalt und Genauigkeit geleistet zu haben .... –

Lediglich beim Arbeiten mit Ihrer Tafel fand ich auf S. 76 den log 31653, welcher nicht, wie Sie angeben, auf ...776, sondern auf ...778 endet, also falsch ist! Weitere Fehler der Endziffer haben die log 20866, 21245, 21749, 21795, 22016, 22877, 23274, 28680, 31001, 37310, 48980, 49409, 51606, 54040, 70031, 70032, 70040 (und also auch überall die entsprechenden ersten Differenzen). Hierdurch mißtrauisch geworden, entschloß ich mich zu systematischer Untersuchung ausgewählter Seiten, und fand z.B. die geradezu empörende Tatsache, daß auf den SS. 306–309 von den dort abgedruckten eintausend Logarithmen 281 Fehler von 1–2 Einheiten der letzten Dezimale aufweisen. Zweihunderteinundachtzig! (Liste kann auf Verlangen von mir angefordert werden).

Sie belehren mich zwar (Vorrede S. VIII), daß solche Dinge »unbedeutende Kleinigkeiten« seien, aber ich sehe diese Begründung trotzdem nicht für recht zureichend an; es hätte ja bei Ihnen gestanden, uns mit einer nur neunstelligen Tafel zu beschenken, oder hätten Sie etwa auch da noch das Recht auf großzügige Behandlung der Endziffer beansprucht?

Ich erlaube mir besonders, S. 172 zu erwähnen, wo es ebenfalls »zu falschen Rechnungen Anlaß geben könnte« (Vorrede S. VIII) – und mir aufs Unangenehmste gegeben hat! – daß die neben dem Numerus 5984 stehenden, nach links ausgerückten ersten drei Ziffern 777 eine Zeile *tiefer* gehören, und die Mantissen von 59842, ...43 und ...44 einen Asteriskus erhalten müssen. Auf S. 308 endet der log nat π nicht auf 343 sondern 342; ein gleichermaßen unnötiger Fehler.

Noch wesentlich lebhafter wird es im zweiten Teil, dem »Magnus canon Logarithmorum trigonometricus«, wo die »unbedeutenden Kleinigkeiten« gleich in Schwärmen auftreten. Man beginne die Nachprüfung vorn (S. 312), hinten (S. 629) oder irgendwo in der Mitte: überall kann man soviel Fehler feststellen, als man Zeit und Öl aufzuwenden Muße hat – ich spreche dieses Urteil nicht leichtfertig, sondern nach sorgfältiger Prüfung aus!

Auf S. 312 sind u.a. falsch: log tan 3″; log sin: 2″, 4″, 5″, 6″, 9″ ..; dann log cos: 14″, 15″, 16″, 19″, 24″, 27″, 28″, 29″, 43″, 45″, 53″, 55″, 1′14″, 1′22″, 1′24″, 1′26″, 1′27″, 1′28″, 1′29″, 1′30″, 1′32″, 1′33″, 1′34″, 1′36″, 1′37″, 1′40″ – – gibt es etwas Tolleres, als diese log cos-Serie, die nicht etwa mit dem letzten gerügten Werte endet, sondern die ich nur aus Überdruß dort abbrach?! – Es sind weiterhin falsch: log sin: 20′, 40′, 7°, 8°, 9°, 12°, 14°, 16°, 18°, 22°; log cos: 6°, 9°, 10°, 11°; log tan: 20′, 1°58′3″, 7°, 8°, 10°, 11°, 12°, 45°10′, 45°20′ (und natürlich die korrespondierenden Werte für log ctg), wobei ich um keinen Preis diese zufällig erhaltene Liste als vollständig bezeichnen möchte!

Log tan 45° ist ausnahmsweise richtig; es wäre auch originell gewesen, hier einen Fehler zu machen; der log sin 45° = log cos 45° = log $\frac{1}{2}$ mal $\sqrt{2}$ überstieg aber wahrscheinlich schon wieder die »menschlichen Kräfte« (Endziffer 2, nicht 3!). Auf S. 623 unten lassen Sie log tan 46° mit »8«, auf S. 624 oben denselben Wert munter mit »9« enden; ähnliches gilt für die log der Zahlen 558, 863, 869, welche Sie auf S. 4 (bzw. 5) anders angeben, als im Canon log. vulg. – »äußerste Sorgfalt«, wie gesagt. – Die Endziffer ist also überall hoffnungslos fragwürdig, und stets mit Vorsicht zu benützen.

Am sichersten aber erkennt man die Akribie der vereinigten k. und k. Mathematikbeflissenen an solchen Stellen, wo es sich um einfache Vervielfältigung von Fundamentalgrößen handelt, z. B. SS. 634 und 635. Gibt es simplere Operationen, als arc 1°, arc 1′, arc 1″ zu berechnen und diese Größen getreulich mit 2, 3 usw. bis 360 (bzw. nur 60) zu multiplizieren? Man sollte es denken; zumal noch mit den volltönenden Worten der Vorrede im Ohr. Aber sieht man es den reinlichen Seiten an, daß z. B. arc 71°–88° und arc 247°–264° – »bis«, jawohl, Herr Major, nicht etwa »und« !! – um je eine Einheit der letzten Stelle zu klein sind? Und ebenso arc 14″, 17″, 36″, 39″, 58″, 3′, 11′, 18′, 26′, 33′, 41′, 48′ und 56′. Aber ich will aussprechen, woran es liegt, meine Herren Rechner: Unzuverlässigkeit! Das ists! – Bei einem »gemeinen Soldaten« würde man es Liederlichkeit nennen, wie? –

In einer Atempause ein kleines Zwischenspiel.

Der Thes. Log. gibt auf den SS. 6–309 PP-Täfelchen zur Erleichterung der Interpolation beim Rechnen mit 7-stelligen Logarithmen (auch für S. 2 und 630 gilt die Anmerkung). Ich wähle beliebig S. 237, wo Sie 1 · 5,5 auf 6; 3 · 5,5 = 16,5 auf 17; 5 · 5,5 = 27,5 auf 28 usw. abgerundet, oder, genauer, aufgerundet, also erhöht, haben. Sie halten den Benützer also für naiv genug, mit Ihnen zu glauben, daß bei einer »glatten 5« = 50 000 ... am Ende einer Zahl, die vorhergehende jederzeit um 1 erhöht werden müsse. Die einfache Mechanik der Abrundung ist also dem renommierten Tafelkonstrukteur und Verfasser der »Vorlesungen über die Mathematik« noch nie des Überdenkens wert gewesen. Ich empfehle Ihnen daher, bei einer evtl. Neuauflage das Folgende (beileibe nicht Neue!) schicklich einzurücken:

Zahlen wie 1,0; 2,0 usw. bieten der Abrundung kein Problem; es sind eben ganze Zahlen. Anders ist es bei 1,1, wo die 0,1 abgeworfen wird – man stelle sich vor, daß diese bei 1,9 wieder aufgenommen wird! Ebenso ergänzen einander die Wertepaare 1,2 und 1,8; 1,3 und 1,7; 1,4 und 1,6; in jedem ersten Falle wird der Dezimalbruch abgeworfen, im zweiten hinzugefügt, sodaß sich zwischen 1,0 und 2,0 also 4 sich gegenseitig ausgleichende Zahlenpaare finden. Isoliert und für sich allein steht die 1,5; in der ganzen Reihe der mit 1, ... beginnenden Zahlen ist für sie kein Ausgleich; sie stets zu erhöhen ist aber falsch, und heißt die Anzahl der aufzurundenden Werte willkürlich um Eins vergrößern; denn 4 Werten, die den folgenden Dezimalbruch abwerfen, stehen nun 5 gegenüber, die erhöhen, wodurch numerische Ergebnisse verfälscht werden. – Zur Probe addiere man alle Zahlen von 0,0 bis 9,9 = 495; dann runde man alle Werte auf Vega'sche Manier und addiere, so erhält man 500. Der Ausgleich der 1,5 kann natürlich nur über den nächsten ähnlich isolierten Wert 0,5 erfolgen, und zwar mache man sich für den Rest seines Lebens zur unverbrüchlichen Regel : bei Auftreten einer »glatten 5« als Endziffer, die vorhergehende Zahl stets auf die zunächst liegende ungerade Zahl zu führen, d.h. 0,5 auf 1, und 1,5 ebenfalls auf 1; 2,5 und 3,5 auf 3 usw., so erfolgt der korrekte Ausgleich automatisch, und das obige Beispiel, nach diesem einzig richtigen Abrundungsverfahren berechnet, ergibt auch korrekt : 495. (Man kann sich natürlich auch angewöhnen, stets auf die nächste gerade Zahl zu führen; das ist gleichgültig, und lediglich Sache des Charakters; nur muß man den solchermaßen einmal gefaßten Grundsatz dann auch konsequent beibehalten). – Nun sind Sie auch in diese »erhabenen Lehren« eingeweiht (Einl. S. XXIX), Herr Vega, nicht wahr ? – Als wieviel Fehler rechnen Sie das ? (Er will nämlich einen Goldgulden für jeden zahlen !)

Sicelides musae paulo majora canamus ....

Vlack hat für die Berücksichtigung der zweiten Differenzen (D'') keine Anweisungen; der Thes. Log. gibt sie für den trigonometrischen Teil auf S. 630, wo sich die Formeln in zwei Abteilungen ordnen. Ich betrachte die schwerfälligen Gleichungen der 2. Abteilung, in Verbindung mit der Vorschrift S. XXV, nämlich stets den *nächst kleineren Logarithmus* zur Bestimmung von n'' zu wählen.

Herr Vega berechne zunächst für uns nach seiner Methode log cos $87°43'25'' = 8.599\,0095\,622 - 10$; und nun mache man sich den Scherz, ihm diesen – nebenbei korrekten – Wert als $\log\cos x = T$ zu geben, und ihn das Umgekehrte ausführen, nämlich nach seiner Formel II der 2. Abteilung den Winkel x bestimmen zu lassen.

Und Sie, Herr Major, rechnen also : nächst kleinerer log = log cos $87°43'30'' = 8.598\,7446\,455 - 10$; Differenz zu $T = 2\,649\,167$; $\frac{1}{10}D' - \frac{1}{2}(10-n)\,\frac{1}{100}D'' = 529\,510{,}2$; n also gleich $264\,9167 : 529\,510{,}2 = 5{,}003052$; gemäß S. XXV, 2 wird n subtrahiert, also $x = 87°43'24{,}996948''$. Obwohl bei einer zehnstelligen Tafel noch die letzte Dezimale korrekt sein müßte, differiert der Winkel also um nicht weniger als $0{,}003052''$ – – ich weiß, Herr von Vega : eine unbedeutende Kleinigkeit; denn so genau mißt der beste Theodolith nicht. Aber eine zehnstellige Tafel rechnet leider so genau !! Und was ist die Erklärung für Ihre beiden verschiedenen Ergebnisse ? Ihre Formeln II und IV der zweiten Abteilung sind *falsch*, ganz einfach falsch ! Und hier ist der Beweis : Um diese Formeln der 2. Abteilung zu erhalten, setzten Sie für die linke Seite der Formeln I–IV der ersten Abteilung einfach T, und lösten nun umgekehrt nach n'' auf, in den Fällen I und III korrekt; Fall II und IV aber sind falsch. Sie setzen z.B.

$$(1)\ \log\cos(p+n) = T = \log\cos p - n\left[\frac{1}{10}D' - \frac{1}{2}(10-n)\frac{1}{100}D''\right]$$
$$= \log\cos p - n \cdot F \text{ und formen um :}$$

$$(2)\ n = \frac{T - \log\cos p}{F}$$

nun ist aber in Wahrheit log cos *p nicht* der »nächst kleinere log«, sondern der nächst *größere* (denn log cos *p* ist größer als $\log\cos(p+n) = T$); und eine korrekte Umformung von (1) ergibt auch gar nicht Ihr (2), sondern :

$$(3)\ n'' = \frac{\log\cos p - T}{F}$$ (und eine entsprechende Ableitung gilt auch für den Cotangens.).

Es ist also stets der Logarithmus des *nächst kleineren Winkelwertes* (eben von *p* !) zur Rechnung zu wählen. Ihr Fehler ist demnach, daß log cos *p* und log ctg *p* in den Gleichungen der 2. Abteilung gar nicht gleich den gedankenlos ebenso benannten Größen der 1. Abteilung sind (Oder umgekehrt; wie Sie wollen) ! Also ist jeder Winkel, der nach Ihrer Formel II und IV bestimmt wird, falsch; d.h. 25% aller möglichen Fälle !! Und daß also seit 150 Jahren alle mit dem Thes. Log. durchgeführten Rechnungen dieser Art falsch gewesen sind !! – Man mache sich das klar ! –

Wissen Sie, daß Ihnen dann noch Vlack, der gar keine D'' kennt, vorzuziehen ist ? Der hätte nämlich nur den halben Fehler = 0,001526 erhalten.

Und daher schlage man, als Krönung dieses ersten negativen Teiles meiner Kritik, die S. XXVI der Einleitung auf, um hier, in der Reihe der Paradigmata, das Exempel II zu genießen, als Beispiel der »äußersten Sorgfalt« und der »menschlichen Kräfte« des Herausgebers – und kosten wir vorher noch einmal ironisch vom überheblichen Text der S. XXI : »Bei Jedem, der von diesem Werke Gebrauch machen wird, darf ich doch soviel von algebraischen Kenntnissen voraussetzen, daß er diese Formeln lesen kann ...«. Dürfen Sie, Herr Major, dürfen Sie ! Wenn wir nur unsrerseits auch Etwas voraussetzen dürften ! –

Und er bestimmt zu log ctg x = 8.5359710044 den Winkel x mit 88° 1′ 56,86729″. Aber leider, Herr Baron, ist erstens der log ctg 88° 1′ 57″, den Sie subtrahieren, nicht 8. . . . . 609, sondern genau 8. . . . 61012 – lassen Sie nur : Kleinigkeit, Kleinigkeit – und zweitens haben Sie bedauerlicherweise Ihrer Tafel die D' aus der falschen Zeile entnommen ! (nicht 613675; die wahre ist 613590) – – macht nichts, es ist ja nur ein Beispiel, wie ? Und drittens rechnen Sie nach Ihrer falschen Formel IV – aber Vlack kennt ja gar keine D'', eh ? – Aber Sie, Sie kennen sie, nicht wahr, Herr Supremo vigiliarum praefecto et professore matheseos etc. – Und das ist das Rechenbeispiel, ausdrücklich vorgesehen zur Instruktion des Benützers in der Königin der Tafeln !!! –

Lasset uns den Schleier christlicher Nächstenliebe dem Zerrbilde vorziehen. – (Das Tollste dabei ist noch, daß sich die 3 Fehler so kombinieren und aufheben, daß fast genau der exakte Wert herauskommt; ein neues Beispiel dafür, daß die Gründe einer Annahme noch wichtiger sind, als diese selbst.)

– . – . – . –

Mit Recht sagt ein Sprichwort : Kritisieren ist leicht; besser machen schwer ! Nun, ich will Ihnen zeigen, daß man mit einiger Mühe viel Besseres hätte leisten können; denn selbst abgesehen von allen Fehlern, abgesehen davon, daß durch die ganze Tafel an Stelle der D' der siebenstellige Logarithmus dieser D' hätte angegeben werden sollen, um die langwierige Multiplikation mit ihren vielen Fehlerquellen zu erleichtern, machen Ihre teils falschen, teils korrekt-oberflächlichen, vor allem aber uneinheitlichen Anweisungen für das Arbeiten mit D'' den Gebrauch des wertvollen Buches unmäßig schwerfällig, ja fast abstoßend.

Um der Mechanik des Rechnens willen hätte erst einmal folgender allgemeiner Grundsatz aufgestellt werden müssen : jeder Wert wird zunächst nur mit der ersten Differenz D' bestimmt, und an diesem vorläufigen angenäherten Ergebnis dann die D''-Korrektur angebracht. So haben Sie es auch in der 1. Abteilung S. 630 und auch im Falle, daß zu einer Zahl der Logarithmus aufzusuchen sei, angegeben; warum aber nicht in den umgekehrten Problemen, wenn der Log gegeben ist ? Da verbessern Sie erst umständlich die D' und dividieren dann nochmals. –

Ich betrachte die einzelnen Fälle methodisch nacheinander :

1.) Fall : Zahl gegeben; Log gesucht. – Ihr Verfahren ist korrekt und – abgesehen von der logarithmischen Multiplikation von D' – wohl keiner Verbesserung fähig. Lediglich Ihre Tafel auf S. 2 ist durch die linke Hälfte meines Diagrammes zu ersetzen; die Ablesung erfolgt zumindest eben so schnell und genau, und es wird nur ein Bruchteil des Raumes erfordert. Außerdem braucht D'' auch gar nicht mehr gebildet zu werden, wenn man sich gewöhnt, den linken Diagrammrand, der die zugehörigen Numeri angibt, zu verwenden.

2. Fall: Log gegeben; Zahl gesucht. – Hier geben Sie die Formel S. VIII, der selbst Sie das homerische Beiwort »beschwerlich« beilegen müssen. Sie ist es, da hat der Herr Professor recht; aber es hätte ja bei Ihnen gestanden, alle Beschwerlichkeit zu beseitigen. Ich liefere Ihnen daher den folgenden neuerlichen Beitrag für die »Vorlesungen«:

Es ist $\frac{a}{c+d} = \frac{a}{c} - \frac{a}{c} \cdot \frac{d}{c} + \frac{a}{c} \cdot \frac{d^2}{c^2} - + \ldots$ ii worin, wenn d sehr viel kleiner als c ist, bereits die beiden ersten Reihenglieder eine völlig ausreichende Näherung ergeben. Ihre (korrekte!) Formel ($0{,}abcd.. = A$ gesetzt) heißt:

$$(1) \quad \frac{L - \log n}{D' + \frac{1}{2} D'' (1 - A)} = A$$

Man setze im Sinne der oben entwickelten Reihe $D' = c$ und $\frac{1}{2} D'' (1 - A) = d$ und erhält

$$(2) \quad A = \frac{L - \log n}{D'} - \frac{L - \log n}{D' \left(\frac{\frac{1}{2} D'' (1 - A)}{D'} \right)}$$

oder, da $\frac{L - \log n}{D'}$ angenähert A ist,

$$(3) \quad A = \frac{L - \log n}{D'} - \frac{\frac{1}{2} D'' A (1 - A)}{D'}$$

d.h. in dem negativen zweiten Gliede der rechten Seite der Gleichung haben wir nunmehr die D''-Korrektur isoliert; zur weiteren Vereinfachung derselben erinnere man sich, daß in den Logarithmen der natürlichen Zahlenreihe $D' = \log(x+1) - \log x = \log(1 + \frac{1}{x})$ oder genähert $\frac{1}{M} \cdot \frac{1}{x} = \sqrt{\frac{1}{M}} \cdot \sqrt{\frac{1}{M}} \cdot \frac{1}{x}$ ist; ebenso ergibt sich für D'' der Näherungswert $\frac{1}{M} \cdot \frac{1}{x^2} = \sqrt{D''} \cdot \sqrt{D''} = \sqrt{\frac{1}{M}} \cdot \frac{1}{x} \cdot \sqrt{D''}$; man setze die jeweils letzten Umformungen in (3) ein, so ergibt sich

$$(4) \quad \frac{\frac{1}{2} \sqrt{D''} \cdot \sqrt{\frac{1}{M}} \cdot \frac{1}{x} \cdot A (1 - A)}{\sqrt{\frac{1}{M}}} \cdot \frac{1}{x} \cdot \sqrt{\frac{1}{M}} = \frac{\sqrt{D''} \cdot A (1 - A)}{2 \sqrt{\frac{1}{M}}}$$

das heißt, für $\frac{1}{M} = 0{,}434..$ ist die gesuchte D''-Korrektur

$$(5) \quad -0{,}760 \cdot \sqrt{D''} \cdot A (1 - A)$$

und nun vermöchte freilich auch Herr Vega eine der S. 2 gegenüberzustellende ähnliche Zahlentafel anzulegen. Ich aber verweise ihn auf die rechte Diagrammhälfte, welche unvergleichlich viel schneller und anschaulicher als jede Tabelle den Korrekturwert in Einheiten der zehnten Stelle angibt.

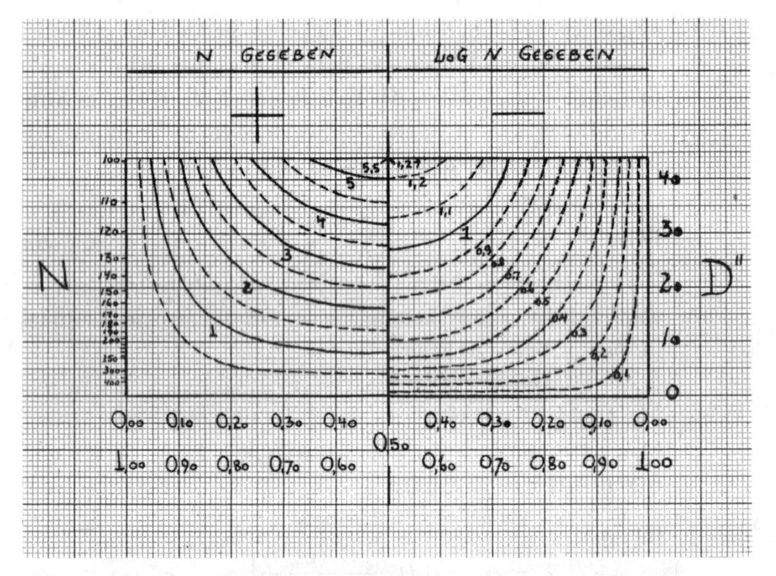

Und nun rechne man zum Vergleich auf S. XVIII das Beispiel 1; bestimme A gleich mit der ersten Division auf 0,482388, entnehme dem neuen Diagramm für $A = 0{,}48..$ und $N = 105..$ den Wert $-1{,}2$; d. h. $x = 1054248{,}2376$. –

Nun, Herr Vega, ist das noch »beschwerlich« ? Gehen Sie einen Geschwindigkeitswettstreit, in welchem Sie nach Ihrer weithinschattenden Formel, und ich nach dem Diagramm rechne, ein ? – Oh, was hätte aus dem Thes. Log. in den Händen eines Gewissenhaften und Einsichtigen werden können !! –

Ähnliche Umbildungen sind im trigonometrischen Teil vorzunehmen; die Formeln der Abt. 1 (S. 630) entsprechen ja bereits der Grundforderung, nicht so die der Abteilung 2. Werden sie gemäß der o. a. Reihe umgeformt, so ergibt sich (das in beiden Abteilungen gleichermaßen auftretende Glied $\frac{1}{200} n (10 - n) = F_n$ gesetzt) für Vorzeichen und Struktur sämtlicher D''-Korrekturen folgende Übersicht :

	Abteilung 1		Abteilung 2		
	Aufgabe				
Funktion	Log gesucht		Winkel gesucht		Anmerkung
Sin	+	$F_n \cdot D''$	−	$F_n \cdot 10 \frac{D''}{D'}$	Die Vorzeichen von tan und ctg gelten jeweils für $T \lesseqgtr 45°$ wobei T der nächstgelegene Tafelwert.
Cos	+		+		
Tan	+ −		− +		
Ctg	− +		− +		

Da in diesem trigonometrischen Teil sehr große D'' auftreten, wird die davon abhängende Korrektur am schnellsten mit dreistelligen Logarithmen bestimmt; einfache Tabellen für $\log n$ und $\log F_n$ sind unschwer anzulegen (Interessenten erhalten gern nähere Auskunft); zur Bestimmung der noch fehlenden $\log D''$ und $\log 10 \cdot \frac{D''}{D'}$ für einen beliebigen Winkel x bediene man sich der in der folgenden Übersicht angegebenen Formeln:

Funktion	$\log D''x = 1{,}00893$	$\log 10 \frac{D''}{D'} = 0{,}68557 - 4$
Sin	$-2 \log \sin x$	$-(\log \sin x + \log \cos x)$
Cos	$-2 \log \cos x$	wie Sin
Tan u. Ctg	$+\log \cos 2x$	$+\log \cos 2x$
	$-2(\log \sin x + \log \cos x)$	$-(\log \sin x + \log \cos x)$

Bei dem vorliegenden Tafelintervall von $10''$ sind auf den SS. 418–429 diese Werte für je eine ganze Seite praktisch konstant; d. h. es genügt, wenn man für x den Mittelwert einer Seite wählt. Da außerdem noch $\log 10 \frac{D''}{D'}$ für Sin und Cos gleich ist, reicht es aus, wenn man sich z. B. unter S. 450 von links nach rechts folgende 5 Werte nebeneinander schreibt –:

1.) unter die Sin-Spalte : 2.179
2.) unter die Spalte Dif. : 0.286 −3
3.) unter die Cos-Spalte : 1.041
4.) unter die Spalten Tan, Dif com und Ctg gemeinsam : 2.146
0.223 −3

Auf den SS. 372–417 bleiben nur noch die Werte für Cos am unteren Seitenrand stehen; die für Sin (die hier schon ohne merklichen Fehler denen für Tan / Ctg gleichgesetzt werden können) werden an die äußeren Blattränder geschrieben, und zwar SS. 384–417 für jede Minute ein Paar (d. h. zehnmal je 2 Werte), auf SS. 372–383 für alle $30''$ Eines. – Die Bestimmung all dieser Größen liegt allerdings als einmalige, aber durchaus lohnende Arbeit jedem Benützer ob, obwohl Sie, Herr Major, oder einer Ihrer Helfershelfer sie uns bei einiger Intelligenz gut hätten ersparen können; besonders empfindlich ist auch hier wieder, daß gedankenlos D' anstelle des siebenstelligen Log D' abgedruckt worden ist.

Rasch noch ein Beispiel, um die Überlegenheit der entwickelten Methode über die Ihrige zu beweisen; ich wähle Ihre Nr. 1 auf S. XXV. Gemeinsam mit Ihnen führe ich noch die erste Division aus; dann aber fahre ich so fort:

$\log 10 \frac{D''}{D'}$	$= 0.078\ -2$	(fertig dem unteren Rand der S. 373 zu entnehmen)
$\log F_n$	$= 0.083\ -1$	(fertig der $\log F_n$-Tabelle zu entnehmen)
$\log D''$-Korr.	$= 0.161\ -3$	(numerische Bestimmung vermittels der kleinen dreistelligen log.-Tafel; Vorzeichen
D''-Korr.	$= -0{,}00145$	aus der o. a. Übersicht)

$n = 4{,}11183 - 0{,}00145 = 4.11038$; *Sie* dürften in der gleichen Zeit kaum Ihren Verbesserungswert für $D' = +184{,}3$ bestimmt haben, ganz zu schweigen von der nun beginnenden männermordenden zweiten numerischen Division. –

In jeder Logarithmentafel bietet eine immer wiederkehrende Schwierigkeit die rasche Bestimmung der Logarithmen extremer Winkel; es wird also ohnehin Niemand erwarten, daß Sie nun gerade hier Nennenswertes geleistet hätten. Den Log Sin bestimmen Sie über die natürlichen Werte dieser Funktion; den log cos durch Interpolation aus der Tafel; log tan und ctg, indem Sie in edler Einfalt Log Sin – log cos bilden : ein Geheimnis behalten Sie für sich : gesetzt, es sei der log tan eines sehr kleinen Winkels, so um 10′, gegeben – wie finden Sie dann diesen Winkel ? Vorsichtshalber rühren Sie an solch ein häkliges Problem gar nicht; denn da wäre der Widersinn Ihrer Anweisungen geradezu ruchbar geworden ! – Ich schlage hierfür die einheitlichen (der S/T-Methode der siebenstelligen Tafeln angeglichenen) in den »Rechengrundsätzen für extreme Winkelbereiche« formelhaft angegebenen Verfahren vor, welche für Sin etwa gleich schnell mit Vega arbeiten; für Tan/Ctg wesentlich schneller sind; für Cos ist natürlich der Thesaurus zu verwenden (ich habe die Konstanten hierfür lediglich der Vollständigkeit halber mit aufgeführt). Die Umwandlung von Grad in Minuten und Sekunden geschieht mit Hilfe des eingeschalteten kleinen Täfelchens. –

Zuweilen tritt das Bedürfnis auf, den Logarithmus einer trigonometrischen Funktion möglichst rasch unmittelbar – d. h. ohne daß der zugehörige Winkel von Interesse wäre – in den Log einer anderen Funktion zu verwandeln. Die für solche Transformationen gültigen Gleichungen gibt die letzte der aufgenommenen Übersichten. Ich gebe ein Beispiel :
Gegeben : $\log \tan (p + n) = 9.541\,0811\,918\ -10$; dann sind

1.) p (was aber nicht abgelesen zu werden braucht) 19° 10′ 0″
2.) $L = \log \tan (p + n) - \log \tan p = 0.000\,0206\,050$
3.) $\log L = 0.313\,9726\ -5$
4.) $\log L + \log \cos^2 p = 0.313\,9726\ -5 + 19.950\,4660\ -20$
$= 0.264\,4386\ -5$
5.) Numerus hierzu $= 0{,}000\,0183\,839 = N$
6.) $\log \sin p + N \quad = 9.516\,2936\,025\ -10 + 0.000\,0183\,839 =$
7.) $\log \sin (p + n) = 9.516\,3119\,864\ -10$

Dieser Wert weicht trotz des verwendeten Näherungswertes $\cos^2 p$ von dem Wahren selbst in der zehnten Dezimale noch nicht ab; auch in allen anderen Fällen können die entsprechenden gleichartigen Vereinfachungen benutzt werden. –

. – . – . – . – . – . – .

»Durchlaufen hab' ich die furchtbare Bahn ...« (Klopstock; und jeder Messiasleser fühlt mit ihm). Und was wird das abschließende Urteil über den Thesaurus Logarithmorum in seiner vorliegenden Gestalt sein ?

Wir danken dem Verleger, daß er die gewiß erheblichen Kosten beim Druck eines so wertvollen und dabei nur geringen Absatz versprechenden Buches nicht gescheut hat, welches selbst trotz seiner jetzigen unzulänglichen Bildung nach Anbringung der von mir vorgeschlagenen Verbesserungen dem denkenden Benutzer ein wahrer Schatz – ein rechter Thesaurus – sein kann. Was aber Sie, Herr von Vega, als Gelehrten betrachtet, betrifft, so bleibt, nachdem man die Verstimmung über den Charlatanston der Vorrede überwunden hat, nur noch ein Gelächter.

Armer Thesaurus Logarithmorum ! – Nach jahrhundertelanger Vernachlässigung in die Hände eines solchen uniformierten Schwadroneurs zu fallen ! – Und indem ich dich behutsam beiseitelege folgt dir »der Blick, mit welchem ein Freund der Kunst die gestümmelte Bildsäule eines Praxiteles ansieht, mit etwas von dem zürnenden Verdruß untermischt, womit dieser Liebhaber den Goten ansehen würde, der sie gestümmelt hätte« (Wieland, »Goldener Spiegel«).

Ich kann den Wunsch nicht unterdrücken, daß, wenn einst – vielleicht nach abermals 150 Jahren, wenn ich längst tot bin – ein neuer begünstigter Herausgeber sich gefunden hat, ihm neben anderen besseren Schriften auch dieser Brief zu Händen kommen möge. –

Was aber soll ich Ihnen, Herr Vega wünschen ? Die Unsterblichkeit haben Sie sich verschäkert – gut, es ist heute der 21. August, und ich bin wohlwollend gestimmt gegen alles Entfernte : möge Ihnen dieser Brief nie zu Gesichte kommen – –

Arno Schmidt

Herrn
H. J.
(10) G.
J'er Strasse 42

Lieber H.!
Vielen Dank für die Abschrift aus dem Lyncker; es wird mir mehr helfen, als Du zu glauben scheinst, denn ich habe dadurch eine ganze Anzahl neuer Adressen mehr, wo ich anfragen kann. Die meisten der handschriftlichen Nachrichten werden ja leider verbrannt sein; im Laufe meiner Korrespondenz habe ich allmählich ein erschütterndes Bild vom Zustand unserer Archive und Bibliotheken bekommen: verbrannt, ausgelagert, beraubt, in Unordnung, jedenfalls nicht verfügbar – das ist meistens die Antwort. Vor 10 Jahren wäre noch Zeit gewesen; aber da hatte ich keine.

Ich betrachte es zwar nun schon als einen unvermeidlichen Teil meines Schicksalsbündels – zu mir gehörig wie meine Nase, oder mein Fingerabdruck; ich könnts in jedem Paß unter »besondere Merkmale« angeben – daß ich nur unter den niederdrückendsten äußeren Verhältnissen arbeiten können soll: 34–39 als obskurster Kommis, von einer skrupellosen Firma brutal ausgenützt und schändlichst entlohnt; dann 6 Jahre Soldat – Dante war nur ein paar Tage in der Hölle – und nun, wo ich mir das erstemal Zeit erlistet habe, und mir trotz meiner Jahre vielleicht noch ein paar Unsterblichkeiten entwischen könnten, da sitze ich hier, habe meine ganze mühsam zusammengehungerte Bücherei verloren, lebe unter dem Existenzminimum in einem verschimmelten Raum, koche Amorphes in alten Konservenbüchsen, muß vor Unterernährung 18 von 24 Stunden im Bett zubringen – und dann braucht nur noch Jemand sich zu wundern, wie man doch hat einen Leviathan schreiben können; daß einmal Einer (oder Eine) gesagt hätte: »Oh Gott, was muß der Mensch durchgemacht haben, bis er so weit war!« – das ist noch Keinem eingefallen! – Ich habe wieder einmal mit tiefer Rührung den Anton Reiser, meinen wahren Bruder in Geist und Los, gelesen; es ist das erschütterndste Buch, was ich kenne (und auch mir unnachahmlich; denn ich bin nur noch Zorn und verwilderte Metaphernkraft). Was ist daneben das steifbeinige Gespräche Goethes in den hochfahrend gestückelten Wanderjahren oder den herrschaftlichen Wahlverwandtschaften. – Man sollte in Stockholm, anstatt jedes Jahr immer wieder gerührt ein neues Dutzendgenie zu entdecken, den Nobelpreis lieber einmal zum Neudruck solcher vergessener Bücher verwenden. –

Und Du nennst Somerset-Maugham's »The razor's edge« ein interessantes Buch, und bedankst dich noch bei mir for the gift of the same ?

Ich will Dir genau sagen, was es ist : nämlich ein mühselig zusammengeleimtes Gelumpe aus Boulevardanekdoten, schwitzend mitgeschriebenen Lebensläufen von Halb- und Ganznutten, und bewundernden Bemerkungen über greisende Affen. Zuweilen ist es Zeit, ein verkrampftes Schweinereichen zu wagen : das bringt Leser und beweist einen vorurteilsfreien reifen Geist. Die Nichtigkeiten der vornehmen Welt werden mit jener demütigen Breite behandelt, an der man sogleich auf 1000 Yards den Engländer in der Literatur erkennt. Von Indien und Mystik wird auch stets gern gehört : das gibt Tiefe : man denkt immer, der weiß noch mehr ! Noch wichtiger aber sind die Kleider der Damen, Möbeleinrichtungen, Oberhemden (von Macy), und die Grazie, mit der man eine Teetasse zum Munde führt.

Einfach schreiben ist eine geringere Kunst, als Du denkst, H. Die Pflicht deutlich zu schreiben, hat ja wohl jeder »Schriftsteller« (welch ein hölzerner Sinn liegt in dem Unwort !); bringt er außerdem noch eine Fülle neuer und tiefer Bilder, so ist er ein Dichter; schreibt er dazu von großen Dingen, so ist er ein Genius. (Die Kritik der reinen Vernunft ist ein munteres Beispiel, wie ein sehr bedeutender Stoff durch eine wahre Tollhäuslersprache völlig ruiniert, neutralisiert, worden ist.) Nun wende diese Binsenwahrheiten auf den vorliegenden Unfall an : Es sind krampfhaft aufgeputzte Belanglosigkeiten in heilvoller Normalsprache angebracht, einfach aber geschmacklos. (Der mildeste Vergleich ist noch ein Aquarium : ein paar billige Fischlein, Schnecken, höchstens mal 'ne Libellenlarve, und den leicht schleimigen Boden erreichst Du überall mit der Hand, ohne Dir die Manschettenknöpfe naß zu machen.) Ich will es nicht sein schlechtestes Buch nennen; denn ich kenne seine andern nicht, aber ein schlechtes Buch ist es auf jeden Fall. – Nebenbei ist er ja schon so berühmt, daß ihm nur noch der Dynamitpreis oder eine Büste fehlt; dann wissen wir es ganz genau, daß es ein großer Mann ist. –

Den Artikel von Hilary St. George Saunders hab ich damals als POW in Brüssel, etwa Ende April, gelesen (es war jedenfalls noch Krieg), wo er befriedigt beschreibt, wie die alliierten LKW-Fahrer die deutschen Menschenfrachten rasend schnell fahren, und dann die Bremsen recht scharf anziehen : das gäbe immer wenigstens ein paar gebrochene Beine ! – Ich könnte die Zeitung wohl noch auftreiben; liegt viel daran ?

(Damals hab ich mich auch, in Ermanglung eines besseren wieder einmal amüsiert über das ganze Alte Testament hergemacht : die alten jüdischen Schnurren, derbfädige Sittenlehre, heiliges Gestammel, pikante

Anekdötchen, Kraut und Rüben (Trüffeln auch'n paar dabei!) : aber : welche Geistesverfassung muß Einer haben, um so Etwas für buchstäbliche Äußerungen (oder doch Einbläsereien) eines Gottes zu halten! –

Dein Rat, auch russisch zu lernen, ist vielleicht gar nützlich; aber zunächst ist mir selbst Karo einfach noch lieber als das schönste Rot oder Pieck mit Vieren. Natürlich weiß ich als echtes Kind meiner Zeit von Rußland nur das, was uns die Schlager lehren, also daß man in Nishnij-Nowgorod weder Kußverbott noch Hungersnott kennen soll (ich glaube es aber nicht; ich habe im POW-Durchgangslager Luthe einen 5000 Mann Transport von Gefangenen aus Rußland mit durchgeschleust – –) Dostojewski kenn' ich ziemlich gut; auch Tolstoi Einiges, ja. –

Falls noch mehr der alten Bekannten auftauchen sollten, berichte doch gleich davon. Hast Du von Thomae mal was gehört? Oder von Horst Lenz? Der hat mir immer still imponiert; er war schon damals das, was man einen Charakter nennt, obwohl einfach gefügt – aber das gehört wohl zusammen.

Exzellenter Witz beim Feuerbach : Stirbt der Patient, ist der Arzt schuld; kommt er davon, wars die Madonna!

Schreib bald wieder, und gräm' Dich übers Albertinchen nicht zu sehr : im Goedecke soll auch nichts stehen! Jetzt bleiben nur noch die Jahresverzeichnisse der Schillerstiftung; aber wo findet man die bei der heutigen Misere? Nun, ich bekomme langsam, Steinchen für Steinchen, das Material zusammen, obwohl ich mir das Briefporto vom Leibe abhungern muß – na, wer weiß, wozu es gut ist (ich jedenfalls nicht!) –

Viele Grüße auch von Alice. –

Dein : Arno

P.S.: Du klagst, daß Du Dir bei Deiner Arbeit den »Geist des Mittelalters« gar nicht recht vergegenwärtigen könntest? Da empfehle ich Dir das hiesige evangelische Wochenblatt; neulich war eine lange feinsinnige Betrachtung drin, über das Thema, wie man das Wort Gottes lesen solle : wirklich gut, zum Teil tiefsinnig, und von gotischer Zartheit! Manches war exzellent formuliert! – Aber zunächst einmal zu untersuchen, ob er denn nun auch wirklich das Wort Gottes habe – das fiel dem Glasbläser nicht ein! Voilà der Geist des Mittelalters! Natürlich fehlte es auch nach Art dieser Leute an Drohungen gegen die Skeptiker nicht : da hast Du ihn gleich noch einmal. – : Denn erfunden ist ja nicht von Hitler oder (hiatus in manuscripti) oder im Burenkriege das KZ, sondern von der christlich pervertierten Phantasie der Altväter, und ausprobiert ebenfalls im Schoße der heiligen Kirche, siehe Inquisition. Verlange doch Der jetzt keine Toleranz, Der sie 1000 Jahre lang, als er »an der Macht« war, nicht ausgeübt hat (und wenn sie nur könnten, rissen sie uns heut noch in Stücke!)

P. S. 2.: Sind alle Zeit merkwürdige Leute gewesen, die Frommen: Luthers Schwiegersohn kommt sogar im großen Brehm vor, Säugetiere Bd 2. – Mensch plus Pferd gleich Zentaur: da lachen sie über die dummen Heiden; aber Mensch plus Vogel: das nennen sie Engel und betens an! Daß Cherubim Ochsen sind, ist bekannt, ja? – Oder wie Pfarrer L. in A., der das Datum von Fouqués Hochzeit in seinem Kirchenbuch nicht finden konnte, und mir dies mit dem Willen des Herrn erklärte, der scheinbar wünsche, daß das Geheimnis bestehen bleiben sollte! – Ist nur, weil Du nach dem Geist des Mittelalters fragtest. (Der 9. 9. war's nebenbei.)

II.

Wie ein Vierzigjähriger wachliegt und nach seiner Jugend stöhnt ... Denn man zünde seine Kerze an beiden Enden an; und werfe eine Handvoll Salz in den Wasserkrug; oder steige früh um 4 in unbekannten Mietshäusern: so ist das Leben.

Nachts schlitzen goldene Messer im Himmel. Regen trabt, trollt, trabt.

Zwanzig Jahre hat man zu lange gelebt; sich für Geld kaufmännisch gebärdet, höflich; in Nichtswürdiges gebissen. Argentoratum, Gradmessungen in der Romsdalskette, englische Tanks beschossen, hinter Stacheldraht geflucht, Autor ist man geworden: zwanzig Jahre zu spät.

Um halb fünf johlt der Zug durch Cordingen; wenn Vehlow den Anzug kauft, reichts wieder zwei Monate; gestern Abend »äußerte« nebenan Senatspräsident a. d. Filsch: » – unser herrlicher Bismarck! – Ich bin überzeugt: wenn er gewollt hätte, wäre er auch der größte Dichter der Deutschen geworden! – « 75 Jahre lang hat dies Fossil zufrieden gekaut, sorgfältig, geschluckt; im perlgrauen Maßanzug die unfehlbare Altersstimme mit Anekdoten von »hohen Offizieren« und ihren Burschen (»Erbsen mit General, Herr Speck!« – »Köstlich!« –)

Dabei waren die Wolken wie Brandmale; die wirren Silberketten der Gestirne, scheinwerferdurchfingert; Sterbende griffen sich ins glitzrige Gehirn. Und Offiziere sah ich schon vor Hunger in Abfalltonnen nachschlagen: »Köstlich!« – Von all seinen Gaben hat mir das Schicksal keine so großzügig gewährt, wie Kenntnis dieser »Urphänomene« (natürlich auch weiteren 80 Prozent der Menschheit): und deswegen ist's endlich wieder einmal nötig, Einiges gegen den Herrn mit dem glücklichen Auge vorzubringen (außerdem hab' ich Alice was zum Geburtstage versprochen.)

Weißt Du, Stifter hab' ich vorgelesen; den beschriebenen Tännling wieder mal; wir haben gebrüllt vor Lachen (Über manche Stellen, z.B. »Er ging an der Milchbäuerin vorüber ....« bis ».... abermals Hut und Axt.«): da kann ich verstehen, warum Hebbel die Geduld mit ihm verlor! Andrerseits hat er Seiten von unfaßbarer Zartheit, Schönheit, ruhiger Kraft. Und wieder daneben die unglaublichsten Abgeschmacktheiten und Längen. Halt ein blanker stiller (ich kann zwei Zeilen von meinem Manuskript nicht mehr lesen; tintenfestes Papier hab ich nicht.) Könnte viel über ihn sagen. –

Interessante Einzelheiten bei Fouqué über den »großen« Friedrich: wie der im Druck des siebenjährigen Krieges phantastische Projekte entwirft, toll wie der Traum eines Fieberkranken: den Russen will er die Erben Dschingiskhans von hinter her auf den Hals hetzen. Schickt dazu »hohe Offiziere« (v. Goltz) verkleidet in Asiens Steppen, und, als der Tartar erkrankt, auch noch seinen Leibarzt, Fraise; Geschichten wie aus tausend und einer Nacht. Sie belegen jedenfalls einwandfrei, daß es mit der gerühmten Größe, der angeblich immer klaren hohen Besonnenheit nicht ganz so weit her ist, wie literarische Berufssoldaten uns schon allzuoft haben glauben machen wollen. Na, 's ist keine Schande; als Junge hab' ich mir auch mal vorgestellt, daß ich in der Lotterie gewonnen hätte. Blättre getrost einmal in den »œuvres«, damit Du den richtigen Begriff von seinem geistigen Niveau erhältst: Alles Gedanken aus dritter und vierter Hand! Glücklicher Stand, dem schon die Kapazität eines Mittelschullehrers zum Prädikat »groß« verhilft! Hinreißend blöd auch sein Brief an Myller für den Druck des Nibelungenliedes: »Meiner Einsicht nach sind solche nicht einen Schuß Pulver wert, und verdienten nicht, aus dem Staube der Vergessenheit gezogen zu werden. In Meiner Büchersammlung wenigstens würde ich dergleichen elendes Zeug nicht dulden, sondern heraus schmeißen.« (Liegt auf der Züricher Bibliothek unter Glas und Rahmen) –

Sonst nichts Neues; vergiß bitte meine Anfrage nach einem Stadtplan nicht. Sobald ich das von Dir gewünschte ...... beschaffen kann, schicke ich es auf Umwegen (Die Postsperre mit den 50 Gramm ist schon ein Wahnsinn, von der Elbe unz an den Rhin ..)

Stets Dein: Arno

Karl May's »Ardistan und Dschinnistan« müßte von ihm erhalten bleiben; ist eine beachtenswerte christliche Allegorie, das Buch eines echten Groß-Mystikers. Gerechtigkeit muß sein. Beide wollen wir das Gute; nur faßt er es als Hauptwesenszug Gottes; ich aber als winziges Fremdquantum, das verstärkt, und endlich zum Aufstand gegen den Leviathan eingesetzt werden muß. Kepler und der kleine Fritz sagen praktisch das gleiche Richtige vom Planetensystem; nur weiß der Eine warum und kanns beweisen, der Andre nicht : darum ist mir Kepler lieber. Und wenn der kleine Fritz tolerant sein könnte, wär ich's auch gegen ihn.

So long. A.

An den Leser !

Lassen Sie mich Ihnen noch dieses zum Leviathan sagen :
Ich habe der Neuen Ethik, dem »Aufstand gegen Gott« – der Summe von volkstümlich=christlichem »Liebet Euch untereinander« als Basis und frohasketischen Erlöserkämpfen der Buddhas als Krönung – endlich die moderne exakte Begründung gegeben. Nun lebt aber die Hierarchie der drei christlichen Groß=Bekenntnisse völlig von jener unzureichenden Begründung, die vor zweitausend Jahren dem geistigen Mittelstande gerade noch angemessen war. Seitdem wird mit der wachsenden wissenschaftlichen Erkenntnis in jedem Einzelnen und in jedem Jahrhundert der Unwille über den unheilvollen Riß zwischen der anerkannten Notwendigkeit gütiger Menschenliebe und jener unentwegten schamanenhaften Begründung immer größer; ein Dritteil der Schuld an unserer verzweifelten geistigen Gesamtlage trägt dieser auch Sie beunruhigende Widerspruch, der edle Naturen sogar soweit gebracht hat, daß sie in gequältem Zorn dann selbst die Liebe verleumdeten. Es ist nun endlich an der Zeit, die christliche Mythologie mit all ihren Göttern, Halbgöttern, Höllen und Himmeln dahin abzustellen, wohin sie historisch und wertmäßig gehört, nämlich neben die römische und griechische : dann wird es ruhiger werden in und um Sie.

Eine Bitte : sollten Sie Eines der nachstehend aufgeführten Bücher besitzen und selbst nicht benötigen, so würden Sie, es mir zur Verfügung stellend, meine künftigen Arbeiten recht fördern :

1.) Joh. Gottfr. *Schnabel* : Die Insel Felsenburg (jedoch nur eine alte Ausgabe, nicht den Tieckschen Nachdruck von etwa 1825)
2.) *Fouqué* : Schön Irsa, Die 4 Brüder von d. Weserburg, Allwin, Ritter Galmy, Denkwürdigkeiten über Friedr. Wilh. III.

Und versuchen Sie bitte nicht, meine Bekanntschaft zu machen; ich würde Sie äußerlich und auch im Auftreten enttäuschen; das Beste was ich bin und habe, gebe ich Ihnen ohnedies nach mancher Arbeit konzentriert und gereinigt in meinen Büchern : Der Mensch Schmidt ist von diesen nur eine Verwässerung, die Sie sich klug ersparen sollten. Und bedenken Sie auch, daß, wenn ich Gutes für Sie schreiben soll, Sie nicht an mich schreiben dürfen :

Ich grüße Sie, und wünsche Ihnen ein leichteres
Schicksal als es sein wird
Ihr :

Arno Schmidt

An
Uffz.
Werner Murawski
Fp. Nr. 23 567 D

I.

Lieber Werner!
Ich danke Dir für Deinen letzten Brief vom 15. 11.; er zeigt mir, daß trotz so vieler entgegenwirkender Einflüsse unser schönes altes Verhältnis noch weiter besteht. –

Über Deinen Entschluß, Offizier werden zu wollen, sage ich nichts mehr; Du weißt, wie ich darüber denke. Leider haben wir uns in den letzten 4 Jahren ja fast gar nicht mehr gesehen, sonst hätte ich es vielleicht noch verhindern können. Die Geschichten vom »roten Halsband« (Herder) waren also umsonst. Nimm mir ein bißchen Enttäuschung nicht übel; ich hatte damals immer wieder unter vorsichtiger Ausnützung meines Vorsprunges von ein Dutzend Jahren versucht, behutsam Geschmack und Liebe an den Wissenschaften in Dir zu wecken, und hatte auch meine rechte Freude daran, wie Du so schön darauf eingingst. Ich hätte Dich später gern in den geistigen Disziplinen tätig gesehen; natürlich, unter Berücksichtigung Deines Temperamentes, in deren unruhigeren und abenteuerlicheren Zweigen, Archäologie, Urkundenforschung u. dgl. – Du würdest wohl Gutes geleistet haben. – Nun, es ist weder meine noch Deine Schuld, wenn es anders geworden ist; aber schade ist's doch und ich fürchte, die Totschlägerei als Kunstwerk wird Dich auf die Dauer nur unvollkommen befriedigen. – Genug hiervon. –

Daß man im Felde nicht sonderlich zum Lesen kommt, hätte ich Dir aus den Latifundien meiner militärischen Bitternisse bereits vorher mitteilen sollen: es ist schon aller Ehren wert, Werner, daß Du's überhaupt versucht hast! Und noch dazu in tapferster Weise (Wie es dem OA so wohl ansteht) mit Goethe. Das Schönste aber ist, daß Du mir so trutzig offen schreibst: »... selbst er sagt mir nichts an solchen Tagen; man ist wohl einfach nicht mehr aufnahmefähig genug ...«; das ist anständig von Dir, Werner, daß Du die Schuld auf Dich nehmen willst; aber es ist nicht nötig. Denn »an solchen Tagen« hört man seine Stimme wirklich besser nicht! Und Du brauchst ob Deiner Ketzerei nicht zu erschrecken!

Ich gäbe viel darum, wenn wir uns in diesem Augenblick wieder wie früher gegenüber sitzen könnten; denn es ist in Deinem Leben eine der (für jeden Deutschen) wichtigsten Stunden gekommen : die, wo Du »die Wahrheit« über Goethe hören sollst. –

Du erinnerst Dich wohl, daß wir damals – wenn auch selten – mit leuchtenden Augen vom »Sternenglanz und Mondes Überschimmer« lasen, und wie er im 2. Teil des »Faust« neue sprachliche Wege zu gehen versuchte, auf denen dann später die Talentfülle des Expressionismus wieder einmal die Grenzen der Bildkraft weiter hinaus schob. Denke auch an der Tragödie schön geschlossenen ersten Teil; an den mitreißenden Werther, an so manches feine und brausende Gedicht : ein großer Mann ! – Ohne Zweifel !

Ich habe Dir damals nur diese eine Seite gezeigt; zeigen können; Du bist inzwischen um fast 5 Jahre älter geworden, hast Vieles gelernt, Manches erlebt, vor allem wohl auch dies Wichtigste : daß man als Knabe und Jüngling nicht voll urteilen kann, weil ganz einfach Wissen und Erfahrung fehlen. Schwung und Glanz der Seele, so unvergänglich und rauschgoldfarben sie jene Altersstufen auch verklären, reichen nicht aus zum Höchsten.

Und indem Du älter wirst, begegnest Du immer häufiger den Urphänomenen unseres, des kleinbürgerlichen, Lebens : Dürftigkeit oder gar Not, Abhängigkeit oder gar Gedrücktheit, Arbeit oder zumeist gar Fron, Krankheit; und immer wieder erbarmungslos hineingemischt : Krieg, Gefahr, Elend, Verlust, Zwang. Und Tod ! (Du wirst nun auch schon viele Tote gesehen haben !) Ich will damit sagen, daß wir, die »Kleinbürger«, 95 Prozent des Universums ausmachen, und daß weiterhin das Dasein dieser zahlenmäßig so überwiegenden Klasse von Gebilden aus den vorher angeführten Gründen nicht lebenswert ist.

Und deshalb kommt bei uns viel eher als bei den ganz wenig »Glücklichen« das Bedürfnis nach Wahrheit, nach der Erkenntnis des eigentlichen Hinter-Grundes dieses Weltmechanismus, der so düster und eisenhart um, in und durch uns rollt. Viel eher, viel eindringlicher, viel rücksichtsloser; viel ehrlicher, viel selbstloser, viel radikaler. Und wiederhole Dir, was ich Dir früher über den Kursus sagte, den jeder Denker durchlaufen *muß*, wenn er überhaupt von uns gehört werden will : zur Erkenntnis unserer räumlichen Situation : Mathematik, Astronomie, Geographie; zum Überblick über die zeitlichen Verhältnisse : Geologie, Paläontologie, Geschichte; zur Orientierung in seiner Umwelt : rezente Biologie, Physik, Chemie, Kulturgeschichte. Das Ergebnis seiner Studien ist Dir klar; nimm an, daß Du Dich als denkendes Wesen der Sonne nähern könntest, und erschrick vor dem johlenden Flammencyklopen; denke an die Infusionszahlen gequälter, zerfallner, gestorbener Dinge; gestern sah ich einen Heringsschwarm im Fjord : wie sie Körper an Körper vorwärts jagten, unter ihnen, hinter ihnen, kauten Großfische an ihnen; ein Katzenhai fraß wahnsinnig, erbrach Alles in Stücken; füllte sich wieder mit Höllengier, erbrach, fraß, erbrach (es hat mir in den Händen gezuckt, Gott zu zerreißen; und klaffte sein Maul über tausend Spiralnebel, ich spränge ihn an !).

Andererseits sehen wir, in einigen merkwürdigsten Individuen, wie »das Glück« sich zuweilen fast zu verkörpern scheint, manchmal auf Jahre, auch wohl für ein ganzes Leben : Alexander, Sulla, Napoleon. (Suche selbst Beispiele; Werner Murawski und Arno Schmidt sind jedenfalls keine.)

Aber Goethe !

Und die Folgerung ist sehr einfach : solche dämonisch isolierten Wesen können natürlich unsere »Wahrheit« nicht brauchen, wollen sie nicht einmal kennen; sondern nur bewußt und mit der ganzen Fülle ihrer meist gewaltigen Individualität ihr Lebensstück genießen.

Ich führe das Beispiel jetzt aus !

Goethe. – Die Welt war Glück, war positiv : er hatte es ja erlebt und erlebte es noch täglich; er hatte wie ein Sultan (Schach Gebal – weißt Du noch ?) den Beweis in Händen. Wer unglücklich war, gequält war, hatte also Unrecht (Kleist, Grabbe, Hoffmann, etc.); noch mehr : er war wohl irgendwie schuldig, verdächtig, gezeichnet, zu meiden ! Er war instinktiv »objektiv«, ein Wesen der Oberfläche; jede Tiefe erspürte er sogleich als feindlich-unheimlich, und kehrte um, mit all dem brutalen Egoismus, mit dem er die Falschheit (Verlogenheit) seiner Weltkonzeption um jeden Preis schützte; deshalb lehnte er auch die Beschäftigung mit den fundamentalen Problemen des Seins überhaupt ab (nach dem Rezept »Das Unerforschliche ruhig verehren«). Er wollte nicht Wahrheit, sondern persönliche Sicherung : »Was Euch das Innre stört, sollt Ihr nicht leiden ! « (»sollt«, was für eine Formulierung !); das aber ist die Methode des Vogel Strauß ins »bedeutend Allgemeine« gewendet. Denn er ist gar nicht bis an die Grenzen gegangen, welche seiner Zeit der Wissenschaft und der Philosophie erreichbar waren : die Astronomie z.B. war ihm unerträglich; wenn er von Lichtjahren und Unendlichkeit hörte, da war es ihm, als müsse er unsinnig werden; Mathematik – das war auch so eine böse Lücke : mühselig hat er es als Vierzigjähriger noch bis zu den Anfangsgründen der Trigonometrie gebracht (sic !!) – und denke an Plato : nemo geometriae ignatus intrato – obwohl er von Gauß sogar schon Einiges von den nichteuklidischen Geometrien hätte hören können. Schopenhauers »Welt als W. u. V. « las er auch; aber was er zu Adele darüber urteilte, läßt Einen unwillkürlich zurücktreten : ist je etwas – ja, Sinnärmeres – darüber geäußert worden ? – Was muß das für ein Mensch sein, der sieht, wie ein Tier das andere fressen will, und dabei entzückt ruft: »Was für ein köstliches abgemessenes Ding ist doch ein Lebendiges? Wie wahr! Wie seiend!«. (Da lob' ich mir den Don Sylvio; wenn's auch gerade mal keine Fee war!).

Viel zu früh (und wie gern!) hat er philosophisch resigniert, um sich desto eher und beruhigter dem vollen »tüchtigen« Leben widmen zu können. Zur Feststellung: »Nach oben ist die Aussicht uns verrannt ...« hatte *er* sich gar kein Recht erworben! Urangst hatte er, Werner, nichts weiter! Goethe, das ist die Angst vor dem Weltall, dem Leid der Kreatur, dem Tode, also (unerbittlich!): das ist die Flucht vor der Wahrheit. Daher letzten Endes sein majestätisch getarnter Abscheu vor den »krankhaften Sujets« in der Literatur (leider verstand er eben nur Alles darunter, was ihm »das Innre störte«). Und erinnere Dich des unheimlichen Faktums (bei Eckermann) daß Niemand vom »Tode« seines Sohnes August reden durfte; er sagte nur hastig zu Ottilie, und wenns sonst erwähnt wurde: er kommt nicht wieder – – da greifst Du's mit Händen!! –

Du wirst vielleicht eifrige Goetheaner auch von ihm als Wissenschaftler schwärmen hören; dies ist einer ihrer liebenswürdigen und verzeihlichen Wunschirrtümer, und Du siehst den Unterschied ja auch sogleich, wenn Du Goethe mit wirklichen Gelehrten seiner Zeit vergleichst: Gauß, Schopenhauer, Mannert, Grimm, Humboldt, Cuvier, Herschel, etc. – Seine naturwissenschaftliche Tätigkeit war immer nur topographisch (objektiv) und das dilettantisch geheime (museale) Ergötzen an der bunten tonischen Oberfläche; wahre Wissenschaft aber grenzt allenthalben an den Leviathan, und da hätte er sogleich die »glücklichen Augen« fest zu gemacht. Vergegenwärtige Dir hier auch die Farbenlehre mit der Polemik gegen Newton – das Mißverständnis ist heute bekannt genug; aber der Haß ging ja soweit, daß man sogar die Spektrallinien leugnete (was ja auch Schopenhauers Schandfleck ist und bleibt, der bekanntlich vollkommen unvernünftig wurde, wenn darauf die Rede kam). Oder seine uns ganz unbegreiflichen alttestamentarischen Betrachtungen (Wahrheit und Dichtung), die noch völlig im Geiste der mosaischen Theologie des 17. Jahrhunderts befangen sind; vor allem wie unschuldig er noch im Alter über den Quellenwert dachte, naiv und kritiklos, wie ein liebenswürdiges Kind. (Man kann eben einfach nicht Alles sein, und die »Universalgenies« sind nur in frühen Zeiten möglich, wo der Wissensvorrat noch so gering ist, daß fast jeder Schritt Neuland erschließt. – Ein Polyhistor ist ein Anderes; erreichbar; und jeder Autor muß danach streben!)

Und man kann ja nur schmunzeln, wie er 1830 mit Eckermann die effektvolle Komödie aufführt: Alle sprechen von der Julirevolution, und auch der alte Schalk erregt sich kunstvoll ausweichend mit, bis er endlich anbringen kann, daß er ja die Cuvierfehde meine! Und Eckermann – grün und mit Federn, wie Heine sagte – hält das bedeutende Faktum sogleich ehrfürchtig fest. Und die edle Einfalt der Idolatoren beiderseits der Ilm verehrt's noch heute. –

Wind kommt über'n Fjord; es ist Mitternacht geworden. Ich habe im letzten Jahre interessantes Material über terrestrische Refraktion gesammelt, so gut es bei dem ewigen Großalarm und den erbärmlichen Instrumenten möglich war; vielleicht können wir einmal zusammen eine umfassende Untersuchung anstellen: der Gegenstand ist mir ungemein wichtig geworden, da ich eine neue Methode der Ortsbestimmung – rechnerischer Rückwärtseinschnitt über nur 2 (!) Hochpunkte – entwickelt habe. (Besser: entwickeln mußte; denn in diesem unglaublich verzwickten Gelände muß man meist schon glücklich sein, wenn man nur 2 TP's sieht). Habe aber schon exzellente Erfolge damit gehabt, obwohl die Rechnung sehr kompliziert ist. –

Nun, Näheres von all dem, wenn wir uns wieder sehen!

Schreib bald wieder!

Arno

II.

Lieber Werner!

Seit Monaten hat mich keine Nachricht mehr von Dir erreicht: unruhig bin ich darüber. Und ich will deshalb schon antworten – als ob. –

Ich glaube, daß wir über Goethe als Gelehrten und Denker ziemlich einig sind; dennoch könnte ich mir vorstellen, daß das faszinierende Bild des Menschen Goethe Dein Urteil noch immer fälscht. Es ist eben wirklich nichts schwerer, als sich von alten Begriffen und Denkweisen loszumachen (hier liegt der Hauptwert von Revolutionen und Ketzern!), und Götter verdanken ihre Größe nur der Kritiklosigkeit der Gläubigen.

Als einleitende Feststellung zunächst dies:

Bei G. (wie z.B. auch bei F. etc.) die vollkommene Verkennung der Tatsache, daß sie nur eine ganz kleine, vom Glück verwöhnte, Minorität ausmachen, die durchaus nicht gebildeter oder feinfühliger oder begabter als das eigentliche »Volk« ist, deshalb mit den schon mehrfach erwähnten 95% der Wesen fast nichts gemeinsames hat, und bei Vernünftigen (Unverblendeten) nur auf Gleichgültigkeit, oder, besser noch, auf kalte Ablehnung stoßen kann, weil sie es eben, trotz großer Gaben, versäumt (oder absichtlich vermieden) hat, das allgemeine Los des Kreatoriums zu teilen, und uns ehrwürdig zu werden, wie z.B. Anton Reiser (der literarisch ein Hochland für sich ist).

Ein Zitat : »Ich mag mit Bürgern und Bauern nichts zu tun haben, wenn ich ihnen nicht geradezu befehlen kann –« : G. schrieb und dichtete späterhin nur noch im Geiste der vornehmen adligen und reichen Welt (vgl. auch sein geradezu widerliches, sehnsüchtig miauendes Loblied auf den begüterten Geburtsadel im Wilhelm Meister !); auch hat er sich dann, wie es ja seinem Werdegange entspricht, ganz egoistisch kalt zu der allen Aristokraten eigenen Ansicht bekannt, daß nur diese zum Genuß aller Art und dem Spielen mit Kunst geboren seien, die Andern dagegen zum Roboten. Natürlich findet er konsequent in den höheren Ständen »höhere, zartere, feinere Verhältnisse« – das kann er den Nähterinnen bei Greiff erzählen, die's immer so gern lesen, wenn dann der »Graf kummt !«

Die Wahrheit ist natürlich die : Was *wir* erlebt haben (auch schon unsere Väter im ersten Weltkriege – ach, schon im dreißigjährigen und in den Perserkriegen !), das wirft G. hoffnungslos hinter uns zurück ! Seine ernstesten Probleme sind uns Urleidenden nur Parkettgeflüster; da kann er gar nicht urteilen, wenn Männer reden (und auch unsere Frauen !) Und wirf' nicht ein, daß er doch auch die Campagne in Frankreich – Ja, ja : in der Kutsche ! (Nicht wie Musketier Lauckardt : »Da konnte man uns sehn / wie die Zigeuner gehn / halb barfuß und zerrissen / den Kuhfuß weggeschmissen / die Wagen meist verbrannt / so zogen wir durchs Land –«). Manchmal überfiel ihn freilich unwiderstehlich der perverse Kitzel (»imp of the perverse« hats Poe genannt) : auch mal Kugeln bei Valmy pfeifen hören, eh ? Oder – amüsant bei Franz Horn nachzulesen – wie er Rutern bittet ihm doch mal von der Amputation seines Armes und dem Abhacken der großen Zehe zu erzählen : wie sich da »das Gesicht des lieben bequemen Mannes verzog« ! Ei, ei, ei !!

Daß er zu glücklich war, das ist sein persönliches Pech, welches ihn menschlich verhätschelte, und so für die Nachwelt deklassierte; er kennt nur einen Teil des Lebens und der Welt, und zwar den kleineren : deswegen hat er der Mehrzahl der Menschen – Uns – wenig zu sagen ! Klingt hart, wie ?! (Und dabei war dies erst der »allgemeine« Teil meiner Einwände !)

Vielleicht ist Dir auch folgende Überlegung neu : Ein junger Mensch, der ja praktisch nichts kennt, als sich selbst und die eigenen Gefühle, *muß* demzufolge Lyriker sein : Lyrik, das ist die bestrickende Sprache, die bestechendste liebenswürdigste Form des Egoismus. Wenn er aber noch über 30, also wenn er Welt und Wissen hat einigermaßen kennen gelernt, habituell Lyrik produziert, also weiterhin nur sein eignes Seelchen belauscht, dann sei vorsichtig im Verkehr mit ihm. Denn Dichter sein : das heißt in allen Dingen sein (die unter 1000 Mark kosten), mit allen Menschen fühlen (nur den bewußt Vornehmen nicht), in alle Zimmer treten (Antichambres ausgenommen), alle Sprachen sprechen (außer Slang und Sächsisch), alle Wissenschaften durchlaufen (außer Heraldik und rer.pol.) (Und nicht einwenden : G. wäre eben zu feinnervig und mitfühlend dazu gewesen! Mit der Begründung könnte man dann jeden Schwerverwundeten liegen lassen! Als »krankhaftes Sujet« !) – Ein greiser Lyriker wäre ein Ungeheuer! Werner, nimm die Marienbader Elegie zur Hand, und höre den erschütternden Klang des Unvergänglichen : »Ist denn die Welt nicht übrig? Felsenwände / sind sie nicht mehr gekrönt von heil'gen Schatten? / Die Ernte : reift sie nicht? Ein grün Gelände / zieht sich's nicht hin am Fluß durch Busch und Matten? / Und wölbt sich nicht das Überweltlich Große / Gestaltenreiche, bald Gestaltenlose?« – Wie schön wäre es, wenn er das zum Tode eines alten Freundes, oder als Trösteinsamkeit einer greisen Gespielin geschrieben hätte! Aber der Wissende – oh, in scheußlicher Rüstigkeit war der Zahnlose bereit, die um 2 Generationen jüngere Ulrike zu begatten : trotz des geradezu barbarischen Geistes- und Entwicklungsunterschiedes! Immer höre ich seitdem einen wahrhaft minotaurischen Klang darin : die dröhnende gewölbte Klage des Stiergottes, dem es ein Opfer entzog! – Lebensweisheit? Nee, Werner; das kann mir der stärkste Goetheaner nicht behaupten!

Seine Rücksichtslosigkeit war empörend : der junge Fouqué steht und plaudert mit Amalie von Helwig; plötzlich tritt ein »älternder Dikasteriant« ein, geht steif und grußlos dazwischen, und das Hoffräulein lächelt sichtlich geehrt (!), während F. begossen seitab schleichen muß. Das ist die eine Seite; die andere siehst Du beim Spaziergange mit Beethoven im Karlsbade, wie G. formvoll katzbuckelnd vor den Fürstlichkeiten an den Wegrand tritt, und B. kalt, die Hände auf dem Rücken, weiter schreitet (stets habe ich mich, volksbewußt, des löblichen Trotzes gegen alles »hochadlige Geschmeiß« – Voß – gefreut! Und wer sich richtig ans Lernen begibt, dem bleibt zum überbürgerlichen Benehmen gar keine Zeit übrig!). Oder wie er sich von Stieler porträtieren läßt, mit dem allerhöchsten Handschreiben Herrn Ludwigs von Bayernland (deutlich sichtbar die Signatur : wenn er wenigstens noch selbstbewußt den Faust genommen hätte; Beethoven wiederum hat die Missa solemnis in der Hand : voilà un homme!); und 's ist ihm tatsächlich nicht zu lächerlich, Eckermann in sein Antwortschreiben huldvoll zur Belehrung Einblick nehmen zu lassen, damit der Arme doch auch einmal erfährt, wie man so vor den Herren zu proskynesieren hat. – Werner : wer verkehrt schon mit einem König, wenn er E. T. A. Hoffmann haben kann! (Und er *hätte*'s haben können!!).

Der Volksmund nennt so Etwas einen Radfahrer, wie? Und in dieser Hinsicht bin ich sehr Volk!

Über jeden Dreck geriet er in bedeutende Ekstase; jeder antiken Hausfront müßte man »ein jahrelanges Studium widmen können« (wörtlich !). Da pries er verhimmelnd »Sakontala«, »chinesische Romane« und Ähnliches, was unseren europäischen Leistungen gegenüber nur als botanisches Kuriosum zu werten ist; aber um ihn : Fouqué, Kleist, Hoffmann, Grabbe, Tieck : das mochte er nicht »anlesen«. »Meier aus Westfalen«, das war ihm ein sehr begabter junger Mensch (siehe den grünen Herrn) ! Rührend ist es bei Fouqué zu lesen, wie er dem »alten Dichterkaiser«, wie verlangt, Werk um Werk zuschickt, ohne jemals einer Antwort gewürdigt zu werden; F.'s Frau stirbt – und da teilt er es Goethe lieber nicht mit : denn wiederum keine Antwort zu erhalten, hätte ihn jetzt zu sehr verletzt. Fouqué war immerhin ein Mensch; G. aber so brutal egoistisch, daß es oft fast mein Mitleid mit dem Verkarsteten erregt. Ähnlich geschickt wie Friedrich der Große nutzte auch er den Enthusiasmus des Publikums für sich aus; bis er es endlich sogar riskieren konnte, Zeitgenossen (und Nachwelt !) ein solch übel zusammengestückeltes Gemächt wie den 2. Wilhelm Meister als Roman vorzusetzen, und noch ganz offen zu Eckermann äußern zu wagen durfte, das Publikum möge sehen, wie es damit zurecht komme ! Es gibt ja auch heute noch genügend Narren, die selbst seine mittelmäßigen Werke zu Kanons machen wollen – davon noch später.

Als Letztes : Wir, Werner, wissen, was »Flüchtlinge« sind ! Schließe die Augen und laß Dich von dem Schauer überlaufen ! – – Kannst Du Dir nun vorstellen, daß man dergleichen in Hexametern schildert ? Noch behäbiger und bilderbogenmäßiger ging's wohl nicht : oh, ich hätte ihm Etwas von Flüchtlingen und vom Leviathan erzählen wollen ! Aber da hätte er sich sogleich hastig weggewandt, und was »Erhabenes« gemurmelt; 's hätte ihm sonst »das Innere stören« können ! –

Du hast wiederum viel Ungewohntes hören müssen, Werner; aber Du weißt, ich habe immer, wie Danischmend, gegen die kaltherzigen Buben geeifert. Weißt Du noch, wie wir über das Christentum sprachen, und ich Euch die beiden Legenden zur Entscheidung vorlegte : der Nazarener gab den Seinen reichen Fang, daß sie sogleich die übervollen Boote ans Land ruderten – – Pythagoras erkauft von den Fischern die Beute, während das Netz noch unter Wasser liegt : *und läßt die gequälten Tiere frei !* –

In diesem Sinne :

Arno

III.

Lieber Werner!
Immer noch kein Lebenszeichen von Dir. – Nun, es sind ja auch erst ein paar Tage vergangen; aber ich möchte gern den ganzen Anti-Goethe-Komplex rasch loswerden, um mich adäquateren Dingen widmen zu können (d.h. für die wenigen Stundenteile, die mir »zufallen«).

Noch Eins: fühle Dich nicht etwa zu einer Stellungnahme verpflichtet; das hat Zeit, bis wir uns persönlich wiedersehen – ¿ quien sabe? (Könntest Du noch caer konjugieren? – Schrecklicher Mensch, was?!) – Also, avanti:

Das erste Axiom ist für heute: es gibt gar keine »Klassiker«, sondern nur »klassische Werke« (wenn man schon den albernen Begriff weiter behalten will). So ist wohl Faust »klassisch« aber Wilhelm Meisters Wanderjahre eine freche Formschlamperei mit durchschnittlichem Inhalt; und die »Prinzessin Brambilla« ist ein Kunstwerk, und »Hanswursts Hochzeit« und dergleichen, säuische Lappalien, nicht wert der Druckerschwärze. Und ich wiederhole, was ich Euch – Dir und Alice – so oft gesagt habe: es gibt keinen Dichter, der nicht besser nur die Hälfte geschrieben hätte; bei den meisten war ein Viertel schon zu viel. –

Und der zweite Satz lautet: abgesehen von Goethes wissenschaftlich-philosophischen und seelischen Defekten, hatte er als Autor noch den, daß er keinen Roman schreiben konnte. Das ist auch gar keine Schande: Wieland, Poe, Storm, Keller waren völlig unbegabt für's Bühnenspiel, Hoffmann und Stifter für gebundene Rede aller Art, Klopstock hätte sich im Formalen auf Ode, Anekdote und grammatische Gespräche beschränken sollen. Unangenehm für die Nachwelt wird so Etwas aber, wenn der Dichter das selbst nicht merkt, also Wieland sich an der Alceste versucht, Klopstock ein Epos schreibt, und Goethe die Wanderjahre »macht«.

Unter uns Deutschen hat Keiner so tief über die große Prosaform nachgedacht, Keiner so kühn damit experimentirt, Keiner so nachdenkliche Muster aufgestellt, wie Christoph Martin Wieland. Das war ganz natürlich: nur diese Form konnte sowohl die Fülle seiner erdachten und erfahrenen Gestalten, als auch sein umfassendes historisches, literarisches etc. Wissen aufnehmen. Der steifbeinige didaktische Agathon und der preziöse Don Sylvio sind noch ganz im alten Stil; danach aber beginnt er schon (unter manchen Rückfällen – z.B. der redliche Danischmend) die großen Formabenteuer; zunächst zerfällt alles ins anekdotisch zersprochene: die unvergänglichen Abderiten wirbeln über die Agora; und Schach Gebal setzt seine Wahrheit der Dichtung des goldenen Spiegels entgegen.

Noch sind manche unhaltbare Längen und Härten, noch gelingt nur zur Hälfte die ungezwungene Entfachung der Theorie; aber schon die nächste Stufe bringt organisch den wichtigsten Fortschritt : das Gespräch. Denn es ist eine grammatische Selbstverständlichkeit, daß auf den Leser psychologisch viel eindringlicher das lebendige Präsens wirkt, als das stille verhaltene Imperfekt; daher auch die Verzauberung durch Lyrik oder das gar noch optisch zwingende Bühnenspiel : diese beiden aber sind, ihrer wetterleuchtend kurzen Wirkungszeit entsprechend, nicht fähig, gewichtigen umfangreichen geistigen Gehalt aufzunehmen; dies kann nur der Roman. Und Wieland erprobt so die erste der hier technisch anwendbaren Präsensmöglichkeiten : Apollonius von Tyana erzählt in kretischer Felsengrotte; und der noch viel zu wenig gewürdigte Peregrinus Proteus setzt sich mit Lucian in elysische Schatten. Und der Greis noch versucht dies Letzte, Schwierigste, den Briefroman, und es gelingt ihm (neben den »Handübungen« des Menander und Krates) das unnachahmliche Großmosaik vom Aristipp und einigen seiner Zeitgenossen. Denn jeden Brief empfängt ja der Leser selbst in stets erneuerter Gegenwart, aus allen Städten und Provinzen Großgriechenlands spricht es zu ihm, schönste Menschlichkeiten erscheinen ins bedeutend Historische gewoben, und organisch die Erörterungen über Anabasis und Symposion. Der Aristipp ist der einzige wahre »historische Roman«, den wir besitzen, das heißt : der uns lebendiges Wissen gibt. Aurum potabile (Du weißt, ich habe eine Schwäche für den Alten aus Osmannstädt). Dies zum Beispiel für Dich, wie sich ein großer Prosaschreiber lebenslang tiefsinnig um seine Ausdrucksmittel bemüht hat ! (Und was könnte ich noch über seine winzigen Epchen sagen !) –

Bei Goethe ist der Roman keine Kunstform, sondern eine Rumpelkiste : gewaltsam aneinander gepappte divergente Handlungsfragmente, hineingestreute übel an den Hauptfaden geknüpfte Novellen, Aphorismen, einander widersprechende Erziehungsmaximen, allgemeine Waidsprüchlein (totsicher den ungeeignetsten Personen in den Mund gelegt : was läßt er zum Beispiel das rührende Kind Othilie für onkelhaft weltkundige »Gedankensplitter« in ihr Tagebuch schreiben ! – vom fragwürdigen Wert mancher Bemerkungen noch ganz zu schweigen !) – Das beste Beispiel sind die Wanderjahre : hier hat er so recht die Schubladen ausgekehrt : Quer durch die Eifel sagen wir Soldaten ja, wenn dem Feldkoch wunderlichste Eintöpfe entwischt sind. Vergleiche nur einmal die berüchtigten »Wanderjahre« mit einem der Muster dieser Kunstgattung, z.B. Dickens' »Bleakhaus« oder »Master Humphrey's Clock«, dann siehst Du den Unterschied ohne sonderliche Erläuterung (daher rührt auch z.B. Poe's, des großen Künstlers, Abneigung gegen Goethe) –

Ich will mir für Dich die Mühe machen, und Dir einige Beispiele aus dem Meister (ML, und MW) und den Wahlverwandtschaften (W) zusammensuchen, obgleich mich solche Arbeiten anstinken.

Zum Formalen : Die Übergänge zwischen den Kapiteln sind oft derart primitiv, daß ein Primaner, der Etwas auf sich hält, sich ihrer schämen würde, z.B.

1.) ML I, 11 »Es ist nun Zeit, daß wir auch die Väter unserer beiden Freunde näher kennen lernen«, eine noch nacktere und geistlosere Wendung kann man kaum machen !
2.) ML I, 17 »Dieses und Mehrers wurde noch unter ihnen abgehandelt..«, Plattheiten sind das, Werner, Plattheiten : Faulheit eines diktierenden Schriftstellers, der sich aus vornehmem Überdruß ins banal Formelhafte flüchtet.
3.) ML V, 14 »... und führte ein wunderbares Gespräch mit ihm, das wir aber, um unsere Leser nicht mit unzusammenhängenden Ideen und bänglichen Empfindungen zu quälen, lieber verschweigen als ausführlich mitteilen ..« Was soll man zu so einer bequemen Schlußbemerkung sagen ? »Quält« er denn den Leser nicht ohnehin mit diesen ganzen »unzusammenhängenden« Schicksalen ? Und führt er nicht sonst genügend Überfälle, Brände etc. auf, die ja hinreichend »bängliche Empfindungen« wecken könnten ?
4.) ML V, 16 (Dichter Anfang, 's ist mir zu länglich zum Abschreiben) – aber welch elender Schluß ist das wieder ! Wie leicht hätte er mit dem geringsten Aufwande von Erfindungsgabe – ach was sag ich Erfindungsgabe : ein Federzug, so wars geschehen.
5.) MW II, V ist ja nur noch stichwortartige Inhaltsangabe eines dürftigen Planes.
6.) MW II, 7 dito – ach, es wird mir zu albern; ich bin meine Arbeitskraft ernsteren Gegenständen schuldig, als der Analysis dieses Flickwerkes

Zum Inhalt :

1.) Hast Du Dich schon jemals des Lachens über die wahrhaft hintertreppenmäßige Auflösung des Mignon=Kindes enthalten können : der wahnsinnige Harfner Augustin hat sie mit seiner Schwester gezeugt ! Natürlich anschließend die wundersamsten »zufälligen« Zusammentreffen mit Seinem Bruder etc. (Die Geheimbünde nicht zu vergessen). – Hier sinkt Goethe nun wirklich auf das Niveau der geistlosesten Schauerromane herab, eben »Vulpius' Schwager« ! –
2.) Seit wann fragt ein junger, zum ersten Male Liebender »hoffnungsvoll« die Geliebte, »ob er sich nicht Vater glauben dürfe« !!! – Freilich,

für Goethe, der von klein auf hübsch regelmäßig seine Bordelle besuchte (oder, wie er es ausdrückte, »zum Maidlein« ging) ist solche Vorstellungsart recht gemäß, »naiv«, »natürlich«. – Aber die erste Liebe, Werner – Du bist 19 Jahre; und für einen edel gearteten Jüngling gibt es ja zunächst gar nichts Widerlicheres als die Vorstellung der Manipulationen, unter welchen man Vater zu werden pflegt. Die Liebe des Künstlers, Johannes Kreislers – still. (Aber bewahre Dir diese Reinheit der Gesinnung; wenn möglich, trotz Deiner jetzigen Umgebung, dieser »Schule der Mannheit«, wie sich der Saustall Militär unter anderem auch zu nennen beliebt).

3.) Nebenbei noch die Frage : wer schreibt in einem glühenden Liebesbrief, daß »Einem« während des Schreibens die Augen 2, 3 Mal zugefallen sind ?

4.) »Es schwindelt mir, es brennt mein Eingeweide (sic !)« – ein metzgermäßiges Bild, und ungemein passend zu dem folgenden »nur wer die Sehnsucht kennt..«, wie ? – Abgeschmackt ist es, Werner; Götzendiener mögen Mist für Gold erklären; es ist Zeit, daß dies einmal aufhört !

5.) »Montan«, »Mittler«, die »Schöne-Gute«. – Wenn Einer schon mit »sprechenden Namen« anfängt ! Damit gesteht man den absoluten Bankerott der Phantasie ein (wie im Mittelalter, wo auch jeder Figur ein Spruchband aus dem Halse hing).

6.) Erziehungsmaxime a) (W, II, 7) : »Männer sollten von Jugend auf Uniform tragen, weil sie sich gewöhnen müssen, zusammen zu handeln, sich unter Ihresgleichen zu verlieren, in Masse zu gehorchen ...«
Erziehungsmaxime b) (MW, II, 3) : ».. denn der Uniform sind wir durchaus abgeneigt : sie verdeckt den Charakter und entzieht die Eigenheiten der Kinder ...«

Hätte man nur auch ihn nach dieser sauberen Regel a) behandelt : in der Normalarmut aufgewachsen und erzogen; früh das »rote Halsband« umgelegt; und dann so 10 Jahre lang Dreck, Elend und Tod aller Art, vor Allem ohne jede Hoffnung und Aussicht auf Erlösung – oh, da kann ich rot sehen, wenn so Einer noch unverschämt wird : welch typisch bornierte und arrogante Ministerfrechheit, den Massengehorsam zu verlangen, und durch die brutalsten äußeren Mittel schon von Jugend an durchsetzen zu wollen ! Das ist der Standpunkt des späten Goethe=Schigalew : die Diktatur der Adelselite, der Rest in ameisigen geistigen Schlaf versenkt. – Der rechte Verehrer Goethes findet natürlich a) *und* b) höchst tief gedacht, und Beides richtig, und überhaupt jedes Mal eine Entschuldigung. Für Uns erübrigt sich eine Erörterung. –

Du kannst die Serie dieser Einzelheiten beliebig lang selbst fortsetzen – der schneidermäßige Einfall einer Prosaübersetzung des Hamlet (wie ehrwürdig stehen hier Tieck und Schlegel gegen ihn da!) – die lachhaften Versuche, aus dem Imperfekt ins Präsens zu wechseln, wenn es dann »bewähcht« werden soll: seine Prosa ist fast keiner Veränderungen im Tempo fähig! – die »Tüchtigkeit«, die zum Schluß überall sächsisch geschäftig durchbricht (wie Münzner: Lahdies un Schännelmänn, oh Gott, das Kalb!): wie selbst die artig-unartige Philine nur noch Alles zerschneiden will, und immer eine Schere am Gürtel trägt. – Goethe als Psychologe: kann allenfalls der Titel einer Doktorarbeit sein; aber neben Wirklichen (Dostojewski, Moritz) darf man ihn gar nicht einmal nennen; die sind eine Stufe der Seele höher. Natürlich sind schöne Gedichte und einzelne »bedeutende« Worte darin; aber das hätte sich in einem Werke vom Umfang des »Werther« wesentlich besser ausgenommen!

Der nämlich ist (trotz O. Heuschele und seinem edel schtilisierten Geschwäbele über die Wahlverwandtschaften) das eigentlich wertvolle Stück Goethescher Prosa; »freilich war es ein guter Stoff, und man kann nicht einmal sagen, daß der Dichter Alles daraus gemacht hätte, was darinnen lag; aber doch, der Werther ist gut und wird Dir gefallen.« (Ist ein Zitat; – na, woher?!). Ansonsten scheinen sich bei Goethe Naturgefühl und Bildkraft, wie so unvergänglich in der Lyrik oder im Faust manifestiert, eben völlig in die gebundene Rede geflüchtet zu haben. –

Und wenn Du mich nun, am Ende, fragst, was denn, meinem Urteil nach, von dieser merkwürdigen Erscheinung für uns menschlich und künstlerisch nahe bleibt, so antworte ich Dir langsam und nachdenklich, was Ludwig Tieck seine gelehrten Gesellschafter auf die meisten Zettel schreiben läßt: »der junge Goethe«! Und Manche hatten sogar hinzugefügt: »Ehe er Frankfurt verließ«! Welchem sich anschließt:

Dein: Arno.

Anmerkung: Werner Murawski, geb. 29.11.1924 in Wiesa bei Greiffenberg/Schlesien, der einzige Bruder meiner Frau, fiel am 17.11.1943 bei Smolensk.

Herrn Professor Doktor
K. Bremiker
Potsdam
Geodätisches Institut – Helmertturm.

Sehr geehrter Herr Professor!
Ich erlaube mir, Ihnen, dem Herausgeber der bisher besten siebenstelligen Logarithmentafel, den Entwurf zu einer neuen vorzulegen – vergeben Sie mir, dem Unbekannten, den Stolz, daß ich hinzuzufügen wage: einer Neuen und weit Vollkommeneren; deren Erfindung mir aber möglich war, weil ich, im Gegensatze zu Ihnen, dem führenden Fachwissenschaftler, jahrelang Scharfsinn und Arbeitskraft auch an dies untergeordnetere Problem der Mathematik wenden konnte.

Die kurze Vorrede und drei charakteristische Probeseiten mit einem Rechenbeispiel werden für Sie völlig hinreichen, um sich in wenigen Viertelstunden über den Wert meiner Neuerungen klarzuwerden, d. h. zumal der Einführung von sigma und tau, und der neuen horizontalen Proportionalteile. – Das viele hundert Seiten starke zum Druck fertige Manuskript liegt in meinem Schreibtische.

Ich habe bisher zweimal versucht, einen Verleger für meine Arbeit zu finden: K. Wittwer in Stuttgart, und Charles T. Powner in Chicago (Lektor William W. Johnson, Cleveland, Ohio); Beide mußten, unter voller Anerkennung meiner Leistung aus finanziellen und technischen Schwierigkeiten ablehnen.

Um unserer großen wissenschaftlichen Tradition gerade auf diesem Gebiete willen, und in Anbetracht der Lücken, welche der letzte Krieg auch hier in den Tafelbeständen gerissen hat, bitte ich Sie, Herr Professor, wenn Sie die Überzeugung gewonnen haben werden, daß mein Buch die Vervielfältigung durch den Druck in hohem Maße verdient, Ihre entscheidende Stimme für es zu erheben. – Ich erwähne noch, daß ich Ihnen natürlich nur die entscheidenden großen Erfindungen hier vorlege; die Zahl der kleinen Verbesserungen ist ebenfalls ganz erheblich. –

Ich verbleibe in Erwartung Ihrer Antwort
Ihr Ihnen sehr ergebener
Arno Schmidt

1.) Beilage

Vorwort

Seit über 150 Jahren ist an der Anordnung der siebenstelligen Logarithmentafeln fast nichts Wesentliches mehr geändert worden. Das Zahlenmaterial war bereits durch Gardiner unverbesserlich fixiert worden; Buchformat, Ziffernschnitt und -größe und Seitenzahl (600–700) durch die Bedürfnisse der Praxis aufs Handlichste festgelegt, und im trigonometrischen Teil das Intervall von 10″ als das Übersichtlichste und Günstigste erkannt worden; obgleich oftmals Klagen darüber laut wurden, daß dann der größte Teil der die Interpolation so außerordentlich erleichternden PP-Täfelchen entfallen mußte. Um diesem Übelstand wenigstens zum Teil abzuhelfen, und für sehr kleine Winkel die S/T-Methode einführen zu können, wurde das Intervall in den ersten Graden auf 1″ vermindert; dennoch mußte selbst der gewissenhafte, für seine ausgezeichnete Tafel jeden Umstand mit größter Sorgfalt erwägende, Bremiker zugeben, daß er sich eine völlig befriedigende Lösung der Interpolationsfrage nur durch Fortführung des 1″-Intervalles durch den ganzen Quadranten denken könne. Es blieb also praktisch nur die Wahl zwischen einem unhandlichen und unübersichtlichen Buch (Taylor) oder den klassisch klaren 700 Seiten Bremikers, denen aber im trigonometrischen Teil gut zwei Drittel der erforderlichen PP-Täfelchen fehlten. Durchdrungen von diesem Übel edierte Schrön – leider in schlechter Type – seine Tafel und hängte ihr eine ausgedehnte Interpolationstafel an; wo aber wiederum, des nun unausgesetzten unmäßigen Suchens und Blätterns wegen, kein Rechenvorteil entsteht. Alle Folgenden (z.B. Bruhns) fügten dem Bremikerschen Standardwerke lediglich bald einen trennenden Querstrich mehr hinzu, dehnten das 1″-Intervall um einen Grad weiter aus, gaben S und T mit 8 Stellen an, oder gebärdeten sich ähnlich originell; ohne jedoch auch nur einen Schritt weiter zur Lösung des doch klar erkannten Hauptproblems zu tun, nämlich:

> im trigonometrischen Teil unter Beibehaltung des Intervalles von 10″ (und also annähernd gleicher Seitenzahl des Buches!) für jede außerhalb des Zuständigkeitsbereiches von S und T auftretende Differenz auf der betreffenden Seite selbst ein gut lesbares PP-Täfelchen zu geben. –

Überdies blieben noch einige kleinere Übelstände zu beseitigen; z.B. war – trotz S und T – im Falle daß der Logarithmus einer Funktion gegeben und der zugehörige extreme Winkel gefordert sei, der Lösungsgang wegen des zweimaligen umständlichen Suchens (Im Irrgarten der ersten trigonometrischen Seiten, und anschließend in den amorphen Fußrahmen der Seiten des Zahlenteiles) noch viel zu schwerfällig und zeitraubend; für Winkel unter 1000″ erschienen S und T unverständlicherweise viele Seiten (bis zu 180) von der Stelle getrennt, wo der genaue siebenstellige Sekundenwert entnommen werden muß, usw. usw. –

Die Einführung der neuen Hilfsfunktionen sigma und tau, durch welche das ganze S/T-Verfahren erst seinen organischen Abschluß findet, ermöglichte es, die bisher raumverschlingenden Seiten der extremen Winkelbereiche des Quadranten ganz entfallen zu lassen. Da alle 4 Reihen der Hilfswerte S, sigma, T und tau von Sekunde zu Sekunde angegeben werden, entfällt nun auch jede Interpolation; für Winkel unter 1000″ gelten die Werte unter dem Doppelstrich, und zwar für die ganze betreffende Seite.

Von 2°–12° (bzw. 78°–88°) wurden, um endlich für jede Differenz ein PP-Täfelchen geben zu können, anstatt der alten starren Zehnteilung der Differenz, die genauen Abstände der einzelnen Sekunden (die ja der alten PP-Reihe fast genau gleich sind) eingeführt. Hierdurch hat die Tafel nicht nur höheren Rang gewonnen – da einfache Addition eines einzelnen der »neuen« PP ja den exakten siebenstelligen Wert der Sekunde ergibt – sondern es wird auch, da das PP-Täfelchen unmittelbar daneben steht, (also auch keine Differenz mehr abgelesen zu werden braucht, und jedes Suchen entfällt) eine ganz wesentlich größere Rechengeschwindigkeit erreicht. – Von 12°–78° wurde die schon seit langem vom Zahlenteil her gewohnte, weit straffere Anordnung der Logarithmen eingeführt, die keinerlei Nachteile gegenüber der alten raumvergeudenden Manier mit sich bringt; auch hier wird natürlich für jede auftretende Differenz ein PP-Täfelchen gegeben, was in den alten Tafeln erst ab 26° der Fall ist.

Da die Wahrscheinlichkeit, mit einer siebenstelligen Tafel ein der Wahrheit möglichst angenähertes Resultat zu erreichen, mit der Anzahl der auf 7 Stellen abgerundeten Werte steigt, wurden, wie in allen älteren Tafeln, konsequenterweise auch abgerundete PP verwendet, welche nicht nur die Interpolation beschleunigen, sondern auch größeren, bequemer ablesbaren Druck ermöglichen. Die Rechengenauigkeit gewinnt kaum durch die scheinbare Verfeinerung der seit Bremiker eingeführten dezimal unterteilten PP. –

Wohl jeder Rechner, der einmal mit der einzigen leidlich brauchbaren zehnstelligen Tafel – Vega's Thesaurus Logarithmorum – arbeiten mußte, hat die Notwendigkeit der Kombination der zehnstelligen Logarithmen mit einer großen siebenstelligen Tafel eingesehen; denn nur so kann bei den hier auftretenden stets sieben- oder sechsstelligen ersten Differenzen rasch und sicher genug interpoliert werden. Nun aber sind – abgesehen von der praktisch bedeutungslosen geringen Unsicherheit der Vega'schen Endziffer – die von ihm gegebenen Formeln zur Berücksichtigung der zweiten

Differenzen nicht nur abstoßend schwerfällig, sondern zum Teil sogar falsch! (Siehe Thes. Log. S. 630, Formeln II und IV der zweiten Abteilung); die Behandlung kleiner Winkel unzulänglich, und zumindest völlig veraltet. Aus diesen Gründen, und vor allem auch infolge der Unzugänglichkeit des allmählich schon selten werdenden Buches, mußte das immer wertvolle Zahlenmaterial gerettet, und mit korrekteren und (soweit auf dem ungleich begrenzteren Raume möglich) auch brauchbareren Rechenhilfsmitteln versehen werden. Auch diese Aufgabe ist, wie jeder Vergleich mit dem Thes. Log. zeigen kann, völlig befriedigend gelöst worden. –

Die Hilfstafeln sind auf ein Mindestmaß reduziert. Zur Kritik des Thes. Log. sei besonders auf die Tafel der neuen Hilfsfunktionen, Log F σ – F τ, hingewiesen, welche für etwa 70 der alten Folioseiten steht. Die herausnehmbare doppelseitige Tafel wird im Gebrauch als äußerst wertvoll empfunden werden. –

Das Zahlenmaterial wurde folgenden Quellen entnommen:

1.) siebenstellige Logarithmen aus Bruhns und Bremiker,

2.) zehnstellige aus Vega und Vlack,

3.) alle neuen Werte wurden sorgfältig durch Reihen berechnet. –

Das Ergebnis aller Verbesserungen ist, daß der Benützer an Stelle der bisherigen ungenügend durchdachten, völlig unzureichend mit PP-Täfelchen versehenen und in schwierigen Winkelbereichen schwerfälligen 700 Seiten starken Tafel, auf ganz wesentlich geringerem Raume (500 Seiten!) zwei nunmehr vollständige sieben- und zehnstellige Tafeln erhält, ein wahrhaft »Neues Handbuch«, durch welches zumindest die bisher erstarrte Entwicklung der hochstelligen Tafeln wieder in Fluß gebracht werden dürfte.

Log ctd

Sin	Cos
639	589
868	231
743	863
281	485
509	097
446	698
120	289
547	870
757	441
770	001
606	551
288	091
839	621
282	141
638	650
933	149
180	638
014	645
799	735
344	815
678	885
814	945
773	994
569	033
Cos	Sin

P.P.

1	2	3	4	5	6	7	8	9
603	1205	1808	2411	3013	3616	4218	4820	5423
602	1204	1806	2408	3009	3611	4213	4814	5415
601	1202	1803	2404	3005	3606	4207	4807	5408
601	1201	1801	2401	3001	3601	4201	4801	5401
599	1199	1798	2397	2997	3596	4195	4794	5393
599	1198	1796	2395	2993	3592	4190	4788	5386
598	1196	1794	2391	2989	3586	4184	4781	5378
597	1194	1791	2387	2984	3581	4177	4774	5370
596	1192	1788	2384	2980	3576	4172	4768	5363
595	1191	1786	2381	2976	3571	4166	4761	5356
558	1117	1675	2234	2792	3350	3909	4467	5025
558	1116	1673	2231	2789	3346	3904	4461	5018
557	1114	1671	2228	2785	3342	3899	4455	5012
1	2	3	4	5	6	7	8	9

P.P.

2°

'	"	Sin	Cos	"	'
0	0	8.542 8192	9.999 7354	0	60
	10	8.543 4217	9.999 7346	50	
	20	8.544 0234	9.999 7339	40	
	30	8.544 6242	9.999 7331	30	
	40	8.545 2243	9.999 7324	20	
	50	8.545 8234	9.999 7317	10	
1	0	8.546 4218	9.999 7309	0	59
	10	8.547 0194	9.999 7302	50	
	20	8.547 6161	9.999 7294	40	
	30	8.548 2120	9.999 7287	30	
	40	8.548 8071	9.999 7280	20	
	50	8.549 4013	9.999 7272	10	
2	0	8.549 9948	9.999 7265	0	58
	10	8.550 5874	9.999 7257	50	
	20			40	
	30			30	
	40			20	
	50			10	
3	0			0	57
	10			50	
	20			40	
	30			30	
	40			20	
	50			10	
4	0			0	56
	10			50	
	20			40	
	30			30	
	40			20	
	50			10	
5	0			0	55
	10			50	
	20			40	
	30			30	
	40			20	
	50			10	
6	0			0	54
	10			50	
	20			40	
	30			30	
	40			20	
	50			10	
7	0			0	53
	10			50	
	20			40	
	30			30	
	40			20	
	50			10	
8	0			0	52
	10			50	
	20			40	
	30			30	
	40			20	
	50			10	
9	0			0	51
	10		9.999 6934	50	
	20	8.575 3341	9.999 6926	40	
	30	8.575 8932	9.999 6918	30	
	40	8.576 4515	9.999 6910	20	
	50	8.577 0091	9.999 6902	10	
10	0	8.577 5660	9.999 6894	0	50
'	"	Cos	Sin	"	'

P.P.

	7		8
1	1	1	1
2	1	2	2
3	2	3	2
4	3	4	3
5	3	5	4
6	4	6	5
7	5	7	6
8	6	8	6
9	6	9	7

87°

2°

P.P. — LOG CTD.

′	″	TAN	CTG	″	′	1	2	3	4	5	6	7	8	9	TAN	CTG
0	0	8.543 0838	11.456 9162	0	60	604	1207	1811	2414	3017	3621	4224	4827	5430	050	950
	10	8.543 6871	11.456 3129	50		602	1205	1808	2410	3013	3615	4217	4820	5422	637	363
	20	8.544 2895	11.455 7105	40		602	1204	1806	2407	3009	3610	4212	4813	5415	880	120
	30	8.544 8911	11.455 1089	30		601	1202	1803	2404	3005	3605	4206	4807	5407	746	204
	40	8.545 4918	11.454 5082	20		601	1201	1801	2401	3001	3601	4201	4801	5400	412	588
	50	8.546 0918	11.453 9082	10		599	1199	1798	2397	2996	3595	4194	4793	5392	748	252
1	0	8.546 6909	11.453 3091	0	59	598	1197	1796	2394	2992	3591	4189	4787	5385	831	169
	10	8.547 2892	11.452 7108	50		598	1195	1793	2391	2988	3585	4183	4780	5377	677	323
	20	8.547 8866	11.452 1134	40											316	684
	30	8.548 4833	11.451 5167	30											769	231
	40			20											055	945
	50			10											197	803
2	0			0	58										218	782
	10			50											141	859
	20			40											988	012
	30			30											784	216
	40			20											542	458
	50			10												
3	0			0	57											
	10			50												
	20			40												
	30			30												
	40			20												
	50			10												
4	0			0	56											
	10			50												
	20			40												
	30			30												
	40			20												
	50			10												
5	0			0	55											
	10			50												
	20			40												
	30			30												
	40			20												
	50			10												
6	0			0	54											
	10			50												
	20			40												
	30			30												
	40			20												
	50			10												
7	0			0	53											
	10			50												
	20			40												
	30			30												
	40			20												
	50			10												
8	0			0	52											
	10			50												
	20			40												
	30			30												
	40			20												
	50			10												
9	0			0	51										369	631
	10			50											064	936
	20			40											529	471
	30	8.576 2014		30											793	207
	40	8.576 7605	11.423 2395	20											869	131
	50	8.577 3189	11.422 6811	10		559	1117	1676	2234	2793	3351	3909	4468	5026	779	221
10	0	8.577 8766	11.422 1234	0	50	558	1116	1674	2231	2789	3347	3904	4462	5019	536	464
′	″	CTG	TAN	″	′	1	2	3	4	5	6	7	8	9	CTG	TAN

87° — P.P.

1000 - 1050

n.	0	1	2	3	4	5	6	7	8	9
100	000	775	215	330	128	618	807	706	321	662
101	738	556	125	454	550	422	079	529	780	840
102	718	421	958	337	566	654	608	436	147	748
103	247	653	973	215	388	498	554	564	535	476
104	393	295	190	084	987	904	845	817	826	882
105	991	160	398	712	109	596	182	873	677	601
106	653	839	167	645	280	078	047	194	527	052
107	777	708	854	220	814	643	713	033	609	447
108	555	940	608	566	822	382	253	441	954	798
109	979	506	384	619	220	192	541	276	401	924

+d	0	1	2	3	4	5	6	7	8	9
3.3	368	359	350	342	333	324	316	307	298	290
	281	273	264	255	247	238	230	221	213	204
	195	187	179	170	162	153	145	136	128	119
	111	102	094	086	077	069	060	052	044	035
	027	019	010	002	$\bar{9}$94	$\bar{9}$85	$\bar{9}$77	$\bar{9}$69	$\bar{9}$60	$\bar{9}$52
3.2	944	935	927	919	911	902	894	886	878	870
	861	853	845	837	829	821	812	804	796	788
	780	772	764	756	747	739	731	723	715	707
	699	691	683	675	667	659	651	643	635	627
	619	611	603	595	587	579	571	563	555	548

N.		0	1	2	3	4	5	6	7	8	9
1000	000	0000	0434	0869	1303	1737	2171	2605	3039	3473	3907
01		4341	4775	5208	5642	6076	6510	6943	7377	7810	8244
02		8677	9111	9544	9977	$\bar{0}$411	$\bar{0}$844	$\bar{1}$277	$\bar{1}$710	$\bar{2}$143	$\bar{2}$576
03	001	3009	3442	3875	4308	4741	5174	5607	6039	6472	6905
04		7337	7770	8202	8635	9067	9499	9932	$\bar{0}$364	$\bar{0}$796	$\bar{1}$228
05	002	1661	2093	2525	2957	3389	3821	4253	4685	5116	5548
06		5980	6411	6843	7275	7706	8138	8569	9001	9432	9863
07	003	0295	0726	1157	1588	2019	2451	2882	3313	3744	4174
08		4605	5036	5467	5898	6328	6759	7190	7620	8051	8481
09		8912	9342	9772	$\bar{0}$203	$\bar{0}$633	$\bar{1}$063	$\bar{1}$493	$\bar{1}$924	$\bar{2}$354	$\bar{2}$784
1010	004	3214	3644	4074	4504	4933	5363	5793	6223	6652	7082
11		7512	7941	8371	8800	9229	9659	$\bar{0}$088	$\bar{0}$517	$\bar{0}$947	$\bar{1}$376
12											
13											
14											
15											
16											
17											
18											
42											
43											
44											
45											
46		5317	5732	6147	6562	6977	7392	7807	8222	8637	9052
47		9467	9882	$\bar{0}$296	$\bar{0}$711	$\bar{1}$126	$\bar{1}$540	$\bar{1}$955	$\bar{2}$369	$\bar{2}$784	$\bar{3}$198
48	020	3613	4027	4442	4856	5270	5684	6099	6513	6927	7341
49		7755	8169	8583	8997	9411	9824	$\bar{0}$238	$\bar{0}$652	$\bar{1}$066	$\bar{1}$479
1050	021	1893	2307	2720	3134	3547	3961	4374	4787	5201	5614
N		0	1	2	3	4	5	6	7	8	9

	435	434	433
1	43	43	43
2	87	87	87
3	131	130	130
4	174	174	173
5	217	217	217
6	261	260	260
7	305	304	303
8	348	347	346
9	391	391	390

	432	431	430
1	43	43	43
2	86	86	86
3	130	129	129
4	173	172	172
5	216	215	215
6	259	259	258
7	302	302	301
8	346	345	344
9	389	388	387

	429	428	427
1	43	43	43
2	86	86	85
3	129	128	128
8	336	335	334
9	378	377	376

	417	416	415
1	42	42	41
2	83	83	83
3	125	125	125
4	167	166	166
5	209	208	207
6	250	250	249
7	292	291	291
8	334	333	332
9	375	374	373

S 4.685	$+\sigma''$	T 4.685	$-\tau''$
5732	0,004	5783	0,008
5732	0,004	5783	0,008
5732	0,004	5783	0,008
5732	0,004	5783	0,008
5732	0,004	5783	0,008
5731	0,004	5783	0,008
5731	0,004	5783	0,008
5731	0,004	5783	0,008
5731	0,004	5783	0,008
5731	0,004	5783	0,008
5731	0,004	5783	0,008
5731	0,004	5783	0,008
5731	0,004	5784	0,008
5731	0,004	5784	0,008
5731	0,004	5784	0,008
5731	0,004	5784	0,008
5731	0,004	5784	0,008
5731	0,004	5784	0,008
5731	0,004	5784	0,008
5730	0,004	5786	0,009
5730	0,004	5786	0,009
5730	0,004	5786	0,009
5730	0,004	5786	0,009
5730	0,004	5786	0,009
5730	0,004	5786	0,009
5730	0,005	5786	0,009
5730	0,005	5786	0,009
5730	0,005	5786	0,009
5748	0,0000	5749	0,0000

Rechenbeispiel

(Es wird nur das von den bisher üblichen Methoden abweichende σ-τ-Verfahren erläutert)

siebenstellige Logarithmen – extreme Winkelbereiche – Log. $F\alpha$ gegeben, α'' gesucht.

$$
\begin{array}{rcl}
7.688\,8478 - 10 & = & \log\tan\alpha \\
4.685\,5749 - 10 & = & K \\
\hline
3.003\,2729 & = & \log x'' \\
1007{,}564 & = & x'' \\
-0{,}008 & = & \tau \\
\hline
1007{,}556 & = & \alpha'' = 16'\,47{,}556''
\end{array}
$$

Von dem gegebenen Log wird stets stereotyp die Konstante $K = \log \operatorname{arc} 1'' =$ $(4.685\,5749 - 10)$ subtrahiert; der Rest ist der Log des Näherungswertes x in Sekunden, wozu aus der Zahlentafel der siebenstellige Numerus bestimmt wird. Von diesem wird der der gleichen Zeile rechts ohne Interpolation zu entnehmende Wert von τ subtrahiert; das Ergebnis ist α in Sekunden. (Die Verwandlung von Sekunden in Grad, Minuten, etc. erfolgt mit Hilfe der erwähnten herausnehmbaren Tafel). –

Im Falle, daß der gegebene Log hätte Log sin α bedeuten sollen, wäre lediglich $\sigma = 0{,}004$ zu addieren gewesen, d.h. $\alpha = 16'47{,}568''$.

Ein Vergleich mit dem bisher üblichen Verfahren zeigt den durch die Einführung der neuen Hilfsfunktion erzielten großen Zeitgewinn.

Herrn Professor
Johann Gustav D r o y s e n
B e r l i n
Universität

Sehr geehrter Herr Professor!
Ich habe in meiner Jugend mit tiefem Interesse Ihren »Alexander« gelesen, und ihm mannigfache Belehrung und Erbauung verdankt; auch später hat mich das Thema wiederholt beschäftigt, obwohl ich ihm nie meine volle Arbeitskraft zuwenden konnte oder wollte. –

Ich habe das Glück gehabt, an der letztjährigen Expedition der Egyptian Archeological Society, Kairo, welche sich die Fixierung des Karawanenweges von Koptos nach Berenike zum Ziel gesetzt hatte, teilnehmen zu dürfen. Noch liegt der offizielle Bericht, der etwa drei Bände Text und einen Bild- und Atlasband umfassen dürfte, nicht vor; ich habe jedoch von Dr. Hassanein Ibn Achmed, MRAS, die Erlaubnis erhalten, Ihnen, als einem der besten Kenner des Gegenstandes, vorweg eine Kopie des Papyrus II vorzulegen.

Meiner – obwohl wie bereits oben begründet : laienhaften – Ansicht nach, liegt hier ein äußerst wichtiges Dokument vor, zumal das (beim Hydreuma des Apollon aufgefundene) Original nach dem Urteile unserer Fachleute aus den ersten Jahren der Regierung des Ptolemaios Philadelphos stammen soll. Ich habe, nach verhältnismäßig flüchtiger Einsichtnahme, nichts feststellen können, was Zweifel an der Echtheit des Stückes zu erwecken vermöchte. Höchst bemerkenswert ist aber wohl die durchaus negative Tendenz des Ganzen, gemäß welcher Alexander in wahrhaft schwefligem Lichte erscheint; doch haben mich die politischen Ereignisse der letzten Lustra immerhin soweit vorsichtig gemacht, daß mir auch diese subjektive Perspektive vertretbar erscheint. Aus dieser Stimmung heraus habe ich den Untertitel hinzugefügt. –

Ich bitte Sie, Herr Professor, zunächst noch nichts Öffentliches hierüber zu verlautbaren; wohl aber fühlte ich mich verpflichtet, Ihnen diese neue Quelle als Erstem zugänglich zu machen; damit Sie dann, nach dem Erscheinen unseres Berichtes, sogleich entscheidend Stellung zu nehmen vermögen.

Ich verbleibe inzwischen mit vorzüglicher Hochachtung
Ihr sehr ergebener
Arno Schmidt

An die Exzellenzen
Herren
Truman (Roosevelt),
Stalin,
Churchill (Attlee)

Jalta, Teheran, Potsdam.

8 c 357 8xup ZEUs !

id 21v18 Pt 7 gallisc 314002a 17 ? V 31 GpU 4a 29, 39, 49 ? mz 71Fi16 34007129 pp 34 udi19jem 13349 bubu WEg !

Muff 19 exi; 16 enu 070 zIm 4019 abs12c 24 spü, 43 asti siv 13999 idle 48, 19037 pem 8 pho 36. 1012 sabi FR26a FlisCh 26 : iwo – 18447 g7 gg !

Glent 31, glent 14 Po

Arno Schmidt

Herrn
Dr. Walter Ziesemer
Berlin–Leipzig–Wien–Stuttgart
Bongs goldenes Klassikerheim

(Weiter zu geben an Hans Kasten, Bremer Liebhaber;
Joseph Kürschner etc. etc.)

Herr Doktor ! (Nichts von »sehr geehrt«; könnt's nicht verantworten !) Manchmal – – in einer funkelnden Stunde; und die ästhetischen Eckensteher schlafen seit hundert Jahren : oh, es muß geistiger Mai sein; Wind, abendlicher, kommt entgegen wie ein schlanker Knabe mit Lampen in den Händen, und man kann Menschen zeichnen und Dinge, Alles, wie Meindert Hobbema – kennen Sie die »Allee von Middelharnis« ? – –

Manchmal – – drüben in der literarischen Bauhütte nieten sie Daten und kulturhistorisches Gewölle aneinander; aber der Pfad führt unten, an Westermann's Teichen vorbei, und dann den Landweg nach Borg (wo Frau Hinz die Magermilch gegen Marken verkauft), wo die Birkenschleier wehen, wie der von Frau Minnetrost –. Alearda; Illinor; Undine (*die* war aus Minden : wissen Sie das ?) – –

Manchmal – – (Einmal !!) – hat Einer die Gelegenheit seines Lebens, vor der einem rechten Kerl das ganze Herz aufgehen müßte : schreibt da der Verlag Bong, man solle eine Fouqué-Auswahl herausgeben. »Einleiten«; »bevorworten«; »ein Lebensbild schreiben«; endlich einmal etwas zum »Zauberring« sagen, oder zum »Alethes« (*den* haben Sie nicht gekannt ! Kein Wort dagegen ! Und halten Sie Hände und Wortöffnung ruhig, sonst werd' ich jetzt schon grob !)

Ich will noch weiter nichts sagen, wenn Einer aus Geldmangel oder Ungunst der Zeit keine sonderlich neuen Quellen erschließen kann; aber daß er fleißig und redlich alle leicht zugänglichen benützt : das ist ja wohl eine nicht mehr als billige Forderung ! Kein Mensch hätte verlangt, daß Sie uns eine bedeutende Lebensbeschreibung geben, (die vielleicht auch bei der säkularen Vernachlässigung des Gegenstandes gar nicht mehr möglich ist); aber einen möglichst reichhaltigen biographischen Grundriß wären Sie uns schuldig gewesen, den Sie auch zu Ihrer ruhigen, geordneten, satten Zeit (1910 : das muß sich Einer mal vorstellen !) mit ganz wenig Mühe und Mitteln im Bruchteil eines Jahres hätten liefern können. Ein völlig unbearbeiteter Gegenstand ! Und tausend Seiten des excellentesten Papieres zur »Ver«-fügung ! –

Zumindest müßten Sie ja Alles gelesen haben, was F. je schrieb; aber selbst diese primitivste Voraussetzung blieb unerfüllt! Und das arme ehrliche, betrogene Volk zollt natürlich Ihrem Titel und Ihrer Arbeit immer noch Hochachtung; die denken : ein Doktor ?! : Das ist ein gebildeter Mann; der hat was geleistet! – Die Ehrfurcht vor allem »Gedruckten«; die edle Einfalt des Volkes, welches glaubt, daß Jeder sich ehrlich bemüht habe, der »gedruckt« wird. Und solche Schmierfinken wie Sie bringen Uns, die Redlichen, um dieses schöne Vertrauensverhältnis!! So daß man errötend in die erwartungsvollen Gesichter lern- und wißbegieriger Handwerker oder Jünglinge sehen muß, und ihnen bekennen, daß es eben leider so viele Literaturjobber gibt, wie Sie, oder diesen Herrn Hans Kasten, der 1930 die bisher unbekannte Autobiographie Fouqué's von 1828 herausgab (aber wie!) und sie mit Anmerkungen begleitete (aber was für welchen!). Oder jener Joseph Kürschner, der F's Leben seinerzeit für die »Allgemeine deutsche Biographie« zusammensudelte; oder die vielen Tagelöhner der Konversationslexika; oder Wilhelm Pfeiffer, der 1902 in Heidelberg an Fouqué »zum Ritter« wurde – mit denen reichen Sie sich nur die tintigen Hände! Und solchen Menschen wird von ihren impotenten akademischen Vorgesetzten dann die Doktorwürde erteilt – es ist ein trauriges Bild, welches an diesem einzigen Fall entrollt werden kann! –

Aber zum Nachweis selbst! (Und schlagen Sie den Zopf nur schon immer nach vorn – »Mir ist was wild zumut«; Sigurd, 6. Abenteure). Und ich zitiere zwanglos, in der kunstlosen Reihenfolge, wie sie der Herr selbst gegeben hat.

Den geistigen Grundbesitz eines Historiseurs erkennt man unfehlbar an zwei Zeichen : an dem was er schreibt (Fehler!), und dem, was er nicht schreibt (Lücken!); die Summe dieser Beiden nennen Sie »Lebensbild«, und beziffern Sie gelehrt mit römischen Zahlen; das ist in diesem Fall besonders untadelig, weil damit auch für den einfachen Mann Ihr Eingemachtes deutlich von den Fouqué'schen Dichtungen unterschieden wird. –

Wir wollen uns noch einmal kurz vor Augen rufen, was man so zu einer biographischen Skizze Alles brauchte. – Da ist zunächst das Exakte : Namen und Daten. Stammbäume der eigenen und verwandten Familien. Wann ist Der gestorben, wann Jener. Kann ich, falls nötig, von jedem Tage angeben, wo sich F. damals befand? Die drei Hauslehrer (Erzieher sind immer wichtig!). Die drei offiziellen Frauen (sind auch wichtig, oh!), und SIE, die eine Inoffizielle, 15 Jahre war sie damals, 1795 in Minden, hoho, wir wollen sie Elisabeth nennen : das ist die Allerwichtigste! –

Wie ist es mit seinen Büchern? Kennt man da Alles, was er schrieb? (Wie kann man denn sonst eine »Auswahl« treffen? – Herr Ziesemer : wie konnten *Sie* denn Ihre Auswahl treffen ?!! –). Auch seine ungedruckten Manuskripte müßte man lesen : 300 Briefe besaß damals allein die Handschriftenabteilung der preußischen Staatsbibliothek ! (Jetzt sind sie »ausgelagert«; »nicht verfügbar«; »wahrscheinlich verbrannt«; wehe ! – Damals konnte Herr Ziesemer nicht kopieren; jetzt tut's meine Schwägerin Erna Sandmann, im ungeheizten Lesesaal, halb verhungert, 78 Pfund wiegt sie noch : Messieurs : wir erheben uns von den Plätzen ! ...)

Und merkwürdigste Menschen »kommen vor«, sind verflochten, gehen mit rätselhaften Gebärden vorbei, oh Christian von Massenbach, lehnen die gefaltete Stirn gegen den Eichenstamm (– und zerren den Mund und feixen über Ziesemer).

Ja, ja : das war eine Gelegenheit ! Und heute, nach 40 Jahren, ist es immer noch Eine; und ich fürchte, wenn ich nach 500 Jahren noch einmal desselbigen Weges fahren sollte – was ich gar nicht schätzen würde; denn ich habe schon jetzt den Hals gestrichen voll – wird es noch immer eine sein. Denn ich habe nicht einmal Geld, um ein paar Postkarten zu schreiben; vielweniger für die sture niedersächsische Landesbibliothek (Hannover, Am Archiv 1), mit ihrer 1,– DM Leihgebühr pro Band, und dem verlangten bürgenden Hausbesitzer (es kann aber auch ein »Konsul« oder ein »Gesandter fremder Staaten« sein; muß doch mal meine Bekannten daraufhin durchgehen !)

Und wie Sie, Herr Ziesemer, diese Chance ausgenützt haben, will ich nun im Einzelnen nachweisen (damit Sie nicht denken, ich könnte nur satirisieren !)

S.IX. : »Seinen Unterricht hatte Friedrich bis dahin von zwei Hauslehrern, Fricke und Sachse, erhalten, *ohne daß sie das Herz des Knaben gewinnen* oder für Wissenschaften anregen konnten ...«

Fouqué selbst sagt zwar (Autobiographie von 1840, S. 8.) : »Sein erster Hauslehrer ... *gewann ihm das ganze Herz* ..« und (S. 9) ».. Er hieß Fricke ...«. Er belegt es auch : durch die artigsten Kindererinnerungen; durch das Vertrauen, mit dem er noch 10 Jahre später keinen Besseren als ihn wußte, um ihm wunderlich seine Berufs-Zwiespältigkeit zu klagen (S. 85 u. 213); und endlich durch die eingehende Schilderung jenes unbewußten Wiedersehens mit dem damaligen Elzer Pfarrherrn, Ende Februar 1797 (S. 201 u. 212–214).

Sie haben also nicht einmal die angeführten Erinnerungen Fouqué's gelesen; oder aber sie nur so gelesen, wie Herren Ihres Gewerbes zu tun pflegen : in fliegender Eile, mit dem Bleistift in der Hand, und nur jede zehnte Seite deutlich ! Und es schreibt sich ja so leicht »Fricke«. Und »Sachse«. Aber jedesmal steht ein Menschenleben dahinter, unwerter Herr Ziesemer ! Der hat nämlich auch die Sonne gesehen ! Und ist im Sommer über dünstende Wiesen gesprungen; und hat den Hut in der Hand IHR nachgetragen; und von Sterbenden das Furchtgeplapper gehört, hölzern und talkig !

Hätten Sie doch einmal die Postkarte nach Eltze drangewagt ! Da wären Sie nämlich auf das erste Problem gestoßen, und der pastor loci hätte Ihnen (wie mir) milde erstaunt mitgeteilt, daß dort niemals ein Fricke amtiert habe : es gibt nämlich 3 Orte dieses Namens im hannöverschen; und der richtige schreibt sich Elze (ohne »t«) und liegt unten bei Gronau; und auch Fouqué schreibt's falsch !

Sie müßten einmal meine Fricke-Akte sehen können : 20 Seiten sind's schon, und ich habe noch nicht alle Auskünfte erhalten ! (Meinen besten Dank, Herr Rump, Stadtarchivar in Peine; Herr Pastor Wörpel in Alfeld; und Herr Superintendent v. Hanffstengel in Elze). Ich bin dabei auf Zusammenhänge gekommen, an die ich nicht im Traume gedacht hätte (was bei mir viel heißen will !). Ich setze voraus, daß Sie die Gräfin d'Aulnoy und ihre Feenmärchen nicht kennen; aber jede Hochschule könnte diese Preisfrage stellen : Was hat die Nuß der Prinzessin Babiole mit dem Amte Coldingen zu tun ? – Na, das ist nichts für Sie. – Zur Sache.

Wilhelm Heinrich Albrecht Fricke wurde am 15. 2. 1759 in Hildesheim geboren, als das vierte der sieben Kinder des Schusters Johann Konrad Fricke und der – – beinahe hätte ich schon zuviel verraten (für die o. a. Preisfrage nämlich.). Kurzum : er studierte in Halle (Immatrikulation : 11. 10. 79), war anschließend 1782 Hauslehrer bei den Fouqué's in Sacrow, wurde gelegentlich einer weihnachtlichen Urlaubsreise nach Hause am 30. 12. 1782 Conrektor in Peine (einstimmig von 6 Senatoren aus 3 Kandidaten gewählt ! Wollen Sie etwa die Namen und nähere Umstände wissen ? Entzückend die kleine lateinische Rede, mit welcher er am 10. 1. 1783 ins Amt eingeführt wurde !). Bis 8. 1. 1784 lehrte er dort, Griechisch und Latein, wurde dann vom Grafen von Kameke als Pastor nach Limmer bei Alfeld berufen (Einführung : 8. 2. 1784); heiratete dort am 26. 2. 84 seine Jugendliebe, die um 6 Jahre ältere Johanne Sophie Willerding (die jüngste Tochter des Hildesheimer Münzmeisters, Johann Heinrich W., Sie erinnern sich ? – Ja, ja; desselben, der schon bei Frickes Geburt Pate gestanden hatte ! Ganz recht !), und hatte mit ihr 6 Kinder (Friedrich Alexander – genannt nach dem Grafen v. K. – geb. 1. 12. 1784; Dorothea Marie – nach der Schwiegermutter – geb. 17. 7. 86; Henriette Friederike Juliane, geb. 12. 1. 1788; Amalie Henriette Caroline, geb. 29. 5. 89; Elisabeth Henriette Wilhelmine, geb. 10. 8. 90; und Johanne Sophie Juliane, geb. 22. 4. 1792 – ich bitte, ständig im Auge zu behalten, daß ich zunächst nur einen Auszug aus meinem Material gebe !). – Am 13. 10. 88 wurde er – er muß wirklich ein selten liebenswürdiger und tüchtiger Mann gewesen sein – aus 27 Bewerbern zum Pastor diaconus in Elze und Mehle erwählt, und trat dort sein Amt am 14. 12. 88 an. Seine Frau starb ihm am 25. 4. 1792. Er selbst folgte ihr, erst 38-jährig, am 24. 4. 97 und wurde am 27. 4., Morgens, daselbst begraben. –

Sehen Sie; das etwa hätten Sie von Fricke wissen müssen, um dann so in einer Zeile (mehr erlaubte ja der Raum nicht, ich weiß) ganz kurz die wichtigsten Daten geben zu können. Was aber wissen Sie ? Gar nichts ! Und was sagen Sie von ihm ? Das Gegenteil der Wahrheit ! – »Doktor« Ziesemer ! –

Dann Sachse ! Von dem gesteht Fouqué, zögernd in seiner Gutmütigkeit, ein, daß er ihm mehr geschadet als genützt habe. Und er hat 6 Jahre lang die Aufsicht über unseren Dichter, und ergo sicherlich nicht unwesentlichen Einfluß auf ihn gehabt. Also auch eine nicht unwichtige Person ! Hans Kasten weiß wenigstens, daß er 1829 gestorben ist; aber Sie ... ? –

Hier einige Daten :

Ditherich Arnold Friedrich Sachse wurde am 18. 3. 1762 in Soest getauft, als Kind des Leopold Ernst S. (geb. 16. 4. 1720 in Nienburg / Weser; 1751–81 Konrektor am Archigymnasium Soest; heiratet daselbst am 14. 11. 52) und der Maria Elisabeth Kypke (geb. 7. 4. 1731 in Soest, als Tochter des Waisenhausinspektors K.). Er lernte erst im Soester Gymnasium, studierte dann Theologie in Halle (Matrikeleintragung vom 31. 10. 80; und ich danke Herrn Prillwitz, Archivar der Universität). Im Sommer 1783 wird er Hauslehrer bei den Fouqué's erst in Sacrow, dann in Lentzke, bis ihn im August 89 der Herr von Kleist als Pfarrer nach Protzen beruft (sehr bezeichnend die Sachse-Anekdoten der »Chronik des Dorfes Protzen«, die mir Herr Pastor Hoppe daselbst neben anderen wertvollen Einzelheiten gütigst mitteilte). 1791 heiratete er Johanna Friederika Seeger (geb. 1772 in Bechlin; Tochter des dortigen Superintendenten J. Chr. Seeger, 30. 4. 1739–22. 5. 1792 – warum ich das für wertvoll halte ? Weil Fouqué nämlich bei der Hochzeit gewesen ist, und sie alle gekannt hat; deswegen !) und hat mit ihr einen Sohn Gustav Friedrich (geb. 30. 3. 93); jedoch starb die Frau an den Folgen der Entbindung am 3. 6. Etwa 1795 heiratete er Caroline Schale (geb. 11. 6. 68 in Brandenburg), und hatte mit ihr 5 Kinder (Friedrich Wilhelm, geb. 22. 4. 96; Carl Eduard, geb. 12. 11. 97; Leopold Ferdinand, geb. 26. 3. 1800; Caroline Friederike Wilhelmine, geb. 13. 4. 02 – die am 26. 1. 1832 Sachses Brudersohn, den Pastor K. L. M. W. Sachse, 1806–68, heiratete, und schon am 28. 12. 32 in Werder starb. – und Leopold, geb. 5. 11. 1804). 1826 erlitt er selbst einen Schlaganfall; mußte am 7. 11. 1827 auch noch seine zweite Frau begraben, und starb selbst am

9.5.1829 in Protzen, wo er auch beerdigt wurde. – Dies ist wiederum nur das biographische Gerüst; sollte ich jemals in die Lage gesetzt werden, eine ausführliche Lebensbeschreibung Fouqué's verfassen zu können – es ist eine Frage »nur« des Geldes und der Zeit – werde ich Ihnen den Mann noch ganz anders vor Augen stellen.

August Ludwig Hülsen hieß der dritte Hauslehrer (wie Sie ja auch zufällig einmal wissen). Hätten Sie sich mit dem näher beschäftigt, würden Sie auch gleich zu Anfang Ersprießliches entdeckt haben. Selbst die »Allgemeine deutsche Biographie« ist nämlich der Meinung, er sei 1765 in Premnitz geboren worden. Den Tag festzustellen, war bisher auch noch Jeder zu beschäftigt; es ist aber der 2. März (getauft 5.3.; zur Sicherung!). Aber nicht in Premnitz! (Wo ich mich halb zum Narren gesucht habe). Sein Vater nämlich, Paul Gottfried Hülsen (ein Pastorssohn, geb. 11.10.1719 in Groß-Badegast, heiratete 3.2.50 Joh. Doroth. Stutz, die Tochter des Zerbster Hofbildhauers, Christian Konr. Stutz), war von 1749–68 Rektor in Aken an der Elbe (dann erst wurde er Pfarrer in Premnitz, wo er auch 15.1.1783 starb). Also in Aken ist unser August Ludwig Hülsen geboren (und ich danke bestens Herrn Diakonus Meißner für den Auszug aus dem Geburtsregister der dortigen St. Marien-Kirchgemeinde). – Ja, es ergibt sich so Manches, Großes und Kleines; aber ich komme von Ihnen ab (oder doch nicht?)

Den Rheinfeldzug tun Sie kurz und kenntnislos ab: schön, man kann nicht Alles wissen; aber Ihr Stoff hieß ja immerhin Fouqué. Sie verraten uns dann auch gleich (S.XI), daß er in Aschersleben »ein heiteres Leben führte und sich bald verheiratete.« (Kein Wort nebenbei von der so äußerst wichtigen »Mindener Erscheinung«, ich komme noch darauf zurück!) – Jedermann würde ja nun eigentlich annehmen; daß Sie uns wenigstens den Namen dieser ersten Frau mitteilen würden, soweit möglich auch ihre Abstammung, und überhaupt who's who. Später (teilen Sie uns noch mit) hat diese Frau dann »seinen Vetter und ehemaligen Spielgefährten Karl in Halle geheiratet«. Zugegeben; stimmt. Aber »Karl« ist wiederum etwas vertraulich karg, finden Sie nicht, Walter? Allerdings, Fouqué verschweigt bewußt die Namen, und da haben Sie wahrscheinlich gedacht: warum soll ausgerechnet ich mehr wissen, als der selbst?!

Mit solcher Gesinnung kann man nun zwar allenfalls (wie Ihr Beispiel überflüssig beweist) Doktor werden, aber nicht der Verfasser brauchbarer biographischer Grundrisse. Ein wenig Wissen führt – nicht, wie das Volk annimmt: von Gott weg – sondern geradeswegs zum historischen Roman, so im Stile Walter von Molos und ähnlicher trilogisierender kulturhistorischer Shatterhands: dafür hätten auch Sie gerade so das geistige Federgewicht gehabt. Hätten aufs aparteste die schon so lange schmerzlich gefühlte Lücke zwischen Ganghofer und der Eschstruth ausfüllen können.

Nehmen Sie mir's getrost übel, wenn mir die Galle überläuft : jedes Kind in Aschersleben – und wenn das nicht, dann aber Herr Fr. W. Pollin, Lindenstr. 77, bester der Stadtarchivare – hätte Ihnen sagen können, daß die Dame *Marianne* von Schubaert hieß, »Über den Steinen« Nr. 5 wohnte, und die Tochter von Fouqué's damaligem Regimentskommandeur (streng zu unterscheiden vom Chef !) Ernst Gottfr. Eberh. v. Sch. (10. 11. 1744–13. 9. 1829) war, und seiner Frau Wilhelmine Friederike Ernestine Karoline Freiin von Künsberg (31. 12. 1756–20. 9. 1834). Marianne selbst war am 16. 6. 1778 in Bayreuth geboren, eine lebhafte, mutwillige, auf »Carriere« haltende Offizierstochter, die also nicht zu Fouqué paßte : er hat sie auch zur Hälfte nur aus Trotz wegen des Benehmens der nebligen Mindener Elfe, geheiratet : am 9. 9. 1796 war die Hochzeit.

Und der »Vetter Karl«, den Marianne später heiratete, hieß Karl von Madai (25. 12. 1777–20. 11. 1851); und der Vetter war er, weil Fouqué's Mutter, Louise Marie von Schlegell (14. 4. 1740–28. 11. 88; 1. 5. 1767 hat sie Heinrich Karl d. l. M. F., der Vater des Dichters geheiratet), eine jüngere Schwester hatte, Henriette Charlotte (24. 10. 1741–24. 7. 19), die am 11. 2. 66 den Dr. med. Karl August von Madai (3. 8. 1739–31. 10. 16) heiratete. Hätten Sie doch auf ein paar Seiten, vielleicht 2 nur, genealogische Tabellen gegeben; dafür war ausreichend Platz dort, und es wäre Alles so einfach und übersichtlich geworden. Aber Sie waren halt zu faul.

Jedenfalls, mit dem Vetter Karl ist Marianne dann wohl glücklich geworden; sie haben 4 Kinder gehabt, und sie selbst ist 1862 in Kosten gestorben. – Schön (und gar nicht schwer, Herr Ziesemer ! Ziemlich primitive Arbeit; lediglich eine Frage des Fleißes.)

Fouqué's Regiment (Kürassier-Rgt. Nr. 6., nebenbei) wird dann zur sogenannten Weserarmee kommandiert; er bekommt sein Quartier »in der Nähe von Bückeburg« (S. XI) : warum sagen Sie eigentlich nicht : »in Röcke bei Bückeburg« ? Nimmt doch auch nicht mehr Platz weg und ist exakt, eh ? – Ich werde nie dahinter kommen, wies in Köpfen wie dem Ihrigen aussieht ! – Na, jedenfalls »in diesen ungewissen Tagen erreichte ihn ein Brief von Hause, der den Tod seines Vaters meldete. Fouqué eilte zum Begräbnis nach Lentzke ..« (Offenbarung, S. XII) – Bis hierhin hatte ich noch immer gezweifelt, den Kopf geschüttelt, die Querhand vor der Stirn; »so *kann* ein Wissenschaftler seinen Ruf doch nicht aufs Spiel setzen«, hatte ich mir wieder und wieder gesagt; aber vor dieser Stelle mußte auch der ehrbarste Zweifel kapitulieren. – So, so : Fouqué erhält also die Todesnachricht, und »eilt« nach Lentzke ! Wie natürlich, gelt ?! Haben sich wohl recht hineinversetzt in die Situation; und ich fürchte, Sie haben sich auch gar nichts dabei gedacht, gar keinen Zweifel gehabt, daß es auch mal Anders sein könnte ?! Die Kerze brannte nicht blau, als Sie's niederschrieben ? Kein Familienbild fiel von der Wand ? Kein Geist erschien und hauchte Warnendes ? (Verkehren wohl nicht viel mit Geistern, wie ?) –

Es ist nämlich nur : der Vater starb am 25. 1. 1798 (Morgens 10 Uhr, an Entkräftung; im Alter von 71 Jahren, 5 Monaten, 10 Tagen – rechnen Sie sich's Geburtsdatum selbst aus – pro vera copia : Herr Pfarrer Peiper, Lentzke). Nun waren ja damals die Straßen schlecht, zugegeben; und der Weg von Bückeburg nach Fehrbellin ist schon ein paar alte Meilen : aber davon werden auch Sie mich nicht überzeugen, daß er deswegen erst Ende Juni 1799 (neunundneunzig !) nach anderthalb Jahren in Lentzke einzutreffen brauchte ! Ja wohl waren die Tage »ungewiß«; denn Fouqué schwankte schicksalhaft zwischen Preußen und Frankreich : vor allem aber waren sie's für Sie; denn Sie haben einfach nicht für nötig gehalten, sich zu informieren, wann denn nun der Vater gestorben, und wann Fouqué bei Hülsen in Lentzke war ! Oh, was war da noch Alles dazwischen ! Wichtig die große Petershagener Revue (31. 5. – 3. 6. 99) vor dem Königspaare, wo jene entscheidende Besprechung zwischen dem immer zögernd ratlosen Könige und Haugwitz und dem Herzog von Braunschweig stattfand, die Beide ihn um jeden Preis zum Kriege gegen Napoleon zu überreden suchten; erfahrene Staatsmänner, die den einzig richtigen Moment erkannt hatten. Aber Friedrich Wilhelm mochte halt nicht; und ein König : das war damals schon was ! So nahm er denn sogar Teile der Weserarmee *zurück*, unter anderen auch die v. Byern Kürassiere. Und gleich darauf bestand Fouqué das merkwürdigste Duell mit Danckelmann. (William, Freiherr von); nicht deswegen merkwürdig, weil Fouqué dabei derb an beiden Armen verwundet wurde, sondern weil D. es ihm bis in die Einzelheiten ein paar Wochen zuvor vorausgesagt hatte, gewarnt durch einen der ihm vertrauten fatidiken Träume – eines mehr jener häufigen Beispiele, die beweisen, daß die Zukunft längst unabänderlich festliegt (vgl. Schopenhauer, »Über die Freiheit des Willens«, und alle Folgerungen, auch meine im »Leviathan«). Mitte Juni 99 rückte das Regiment ab; er selbst blieb zur Heilung noch ein paar Tage in Bückeburg zurück, bis zum Antritt jenes mehrmonatigen großen Heimaturlaubes. Am 29. 6. schreibt er schon den ersten Brief aus Lentzke (An Freiherrn von Ulmenstein; schönen Dank, Herr Dr. Michel) : noch ist's ihm wie ein Traum, daß er Bückeburg nicht mehr wiedersehen soll, und seine Frau läßt auch grüßen.

»In dieser und der darauf folgenden Aschersleben Zeit ..« (S. Xii). Und wieder stimmt's nicht, trotz des süperben festen Papiers und der klaren Fraktur! Denn von Lentzke aus ging Fouqué zum Regiment, welches damals in der Gegend Gronau-Elze kantonnierte, und wo er vom Herbst 99 bis Juni 1800 blieb – also immerhin 3/4 Jahre. Aber was ist schuld an diesem Ihrem verantwortungslosen Gefasel? (Ich will mir die Antwort sparen).

Sehen Sie sich einmal die beigeheftete Karte an: so etwas brauchten wir eigentlich von jedem bedeutenderen Dichter, Wissenschaftler, etc., und stellen Sie sich einen ganzen Atlas in der Art vor! Wie oft fragt man sich: hat Fouqué eigentlich mal das Meer gesehen? (Wo er doch so häufig davon schreibt.) Oder: War Wieland in Magdeburg? Kannte Eichendorff Paris? Wo ist Stifter überall gewesen? – Mit einem Blick würde man so die ganze räumliche Erlebnissphäre eines Menschen umfassen können (auf der Rückseite des Kartenblattes könnte wohl ein Porträtlein erscheinen, Stichworte über das nicht darstellbare, und eine ganz knappe Bibliographie, oder dgl.). – »Geographische Biographien«: das wäre eine Gelegenheit für ein paar junge fleißige gewissenhafte Studenten (aber das Fouqué-Blatt behalte ich mir vor, Vorder- und Rückseite!). Jeder bessere Lehrer müßte's haben, der nach einem ganz klaren verläßlichen Leitfaden Storm's Leben der Klasse vortragen will; oder sich selbst noch dafür interessiert, wo denn eigentlich Scheffels Kastell Toblino liegt.

Ein paar Seiten weiter (S. XVIII) – ich bin des Sezierens schier müde – erzählen Sie auf Ihre Weise den Inhalt des »Todesbundes«; der spielt »in den Bergen Schottlands, an den Ufern des Rheins ...« Woher wissen Sie denn Das? Schottland ja, 's wird namentlich erwähnt, o.k.; aber der Vater Rhein? Schon möglich, daß Ihre hydrographischen Kenntnisse so begrenzt sind, daß Ihnen, sobald ein Fluß vorbei fließt, nur immer der Rhein einfällt; aber das ist noch kein Beweis, daß nun wirklich jedes Gewässer auch so heißt. Gesetzt den Fall, ich könnte nachweisen, daß es sich im »Todesbund« um die – Weser handelt?! (Wie es denn in der Tat auch so ist.) – Geben *Sie* doch ja nichts von eigenen Hypothesen! Sonst geht es Ihnen wieder so, wie mit der Corona (S. XXIII), wo Sie uns umständlich belehren, daß dieses Epos eine »allegorische Darstellung des Kriegsjahres ist« (sic!). »Romuald ist das deutsche Volk«, hihi! »Corona Napoleon«!! (Ich weiß im Augenblick keinen Laut, der hier zuständig wäre, oder kann ihn doch nicht phonetisch wiedergeben.) Also so lange ist das ein Geheimnis geblieben; keiner von Fouqué's Zeitgenossen hat es gewußt, nicht Apel, Miltitz, Truchseß, Rückert, Keiner! Und wie raffiniert Fouqué das selbst getarnt hat, nicht?! Gibt er nicht in seiner Autobiographie (S. 324 ff) heimtückisch ein ganz anderes Motiv an: wie er kurz vorm Ausbruch der Freiheitskriege (lucus a non lucendo) in Berlin die »Hexe« sieht, jenes seltsame

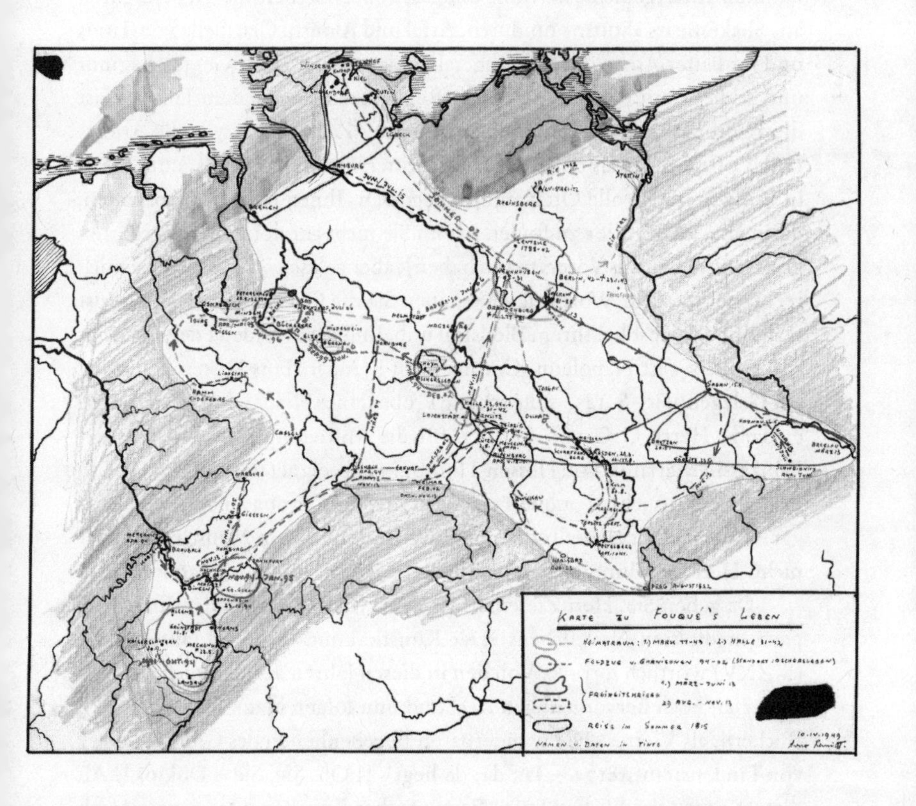
KARTE ZU FOUQUÉ'S LEBEN
HEIMATRAUM: 1.) MARK 77–43, 2.) HALLE 31–42
FELDZUG u. GARNISONEN 94–02 (STANDORT: ASCHERSLEBEN)
FREIHEITSKRIEGE
1.) MÄRZ–JUNI 13
2.) AUG.–NOV. 13
REISE IM SOMMER 1815
NAMEN u. DATEN IN TINTE
10.IV.1949
HAMBURG
BREMEN
STETTIN
BERLIN
KIEL
LÜBECK

alte Gemälde der schönen Frau, »ihre Tracht zwischen dem Europischen und Orientalischen mitten inne, ihr Blick anziehend und abstoßend, herb und mild ..«. Und immer wieder treffen ihn die Freunde vor dem Bilde an! Es zieht ihn »magisch« hin zu ihr : und sie »hat sich nach und nach zur Corona gestaltet, der magischen Heldin meines unter diesem Namen bekannten Rittergedichtes.« Bunt und schwebend gehen die Nebenfiguren aus Shakespears »Sturm« hindurch, Ariel und Alonso, Claribella von Tunis und ihr Ritter Ascanio. Denn abgesehen davon, daß jeder Gesang beginnt und schließt mit ein paar Strophen Reminiszenzen aus dem Jahre 13, ist die »Corona« nichts als ein italiänisch buntes Zauberepos, wie die Ariosts und Tassos; nichts als einer der vielen Ritterromane Fouqué's, nur anstatt in Prosa in kunstvolle Ottavenform gegossen. Ihnen blieb es vorbehalten, darin eine »Allegorie« zu finden (wenn Sie nicht gar noch einen verehrten greisen Professor als Vordermann haben); aber gelesen – verstehen Sie mich recht : so Wort für Wort gelesen – haben Sie die Corona nicht; denn sonst wäre Ihnen selbst bei Ihrem Blödsinn unheimlich geworden : der Tarfe der »Sängerliebe« ist Napoleon, Corona nicht! (Auch Hans Kasten liefert bei der Gelegenheit – S. 145 – eine schöne Probe seines Fleißes und Scharfsinns : er dankt Herrn C. G. von Maaßen für die Mitteilung, daß das Epos der Prinzessin Marianne von Hessen-Homburg zugeeignet ist! Auf den Einfall, daß ein Herausgeber Fouqué's vielleicht mal die Corona aufschlagen, oder gar – horribile dictu – selbst lesen müßte, kommt so ein Mensch scheinbar nicht. Herr des Himmels : in was für Händen ist unsere Literatur!)

Da geben Sie, Herr Ziesemer, (S. XXIV, f) ausführlich den Inhalt des ganz mediokren Novellchens »Der Künstlerbund« an, und fahren dann (S. XXV) wörtlich fort »... Von den in diesen Jahren veröffentlichten Werken seien noch hervorgehoben ...«, und nun folgen blank die Titel von 6 Büchern, als Viertes »Die wunderbaren Begebenheiten des Grafen Alethes von Lindenstein, 1817«. – Ja : da, da liegt's!! Oh, Sie, Sie – Doktor!! An diesem unvergleichlichen Stück Fouqué'scher Kunst sind Sie ganz einfach vorbeigetappt! Das hatte er nämlich rund 10 Jahre früher geschrieben, zur selben Zeit wie die »Undine«, im Vollbesitz all seiner dichterischen Kräfte, glühend von unvergänglichen Bildern. Der »Alethes«, das ist eins der besten Stücke der deutschen Romantik (dabei völlig vergessen vom undankbaren Volke), und auch viel, viel besser als der »Zauberring« : wo ist der Verleger, der dieses Buch neu druckt?! (Aber Hjalmar Schachts Erinnerungen, Leo Slezak : dafür gibt's Papier genug!)

Und an abschließenden Urteilen (außer Ihrer eigenen belanglosen Meinung) führen Sie wieder einmal den unvermeidlichen Häring an und Eichendorff – Abschrift von Abschrift! Dabei gibt es seit hundert Jahren eine Stimme von ganz anderem Gewicht; von einem noch ganz anderen Künstler und Kritiker, der von sich sagen konnte: »There lives no man feeling a deeper reverence for genius than myself« (Poe; Crit. on Charles Dickens). Und dieser einzigartige Genius und Allesspürer sagte von Fouqué: »We will here only call to the reader's mind .... most especially, the »Sensitive Plant« of Shelley and the »Undine« of de la Motte Fouqué. These two latter poems (for we call them both such) are the finest possible examples of the purely *ideal.* .... With each note of the lyre is heard a ghostly, and not always a distinct, but an august and soul-exalting *echo.* In every glimpse of beauty presented we catch, through long and wild vistas, dim bewildering visions of a far more ethereal beauty *beyond.*« (Crit. on Thomas Moore). »For lesser purposes there are humbler agents. There are puppets enough, able enough, willing enough, to perform in literature the little things. ... For one Fouqué there are fifty Molières .....« (Crit. on Charles Lever).

Auf einen Fouqué kommen fünfzig Molières: Das hat schon Viele geärgert. Aber wahr ist's trotzdem; Sehen Sie: *das* hätten Sie anführen sollen! Das hätte doch vielleicht Manchen nachdenklich gemacht.

Denken Sie ja nicht, weil ich hier aus Überdruß abbreche, ich hätte ein vollständiges Verzeichnis Ihrer Ignorantien und Absurditäten geliefert – – Sie glauben's nicht? – Nun, da wollen wir doch noch mal rasch:

S. VIII: »F.'s Vater war von Kindheit an kränklich« – Zwergig und verwachsen war er, durch einen Fall, den er als Säugling vom Arm der Amme getan hatte!

S. IX: Gotters »Medea« führen Sie an; wo aber ist André's »Irrwisch«, der zumindest den gleichen Einfluß auf den Knaben ausgeübt hat?

S. X: »Zur Einsegnung war er von zwei aufgeklärten Predigern aus Potsdam vorbereitet« worden. – Irrtum: der Eine war der damalige Lentzker Dorfpfarrer Kriele, Daniel Friedrich Kriele – na's führt zu weit.

S. X: Im Winter 1793/94 entschied sich Fouqué's Soldatenberuf »als die Familie zu Potsdam weilte«. – Ist wieder nicht wahr; der Vater z. B. war in Lentzke geblieben!

S. XI: »Noch einmal« wurde Fouqué zur Weserarmee kommandiert – Welche Wendung durch Ziesemers Fügung! Was heißt hier »noch einmal«, Herr?! Neu gebildet wurde der Weser-Ems-Kordon damals; Sie haben sich eben auch nicht mit der Geschichte jener Zeit befaßt! (Und F. »nahm« sein Quartier auch nicht bei Bückeburg; als Soldat bekommt man's zugewiesen. Kenne das.)

S. XII: »Im Frühjahr 1802« lernt er in Weimar das erste Mal Goethe kennen. Was hat Sie gehindert zu sagen: im Februar 1802? Braucht's mehr Platz? Aber Sie haben's nur wieder nicht gewußt!

S. XII : »Einen neuen Bund schloß er mit der um 2 Jahre älteren Caroline von Briest« – denken Sie mal : Kürschner sagt in der »Allg. deut. Biogr.« sie sei 1773 geboren, also 4 Jahre älter gewesen. Aber Sie waren wohl schon immer froh, wenn Sie nur überhaupt ein Datum annähernd wußten; es nachzuprüfen ist Ihnen gleich gar nicht eingefallen. Ich habe deswegen an Herrn Pfarrer Haak nach Nennhausen geschrieben, und dieser wackere Mann hat mir nach mühevoller Arbeit – unterstützt von seiner Tochter – viele wertvollste Einzelheiten mitgeteilt, für welche ich ihm gar nicht genug danken kann. Unter anderem auch, daß auf dem Grabstein Carolinens ihr Geburtstag mit dem 7. 10. 1773 angegeben ist. Hätten Sie auch – wie sagt man doch bei Ihnen : eruieren – können !

(Überhaupt : Nennhausen. Das ist auch bei Hans Kasten (S. 139–141) so ein Kapitel; er beschreibt's, als ob er dort aufgewachsen wäre, so im geübtesten Worpsweder Stil »hohe Bäume beschatten das einsame Grab der Gattin« – so rührend, schlicht : gerade, daß man noch die Tränen zurückhält dabei. Leider erfährt man sonst aber wenig Positives an Namen, Daten etc., und dieses Wenige ...... Sagt da Fouqué (S. 113/114), daß nach den drei schweren lähmenden Schlaganfällen im Januar 1818 (die Sie natürlich auch nicht anführen !) der Tod »ein geliebtes Haupt des Hauses traf«, und er damals seinen Essayband »Bilder, Ansichten und Gefühle« zusammenstellte. Und H. K. gibt uns in einer Anmerkung (S. 145) das nötige Licht : August von Briest, der Schwiegervater F.'s, war's der starb – oh, am 7. 1. 22; Hans Kasten weiß Alles – das Werk »Gefühle, etc.« sei aber schon 1819 erschienen ! Ei, des altklugen Bübchens ! Der arme Fouqué wußte wohl gar nicht mehr, was er so schrieb ? Wäre der Bauernschlaue nur noch ein wenig länger unter den o. a. »hohen Bäumen« herumgewandelt; da wäre er vielleicht auch noch über den Grabstein der *Friederike* Marie Helene von Briest, geb. von Luck, der zweiten Gemahlin des Herrn Philipp Friedrich August von Briest, also Fouqué's Schwiegermutter, gestürzt, und hätte dann ablesen können, daß Jene am 24. 7. 1818 gestorben ist – Zauberei, wie ? Und nun paßt Alles auf einmal wieder, ja ?)

Ziesemer S. XIII : »Im September 1803« wird dem Paar ein Töchterlein »geschenkt« (Sehr originelle Formulierung nebenbei). – Sehen Sie, das ist wieder ein Fall, wo Sie, sogar noch kürzer, hätten schreiben können : am 13. 9. 1803 ...

S. XXI : Beim Jahre 1813 erwähnen Sie »Immer weiter zieht sich der Kreis seiner Freunde, Eichendorff ...... von Miltitz gehörten dazu ..« – Wissen Sie, daß er Miltitz schon vom Kürassier-Rgt. Nr. 6. her kannte ? d. h. natürlich wissen Sie's nicht. –

Immerhin geben Sie die wenigen Büchertitel, die Sie anzuführen für gut finden, korrekt an (wahrscheinlich hatten Sie eine leidliche Bibliographie erwischt); da ist Hans Kasten schon großzügiger (S. 129), der Fouqué unbedenklich die Sage von Gunlaugur Drachenzunge und »Kaif dem Skalden« zuschreibt. KAIF ! Holt's mi z'ruck ! – Also zu stinkfaul war der Bube, auch nur nachzusehen, ob F. denn wirklich von einem Kaif gehandelt habe, oder ob der nicht etwa Rafn geheißen haben könnte ! Aber Bücher herausgeben, Nachworte und Anmerkungen zusammenschleudern, gelehrten Wind machen, pfui Teufel – für solche Menschen müßte man wieder den Begriff der »Unehrlichkeit« einführen, wie ihn frühere Jahrhunderte verstanden : daß sie Keiner anfassen mag und sie nur untereinander heiraten dürfen : ein Kasten und eine Ziesemer, hei ! das würde ein Geschlecht literarischer Schinder und Abdecker ergeben ! – Bin ich zu hart ? Muß ich noch S. 140 (H.K.) zitieren, wo er 1833 Fouqué »Albertine Tode, die *Erzieherin* seiner einzigen Tochter« heiraten läßt ? ! Erzieherin, wohlgemerkt ! ! Wahrscheinlich, weil sie 3 (drei) Jahre jünger war, als die besagte Tochter ! ? – Still; wir wollen die Hände von ihm lassen, sonst werden wir selbst noch »unehrlich«. –

Ziesemeriana : Zu Ihrer »Auswahl« wäre Manches zu sagen. Statt des ausreichend oft abgedruckten »Zauberringes« hätten Sie den vernachlässigten »Alethes« wählen müssen. »Rose«, 30 Seiten Gedichte, »Aslauga«, hätten weg bleiben können; dafür noch die »Sängerliebe« hinein usw. Eine rechte Auslese aus Fouqué's Schriften – »Gesammelte Werke« wären bei ihm (wie nebenbei bei Niemandem) nicht zu verantworten – d.h. also : eine Auswahl dessen, was von ihm erhalten zu bleiben verdiente, würde ohne weiteres 2 solche Bände füllen; auch drei würden noch verteidigt werden können (zu Auskünften bin ich gern bereit). Zumindest hätten Sie solche Stückchen, die unsern Hasper Fouqué in nuce zeigen (die Kenntnis des köstlichen Spitznamens verdanke ich Handschriften aus dem Besitz eines ausgezeichneten Förderers meiner Arbeit, des Herrn Wolfgang von Hagen, Schloß Babenhausen), wie »die Nordlandshelden im Sandmeere« oder »Adler und Löwe« unbedingt bringen müssen. Nun, das hätte vorausgesetzt, daß Sie sich mit Ihrer Arbeit beschäftigen; Sie haben es da lieber mit Nietzsche gehalten, der neben anderem klingenden Unsinn auch die Ansicht äußert, daß es in großen Dingen genüge, sie gewollt zu haben : ist *auch* 'ne Einstellung !

Und, da wir gerade von großen Dingen reden (»Zynisch« müsse sowas geschehen, »*und* mit Unschuld«, ordnet Ihr Gewährsmann an), will ich Ihnen noch Eins verraten : –

Sehen Sie : in jedem Dichterleben begegnet man einmal der »Muse«; meist ist man jung, 17, 18, d.h. noch ohne festes Einkommen (»Zynismus«);

wunderbar schüchtern ist man, und Gedichte kann man schreiben – so Etwas gibt es heute nicht mehr. Und so wenig »zynisch« ist dieses Große, daß Wieland sagen konnte: Wer sich in dem Augenblick, da er zum ersten Male die Hand der ersten Geliebten küßt, ein größeres Glück denken kann: der hat nie wahrhaft geliebt! (Ist der Wieland-Test, ja? – Nietzsche hat doch wohl recht – –) Meist wird man gar nicht erst näher mit ihr bekannt (was ihr, fürchte ich, später ungemein zu gute kommt); alle möglichen Widerwärtigkeiten drängen sich dazwischen; ein Älterer, Erfahrener (ein Mann von »Gehalt«) gewinnt sie am Ende – – und bei den gewöhnlichen 08/15 Zweibeinern ist das dann außer der gerührten Alt-Herren-Erinnerung Alles. Die Liebe des Künstlers dagegen – aber ich könnte nach ETA Hoffmann doch nichts Besseres mehr darüber sagen; wie SIE dann Gestalt gewinnt in Bild, Lied, Dichtung; procul este profani – ob sie nun Friederike Brion geheißen hat, oder Sophie Guttermann, oder Fanny. Oder Julia Marc. –

Oder Louise von X. aus Minden!! Denn wenn Sie sich die Seiten 170–175 von Fouqué's Lebensgeschichte je aufmerksam eingeprägt hätten, wäre vielleicht sogar Ihnen die »Undine« eingefallen: Wie da Herr Huldbrand von Ringstetten reitet – ach, von Huld hat Fouqué, selbst bereuend, nur zu oft gebrannt; und daß »la Motte« im Altfranzösischen »eine Burgumwallung bedeutet«, also recht eigentlich eine »Ringstätte«, verrät er selbst in der Biographie seines Großvaters (S. 8). Zu allem Überfluß gibt er ihm auch noch die eigenen Wappenfarben, blau und gelb (U. 1. Kap.), und läßt ihn, wie er fast sein ganzes Leben lang auch von sich gedacht hat, als den Letzten seines Stammes sterben (U. 19. Kap.) Marianne-Bertalda hatte er schon vorher flüchtig kennen gelernt, »die Pflegetochter eines der mächtigen Herzoge, die in dieser Gegend wohnen« (U. 4. Kap.) – fragen Sie mal einen Soldaten, ob ihm sein Regimentskommandeur nicht mindestens so wichtig ist, wie ein Herzog! Aber dann war er erst durch den wilden Wald geritten, als Kriegsmann, so seit März 94; und dort trat eben die Erscheinung der »Elfe« (Leben, S. 171) dazwischen, mit den »Blauaugen« (Leben, S. 173) den »himmelklaren« (Leben, S. 175), wobei man ja sogleich an die »seeblauen Augenhimmel« (U. 2. Kap.) Undinens denkt. Und nun, im Gedicht, tut Fouqué endlich seinem klopfenden Herzen Genüge; in der süßen sonnigen Einsamkeit auf der Seespitze: ach, weit fort sind die Menschen; mit innigem Wohlbehagen sieht er, wie der Waldstrom sich sein Bette breiter und breiter reißt, und die Abgeschiedenheit auf der Insel sich für immer längere Zeit ausdehnt (U. 5. Kap.). Was ihm das Leben versagte, ersetzt ihm schöner, unsterblich, die Phantasie. Wie dann das Menschenkind Marianne Jene verdrängt, »Schritt vor Schritt«, »man könnte dies Alles, weiß der Schreiber, ordentlich ausführen, vielleicht sollte man's auch.

Aber das Herz tut ihm dabei allzuweh, denn er hat ähnliche Dinge erlebt, und scheut sich in der Erinnerung noch vor ihrem Schatten« (U. 13. Kap.). – Und da schreibt Wilhelm Pfeiffer in seiner Dissertation »Über Fouqué's Undine«, Heidelberg 1902, : wahrscheinlich denke F. an die Trennung von seiner ersten Gattin !!! Und das sind unsere literarischen Gralshüter ! »Vorüber, ihr Schafe, vorüber ....«

Denn »in seltsamer Bilderverwechslung« (Leben, S. 175) kam es F. oftmals vor, »als walte das Unrecht auf meiner Seite, und habe Eloisa über Kränkung zu klagen, nicht aber ich.« (Ebenda). So hat er es dann auch in der Undine gegeben : von ihm gekränkt entschwindet sie ins Unwiederholbare. Aber tot ist sie nicht; das muß Marianne-Bertalda im Schloß an den Quellen des Rhins – Verzeihung, »der Donau« (U. 10. Kap.) – erfahren; sie selbst beschwört durch ihr ganzes Sein und Wesen die »Andere« herauf – immer ist ja Undine nebenher gegangen, schon damals »eines schönen Abends«, »als sie eben bei Sternenschein auf dem mit hohen Bäumen eingefaßten Markte der Reichsstadt umherwandelten« – sehen Sie, Sie haben eben auch nicht, wie ich, mühsam den alten Plan von Aschersleben aus dem Jahre 1800 kopiert : das rächt sich immer.

Herr ! Haben Sie auch völlig begriffen, was Sie da eben gelesen haben ? Das ist gerade so, als wenn Einer die Sesenheimer Pfarrerstochter bei Goethe zum ersten Male »entdeckt«, und ihre Bedeutung gewürdigt hätte ! Denn die Blancheflour im »Zauberring« ist es wieder; aber darüber haben Sie im Nachwort zu der winzigen Ausgabe letzter Hand auch ganz hinweg gelesen ! Ja, *das* wäre ein Thema für eine Doktorarbeit gewesen : so auf die üblichen 50 Seiten breitgetreten etc. – – Na. –

Auf der Privatskala meiner Schätzung rangieren Sie so ungefähr zwischen Zeller und Häussermann; was das heißt, suchen Sie sich meinethalben aus meinen Sachen zusammen : ich will mit dem Hippalos anderswohin. –

Arno Schmidt

P. S. : Sollte ein wahrhaft bedeutender und patriotischer Verleger zwei- bis dreitausend Oktavseiten an die so höchst notwendige Fouqué-Ausgabe wenden wollen – vielleicht ist es noch Zeit, einen großen deutschen Dichter wieder in unser Bewußtsein zurück zu retten – so erbiete ich mich, die notwendigen Arbeiten zu übernehmen, vor allem die biographische Skizze zu schreiben. –

An die
Uno
(Derzeitiger Tagungsort)

In Anbetracht der ungeheuren Zerstörungen, welche alle Kriege von jeher, zumal aber der letzte, in den Kunst- und Büchersammlungen der Menschheit verursacht haben, und der noch weit größeren Gefahren, denen diese im unvermeidlichen nächsten und allen folgenden bewaffneten Konflikten ausgesetzt sein werden, erlaube ich mir, (obwohl Deutscher) der hohen Versammlung folgende Anregung zu unterbreiten :

§1) An mehreren Stellen der Erde (jedoch mindestens 3) unverletzliche, von allen Staaten gemeinschaftlich anzulegende, zu unterhaltende und zu verwaltende Kulturfreistätten zu errichten. Es werden hierfür kleine, von allen politischen und wirtschaftlichen Konflikträumen möglichst fern gelegene, sonst nutzlose Inseln – z.B. Tristan da Cunha, Südgeorgien, St. Helena, Osterinsel – vorgeschlagen, auf welchen, nach Errichtung geeigneter Räumlichkeiten, möglichst große Büchervorräte sowie die wertvollsten unwiederholbaren künstlerischen Werke der Menschheit zu sammeln wären. – Keine Waffe irgendwelcher Art darf im Umkreise von ..... Meilen angewandt werden.

§2) Ergebnisse oder Modelle der Technik oder sonst der angewandten Wissenschaften sollten, um jeden Mißbrauch dieser Freistätten unmöglich zu machen, und keiner Macht eine scheinbare Handhabe zu bieten, nicht aufgenommen werden.

§3) Zukünftig erscheinende Bücher sind von jedem Verlage in je einem Exemplar an jede der »Kunstinseln« einzusenden, ebenso von Bildwerken die Originale oder gleichwertige Wiederholungen möglichst ihres Schöpfers selbst.

§4) Den größten der lebenden Künstler und Geisteswissenschaftler gewähre man hier nach ihrer Wahl, oder im Alter oder im Kriegsfalle die persönliche Sicherheit und ungestörte Arbeitsmöglichkeit (die Entscheidung über Würdigkeit der Einzelnen könnte etwa das Nobel-Komitee fällen, oder besser eine noch zu schaffende »Künstler-Uno«). – Auch könnten hier in Zukunft die Grabstätten aller bedeutenden Menschen zu Weltheiligtümern vereinigt werden.

§5) Jungen hoffnungsvollen Talenten, welche ihre Begabung dargetan haben, gebe man zur Förderung die Erlaubnis, für eine bestimmte Zeit sorgenfrei auf jenen Inseln zu leben, wo ihnen die Kulturgüter der

Menschheit so mühelos zugänglich sein würden, wie es der Künstler und Denker braucht.

§ 6) Als gelegentliche Besucher sind für einige Tage auch andere geistig Schaffende zur Belohnung zuzulassen; nicht aber Physiker, Chemiker, Techniker, Politiker, Berufssoldaten, Filmstars, Boxweltmeister, reiche Gaffer usw., oder solche, die in Kriegszeiten lediglich dort Zuflucht suchen wollen. – Die Erlaubnis zu solchen Gelegenheitsvisiten erteilt gegen bar die Inselverwaltung selbst. –

In Anbetracht der großen zu leistenden Vorarbeiten, (Einsetzung einer Kommission, Wahl und Ankauf der Inseln, Errichtung der Gebäudekomplexe, Auswahl des Personals, Transport der Kulturwerte, Versorgung mit Wirtschaftsgütern etc) die, selbst bei mäßiger Veranschlagung, Jahre in Anspruch nehmen dürften, müßte mit dem Werke sofort begonnen werden; vielleicht ist noch Zeit dazu. –

Ich bin überzeugt, daß sich gegen ein solches Unternehmen kein Veto eines der hohen Versammelten erheben kann; die Menschheit wird Ihnen einst ehrfürchtig die Erhaltung ihrer heiligsten Güter verdanken. –

Ich unterzeichne mit vorzüglicher Ergebenheit:

Arno Schmidt.

P. S.: Unter Bezugnahme auf § 4) erlaube ich mir zugleich, einen Antrag auf Gewährung eines lebenslänglichen Freiplatzes zu stellen. Der Hinweis auf meinen »Leviathan« (Rowohlt, Hamburg, 1949) dürfte eine weitere Begründung ersparen; ich bin Ende dreißig, 185 cm groß, glaubenslos, frei von ansteckenden Krankheiten, und, zwar Deutscher, aber zu keiner Zeit Mitglied der NSDAP oder ihr angegliederter Organisationen (außer DAF) gewesen.

Herrn
Johann Gottfried Schnabel
(∞) Felsenburg
Albertsraum

Hochverehrter Herr Schnabel!
Als ich, ein junger Mensch noch, zum ersten Male Ihr großes Buch gelesen hatte – und es war nur der Tieck'sche Textauszug – fühlte ich sogleich: hier war mir Etwas für's Leben erschienen! Immer seitdem habe ich vergeblich versucht, mir das Original zu verschaffen, um es den zwei Dutzend der Bücher, die mich stets begleiten sollen, hinzuzufügen; nie seitdem hat mich die Erinnerung an jene von Ihnen geschaffene Welt verlassen, und oft habe ich in guten Träumen die Fahrt über die Meere der Finsternisse zu ihr angetreten.

So stark wurden schließlich diese Bilder in mir, daß ich die beiliegende Erzählung schreiben mußte, die ich nun als Zeichen meiner dankbaren Ergebenheit in Ihre Schöpferhände legen zu dürfen bitte. Wohl ist es eine Jugendarbeit, und niemand kann deutlicher als ich all ihre Flecken und Fehler sehen; ich muß deshalb nur auf Ihre lächelnde Nachsicht rechnen. Nehmen Sie das Büchlein aber als ein flüchtiges Zeichen, wie stark Ihr Werk noch in Einzelnen lebt, wie Ihr Name noch immer ehrfürchtig genannt wird, und hoffentlich dauern soll, bis die Kenntnis der deutschen Sprache erlischt.

Ich verharre in tiefer Verehrung
Ihr ergebener
Arno Schmidt

S. H. Herrn
F. G. Klopstock, Superintendent.
Schul-Pforta
bei Naumburg / Saale.

Sehr geehrter Herr !

Anbei den Messias zurück.

Ihr

Arno Schmidt

An die
Rowohlt Verlag GMBH
(24 a) Hamburg 1
Rathausstraße 27 II

Sehr geehrter Herr!
Ich erlaube mir, Ihnen das beiliegend näher bezeichnete Buch zum Druck anzubieten (das fertige Manuskript steht jederzeit zu Ihrer Verfügung).

Es enthält eine Kritik nicht nur der gegenwärtigen Situation, sondern der Fragwürdigkeit des menschlichen Lebens im Allgemeinen. Die Fabel geht auf einen Traum aus den Morgenstunden der Nacht vom 23. zum 24. 12. 1944 zurück – ich lag damals noch als Rekonvaleszent mit angebrochenem Fuß in einem kleinen norwegischen Krankenrevier – welcher ein merkwürdig geschlossenes Geschehen zeigte.

Über dem ganzen Buch würde ein düsteres Licht liegen, entsprechend meiner durchaus pessimistischen Grundstimmung : wie würde jener Wanderer durch die endlosen wimmelnden Straßen der Riesenstadt gehen, in allen Spiegeln das vervielfältigte Leid sehen – Erinnerungen an de Quincey's Opiumgänge und Piranesi's »Träume« (daher der sonst willkürlich gewählte Name des phantastischen Reisenden) – aber schon genug der Worte : wäre die Zeit günstiger, so hätte es Ihnen schon weit früher vorgelegen; aber zu günstigerer Zeit wäre der Plan zu diesem Buche gar nicht gefaßt worden, auch wären dem Verfasser dergleichen höllische Reisen auch in Träumen erspart geblieben. –

Ich bitte um Ihre baldige – hoffentlich günstige – Entscheidung.

Ihr : Arno Schmidt

Achamoth
oder
Gespräche der Verdammten,
das ist
gründliche und wahrhafftige Beschreybung der Reise, so Giovanni Battista Piranesi, napolitanischer Schiffer, in autumno des Jahres 1731 nach Weilaghiri, der Höllenstadt,
gethan,
enthaltend eine ausführliche Darstellung von Land und Leuten, deren Sitten (vielmehr Unsitten), seltsam höllischen Gebräuchen, Institutionen, auch absonderliche und mitleidswürdige Qualen, sowie die merkwürdigen Dialogen, welche besagter G. B. P. zu unterschiedlichen Malen unter großen Gefahren für Leib und Seele daselbst geführt oder belauschet,
Alles nach
dessem eigenen oft beeideten Bericht,
so er am Abend des 11. Maii anno domini 1738 und der darauf folgenden mondhellen Nacht auf der Piazza di Pesci zu Napoli in Gegenwart der seit langem dort ansässigen Herren doct. utr. jur. Markmann und Volquardts, der reisenden past. emerit. Stegmann aus Dresden, sowie des Autors und einer großen Menge Volkes aller Stände in italiänischer Zunge abgeleget,
zu sonderbarer Belehrung und geistlicher Befestigung
des teilnehmenden publico sorgfältig ins Teutsche übergetragen
durch
Arno Schmidt

RUDOLF KRÄMER-BADONI : MEIN FREUND HIPPOLYT.

Bechtle Verlag 1951.

Fixieren wir zuerst die Fronten :

»Der Ursprung aller Poesie ist das Verlangen nach wilderer Schönheit, nach kristallenerer Gerechtigkeit, nach elfischeren Gebärden und Worten, als unser irdenes Gestirn vermag; Poesie selbst ist ja der leidenschaftlich hilflose Versuch, den seligen Durst zu stillen, und gelingt dies auch nur schmerzhaft unzulänglich, findet dieses Sehnen auch nur einmal karge Erfüllung – wenn es geschieht, wird rauschend solche Seligkeit frei, gegen die jed'anderer menschlicher Aufschwung schlaff und belanglos erscheint. Dann erwacht bei jedem Laut der Leier ein luftiges und nicht stets deutbares Echo, aber erregend ist's und hebt die Seele in Unbetretbarkeiten. Dann, aus jeder musischen Andeutung, spüren wir mit geweiteten Augen Bildermeere und Fabelküsten, und rätseln an bestürzend glühenden Visionen geistiger Schöne hinter dem Schlüsselwort.« (Edgar Poe : Messieurs, wir erheben uns von den Plätzen !)

Und nun zu dem vorliegenden Unfall : da wird in 23 gutmütig unordentlichen Geschichten der Mann Hippolyt vorgeführt, an dem Rhein, auf dem Rhein, im Bett, im besetzten Berlin (wie flach besonders dies !), 23 Orte fallen ja bei ein bißchen Überlegen Jedem ein. Und die kein Ende nehmende Überraschung, wenn Hippolyt unvermeidlich wieder noch tiefer gedacht, noch »feinsinniger« gefühlt hat, als der gesunde und kranke Leser erwartete, jedesmal wieder, bis einem so viel versonnene Sinnigkeit zum Halse heraushängt : dabei bleibt Alles psychologischer Tagebau, mittelschulhafter, mühsam ausgespart und zusammengedacht, so daß einem tödlich sicher »lächelnder Weiser« einfällt oder »köstlicher Humor«, lauwarm, wie es Tante Emma liebt, und all die anderen volkstümlichen Synonyme des Durchschnitts. Ab und zu wird ein winziges verkrampftes Schweinereichen gewagt – : das beweist einen vorurteilsfreien Geist, und macht die Pastorentöchter beiderlei Geschlechts vor der wilden Verworfenheit erschauern. Jedenfalls schließt das Büchlein aufs aparteste die so lange schmerzlich gefühlte Lücke seit Schleich und Slezak; denn der Ton der höheren Abderiten ist so frappant getroffen, daß ein kleiner Erfolg gewiß ist. (Obwohl ich fürchte, der Verfasser hat sich nicht groß mühen brauchen, diesen Ton zu »treffen«). Zum Schluß wird als Lösung auf das neue Testament hingewiesen : Brav, sehr brav !

Noch einmal : süße Nichtigkeiten, und in so heilvoller Normalsprache vorgebracht, als sei seit Gustav Frenssens Jugendzeit in dieser Richtung nicht mehr viel geschehen. – Schade, daß man es nicht ganz elend nennen kann : dann könnte man es doch völlig befreit zurückschieben; aber so stößt man auf eine muntere Zeichnung, und das Papier ist so superb, und dreimal fand ich gar auf den 181 S. ein lyrisch Ansätzlein – ich will nicht sagen, daß es des Verfassers schlechtestes Buch ist (ich kenne seine anderen nicht); aber soviel stellte ich beruhigt fest, daß die Kontinuität unserer literarischen Mittelmäßigkeit einmal mehr gesichert ist.

Möchten unsere Verleger anstatt solche Dürftigkeiten vorzulegen doch eine Renaissance der letzten großen deutschen Talentwelle – der des Expressionismus – vornehmen. Sicher würden sich an den Pionierleistungen der August Stramm oder Albert Ehrenstein junge geschwungene Seelen wieder entzünden, und mit wehenden Worten in dichterisches Neuland vorstoßen. Oder sollen sie wenigstens den Anton Reiser oder Wielands Aristipp neudrucken.

Aber nicht diesen gußeisernen Hippolyt. – Schad' um die Zeit !

RHEINISCH-PFÄLZISCHE SCHRIFTSTELLER TAGTEN IN OBERWESEL –

Die starke schwarze Morgenluft, in der ein Endchen Mond flackerte; und die kleine Stadt lag seltsam verschraubt um einen spitzen Berghut. Im hübschen Rathaussaal saßen wir in der stillen goldigen Luft, viel Stimmengesumm und Fußgaukelei, und im kühn geschwungenen gotischen Frack schritt der Minister zum Rednerpult : bedeutend ! Er gab zu, daß die Aufwendungen des Staates für Stimmenfang bisher weit überwiegen mußten; doch könne er die erfreuliche Mitteilung machen, daß die befreundeten Alliierten freiwillig von den Besatzungskosten eine Milliarde für den Sektor des deutschen Schrifttums – er konnte den Satz nicht beenden : der Beifall war zu groß. »Allen Teilnehmern steht noch eine persönliche Überraschung bevor« hier traf der sonnige Adlerblick auch mich, und wir saßen und warteten mit klopfenden Herzen auf den Hundertmarkschein. Dann erschien vor dem Hintergrund der guten ruhigen Mauer das feierliche graue Magiergesicht des Funkintendanten – tiefe Reue schwang in der Stimme : »Leider haben wir uns bisher stets vor dem Publikumsgeschmack verbeugt« – ich nickte düster und dachte, wie schön es wäre, wenn sie sich mal an dem betreffenden Institut originellere Titel als »Melodienreigen« oder »singende klingende Filmschau« einfallen ließen; aber ich wurde überholt : »... der Rundfunkrat hat beschlossen, anstelle der vielstündigen Sportreportagen grundsätzlich Dichterlesungen zu veranstalten ..« Wo war ich ? Aber die frohe Botschaft klang pausenlos weiter : wie Menschen würden wir Dichter leben können : 150 Mark im Monat haben – es war nicht möglich ! »Ein durchgeistigtes Tagewerk; dann wartet auf den Dichter der weißgedeckte Tisch, funkelndes Kristall, und am Abend : – der Rheinsender ! « Er jauchzte feierlich und künstlich und sprang beim letzten Wort wohl zwei Fuß hoch, ehe er sich wieder geschmeidig im hechtgrauen Sessel barg. – Der Verleger, ein gütiger sinnender Greis, schritt nach vorn, der Betreuer der Dichter, der »Vater«, der sich oftmals selbst bitterste Entbehrungen auferlegt, um es dafür, ein Pelikan, seinen Schützlingen zustekken zu können : ich dachte an meinen – es war wie im ...... »Aufwachen, Mann,« stieß mich der benachbarte Journalist an : »geht los ...« –

Richtig : hier saß ich im dröhnenden Gasthaussaal, unermüdlich brüllten draußen 3000 Touristen, und gegen 14 Uhr flossen Schweiß und Wein in Strömen, wie zu so sinnig angesetzter Tageszeit ja auch nicht anders möglich; mehrfach drangen jauchzende Rheinmenschen in den Saal, und der Pilgerchöre in den Straßen war kein Ende, sodaß die Rezitative der Redner – halt : noch nicht.

Die Bedeutung der Tagung hob der begrüßende Vorsitzende ins rechte Licht, als er mitteilte, daß Minister und Gefolge das Fußballfest in Kaiserslautern vorgezogen hätten (was der Regierungsvertreter dann in das wohllautendere »Dienstgeschäfte« wandelte). Jedenfalls griff mans wieder einmal mit Händen, wie sich der Staat als »Bodenpersonal« der Geister fühlt. Daß dann von den übrigen Referenten auch die Hälfte fehlte schien also nicht mehr als billig; um die Folgen etwaiger Entrüstung diskret anzudeuten, fuhren Feuerwehr und Überfallkommando zweimal ums Haus.

Aus den bereits angedeuteten Gründen kann ich von den Referaten jeweils nur Bruchstücke geben, etwa so viel, wie ein Neuling ohne Textbuch aus einer Wagneroper mitnimmt; und im gleichen sakralen Tonfall begann auch der Regierungsvertreter – »weinfröhliches Oberwesel« (es wäre auch schwergefallen, das abzustreiten !). Dann folgte wieder einmal eine kurze Liste dessen, was der Dichter alles »soll«, wie in der Kritik der reinen Vernunft : »ernstes Amt .... groß wirken .... frohe Zuversicht und Mut« (und er blickte über die 44 Dichter, die zusammen etwa 3000 Jahre alt sein mochten); sogar »unserer Aufgabe« das Beiwort »hehr« zu geben, war ihm nicht zu schal. Dann folgte die kitzliche Stelle von der »Freiheit« die man fördern »solle« : natürlich keine »ungebändigte« Freiheit, sondern die vorgeschriebene (und ich stellte mir den fatalen Goethe vor, der mitten in der doch so prachtvoll klappenden Begeisterung der Freiheitskriege, immer noch an seinem Napoleon festhielt : daß Der damals nicht verboten worden ist ?!) Und schon fiel auch sein Name : ? – leider klappte das unvermeidliche Zitat nicht ganz : auch Goethes Geist weilte heute offensichtlich nicht am Mittelrhein. – Die Militärregierung brachte die vorgeschriebenen Grüße, die durch etwas mehr Neuheit durchaus nicht an Reiz verloren hätten; deutlich nur, daß die Freiheit auch »verteidigt« werden müsse : dazu ist unser Bundestagsabgeordneter ja in Paris.

Prof. Holzamer vom Rundfunk : in beachtlicher Kenntnis des bisher durch jenes Institut Geleisteten gab er, um auch zukünftig das Niveau der gesprochenen Sendungen zu wahren, die Richtlinie, daß eine Sendung von 20 Minuten höchstens 2 bis 3 Gedanken enthalten dürfe (wenn wir nun mal nach der Maxime unsere Bücher verfertigten !). Der Rest feinsinnige Betrachtungen und Zukunftsmusik : hei, wie würden wir Dichter im UKW-Netz berücksichtigt werden ! Auch »sollten« wir uns mehr der Lokalreportage und dem spannenden Hörspiel widmen. Auch der Vorsitzende erhob sich wieder und hieß uns optimistisch sein, gab auch das Beispiel, wie ein Sprachkunstwerk der Zukunft beginnen »solle« : Liselotte lächelte, obwohl ihre Augen gebrochen waren (wörtlich ! Aber ich war zu sehr in der Minderzahl). Zur Befestigung solchen Optimismus' gab gleich darauf der mainzer Dramaturge den Rat, lieber in die Lotterie zu setzen, als für ein Bühnenspiel auf Erfolg zu hoffen. Auch der Verleger verbarg Maaßanzug und beträchtliches Lebendgewicht gekonnt hinter den immensen Sorgen jenes verantwortlichsten aller Berufe; dann kehrte er zu Glas und Zigarette zurück (während es mir gerade durch steinernen Blick zum drittenmale gelungen war, die zudringliche Kellnerin zurückzuweisen).

Einmal wehte frischere Luft durch Senilien, als Chefredakteur Kunz v. Kauffungen auf die Wurzel allen Übels hinwies : das Elend der Schriftsteller. Voilà un homme !

Als die Abfahrtszeit meines Zuges mich aus der marternden Langweile erlöste, ergab sich – außer der schönen Bachsonate am Morgen; Gerechtigkeit muß sein – als Summe dieses Julitages (and what is as rare as a day in July !) : ein zerrissener rechter Socken, und abgründiger Ekel vor allen »Lokal«-tagungen. So heftete ich im Zuge fest den Blick auf den mittleren Blusenknopf der jungen Dame gegenüber (eine Ähnlichkeit mit Kant muß man haben), und sprach nun meinerseits das hohe Haus an – nein : das ganze Deutschland soll es sein ! :

Ladies and Gents ! Seit Homer scheint bei Ihnen die Auffassung zu bestehen, daß ein Dichter getrost blind, zumindest aber Bettler zu sein habe : und das Letztere ist ja auch glücklich erreicht !

Ein Dichter – der an Energie und Nervenkraft so viel verbraucht wie 10 Landwirte, 8 Handwerker, 12 Intendanten, ... Minister (bitte, nach eigener Schätzung einsetzen) –

Ein Dichter – der von allen Instanzen seines Volkes schmählich im Stich gelassen ist : die Kulturwerte sind immer ohne Kenntnis und Unterstützung des Publikums geschaffen worden; und »Volk der Dichter und Denker« ist die faustdickste Lüge, auf der sich je Bürger wohlgefällig sielten : denn zwischen einem Volke und »seiner« Kultur bestehen verdammt wenig Beziehungen ! –

Ein Dichter – oh, ich weiß wohl, daß der Buddha Gautama seine Mahlzeiten auf ein Reiskorn täglich reduziert hat, und dafür die Fähigkeit der gebührenfreien Raum- und Zeitüberwindung erlangte : wahrscheinlich will man auch uns diese Wohltat auf gleichem Wege zuteil werden lassen, natürlich auf der Grundlage der landesüblichen magnum bonum (oder »Ackersegen«, was weeß ich !) : wie wäre es denn, wenn sich die Reichsbahn der verwirrenden Zahl unserer Wohltäter anschlösse, und jedem

Dichter zu Neujahr eine Gratis=Rundreisekarte über 3000 km ins Dachstübchen schickte ?

Man erinnere sich daran : was bleibt, stiften die Dichter ! Und ohne Bettler Homer würde heute kein Lokalreporter mehr nach Generalmajor Achilles oder Minister Nestor krähen.

Und was der Dichter »soll«, will ich Ihnen ebenfalls ganz kurz mitteilen : er soll gut schreiben – und sonst gar nichts ! Ich halte es für eine Herabwürdigung seiner Kunst und Geisteskräfte, wenn er diese lediglich auf eine so kleine und enge Sphäre richten »sollte«, als es die erbärmlichen Umstände seiner Jahrzehnte oder gar eine bestimmte politische Konstellation sind !

Was die Verleger anbelangt, so diene dem Publikum zur Unterrichtung, daß von den ihnen mit Recht so enorm erscheinenden Buchpreisen der Autor 10% erhält : den Rest Buchhändler und Verleger.

Ich will Ihnen sagen, was der Dichter braucht : Geld und Muße. Eine ganz bescheidene Summe : aber die sicher !

Deshalb mache jetzt ich (da es sonst Niemand für nötig fand) diesen Vorschlag :

Einführung des Dichterpfennigs ! – :

Westdeutschland hat etwa 45 Millionen Bewohner : ab 1. 1. 52 zahlt – zukken Sie nur nicht schon ! – jeder davon *pro Kopf und Jahr einen Pfennig* für die deutschen Dichter : das ergibt im Jahre 450000 Mark. Bei der Blüte unserer Verwaltungstechnik mögen davon 50000 für die sogleich zu errichtende Behörde verwendet werden (Arbeitsbeschaffung !). Von dem Rest könnte man 400 Dichtern einen Jahressold von 1000 Mark aussetzen : und wir würden Ihnen für 83 Mark im Monat sogar noch kurz danken (ich habs noch nicht so weit gebracht !). – Vergleichen Sie damit, was ein Arbeitsloser erhält; oder Ihr eigenes Einkommen : und Sie zögern noch ?!!

Und wenn Sie mal recht großmütig sein wollten, machten Sie aus dem »Dichterpfennig« einen »Kulturdreier« : dann könnten Sie sich nämlich auch noch je 400 Maler und Musiker halten : 10 davon würden bestimmt Gutes schaffen ! Fürchten Sie ja nicht, unser Zartgefühl durch solch »Almosen« zu verletzen : nur frisch her damit ! Und – welcher Vorteil – dann könnten auch Zeitschriften und Rundfunk bleiben wie sie sind : zur Hälfte Wunschkonzert, zur Hälfte Sport und Nachrichten : denn darauf läuft ja doch trotz aller Referate die Sache hinaus. – Und gar ein »Kulturgroschen« – – doch wohin versteige ich mich : welches Volk wird jemals geschlossen 10 Pfennig im Jahre für Kultur ausgeben ?! – –

Betrachtungen über den Gegensatz zwischen Idealem und Realem, angeknüpft an deutsche Dichtertagungen, wie man sie zu Oberwesel hält. –

BERECHNUNGEN

»Was ‹neue Prosaformen› ?
Wir haben doch den Roman !« –
»Warum neue Wasserfahrzeuge ? :
haben wir nicht das Floß ?«

§ 1 Unsere gebräuchlichen Prosaformen entstammen sämtlich spätestens dem 18. Jahrhundert; seitdem ist kein Versuch zur systematischen Weiterentwicklung unternommen worden (abgesehen von einigen zerfahrenen Ansätzen im Expressionismus). Man sehe zu, daß die sprachliche Beschreibung (= Voraussetzung jeder Art von Beherrschung) unserer Welt – von einer sprachlichen Enthüllung souveräner Art einmal ganz zu schweigen – gleichen Schritt hält mit ihrer, zumal technisch-politischen Entwicklung; unsere Gefahr hier zur passiven formica sapiens zu werden ist größer, als die der Atombombe.

§ 2 *Ort, Zeit, Handlung* werden zunächst als primäre theoretische Elemente eines jeden Themas betrachtet, ohne nach Inhalt oder Färbung einer bestimmten Fabel zu fragen.
Diese Elemente können einmal in der »Einheit« vorkommen (wobei ich die Quanten etwas größer als üblich ansetze; z.B. bedeutet im Folgenden auch eine Woche noch »Zeiteinheit«); oder aber in gleichberechtigter »Mehrheit«. Ich verweise ausdrücklich auf die sich so ergebenden 8 Kombinationen; nämlich :

		1 Handlung	mehrere Handlungen
1 Ort	Zeit=einheit	1	5
	Zeit=mehrheit	2	6
mehrere Orte	Zeit=einheit	3	7
	Zeit=mehrheit	4	8

Jeder dieser Möglichkeiten 1–8 entspricht ein bestimmter Themenkreis; jeder Themenkreis hat seine optimale literarische Erledigungsform.

§ 3 Ich fürchte, es ist nötig, erläuternde Beispiele zu geben; also :

a) Nr. 8 (mehrere Orte, große Zeiträume, verschiedene gleichwertige Handlungen) entspricht dem Themenkreis : Zeitschilderung; also historischer Roman, gleichgültig ob Vergangenheit, Gegenwart oder Zukunft. Optimale Erledigung : Briefroman. Praktisches Beispiel : Wieland, Aristipp.

b) Nr. 3 (Einheit der Handlung und der Zeit; aber mehrfache Verschiebung des Ortes) entspricht dem Themenkreis : Reisen (im allerweitesten Sinne). Die optimale Erledigungsform ist die des »Fotoalbums«. Beispiele : Schmidt »Umsiedler« oder »Pocahontas«.

§ 4 (Kurze Begründung, warum die angegebene Erledigungsweise als die optimale erscheint :

Zu a) Die Briefform läßt nicht nur den Gebrauch des Präsens zu, als des eindringlichsten Tempus, das dem Leser die schnelle Identifizierung mit den Handelnden erleichtert; sie ermöglicht weiter die ungezwungene Wiedergabe der Denkweisen, in feinster psychologischer Vertrauensstaffelung je nach Adressat, und Schilderungen, unmittelbar unter dem Diktat der Ereignisse niedergeschrieben. Außerdem ist sie die glaubwürdigste, organischste Verbindung mehrerer Orte. – Man urteile nach dem angeführten Beispiel, und arbeite es sorgfältig durch. Ein Hinweis hierfür : um den »Helden« so schnell und gut wie möglich kennen zu lernen : was muß der erste Brief sein ? Von wem ? Natürlich ! Aber an wen ? Eltern ? Lehrer ? Geliebte ? Bei all diesen »frisiert« man seinen Charakter; es bleibt nur der Freund : und also schreibt Aristipp zuerst an Kleonidas in Kyrene ! usw. usw.

Zu b) Das »Fotoalbum« ermöglicht nicht nur die vom Themenkreis geforderte scharfe Einstellung einzelner Bilder, sondern es gibt auch den Prozeß des »Erinnerns« präzise wieder ! Man »erinnere« sich eines beliebigen Komplexes, sei es »Kindheit«, »Sommerreise« : immer erscheinen zunächst zeitrafferisch einzelne, sehr helle, Momentaufnahmen (= Bilder) um die herum sich im weiteren Verlaufe der »Erinnerung« dann ergänzend erläuternde Kleinbruchstücke (= Texte) stellen : eine solche Kette von Bild-Text-Einheiten ist das Endergebnis jedes bewußten Erinnerungsversuches (vgl. auch § 3). Und genau das wurde in den angeführten Beispielen literarisch fixiert. – Daß mein Verfahren richtig ist, belegen mir auf frappanteste Weise z.B. alle Selbstbiographien, ich greife nur den unnachahmlichen Kügelgen heraus, ihn, weil sein unvergleichliches Malerauge (= Bild !) diese Perlenschnur von Miniatüren aneinanderreihte, und er vor allem ehrlich genug war, auch äußerlich lauter kleinste Abschnitte zu machen (obwohl jedes seiner winzigen Kapitelchen meist auch noch ein halbes Dutzend »Aufnahmen« enthält). Goethe andererseits hat mit seinem üblichen formlosen Prosabrei alle Suturen verschmiert.

§5 Als wichtigste Handübung gewöhne man sich an, seine Prosa zu »dehydrieren«; d.h. aus der Fabel alle sekundären, schildernden Elemente auszustreichen : es gibt gar keinen »epischen Fluß«. Jeder vergleiche sein eigenes beschädigtes Lebensmosaik; die Ereignisse springen : grundsätzlich ergibt sich durch unsere mangelhafte Gehirnleistung mit ihrem »Vergessen« eine poröse Struktur unseres Daseins : die Vergangenheit ist uns immer ein Rasterbild. (Vgl. hierzu wieder oben, §4). Als Beispiel hierfür verweise ich auf meine Trilogie »Faun, Brand's Haide, Schwarze Spiegel«, als konkreten Ausdruck solch löchrigen Lebens. Pointilliertechnik. Schon sie, konsequent geübt, ergibt, wie ich in dieser einen meiner Versuchsreihen praktisch bewiesen habe, eine »Neue Form«.

§6 Zur Sprache nur dieses :
Meine wäre »künstlich« ?
Es ist lediglich die Sprache, alles herkömmlich Formelhaften entkleidet. Alle Wortmatrizen sind weggeworfen; Substantiva paaren sich nicht mehr nach BGB mit Verben; kein Duden kommandiert; nur Rhythmus, untadelige Metapher, exakte erschöpfende Freimachung von bisher mit platten Wortbinden Umwickeltem; Konsonanten und Vokale stehen wieder zur beliebigen individuellen Verfügung.
(Genau das ist der Sinn meines Absatzes, Brand's Haide, S. 177

> Mond : als stiller Steinbuckel im rauhen Wolkenmoor. Schwarze Spiegel lagen viel umher. Zweige forkelten mein Gesicht und troffen hastig. (»Hat viel geregnet« heißts wohl auf Einfachdeutsch)

Konnte ichs noch deutlicher sagen ? Es war dasselbe wie eben zuvor; aber man hat mich, wie billig, nicht verstanden. Bei uns muß man zu etwas Gutem, das man gemacht hat, auch noch die Methode angeben).

§7 Was ist eigentlich Interpunktion ? : Keile, Striche, Bogen, Punkte, zur Akzentuierung, Darstellung von Pausen verschiedener Länge, Definierung von Stimmlagen, Hebung und Senkung. (Ärmlich nebenbei noch; es wären neue, zu vereinbarende Zeichen, dem Schreibenden bitter not !). Instrumentation der Perioden also, nichts weiter, und dem Schriftsteller zur

Verdeutlichung seiner Meinung frei in die Hand gegeben : ihm »Regeln« für ihren Gebrauch vorschreiben wollen, ist unzulässige Einmischung seitens der Germanisten.

§ 8 Auf eine Verwendungsart sei besonders hingewiesen, die in Kurzformen von Wichtigkeit wird : man kann damit stenografieren ! z.B. es erscheint irgendwo dieser Satz :

»Kää-te !« : – : Sie sah herüber : ?

Im »alten Stil« hätte dafür etwa stehen können :

Er rief laut ihren Namen : »Käthe !« Schon nach ein paar Augenblicken hatte sie ihn entdeckt, sah herüber und fragte zurück : »Was gie-hiebts ?!«.

Für den ganzen letzten Teil dieses Gelalles schreibe man einfach » : ? «; es besagt genau dasselbe ! Bei einiger Übung im Lesen sieht man gültig das neugierig geöffnete Gesicht der Gefragten; mehr noch : man hört keine notdürftig gewortete Frageformel, sondern »die Frage« schlechthin. Das ist bei dem durchschnittlichen stereotypierten winzigen Wortschätzchen auch wichtig, um erst einmal zur Loslösung von der konfektionierten Vokabel zu kommen.

Weitere Beispiele stehen ausreichend überall in meinen Büchern.

§ 9 Die Fabel an sich ist in solchen, dem rein Formalen, gewidmeten Experimenten belanglos. An sich ist sie hier lediglich der Haken, an dem das formale Gewand (aus originellem Sprachgewebe) aufgehängt wird.

Man gewöhne sich daran, Ansichten, auch politische, literarische Urteile etc., für nicht mehr zu nehmen, als sie sind : Meinungen des Verfassers : jeder Leser kann seine eigene haben, s'il vous plaît ! Es ist »an sich« völlig gleich, ob der Dichter Stalin preist oder Eisenhower, Homer oder Karl May (den letzten christlichen Großmystiker nebenbei !), Heiligen= oder Mammutknochen (was sogar nicht einmal immer voneinander verschieden ist, vgl. Othenio Abel) : entscheidend für den dichterischen und den Lehrwert sind an sich nur Form und Sprache !

§ 10 Natürlich wird sich jeder literarische Experimentator von selbst bemühen, seine Theorien an möglichst eindrucksvollen Beispielen vorzuführen; der Leserfantasie starke Injektionen zu machen. So habe ich mir etwa, gewitzigt durch vielfältige historische Studien und Arbeiten, vorgesetzt, unter anderem auch ein Bild meiner Zeit zu entwerfen : wie es sich *mir* darstellt; selbstverständlich ! (Wenn man dann 20 solcher »einseitigen« Beobachtungen nebeneinander hält, hat man auch ein Erdbild; ein Globus wird ja

wohl sogar nur aus 12 Streifen zusammengesetzt). Ich sah die Notwendigkeit solcher Zeitdarstellung ein, als ich mich vergebens bemühte, aus den »Meßtischblättern« der Historiker mehr als nur Entfernungen (= Daten) abzugreifen : da mußte ich sogleich Zuflucht zum Anton Reiser nehmen, zu Rist, Ned Myers, und dem Biografienorchester der unvergleichlichen »Insel Felsenburg«.
Aus solchen Bemühungen entstanden »Umsiedler«, »Leviathan«, die »Brand's Haide«-Trilogie, u.a., die bessere und getreuere Sach- und Gedankenporträts sind, als man scheinbar gemeinhin anzunehmen geneigt ist.

§ 11 (Man werde vor allem freier und natürlicher. Man gebe die »Unendlichkeit« auf für die Endlichkeit; eine gutgemalte Katze ist mehr wert, als der erhabenste Seraf. Der Mensch sei wieder eine Tierart in jeder Hinsicht; die listigste, gewiß; aber man lasse alle göttlichen Ambitionen aus dem Spiel : es waren ihrer schon verwirrend zu viele da (und mit was für Ansprüchen meist !).
Themen fehlen nie ! Es gibt so viele Beleuchtungen für die Dinge, so viel Blumensorten; täglich werden neue Technika erfunden; es ist tatsächlich noch gar nichts erschöpfend geschildert; weder Protuberanzen am Sonnenrand (in der roten Wasserstofflinie : und was sind das für lautlose Schauspiele !) noch die neuen elektrischen Rasierapparate, und was meine Haut so dabei fühlt. (Nicht etwa, daß diese Erscheinungen gleichwertig wären : aber nichts davon ist bisher gut beschrieben ! Protuberanzen in ruhiger Stimmung gesehen : Protuberanzen in erregter Stimmung gesehen, eh ?!).
Essays sollte man erst verfertigen, wenn man nischt anderes mehr kann : also gleich aufhören jetzt !.
Ich setzte diesen § in Klammern, weil es auch wieder nur eine »persönliche Meinung« ist !)

§ 12 »Für wen schreiben Sie als Schriftsteller denn ?! Nicht für Leser ? Warum denn dann überhaupt ?!« – mit diesem triumphierenden Blödsinn (basierend auf »Brand's Haide«, S. 255) hat man mich nun in Ost und West lange genug »widerlegt« ! Ich frage zurück : Der Lehrer soll das Volk bilden ? : schon recht !!! Wer aber bildet den Lehrer ?!

§ 13 Also ausführlich : in den Wissenschaften hat man sich bereits, wenn auch widerwillig und oft genug noch heute kopfschüttelnd, in Jahrhunderten endlich gewöhnt, die »reine« von der »angewandten« zu trennen. Hat eingesehen, daß rundherum verbohrte Pioniere auf schmalen Einmannpfaden in die Wildnis der Welt eindringen müssen: selbst wenn der lange Weg mitten in einen Sumpf führte, weiß man jetzt wenigstens, daß da einer ist! Der »Höhere Mathematiker« hat in seinem Fach keinerlei Verbindung mehr zum »Volk«; der »einfache Mann« steht ihm wie ein Neger gegenüber. Dennoch ist die Arbeit des Professors unerläßlich; denn seine Schüler, die Techniker, die »Angewandten«, bauen daraus Brücken und Atombomben.

Man lasse doch endlich dem Wortwissenschaftler die gleiche Gerechtigkeit widerfahren! Und teile sie getrost ein in die »Angewandten« mit Breitenwirkung, und die »Reinen« Experimentatoren! Es würde sogleich Alles so einfach!: die Ersteren schrieben für »die Leser«, »das Volk« – die Letzteren für sich untereinander, und ihre evtl. Schüler, die »Angewandten«!

Allerdings ist Eines hier noch zu sagen: man besolde von Staats wegen die »Reinen« dann auch, etwa ebenso wie die Universitätsprofessoren; es werden wenig genug sein. – Wie lange mag es dauern, ehe sich die hier klar ausgesprochene Erkenntnis Bahn gebrochen hat? Lange sicher. Deshalb: wenn »das Volk« eine Differentialgleichung sieht, erschrickt es des Todes und ehrt das verrückte Unbegreifliche; diesen Vorzug hat auch eine Opernpartitur. Aber Worte? Buchstaben? Beherrscht sie nicht Jeder?! Hat doch Jeder selbst Lesen und Schreiben gelernt; ausführlich in der Schule! Kann also auch urteilen, he??!! –

§14 So seht Ihr aus!!

GESEGNETE MAJUSKELN

Nicht ohne Widerstreben und der Mißdeutung fast gewiß, spreche ich meine Ansichten über Rechtschreibung öffentlich aus; zumindest bitte ich, sich jederzeit gegenwärtig zu halten, daß ich – fast von jeder Seite ohne Zögern als »Avantgardist« eingestuft – seit Jahren das vergipste Gravitationszentrum des Gebrauchsdeutschen verlassen habe, und bewußt in den Randgebieten und Bayous unserer Sprache neue Wege suche (oder präziser : bahne). Ich gehe hier also lediglich vom Standpunkt des Pioniers aus, der Worte nicht nur verwendet, um beim Bäckerjungen verständlich seine Morgensemmel zu bestellen; sondern um die Fülle der Erscheinungen linguistisch einzuholen, sie immer überlegener zu benennen (also zu beherrschen !) und Neues sichtbar zu machen. –

Die Großschreibung der Substantive im Deutschen ist nicht nur philosophisch eine Feinheit und ein Vorzug; sondern mir auch handwerklich unerläßlich. Ich schrieb einmal – ein Beispiel statt vieler – etwa so : »Winterwälder : sie machten öde Ringe um die aschengrube Welt.« Nur durch die im Deutschen mögliche Unterscheidung durch große und kleine Anfangsbuchstaben konnte ich unverwechselbar festlegen, daß ich »aschengrube« hier als Eigenschaftswort gesehen wissen wollte ! Man schreibe in dem angeführten Satz sämtliche Worte klein : und ich scheine von einer Aschengrube, Welt genannt, zu sprechen – was zwar auch einen Sinn ergiebt, aber nicht den von mir gewollten. (Ich weise ausdrücklich darauf hin, daß diese adjektivische Verwendung von Substantiven keine Spielerei darstellt; ein Substantiv ist nämlich bereits ein ganzes Bündel von Eigenschaften und löst vermittels *eines* Wortes – und also viel rascher, also suggestiver, als mehrere Adjektive dies vermöchten – das gewünschte kompliziert=volle Bild im Leser aus).

Außerdem wird durch unsere gesegneten Majuskeln die Orientierung im Satz so sehr erleichtert, daß man, anstatt sie abschaffen zu wollen, lieber den anderen Sprachen ihre Aufnahme anempfehlen sollte.

Eine phonetische Schreibweise lehne ich für mich ebenfalls ab. Einmal, weil man dadurch die meisten Worte gewaltsam von ihrem historischen Ursprung abtrennen, und damit eine Fülle von Reminiszenzen und Assoziationen vernichten würde; zum zweiten, weil man dadurch den Dialekten – diesem unschätzbaren Quell= und Grundwasser jeder Sprache –

den wohl endgültigen Todesstoß versetzen würde (man hat scheinbar an den verheerenden Folgen des drohenden Verlustes unserer Ostdialekte noch nicht genug!); auch könnte man den alten Adelungschen Streit, »Was ist Hochdeutsch«, beliebig erneuern. –

Andererseits sehe ich sehr wohl ein, daß für »das Volk«, ob In= oder Ausländer, eine Vereinfachung der Rechtschreibung doch wünschenswert, und im »praktischen Gebrauch« eine rechte Erleichterung sein könnte; und schlage zur Lösung dieses Dilemmas folgenden Weg vor:

Seit langem schon hat sich durch die immer wachsende Ausdehnung jedes Wissensgebietes zwangsläufig eine Dosierung von Kenntnissen ergeben. Der Volksschüler lernt wohl »rechnen«; aber daß limes (1 + $^{1}/_{n}$) hoch n für n gegen unendlich gleich e ist, weiß er nicht; es interessiert ihn auch nicht, und mit Recht empfindet er dieses Nichtwissen durchaus nicht als Diffamierung. Für jede andere Wissenschaft (und Kunst) gilt dasselbe. In der Wortschrift des Chinesischen etwa, kennt der einfache Mann ein paar hundert Zeichen; das reicht für seine Zwecke der Verständigung und sogar fürs Zeitunglesen aus; den Vorrat für seinen speziellen Beruf erwirbt sich Jeder während der Lehrzeit.

Was hinderte auch uns, ein »Tausend-Worte-Lexikon« nach einem international vereinbarten phonetischen Schlüssel zu fixieren? Hier könnte ohne Schaden auch die konsequente Kleinschreibung angewendet werden, die ja wohl fürs Druck= und Schreibmaschinenwesen tatsächlich eine Arbeitsersparnis von gewichtigen Prozenten ergäbe. Dadurch würde nicht nur dem Volke geholfen; sondern auch dem Geistesarbeiter – speziell natürlich dem Dichter – die Stelle angewiesen, die er als »Wortspezialist« seit langem verdiente. In einer solchen Trennung in »reine« und »angewandte« Sprache liegt weder eine Ungerechtigkeit noch ein Grund zur Beschämung; betrachtet sich der Jodler als deklassiert, weil er keine Opernpartitur lesen kann? Und welche Erleichterung für den Liebhaber von »Lore-Romanen«: wenn er versehentlich den »Faust« erwischte, sähe ers sogleich am Druck!

Und umgekehrt!

SIEBZEHN SIND ZUVIEL!

(am 14. September 1851, einen Tag vor seinem 62. Geburtstage, starb in der Kreisstadt, die noch heute seinen Namen trägt, James Fenimore Cooper, der erste amerikanische Schriftsteller mit globaler Wirkung.)

Jedesmal, wenn er drüben am Ufer des Otsego Lake ein neues Blockhaus sah, schnitt er eine Kerbe in die Douglasfichte und sprach einen Fluch dazu; als es 17 waren, ertrug es sein Herz nicht länger; er schulterte Killdeer, pfiff seinem gleichermaßen zähen Hundegreis, und trabte angewidert weiter, nach dem leeren Westen : der »Lederstrumpf«. –

In 20 Sprachen waren seine Bücher übersetzt; sie kursierten in der Türkei wie in Ispahan, in Jerusalem und Ägypten sah man sie nicht minder als in Mexiko und Indien. »Was Landschaftsschilderung anbelangt, hat er das bisher suggestivste Wort gesprochen« meinte Balzac; Stifter, dem ähnlich Chlorophyll in den Adern floß, machte eine Abbreviatur des »Wildtöter« und nannte sie »Der Hochwald«; Poe, Scott, Hauff, Stevenson, mögen weitere Kronzeugen abgeben; die Hyperbel vom »Letzten der Mohikaner« ist heute noch gängige Wortmünze.

Mitten im neu entstehenden Walddorf wuchs Cooper auf – immer wieder erscheinen in seinen Büchern die inselhaften Einzelhöfe und Erst=Settlements – ein rauher und handfester Junge; noch im Alter schrak Mancher vor seiner Frankheit zurück : »er schien unzart und brutal, wo er doch nur männlich interessiert war« schreibt einmal ein Freund über ihn. Nach kurzem Studium in Yale, trat er Ende 1806 als Midshipman in die amerikanische Kriegsmarine ein; quittierte jedoch nach 5 Jahren auf Drängen seiner jungen Frau hin den Dienst, und zog sich unlängst danach auf ein kleines ererbtes Landgut zurück – nach eben jenem Cooperstown, das ohne ihn heute bestenfalls die Baseball=Ruhmeshalle besäße, einen unserer modernen Schandflecke, wo die Unterhosen und Jockeykappen »berühmter« Raufer und Luftspringer dem ehrfürchtigen Knaben zur Nacheiferung vorgezeigt werden. (Wobei für den Kenner die eigentliche Ironie darin liegt, daß eben schon Cooper, den man echt yankeehaft=unbeschwert 100 Yards nebenan »auch« fetiert, sich bereits damals, 1835, in »Home as found«, in schärfster Form über die beballten Halbstarken ausließ.)

Als Dreißigjähriger schmiß er einmal wütend den preßgläsernen englischen »Gesellschaftsroman«, den er, wie immer abends, seiner Frau vorgelesen hatte, an die Wand, und schrie : »Da könnte *ich* ja was Besseres fabrizieren!« Sie, Susan Augusta, geborene de Lancey, nahm ihn beim Wort, und quängelte zart weiblich so lange, bis er tatsächlich etwas Buchähnliches herausbrachte: so begann eine dreißigjährige arbeitsame literarische Laufbahn.

Bis zu seinem Tode hat Cooper 34 Romane veröffentlicht; außerdem solide historisch=biographische Arbeiten, und umfangreiche Reisebücher, die Früchte eines sechsjährigen Europaaufenthaltes, in denen er unsern Kontinent und die damals noch blutjungen Vereinigten Staaten übereinander aufzuklären versuchte.

In seinem fünfbändigen »Lederstrumpf« hat er der Weltliteratur einen ihrer ganz großen Archetypen geschenkt – dem Kenner durchaus gleichrangig mit Ahasver, Gulliver, Robinson, Parzival – den Mann der Wälder, der in der Luft der Siedlungen, bei den »Umbrella=people«, nicht atmen kann; (und meinen Sie ja nicht, ein »Camping=Platz« wäre was für ihn gewesen!); ein Gemüt, so einfach gefügt, daß es schon wieder an Tiefsinn grenzt; redlich, männlich, verdüstert, wie sein Schöpfer selbst.

Cooper »of the wood and wave« war auch der eigentliche Initiator des »Seeromans«; und die besten davon, wie die »Water=Witch« oder »Der Pilot« vertrügen durchaus ein Reprint; zu schweigen vom »Ned Myers«, der hohen zeitgeschichtlichen und autobiographischen Wert besitzt, ein unerläßliches Gegenstück zu unserem »Nettelbeck«.

Seine absolut bedeutendsten Leistungen jedoch hat er in der vielbändigen Romanserie gegeben, (von der »Lederstrumpf« nur ein Teil ist), und mit der er, ganz bewußt vaterländischer Historiker, die Entwicklung der Vereinigten Staaten, ihr fast von Jahrzehnt zu Jahrzehnt folgend, begleitet hat. Niemand war zur kulturgeschichtlichen Schilderung bis in die feinsten Interieurs hinein so berufen wie er, den wie keinen Zweiten eigenes Erleben und lebendige Familientradition mit allen »Privataltertümern« des Staates New York verband. Die Trilogie der sogenannten »Littlepage Manuscripts«, die eindringlichsten Tagebuchaufzeichnungen dreier Generationen über die »Landnahme« im Westen, sind, noch über den »Leatherstocking« hinaus, das Dichteste und Gewichtigste, auch Humorvollste, was er je erfunden hat; (vor allem die beiden ersten Teile, »Satanstoe« und »Chainbearer« – was natürlich nichts mit werwölfischem Kettengerassel zu tun hat, sondern schlicht mit »Der Landmesser« zu übersetzen ist).

Unter den einbändigen Romanen nimmt wohl den ersten Rang »Die Beweinte von Wish=ton=Wish« ein (1829); für den Allesspürer Poe war Cooper immer nur der Autor des »Conanchet« (wie der Hauptheld jenes bedeutenden Buches heißt). Den eigentlichen tragischen Stoff – und er konnte im Schnittpunkt zweier Kulturen nicht wohl anders sein – ergab die Familienchronik eines befreundeten Geistlichen; den Rahmen die frühe Geschichte der »Pilgrimfathers«; auch die Gestalt William Goffe's, des »Königsmörders«, ist mit bancroftscher Treue gezeichnet, obwohl mit der gebührenden Anteilnahme des glühenden Republikaners. Die düstere Abgemessenheit, die tätige Wortkargheit, die eisengrauen Sitten und religiösen Überspanntheiten der Puritaner sind, außer vielleicht in Walter Scotts »Old Mortality«, wohl nie wieder mit gleicher Eindringlichkeit dargestellt worden. – Noch wären daneben zu nennen »Der Spion« oder »Wyandotte«; oder, dem Literaturhistoriker zum belehrenden Vergleich mit unserer »Insel Felsenburg« empfohlen, »Marks Riff«. Unvergängliche zeitsatirische Züge fixieren die Romane »Homeward Bound« mit der Fortsetzung »Home as Found«, oder die utopischen, grandios=witzigen »Monikins«; Bücher, die Entrüstungsstürme gegen ihn entfesselten und ihn zum bestgehaßten Mann der USA machten. Dabei hat er die Yankees lediglich objektiv geschildert, so daß fast alle Züge auch heute noch zutreffen; er hatte eben in seinen 6 wohlangewandten Europajahren den Unterschied eingesehen, zwischen etwa Beethoven und Leuten, mit denen man Wettbewerbe veranstalten kann, wer die Mondscheinsonate am schnellsten spielt.

Für den Kenner interessant zu verfolgen ist auch seine Arbeitstechnik; wie er klug und ökonomisch, ganz methodischer Arbeiter, den Schauplatz regelmäßig abwechselnd aufs Meer und in die Wälder verlegte, zu weiser Schonung und Erholung der Phantasie. Alle seine Romane sind nach sorgfältigen historischen Vorarbeiten entstanden, von deren Umfang uns seine Tochter in einem Falle berichtet hat : Im »Lionel Lincoln« benützte er selbstverständlich nicht nur die erreichbaren gedruckten Quellen, sondern sah mehrere tausend Blatt amtlicher und privater Urkunden durch; ja, er machte sich Auszüge aus den Kalendern und Wetterberichten jener Tage, um auch den kleinsten Umstand wirklichkeitsgetreu wiedergeben zu können ! Noch heute gestehen die Fachhistoriker, daß sich dadurch in jenem Buch die lebendigsten und zugleich verläßlichsten Schilderungen der Gefechte von Concord Bridge, Lexington und Bunkers Hill finden, und wie die herrlichen alten Revolutionsnamen alle heißen. –

In den Jahren 1820–50 ausgesprochene bestseller auch in Deutschland, sind seine Romane heute so gut wie unbekannt im Publikum. Das ist umso bedauerlicher, als die damaligen plump eilfertig zusammengeschmierten Übersetzungen wohl das Haarsträubendste sind, was unser Land der Mitte in dieser Hinsicht vorgebracht hat (z.B. »Union Jack« wird zu einem Kleidungsstück : »Unions-Jacke«; »dicker Mist auf dem Flusse« : also natürlich »Nebel«; usw. in infinitum). Hier wäre für einen gewissenhaften, der Literatur verschworenen Verleger noch etwas zu tun.

UNDINE.

(Am 27. Mai, vor 125 Jahren, starb das Urbild zu einer der unvergänglichen Gestalten der Weltliteratur)

»... . die Arie aus der Oper ‹Undine› von Albert Lortzing« : schon öffnet sich ein gewölbter Tenormund und klagt gekonnt, daß er weder »Vater, Mutter, Schwestern, Brüder« auf der Welt mehr habe – auch heute, nach 100 Jahren noch, gehört das Stück mit seiner handfesten Bühnenwirksamkeit zum eisernen Bestand der Spielopern. Und wer arg gelehrt ist, erinnert sich, daß es noch ältere Vertonungen gibt, von Girschner, oder dem großen ETA Hoffmann; und wenn ein Germanist in der Familie ist, murmelt er wohl Fouqué; und wenn er ehrlich ist, runzelt er ein bißchen die Stirn über sich, daß er von dem großen Romantiker so blutärmlich wenig weiß.

Friedrich Baron de la Motte Fouqué nämlich heißt der Schöpfer jener unvergleichlichen Märchengestalt, und als das Bändchen 1811 erschien, begrüßte es sogleich der ungeteilte Beifall der ganzen gebildeten und unverbildeten Welt. Binnen wenigen Jahren wurde es in sämtliche Kultursprachen übersetzt; davon allein ins Französische etwa 10 Mal, so daß es durchaus kein Zufall ist, wenn gerade jetzt die Fabel dort wieder aufgegriffen wurde. Sir Walter Scott, auf der Höhe seines Ruhmes, verschmähte nicht, die Undine offen nachzubilden, in seinem ‹Weißen Fräulein von Avenel›. Edgar Allan Poe, als er es zum ersten Male las, geriet wie außer sich, wies immer wieder auf das Wunderwerk hin, und nannte es das vollendetste Prosastück aller Zeiten : »Auf einen Fouqué schafft die Natur 50 Molières« erklärte er in einer seiner glasharten Formulierungen. Am letzten Abend seines Lebens las Richard Wagner den Seinen noch einmal das Märchen vor. –

»Wie der Ritter zu dem Fischer kam« hebt es im Volkston an : Herr Huldbrand von Ringstetten, verirrt im Wald der Welt, trifft bei den Netzen am Seeufer den frommen Alten, der mit seiner bejahrten Lebensgefährtin und der geheimnisvollen Pflegetochter Undine in einfältiger Einsamkeit dort Haus hält. Inmitten einer polytheistisch=vergeisterten Natur : Nebelwitwen, Grubenjäger, Windkerle. Aber über Allem, durch Alles hindurch, klingt ständig die große Wasserfeier, in reißenden Bächen, ziehender Flußbreite, und dem zornigen Lallen des Großen Sees, des allumgebenden Außenrandes jener Inselwelt. Aus ihm ist auch Undine gekommen, um in der Vereinigung mit einem Menschenmann eine Seele zu gewinnen – daß dies nun gerade Huldbrand, der ständig zwischen zwei Frauen Schwankende, sein muß, kann auch der bizarr=mächtige Oheim Kühleborn nicht verhindern. Und es kommt natürlich, wie es kommen muß : ‹Geist› ist für kurze Zeit ganz apart, aber auf die Dauer dem Menschen unheimlich; kein Wunder, daß die oberflächenbunte Bertalda die stille Nebenbuhlerin mit ihrer murmelnden Sippschaft aussticht. Undine, einmal geschmäht, versinkt wieder; warnt jedoch, grundwasserhaft allgegenwärtig, den Ritter vor neuer Bindung. Die Folge ist beider Tod; nur das Menschenweibchen wird überleben. –

Nun ist die ‹Undine› durchaus literarhistorisch »behandelt« worden; da wird mit dem erforderlichen Zitatenapparat ‹nachgewiesen›, daß eine Handvoll Zeilen bei Paracelsus, und außerdem die Stauffenbergersage Fouqués ‹Quellen› waren; und als endlich das Bekenntnis des Dichters, daß es sich ihm um ein Herzenserlebnis handelte, nicht mehr übersehen werden kann, da wird in einer Fußnote gesagt, daß Fouqué wahrscheinlich an die Trennung von seiner ersten Frau gedacht habe. Sonst nichts; und man weiß nicht, ob man sich mehr über die Gefühllosigkeit der Verfasser, oder ihre durch vorhergegangene Jahrhunderte großgezogenen ‹Methoden› mehr entsetzen soll. Dabei erkannte der so weit entfernte aber kongeniale Poe sogleich, daß es sich um eine ausgesprochene Bekenntnisdichtung handeln müsse; und wirklich hätte ja nach dem angeführten ausdrücklichen Geständnis des Dichters jeder im Besitz seiner gesunden fünf Sinne Befindliche zuerst nun einmal Fouqués Leben auf den Ursprung der Dichtung hin untersucht.

Denn da reitet Herr Huldbrand von Ringstetten – ach, von Huld hat Fouqué selbst nur zu oft gebrannt; und daß ‹La Motte› im Altfranzösischen eine erhöhte Burgumwallung bedeutet, also recht eigentlich eine ‹Ring=Stätte›, verrät er selbst in der Biographie seines Großvaters, (des bekannten Generals Fouqué, seiner Zeit Intimus Friedrichs des Großen). Zu allem Überfluß gibt er ihm auch noch die eigenen Wappenfarben, Veilchenblau und Gold (während eine Dissertation verständnislos plappert, der Dichter habe seinen Ritter »nicht bunt genug ausstaffieren« können !) Dazu läßt er ihn, wie er fast sein ganzes Leben auch von sich denken mußte, als den Letzten seines Stammes sterben. Und durch wilde Wälder kam Fouqué auch eben geritten, als Soldat, auf dem Rückmarsch durch die öden Heiden Westfalens :

Dort nämlich schlägt, im Mai 1795, wie er in der Selbstbiographie sagt, »seine Stunde« : bei einem ländlichen Fest in der Nähe von Minden fällt ihm während des Tanzes ein ‹elfenhaft› schwebendes junges Mädchen auf, mit »himmelklaren Blauaugen« – wobei man ja sofort an die »seeblauen Augenhimmel« Undinens denken muß; und 15 Jahre ist sie alt : so stehts auch präzisest im Märchen. »Wer ist das ?« fragt er den neben ihm Sitzenden; und »Meine Schwester« erwidert stolz der Angeredete, froh der Bewunderung, die der junge Kürassieroffizier mit dem alten berühmten Namen Jener rückhaltslos spendet. Einigemale noch treffen sie sich bei Gesellschaften; dann versagt sie sich ihm plötzlich kühl, wenn er um den nächsten Tanz bittet – ein Regimentskamerad hat hämisch=sorglich vor dem ‹Flatterhaften› gewarnt; auch den Eltern sind die Huldigungen etwas zu stürmisch vorgekommen, und der erwähnte Bruder beauftragt worden, vorsichtig zu bremsen. Beide wenden sich trotzig von einander ab; jedoch Jedes fühlt, daß hier etwas fürs Leben geschehen ist. Nur ganz wenige Tage hat das Idyll gedauert; dann marschiert das Regiment Weimar Kürassier – ja, ganz recht, bei dem auch Goethe seinerzeit ... – zurück in seine ascherslebener Friedensgarnison. Wenig später wird Fouqué dann zur Sicherung der ‹Demarkationslinie› des Baseler Friedens ins Bückeburgische versetzt, wiederum unweit Mindens – aber er betritt die Stadt nie wieder; zu tief sitzt das Gefühl der Verschmähung (so tief, daß er wenig später aus Trotz die Tochter seines Regimentskommandeurs heiratet). Aber das Bild der norddeutschen Landschaft hat sich mit dem der Geliebten unlösbar verwebt; zumal das des großen – damals noch weit umfänglicheren – Flachsees, des Steinhuder Meers : das nämlich ist der Undinensee ! Oftmals rudert Fouqué hinüber zum Wilhelmstein (z.B. am 23. 7. 1797 sieht man seine Eintragung im dortigen Gästebuch); einmal stürmt es bei der Heimfahrt, und in einem solchen Sturm läßt er auch den Pater Heilmann zu den Fischersleuten gelangen : der aber wieder stammt, wie er berichtet, »aus Kloster Mariagruß, von jenseits des Sees« – bei *Mariensee* bestand damals ein (freilich säkularisiertes) Kloster, und vom Bückeburg Fouqués aus gesehen, liegt es genau »jenseits des Sees« ! Im Märchen kränkt er dann die Geliebte, daß sie ins Unwiederholbare entschwindet; aber tot ist sie nicht; das müssen die Frauen an den Ufern des Rhins – Rhin=Rhein=Donau hat er zur Tarnung abgewandelt – erfahren; sie selbst beschwören durch ihr Wesen immer wieder den unseligen Vergleich herauf, seine späteren 3 Ehen sind sämtlich ‹unglücklich› gewesen. – Allerdings im Gedicht wenigstens tut Fouqué seinem klopfenden Herzen Genüge, in der leeren sonnigen Einsamkeit auf der Seespitze : weit fort sind die Menschen; mit innigem Wohlbehagen sieht er, wie der trennende Waldstrom sich sein Bette breiter und breiter reißt, und die Abgeschiedenheit auf der Nun=Insel sich für immer längere Zeit ausdehnt; was ihm das Leben versagte, ersetzt schöner, unsterblich, die Fantasie. »Man könnte dies Alles, weiß der Schreiber, ordentlich ausführen; vielleicht sollte mans auch. Aber das Herz tut ihm dabei allzuweh; denn er hat ähnliche Dinge erlebt, und scheut sich in der Erinnerung noch vor ihrem Schatten.« Fünfzehn Jahre hat es gedauert, bis er die erste poetische Fixierung wagte.

Auch in anderen Dichtungen Fouqués erfolgt die Auseinandersetzung mit dem Nichtgeschehenen; so in seinem Märchen von ‹Schön Irsa›, einem der guten Beispiele deutscher Pflanzensymbolik, das auch in jenem Weserwinkel spielt; die weiße Emilie seines unsterblichen ‹Alethes von Lindenstein›, zuerst am Wasser getroffen, ist es wiederum; aber warum weiter vergessene Titel, ‹Welleda und Ganna›, oder ‹Folke und Isula› aufzählen?

In seiner Selbstbiographie verschlüsselt Fouqué ritterlich ihren wirklichen Namen: »Laßt sie uns Eloisa benennen in diesen Blättern. Sie hieß anders in der Zeit.«

»In der Zeit« hatte sich ihm der Bruder vorgestellt: »Gestatten: von Breitenbach«; so nämlich spricht Jener den Familiennamen ‹Breitenbauch› in vornehmer Verlegenheit grundsätzlich aus, ja, unterschrieb sich öfters so: dies ist auch wahrscheinlich der Grund, warum sich für Fouqué ihr Bild sogleich mit dem des fließenden Wassers in Eins blendete. Ihr Vater ist der königlich preußische Kriegs= und Domänenkammerpräsident zu Minden, Franz Traugott von Breitenbauch, aus einer uralten thüringischen Adelsfamilie, die schon 1147 zum erstenmale urkundlich erwähnt wird, und damals eigentlich (wie auch jetzt wieder) »Breitenbuch« hieß; Ranis, Brandenstein, Lichtentanne, sind die Hauptbesitzungen gewesen. Aus seiner ersten Ehe mit Philippine Albertine Winter von Marbach hat er 12 Kinder: das achte davon ist der oben zitierte Bruder Albert, ein leichtsinniger, notorisch schlechter Wirt, der eines der Güter nach dem anderen zur Deckung der Schulden abstoßen muß; er taucht mehrfach im Goetheschen Kreise auf.

Das elfte dieser Kinder ist Friederike Lisette Auguste Eberhardine Ernestine, genannt Elisabeth (= Eloisa!), am 7. Mai 1780 wird sie in Minden geboren (»getauft am 17. Mai auf dero adelichem Hofe«); als Taufzeugen unterschreiben sich Mitglieder der namhaftesten westfälischen Adelsfamilien: ein Fräulein Spiegel von Pickelsheim; von Hardenberg; von Vincke; sogar der Regierungspräsident zu Cleve, Freiherr von der Reck, ist dabei.

Auch sie hat Fouqué nie vergessen; obgleich sie am 14. Mai 1800 – der Mai ist ihr Schicksalsmonat: geboren; Fouqué kennen gelernt (er sagt aus ungenauer Erinnerung: Juni); – den preußischen Hauptmann August von Witzleben ehelicht. Drei Kinder hat sie mit ihm; zwei Töchter, die früh wieder sterben, und den Sohn August, der diesen Zweig der Familie fortpflanzt. Bis zum großen Desaster 1806 und der Restauration 1813 leben sie in Halberstadt; dann gehen sie über Wolmirstedt, den Familienbesitz des Mannes, nach Dresden und Halle. Der Gatte stirbt dort bereits 1821, und läßt die Witwe mit dem halb erwachsenen Sohne zurück, der seine Ausbildung dann in Potsdam erhält.

Gleich darauf macht Elisabeth von Witzleben, wie sie jetzt heißt, in Halle die Bekanntschaft von Fouqués erster Frau, die inzwischen einen Vetter des Dichters geheiratet hatte, und erfährt von Jener, wie nahe sie ihm jetzt eigentlich ist; zögernd beginnt eine Korrespondenz : »Er kam zu mir, er sang zu mir / nochmals von Lieb und Treue; / doch als ich frug : ‹Wie geht es Dir ?› / schwieg er in banger Scheue.« schreibt Fouqué 1823 unter dem Titel ‹Undine› in sein poetisches Tagebuch. 1826, anläßlich eines Besuches bei ihrem Sohne, haben sich die Beiden dann noch einmal wiedergesehen : »Es war ein Wiedersehen, wie nach dem seligen Sterben : ohne Wunsch, ohne Schmerz, ohne Erwartungen; aber reich an stiller Freude und fortan störungsloser Freundschaft.«

Nur wenige Jahre kann er ihr noch von Leben und Arbeit berichten : 1832 – wie billig, im Mai, am 27. – stirbt sie zu Glaucha bei Halle, an einem schleichenden Fieber, eben 52 Jahre alt. »Im eigenen Herzen geboren. Nie besessen. Dennoch verloren.« In einem hohen, schwarzsamtenen, mit Silber beschlagenen Sarge wird die ewige Undine in die Erde gebettet.

SAMUEL CHRISTIAN PAPE.
EIN VERGESSENER NORDDEUTSCHER DICHTER.

(Am 22. November 1774, vor 180 Jahren, wurde der letzte Nachzügler des »Hainbundes«, dieser spezifisch niedersächsischen Schule, geboren.)

»Ach, den 12. September (1772) da hätten Sie hier sein sollen! Die beiden Millers, Hahn, Hölty, Wehrs und ich (Voss) gingen noch des Abends nach einem nahe gelegenen Dorfe. Der Abend war außerordentlich heiter und der Mond voll. Wir überließen uns ganz den Empfindungen der schönen Natur. Wir aßen in einer Bauernhütte eine Milch, und begaben uns darauf ins freie Feld. Hier fanden wir einen kleinen Eichengrund, und sogleich fiel uns Allen ein, den Bund der Freundschaft unter diesen heiligen Bäumen zu schwören. Wir umkränzten die Hüte mit Eichenlaub, legten sie unter den Baum, faßten uns Alle bei den Händen, tanzten so um den eingeschlossenen Baum herum – riefen den Mond und die Sterne zu Zeugen unseres Bundes an und versprachen uns eine ewige Freundschaft.«

So, auch heute noch unverwelklich jünglingshaft zu lesen, beginnt die »Stiftungsurkunde« des »Göttinger Dichterbundes«, der an jenem windigen und kühlen Abende geschlossen wurde. Späterhin traten Bürger, die beiden Stolberge, Boie, und gar der Kirchenvater unfertiger Deutschheit, Klopstock, hinzu; aber Einer um den Anderen verließ Göttingen, und schon 1774 war die Verbindung wieder so gut wie aufgelöst. Dennoch ist das Organ des Bundes, der Vossische Musenalmanach, noch bis 1798 erschienen, und hat nicht nur die Beiträge der einstigen Gründer gebracht, sondern auch immer wieder neue geistesverwandte junge Dichter angezogen; als Letzten Samuel Christian Pape.

Pape war ein echtes Kind der norddeutschen Heiden und Moore. Seit dem Dreißigjährigen Kriege bis heute ist die Familie im Winkel zwischen Nordsee, Weser, Aller und Elbe ansässig gewesen; nachdenklich auch, daß sich durch viele Generationen hindurch immer wieder die poetische Begabung offenbart hat. In Lesum bei Bremen, wo sein Vater Henrich zuerst Pfarrer war, ist Pape 1774 geboren; die entscheidenden Jahre aber – so 10 bis Anfang 20 – hat er in Visselhövede zugebracht, einem kleinen Ort der Lüneburger Heide, etwa gleichmäßig 70 km von Hamburg, Bremen und Hannover entfernt, wohin der Vater 1783 versetzt worden war. Zeit seines Lebens hat er die schwermütigen nebelvollen Wälder, die seltsamen

Wacholdersteppen, das Ostermoor, die einsamen Dörfer und Einzelhöfe des abgelegenen Landes als sein »Jugendparadies« bezeichnet. Obwohl äußerlich ein schöner kräftiger Knabe, läßt er doch die bezeichnenden Züge des Melancholikers und Hypochonders spüren; dazu eine viel zu geringe Ruhefähigkeit, seltsame Neigung zum Wechsel: »Keinem Tische, keinem Bücherbrette, sofern sie von ihm abhängig waren, konnte er lange ihre Stelle gönnen. Selbst als Mann hat er seine Kleider und sonstigen Sachen immer bald wieder verkauft, um sich andere dafür anzuschaffen, und sobald er in seinen Kinderjahren mit andern Schulknaben in Verbindung trat, waren seine Bücher einem beständigen Tauschhandel unterworfen.« Immer wieder erscheint der neblige Visselhöveder Kirchhof in seinen Gedichten, mit der Quelle der jungen Vissel, die dort unter den Gräbern als starke Wasserader entspringt. Zunächst erhält er an dem schulenlosen Orte den Unterricht des vielgelehrten Vaters – 21 Nummern umfaßt das Verzeichnis von dessen Schriften bei Rotermund! – und kann dann nach ein paar Jahren zum Großvater nach Bremen geschickt werden, um dort die Domschule zu besuchen; auch hier sind die Lichtpunkte wieder die Ferien, wo er sich erneut schwermütig=rastlos Bilder für die steinernen Stadtmonate einsammelt. 1791 kehrt er dann nach Visselhövede zurück, um sich noch einmal unter der Leitung des Vaters, speziell im Hebräischen, für die Universität vorzubereiten.

Die erste Liebe kommt wie billig; und es ist natürlich – schwermütig=sicher legt sein Schicksal einen grauen Stein zum anderen – die unheilbar schwindsüchtige Friederike W., voll jenes zarten hinfälligen Liebreizes, auch der süßen schmächtigen Stimme, wie sie Solche oft auszeichnet:

»Draußen auf der braunen Heide, / linker Hand zum Thor hinaus, / unter einer Pappelweide, / liegt ein kleines Schäferhaus.

Wo die hohen Pappelbäume, / wo das stille Häuschen liegt, / ward ich oft in süße Träume / unter Thränen eingewiegt.

In der Hütte wohnt ein Mädchen, / eine Lautensängerin. / Öfters ging ich aus dem Städtchen / nach den Pappelweiden hin.

Mußte dann das gute Mädchen, / an der Thür, mich wandern sehn; / ließ es wohl das Spinnerädchen / in der Myrthenlaube stehn ...«

Und die ewige »Mutter« mischt sich natürlich auch noch ein, die ewig »Erfahrene«, anstatt die so sichtbar Unschuldigen getrost dort vorm Haus sitzen zu lassen; es ist ja doch nur ein kurzes Glück: Ostern 1794 soll er ja die Universität Göttingen beziehen. Im September kommt er noch einmal auf kurzen Urlaub:

»Täglich ging ich aus dem Städtchen / nach den Pappelweiden hin, / nach der Hütte, nach dem Mädchen, / nach der Lautensängerin. ...« und das liebe magere Gesicht ist wieder noch blasser geworden, und die Laute klingt noch leiser; nach wenigen Tagen muß der Brotstudent sich losreißen: »In die Fremde mußt' ich scheiden – / weh mir! – im Septembermond....« Im November bereits erhält er die Nachricht vom Tode der Geliebten. –

Drei Jahre lang bleibt er in Göttingen, die ersten Gedichte erscheinen im Musenalmanach auf das Jahr 1796; eine weitere Probe seines Talentes gibt er in einer poetischen Übersetzung des Buches Hiob, die 1797 mit einem Vorwort des berühmten Professors Eichhorn erscheint, und die nach dem Urteil auch späterer Kenner meisterhaft gelungen sein soll.

Dann kehrt er noch einmal auf kurze Zeit zum Vater zurück; aber es ist nicht mehr die Stätte der Kindheit: im Oktober 1795 hat ein furchtbarer Brand den größten Teil von Visselhövede zerstört; auch das Pfarrhaus und die erlesene, 3500 rare Bände umfassende, Bibliothek des Vaters, dazu noch sämtliche Kirchenbücher. Geblieben ist jedoch die nun im schweren Herbst ossianische Landschaft – sein Lieblingsdichter, weit vor allen Anderen – der stürmende Wind und die weiten wirren Forste: »Wenn der Nord durch kahle Wälder hallte, / durch die Heide, durch die tote Flur, / weilt' ich gern am Grabe der Natur!«

Mittelgroß schildert ihn ein Bericht von damals, ungewöhnlich breitschultrig, braunes Haargelock umgibt das frischfarbige Gesicht; und – damit auch der letzte Zug des Melancholikers nicht fehle – wird sein »in Gesellschaften heiteres und munteres Temperament« zögernd erwähnt.

Schon am Ende des gleichen Jahres beginnt auch für ihn die damals bei Kandidaten unvermeidliche Hauslehrerzeit, zunächst beim Prediger Sartorius in Grasberg: »Ich wohne 4 Stunden vor Bremen, im sogenannten Teufelsmoor. Kirche, Pfarr= und Küsterhaus stehen ganz isoliert da. Die ganze Gemeinde ist erst seit 15 Jahren ungefähr von dem berühmten Findorf angelegt; die Verschiedenheit der Kolonisten hat in ihr einen artigen Weltbürgergeist hervorgebracht.« schreibt er am 15.12.1797 an den Freund Reinhard. Und hier, in langen und harten Wintern, erfaßt ihn die Einsamkeit doppelt stark; denn der Ort hat noch 1812 erst 2 Feuerstellen mit 14 Einwohnern, ringsher nur Moor und Himmel, und in weißer Weite, kaum noch sichtbar, der Rauch ferner Einzelgehöfte: »Ich lebe vergnügt, wie ich selten gewesen bin.« verrät er sich am 9.3.98.

Nun sind bereits mehrere Jahre lang seine Gedichte erschienen: Balladen im Volkston, Liedhaftes, Romanzen und Elegien, auch vereinzelte Epigramme; und schon macht sich der erste Kritiker an die Arbeit, sogar gleich ein sehr gewichtiger Name: in Nr. 13 des Jahrgangs 1797 der Jenaischen Allgemeinen Literaturzeitung fällt Schlegel hart darüber her, und vergällt ihm die Lust an der Produktion gründlich. Dabei kann man wahrhaftig in den besten seiner Lieder weder nach Form noch Inhalt ein Talent verkennen, das, wenn man ihm wohlwollend Zeit zum Ausreifen gelassen hätte, durchaus Unverächtliches zu leisten imstande gewesen wäre. Gedichte wie »Die Kleine«, die schon zitierte »Lautensängerin«, der »Jäger« oder die »Abreise von Friedbad«, könnten auch heute noch in einer Anthologie der Lyrik jener Zeit ihren Platz finden. Nun aber, mit zunehmenden Jahren, wird die Sprache nach und nach bitterer, der Ton schärfer :

»In den Tagen frommer Jugend / hab ich einen Bund geglaubt / zwischen Erdenglück und Tugend; – / : dieser Wahn ist mir geraubt ! «; und in den kommenden Dezennien wird er stets schweigsamer, nur selten noch gelingt ihm ein düsteres Stück, wie etwa »Timoleon«; bei Tobackspfeife und Flasche verstummt er endlich, ein enttäuschter Hypochonder.

Denn auch schweres persönliches Leid erfährt er die paar letzten Jahre.

Nachdem er noch ein wenig in Stade, beim Justizrat Spilker, gehauslehrert hat, besteht er dort das Examen, kommt in die zweite Klasse der Kandidaten, und wird 1801 Pastor secundarius in Nordleda bei Cuxhaven, wo er auch im Juni die Tochter des Primarius, Amalie Lerche, heiratet; nach 7 Jahren schon sterben ihm Frau und zwei von den vier Kindern. 1809 dann ehelicht er in Bremen Elisabeth Schneider, ebenfalls eine Predigerstochter; von den drei Kindern dieser zweiten Ehe finden wiederum zwei einen frühen Tod.

»Ich bin jetzt, seitdem ich Witwer bin, so äußerst hypochondrisch, und dabei so träge und faul, als ich nie gewesen bin, so daß ich mich kaum überwinden kann, die allernötigsten Geschäfte zu tun,« schreibt er am 26. 2. 1809 an die Stiefmutter im geliebten Visselhövede. Denn in seiner Pfarrstelle hat er nicht einmal den Trost der bescheidensten Landschaft : baumlos, nur nasse Marschen und geradlinige Deiche, dazu graues Wasser, das zeigt sich ihm überall, so daß er, der Pflanzenfreund aufklagt : »Am entfernten Meeresstrande / träum ich von dem beßren Lande / meiner Kindheit manche Nacht. / Ach, es ist ein Traum ! Doch einer, / von den alten, der wie keiner, / immer täuschend glücklich macht.

Ach, da seh ich sie schon wieder, / jene Büsche froher Lieder / auf der väterlichen Flur ! / Und ich sah die Lämmer weiden / auf den freien braunen Heiden / meiner heimischen Natur.

Und ich sah die grünen Felder / im Gehäge dunkler Wälder, / wo die Quelle murmelnd rinnt; / wo die Saaten reiner düften, / und wo oben in den Lüften / alle Wesen muntrer sind.

Oft sieht mich die Morgenfrühe, / wie ich so von Träumen glühe, / eingewiegt in alte Lust. / Meine Jugendfreuden schweben / um mich her, und neues Leben / senkt sich in die kranke Brust.«

Denn er ist nun auch, den Körper gleichgültig vernachlässigend, und für das nasse Küstenklima sehr anfällig, brustkrank geworden. Atembeklemmungen mit schrecklichen Beängstigungen kommen, an denen er sichtlich dahinwelkt; »er wollte seinen Mißmut bei der Bouteille verscheuchen,« meldet diskret die Ortschronik, ohnehin durch Verse, wie die vorhergehenden, gegen den Dichter verstimmt, »gebrauchte diese Kur aber zuletzt in einem solchen Übermaaße, daß er sein Leben dadurch verkürzte.« Wenige Tage vor seinem Tode schleppt er sich, allein in der Stube, zum Ofen, und verbrennt keuchend seine ungedruckten Manuskripte; die Frau findet ihn mit leeren Augen vor dem Stoß blättriger Glut. – Am 5. April 1817, morgens gegen 6 Uhr, ist Samuel Christian Pape dann gestorben, erst 43 Jahre alt.

Die wenigen bei seinen Lebzeiten erschienenen Lieder sammelten sein – ebenfalls dichtender – Stiefbruder, Ludwig Matthias Heinrich Pape (1802–72), und Fouqué, der große Romantiker, der seit seinen Kinderjahren den Verstorbenen geschätzt hatte; 1821 erschien so in Tübingen wenigstens dieses eine, kaum 150 Seiten starke Bändchen.

Und wenn Sie künftig beim Namen »Hainbund« die tanzenden Gestalten der Jünglinge vor Ihrem geistigen Auge erblicken, nehmen Sie in den ewigen Reigen auch diesen Letzten mit auf: Samuel Christian Pape.

FINSTER WAR'S DER MOND SCHIEN HELLE.

Das ist ja schon ein indogermanisches Sprichwort, daß zuweilen auch Vater Homer geschlafen hat, und es sollen hier nicht allbekannte Anachronismen wiederholt werden; heute sei lediglich einmal verfolgt, was für Streiche das beliebteste der Gestirne, der Mond, fast allen Dichtern gespielt hat. Und, wie für einen Deutschen nur recht und billig, beginnen wir furchtlos beim poetischen Kirchenvater Goethe.

»Das war eine Nacht!« heißt es im »Werther« von der vom 9. zum 10. September 1771; eine halbe Stunde nach Sonnenuntergang erhebt sich da der Mond »hinter dem buschigen Hügel«, und beleuchtet dann gefällig genug die ganze folgende Abschiedszene. Da macht man sich aufmerksam, »auf die schöne Wirkung des Mondenlichts, das am Ende der Buchenwände die ganze Terrasse vor uns erleuchtete«; wandelt leidenschaftlich auf und ab, und: »Sie gingen die Allee hinaus, ich stand, sah ihnen nach im Mondscheine, und warf mich an die Erde und weinte mich aus,« wie es in herrlich ausgewogenem Prosarhythmus gegen Ende der Eintragung heißt. – Nur, leider, war »in Wirklichkeit« an dem angegebenen Datum wenige Stunden zuvor Neumond gewesen, und die haarfeine Sichel eine halbe Stunde nach Sonnenuntergang verschwunden; hätte also auf keinen Fall das zu einer komplett=romantischen Trennung der Wertherzeit scheinbar unerläßliche schmachtende Licht spenden können!

In Gottfried Kellers prachtvoll=realistischem »Landvogt von Greifensee« reitet der Held am Abend des 13. Juli 1783, langsam über Dietlikon nach Hause. »Zur Rechten begann die Abendröte über den Waldrücken zu verglühen, und zur Linken stieg der abnehmende Mond hinter den Gebirgszügen des zürcherischen Oberlandes herauf«, und nun lauscht der Herr Salomon Landolt wie üblich dem »stillen Walten der Natur«. Der Haken dabei ist lediglich, daß der Mond erst zwei Tage später voll wurde; am 13. also noch frisch zunahm; und, – sagen Sie selbst –: hätte der Landvogt auch so nicht »ganz Auge werden« können? Hätte der Stimmungsgehalt der Szene darunter gelitten?

Natürlich sind nun Frau Lunas Foppereien nicht etwa auf deutsche Schriftsteller beschränkt gewesen, die ich hier nur um der leichten und allgemeinen Zugänglichkeit willen angeführt habe. Wer Lust, Muße, etwas nörglige Laune, und dazu eine gute Mondtafel bei der Hand hat, kann sich mühelos eine beliebig lange Liste dergleichen astraler Fehltritte anlegen. Besonders empfehle ich hierzu historische Romane : wo ein Dichter unvorsichtig genug war, präzise Daten zu nennen, und gleichzeitig volle Monde, beziehungsweise himmlische Sicheln, zur Erhöhung des Effektes angebracht hat, dort ist der rechte Jagdgrund. Umsonst haben die Engländer für eine »reine Erfindung« ja nicht das Wort vom »perfect moonshine« geprägt !

Natürlich können Sie auch Pech haben, und etwa an Coopers Roman aus dem amerikanischen Unabhängigkeitskriege, »Lionel Lincoln«, geraten; der ist nämlich so präzise gearbeitet – der Verfasser verschmähte es nicht, Zeitungen und Kalender, ja Wetterberichte, jener Jahre durchzusehen – daß Sie umgekehrt aus den Himmelserscheinungen die Daten der Handlung errechnen und getrost an den Rand schreiben können. Wenn das Buch an einem Samstagabend, zu Anfang des April 1774 beginnt, so können Sie darauf wetten, daß dies der 2. April gewesen sein muß; denn nur da sah man kurz nach Sonnenuntergang den beschriebenen ganz jungen Mond – eine Datierung, die sich bei weiterer Lektüre dann auch a posteriori bestätigt.

Womit wir bei einer recht ernsthaften Anwendung unseres scheinbar pedantisch=philiströsen Verfahrens angelangt wären : man kann nämlich umgekehrt historische oder biographische Ereignisse, die jeder sonstigen genauen zeitlichen Fixierung spotten, zuweilen doch chronologisch einordnen, wenn Monddaten bekannt sind !

Etwa wenn ein sehr merkwürdiger, psychologisch auch noch nicht durchleuchteter Mensch, der gelehrte Magister und »Raubmörder aus Büchersammelwut«, Tinius, in seinen erst im Manuskript vorhandenen Jugenderinnerungen an einer Stelle eine Mondfinsternis auf den öden Haiden des Fläming beschreibt : »Der Mond sah öfters grau und grün durch die fast stehenden Wolken; erst weit nach Mitternacht erreichte sie ihren höchsten und fürchterlichsten Grad« und wenige Zeilen später hinzufügt : »Ich mag damals etwa 10 Jahre alt gewesen sein« – so können Sie ihm dreist widersprechen : er war 12 Jahre ! Dies kann nämlich nur die Finsternis Nummer 4614 des »Oppolzer« vom 31. Juli 1776 gewesen sein, die um 1 Uhr nachts ihren »fürchterlichsten Grad« erreichte. Keine andere der umliegenden Jahre erfüllt die angegebenen Bedingungen.

Ja, nicht umsonst hat schon Schopenhauer gestöhnt : »Writing makes an exact man !« Und möge Ihnen, wenn Sie es selbst einmal versuchen wollen, ständig die schelmische Empfehlung aus dem »Sommernachtstraum« im Ohr klingen : »Einen Kalender her ! Einen Kalender ! Schaut in den Almanach : suchet Mondschein; suchet Mondschein !«

FOUQUÉ.
DER LETZTE RITTER.

»Zu Anfang einer lauen Frühlingsnacht war Otto auf dem Verdeck eingeschlafen; es mochte schon fast gegen Morgen gehen, da weckten ihn einige kühle Seelüfte, über sein Gesicht hinstreifend, auf. Er richtete sich in die Höhe, vom hellsten Mondlicht umgossen, und eine Reihe schroffer, hoher Felsen starrte unfern des Schiffes gegen den tiefblauen Nachthimmel empor. Mächtige Buchenwälder rauschten auf der Steinberge Gipfeln, die Zinnen einzelner Warten und starke Bergtürme ragten hin und her zwischen den Bäumen und zwischen dem wilden Geklüft heraus. Adler, in den Klippen horstend, flogen rufend herunter, und über die Schiffe hin. Sehr schaurig war dem jungen Ritter zumut und doch so wohl .....«

Solche Stellen vermochte um 1813 Niemand ohne Herzklopfen zu lesen; und gleich beliebt wie dieser große Ritterroman vom »Zauberring« war auch sein Verfasser, Friedrich Baron de la Motte Fouqué. Heine, Hauff, Treitschke, sind unverwerfliche Zeugen, wie er ein Jahrzehnt lang den Büchermarkt der Metropole beherrschte; in den Leihbibliotheken der Provinz fand man ihn noch gegen Ende des vergangenen Jahrhunderts. Daneben gewann seine große Kunst auch den Beifall strenger Kenner, und nicht nur Deutschlands : endlos sind die Reihen der Übersetzungen zumal in Englisch und die nordischen Sprachen. Und welch unermeßlichen, teils verhängnisvollen, Einfluß er auf die Regierenden seiner Zeit ausübte – und also über die Könige hinweg wieder auf das gesamte Volk – soll erst noch dargestellt werden.

Also eine in jeder Hinsicht wichtige Persönlichkeit ! –

Am 12. Februar 1777 wurde er, als Sprößling einer um 1700 vor den Glaubensverfolgungen aus Frankreich nach Deutschland emigrierten Hugenottenfamilie, in Brandenburg geboren. Noch einmal war das uralte Normannengeschlecht der »Folkos« hier wohlhäbig geworden; der Großvater, der bekannte General und Intimus des großen Friedrich, hatte Karriere machen können; bei der Geburt unseres Dichters übernahm der König selbst die Patenstelle.

In einem Spukhaus steht seine Wiege; später sind es schöne reichliche Schlösser, Sakrow bei Potsdam etwa; große leere Parks, in denen der Kleine, wohlbezopft und im Tressenrock, an der Hand des »Hofmeisters«

dahinwandelt. Erst nach dem Unterricht vermag er sich loszumachen, und mit Steckenpferd und Stöckchenlanze auf den Havelwiesen herumzutollen. Dem dritten Hauslehrer erst, einer der merkwürdigen Seitengestalten der Frühromantik, August Ludwig Hülsen, gelingt es, den Knaben für Sprachen, Metrik und Wortgetön empfänglich zu machen. Das ist aber schon wieder an dem neuen Wohnort, Lentzke bei Fehrbellin; hinzu kommen die alljährlichen langen Winteraufenthalte in der Residenz – es wäre wohl zu begründen und auszuführen, wie schon solch jugendliches Umgetriebensein zur Entstehung seiner späteren großen Mosaikromane beigetragen hat, wo ebenfalls die Schauplätze schwermütig=rastlos wechseln.

Entsprechend der Familientradition und dem damals allgemeinen adligen Brauch, dazu noch angeregt von dem eben gegen das revolutionäre Frankreich losgebrochenen Kriege, tritt Fouqué ebenfalls ins Heer ein; und zwar bei den Weimar=Kürassieren, bei denen auch Goethe eben die »Campagne in Frankreich« mitgemacht hat. An den Gefechten des Jahres 1794 nimmt er redlich Anteil, bis man sich dann im Oktober über den Rhein zurückziehen muß; und bald darauf schließt Preußen – mit völlig erschöpften Finanzen; und auch im Osten, im frisch geteilten Polen, zu stark engagiert – einen Separatfrieden mit der jungen gallischen Republik. So marschieren denn die Regimenter durch Westfalen zurück in die Friedensgarnisonen (hier Aschersleben), und der gleichmütige »kleine Dienst« kommt nach dem heroischen Zwischenspiel wieder zu seinem Recht. Erst im Frühjahr 1796 wird das Regiment zur Sicherung der »Demarkationslinie«, die den friedlichen Teil Deutschlands vom noch kriegführenden trennt – wie modern das klingt, wie ? – ins Bückeburgische abkommandiert; später wohl auch in die Gegend von Hildesheim. Inzwischen ist der Vater des Leutnants Fouqué gestorben; und er hat auch, zumeist aus Trotz über eine an Nichtigkeiten zerbrochene Jugendliebe, die Tochter seines Regimentskommandeurs, Marianne von Schubaert, (1783–62), geheiratet. Unausgefüllt von der Uniformität des täglichen Exerzierdienstes, und angeregt durch das geistreiche Treiben der kleinen schaumburg-lippischen Residenz, hat er mit Feuereifer wieder begonnen, die Wissenschaften zu betreiben; er studiert, übersetzt, und versucht wohl auch, stets mißtrauisch gegen sich selbst, die Hand in eigenen Dichtungen zu üben. Da wird dann die Ehe mit dem kaum sechzehnjährigen, unreifen Mädchen, die zudem noch ausgesprochenste Offizierstochter ist und Kopf und Mund nur voll von Paraden und Beförderungen hat, denkbar unglücklich. Schon nach wenigen Jahren wird Fouqué wieder von ihr geschieden, und gern überläßt er ihr den Rest seines Vermögens.

Schuldig geschieden nebenbei; denn er hatte anläßlich der Herbstmanöver in Berlin eine schöne und geistreiche Frau kennen gelernt; zwar etwas älter als er, dazu eben verwitwet und im Grunde etwas zweifelhaften Rufs; aber die Bezauberung durch die große elegante Gestalt, die sich da so sicher im Kreise der Jean Paul und Schlegel bewegt, selbst auch Schriftstellerin, hat auf den im Gamaschendienst geistig schier Verschmachteten, unwiderstehlich gewirkt. Auch wird er hier für die »neue richtung« – denn das ist damals die Romantik durchaus; revolutionär in Thematik, Sprache und Formtheorieen – gewonnen; zu Anfang 1803 quittiert er den Dienst; denn obwohl durchaus Ritter von Geblüt (nicht Soldat; es ist da ein Unterschied !), scheint ihm sich doch auch ein wahrhaft augusteischer Friede über Preußen gelagert zu haben, und diese politische Erwägung macht ihm den Entschluß noch leichter. Im Januar schließt er die neue Ehe mit der reichen Caroline von Rochow, geb. v. Briest, (1774–1831), und zieht, ohne jeden Pfennig tapfer ein neues Blatt aufschlagend, in Nennhausen bei Rathenow ein.

Sogleich nimmt ihn nun August Wilhelm Schlegel, der Theoretiker und Talenterspürer, der das ätherische Feuer des Schülers wittert, in die Schule; er wird nicht sein »Meister« – denn das kann er, eigentlich nur genialer Kritiker und Übersetzer, nicht sein – sondern sein »Trainer«. Mitleidslos läßt er ihn lernen und arbeiten : zu Griechisch, Latein, Englisch, Französisch (und den Altformen dieser Sprachen, wie billig) muß Fouqué jetzt lernen : Spanisch, Italienisch, Portugiesisch; später kommen die nordischen Zungen, von Isländisch bis Dänisch, hinzu. Unermüdlich muß er die dem Deutschen manchmal fast unnachahmlichen Maaße der Romanen nachbilden : Sonette, Terzinen, Triolette, assonierende Vierfüßler – bis die Hand das Werkzeug nicht mehr spürt, bis die Wortfindigkeit ins Erstaunliche gewachsen ist. Die ersten Bücher, unter dem Pseudonym »Pellegrin« veröffentlicht, sind zumeist noch solches Schülerwerk; dann kommen die Jahre 1806/07 mit ihren schweren äußerlichen Erlebnissen, die Fouqué reifen und im Menschlichen gewichtig und selbstständig machen; glücklicherweise wird auch gerade der »Meister« von der Frau von Staël entführt – so sind alle Erfordernisse zu eigentümlicher Produktion endlich beisammen : errungene Herrschaft über die Sprache; menschliche Reife; ländliche Einsamkeit; gesicherter Lebensunterhalt. (Während der Fluch der meisten deutschen Schriftsteller war und ist : schreiben zu müssen, um nur überhaupt erst leben zu können ! Wenn man seine Kraft verbrauchen muß, um die Voraussetzung für künstlerische Produktion, nämlich den primitiven Lebensunterhalt, zu schaffen : wo soll dann zusätzlich noch die Leistung herkommen ?!)

So schreibt Fouqué in den folgenden Jahren pausenlos Buch nach Buch; nur einmal unterbrochen durch die Freiheitskriege, an denen er als »freiwilliger Jäger« teilnimmt: Lützen, Bautzen, Haynau, Dresden, Kulm, Leipzig. Auch die Verfolgung des Feindes bis zum Rhein kann er noch mitmachen; dann zwingt ihn seine durch Biwaks und Strapazen völlig erschöpfte Gesundheit, den Abschied zu nehmen, der ihm auch mit dem Range und der Pension eines Majors gewährt wird. Nach einigen Jahren schleichender Krankheit bricht das Übel 1818 endgültig aus: in einer Serie von schweren Schlaganfällen, die bis zu vollständiger linksseitiger Lähmung gehen, scheint das Ende zu nahen; aber die gute Natur des ansonsten kleinen und unansehnlichen Mannes trägt doch den Sieg davon.

Aber wenn er nun, nach der glücklichen Vertreibung Napoleons, erst recht seine Zeit als Dichter gekommen glaubte, so sieht er sich schrecklich enttäuscht. Sein eigentliches Publikum, die gebildete deutsche Jugend, durch die Ereignisse der Zeit nun auch politisch reif, aus Untertanen endlich Bürger geworden, wollte sich nicht mehr, nach erfolgter Restaurierung der Fürsten wieder in die Ecke stellen lassen, sondern verlangte immer gebieterischer den zu Anfang des Volksaufstandes so freigebig versprochenen Anteil an Regierung und Verwaltung. Wie damals Burschenschaften und Freiheitssänger, Uhland, Arndt, Jahn, niedergeknüppelt wurden, ist bekannt genug, und gehört wie die ganze unselige Ära Metternich der Geschichte an. Für Fouqué wirkten sich die Vorgänge aber dahingehend aus, daß er, der getreueste und kritikloseste Paladin der Könige, enttäuscht mit beiseite geworfen wurde; war ja auch seine Naivität so groß, daß er das System König=Adel=Volk für ein durchaus naturgegebenes hielt, und ganz unbefangen den Vergleich aussprach: Wie zwischen Gott und Menschen die Engel eingeschaltet seien, so zwischen König und Volk der Adel – und erfreut findet er sogar in Verfolgung dieser amüsanten Parallele, auch bei den Engeln verschiedene Offiziers=Dienstgrade: Seraphim, Erzengel, Thronen!

Als ihm nun 1831 auch die zweite Frau stirbt, ist er jedenfalls schon sehr isoliert; kaum noch gelingt es ihm, seine Manuskripte unterzubringen. Auch mit der Tochter Marie (1803–64), und den Stiefkindern zerfällt er, als er 1833, mit der typischen Instinktlosigkeit des alten Mannes, ein drittes Mal die um 30 Jahre jüngere Albertine Tode (1806–76) ehelicht – auch diese Ehe ist, wenn schon aus ganz anderen Gründen, todunglücklich gewesen. Hatte er nämlich bereits unter Caroline über Sklaverei, Vernachlässigung und Verständnislosigkeit geklagt, so sollte er hier das vollste Maaß häuslichen Elends erleben. Als ihn 1840 Friedrich Wilhelm IV., der »Romantiker auf dem Throne«, von Halle (wo Fouqué seit 1834 ein knappes aber leidliches Unterkommen gefunden hatte) unter Erhöhung seiner Pension nach Berlin berief, schildern seine wenigen Freunde schon erschüttert den Greisen, wie er da durch die Straßen schlürft und sich dem Trunke ergeben hatte. – Am 23. Januar 1843 erliegt er auf der Treppe zu seiner Mietswohnung dem letzten Schlaganfall. –

Seine bedeutendsten Leistungen liegen zweifellos auf dem Gebiet der Prosa, speziell des Romans; denn wenn er auch einmal in der Märchennovelle »Undine« eine heute noch Jedem geläufige Gestalt der Weltliteratur schuf; oder eine ganze Reihe von Schauspielen (»Der Held des Nordens«, »Hermann«, »Baldur«, »Helgi«, »Die Pilgerfahrt«, »Gelimer«) mit vor allem lyrischen Schönheiten schrieb; wenn auch seine Epen nicht ohne Interesse sind (zumal der heute noch ungedruckt im Manuskript in Tübingen liegende »Parzival« !); sein Bestes gab er im Roman. Der »Alethes von Lindenstein«, seine beste Leistung, und eines der vorzüglichsten, dabei unbekanntesten, Stücke der ganzen Romantik überhaupt; der oben zitierte »Zauberring«, Abschluß und Krönung der Ritterdichtung seit Goethes »Götz«; die »Vier Brüder von der Weserburg«, ein umfangreiches Gemälde aus den Zeiten der Völkerwanderung, und von unbedingt unverächtlicher poetischer Kraft; und endlich der autobiographische »Alwin«, verdienten durchaus ins Bewußtsein der Lesewelt zurückgerufen zu werden. Immer wird es Leser geben, die von der eigentümlichen Glut solcher Bilder unwiderstehlich angezogen werden : »Alwin schwankte, wie im Traum, die Steigen hinab, drauf die Lichter schon größtenteils erloschen waren. Ungewiß tappte er öfters an den Wänden umher; als er die Tür nach dem Garten zu aufstieß, wars draußen neblich und finster, der Mond stand ganz bleich über den nördlichen Gebürgen, die Gänge und Gebüsche sahen unbekannt und seltsam aus. Feuchte Morgenkühle hauchte über sein glühendes Gesicht; an der Pforte wartete Clotilde, vom Froste halb erstarrt, und nahm mit schläfriger Gebärde und eiskalter Hand das Gold, welches er ihr darbot. Darauf schlug sie hinter ihm die Türe zu, und er hörte sie mit schnellen Tritten nach dem Schlosse zurückfliehen, durch ein inneres Grausen gejagt. Fernher tönte das dumpfe Schießen von der Gegend des Berges heran ....« Tolle, lege.

DER ZAUBERER VON HELMSTEDT.

»Bei guter Zeit zum Übernachten in Helmstedt eingetroffen, kam es mir in den Sinn, den von Vielen fast für einen Magus angesehenen – von andern fast zum Gaukler hinabgewürdigten – Hofrat Beireis aufzusuchen. Er war nicht daheim; aber sein Diener, des rätselhaften Greisen gleichaltriger Gefährt, empfing mich freundlich, und meinte, ich möge nur binnen eines Stündleins wiederkommen. Dann werde ich seinen Herrn finden, müsse ihn aber nicht allzulange aufhalten, damit er noch beizeiten zu dem Kindtauffeste eines Kollegen gelange, denn der Herr Hofrat pflege sich sonst wohl mit Fremden festzusprechen. Aber er selbst wolle mir dann schon einen Wink geben, wenn es an der Zeit zum Aufbruch sei. Mir gefiel diese Treuherzigkeit des alchymistischen Knappen gar wohl, von dem die Sage berichtete, er sei des Meisters Gefährt gewesen in jenen schlaflos geheimnisreichen Nächten, wo man den Stein der Weisen gesucht und gefunden habe. Vielleicht habe man gar auch ein Lebenselixier bereitet, hinlänglich zur irdischen Unsterblichkeit. Der greise Zauberknapp sah schon mystisch genug aus für dergleichen Fahrten.«

So beginnt ein bisher unbeachteter Bericht vom Juli 1806 über den Besuch bei einem Manne, der zu Ende des schwärmerischen und wundersüchtigen 18. Jahrhunderts die Geister nicht wenig beschäftigt hat. Ob gläubig oder ungläubig: wer nur irgend in die Nähe der kleinen braunschweigischen Universitätsstadt kam, verschmähte nicht, den Professor der Physik, Medizin und Chirurgie, den Hofrat und Leibarzt Herzogs Karl Wilhelm Ferdinand von Braunschweig, Beireis, aufzusuchen, um zumindest die unschätzbaren Sammlungen des Sonderlings mit Nutzen zu durchmustern; so hat z.B. auch Goethe, der ihn, zusammen mit dem berühmten Philologen und Homertöter Friedrich August Wolf, 1805 besuchte, in den »Tages= und Jahresheften« aus jenem Jahre eine ausführliche Schilderung des wunderlichen Mannes und seiner Schätze gegeben. –

Gottfried Christoph Beireis wurde im Frühjahr 1730 zu Mühlhausen in Thüringen geboren, wo sein Vater erst Bürgermeister, später Ratsherr gewesen ist; schon dieser ein »Schwärmer«, dunkleren protestantischen Sekten fanatisch zugetan, und, wie in solchen Geistesgegenden gar nicht selten – man vergleiche wiederum Goethe in seiner klettenbergischen

Epoche – schon er eifrig experimentierend, und »Projektionen auf Blei« machend. Bereits bei ihm also erlernte der bewegliche und phantasievolle, dabei ungewöhnlich gut veranlagte Knabe, Methoden und Gebärden der Rosenkreuzer und Illuminaten. Im Elternhaus ging es ansonsten durchaus ärmlich zu; eine große Familie, und die Konsequenzen der selbstgerechten paradiesessicheren Absonderung der Eltern, dazu die teuren kriegerischen Zeiten, zehrten rasch die Mittel auf. Dennoch gelang es, dem Sohn seit 1750 das Studium in Jena und Helmstedt zu ermöglichen : Jurisprudenz; dazu Mathematik, Physik, Chemie.

Und nun der erste geheimnisvolle Zug : nach drei Jahren bricht er das Studium ab, und begibt sich, er, der fast Mittellose, auf weite Reisen, von denen er erst im Oktober 1756 wieder nach Helmstedt zurückkehrt; auf Befragen deutet er gelassen an, daß er einiges Wichtiges in Ägypten und Indien eruiert habe. Bald erwirbt er auch ein ganzes großes Haus, in dem er, unverheiratet, und fast ohne allen Umgang, allein mit einem Bedienten – vergleiche oben – haust und laboriert; seit 1759 Professor verschiedener Fakultäten, und bis ins höchste Alter geschätzter Universitätslehrer.

Zumal in Chemie und Physik zeigte er unverächtliche Kenntnisse, und erläuterte sie durch treffliche Experimente; las außerdem über die verschiedensten Zweige der Naturwissenschaften, ein echter Polyhistor : Botanik, Mineralogie, Metallurgie, Ökonomie, Gartenkultur und Forstwissenschaft; hielt aber auch viel besuchte Vorträge über Musik, Ästhetik, Numismatik und Malerei, die er durch seine ansehnliche Bibliothek und Proben aus seinen wertvollen Sammlungen auch für Skeptiker anziehend zu machen wußte.

Denn das unterschied ihn vom bloßen Charlatan, daß sein Reichtum tatsächlich unbegrenzt schien – sehr zum Verdruß der Ungläubigen, oder der steiferen wissenschaftlichen Kollegen, die den kleinen Mann mit dem prahlerisch-geschickten Auftreten gar zu gern zum betrügerischen Goldmacher älteren Stiles gestempelt hätten; zumal, da er nicht selten lässig durchblicken ließ, daß er allerdings das große Geheimnis besitze.

So aber wußte man faktisch, daß er unglaubliche Summen auf Antiquitäten, Gemälde, Gemmen, Münzen, Mineralien und Präparate wandte. Sein Münzkabinett enthielt viele wohlerhaltene Stücke des Altertums, zumal goldene; darunter allerdings wiederum manche verdächtige Unika. Die Gemäldesammlung wies zahlreiche Originale auf, vorzüglich aus der Dürerzeit, die er mit vieler Gefälligkeit zu zeigen, aber zugleich mit anstößiger Aufschneiderei auch minderwertige Schinken als einzig, unübertrefflich und unbezahlbar anzupreisen liebte. So pflegte er zuweilen auch eine durchsichtige Masse, größer als ein Hühnerei, vorzuzeigen, von der er behauptete, daß sie ein Diamant von 6400 Karat Gewicht sei, den alle Fürsten der Erde nicht zu bezahlen im Stande wären; dazu erzählte er mit der größten Ernsthaftigkeit, daß dies kostbare Juwel der Kaiser von China bei ihm versetzt habe, und wußte diese Fabel mit allen Einzelheiten auszustatten – der Obermedizinalrat Klaproth aus Berlin erkannte darin einen, allerdings ungewöhnlich großen, Madagaskarkiesel.

Auffallend war auch seine Vorliebe für »Automaten«, ebenfalls ein charakteristischer Zug jener maschinenfremden Zeit, wie man ihn etwa in ETA Hoffmanns gleichnamiger Novelle (in der er nebenbei auch auf Beireis anspielt!) oder noch bei Poe finden kann; so besaß er z.B. drei der berühmten Vaucansonschen Stücke, vor allem den renommierten »Flötenspieler«, eine Statue, die zwanzig Musikstücke spielen konnte, und mit der rechten Hand den Takt dazu auf einer großen Trommel schlug; aber auch wertvolle Rechenmaschinen und Uhren: durch alle diese Dinge, nicht weniger als durch die verschwenderischen Gastmähler, die er öfters gab, tat er ein Vermögen kund, das er in Helmstedt weder durch ärztliche Praxis noch durch seine Vorlesungen erworben haben konnte.

Zudem wußte man, daß er jedesmal zur Zeit der Braunschweiger Messe große Zahlungen, grundsätzlich in Gold, erhielt. Wollte man ihn darüber ausholen, so wich er weltmännisch aus, deutete aber gleichzeitig das Ungemeinste an.

Als Arzt erfreute er sich eines ungewöhnlichen Vertrauens, das er durch zahlreiche glückliche Kuren und uneigennützige Sorgfalt in der Behandlung der Patienten auch rechtfertigte, so daß er 1802 sogar zum Leibarzt des Herzogs ernannt und öfters zum Empfang im Schloß zugezogen wurde: hier ließ er dann auch wohl während der Mittagstafel seinen hellbraunen Rock zum Beweis seiner Zauberkraft langsam die Farbe verändern, über Scharlachrot und schweres Blau zum tiefen satten Schwarz. –

So blieb er bis zu seinem, trotz des Elixiers der Unsterblichkeit endlich doch im Achtzigsten Jahre erfolgten, Tode der Held des Tages; angestaunt von der Masse; zweifelnd betrachtet von den Urteilsfähigen, die aber auch nicht umhin konnten, das wunderliche Gemisch von Scharfsinn und Windmacherei immer wieder kopfschüttelnd zu begutachten.

Als er am 18. September 1809 starb, hinterließ er allein in barem Gelde – nach heutigem Maaßstab – weit über eine Million; dazu das mehrfache an Wert in Raritäten. Ein Teil seiner Sammlungen fiel laut testamentarischer Bestimmung an die Universität (die allerdings gleich danach aufgelöst wurde); der Rest kam zur öffentlichen Versteigerung: den hühnereigroßen Diamanten suchte man jedoch vergebens; der treue Diener, dem Herrn ergeben wie nur der unvergeßliche Caleb Balderstone in Scotts unsterblicher »Braut von Lammermoor«, wandte den Fragern verächtlich den Rücken, und verschwand bald darauf aus der kleinen Stadt. –

Die Quelle seines beträchtlichen Reichtums verdankte Beireis seinen chemischen Erfindungen. So hatte er zur Färbung von Textilien eine karminrote und ebenfalls eine den teuren Indigo gleichwertig ersetzende blaue Farbe entdeckt, und die Patente gegen große Summen nach Holland verkauft. Für eine Methode, das Eisen durch Kobaltzusatz zu veredeln, erhielt er von sächsischen Hüttenwerken mehrere tausend Taler. Zusätzlich vertrieb er einen ausgezeichnet schönen roten und blauen Siegellack – zur damaligen Zeit ein unentbehrlicher und einträglicher Artikel. Ein Rezept Essig zu bereiten hatte er gegen jährliche Gewinnbeteiligung mehreren ausländischen Fabriken überlassen – das sind wenigstens die allmählich bekannt gewordenen seiner Einnahmequellen gewesen.

»Als der Diener mich, indem ich wiederkehrte, in ein Gemach führte, mit dem Bedeuten, der Hausherr werde gleich hereintreten, sahen auch die Umgebungen magisch genug aus : das Zimmer mit alter schöner Haut=Lice tapeziert, schien, obgleich geräumig, sehr eng, wegen seiner ungewöhnlichen Höhe. Drin standen physikalische Instrumente umher, zum Teil mir ganz unbekannter Art, alle leuchtend blank. An der Erde lehnte gegen die Wand ein Gemälde, etwa ein Viertel Mannshöhe, von sehr untergeordnetem Wert, mutmaaßlich aus den Zeiten der Caracci, einige Apostel oder sonst Heilige darstellend. Der Alte, bemerkend, daß ich meine Aufmerksamkeit – es waren sonst keine Bilder im Gemach – dorthin wendete, sprach : ‹Dies ist ein überaus köstliches Gemälde. Der Herr hat es erst neuerdings bekommen, und kann sich noch gar nicht von ihm trennen, um es in der Sammlung aufzustellen.› – ‹Kennen Sie den Namen des Malers ?› fragte ich. – Und er versetzte mit großer Zuversicht : ‹O freilich. Es ist von dem berühmten Caroluccio.› – Erfreut über die höchst unerwartete Bekanntschaft einer so funkelnagelneuen Berühmtheit, konnte ich meine Gesichtsmuskeln eben kaum nur in dem geziemenden Ernst erhalten, während zu meiner Linken die Wand sich langsam von Oben bis Unten auftat. Und durch die Tapetentür – denn bald ergab es sich als eine solche; aber dergestalt eingefugt, daß man bisher nichts hatte von ihr bemerken können, und ihrer wunderlichen Höhe wegen imposant – hereintrat feierlich ein kleiner, hagerer, todbleicher Mann mit scharfen bedeutsamen Gesichtszügen, die Augen wie dunkle Funken leuchtend, seine galonnierte Sammetkleidung nach altfränkischer Hofsitte, den Galanteriedegen an der Seite, das hochauffrisierte Haar stark gepudert und in einen Haarbeutel auf dem Rücken zusammengefaßt. Ich hätte fast an eine Erscheinung des berühmten Caroluccio selbst gedacht, der seine Realität gegen meine Zweifel in Anspruch nehmen wolle. Aber für diesmal war es der Hofrat Beireis, der mich, den ihm völlig Unbekannten, mit der höflichsten, ja liebenswürdigsten Gastlichkeit empfing. Er fragte, was ich in der kurzen ihm und mir für dasmal beschiedenen Zeit zu sehen wünsche, und mein Wunsch nach altdeutschen Bildern schien ihn zu erfreuen. So brachte er denn Stück auf Stück herangetragen, eifrig und rüstig hin und wieder laufend : Bilder von unwidersprechlicher Echtheit und großem Kunstwert; nur jegliches seltsam auf der Rückseite mit einem lateinischen Distichon von des Besitzers Hand bezeichnet, voll der unmäßigsten Anpreisungen, somit auch auf das Tüchtige und Schöne einen Anstrich des Lächerlichen durch Übertreibung werfend. Aber wir kamen dennoch gut miteinander zurecht, und nur auf wiederholt mahnende Winke des mystischen Greisenknappen schieden wir.«

Tortur; Todesstrafe durch Vierteilen oder Verbrennen bei lebendigem Leibe; Untertanen sind zu haben, 4–8 Taler das Stück, für Fremdenlegionen aller Art; Leibeigenschaft, Frondienste; Stockprügel bei der täglichen Soldatenausbildung, und Spießrutenlaufen selbst für gelindere Dienstvergehen; Vorrechte des Adels: der adlige Beamte führte einen ganz anderen wohlklingenderen Titel, als der Bürgerliche, der das gleiche Amt versah, oder der adlige Gutsbesitzer übte selbst die niedere Gerichtsbarkeit in der Umgegend aus. Menschenrechte und Toleranz?: »Heute am 11. Januar 1783 verzollt und versteuert am Kreuztor: 3 Rinder / 14 Schweine / 10 Kälber / 1 Jüd, nennt sich Moses Mendelssohn, will nach Berlin.« – Das etwa war die Wirklichkeit der »guten alten Zeit«, wo »unsere Klassiker« lebten und leider nicht genug wirkten – wer unter solchen Umständen eine »Iphigenie« entwerfen und ausführen konnte, ist doch wohl etwas weltfremd zu nennen; oder irre ich mich?

Unsere billigeren Geschichtslehrbücher, wenn sie auf das heroische Jahr 1813 zu sprechen kommen, verfehlen nie, patriotisch genug, sogleich vom »Joch des Korsen« und seinem »frevlen Spiel mit Völkern und Thronen« zu reden – dabei waren alle die neuen Staatengründungen Napoleons aus voll erwogener, reinlicher Absicht geschehen. Wenn er etwa dem Kaiserreich Frankreich große Teile Hollands und Norddeutschlands einverleibte, bis Lübeck hin, so geschah dies nur, um endlich die sehr notwendige Kontinentalsperre gegen England – schon damals ein Land, außerhalb Europas gelegen – mit Kraft durchführen zu können. Und ein weiteres, versteckteres, noch höheres Ziel, verfolgte schon das 27. Bulletin, das verkündete: »Das Hessen=Kasselsche Haus hat seine Untertanen seit vielen Jahren an England verkauft, und dadurch hat der Kurfürst so große Schätze gesammelt. Dieser schmutzige Geiz stürzt ihn nun: das Haus Hessen=Kassel hat zu regieren aufgehört!«

Mit Präzision entwickelt Napoleon seine tiefen und durchaus beachtenswerten Gedanken in einer Instruktion an seinen Bruder Jerome vom 15. November 1807; Preußen und Österreich sind besiegt, Rußland für den Augenblick freundschaftlich eingefroren – es gilt, das politischweltanschauliche Vakuum zwischen Rhein und Weichsel auszufüllen, und für den Westen zu gewinnen. Dieses weite Territorium, (damals von rund

40 souveränen Staaten eingenommen; die nun, nach dem Desaster von 1806/07 zitternd der weiteren französischen Entscheidung harrten), galt es, für eine vernünftige fortschrittliche Entwicklung friedlich zu erobern. Hierzu bot sich organisch ein Weg, der jeden Verständigen überzeugen mußte : die Schaffung eines Musterkönigreiches.

Von Cuxhaven bis Magdeburg, von der mittleren Elbe bis Marburg, entstand so nach dem Willen des Kaisers das »Königreich Westfalen«; denn, wie Napoleon – ein echtes Kind der traditionslosen Vernunftrevolution – sich in seiner Unschuld dachte : »Die deutschen Völker verlangen mit Ungeduld, daß die bürgerlichen Talente nicht gegen den Adel zurückgesetzt; daß jede Art von Leibeigenschaft abgetan werde; daß alle Schranken, welche den Landesherrn von der niedrigsten Klasse seiner Untertanen trennen, hinwegfallen.« Dies sollte jetzt in Jeromes Reich vorbildlich verwirklicht werden : »Die Wohltaten des Code Napoleon, die Öffentlichkeit der Gerichtsverfahren, die Einführung der Schwurgerichte, werden die unterscheidenden Kennzeichen des westfälischen Staates sein. Es ist notwendig, daß das westfälische Volk eine Freiheit, eine Gleichheit und einen Wohlstand genieße, wie sie den Völkern Deutschlands bisher unbekannt waren. Eine solche liberale Regierungsart wird den günstigsten Einfluß auf die Machtstellung der westfälischen Monarchie ausüben, und eine mächtigere Schranke gegen Preußen sein, als die Elbe, die Festungen und der Schutz Frankreichs. Welche Provinz wird auch unter das despotische preußische Regiment zurückkehren wollen, wenn sie einmal die Wohltaten einer weisen und liberalen Verwaltung gekostet hat ? Die Völker Deutschlands sehnen sich nach Gleichheit und liberalen Ideen, es kann gar nicht ausbleiben, daß Westfalen ein moralisches und geistiges Übergewicht über die benachbarten absoluten Könige erlangt.«

Napoleon betrachtete demnach das neue Königreich als ein Mittel, die Segnungen der französischen Revolution, speziell die Hebung des dritten und vierten Standes, sowie eine konstitutionelle Regierung, den Deutschen handgreiflich vor Augen zu führen. Westfalen sollte ein Musterstaat werden, der nicht bloß die eigenen Untertanen beglücken, sondern auch in allen übrigen deutschen Landen den Wunsch erwecken sollte, gleicher Wohltaten teilhaftig zu werden. Ja, noch mehr : der Kaiser deutet vorsichtig an, daß auf diesem Wege vielleicht gar eine Vergrößerung des Landes auf friedlichem, »kaltem«, Wege erreicht werden könnte – nun soll man noch sagen, Napoleon sei kein Idealist gewesen !

Als Hauptstadt wurde Kassel auserlesen : um den Untertanen den Unterschied zwischen ihrem früheren Wilhelm mit dem Zopf, der sie tausendweis an die Engländer verschachert hatte, und dem neuen, liebenswürdigen – ach, allzuliebenswürdigen – König Jerome recht faßlich zu machen. Auch dieser »Morgen wieder lustik«=Jerome ist eine beliebte Figur witzelnder Historiker geworden; in Wahrheit war er, trotz mancher moralischen Mängel, ein kluger tätiger Kopf, der oftmals dem »Großen Bruder« energisch zum Wohle des Landes entgegengetreten ist, und »die Geschäfte« durchaus nicht vernachlässigt hat.

Und keineswegs standen Menschlichkeit und Toleranz nur auf dem Papier in dem neuen Königreich!

Die Soldaten im Mannschaftsstande erfreuten sich einer so anständigen Behandlung, wie sie damals in Deutschland etwas seltenes war. Durch ein Dekret vom 2. April 1808 schaffte Jerome die entehrenden, menschenunwürdigen Stockschläge ein für allemal ab. Jedem Oberen, von welchem Rang er auch sein mochte, war der Gebrauch von beleidigenden Ausdrükken gegen seine Untergebenen untersagt. Wiederholt wurde den Offizieren vom Könige eine wohlwollende Behandlung der Mannschaften nicht nur zur Pflicht gemacht, sondern er ging in dieser Beziehung mit dem besten Beispiele voran: »Er sparte weder Mühe noch Kosten, die Zuneigung seiner Truppen zu erwerben. Er drang in die kleinsten und innersten Einzelheiten ihres Dienstes und selbst ihres häuslichen Lebens ein, besuchte öfters ihre Kasernen, war gegen den gemeinen Mann herablassend und sorgsam, kostete seine Speisen, fragte oder ließ ihn fragen, ob er zufrieden sei, und ordnete manches zur Verbesserung der Lage desselben an: nicht leicht konnte in irgend einer Armee mehr innere Ordnung herrschen und mehr Fürsorge auf den Soldaten verwendet werden, als in dieser.« Auch der Sold war weit höher, als etwa in Hessen oder Preußen, und fast gleich dem in der französischen Armee selbst; zweimal täglich gab es warmes Essen; die Uniform war aus bestem Tuch und prächtig; der Dienst nicht allzu hart; vor allem – etwas sonst in der guten alten Zeit völlig Unerhörtes! –: jeder gemeine Soldat konnte, sobald er nur die nötigen Kenntnisse hatte, und sich sonst im Dienst auszeichnete, ohne weiteres Offizier werden. Für die Invaliden wurde in Westfalen besser gesorgt, als in den meisten anderen Ländern.

Wichtigste Reformen erfuhr die Justiz. Ein großer Gewinn war die Einheitlichkeit des Gerichtsstandes: daß Adel, Bürger, Militär und Geistlichkeit ein und denselben Gerichten unterstanden, war bis dahin in deutschen Landen unerhört! Noch bedeutsamer war, daß der Rechtsgang ungemein vereinfacht und beschleunigt wurde: das Tribunal zu Einbeck zum Beispiel entschied nunmehr in einem Zeitraum von 2 Jahren über tausend Prozesse, die zum Teil seit 70 Jahren geschwebt hatten; eine Tatsache, die bei dem Publikum und namentlich bei den Anwälten – die so eine unschätzbare Einnahmequelle verloren – größtes Erstaunen hervorrief. Ein wesentlicher Vorzug der westfälischen Gerichtsbarkeit bestand auch in der Öffentlichkeit der Verhandlungen, »einer der vorzüglichsten Schutzwehren der den peinlichen Gerichtshöfen überlieferten Bürger«. Mit Wahrheit sagt ein sonst recht kritischer Zeitgenosse: »Die Rechtspflege gewährte den erfreulichsten Anblick«!

Vor der westfälischen Zeit hatte nirgends in Deutschland völlige Toleranz, etwa in Religionssachen, geherrscht. Fast überall waren die, so sich nicht zur herrschenden Landesreligion bekannten, von den Staatsämtern ausgeschlossen gewesen. Das traurigste Los hatten stets, in rechtlicher wie in sozialer Beziehung die Juden. In manchen Provinzen wurden sie überhaupt nicht geduldet, anderwärts nur in äußerst beschränkter Zahl zugelassen. So durften sich etwa in Magdeburg nur 2 »Schutzjuden«, in Göttingen nur drei, aufhalten. Für den ihnen solchermaaßen verliehenen »Schutz« mußten die Bekenner der mosaischen Religion allerorten noch beträchtliche Schutzgelder zahlen; wozu noch die gehässige Abgabe des schon erwähnten »Leibzolls« beim Überschreiten jeder der vielen Landesgrenzen kam. Das wurde jetzt anders; die Konstitution des Königreiches Westfalen verhieß die »Gleichheit aller Untertanen vor dem Gesetz, und die freie Ausübung des Gottesdienstes der verschiedenen Religionsgesellschaften«. Und man glaube ja nicht, daß dies eine leere Phrase gewesen wäre: selten nur hat in einem Staate eine solche Parität der verschiedenen Konfessionen geherrscht, als gerade in diesem Musterkönigreich. Hier war es selbst der gleichzeitigen französischen Gesetzgebung voraus, in welcher der Judenemanzipation doch noch beträchtliche Schranken gesetzt waren. – Das Verzeichnis der wohlmeinenden Reformen ließe sich noch weit fortsetzen. –

Was waren nun die Gründe, daß es auch dieser Schöpfung Napoleons mißlang?

Abgesehen davon, daß der Bruch mit der jahrhundertealten Tradition, vor allem für die einfache Bevölkerung, viel zu schroff war; daß man, aufgehetzt durch eine skrupellose nationale, selbst bedenkliche Mittel nicht verschmähende Propaganda, allem »Französischen« von vornherein mit nicht zu überwältigendem Mißtrauen gegenüber stand – *ein* Übel brachte die westfälische Verwaltung unläugbar mit sich: den übermäßigen Steuerdruck, der zumeist auf Befehl Napoleons selbst einsetzte. Er forderte von seinem Bruder – natürlich genötigt durch die endlosen Ostfeldzüge: erst gegen Preußen, dann gegen Rußland – im Laufe der sieben Jahre, die das junge Staatswesen bestand, nach und nach solche Unsummen, daß im Herbst 1813 der politische Zerfall und finanzielle Ruin Hand in Hand gingen. In Napoleon selbst, der seine doch wirklich kühn und fortschrittlich geplante Schöpfung, bis zum letzten Tropfen auspreßte (auspressen mußte!), ist der eigentliche Unstern Westfalens zu sehen. –

Es bleibt noch übrig zu erwähnen, daß am 21. November 1813 Kurfürst Wilhelm, der berüchtigte Seelenverkäufer, ein nun schon Siebzig Jahre alter Mann, in sein angestammtes Land zurückkehrte: alle Reformen der westfälischen Zeit wurden natürlich sogleich widerrufen; die Armee mußte wieder Zöpfe tragen wie im siebenjährigen Kriege; die unter Jerome abgeschafften Frohnden wurden flink wieder hergestellt; die Gerichtspflege kehrte zu der alten Willkür zurück. Und so groß war die Freude des hessischen Volkes, daß man ihm beim Einzuge die Pferde ausspannte, und 200 Menschen den Wagen des geliebten Landesherrn durch die Straßen Kassels, hinauf zur Wilhelmshöhe, schleppten. Dort standen sie dann noch längere Zeit und sangen vaterländische Lieder.

ZWEI KLEINE PLANETEN – EIN GROSSER SCHÜLER

»Dieses Lilienthal ist einer der interessantesten Orte! Zwar die Umgebung – es liegt eine Meile nordöstlich von Bremen, in Richtung der großen Moore – kann wohl nur dem Auge des Kanalbauers reizvoll erscheinen; im Herbst und Winter soll das Land voller Nebel und Rauch sein, und einen wahrhaft finnischen Anblick darbieten. ... Herr Harding, der die Güte hatte, mir die Instrumente, zweifellos die größten auf dem Kontinente befindlichen, zu zeigen, bedauerte ebenfalls die Ungunst des Himmels. Umso erstaunlicher sind die Resultate seines Fleißes, von denen er uns einige äußerst schätzbare Blätter eines großen Sternatlas vorwies.« – So beginnt, im Juni 1801, der preußische Obrist Massenbach die Schilderung eines Besuches im Zentrum der bremischen Astronomenschule. Die Sternwarte war die Gründung des dortigen Amtmannes, Schröter, der vor allem topographischen Studien über Planetenoberflächen oblag; folgenreicher jedoch als seine eigenen Arbeiten, war die erste wissenschaftliche Ausbildung von zwei Größeren, Harding und Bessel, die der Vierte im Bunde, der eigentliche geistige Leiter des Instituts, der bremische Arzt Olbers, herangeführt hatte. –

Heinrich Wilhelm Matthias Olbers war am 11. Oktober 1758 in Arbergen geboren, das achte von sechzehn Kindern des Ortsgeistlichen. Schon seine göttinger Doktordissertation, über »Die inneren Veränderungen des Auges«, läßt in ihrer Problemstellung und mathematischen Behandlung die Doppelbegabung erkennen. Gegen Ende 1781 läßt er sich dann als praktischer Arzt in Bremen nieder, wo er zwar rasch eine ausgedehnte, langjährige Praxis erwerben konnte; sich jedoch nach dem 1820 erfolgten Tode seiner Frau mehr und mehr vom Praktizieren zurückzog.

Seine bleibenden Verdienste liegen auch durchaus auf astronomischem Gebiet. Gleich nach seiner Niederlassung in Bremen richtete er sich auf dem Dach seines Hauses eine kleine Privatsternwarte ein; bei den erforderlichen gelehrten Nachtwachen kam ihm unschätzbar seine unverwüstliche Gesundheit zu statten: brachte er es doch so weit, sich Jahrzehnte hindurch mit nur vier Stunden Schlaf täglich zu begnügen!

Über astronomische Gegenstände hat er nicht weniger als 42 selbstständige Abhandlungen veröffentlicht, hauptsächlich Kometen betreffend;

aber auch den Einfluß des Mondes aufs Wetter, und entlarvte in einer Streitschrift einen vorgeblichen französischen Kometenentdecker. »Letzthin hatte ich eine trefflich angeregte Debatte;« berichtet Massenbach »ich war wiederum in Herrn Dr. Olbers' Sternwarte, und wir versuchten eine Methode zu entwickeln, um die eigentliche Herkunft der Meteoriten über allen Zweifel erhaben darzustellen (Sie kennen die abgeschmackten Hypothesen über die Auswürflinge der Mondvulkane!) ..... Wir vereinigten uns dahin, daß nur durch Beobachtung von zwei Stationen aus etwas über die zu erwartenden großen Geschwindigkeiten auszumachen sei; hier gaben mir meine artilleristischen Erfahrungen ein deutliches Übergewicht.« –

1801 war endlich in Palermo der lange gesuchte Planet gefunden worden, der die anstößige Bahnlücke zwischen Mars und Jupiter schloß; aber eine Enttäuschung hatte sich dabei doch ergeben: dies winzige Fünkchen war mit den imponierenden Massenansammlungen der alten Wandelsterne überhaupt nicht zu vergleichen! Aber auch Olbers hatte auf seinen Karten ein wanderndes Lichtpünktchen eintragen können, und überraschte die Welt am 28. März 1802 mit der Mitteilung, daß auch er einen kleinen Planeten, die »Pallas«, entdeckt habe: darauf war Niemand gefaßt gewesen, daß in jenem Himmelsstreifen sich gar mehrere Asteroiden aufhalten könnten! Die nahe Übereinstimmung ihrer Bahnen brachte Olbers auf die (zwar falsche, aber fruchtbare) Arbeitshypothese, daß sie vielleicht Bruchstücke eines zertrümmerten größeren Gestirns sein könnten; und nun setzte eine schöne Gemeinschaftsleistung der bremer Schule ein: Schröter lieh für die entscheidenden Beobachtungen seine Rieseninstrumente her; Harding seine unvergleichlichen Ekliptikkarten; Olbers gab die überlegenen mathematischen Direktiven. Infolgedessen fand zwei Jahre später Harding die »Juno«; und nach weiteren drei Jahren, am 29. März 1807, Olbers die »Vesta« – erst vierzig Jahre später sollte der nächste derartige Fund gemacht werden.

»Aus Olbers' Sternwarte, d.h. aus seinem Wohnzimmer, sind Beobachtungen und Entdeckungen hervorgegangen, deren jede einzelne auch das größte Observatorium für immer unsterblich machen würden« schrieb später Littrow.

Das größte Verdienst jedoch sollte sich der berühmte, auch zu gewichtigen diplomatischen Sendungen gebrauchte, Bürger durch etwas anderes erwerben: am 28. Juli 1804 näherte sich ihm auf der Straße ein schmächtiger junger Mensch, und bat ihn verlegen um die Erlaubnis, ihm einen geringen astronomischen Versuch zur Begutachtung vorlegen zu dürfen – er sei Handelsgehülfe im Hause Kuhlenkamp & Söhne. Olbers, stets gütig und hilfsbereit, nahm die hingereichten Blätter freundlich entgegen, antwortete schon am nächsten Tage ermunternd, auch lud er ihn sogleich zu sich ein, um den erst Neunzehnjährigen weiter zu prüfen; und vermittelte ihm schließlich die Inspektorstelle in Lilienthal – so begann die wissenschaftliche Laufbahn Friedrich Wilhelm Bessels, eines der größten Astronomen aller Zeiten, am Anfang betreut und uneigennützigst gefördert durch Olbers, der zeitlebens der Gegenstand innigster Verehrung, der »zweite Vater«, für Jenen gewesen ist. Noch heute gehören die zwei Bände ihres Briefwechsels zu den anziehendsten Dokumenten einer Gelehrtenfreundschaft.

Der März (wegen seiner ruhigen kühl=klaren Luft ja vorzüglich zu astronomischen Beobachtungen geeignet) war Olbers' Lieblingsmonat; im März hatte er seine beiden Planeten entdeckt : im März werde er »also« auch sterben, pflegte der große Beobachter lächelnd seinen Freunden anzuvertrauen, um dann, unbeschwert von der unzulänglichen Einrichtung dieses irdischen Leibes, umfassenderen Untersuchungen obliegen zu können – am 2. März 1840 starb zu Bremen Heinrich Wilhelm Matthias Olbers; der Menschheit als Ernte seines Lebens hinterlassend : zwei kleine Planeten – einen Meisterschüler.

EIN NEUER KRIEGSHAFEN : ALTENBRUCH.

»Nach sorgfältiger jahrelanger Prüfung durch die hierzu eingesetzte Kommission wird als der geeignetste Platz der Flecken Altenbruch, etwa 5 Kilometer östlich von Cuxhaven vorgeschlagen. Ein achteckiges befestigtes Lager soll das Marinearsenal, das Quartier des Kriegsdepartements, und die neu zu gründende Seestadt einschließen. Eine Anzahl Forts und Batterien (gemäß einliegendem Plan) sind bestimmt, den Platz nach allen Seiten gegen Angriffe zu schützen. Minenfelder wie eingezeichnet. Der Ort selbst wird eine Fläche von 33,74 Hektar einnehmen. Die Kosten für das Etablissement werden von der Kommission auf 30,4 Millionen veranschlagt; davon sollen 8,9 Millionen für die Befestigungen, und 21,5 Millionen für die notwendig werdenden maritimen Arbeiten verwendet werden.«

Korrespondierend hierzu wird der Befehl zur Aushebung von 3000 Seeleuten gegeben; binnen 10 Tagen ist eine Liste sämtlicher dienstfähiger Personen von 20–50 Jahren einzureichen. Dabei findet eine Unterteilung in vier Klassen statt; in die erste kommen die Unverheirateten; in die zweite die Witwer ohne Kinder; in die dritte die kinderlos Verheirateten; und in die vierte die Familienväter. Die ärztliche Untersuchung der Bezeichneten findet vom 15.–25. April statt; nach Möglichkeit sind die Dreitausend nur aus der ersten und zweiten Klasse zu nehmen, die endgültig ausgehobenen Mannschaften zur Grundausbildung sofort nach Antwerpen zu dirigieren. – – : Welches Jahr schreiben wir eigentlich ? ? – –

Am 13. Dezember 1810 wurden durch ein organisches Senatuskonsult die Landstriche längs der Nordseeküste bis zur Elbmündung und weiter hinaus bis Lübeck als »Hanseatische Departements« endgültig dem Kaiserreich Frankreich angegliedert; nachdem sie bereits sieben Jahre lang besetzt gewesen waren. Das war eine durchaus berechtigte Maaßnahme : einmal mußte der Großschmuggel nach dem kontinentalgesperrten England unterbunden werden; andererseits brauchte Frankreich die entsprechende Anzahl Werften und Docks um die doch wahrscheinlich unerläßliche Landungsflotte gegen England in Ruhe unter dem Schutze eigener Strandbatterien bauen zu können. »Jetzt kann ich, infolge der Vergrößerung, die mein Reich seit sechs Jahren erhalten hat, jährlich 25 Linienschiffe ausrüsten. Wenn ich über 100 haben werde, kann ich in wenigen

Campagnen England unterwerfen«; so sagte der Kaiser im März 1811 ganz öffentlich den Deputierten der Hansestädte.

Demgemäß ließ er in den Jahren 1811 und 12 das Fahrwasser der Elbmündung genau untersuchen. Die Kommission bestand aus dem Ingenieur Beautemps-Beaupré, dem Pionieroberstleutnant Vinache, dem Schiffsleutnant und »Chef des mouvements à Hambourg« Laronde, und endlich dem Hauptingenieur der Brücken und Chausseen im Departement der Elbmündung, Jousselin. Wenn Napoleon zunächst den Gedanken gehegt hatte, den Hafen von Cuxhaven dergestalt zu befestigen und zu erweitern, daß eine Flottille von Kriegsschiffen darin Platz finden könnte, so kam die Kommission bald zu der Einsicht, daß eigentlich nur 2 Plätze zur Errichtung eines Kriegshafens geeignet seien : nämlich entweder Krautsand=Wischhafen oder Altenbruch. Da jedoch selbst die Fachleute sich nicht einigen konnten, wo die Versandung des Flußbettes und die Unstabilität der Ufer geringer seien, reichten die Mitglieder der Kommission ihr Votum der französischen Regierung einstweilen schriftlich ein. Auch in Paris verschob man die Entscheidung; bis endlich am 30. Juni 1813 Napoleon selbst aus dem Hauptquartier in Dresden endgültig Altenbruch bezeichnete, mit der besonderen Begründung, daß die neue Festung auch die große geplante Verbindung Seine–Ostsee, den »Baltischen Kanal«, schützen würde, für den man die in der Nähe einmündende Oste zu benützen gedachte. (Wie ja denn noch heute der Kaiser=Wilhelm=Kanal gegenüber, bei Brunsbüttelkoog, also recht entsprechend der alten napoleonischen Planung, beginnt.)

Sogleich wurde auch mit der Musterung begonnen; aber trotzdem fast dieselben Kriegsbesoldungen und Renten für die Eingezogenen angesetzt waren, wie sie der französische Seemann erhielt, war die Anzahl der »unsicheren Kantonisten«, oder »Réfractaires« wie man damals sagte, ungewöhnlich groß; oftmals und an vielen Orten mußte Gendarmerie und Militär einrücken, um die Musterungen mit Waffengewalt durchzuführen, oder die Verfolgung der Fahnenflüchtigen aufzunehmen. Besonders zahlreich wurden die Desertionen seit dem Beginn des Krieges gegen Rußland.

Zur Ausführung dieses großen Kriegshafenprojektes bei Altenbruch ist es nicht mehr gekommen; nur einige Vor= und Vermessungsarbeiten wurden erledigt. Ebensowenig kam ein kaiserliches Dekret zur Verwirklichung, nach welchem in Hamburg selbst eine Schiffswerft, »mit der Organisation eines Bagnos für 600 Galeerensträflinge« eingerichtet werden sollte. –

So schreibt P. H. Oehlrich, einer der damaligen »Municipalräthe« Altenbruchs an den ihm befreundeten Notar Scherder : »Was sie (die Franzosen) am Tage vermessen und auspflocken, das ziehen wir nachts wieder heraus ...« und weiter : »... Diese Anlage wird noch unser Aller Ruin : lassen Sie dann einmal die englische Flotte in die Elbmündung vorstoßen, und unser Städtchen wird restlos in Schutt und Asche gelegt. Gott bewahre uns vor Großen Männern und ihren Plänen !«

DIE GEFANGENE KÖNIGIN.

(Am 13. November 1726 starb nach zweiunddreißigjähriger Haft Sophie Dorothea, die »Prinzessin von Ahlden«.)

Wenn Sie die Fahrkarte in Hannover lösen, sagen Sie bitte »an der Aller« dazu; sonst stellt der Schalterbeamte den Wagen seiner Stempelmaschine, wie zuerst bei mir, auf Alten ein. In Schwarmstedt steigt man in den schikken weinroten Schienenomnibus um (und wie sich der Besuch, Mann und Frau aus der Ostzone, darüber wunderte!); und dann dauert es nur noch eine Viertelstunde, bis der kleinwinzige windumrauschte Bahnhof heranfließt.

»Keine Luft ist so dick, kein Volk so dumm, kein Ort so unberühmt, daß nicht zuweilen ein großer Mann daraus hervorgehen sollte« sagt Juvenal; sonst würde eben Niemand Stratford-on-Avon kennen, oder Alcalá de Henares; und mit dem Namen des Fleckens Ahlden hat sich nun einmal unauflöslich »Die Prinzessin« amalgamiert, die »Mutter der Könige«, die mit der Königsmarck=Affaire, ja, die sechsmal verfilmt worden ist, durch Schundromane durchgezogen, die in pikanten »Hofgeschichten« paradiert – haben Sie nicht selbst den Kientopp »Königsliebe« gerührt mitempfunden?

Also davon soll jetzt nicht die Rede sein! Denn nicht das ist das eigentlich psychologisch Wichtige und Nachdenkliche: wie sich da nun eine feurige, einem ungeliebten, hölzernen (dabei durchaus debauchierten!) Kurfürstengatten aus Gründen der Staatsräson verkuppelte Halbfranzösin auch einmal eine Art Erfüllung sucht. Wie sie dabei ausgerechnet wieder an einen sonst ziemlich grobfädigen, nur körperlich ausreichenden Partner gerät; wie der unvorsichtig geführte Briefwechsel – so unvorsichtig, daß noch heute 209 Briefe Königsmarcks und 73 kompromittierendste der Prinzessin erhalten sind! – zwangsläufig entdeckt wird. Wie kurz vor der verabredeten Flucht die Kabinettsjustiz jener Zeit (heute sagen wir Gestapo oder NKWD; aber es ist schon dasselbe) zuschlägt, und Graf Philipp Christoph von Königsmarck, »ein paar schlechte griese Leinwand=Sommerhosen, ein schlecht=weißes Kamisol, ganz kurz, und einen braunen Regenrock anhabend« von vier Hofjunkern im Rittersaal des Schlosses zu Hannover ermordet, und der Leichnam mit Steinen beschwert in die Leine versenkt wird. Wie dann der Schauprozeß der Scheidung abrollt; der Vater, der letzte Herzog von Lüneburg, Georg Wilhelm, kunstvoll mit der Tochter verfeindet wird, damit er, der Letzte seines Geschlechtes, ja nicht etwa sein Herzogtum noch einem andern als dem unwürdigen Calenbergischen Schwiegersohn vermacht – das Alles ist gar nicht das »Interessante« an dem Fall! Wie denn die feuerwerksähnlich ablaufende »Katastrophe« – dieser Liebling der Dramatiker – dem Kenner niemals bemerkenswert ist; aber was nun kommt: die zweiunddreißig langen Jahre in dem einsamen Amtshaus der Lüneburger Heide: das ist gewichtig und läßt Einen den Kopf in die Hand stützen!

Eine achtundzwanzigjährige junge Frau, gewöhnt an Glanz und Aufsehen, »verschwindet« mit einem Schlage aus ihrer Umwelt, wird verbannt aus höfisch aufgeregter Pracht in – –: lassen Sie uns aussteigen! – Ahlden an der Aller ist einer der erwähnten ziemlich zeitlosen Flecken; am Südrand der Lüneburger Heide gelegen, abseits von Verkehr und Industrie, stagnierte die Einwohnerzahl stets bei wenigen Hundert; heute mögen es, dank den Flüchtlingen, fast Tausend sein. Typisch niedersächsisches Fachwerk; Gehöfte inmitten weiter Felder und feuchter Wiesen; trotz der großen Feuersbrünste von 1715 und 1848 wird sich nicht viel am Gesamtaspekt verändert haben. Im Viertelkreis nordöstlich um den Ort das Wasserband der »Alten Leine« – es schwimmt sich gut darin, ich kann es empfehlen.

Aber am Ostrand liegt das Schlößchen! 1519 steht am ältesten rechten Flügel des imposanten Fachwerkbaues; 1619 unter dem Wappen überm Tor – es war ein Jagdschloß der alten Herzöge von Celle-Lüneburg. Und hier gleich eine Einschaltung: wohl ist der Bau selbst, so viel auch daran herumgebastelt sein mag, im wesentlichen doch noch unverändert, und ein unschätzbares Kulturdenkmal; aber für die Umgebung zieht man besser den Plan des hannöverschen Landbaumeisters C. A. Vogell von 1830 zu Rate: da sieht man nämlich, daß hier eine ausgesprochene Wasserburg lag, mit doppeltem Graben, sogar die beiden Brücken gesichert durch das drohende Wachthaus dazwischen. Dazu die weltabgeschiedene Lage, fern von jeder der großen Straßen auch unserer Zeit noch – Kurfürst Georg Ludwig wußte schon, warum er gerade dieses seiner Schlösser auswählte, eine so wichtige Staatsgefangene wie seine Gattin zu beherbergen!

Anfänglich war die Bewegungsfreiheit Sophie Dorotheens lediglich auf das Innere und den Hof des Schlosses beschränkt. Seit September 1695 durfte sie auch in Begleitung auf dem Wall, zwischen den beiden Gräben, aber nur innerhalb der Palisaden, spazieren gehen. Von April 1696 an wurden ihr im Umkreis von einem Viertel einer hannöverschen Meile auch Spazierfahrten gestattet; allerdings nur von April bis Oktober und unter stärkerer Bedeckung; auch mußte sie spätestens bei Einbruch der Dunkelheit zurück sein. Mit Vorliebe fuhr sie in einer selbstgelenkten »Carriole«

zum Büchtener Holz hinaus; zuerst jedoch grundsätzlich von Dragonern mit gezogenem Säbel begleitet. Seit 1718 wurde diese Eskorte dann auf zwei bis vier Soldaten reduziert.

Auch ansonsten war ihre Bewachung sehr scharf. Abgesehen von der selbstverständlichen Briefzensur waren nicht nur das gesamte Schloßpersonal, sondern auch die Einwohner Ahldens schriftlich verpflichtet worden, ihr keinerlei Handreichung zur Flucht zu leisten; vielmehr das leiseste Anzeichen des Verdachtes sogleich den Beauftragten des Königs anzuzeigen (ihr Gatte war 1714 auch König von England geworden). Die Herren von Wackerbarth und Malortie, nicht minder als der Kommandeur der Wache, Herbohrt, ließen die Gefangene nicht aus dem Auge.

Endlos werden die Akten, wenn sie sich etwa einmal einfallen läßt, mit dem Wachpersonal um die Wette zu fahren, und als Erste in den Schloßhof eintrabt. Oder wenn 1715 die große Feuersbrunst den Ort fast völlig in Schutt und Asche legt – ein Soldat, der auf dem Heuboden von Melcher Cords Hause schlief, hatte mit offenem Licht einer Maus nachgespürt – und die Prinzessin mitleidig ein paar Dutzend Obdachlose im Schlosse aufnimmt : noch ein Jahr später laufen die Vernehmungen wegen Vorbereitung zur Flucht ! Selbst als Ende April 1715 der »große Winds-Sturm« einen Flügel des Schloßtors zerschlägt, wird gleich Sabotage vermutet !

Dennoch kam es immer wieder zu rätselhaften Zwischenfällen ! Nicht nur, daß eine ihrer Hofdamen und Vertrauten, ein Fräulein von Bezières, Briefe hinausschmuggelte; oder daß einmal ein schwachsinniger Graf von der Schulenburg im Ort gefaßt wurde, und auf Befragen stammelnd gestand, er wolle die Unglücklich=Unschuldige befreien. Einmal streicht ein Vermummter ums Schloß; aber es ergibt sich, daß es nur der herzogliche Diener Johann Christian Winter aus Wolfenbüttel ist, der die dort beschäftigte Kammerfrau Schröder heiraten will (was alsdann auch später huldreich genehmigt wird).

Noch liegt bei den Akten dieser Rapport des Herrn von Malortie : wie am 6. Dezember 1717 in einer stürmischen und dunklen Nacht, gegen 2 Uhr morgens (»lundi dernier, le 6 décembre, à deux heures et demie du matin«) ein hochgewachsener Fremder plötzlich unter dem Gewölbe des Pforthauses erscheint. In fremdem Dialekt und »d'une voix assez basse« fragt er die unvermutet auftauchende Schloßwache nach der Uhrzeit ! (Obwohl die Glocke vom ahldener Kirchturm sogar die Viertelstunden anzeigte !) Verschwindet auch, ehe der völlig frappierte Posten noch Alarm schlagen kann, wieder im Dunkeln. Die kleine Tür am Tor in der äußeren Zugbrücke wird offen gefunden; obwohl sie, wie sich aus der sofort vorgenommenen Vernehmung sämtlicher Wachen einwandfrei ergibt, am

Abend vorher verschlossen worden ist. Im Dorfkrug und auch in den Schenken aller umliegenden Dörfer ist kein dem Fremden ähnlicher Reisender feststellbar! – Die Wache bestand nebenbei aus 2 Offizieren, 2 Unteroffizieren und 24 Mann Infanterie, die tags 7, nachts 9 Posten zu stellen hatten; da die meisten davon in dem nahen Hudemühlen, jenseits der Aller, bei Bürgern einquartiert lagen, konnten bei dem häufigen Hochwasser jener Flußniederungen die Ablösungen nicht immer regelmäßig vorgenommen werden.

Ansonsten aber war das Leben im ahldener Schlößchen durchaus angenehm und reichlich; das Minimum des Diners war: 1 potage, 5 Gänge Hauptmahlzeit, anschließend Konfekt und Wein; auch war das Silbergeschirr der Tafel berühmt. Der Prinzessin standen ja schließlich die Einkünfte der Ämter Ahlden, Rethem und Walsrode, sowie die Weserzölle zu Nienburg, Hoya und Intschede zur Verfügung; sodaß ihre Einnahme durchschnittlich 18.000 Thaler jährlich betrug, das sind nach unserem Gelde etwa 30.000 D.-Mark im Monat! (Die reichen Erbschaften von Vater= und Mutterseite noch ganz ungerechnet.)

Auch ist sie zweimal für längere Zeit von Ahlden abwesend gewesen. Vom 15. Juli bis 10. August 1700 weilte sie im Schloß zu Celle, da dänische Partisanen bereits bis Gifhorn streiften; und vom 5. Juni bis Anfang September 1705 wohnte sie anläßlich in Ahlden notwendig werdender Reparaturen und Umbauten im Amtshause zu Essel.

Oftmals kränkelte die Prinzessin; und zwar waren es, entsprechend dem Nebelklima der Allerniederung, zumeist Katarrhe und rheumatische Zufälle, welche die Doktoren Ebel und Scott zu kurieren hatten. Ansonsten lebte sie scheinbar bis zu ihrem Tode am 13. November 1726 ein langes und einförmiges Leben; beschäftigt, wie die zahllosen Aktenbündel ausweisen, mit Verwaltung ihrer Domänen, Mühlen und Zölle an Weser und Aller, mit Revision von Haushaltsrechnungen, Konzipierung von Küchenzetteln für die Meisterköchin, mit Lesen, und Werken lokaler Mildtätigkeit. Seinen besonderen Eingang, zu dem nur er allein den Schlüssel besaß, hatte der Pfarrer Seelhorst, da sie die Ortskirche nicht besuchen durfte. – Ihre Hauptfreude waren die Besuche ihrer Mutter, der verwitweten Herzogin Eleonore, die einst das arme hugenottische Hoffräulein d'Olbreuse gewesen war.

Völker und Staaten veränderten während dieser Zeit ihre Gestalt; ihr Sohn wurde Prince of Wales; ihre Tochter Königin von Preußen und die Mutter Friedrichs des Großen. Sie aber lebte bis zu ihrem Tode einen Tag wie den anderen, kleinen Geschäften ergeben, jedoch, wie »einstimmig angenommen« wird, ruhig und zufrieden. –

Viele Veränderungen hat seitdem das idyllische Schlößchen erfahren; erst war es Sitz der hannöverschen Verwaltungsbehörden; dann gar Gefängnis – noch heute sieht man die unpassend vergitterten Fenster – ; im Augenblick befindet sich dort das Amtsgericht der Gegend. Der Reisende fragt sich mit Recht : könnte für dieses wahrhafte Geschichtsdenkmal nicht etwas mehr getan werden ? Die verschwommenen Fabeleien der Bewohner, und die wehende Wäsche im Schloßhof befriedigen gar wenig; und doch kann ja nicht jeder, wie ich, im Staatsarchiv Hannover die Dokumentenmappen durchsehen. Aber ein paar auserlesene Fotokopien der »Instruktionen wie ich mich zu verhalten« (wie die arme Frau wehmütig jede einzelne davon quittieren mußte), oder der alte Grundriß vom Wasserschloß, könnten doch wirklich in einem bescheidenen Schaukasten im Sterbezimmer der Prinzessin aufgestellt werden : zur Zeit ist dort ein Büroraum, in dem man, hat man sich den Eintritt erschmeichelt, als einzige Erinnerung den Abdruck eines Porträtstichs erblickt, »herausgegeben vom historischen Verein für Niedersachsen« – wie wäre es, wenn man diesen Raum ausräumte, und als intimes Kleinmuseum für das Publikum herrichtete ? An Amtsgerichten besteht weißgott kein Mangel; aber es fehlt uns, zumal nach den grausamen Zerstörungen des letzten Krieges, ungemein an Kulturdenkmälern : Hic Rhodus !

CURIEUSES MEUBLEMENT.

Nicht umsonst hatte – als Kronprinz Friedrich nach seinem Fluchtversuch gefangen in Küstrin saß – der Hauptmann Fouqué dem hohen Freunde getreulich Gesellschaft geleistet; sobald der wachthabende Offizier ins Zimmer trat, und befehlsgemäß die Kerze des Kronprinzen auslöschte (dann müsse der Fritz ja wohl die verruchte französische Lektüre lassen, hatte der gestrenge Vater gemeint), zog Fouqué aus seiner Tasche Wachslicht und Feuerzeug, die dann ungestört brannten : denn darüber hatte der König ja nichts befohlen ! – Auch als der Eine späterhin selbst König, der Andere General geworden war, hat die Freundschaft vorgehalten; Fouqué stieg von Stufe zu Stufe, und wurde nach Beendigung des ersten Schlesischen Krieges Gouverneur der neugewonnenen Grafschaft Glatz. Als er dann später von dem kühnsten der gegnerischen Feldherrn, Laudon, vollständig geschlagen und gefangen genommen wurde, benützten die Österreicher sogleich die Gelegenheit, auch die Festung Glatz im Handstreich zu überrumpeln; und spät in jener Unglücksnacht sitzt dann August, der älteste kränkliche Sohn des Generals, der ihm während des Siebenjährigen Krieges das Haus hüten sollte, beim Schein der Unschlittkerze am Tisch, und schreibt eigenhändig, immer wieder unterbrochen von plündernden Kroaten und dem Geschrei aus den Straßen der preisgegebenen Stadt, die »Nachricht nebst Verzeichnis von denen bey der am 26. July 1760 erfolgten Einnahme von Glatz in Österreichische Hände gefallenen Effecten und sämtl. Vermögen«. Auf vielen Folioseiten wird da das gesamte Inventar des repräsentativsten Haushaltes der Grafschaft Stück für Stück mit dem damaligen genauen Preis aufgeführt (wobei zu bemerken ist, daß der damalige Thaler etwa heutigen 12 D=Mark entspricht).

Da sind zunächst die »Meubles« (und man erkennt genau das »gelbe« oder »grüne« Zimmer) : »1 Canapee von carmoisin=Stoff mit Silber, nebst 6 Fauteuils, Taburett und Stühlen«; andere Garnituren sind aus »Petit-point-Arbeit« oder »Englisch=Rohr, mit Polstern von feuerfarbener Seide«; bis für 5.000 Thaler Möbel beisammen sind. Die Bilder erscheinen : »127 theils große, theils kleine Schildereyen mit vergoldeten, auch schwarzen Rähmen«; darunter als persönliches Geschenk des Alten Dessauers und seiner Gemahlin Porträts. Gold= und silbergerahmte Spiegel à 60 Thaler. »10 Stück grün=taffetne Gardinen mit gehörigen Falbelas«; aber auch »rothwollene mit gelbem Bande«, sowie »3 complette Ledertapeten« und gar »1 Hautelisse=Tapete vom König : 600 Thaler« !

Die Wäscheschränke können nicht klein gewesen sein : »10 Dutzend Züchen und Bettücher aus feiner Leinwand«, »28 Bettlaken, jedes zu 15 Ellen; die Elle à 12 Groschen = 210 Thaler«. In den Regalen lagerten stets bedeutende Stoffvorräte, z.B. »9 Stück bleumourant Livree=Tuch« oder »8 Ellen gelben Rasch«; aber auch der »Rest Tuch, etwa 8 Ellen à 6 Groschen« ist nicht vergessen.

Über 3.000 Thaler wird das Silberzeug geschätzt; darunter »1 große Terrine, so cisellieret«, »1 Thee=Machine nebst Kohlen=Pfanne und Zange«. Nicht minder kostbar das »ächte Porcellaine« : »1 Dutzend feine Thee=Tassen, vergoldet, mit indianischen Figuren«, »6 Chocolate=Köpfchen« (also »cups«). An »Chrystall und Glass« werden aufgeführt : »18 Caraphinen, fein geschliffen und mit Gold«, »1 Carneolen Wein=Glass : 100 Thaler«; und, als Hauptstück, wieder ein Geschenk des Großen Friedrich : »1 chrystallen Tonneau mit Deckel und Preussischen Armaturen : 300 Thaler«. Aber auch das simple Küchengeschirr wird in Rechnung gebracht, ob es nun »3 kupferne marmites« (Schmortöpfe) sind, oder der Bratenwender (40 Thaler).

Feldequipage und Reitzeug des alten Generals, Zelte (»dazu 6 Chaises percées«) und Büchsen werden geschildert : »1 Ponceau sammtene Chabraque mit Gold bordiret : 300 Thaler«. Die Bibliothek war unbedeutend : »1 Schrank mit Œuvres militaires, sowie historischen, auch coquetten Büchern« verrät genugsam den Geschmack des alten Haudegens. Gesondert aber wieder dieses Geschenk des Königs : »33 theils große, theils kleinere Folianten von antiquen und kostbaren Kupfferstücken nach denen berühmtesten Meistern : 10.000 Thaler«, kein kleiner Posten !

Übergehen wir die »Wispel und Scheffel« Hafer, sowie die »40 Klaffter Brennholtz«; bezeichnend ist aber wieder, daß die »über 200 Stück Orange=, Citronen= und Lorbeer=Bäume« des Gartens, »desgleichen an 100 Nelcken= und Rosen=Stöcke; auch verschieden ander Blumen=Werck« auf 1.500 Thaler angeschlagen wurde.

Ein Kapitel für sich ist das »Baar Geld und die Pretiosis«; etwa »1 massiv goldene viereckigte Tabatiere mit Brillianten : 1.000 Thaler«, oder eine andere »en forme einer Füsilier=Mütze von Amethyst in Gold gefaßt«.

Als letztes sei er zu erwähnen vergönnt : der Keller ! Wohl fand auch die Hausfrau ihre »41 Krüge Provencer=Öl aus Glogau« und »20 Eymer Wein=Essig«; das Hauptkontingent jedoch stellten wesentlich tüchtigere Flüssigkeiten : »3 Oxhoft Pontac« (d.h. rund 700 Liter Rotwein aus Pau); »7 Ohm Rheinwein, 45er« (das sind 1.000 Liter); »40 Bouteillen Canarien=Seckt«; »110 Bouteillen Vin de Cap«; wer zählt die Völker, nennt die Namen, die »Cognac=Fässgen«, die »167 Bout. alten Franz=Wein«, die Gebinde »Tokayer und Rebersdorffer« – für über 30.000 Mark erlesene Spirituosen lagerten in jenem Gewölbe !

Am Ende zieht man den Strich unter die rechte Spalte : 101.810 Thaler 20 Groschen; das heißt ein= und eine viertel Million D=Mark ! –

Es sei hinzugefügt, daß der Kampf der Familie um eine Entschädigung beim wiener Kaiserhofe bis 1870 fortgesetzt wurde – überflüssig zu sagen, mit welchem Ergebnis : c'est la guerre.

WIE SICH DIE BILDER GLEICHEN !

Nun braucht ein »Großer Mann«, das heißt ein Künstler oder Wissenschaftler, zwar nicht von seiner Schönheit zu leben, wie der Filmstar; oder im Sonnenbad ein Hügelland von Muskelgruppen auszustellen wie die »Braunen Bomber« aller Gewichtsklassen – aber es stimmt doch nachdenklich, wenn man erfährt, daß von Tausend hinsichtlich ihrer äußeren Ansehnlichkeit überprüften Dichtern und Gelehrten kaum 20 ein ausgesprochen gefälliges Äußeres aufweisen konnten. Der Rest war bestenfalls durchschnittlich, wenn nicht gar nur »plain«; und 450 erhalten mitleidslos das Prädikat »häßlich«. Das beginnt bei Sokrates, der ein Profil wie ein Schweinsfisch, große hervortretende Augen und einen dicken unwürdigen Bauch sein eigen nannte; und reicht bis Bernard Shaw, der körperlich ja auch nicht eben dem »Canon« glich.

Es ist natürlich schwer, jetzt noch genau zu wissen, wie nun so vor hundert Jahren und mehr ein Mensch »wirklich« ausgesehen hat; vor allem wenn der Bildnisse nur noch wenige oder gar keine erhalten sind – und selbst dann : oft hat der Maler absichtlich geschmeichelt, um ein höheres Honorarium herauszuschinden, oder er hat in rühmlicher Ekstase mehr die »Schöne Seele« porträtiert als ihr ramponiertes Futteral.

Mit der allergrößten Vorsicht sind ja die »Selbstbildnisse« aufzunehmen ! Oder was würden Sie von einer literarischen Dame halten, die fähig war, sich in ihren Lebenserinnerungen folgendermaaßen vorzustellen : »Mein Haar von feinstem Golde; meine hellblauen Augen, mein schlanker Wuchs, mein rosiger Mund mit sanftgerundeten Lippen, meine schneeweiße Haut, waren für mich Schmucks genug ! « Helmina von Chézy (von der Sie bestenfalls zu wissen brauchen, daß der Operntext zu Webers »Euryanthe« von ihr stammt), war zusätzlich auch noch der Ansicht, daß die »Krone des Genius ein Kunkellehn in der ganzen Familie« sei; während Jakob Grimm über die Gedichte und Übersetzungen des eitlen Weibes urteilte, daß die einen so miserabel wären wie die anderen.

Verhältnismäßig einfach ist es auch noch, sich ein Bild von dem »Großen Manne« zu machen, wenn die Schilderungen nicht gar zu weit auseinander gehen; und man sollte ja denken, daß eigentlich nichts simpler sein könnte, als sein Gegenüber kurz zu beschreiben – wenn es sich nicht gerade im Spiegel befindet, wie oben – nicht wahr ?! : Bitte :

»Die Tür ging auf – er kam ! / Dreimal bückten wir uns tief – und wagten es dann, an ihm hinauf zu blinzeln : ein schöner, stattlicher Greis ! Augen so klar und helle wie die eines Jünglings; die Stirn voll Hoheit, der Mund voll Würde und Anmut. Er war angetan mit einem langen schwarzen Kleid, und auf seiner Brust glänzte ein schöner Stern ..... mit der feinen Wendung eines Weltmannes lud er uns zum Sitzen ein.« Und Derselbe, in »anderer Beleuchtung« : »Ein langer, alter, eiskalter, steifer Reichstagssyndicus trat mir entgegen in einem Schlafrock, winkte mir, wie der steinerne Gast, mich niederzusetzen, blieb tonlos nach allen Seiten, die ich anschlagen wollte .... es war mir, als wenn ich mich beim Feuerlöschen erkältet hätte !«; Goethe, zunächst von Wilhelm Hauff in ehrfurchtsvoll=angeregter, dann vom Ritter von Lang in kritisch=erkälteter Stimmung gesehen. Ist hier aber wenigstens der Eindruck im Äußeren – lang und stattlich – bei Beiden gleichmäßig erkennbar; so wird es im nächsten Falle weit verwirrender :

Im Jahre 1817 besucht Tholuck (später einer der bekannteren Theologen seines Jahrhunderts) den Dichter der »Undine«, Friedrich Baron de la Motte=Fouqué, auf seinem Gute Nennhausen bei Rathenow, und schildert ihn, wie er »plötzlich erschien, bewegsam mit männlicher Kraft daherschritt, einem schlachtfertigen Sigurd vergleichbar«. Nicht ganz zwei Jahre vorher hatte ihn Ferdinand Beneke, ein hamburger Freund des Dichters, aber also gesehen : »Die kleinen chinesischen braunen Augen, das häßlich geformte Kinn, der unansehnliche Wuchs, erschienen mir zwar, weil treuherzige gutmütige freundliche Züge das Gesicht belebten, weniger unangenehm ..... aber die quäkige feine Stimme, das dünne schnarrende Organ, und die fatale meißnische Mundart machtens wieder schlimmer.« – Hier stockt man mit Recht ! Was soll man von der Vexierfigur eines Mannes halten, der dem Einen als »schlachtfertiger Sigurd« erscheint (und wir Alle denken uns ja doch wohl bei dem Nibelungennamen den gleichen überdimensionalen Breitensträter), und dem beinahe zur selben Zeit ein anderer seinen »unansehnlichen Wuchs« bescheinigt ? Wenn ich jedoch verrate, daß Beneke gute 6 Fuß in Socken maaß; wogegen Tholuck Mühe hatte die 1.50 zu erreichen, dann wird doch wieder alles klar : Fouqué muß also in der Mitte zwischen den Beiden gestanden haben !

Sie sehen, daß ergo nicht nur die Stimmung, sondern auch die bloße Körpergröße des Beschauers notfalls alle Horizonte verrücken kann; am Grellsten werden diese Diskordanzen natürlich sichtbar, wenn sich einmal Beides zusammen findet, wie etwa hier :

Zu Anfang des vorigen Jahrhunderts war einer der romantisch=verschwommensten Versemacher Heinrich Graf von Loeben, »mit seinem

Dichternamen Isidorus Orientalis geheißen«, von dessen Lyrik die treffliche Parodie ETA Hoffmanns in den Serapionsbrüdern (der gefällig verselnde Amandus von Nebelstern der »Königsbraut«) eine sprechend ähnliche Vorstellung gibt; wer's nicht glaubt, kann den »Guido« oder das »Arkadien« selbst nachprüfen.

Dessen äußere Erscheinung nun beschrieb Friedrich Strauss, weiland Hof= und Domprediger zu Berlin, in den süßen »Abendglockentönen« seiner Erinnerungen wie folgt: »Seine stattliche Persönlichkeit, mehr groß als klein; der reine, lautere, tief sich einsenkende Blick; der Ton der Stimme in großer Herzlichkeit mit einem feinen Durchtönen des sächsischen Dialekts; und dann im Gange die edle Haltung, nicht nachlässig, und noch weniger gekünstelt: So sollte ein gräflicher Ritter in unserer Zeit sein! Das Frische und Unmittelbare seines Wesens, das Freundliche und Wohlwollende in seinem Benehmen; das Gefühl einer großen, mit Demut innig bei ihm verbundenen Superiorität .....«. Wie befremdlich solche Klagen unter Männern: »Im Grunde liebst Du doch wohl Andere mehr als mich! Oder liebtest mich einst viel romantischer als jetzt! Die mich am meisten und ausschließlich liebten auf der Welt, nannten und nennen mich stets Isidorus; der andere Name ist ihnen winterlich: nenne mich Isidorus, damit ich sehe, daß Du mich wieder liebst!«

Da wirkt denn die Schilderung eines sehr großen Dichters, wenn auch verzwickten Menschen, Clemens Brentano, desto unwiderstehlicher: »Der Graf Loeben ist ein so sächsischer Sachse, daß weder Reetzensteen noch der Schneider Jonas von der Funkenburg es mit ihm aufnehmen können.« (Das also das von Strauss gerühmte »feine Durchtönen« der Dreesdner Beenkleeder!). »Er ist klein, und Wichmann und Malsburg sind Helden und Wüteriche im Ton gegen ihn.« (Straussens »stattliche Persönlichkeit«!). »Er liebt alle Menschen; ist überhaupt in sich ‹unendlich glücklich, und in seiner Seele wunderbar reich›, *wie er mir sagt*!« (Bei Strauss: Demut plus Superiorität!). »Er sieht jetzt, da er sich einen ungeheuren Backen= und Schnurrbart hat wachsen lassen, einem schimmlichten limburger Käse gleich.« –

Hegel sah aus wie ein Bierbrauer; Jean Paul wie ein schläfriger fetter Pächter; Voltaire wurde je älter desto affenähnlicher – aber vielleicht wär' es ja auch zuviel: klug *und* gleichzeitig schön zu sein?

FONTANE UND DER ESKIMO.

»Des folgenden Tages« – so erzählt Eukrates im »Philopseudes« des Lukian – »da mein Lehrmeister Geschäfte wegen wieder auf den Markt gegangen war, nahm ich den Besenstiel, kleidete ihn an, und befahl ihm, nachdem ich die drei Silben ebenfalls gesprochen hatte, Wasser zu schöpfen. Er nahm den Krug und brachte ihn voll her. ‹Hör izt auf, Wasser zu holen; und werde wieder zum Besen› sprach ich. Aber er gehorchte mir nimmer, sondern fuhr fort, Wasser zu bringen, bis er das Haus damit überschwemmte. Ich ward verlegen über den Vorfall, und weil ich besorgte, was hernach auch wirklich geschah, Pankrates möchte böse werden, nahm ich eine Axt und hieb den Besenstiel entzwei: Allein izt nahm jedes der Stücke einen Krug und trug Wasser, also daß ich statt eines nun zwei Bedienstete hatte. Mit diesem kommt Pankrates, und da er vernommen, was geschehen war, verwandelte er sie wieder in Holz.« Immerhin hat Goethe also noch zu dem reizvoll=grotesken Stoff die unsterbliche Form hinzugetan; und es ist ja durchaus verständlich, wenn man sich nach fesselnder Lektüre in jugendlicher Begeisterung unwiderstehlich zur Paraphrase oder zum Weitererzählen angeregt fühlt. So wollte ETA Hoffmann den prachtvollen »Tonelli« Ludwig Tiecks fortsetzen; und Jules Verne hat den zweiten Band zu Poe's unsterblichem »Gordon Pym« tatsächlich erscheinen lassen. Aber bedenklicher wird's schon, wenn man ganze Prosaseiten, ohne die Herkunft anzugeben, aber vorsichtshalber mit kleinen kalten Verballhornungen versehen, einfach übernimmt; das kann weit führen, und zuletzt zum platten literarischen Diebstahl herabsinken.

Eine gute Schule und Handübung hierfür ist etwa, daß man mehrere Bände »Wanderungen durch die Mark Brandenburg« zusammenträgt; wo sich dann leichte=allzuleichte, geographische Abschilderung aufs zwangloseste mit Stammessagen der betreffenden Schlösser und »Herrensitze« paaren läßt; Dorfchroniken zitiert man gern – so eine alte holzschnittkräftige Stelle ziert ja ein ganzes Kapitel! – und das Buch erhält dadurch gar noch »Quellenwert«! Wie vorsichtig man aber sein muß, wenn Fontane etwas in Anführungsstriche setzt, möge die von ihm so herausgestrichene »Fahrlander Chronik« beweisen; aus der er über frühere Besitzer Sakrows anführt (oder vielmehr redigiert!): »Der Gemahl bedeutet wenig«. Dabei steht im Text wörtlich: »Monsieur est Ens Simplex«; also: »Der Herr ist ein Einfaltspinsel« : trotz der verpflichtenden Anführungszeichen *übersetzt* Fontane also ohne Skrupel, und *sinnentstellend* dazu. Er gibt weiter : »Das Verständnis der Baronin mit dem Grafen Schmettau wirkte schädlich auf die Sitten .....« – hier bricht Fontane, der notorische Leisetreter und Falsifikant in Adelssachen geschmeidig ab; während Pfarrer Moritz derb fortfährt : »... und die Huren wurden geschätzt.«

Unlängst danach nun – oh, es ist lange her : so um 1880 – gab Theodor Fontane, stets geschickt die Konjunkturen nützend, seinen »großen«, d.h. umfangreichen nationalen Roman »Vor dem Sturm« heraus. Ich habe mich bei der Lektüre nie des Eindrucks erwehren können, daß es sich hier ursprünglich um einen neuen Band der »Wanderungen« handeln sollte; so sehr sind märkische Historien, Auszüge aus Kirchenbüchern, und Anekdoten aneinandergeleimt. Schlimmer als das : der Kenner älterer Literatur stößt auf Schritt und Tritt erbittert auf Geschichtchen und Novellen, die er längst bei Krug von Nidda oder Fouqué vorher gelesen hat ! Ich will jetzt diese Plagiate im Einzelnen nicht verfolgen, sondern mich heute lediglich auf die Episode beschränken, nach der sogar ein ganzes Kapitel heißt : »Von Kajarnak, dem Grönländer«.

Fontane hat nämlich in die unvermeidliche Adelsfamilie eine alternde Tante eingeführt, die in ihrer Jugend Missionarsgattin bei den Herrnhutern auf Grönland gewesen ist; die natürlich jede Gelegenheit wahrnimmt, Herrnhuter Losungen zu verbreiten, und, bei stockender Fabel, ihrerseits aus dem reichen Schatz ihrer Erfahrungen etwa dieses mitteilt (und ich setze keine Anführungsstriche; weil ich nur ein Digest für den Reader gebe !) : Kajarnak war ein Eskimo, der anläßlich der Vorlesung einer Übersetzung des Johannesevangeliums, die Bruder Matthäus Stach verfertigt hatte, plötzlich aufsprang, und mit zitternder Stimme – also sichtlich »vom Geist ergriffen« ausrief : »Wie war das ? Ich will das noch einmal hören.« Kein Wunder, daß er bekehrt wird; daß die heidnischen Angekoks dann gar Mörder gegen ihn aussenden, so daß er mit seiner 14 Mitglieder zählenden Großfamilie, nachdem er am 2. Osterfeiertage mit Frau und Tochter Anna getauft worden, nach Süden fliehen muß. Ein Jahr später dann – »wir feierten eben Johannistag« – läßt Fontane die Erzählerin berichten, und zusätzlich noch die Hochzeit von Anna Stach und Friedrich Böhnisch (einem weiteren Missionarspaar), kehrt Kajarnak zurück. Kann sich fürderhin in seiner Glaubenstreue nicht genug tun; und »übernimmt sich«, trotz seines schwachen Körpers, bei der Verbreitung des Evangeliums unter seinen Landsleuten. Wird schwächer. Hält am 25.2.1741 eine gottselige Rede, und schläft danach ein. Seine Frau bestand darauf, daß er nach christlicher Weise begraben würde. – So erzählt das, natürlich weit ausführlicher, und das Gemüt angreifender die Tante Schorlemmer dem liebeskranken Fräulein Renate von Vitzewitz. Ein Blitzkerl, dieser Fontane! Was der für eine Phantasie gehabt haben muß! –

Nun ist aber leider im Jahre 1765 ein über 1100 Seiten umfassendes Büchlein in Kleinoktav erschienen: »David Crantz: Historie von Grönland«, in welchem ebenfalls fromm=weitläufig die Geschichte der dortigen Stationen Neu=Herrnhut und Lichtenfels exponiert wird. Da, verstreut auf den Seiten 490–531, wird ebenfalls der Lebenslauf Kajarnaks, des Eskimos, ausführlich angegeben; und es ist unwiderstehlich belustigend nachzulesen, wie Fontane hier wiederum taktvoll geschöpft und gefälscht hat!

Die Übersetzung des Johannesevangeliums war nämlich nicht von Bruder Stach, sondern von Johann Bek! Eine Veränderung, an sich völlig unerheblich, und von Fontane nur zur Verschleierung seiner Quelle vorgenommen!

Kajarnak sagte bei der Verlesung zwar genau die oben angeführten Worte; fügte jedoch als unbefangen ehrlich=begehrliches Naturkind noch hinzu: »Denn ich möchte auch gern selig werden!« Das schien ihm sicher etwas Hübsches!

Nicht 14 Mitglieder hatte seine Familie; sondern nur 9!

Als nach einem halben Jahre endlich die Taufe dieser 4 ersten Grönländer erfolgte, war das nicht am zweiten Osterfeiertag; sondern am 29.3.1739, d.h. am ersten Osterfeiertage! Wie sich mit der Gauß=Hartmannschen Formel unschwer nachprüfen läßt!

Fontane gibt den Taufnamen der kleinen Tochter immer vornehm mit Anna an; beim Crantz heißt sie stets, nach der verspielten Brüderweise, Ännel!

Wohl kommt Kajarnak nach rund einem Jahr wieder; aber nicht Johanni – oh, wen ergriffe hier nicht die preußisch=exakte Symbolik, daß am Lichtfeste der erste grönländische Zeuge des Lichtes wiederkehrte! – sondern am 4. Juli 1740! Leider muß ich auch dies herrliche Faktum ruinieren!

Gewiß wäre es ein rührender Zug, daß sich Kajarnak – »er war nur von schwachem Körper!« – in seinem Eifer, das Evangelium unter seinen Landsleuten zu verbreiten, »übernahm«. – Von alledem weiß Crantz nichts; wohl aber, daß er ein »Meister im Tantz« gewesen sei; was bei Wilden ja eine ziemlich angreifende Übung zu sein pflegt!

Gewiß hält er seine rührende Totenrede; aber nicht »danach schlief er ein, während unsere Gebete seine scheidende Seele dem Erbarmer empfahlen«! Man kann natürlich der Ansicht sein, daß es ganz einfach Kajarnaks Pflicht gewesen wäre, sofort nach solch erbaulichen Worten zu verscheiden; aber leider hält die Brüderhistorie fest, daß sein Tod erst drei Tage später erfolgte !

Die gleichfalls bekehrte Gattin »besteht« bei Fontane darauf, daß ihr Mann nach Christenweise bestattet werde; während Crantz erstaunt verzeichnet : Frau und Anverwandte seien »gegen der Grönländer Gewohnheit« ganz gelassen geblieben, und hätten nur gesagt : »Wir sollten es mit dem Begräbnis halten, wie es unter den Christen gebräuchlich wäre«. Was ja dem Sinne nach wohl etwas grundverschiedenes von »bestand darauf« ist ! – – Scheinbar hat Fontane angenommen, daß er der letzte Lebende sei, der die olle ehrliche Brüderchronik aufschlagen würde. Aber, wer seine Bücher mit einem solchen gußeisernen Maaßwerk von Namen und Daten, mit soviel grauseidnen hochadeligen Einzelheiten versieht, muß dann auch schon, als ambitiöser Halbgelehrter, mit der entsprechenden Kritik rechnen. Jedenfalls bleibt immer merkwürdig genug, wie Fontane aus der alten redlichen Episode einen rührselig=effektvollen journalistischen Reißer gemacht hat.

Nichts gegen »Hoppenmarieken«, oder seine späteren handfest=versponnenen berliner Romane; nichts gegen das Primat der märkischen Angelegenheiten über die göttlichen; aber mit Grönländern läßt sich ein Berliner scheinbar besser nicht ein !

DER ARME ANTON REISER

Man gehe uns doch mit den fremden »großen Psychologen«, den vielbewunderten Balzac oder Strindberg; und nichts gegen die »Brüder Karamasow« – es ist ein bewundernswertes Buch, zugegeben ! Aber was sind sie Alle, Alte und Neue, gegen den Größten unter ihnen, dieses seelische Hochland für sich, unseren Einundeinzigsten Deutschen Karl Philipp Moritz ?! : Messieurs, wir erheben uns von den Plätzen ! –

Karl Philipp Moritz war am 15. September 1757 zu Hameln geboren worden; in traurigsten Familienverhältnissen : »Die ersten Töne, die sein Ohr vernahm und sein aufdämmernder Verstand begriff, waren wechselseitige Flüche, und Verwünschungen des unauflöslich geknüpften Ehebandes« der Eltern. So knapp war das Geld, wie nur je in einer Arbeiterfamilie; und dazu der wilde Intellekt des Knaben, der sich aus dem bloßen Klangnamen »Bremen« sogleich lange weißliche Städtebilder erbaut, etwas flach, und mit einer Art Mond darüber in Rosigem schwebend. Wie billig wird er zwecks Erhöhung dieser Anlagen zu einem pietistischen Hutmacher, Lohenstein, in die Lehre gegeben, der ihm blutige Hände macht, und in der eisigen Dezemberoker zu Braunschweig Hutfilze spülen läßt. Wie er dann verächtlich von Jenem entlassen wird, als Einer, »in dessen Herzen sich Satan einen Tempel gebauet«; und sich anschließend als Halbschüler des Gymnasiums zu Hannover wölfisch an Freitischen herumfrißt. Wie er körperlich verwahrlost um des Geistes willen; bis die Sonne durch ihn hindurchscheint, und er stur auf den Hausboden geht, um dort zwischen Balkengespinsten Pflaumenkerne mit dem Hammer zu zerklopfen, »Lasset uns ein Schicksal machen !«. Und in ihm läuft solche Lektüre um wie etwa diese : »Engelbrechts, eines Tuchmachergesellen zu Winsen an der Aller, Beschreibung von dem Himmel und der Hölle«, gemischt mit eigenster Prosa von Wüstenwanderungen und Menschen mit Straußengesichtern. Prediger will er werden, denn Deklamation und deren hypnotische Beeinflussung locken ihn; oder Schauspieler (und sein Mitschüler ist Iffland – welch ein Name dem Kenner ! Bitte : kennen Sie ihn doch auch !). Endlich brennt er durch und begibt sich nach Gotha zu Eckhof – auch einer der Mimen, denen die Nachwelt wenig Kränze flocht – bis er bei den Herrnhutern zu Barby eine Zuflucht fand. Von jenen unterstützt, und es ist das größte Verdienst der Brüdergemeinde in meinen Augen, studierte er in Wittenberg Theologie, und wurde gar Lehrer an Basedows »Philanthropin« zu Dessau ! Dessen Geistestyrannei trieb ihn aufs neue zum Wandern; in Berlin wurde er Lehrer am Militärwaisenhaus und am Grauen Kloster. Galt in den berliner Aufklärerkreisen für einen »guten Kopf« aber gleichzeitig auch als »exzentrisches Original«. Eine Reise nach England beschrieb er in einem Buche, das die Begeisterung seiner Zeitgenossen erregte; wurde darauf Professor am Kölnischen Gymnasium in Berlin; versuchte als Redakteur der Vossischen Zeitung diese zu einem Volksblatt umzugestalten. Geriet – ach, warum trennt man nicht nur durch Semikolons : es ist doch so lange her ! – durch die Leidenschaft für eine verheiratete Frau in »verhängnisvolle Herzenswirren«, und suchte geistige Genesung durch eine 1786 unternommene Reise nach Italien. Hier traf er in Rom mit Goethe zusammen; brach auch den Arm dort, und vielleicht stimmt es Manchen nachdenklich, daß Goethe offiziell bekannt hat : »Ich hätte nie gewagt, die Iphigenie in Jamben zu übersetzen, wäre mir nicht in Moritzens ‹Prosodie› ein Leitstern erschienen.«

Zum Dank half Goethe nun auch seinerseits dem Freunde : »er ist wie ein jüngerer Bruder von mir, von derselben Art; nur da vom Schicksal verwahrlost und beschädigt, wo ich begünstigt und vorgezogen bin.« So erhielt Moritz eine Professur in Berlin; seine Vorträge dort waren ungewöhnlich besucht; nicht nur von Schülern der Akademie; sondern auch junge Literaten, wie Tieck und Alexander von Humboldt, saßen zu seinen Füßen.

Eines seiner unschätzbaren Verdienste sei noch erwähnt : am 7. Juni 1792 sandte ihm der an sich und der Welt fast schon verzweifelnde Jean Paul seinen ersten großen Roman, die »Unsichtbare Loge«, im Manuskript zu : und das ist wahrlich eine Zumutung an jeden Autor, you may lay to it !; er empfing schon am 19. Juni diese Antwort : »Und wenn Sie am Ende der Erde wären, und müßt' ich hundert Stürme aushalten, um zu Ihnen zu kommen, so flieg ich in Ihre Arme !« Die ersten 100 Dukaten Verlegergelder empfing der große Humorist so durch Vermittlung des neugewonnenen Freundes.

Bald, nur zu bald, am 26. Juni 1793 starb Karl Philipp Moritz als Professor der – es klingt fast komisch – »Altertumskunde« in Berlin. –

Sehen wir heute von seinen Brotarbeiten ab, (obwohl sie etwas mehr sind !), wie etwa der Schrift über die römischen Altertümer, oder die »Götterlehre der Griechen und Römer«; auch die »Reisen eines Deutschen in England« sind jetzt nur noch historisch zu lesen.

Unvergänglich jedoch, ein Buch, wie es kein Volk der Erde sonst hat; ein Psychologe, gegen den alle gepriesenen Ausländer nur Schatten sind;

ist der 1785–90 erschienene Bekenntnisroman vom »Anton Reiser«; zu dem unauflöslich die Fortsetzungen vom »Andreas Hartknopf« und dessen gleichnamigen »Predigerjahren« gehören : so viele »Taschenbücher« werden in unseren Tagen gedruckt, mit reprints aller Arten : wo ist der Verleger, der diese Bücher wieder ins Bewußtsein der Gebildeten zurückführt ?!

BERECHNUNGEN I

»Nemo geometriae ignarus intrato«

§ 1. Unsere bisher gebräuchlichsten Prosaformen entstammen sämtlich spätestens dem 18. Jahrhundert; auch sind bereits in jenen Jahren Musterbeispiele für jede einzelne davon gegeben worden.
Kennzeichnend für sie alle ist, daß sie ausnahmslos als Nachbildung soziologischer Gepflogenheiten entwickelt wurden. Der Erzähler im lauschenden Hörerkreis war das Vorbild für Roman und Novelle. Die tägliche Übung der Korrespondenz lieferte zwanglos die vorbildliche formale Lösung des Briefromans für das Problem, mehrere geographisch und geistig von einander geschiedene charakteristische Lebensräume organisch in Beziehung zueinander zu setzen. Das Gespräch zwischen mehreren (nicht allzuvielen!) Partnern erwies sich als optimale Möglichkeit, einen Gegenstand von verschiedenen Seiten her zu beleuchten (ideale Biografie!). Das »Tagebuch« war der erste Ansatz zur Bewältigung innerer Vorgänge.
Ich hebe ausdrücklich hervor, daß diese Formen keineswegs etwa »überholt« oder »veraltet« sind! Für die angeführten, meist sehr umfangreichen, Themenkreise, sind sie durchaus die optimale (und also stets in solchen Fällen anzuwendende) Erledigungsform.
(Man vergönne mir, hier noch einmal auf Wieland hinzuweisen, der gerade als Berechner der äußeren Form Vorbildliches und bisher noch nicht recht Gewürdigtes geleistet hat; Bücher, wie sein gigantischer Briefroman vom »Aristipp«, die gleichzeitig eben so reinlich das Stahlskelett der Trägerkonstruktion zeigen, wie die »Fülle« menschlicher und geistiger Ereignisse bewältigen, gehören in allen Literaturen zu den größten Seltenheiten, und sollten von jeder Schriftstellergeneration immer wieder studiert werden.)
»Großer Roman«, »Briefroman«, »Gespräch«, »Tagebuch«, sind also nicht deswegen zu verachten, weil sie seit Jahrhunderten unbeirrt verwendet werden; sie *mußten* sich einfach dem denkenden Prosabildner als erste echte Formungsmöglichkeiten für viele konkrete Fälle aufdrängen, weil sie, wie oben schon angedeutet, sich in der »Gesellschaft« bereits organisch entwickelt hatten.
Es wäre aber für die Beschreibung und Durchleuchtung der Welt durch das Wort (die erste Voraussetzung zu jeder Art von Beherrschung!) ein verhängnisvoller Fehler, wollte man bei diesen »klassischen« Bauweisen stehen bleiben!

§ 2. Besonders nötig nun war und ist es, endlich einmal zu gewissen, immer wieder vorkommenden verschiedenen Bewußtseinsvorgängen oder Erlebnisweisen die genau entsprechenden Prosaformen zu entwickeln.
(Ich betone noch einmal ganz ausdrücklich, daß ich im Folgenden lediglich von der äußeren Form (dem »Gerüst«) spreche; von meinen subjektiven Versuchen einer konformen Abbildung von Gehirnvorgängen durch besondere Anordnung von Prosaelementen. Nicht aber vom sprachlichen und rhythmischen Feinbau dieser Elemente selbst.)
Bis jetzt habe ich mir die theoretische Durchforschung und praktische Wiedergabe von 4 solchen Bewußtseinstatsachen gestellt (es gibt aber mehr!). Die Anfänge von zwei Versuchsreihen liegen dem Publikum bisher zur Nachprüfung im Druck vor; ich beschränke mich daher in der Erörterung zunächst auf diese beiden.

§ 3. Ausgangspunkt für die Berechnung der ersten dieser neuen Prosaformen war die Besinnung auf den Prozeß des »Sich=Erinnerns«: man erinnere sich eines beliebigen kleineren Erlebniskomplexes, sei es »Volksschule«, »alte Sommerreise« – immer erscheinen zunächst, zeitrafferisch, einzelne sehr helle Bilder (meine Kurzbezeichnung: »Fotos«), um die herum sich dann im weiteren Verlauf der »Erinnerung« ergänzend erläuternde Kleinbruchstücke (»Texte«) stellen: ein solches Gemisch von »Foto=Text=Einheiten« ist schließlich das Endergebnis jedes bewußten Erinnerungsversuches.
Selbstredend hat der Autor, um überhaupt verständlich zu werden, dem Leser die Identifikation, das Nacherlebnis, zu erleichtern, aus diesem persönlich=gemütlichen Halbchaos eine klare gegliederte Kette zu bilden.
Daß meine Überlegung korrekt ist, belegen auf die frappanteste Weise alle Selbstbiografien. Ich greife den unnachahmlichen allbekannten Kügelgen heraus: ihn, weil sein unvergleichliches Malerauge (Foto!) diese Perlenschnur von Miniatüren aneinanderreihte; und er vor allem ehrlich genug war, auch äußerlich lauter kleinste Abschnitte zu machen. (Goethe andererseits hat mit seinem üblichen formlosen Prosabrei alle Suturen verschmiert; gerade bei dem hier vorliegenden Konstruktionsproblem ist solche Tünche doppelt der ölfarbige Tod aller Architektur).
Dieser Erinnerungsprozeß, eine der anhaftenden Eigentümlichkeiten unserer Gehirnstruktur – also durchaus etwas Organisches, und gar nichts Künstliches! – wurde bewußt zum Ausgangspunkt einer ersten praktischen Versuchsreihe gemacht, die einerseits das Kristallgitter der betreffenden »Erinnerung« sichtbar lassen, zugleich aber auch ungeschwächt die Bildintensität »von damals« vermitteln sollte: im Leser würde theoretisch solchermaßen zwangsweise die *Illusion eigener Erinnerung* suggestiv erzeugt werden!

(Natürlich muß man ihm hierzu auch schärfste Wortkonzentrate injizieren; cela va sans dire!)

§ 4. Als Beispiele dieser ersten Neuform, für die ich die Bezeichnung »Fotoalbum« vorschlage, habe ich bisher vorgelegt: »Die Umsiedler« und »Seelandschaft mit Pocahontas«. Diese beiden Stücke (sowie die ihnen wenn möglich später noch folgenden) erlauben mir, die weitere Unterteilung einer solchen Versuchsreihe hier einmal wie folgt näher anzugeben. – Für Anzahl und Länge der Fotos und Texte, sowie deren rhythmischen und sprachlichen Feinbau, sind das Entscheidende:

Bewegungskurve und Tempo der Handelnden im Raum!

Es ist ja ein fundamentaler Unterschied, ob ich etwa einen Ort

rasch
durchfahren
muß

oder ihn

langsam
umkreisen
kann.

Im letzteren Falle sieht man ihn nämlich von allen Seiten, unter vielen, länger anhaltenden Beleuchtungen; man »hat« jedesmal automatisch eine ganz andere »Zeit«, ein anderes Verhältnis zu den Begegnenden, und dem Schicksal (oder wie Sie das Ding nennen).

Es ergibt sich beispielsweise sofort, daß im ersteren Falle (der geradlinigen, zwangsmäßig raschen Bewegung der »Umsiedler«) eine wesentlich größere Anzahl von Fotos zur Bewältigung des vielfältigeren durchmessenen Raumes nötig sein wird; sowie auch daß diese kürzer, die Sätze selbst hastiger sein müssen, als im zweiten der erwähnten Fälle, der hobbema'schen »Pocahontas«.

Jeder Art der Bewegung im Raum (gesetzmäßig festgelegt und geregelt durch die Urexplosion des Leviathan) entspricht sogleich ein sehr scharf umrissener Themenkreis. – Ich bediene mich zur Bezeichnung dieser Bewegungskurven der präzisen Namen, welche die Mathematik (zur Hälfte ja eben eine Wissenschaft des Raumes!) längst festgesetzt hat; nicht, um diesen meinen Notizen ein kokettes pseudowissenschaftliches asa foetida zu verleihen, sondern weil ich meiner Zeit schon sehr gram sein müßte, wenn ich die unübertreffliche Klarheit solcher Formulierungen unbeachtet ließe, und dafür eigene Umschreibungen zusammenstotterte.

Ich gebe also nachstehend die Tabelle, die *ich* mir für meine praktischen

Handübungen in »Fotoalben« angelegt habe; für die ersten beiden Fälle wurden, wie bereits erwähnt, schon Exempel vorgelegt, so gut *ich* es eben vermochte. (In der »Pocahontas« habe ich, um die kristallinische Struktur des Textes ganz unmißverständlich zu machen, die einzelnen Kleinbruchstücke noch durch Schrägstriche voneinander abgetrennt.)

Bewegungskurve der Handelnden	Tempo der Handelnden	Themenkreis	rhythmische, sprachliche, inhaltliche Konsequenzen
Gerade; vorwärts	schnell	*»Transporte«.* (Zwangsbewegung durch weite Räume : Auswanderer; Gesellschaftsreisen; Flößer Schweiz=Holland; Truppentransporte; etc.)	Etwa 25 kurze Fotos & Texte. Knappe Sätze. Worte wie Vieh vor sich her treiben. Dynamisch; aber die Unfreiheit des Willens wird sichtbar.
Hypozykloide	langsam	*»Kleine Welt«.* (In sich geschlossene Paradiese oder Höllen : Sommeraufenthalte; Kindheiten; »Im Werk«; etc.)	15–20 längere Einheiten. Ausladende Sätze. Statisch. Niederländisch.
Epizykloide	hastig	*»Verbotener Bezirk«.* (Spionage; eingesperrte Geliebte; und andere Speisekammern.)	Am Ende der meisten Einheiten (viele sind es, kleine, etwa 30, trial & error) eine »Spitze«, die das »Aufprallen« auf die »Chinesische Mauer« spürbar macht. Gestauchte Sätze.
Punkt; rotierend	gleichförmig	*»Lynkeus«.* (Individuum & distanzierte Kreiswelt : Leuchtturmwärter; Schornsteinmaurer; Flakwache; Voyage autour de ma chambre; Fußballspiel; »Ich bin Karussellbesitzer«; etc.)	Rund ein Dutzend große Einheiten; tortenhaft sektorengleich; panoramisch. Stimmung beschaulich=erregt; aber kein Eingreifen möglich.
Spirale; einwärts	sich beschleunigend	*»Zur Katastrofe«.* (Sei sie gut oder böse; einschließlich ihrer selbst : geplanter Mord; der erste Beischlaf; Fronteinsatz mit letalem Ausgang; etc.)	Einheiten kürzer werdend. Nervöse Breite bis Kugelblitz. Sätze & Worte von fahrig=faseriger Länge im Anfang bis zu stilettartiger Konzentration.
Spirale; auswärts	verebbend	*»Die Überlebenden«.* (Sich langsam »neu« oder »wieder« einrichten; nach : Krieg, Tod, Feuer; ebenso wie nach Heirat oder Riesenerbschaft; etc.)	Einheiten dehnen sich. (Die Katastrofe selbst bleibt ungeschildert!) Trichtermäuliges Ende. Metaphern : »dislimning«.
Lemniskate	regelmäßig wechselnd (d.h. langsam im Null- (= Schnitt)-punkt)	*»Das geteilte Leben«.* (Etwa pendelnd zwischen ruhiger Häuslichkeit & raschem Erwerb : Vertreter; Lokomotivführer; Dr. Jekyll & Mr. Hyde; etc.)	Einheiten entsprechend länger oder kürzer. Rhythmen dementsprechend. Pendelschlägiges Kismet.

Wem solche Überlegungen auch nach diesen Erläuterungen immer noch zu gekünstelt oder abstrakt erscheinen, der möge, vielleicht zu seiner peinlichen Überraschung, zur Kenntnis nehmen, daß das Problem der heutigen und künftigen Prosa nicht der »feinsinnige« Inhalt ist – der psychologischen Pünktchenmuster und anderen intim=kleinen textilen Varianten werden wir immer genug besitzen – sondern die längst fällige systematische Entwicklung der äußeren Form.
Es ist heute ja leider allgemein dunkelmännisch=beliebt geworden, viel mehr Dinge ins »Unterbewußtsein« zu verdrängen, als nötig wäre; es ist natürlich viel bequemer, die »Primitiven« zu verehren, und flink einen »Bankerott des aufklärerischen Intellekts« festzustellen; viel behaglicher, in der beliebten ägyptischen Finsternis eines »Neuen Mittelalters«, eines metaphysiktriefenden, herumzutappen, als sich schneidend eindeutig darüber klar zu werden, daß das Zeitalter der Physik nicht nur nicht »am Ende« ist, sondern im Gegenteil kaum erst begonnen hat! –

§ 5. Eine zweite »neue Prosaform« ergab sich mir aus folgender Überlegung: man rufe sich am Abend den vergangenen Tag zurück, also die »jüngste Vergangenheit« (die auch getrost noch als »älteste Gegenwart« definiert werden könnte): hat man das Gefühl eines »epischen Flusses« der Ereignisse? Eines Kontinuums überhaupt?
Es gibt diesen epischen Fluß, auch der Gegenwart, gar nicht; Jeder vergleiche sein eigenes beschädigtes Tagesmosaik!
Die Ereignisse unseres Lebens springen vielmehr. Auf dem Bindfaden der Bedeutungslosigkeit, der allgegenwärtigen langen Weile, ist die Perlenkette kleiner Erlebniseinheiten, innerer und äußerer, aufgereiht. Von Mitternacht zu Mitternacht ist gar nicht »1 Tag«, sondern »1440 Minuten« (und von diesen wiederum sind höchstens 50 belangvoll!).
Aus dieser porösen Struktur auch unserer Gegenwartsempfindung ergibt sich ein löcheriges Dasein –: seine Wiedergabe vermittels eines entsprechenden literarischen Verfahrens war seinerzeit für mich der Anlaß zum Beginn einer weiteren Versuchsreihe (Typ Brand's=Haide=Trilogie).
Der Sinn dieser »zweiten« Form ist also, an die Stelle der früher beliebten Fiktion der »fortlaufenden Handlung«, ein der menschlichen Erlebnisweise gerechter werdendes, zwar magereres aber trainierteres, Prosagefüge zu setzen.
(Ich warne besonders vor der Überheblichkeit, die hier vielleicht das dem Bürger naheliegende schnelle Wort von einem »Zerfall« sprechen möchte; ich stelle vielmehr meiner Ansicht nach durch meine präzisen, »erbarmungslosen«, Techniken unseren mangelhaften Sinnesapparat wieder an

die richtige ihm gebührende biologische Stelle. Gewiß geht dabei der liebenswürdige Wahn von einem singulären überlegenen »Abbilde Gottes« wiederum einmal mehr in die Brüche; die holde Täuschung eines pausenlosen, »tüchtigen«, Lebens, (wie sie etwa Goethe in seinen Gesprächen mit Eckermann so unangenehm geschäftig zur Schau trägt) wird der Wirklichkeit überhaupt nicht gerecht. Eben dafür, daß unser Gedächtnis, ein mitleidiges Sieb, so Vieles durchfallen läßt, ist meine Prosa der sparsam=reinliche Ausdruck.)

§ 6. Die oben bereits angedeuteten weiteren 2 Bewußtseinsvorgänge (Jedem ebenso geläufig wie die vorher behandelten, »Erinnerung« und »Löchrige Gegenwart«) für welche die gültigen Prosadarstellungen zu erarbeiten ich mir vorgesetzt habe, betreffen den »Traum« und das »Längere Gedankenspiel«. (Die mathematischen Sinnbilder hierfür wären – ich kann es nun einmal nicht lassen –: Kurven und ihre Evoluten; beziehungsweise die w= und z=Ebenen der konformen Abbildungen). Da jedoch die hierfür entwickelten Transformationsgleichungen noch nicht an, dem Publikum vorliegenden, Veröffentlichungen erläutert werden können, habe ich jetzt nur der Vollständigkeit wegen darauf hinweisen wollen. –
Ich beeile mich zu erklären, daß ich die Reihe der nicht nur möglichen, sondern in naher Zukunft unbedingt erforderlichen Prosaformen hiermit keineswegs für abgeschlossen, oder auch nur die von mir bisher gegebenen Paradigmata für absolute Muster halte. Auch hätte ich selbst diese vorliegenden Erläuterungen niemals abgegeben, wenn mich nicht die befremdlichsten Urteile, sogar von »Fachleuten«, von der Notwendigkeit einer Darlegung meiner Arbeitsmethoden überzeugt hätten; mehr noch aber schrieb ich sie nieder für etwaige zukünftige größere Nachfolger, nach denen sich wahrhaftig niemand mehr sehnen kann als ich.

NUR LUMPE SIND BESCHEIDEN !

Nun ist dies übermütige Wort zwar auch nichts weniger als richtig, gleichviel, was Goethe unter »Lumpen« verstanden haben mag; vielmehr liegen die Dinge ja unläugbar so, daß *Jeder* recht was auf sich hält : soll er ! Umso unbilliger aber wäre es, nun ausgesprochen bedeutenden Männern zu verdenken, wenn diese sich selbst einmal beifällig auf die Schulter schlagen; ebensogut könnte man verlangen, daß ein 6 Fuß großer Mann nicht merken solle, daß er die Meisten seiner Umgebung überragt.

Schön parodiert hat das ETA Hoffmann in dem doppelten Vorwort zu seinem »Kater Murr« : »Schüchtern, mit bebender Brust, übergebe ich der Welt einige Blätter des Lebens ...... Werde, kann ich bestehen vor dem strengen Richterstuhl der Kritik ?« – während der Originalentwurf des genialischen Katers doch lautete : »Mit der Sicherheit und Ruhe, die dem wahren Genie angeboren, übergebe ich der Welt meine Biographie, damit sie lerne, wie man sich zum großen Kater bildet; meine Vortrefflichkeit im ganzen Umfang erkenne, mich liebe, schätze, ehre, bewundere, und ein wenig anbete !«. Und so recht con amore hat dann Jean Paul in »Dr. Katzenbergers Badereise« einen sich selbst anbetenden Dichter abgeschildert; so einen, der noch bei Benützung des Wirtshausklosetts sich einbildet, mit welchen Wonnegefühlen künftig ein Leserjüngling sich darauf niederlassen wird ! –

Daß dergleichen nicht etwa übertrieben ist, ließe sich durch tausende von Beispielen belegen. Selbst wenn man einmal Nietzsches absichtlich provozierende Überschriften : »Warum ich so klug bin«, und andere dieser Art wegläßt, bleibt noch immer genug; und es ist äußerst bemerkenswert, daß je größer der Mann, desto ärger auch der Unfug ist, den er treibt !

A. W. Schlegel – heute nur noch historisch wichtig, als der Theoretiker der damals »neuen richtung«, der Romantik, oder als Übersetzer und Trainer mehrerer junger Dichtertalente; als produzierender Dichter durchaus unter Mittelmaaß – hielt es dennoch für angebracht, sich öffentlich so anzureden : »Was alte Zeit, was neue Zeit gebaren, / vereinigend in eines Wissens Kette. / Stets dichtend; Aller die es sind und waren, / Besinger, Muster, Meister im Sonette. / .... Zugleich der Schöpfer und das Bild der Regel. / Wie ihn der Mund der Zukunft nennen werde, / ist unbekannt

(!), doch dies Geschlecht erkannte, / ihn bei dem Namen : August Wilhelm Schlegel !«

Von dem bedeutenden Formkünstler (aber letzten Endes doch ziemlich weißlebrigten Gesellen), August Graf von Platen=Hallermünde, ist bekannt, daß, wenn er nicht gerade »nächtlich am Busento« lispelte, er sich »mit einem Lorbeerkranz auf dem Kopfe auf der öffentlichen Promenade zu Erlangen den Spaziergängern in den Weg stellte, und, mit der bebrillten Nase gen Himmel starrend, in poetischer Begeisterung zu sein vorgab«.

»Von den hiesigen großen Geistern kommen einem immer närrischere Dinge zu Ohren« schreibt Schiller am 29. August 1787 aus Weimar an Körner : »Herder und seine Frau leben in einer egoistischen Einsamkeit und bilden zusammen eine Art von heiliger Zweieinigkeit, von der sie jeden Erdensohn ausschließen. Aber weil Beide stolz, Beide heftig sind, so stößt diese Gottheit zuweilen unter sich selbst aneinander. Wenn sie also in Unfrieden geraten sind, so wohnen Beide abgesondert in ihren Etagen und Briefe laufen Treppe auf, Treppe nieder; bis sich endlich die Frau entschließt, in eigener Person in ihres Ehegemahls Zimmer zu treten, wo sie eine Stelle aus seinen Schriften rezitiert, mit den Worten : ‹Wer das gemacht hat, muß ein Gott sein, und auf den kann Niemand zürnen› – dann fällt ihr der besiegte Herder um den Hals und die Fehde hat ein Ende !« – nebenbei ein unschätzbares Rezept für alle Schriftstellerfrauen (und wohl auch für andere; »Er, der Herrlichste von Allen !«).

Sie sehen, daß da oft wunderliche Blüten treiben; und vielleicht ist es auch ganz falsch, zu den Werken eines Dichters nun immer noch die Biographie des Unglückseligen haben zu wollen : da kommt so mancherlei Mooskrauses ans Tageslicht – möglicherweise hat doch Cooper Recht gehabt, der sterbend seiner Tochter zur heiligen Pflicht machte, alle seine Tagebücher zu vernichten, und überhaupt eine authentische Biographie mit allen Mitteln zu verhindern.

Da war weiterhin ein Mann, namens Klopstock; und er hat gar einen seraphischen Ruf, denn er schrieb strenge Choräle und einen superhimmlischen Messias, und alttestamentarische Schauspiele, daß Gott erbarm. (Seine gewichtigsten Werke aber sind : 10 Oden; die »Gelehrtenrepublik«; und die »Grammatischen Gespräche« ! Dies nebenbei.) : wie sehr dieser fromme Heros das Kunstwerk seines Lebens selbst gestaltete, offenbaren grausam schlagend seine Briefe an Herrn Heimbach, weiland Rektor in Schulpforta :

Da sendet er der alten Fürstenschule, deren Zögling er einst war, eine Prachtausgabe seines »Messias« mit folgender selbstgefälliger Anweisung : »Sollten Sie finden, daß dies irgend einen guten Einfluß auf die Alumnen haben könnte, so lassen Sie das Buch auf folgende Art in die Bibliothek bringen : Sie wählen den unter Ihren Jünglingen, welchen Sie für den Besten halten; .... Bitten Sie diesen, in meinem Namen das Buch zu tragen .... vielleicht mögen Sie ihm auch die Wenigen zu Begleitern geben, die gleich nach ihm die Besten sind.« Und er weist ferner an, daß man Blumen auf das Grab seines alten Lehrers Stübel streuen möge – ein unschuldiger Zug, gewiß – dazu ertöne dann ein leiser Gesang (selbstverständlich nach Worten Klopstocks !) und der große Name (selbstverständlich Klopstock !) werde dabei leise genannt.

Einige Wochen später wurden dann gleich 12 Klopstockgedenktage hintereinander verabredet; und in wahrhaft widerlicher Überhebung ordnet er diese *Feiern für sich selber* eigenhändig bis ins Kleinste an. 4 Pförtner werden zu je 3 Vorlesungen aus dem »Messias« ausgewählt – natürlich die Frömmsten und überhaupt »Besten«; von denen man denn auch später, wie billig, nie mehr etwas gehört hat – und jedem dafür eine große goldene Medaille zugesagt (die noch nicht einmal er selbst sondern ein Freund hergibt !) »Jeder liest 3 Mal vor, und jede der 3 Vorlesungen geschieht an einem anderen Tage ... vielleicht gefällt es Ihnen, diese (die Stelle, wo vorgelesen werden soll) zuweilen im Freien, in dem Schulgarten oder im nahen Walde anzuweisen. Die Alumnen wählen unter sich den jedesmaligen Vorleser. Dieser hat die Wahl der zu lesenden Stellen ... Der Lehrer, welcher die Woche hat, gibt die Medaillen.« Scheinbar genügt ihm selbst diese 12tägige Mammutfeier noch nicht; auch die Vorbereitungen dazu wußte er mit sinniger Meisterschaft der Selbstverehrung vorzuschreiben : »Ich denke, daß die Wählenden nicht übel tun werden, wenn sie sich von denen, welche sie für wählbar, oder auch nur von denen, die sich selbst dafür halten, vor der Wahl manchmal vorlesen lassen.« – Und dann gibt er noch seitenlange Anweisungen, wie seine kostbaren Stücke zu betonen und deklamieren seien; sich selbst, wie Jean Paul es witzig=bissig formulierte »als sein eigenes Reliquiarium voll heiliger Knochen« anbetend. –

Von solchen unangenehmen Affenstreichen aber zu nachdenklicheren Betrachtungen : erschütternd wird das Bild, wenn ein erlauchter Geist, durch das schreiende Mißverhältnis zwischen einem eminenten Intellekt und der gleichgültig=stumpfen Umwelt, dazu durch den bloßen Mangel an Subsistenzmitteln an der Schöpfung unsterblicher Werke verhindert, ins Grelle, Unsinnige gequält wird :

Wer nach 1786 als Reisender in der Morgenfrühe durch die damals noch sehr ausgedehnten Wälder von Schwarzburg=Sondershausen fuhr, dem konnte es wohl begegnen, daß vor den Pferden übern Straßengraben ein Mann trat : barfuß und mit wirrem Indianerhaar, aber in Scharlachrock und Scharlachbeinkleidern. 220 Thaler hatte sich Johann Karl Wezel von Wien als Erspartes mitgebracht, und lebte davon, 10 Jahre lang nichts als dünnen Kaffee und Pellkartoffeln genießend : »völlig einsam; er flieht die Spur alles dessen, was Mensch heißt; geht nie bei Tage aus, nur Nachts wagt er sich hervor, und streift bis zum grauenden Morgen in den Wäldern herum«. Leider ist ‹Sturm und Drang› dem Bewußtsein der Gebildeten unserer Tage zu sehr entschwunden; sonst würde man auch heute noch den Verfasser gewichtiger Romane kennen; vor allem den rasenden, unmutig=phantastischen »Belphegor«, dieses statistische Taschenbuch des Teufels. Wezels und seiner Familie Begriffe standen stets in solcher Ferne auseinander, daß er bereits in seiner Kindheit den Glauben merken ließ, er könne einfach nicht von solchen stumpfen Eltern erzeugt sein ! Auf die ewigen philiströsen Briefe, zumal der Mutter, antwortete er demnach auch nur hart : er kenne gegen sie keine Sohnespflichten; er könne höchstens ihr Pflegekind sein; denn wie es möglich wäre, daß sie einen solchen Sohn, wie er, habe gebären können ! Bei seinem Tode fand man hinterlassene Manuskripte mit dieser Aufschrift : ‹Opera Dei Wezelii ab a. 1786 usque –› : Werke der Gottheit Wezel – Schriftsteller sollte man niemals persönlich kennen !

OH, DASS ICH TAUSEND ZUNGEN HÄTTE!

Wie gut habens doch die Anderen! Und ich meine jetzt nicht Herrn Lehmann von nebenan; sondern Maler und Musiker, und ich weiß, was ich sage. Bild und Tonkunstwerk nämlich sind international=wortlos auch dem ausländischen Beschauer ohne weiteres zugänglich, sie bedürfen der Übersetzung nicht; die Sixtinische Madonna bliebe sie selbst, gleichgültig ob sie in Rom, Dresden oder Oslo hinge.

Der arme Dichter dagegen, der sich nicht fröhlich an die Sinnlichkeit der gesamten Menschheit wenden kann, bedarf bereits nach wenigen Meilen der ‹Über-Setzung› (und schon in diesem Wort drückt sich die Fährmannstätigkeit, das umständliche Verladen, hau-ruck, wie die Ballen poltern, unheimlich genug aus!). Ein Begriff, der im Deutschen zweisilbig ist, hat im Französischen drei, im Englischen vielleicht nur eine Silbe; die nächste Sprache umschreibt ihn durch einen ganzen Satz. Mozartisch heitere Vokale auf ‹e› und ‹ei› werden im Rumänischen zu makabren Assonanzen auf ‹u›; selbst Eigennamen bleiben nicht verschont: aus dem Orgelklang ‹Polydeukes› wird Etruskisch das bucklige ‹Pultuke›; sprechen Sie mal ‹Llanwrst› aus!

Nun fehlt nur noch, daß der Übersetzer das Handwerk zum blanken Broterwerb hastig nebenher treibt; daß seine Sprachkenntnisse einfach nicht ausreichen; daß ihm – etwa einem Frommen – ein atheistischer Erotiker zugeteilt wurde; oder daß das betreffende Werk in einem entlegenen Lande und vor mehr als einem Säkulum spielt! Am Schönsten ists natürlich, wenn all das zusammentrifft, und dann ein Lessing genial=grimmig darüber herfällt, über den Herrn Pastor Samuel Gotthold Lange in Laublingen, der vor 200 Jahren den Horaz geschunden hatte; und das unsterbliche ‹Vademecum› ist ja eines der Paradebeispiele gelehrter Injurie geworden.

Eigentlich hat man bei jedem Buch drei Stadien der Übersetzung zu unterscheiden: zuerst wird es eilfertig hingeschmiert, um nur die Zeitgenossen erst einmal damit bekannt zu machen. Dann, falls das Werk zäheres Leben zeigen sollte, kommen zwei oder drei entrüstete, meist gelehrte, Arbeiter, die die Fehler herausbringen und Anmerkungen machen. Und, wenn es das Glück wirklich fügt, erscheint dann endlich, spät, der kongeniale Übersetzer, ein identischer Geist, der höchstens noch an ein paar Stellen zu übertreffen ist.

Im ersten Stadium trifft man auf die unglaublichsten Sachen : Egg, egg, what lake I ! »Dicker Mist auf dem Flusse« heißt es nicht ein-, nein zwanzigmal, in der deutschen Fassung des alten Amerikareisenden Weld (also »Nebel« natürlich !). Zuerst liest man darüber hinweg, daß in Coopers ‹Conanchet› das Wappen der Heathcotes überm Kamin »sehr künstlich in zehn Felder eingeteilt« ist; erst dann kommt der heraldische Ruck : gibts denn so etwas ?! Ein Wappen hat doch höchstens mal 4 Felder ! Und wenn man sich die Mühe nimmt, ins Original zu schauen, findet man auch, daß der Schild nur sehr künstlich in »tentstitch« ausgeführt war (und hier ist gleich einmal Gelegenheit, die Güte Ihres englischen Dictionary zu überprüfen : es heißt nämlich »Plattstich«, also Stickerei, und steht sicher nicht drin !) Natürlich muß aber auch der beste Wille daran scheitern, wenn Jules Verne witzig von einem hingestürzten Musiker sagt, er sei »mi sur le do«; also »mis« und »dos«, wie ja all diese Concetti meist nicht wiederzugeben sind.

Wie kinnladig=präzise klingt es aber, wenn der treffliche Lettsom anhebt : »In stories of our fathers / high marvels we are told / of champions well approved / in perils manifold. / Of feasts and merry meetings, / of weeping and of wail, / and deeds of gallant daring / I'll tell you in my tale.«

Aber, wie schon gesagt, selbst die genialsten Übersetzungen sind nie so identisch, daß sie nicht dem Sorgfältigen noch eine kleine Nachernte gestatteten. Die gültige Gestalt, in welcher der ‹Don Quijote› in das Bewußtsein des deutschen Volkes einging, hat ihm der geniale Ludwig Tieck, selbst ein Dichter höchsten Ranges, verliehen. Sie ist schlechthin nicht zu übertreffen; aber dennoch – und obwohl schon vor ihm das große Buch mehrfach verdeutscht worden war – findet sich eine sparsame Anzahl, zum Teil befremdlicher, Fehler darin. Da heißt es I,2 : »Es sind Autoren der Meinung, daß das erste Abenteuer, das ihm begegnete, das am Hafen Lapice gewesen« (und auch I,8 reiten sie wiederum auf »der Straße nach dem Hafen Lapice«); dabei hätte ein einziger Blick auf die Karte Tieck belehren müssen, daß der Ritter, erst am gleichen Morgen aus der inmitten Spaniens gelegenen La Mancha aufgebrochen, nie in so wenig Stunden die Küste erreichen konnte, und wäre Rosinante ein Auto gewesen ! Im Original steht allerdings »Puerto Lapice«, und puerto kann *auch* Hafen heißen, gewiß; hier aber ist es eine »Porta«, eine Pforte, nämlich ein Paß durch die rund 1000 Meter hohe Bergkette der Calderina, durch den sogar noch heute die große Straße von Vizcaya nach Sevilla führt ! –

Wie wünschenswert wäre es vom Standpunkt des Dichters aus, könnte er – etwa vermittels einer Universalsprache – direkt zur ganzen Menschheit reden. Lassen Sie mich jedoch betonen, daß ich hier nicht etwa dem

Esperanto oder ähnlichen traditionslosen Ragoutsprachen das Wort rede : aber es gab schon einmal eine Zeit, wo alles, was in Europa überhaupt las und dachte, sich derselben geschmeidig=konzentrierten Sprache bediente. Wo der Gelehrte in Krakau sich mit seinen Mitstrebenden in Lissabon und Upsala nicht nur ‹verständigen› konnte, sondern in den gleichen Klängen, den gleichen Begriffen, denselben grammatischen Konstruktionen dachte, so daß eine unmittelbare geistige Berührung international möglich war ! Wo *eine* Sprache gleichzeitig nicht nur die gesamte nennenswerte Literatur der Vergangenheit aufschloß, sondern auch Originalwerke höchsten Wertes aufzuweisen hatte : nennen Sie mich getrost altmodisch : es war das Lateinische ! –

War man früher vielleicht doch schon weiter als heute ?

MAN NEHME ...

»Des folgenden Tages« – so erzählt Eukrates im Philopseudes des Lukian – »da mein Lehrmeister Geschäfte wegen wieder auf den Markt gegangen war, nahm ich den Besenstiel, kleidete ihn an, und befahl ihm, nachdem ich die drei Silben ebenfalls gesprochen hatte, Wasser zu schöpfen. Er nahm den Krug und brachte ihn voll her. ‹Hör itzt auf, Wasser zu holen, und werde wieder zum Besen› sprach ich; aber er gehorchte mir nimmer, sondern fuhr fort Wasser zu bringen, bis er das Haus damit überschwemmte. Ich ward verlegen über den Vorfall, und weil ich besorgte, (was hernach auch wirklich geschah), Pankrates möchte böse werden, nahm ich eine Axt und hieb den Besenstiel entzwei : allein itzt nahm jedes der Stücke einen Krug und trug Wasser ! – Mit diesem kommt Pankrates, und da er vernommen, was geschehen, verwandelte er sie wieder in Holz.« Immerhin hat Goethe zu dem reizvoll=grotesken Stoff noch die adäquate Form hinzugefügt; aber bedenklich und ernüchternd bleibt das »Nehmen« immer.

Schon Edgar Poe hat sich tiefsinnig darüber gewundert, und es mit zahlreichen Beispielen belegt, wie gerade die Autoren von großem Ruf es sind, die alte, rare und vergessene Bücher plündern, und hat auch eine Erklärung des so befremdlichen Umstandes versucht. Das wahre Motiv zu der nicht wegzuläugnenden ernüchternden Tatsache scheint dies zu sein : selbst die größte sprachliche Kraft, die übermenschlichste Imagination, sind nach Vollendung eines Kunstwerkes leergeschöpft (das geht soweit, daß man »danach« ausgelaugt dasitzt, und die einfachsten Ausdrücke nicht mehr findet !). Nun sind aber immer Nebenpartien noch unausgeführt; einzelne kleine dumme Lücken zu schließen : offen lassen erträgt das Publikum nicht; vor gleichgültiger Füllung schämt man sich, eitel=erschöpft, selbst; rasch vollendet muß das Buch werden : denn man muß ja wie gejagt schreiben, um nicht zu verhungern – und da »nimmt« denn selbst der renommierte Autor seufzend irgendeinen vergessenen, wenn möglich nur ihm bekannten Alten, rutscht mit stumpfen Augen (die schlafen möchten) über die Seiten, und zieht ihm einige Federn aus – so : wieder n Ding fertig ! (Sei mir die Bemerkung vergönnt, daß ich grundsätzlich Wörterbücher zu lesen pflege, um den Wortvorrat wieder aufzufüllen, etwa »Lexer : Mittelhochdeutsch« oder »Avé=Lallemant : Gaunerrotwelsch« usw.).

Keiner hat es anders gemacht! Es gibt eine auf zehn Bände angelegte Arbeit (P. Albrecht: Lessings Plagiate) wo mit staunenswerter Belesenheit der Nachweis versucht wird, daß Jener »Alles« gestohlen habe; das ist natürlich eine fixe Idee, lieferte aber tatsächlich der Forschung unverächtliches Material, und war äußerst nützlich für die Kenntnis von Lessings »Quellen«. Andererseits hat Lessing in einer seiner blendendsten Kritiken Wielands Drama »Johanna Gray« besprochen, und ausführlich nachgewiesen, wie ein englischer Dichter, Nicolas Rowe, ganze Seiten daraus wörtlich übersetzt hat – erst in den letzten Sätzen kommt er boshaft damit heraus, daß Rowe vierzig Jahre älter sei, als Wieland, also dieser der Dieb!

In Scheffels Meistererzählung »Juniperus« erscheint die unvergleichliche Gestalt der schön=kalten Rothraut, und die viel bewunderte Stelle, wo sie ihrem Anbeter das rote Glas reicht, durch welches sie am liebsten die Lande betrachtet: wild und unheimlich verkehrt sich da alle Farbe. Nur, leider, gibt es beim alten Brockes ein Gedicht »Rothe Glas=Scheibe«, worin dasselbe Motiv in völlig gleichem Sinne verwendet ist (und, zum überflüssigen Beleg, verrät auch Scheffel an anderer Stelle selbst, daß er den hundert Jahre älteren Hamburger sehr wohl gekannt hat). Gerade dieser Brockes ist wahrhaft schamlos »verwendet« worden – wer liest schließlich noch die langweiligen neun Bände des »Irdischen Vergnügens«? –; selbst der große Gottfried Keller hat ihn im »Schmied seines Glücks« flink benützt.

Die Technik ist nicht erloschen: was meinen Sie wo etwa der endlose Strom all unserer spaltenfüllenden Kurzgeschichten herkommt?! Wie da anstatt schottischer Berge, spanische aufsprießen; die Namen werden aus Robin zu Ramon, aus Mary zu Mercedes – und der Absturz kann gleich so stehen bleiben! Oder, um auch die raffinierteste Tarnungsmöglichkeit zu illustrieren, wo man ein verschollenes Buch in fremder Sprache aus fernem Weltteil »wendet«: erst im vorigen Jahre erschien in den USA der Roman von Phyllis Hastings »Rapture in my Rags«, das wohl am präzisesten (und nicht ohne Bosheit!) mit »Die Vogelscheuche« zu übersetzen wäre. Und es ist recht rührend zu lesen, wie da die verschüchterte, von einem groben Bauern=Vater einsam gequälte Agnes sich in die Vogelscheuche im Maisfeld verliebt – und wie die Kritiker die stolze Autorin des »eigenartigen«, »erregenden«, aber »durchaus überzeugenden« Einfalls wegen entzückt preisen! Es ist natürlich von amerikanischen Rezensenten, (und, wie ich fürchte, auch von deutschen) nicht mehr zu verlangen, die 1834 erschienene »Vogelscheuche« Ludwig Tiecks zu kennen; eins der prachtvollsten Stücke der Romantik, von bizarr=genialer Erfindung, die grandios=phantastische Verspottung des damaligen Dresdener Literatenkreises : auch hier verliebt sich die romantisch-kleinstädtische Ophelia in die Vogelscheuche ihres Vaters, die hier allerdings in einem Erbsenfelde steht : denn das ist das wahre Kennzeichen des Plagiators, daß er noch Scham hat; und doch so viel Sinn für Originalität, daß ihm statt Erbsen Maiskolben einfallen.

DER »ZWEITE TEIL«.

Wenn ein Buch – oft unversehens – zum großen Verkaufsschlager wird, dann kann das verschiedene Gründe haben; entweder ist es die Spannung des Milieus (Zirkus oder Wildwest; auch Arztromane scheinen hypnotisch zu wirken); oder die Denkweise einer Zeit spricht sich vollendet darin aus (das sind meist die schlechtesten!); oder aber die Figur des »Helden« ist so faszinierend geraten, daß eben damit schlechterdings eine neue der Großen Gestalten der Weltliteratur entstand. In jedem Falle aber tritt sogleich *eine* Versuchung an den Dichter heran: der Verleger drängt, das heiße Eisen zu schmieden; der meist magere Geldbeutel mahnt; das Publikum fiebert: »Wie ist die Geschichte nun weiter gegangen? Ein solcher Held kann sich doch einfach nicht für den Rest seines Lebens wieder in der Masse des Volkes verloren haben!«. Derselbe Geist, der einst die verwikkelten mythologischen Gebäude der Alten schuf, will heute, im Büro und vorm Einschlafen, entzückt an den labyrinthischen Gestaltenkreisen der »Nesthäkchen«=Bände weiterweben, oder den »geuerlichkeiten« Kommissar Maigrets. Und da greift eben der Autor, der nicht ganz festen Charakters ist – und welcher Künstler wäre das? – seufzend noch einmal zur Feder (seufzend, weil sich jeder Dichter herzlich freut, wenn er mit einem Buch fertig ist; wenn er den ganzen Komplex, die Schinderei, aus seinem armen, völlig überarbeiteten Gehirn streichen kann!), und verfertigt resigniert den allgemein geforderten »Zweiten Teil« – der natürlicherweise meist (und wenn es »der Konjunktur halber« schnell gehen muß, grundsätzlich!) viel elender gerät, als der geniale erste Wurf. Aber das Geld klingt freilich im Kasten! –

Der Vorgang ist uralt! Mußte doch sogar Homer nach dem ökumenischen Erfolg seiner »Ilias« gleich noch die »Odyssee« hinterdreinschicken; und, da er nicht Hände genug besaß, um der sofort einsetzenden Nachfrage nach den weiteren Schicksalen all der interessanten Helden gerecht zu werden, schaltete sich prompt eine ganze Industrie ein, die noch lange danach unter dem Sammeltitel »Nostoi« die Heimkehrabenteuer vielbändig besang.

Im Mittelalter – schon der Dietrichzyklus ist ein Beispiel – faszinierte die Gestalt des schwermütig=schön=tapferen Superritters Amadis die Lesewelt. Die ersten fünf Bände genügten nicht; man wollte von weiteren

Abenteuern wissen; von denen seiner Kinder, Enkel und Neffen. Sofort entstand auch eine Konkurrenzreihe, vom Ritter Palmerin, der noch tapferer und närrischer einherzog.

Als Shakespeare die prachtvolle Schelmengestalt seines Falstaff gelungen war, wurde selbst die Königin Elisabeth so neugierig auf »Tjä und denn ?«, daß der große William ihn gleich noch einmal in den »Lustigen Weibern von Windsor« auftreten lassen mußte.

Der »Robinson Crusoe« schlug 1719 ein wie der Blitz ! Gewiß mit Recht; aber der rasende Applaus erzwang umgehend den oben gerügten »Zweiten Teil« – und da ist es nun ein rechtes Elend zu lesen, wie der gute »Mariner of York« durch alle Erdteile geschleppt wird, bis China, und die plattesten Postkutschenabenteuer bestehen muß, im elendesten Stil (der ohnehin nicht Defoes Stärke war), bis man die 800 Seiten schwarzweiße Langeweile erleichtert aus der Hand legt; nie mehr seit 200 Jahren ist diese Fortsetzung je wieder abgedruckt worden.

Als Cooper die großartig männliche und düstere Gestalt seines »Lederstrumpf« geschaffen hatte, wurde die Newyorker Post schier unsinnig vor der Fülle der Briefe, die in allen Tonarten, flehentlich bis gereizt, die weiteren Schicksale zu erfahren wünschten. Nun war allerdings der große James Fenimore nicht der Mann, den man hätte drängen können; er ließ sich Zeit : zwanzig Jahre liegen zwischen dem ersten und letzten der fünf Bände der unsterblichen Serie : saubere und gute Arbeit !

Muß ich erst Neuere erwähnen ? Smith' reizenden »Topper«; dem er das viel grobere »Topper auf Reisen« nachschlendriante. Gulbranssons »Ewig singen die Wälder«, dem flugs das mühsam=mythisierende »Erbe von Björndahl« folgte. Linklaters prächtiges »Juan in Amerika«, dem rasch das wesentlich ärmlichere »Juan in China« succedierte.

Aber was will man machen ?! Wenn man sich nicht beeilt, kommt womöglich ein Anderer, noch federflinkerer : schon Cervantes ist es so gegangen, dem ein heute noch Unbekannter, der sich Avellaneda nannte, den »Zweiten Teil« des Don Quijote vor der Nase weg schrieb – und gar nicht einmal so überaus schlecht ! Mußte Goethe sich nicht über den Herrn Pastor Pustkuchen beklagen, der ihm mit der Fortsetzung des »Wilhelm Meister« zuvorkam (hier allerdings mit der ausdrücklich »ehrbaren« Absicht, das »unsittliche« Buch ins pietistisch=engstirnige umzubiegen) ? – Neinnein; da die Dinge einmal so liegen, ist es letzten Endes doch wieder recht und billig, daß der Autor des glänzenden »Ersten Teils« auch das Honorar für den zweiten einstreicht – nur sollte der kluge Leser es sich versagen, ihn zu lesen; oder doch wenigstens nicht mehr viel erwarten, von ihm, dem famosen »Zweiten Teil«.

DIE AUSSTERBENDE ERZÄHLUNG.

Alle Dinge unterm Mond haben ihre Zeit; Dinosaurier begannen eidechsenklein, hypertrophierten zu Kirchtürmen, heute sind Krokodile die Reste des Urväterhausrats. Und das hat nichts mit »Mode« zu tun, d.h. mit einer Grille, die irgendeinmal wieder kommen könnte; hier sind Entwicklungsgesetze am Werke, die für eine ganz bestimmte Epoche den ihr gemäßen speziellen Typus schaffen.

Nicht anders ist es mit dem scheinbar Willkürlichsten (weil theoretisch lediglich vom Belieben des Menschen Abhängenden), den literarischen Formen. Ich will als Beispiel nur das Epos anführen : es ist – das beweisen die auch schon verzweifelt raren Wiederbelebungsversuche am allerdeutlichsten – eine ausgestorbene Form. Und völlig mit Recht ! : Die naiv=heroische Vorstellungsart; der auf die Dauer jedem feineren Ohr unerträgliche endlos=gleichmäßig rollende Pumpertakt, der in dem einmal gewählten Versmaaß erbarmungslos Liebe und Krieg, Idyll und Mythos, Grob und Fein, durch den gleichen Wolf dreht – in einer Zeit, die den geschmeidig wechselnden Rhythmus, die ebenso fein abstimmbare Vokalharmonie guter Prosa noch nicht kannte (die dazu noch jeden Inhalt aufzunehmen vermag; während ein »Lehrgedicht« über »Die Gasarten« nur als Geschmacksverirrung wirkt !), war das Epos die gegebene Form : es entsprach mit seiner Zaubermaschinerie der volkstümlichen Denkweise, und vermittels Reim und Takt merkte man sich in einer praktisch schriftlosen Zeit mühelos lange Stellen auswendig.

Wir, in den zwei letzten Generationen, sind nun Zeugen davon, wie wiederum eine dichterische Ausdrucksmöglichkeit abstirbt; und diesmal bedauerlicherweise nicht, weil sie etwa den höchsten künstlerischen Anforderungen nicht mehr gewachsen wäre – nein, die Gründe sind so dumm, wie nur »menschenmöglich« – :

Die Erzählung – denn sie ist hier gemeint ! – hat den klassischen Umfang von, sagen wir, 50 Druckseiten. Das ist kein Zufall ! Der »Ein=Druck« eines Dichtwerkes hängt wesentlich davon ab, daß es weder zu kurz noch zu lang sei. Die wetterleuchtende Kürze ist einer der gewichtigsten Einwände gegen alle Lyrik : man muß den Stempel tief einpressen, damit das Wachs den Eindruck annimmt ! Nach obenhin wird die Länge bestimmt durch die begrenzte Aufnahmefähigkeit des menschlichen Geistes für anhaltende subtilste Erregungen – höchstens eine Stunde ! – ; und die Rücksicht, auf die optimal zur Verfügung stehende Lesezeit. Dies ist andererseits der Haupteinwand gegen den »Großen Roman«; daß er nicht an einem Abend zu bewältigen ist, und die Tageswelt mit ihren zerstreuenden Anforderungen sich mehrmals dazwischen drängt. Kein denkender Künstler sollte sich aber freiwillig der unschätzbaren Möglichkeiten begeben, die durch ungestörte Einheitlichkeit des Leseeindrucks erreicht werden kann ! Von jeder Seite betrachtet ist also die Erzählung die feinste und idealste aller Prosaformen; mehr noch : aller Literaturformen überhaupt !

Damit dieses Diktum nicht zu gewaltsam klinge, will ich vom Historischen her kurz an die großen Vorbilder erinnern : Poe etwa, der bewußt nur die Erzählung pflegte. Storm, Keller, ETA Hoffmann, Tieck, Brentano, Stifter – und schon aus der bloßen Aufzählung dieser Namen, ergibt sich zweierlei Trauriges : einmal, daß gerade wir Deutschen es waren, denen die Meisterschaft hierin eignete (und das ist rar : denn im großen Roman übertreffen uns die Angelsachsen; in Gereimtem die Romanen, schon wegen des unbestreitbar größeren Wohlklangs ihrer Sprachen !); und weiterhin die hier wichtige Tatsache, daß die Blütezeit dieser Form Anfang bis Mitte des vergangenen Jahrhunderts stattfand. Warum aber dann plötzlich dieser ihr Tod ? !

Der Grund klingt zunächst so läppisch, daß man versucht ist, an einen marxistisch=dialektischen Scherz zu glauben : es ist die Entwicklung der Verkehrsmittel !

In einer Zeit wo die Postkutsche den Verkehr bewältigte, waren Tageszeitungen sinnlos : sie wären veraltet gewesen, längst ehe sie an Ort und Stelle anlangten. Wir Heutigen haben sie; also auch ihr »Feuilleton« von meist einer Seite, (die dazu noch zehn verschiedene Beiträge aufnehmen muß, nach der Devise »Für jeden Etwas«) : also ist hier gar kein Raum mehr, für Gebilde der oben beschriebenen idealen Länge. Neun Zehntel alles Lesebedarfes also werden – völlig ausreichend; zugegeben – durch solche Zeitungen gedeckt; die seltenen Bücher, die man allenfalls erkauft, sollen (vielleicht aus unbewußter Reaktion ?) dann aber auch wahre Klumpen Papier sein, Romane comme il faut, also ist auch hier kein Raum mehr für Erzählungen.

Damals aber – in jener seligen Zeit von 1820 – gab es eine wichtigste Mittelstufe verlegerischer Produktion : die sogenannten »Almanache« und »Taschenbücher«, die jährlich ein= höchstens zweimal erschienen, und auf ihren 400 Seiten dann ein halbes Dutzend Erzählungen brachten, ein historisch=populäres Aufsätzchen etwa, und ein paar Dutzend Gedichte; also genau das uns fehlende Mittelding von Tageszeitung und Großbuch ! (Denn unsere ängstlichen »Zeitschriften« bringen ja auch nur Gehacktes). Damals, in einer »Minerva« oder »Eidora«, einem »Frauentaschenbuch« oder

»Musenalmanach« erschienen die größten Namen: sämtliche Erzählungen Hoffmanns, Chamissos, Eichendorffs, Hauffs, sind zuerst in solchen prachtvollen Bändchen veröffentlicht worden, deren lange Reihen heute noch zu den Zierden der Bibliotheken gehören (während unsere Holzschliffliteratur schon durch ihr hastig=wertloses Äußere umgehend den schnödesten Zwecken zugeführt wird). Die größten Verleger waren stolz darauf, »ihren« Almanach zu haben, ob Cotta oder Brockhaus, und durch die Konkurrenz – alljährlich erschienen etwa 50 deutschsprachige! – wurde ein unvergleichliches Niveau herangezüchtet.

Wo aber die äußerliche Möglichkeit für solche Veröffentlichungen schwindet, kann der Dichter automatisch dergleichen nicht mehr schreiben! Wenn heute ein Autor sich erkühnte, »Erzählungen« des angegebenen Umfangs zu entwerfen, fände er einfach kein Organ mehr zu ihrer Veröffentlichung; und darauf zu warten, bis er zehn Meisternovellen beisammen hat, die dann einen (auch nur zögernd gekauften!) Band von 500 Seiten ausmachten, könnte sich bestenfalls der finanziell gesicherte Altmeister in seiner schweizer Villa leisten; aber selbst der verzichtet händeringend, – und völlig mit Recht! – auf solch entsagungsvolle Arbeit, die Jahre dauern würde; denn ein »House of Usher«, »Prinzessin Brambilla« oder »Schimmelreiter« hecken sich nicht zu Dutzenden so zwischen Schlaf und Wachen in ein paar Monaten! Ein Dichter der Erzählungen schreibt, verhungert in unserer Welt! In dieser Welt, die zwischen den Giftkräutchen der »Shortstories« und dem Upasbaum des Mammutromans hin und her spurtet; die Dichtung nur noch im Stehen zum Gemurmel des Stadtbahnpublikums zwischen zwei Stationen zur Kenntnis nimmt, oder abends mit ins Sachliche entleerten Facettenaugen das Lesezeichen zwischen Seite 800 und 801 herausnimmt; die Dichtung nur im Fingerhut oder im Faß kennt: wer hebt noch liebevoll den geschliffenen Römer?

»Kulturpessimist« ist ein hartes Wort, und ich lehne im Allgemeinen die Bezeichnung für mich ab (nicht weil wir noch leidlich viel Kultur hätten: aber es war meiner, aus historischen Studien reichlich gespeisten Ansicht nach, nie anders, als jetzt!); dennoch stimmt es wohl verzeihlich schwermütig, als lebender, wissender Zuschauer die schönste aller Kunstformen so »überholt« zu sehen; ein nachdenkliches Beispiel, wie bloßer technischer Fortschritt zwangsläufig, rädertierig »unaufhaltsam«, ein wertvolles dichterisches Ausdrucksmittel ausmerzen kann.

Gewiß, man kann mir entgegenhalten, daß diese Entwicklung ja eben auch die neue Form der story erzeugt habe – schön: ich will versuchen, friedlich zu nicken: aber lassen Sie mich bitte wieder durch, zu meinen »Bons Ayeux«!

SATIRE UND MYTHOS AM SÜDPOL.

Es versteht sich von selbst, daß hier nicht die Rede sein soll von den periodisch schick werdenden milesischen Märchen der Modernen, wo vor einem Hintergrund von Operneisbergen und dumpf schnaubenden Walen der Mord der Saison aufgeklärt wird. Der fesche Held (gewöhnlich die Kapitänsmütze als ungewollt symbolisch=engen künstlichen Horizont ums He=Man=Haupt), wird zum Schluß dann unbarmherzig an die von dem Schurken hintergangene Geliebte verheiratet – und fertig ist das neueste bookofthemonth; wir habens in den letzten Jahren wieder sattsam erlebt an Hammond Innes' »Weißem Süden«; und dem allerneuesten Aufguß davon, an R.B. Robertsons »Whales and Men« : lassen wir den Schleier literarhistorischer Nächstenliebe über sie und ihre 70 Vorgänger fallen : gehen wir zu den »Müttern« ! (Die natürlich auch hier wieder »Väter« sind).

Im Jahre 1835 legte der amerikanische Geograph und Schriftsteller J.N. Reynolds seiner Regierung ein umfangreiches Memoire vor, in dem er die Entsendung einer großen Expedition in die Antarktis aus Staatsmitteln vorschlug. Reynolds war kein Unbekannter mehr; er hatte sich durch wissenschaftlich gut fundamentierte Essays einen geachteten Namen erworben; noch heute ist sein Buch über die Reise der »Potomac« zur Erforschung der Küste von Madagaskar durchaus lesbar. Zu seiner offiziellen Eingabe an den Kongress war er durch das Studium der letzten antarktischen Reisen gekommen (heute verschollene Namen : Kreutzenstern und Lisiausky, Morrell, Bellingham, Briscoe; höchstens noch dem fanatischen Dilettanten bekannt); verwandt mit den Walfängern und Robbenschlägern von Nantucket und Cape Cod, hatte der auch eminent praktische Mann sogleich die hohe wirtschaftliche Bedeutung des Fragenkomplexes erkannt, und auf die Wünschbarkeit sofortiger offizieller Landnahme zum Zweck der Errichtung von Stützpunkten in jenen Gegenden hingewiesen – seine Broschüre, aufs unerbittlichste mit Koordinaten, Temperaturangaben, biologischen und astronomischen Daten versehen, ist ein unverächtliches Kompendium der antarktischen Kenntnisse seiner Zeit.

Um die folgenschwere Gewichtigkeit von Reynolds' Schrift ganz zu würdigen, sei erwähnt, daß die USA tatsächlich 1838 unter dem Kommando von Admiral Charles Wilkes (»Wilkes Land« auf 135° Länge !) die vorgeschlagene Expedition startete; nach vier Jahren erst kehrten die Schiffe mit reichen Ergebnissen zurück. Bezeichnend ist hier noch, daß natürlich auch das eifersüchtige England sogleich ein Konkurrenzunternehmen ausschickte : bereits ein halbes Jahr später machte sich Sir James Ross mit seinen beiden Schiffen Erebus und Terror, deren Namen nun für »ewig« als Vulkane auf unseren Karten prangen, auf den gleichen Weg nach Süden. – Man sieht, die realen Folgen von Reynolds' stiller Schrift waren recht erheblich; wenn ihm auch, zur Schande seiner Regierung sei es festgehalten, unverständlicher Weise ein Platz in jener Expedition versagt worden war.

Völlig unvorhersehbar aber waren die literarischen Emanationen, die das kleine Handbuch auslösen sollte. Wie billig waren es Reynolds' Landsleute, (denen in jener relativ verkehrsarmen Zeit das Heft als kurzlebige Novität praktisch allein zugänglich war), die den prachtvollen neuen Stoff begierig aufgriffen : die beiden größten Genien der Nation, obwohl so verschieden voneinander wie Wanderer und Vogel, begannen spontan und gültig eine neue literarische Stoffreihe : die Arktopoesie.

Im Januar= und Februarheft des »Southern Literary Messenger« erschienen die ersten Kapitel von Edgar Poes unsterblichem Roman »The Narrative of Arthur Gordon Pym of Nantucket«, denen dann im July 1838 die Buchausgabe in der uns vorliegenden Gestalt folgte. So stark war noch nach Jahrzehnten die schwarze Strahlung des Werkes, daß einer der phantasievollsten (und auch noch zu wenig gewürdigten) Europäer, Jules Verne, unheilbar strahlungserkrankt, das literarische Kuriosum fertig brachte, unter dem Titel »Die Eissphinx« eine Fortsetzung zu veröffentlichen.

Aber schon beträchtlich vor dem »Gordon Pym« waren am 9. 7. 1835 in Philadelphia, bei Carey, Lea & Blanchard, die »Monikins« erschienen; als ihr Verfasser zeichnete der mit Recht berühmte James Fenimore Cooper, der erste Amerikaner, der globalen Ruf erlangt hatte. Das abstruse aber amüsante Buch wurde jedoch, seines schwer erträglichen Gemisches von Langweile und munterer Bosheit wegen, so schnell vergessen, daß schon 1882 Lounsbury, der erste Biograph Coopers, das Diktum wagen konnte, daß er seit des Verfassers Tode der Einzige sei, der es je ganz durchgelesen habe. Wenn das natürlich, wie alle dergleichen Gewaltsprüche, leicht übertrieben gewesen sein mag, – so viel steht unbestreitbar fest, daß diese »Monikins« zu den unbekanntesten Büchern überhaupt gehören. – Ein einziges Mal ist es auch ins Deutsche »übersetzt« worden; im Zuge einer Gesamtausgabe Coopers kam 1835 in Frankfurt bei Sauerländer die grauenhafte Übertragung heraus, ohne Übertreibung wohl die barbarischste Leistung unseres »Volkes der Mitte« in dieser Hinsicht : von der sprachlichen Ausrüstung des Übersetzers mag es einen Begriff geben, daß aus dem »Union-Jack« bei ihm ein Kleidungsstück namens »Unionsjacke«

wird; sein Name verdient aufbehalten zu werden : er war Carl Friedrich Meurer, des alten Meurer Sohn.

Zunächst ergibt sich, selbst bei oberflächlicher Lektüre, einwandfrei, daß Beide, Cooper und Poe, das Reynolds'sche Memoire als Quelle benützt haben müssen; als Anregung, als Zeughaus für die Staffage, als Serum, um dem Leser die immer notwendige Spritze Realität zu geben. Das ergibt sich aus der sonst wie unbegreiflich gleichzeitig an zwei Stellen vom Himmel gefallenen Fabel einer Reise nach dem Südpol; Beide bedienen sich der »Wärmeoasen« als Lebensraum ihrer utopischen Geschöpfe auf Inselgruppen jenes Eismeeres; bei Beiden die Einführung des Kannibalismus der Seefahrer; Poe schließlich zitiert sogar Reynolds an mehreren Stellen.

Obwohl nun also die Priorität zweifellos Cooper zugehört, wäre es doch nirgendwo falscher, von einem Plagiat zu reden : Poe hat seinen Pinsel, vermutlich in bewußtem Kontrast zu dem rationalistisch rastrierten Stahlstich Coopers, in »earthquake and eclipse« getaucht. Seine melancholanischen Gestalten, wenn sie auch verdammt wenig mit der sacharinenen Blauen Blume zu tun haben, gehören unverwechselbar der Hochdichtung an; wogegen Coopers satirischer, bewußt zeitgebundener Staatsroman mit seinen handfesten politischen Maximen nur »Shrewd« erscheint; obwohl kein Kenner und Liebhaber des Verfassers ihn missen sollte.

Denn diese »Monikins« bezeichnen bei Cooper das Ende seiner ersten zehnjährigen schöpferischen Periode, und leiten das zweite Dezennium intensivster Gesellschaftskritik ein. Es ist fast rührend zu lesen, wie er noch ein Lustrum zuvor in den »Notions of a travelling Bachelor« sein amerikanisches Vaterland bewundernd den unwissenden Europäern vorstellt – und die Ernüchterung, als er, nach einem sechsjährigen, wohlangewandten Aufenthalt in der alten Welt mit ihren impressiv gesammelten Meisterwerken aller Künste, ihren überwältigenden historischen Traditionen, ihren Bauten vom Colosseum bis zum Straßburger Münster, nun kritisch in das auch damals schon ungemein selbstbewußte Gods own Country heimkehrt. Sogleich nimmt er – zuerst noch patriotisch warmherzig und voller Lehrereifer – die undankbare Aufgabe in Angriff, seine rauhbeinigen Landsleute zu »erziehen«; es soll hier nicht verfolgt werden, wie die Tollmannsarbeit zwangsläufig zu dem betrüblichsten Zerwürfnis zwischen einem großen Schriftsteller und seinem Volk führte, welches die gesamte Literaturgeschichte kennt (und in dem das Recht, nachdenklich genug zur Bewertung der Mehrheitstheorien, ganz auf Seiten des einen Mannes war; während sich die Gegenpartei, Leser wie Redakteure, wie boshafte Schuljungen benahmen – und so zwanglos weitere Belege für Coopers Theorie der amerikanischen Unreife lieferten). Jedenfalls sind die »Monikins« das erste Denkmal seines Feldzuges gegen Torheit und Korruption.

Die Einleitung, die Jugendgeschichte seines Helden Householder, will durchgestanden sein; hat man sie aber, nur selten über eine witzige Anmerkung lächelnd, erledigt, und hat die Reise unter den Auspizien des ehrbar=gerissenen Kapitäns Noah Poke erst einmal begonnen, verschwindet die Langeweile. Nach Durchbrechung des Eisgürtels landet man zunächst auf der Insel Leaphigh, in deren Beschreibung ein Gemisch Frankreich=England (als konzentriertes Sinnbild europäischer Sitten überhaupt) durchgehechelt wird. Von da schaukelt man nicht ohne sich vorher mit einer guten Fracht europäischer »Ansichten«, dem Hauptimportartikel, versehen zu haben, nach Leaplow, dem grotesken Bilde eines bezeichnenderweise von Affenmenschen bewohnten Nordamerika, die ihr Gehirn nicht im Kopfe sondern im Schweifansatz tragen. Ihre Hauptstadt, eben eine Kollektion zusammengelaufener Häuser, heißt »Biwak« (= New York), und das erste, was von einem Ankömmling verlangt wird, ist der Schwur, daß die Hauptstraße »Broadway« sowohl die breiteste als die schmalste, die längste wie die kürzeste Straße der Welt überhaupt sei. Grundlage der Währung ist die »Promesse« – denn da die hübschbepelzten Monikins keine Kleidung, also auch keine Taschen haben, ist durch eine einfache Extrapolierung der Reihe Gold=, Silber=, Kupfer=, Papier=Münze, als ideales ergänzendes Endglied diese »Promesse« getreten : ist es schließlich nicht auch ziemlich gleich, ob man sich unser viereckiges papiernes Symbol reicht, oder sein Mittagessen akustisch mit 5 Promessen bezahlt ? Wir haben ja erst 1948 wieder erlebt, daß auch wir uns letzten Endes fatal ähnlich mit dergleichen behelfen. – Die Präsidentenwahlen werden gebührend verulkt. – Jeder Herr, der eine Brille trägt, wird in Leaplow »ein reifer Gelehrter« genannt; was wiederum zwanglos in unsere Zeit führt, wo ja auch jeder mit Ochsenschultern versehene Schläger, der dazu noch das Alphabet über »F« hinaus aufsagen kann, als »Sportstudent« geführt wird. Kurz, dieser zweite Teil wimmelt von überraschenden und amüsanten Einfällen und Anspielungen, die, wie bereits erwähnt (wenn auch uns heute zum Teil schon unverständlich) damals so »gesessen« haben müssen, daß Cooper sogleich zum bestgehaßten Mann der Nation wurde – ein größerer Ehrentitel für einen Schriftsteller, als der Bürger gemeinhin anzunehmen geneigt ist.

Nichts gegen die Spannung, die ein versierter Reporter der ergreifenden Verwandlung eines Blauwals in ein Pfund Sanella verleihen kann – der Verfasser muß ja mindestens zwei ähnliche »Werke« und eine Polarscheibenkarte zur Hand haben; ganz Gewissenhafte fahren sogar einmal rasch mit runter – ; aber der denkende Leser kennt doch eben auch gern die ehrbaren Anfänge, ist für diesen kurzen Hinweis vielleicht dankbar, und achtet danach den so schrecklich originell sich gebärdenden modernen Rummel wieder etwas weniger. Wie ich.

VORSICHT : GESAMTAUSGABE !

Wenn man sie aufschlägt, die ehrfurchtgebietenden »Gesammelten Werke« unserer Dichter, kann man natürlich nur staunen : was die manchmal schon mit Zwanzig für formvollendete, tiefsinnige Dinge gesagt haben ! Oder hier, was gehört nicht dazu, in klassisch=hallendem Jambenmaaß so unnachahmlich zu klagen : »Und an dem Ufer steh ich lange Tage, / das Land der Griechen mit der Seele suchend« ?! Da mag es wirklich Manchen geben, der nach ähnlicher, ergriffener Lektüre dann vorwurfsvoll fragt : »Ja, und unsere zeitgenössischen jungen Autoren : was leisten die dagegen ?!« –

Dabei kann man die seltsamsten Dinge erleben, wenn man die erwähnten Gesamtausgaben »letzter Hand« einmal verläßt, und sich neugierig den Erstdrucken jener Meisterwerke zuwendet; das heißt, dem, was die Titanen, – die ja auch einmal »Junge Autoren« waren – wirklich gesagt haben, als die Stimme ihnen zuerst den Mund aufstieß. In den Gesamtausgaben wird nämlich fast grundsätzlich den Jugendarbeiten so aufgeholfen, daß man als später Leser über all die frühreifen Genien außer sich geraten möchte. Nehmen wir also zur Rektifizierung der unzeitigen Bewunderung einmal die editio princeps zur Hand.

Was halten Sie davon, daß in der ersten Ausgabe von Schillers »Räubern«, »bey Schwan und Göz«, anstelle der jetzigen massigen Endkatastrophe, der böse Bube Franz Moor zur Strafe mit magisterhaft hinterdrein erhobenem Zeigefinger in den Turm geschickt wird : da mag er statt des armen Alten jetzt auch mal sitzen !?

Und die Iphigenie ist durchaus nicht gleich in der zitierten großartig=metrischen Form konzipiert worden ! Jahrelang lag bei Goethe im Pult die Prosafassung, die Szene für Szene genau mit der jetzigen übereinstimmt; und da heißt die obige Stelle betrüblich=holprig : »Denn mein Verlangen steht hinüber nach dem schönen Lande der Griechen, und immer möcht' ich übers Meer hinüber, das Schicksal meiner Vielgeliebten teilen«. Goethe selbst war – vollkommen mit Recht ! – von seiner Arbeit gar nicht befriedigt; dennoch würden wir heute nur diese Fassung besitzen, hätte er nicht in Rom Moritz kennen gelernt, und von diesem erst fundamentalen Unterricht in Prosodie erhalten; »Ich hätte sonst nie gewagt, die Iphigenie in Jamben zu übersetzen,« gesteht Goethe (und das »übersetzen« zerstört wohl hinlänglich die Illusion vom taschenspielerhaft prometheischen Genius).

Dabei ist es sogar noch recht selten, daß ein Jugendwerk durch spätere Überarbeitung »besser« wird. Meistens verliert es die »Frische«, den unwiederholbaren Schwung und Goldglanz der Frühe; sodaß man, sehr richtig, beispielsweise die meisten Erzählungen Stifters heute in beiden Fassungen kaufen kann.

Wissenschaftliche Arbeiten gewinnen freilich meist, da sie ohnehin wenig Anspruch auf stilistischen Zauber zu machen haben; wo dies aber der Fall ist, treten auch hier zwangsläufig Spannungen ein. Schopenhauer schrieb mit 26 seine berühmte Dissertation »Über die Vierfache Wurzel des Satzes vom zureichenden Grunde«; als er dann mit 60 die zweite Auflage besorgte, entstand ein ganz eigenartiges Werk, »so daß vielleicht Mancher den Eindruck davon erhalten wird, wie wenn ein Alter das Buch eines jungen Mannes vorliest, jedoch es öfter sinken läßt, um sich in eigenen Exkursen über das Thema zu ergehen«, wie er selbst die neue Arbeit charakterisierte; und wirklich, wer ein feines Ohr und einen Bleistift zur Hand hat, kann heute noch unschwer die interpolierten Stellen in seinem Exemplar anstreichen. – Das Gegenstück ist die »Kritik der reinen Vernunft«, die Kant in der zweiten Auflage von 1787 so verunstaltet hatte, daß es fast ein anderes inferiores Buch schien; nicht nur aus Nachlassen der Geisteskräfte, sondern mehr noch wegen der Drohungen der preußischen Regierung, die dem alten Manne des »gottlosen« Buches wegen die Stellung kündigen wollte – unter dem tolerant=atheistischen Großen Friedrich hatte die funkelnde erste Auflage 1781 getrost erscheinen können. – Demselben verhängnisvoll amusischen Staat war es zu verdanken, daß man hundert Jahre lang, bis 1910, nur die kastrierte Fassung von ETA Hoffmanns unsterblichem »Meister Floh« kannte; das im genannten Jahre wiederentdeckte Manuskript enthielt noch die »Knarrpanti=Episode«, diese prachtvolle Satire auf das damalige »Amt für Verfassungsschutz« – Hoffmann war dafür bereits von seinem Kammergerichtsratsposten suspendiert, und nur der baldige Tod ersparte ihm schimpfliche Behandlung.

Gottfried Kellers »Grüner Heinrich« : Kennen Sie nur die geläufige Umarbeitung von 1880 mit dem milden Schluß; oder auch die ursprüngliche herb=pessimistische von 1854 ? Vergleichen Sie die erste Ausgabe von Theodor Däublers »Nordlicht« mit der zweiten. Oder, falls Sie ein ganz modernes Beispiel wünschen, legen Sie neben Hans Rüsch's »Rennfahrer« die Vorkriegsausgabe : wie da die Gauleiter die Hände zum Deutschen Gruß heben, und der Reichsadler sieghaft kreischt ! –

Also selbst, was man schwarz auf weiß besitzt, kann man noch längst nicht getrost nach Hause tragen !

DIE PFLICHT DES LESERS

So klar und schmerzlich fühlbar ist mir die Schwierigkeit noch nie bewußt geworden, wie als ich neulich den »Hudibras« wieder las: der virtuos gehandhabte Knittelvers; ab und zu wirklich flotte Formulierungen; und überall ahnt man die boshaft=tiefsinnige Anspielung auf irgend einen Chief=latter=Day=Saint der Cromwelltage – aber trotz des wahrhaft gigantischen Anmerkungsapparates (auf sechs Zeilen Text kamen dreißig Kommentar!) war an Verständnis oder gar Genuß des großen Buches nicht mehr zu denken!

Nun will ich höflich sein, und nicht daran zweifeln, daß man nach einem intensiven historischen, sprachlichen und kulturgeschichtlichen Studium von etwa einem Menschenalter auch noch einen mittelhochdeutschen Dichter »verstehen« plus »genießen« könnte (denn eben die Vereinigung dieser beiden Voraussetzungen ist ja unerläßlich für das erstrebte Ziel: das phantastisch erhöhte Lebensgefühl des Lesenden!). Aber wo ist hier eigentlich die Grenze? Ab wann kann der Gebildete und Interessierte unserer Tage noch mit biologisch=erträglichem Arbeitsaufwand das Kontinuum der Literatur in sich herstellen?

Für mich – ich will also ganz vorsichtig sein! –: für mich persönlich beantwortet sich diese geistige Lebensfrage so:

Seelisch betretbar sind mir die deutschen literarischen Räume ab etwa 1720. Von da an nämlich beginnt dieses gemeinsame Moderne: die Emanzipation von der bleiernen Allmacht der Kirche, welcher eben wieder der Krieg um die Spanische Erbfolge einen gewissen Bankerott bescheinigt hatte. In diesem Augenblick beginnt auch die ungewollte politische Erziehung des Untertanen zum Bürger; ungewollt deshalb, weil die schlagartig in allen Landen erscheinenden »Hof= und Staatshandbücher« zwar an sich nur die Welt von der Existenz einer kompletten fürstlichen Hofhaltung und dem entsprechend=standesgemäßen Verwaltungsapparat überzeugen sollten – aber dadurch muß man eben auch zwangsläufig die ersten schwachen statistischen Angaben machen: aus der Größe des Ländchens, seiner Bevölkerung, den Ernte= und anderen wirtschaftlichen Erträgen, konnte man bei einiger Kunst des Lesens die ökonomische Situation abschätzen. Und der bürgerliche Staatsdiener sah das erste Mal mit devotem Unbehagen, wie der das gleiche Amt bekleidende Adlige zu dem höheren Gehalt noch einen viel klingenderen Titel führt : der adlige Oberförster hieß gleich Forstmeister. Das gab still zu denken. Auch beginnt vom angegebenen Datum an die stürmische Entwicklung der Naturwissenschaften : Leibniz stirbt 1716, Newton 1727. Von hier an datiert also auch das der Technik sich sogleich entgegenstellende tiefe Naturgefühl der Modernen.

Um ganz klar die Heulbojen literarischer Namen zu setzen : Günther und Brockes in der Lyrik; der ewige Student mit seinem Gemisch aus kraftvoller Renommage und herrlichem Schwung; der Amtmann zu Ritzebüttel mit seiner Naturkartei, und dem Mikrometerauge des entzückten Feldmessers. Im Roman steht sogleich eines der unvergänglichen Muster da : »Die Insel Felsenburg« Johann Gottfried Schnabels; durch die topographisch=exakten Biographieen seiner Siedler decouvriert er, schneidender als es jede aufgeregte Polemik vermocht hätte, das unsägliche Elend der niederen Stände jener »guten alten Zeit«.

Und Jeder schlage an seine eigene Brust : wie weit ist ihm die goldene Kette von da her tatsächlich unzerrissen geläufig ? – Es steht zu befürchten, daß von unserer älteren Literatur bestenfalls einige Inselspitzen bekannt sind. Wohl schwärmt Der für Stifter; ein Anderer kommt (in nur allzu wörtlicher Bedeutung !) »über Brentano nicht hinaus«; der Dritte fragt vielleicht gar müde : »Was soll man denn noch lesen ?« Von den Klassikern sind Goethe und Schiller in einigen unvermeidlichen Stücken bekannt; Wieland, den großen Meister der Prosaform, nennt etwa ein Listiger, kennt ihn aber auch nicht mehr aus erster Hand; Herder und Klopstock langweilen gebührend (dabei hat die »Gelehrtenrepublik« Stellen, an denen man sich sofort in die Finger schneidet !).

Wer kennt wirklich auch nur die Hauptexponenten von »Sturm und Drang« ? : Die Riesen=Romandekalogie Klingers; Heinses Kugelblitze aus Schach und Erotik; Moritzens »Anton Reiser«, diesen psychologischen Großmeister, dem kein Ausland Ähnliches gegenüberzustellen vermag ?! Wer kennt den Realisten der 1790er Jahre, Karl Gottlob Cramer, mit seinen Gesellschaftsromanen (»Erasmus Schleicher«) oder dem formal großartigen kecken Ritterbuch vom »Hasper a Spada« ? Wer schätzt, selbst von den beliebten Romantikern, noch Tiecks grandios=phantastische »Vogelscheuche« ? –

Und nun die letzte indiskrete Frage : wäre es nicht eigentliche Pflicht jedes guten Lesers, das Kontinuum zumindest der Literatur des eigenen Landes in sich herzustellen ?

IM EIFER DES GEFECHTS

Wie gehorcht man des großen Wallenstein Geboten ? Oh, Oberst Buttler weiß es dem wiener Bürokraten Questenberg schon zu sagen, wie er die Scharen »an gleichgewaltgem Zügel« führt : »Und wie des Blitzes Funke sicher, schnell, / geleitet an der Wetterstange läuft, / Herrscht sein Befehl ...« ! Ein treffliches Bild; und zumal hinsichtlich der Geschichte der Technik unschätzbar : ersehen wir doch daraus, daß Franklin, den wir bisher fälschlich für den Erfinder des Blitzableiters hielten, einen über hundert Jahre älteren Vorgänger gehabt haben muß – wo man doch schon 1634 in Pilsen auf dem Rathaus öffentlich darauf anspielen konnte; oder ?!

Hier sind wir auf eine der ganz großen Verführungen gestoßen, die sich dem Verfasser zumal historischer Romane in den Weg stellen : im Eifer des Gefechtes Dinge zu erwähnen, die zu der Zeit, in welcher er sein Buch »spielen« läßt, noch ganz unbekannt waren. Im Feuer der Ausführung unterläuft so mancher lustige Fehler, so mancher Verstoß gegen die Ordnung der Natur, gegen den man als Autor scheinbar seelisch blind ist.

In Eichendorffs ewigem »Taugenichts« kann man lesen, wie morgens noch »der Schnee emsig vom Dach tröpfelt«; und am gleichen Nachmittag wird es schon so leer und schwül »über den leise wogenden Kornfeldern«, der schläfrig=erhitzten Reisestimmung als äußerer Rahmen durchaus angemessen, gewiß – aber befremdlich bleibt es doch immer. Ähnlich im berühmten »Ivanhoe« des Sir Walter Scott, wo gleich zu Beginn der Dichter die Schweine im hohen Sommer auf die Eichelmast treiben läßt.

In Heinrich Spieß' »Löwenrittern«, einem herrlich=aufschneiderischen dialogisierten Roman, und ganz in der Nachfolge von Goethes »Götz« geschrieben, treffen wir in einer unverächtlich mit Rüdengebell und Urianserscheinungen durchwobenen Nachtszene auf die frappante Stelle : »Die Wolken jagten bald vor, bald hinter dem Monde dahin«. Und in einem anderen Stück des gleichen Verfassers heißt es : »Leicht und schwebend trug sie der Kahn an den rebenbepflanzten Hügeln hin von Basel nach Konstanz«, zum Beweis, daß es furchtlosen Rittern durchaus möglich sei, den Rheinfall auch hinauf zu fahren !

Wie hieß Sancho Pansas Frau eigentlich mit Vornamen ? Im ewigen »Don Quijote« des Cervantes wird man da auf einige Schwierigkeiten stoßen : in Kapitel 7 des ersten Buches wird sie »Hanne« genannt; 6 Zeilen später »Marie«; elftes Buch, sechstes Kapitel heißt sie wiederum »Hanne«; siebtes Buch fünftes Kapitel mehrfach »Therese«, und ebenso im siebten Kapitel des elften Buches: man wähle nach Herzenslust! Das ist nun, zugegebenermaßen, unbegreiflich, wie man selbst einer Nebenperson auf zehn Zeilen zwei verschiedene Namen zu geben vermag. Ein gleich unverständlicher Schnitzer begegnet uns im neunten Kapitel des dritten Buches, wo Sancho sein Esel gestohlen wird: der dicke Knappe klagt weidlich über diesen unersetzlichen Verlust, speist zum Trost wenigstens ausgiebig, und dann »folgte er seinem Herrn, quer über seinem Esel sitzend« – es sei allerdings erwähnt, daß zu Cervantes' Zeit, infolge der trübseligen Postverbindungen, der Autor, falls er nicht gerade am Ort wohnte, weder Satz noch Druck seines Buches selbst überwachen konnte, und sich infolge der Nachlässigkeit des Druckereipersonals manche Fehler einschleichen konnten: so erklärt und entschuldigt es denn auch Cervantes im später erschienenen zweiten Teil des großen Buches.

Auch dem so konzentriert schreibenden Romantiker ETA Hoffmann geht es zuweilen so, daß Nebenfiguren im Verlaufe der Erzählung ihre Namen abwerfen; aber hier ist eben die ungeheure Anspannung aller Geisteskräfte die entschuldbare Ursache; obwohl ihm dabei zuweilen anfechtbare Bilder mit unterlaufen, wie etwa dies im »Meister Martin«: »Ringsumher rauschten die düsteren Bäume des fernen Waldes« – wobei sich das traulich=einhegende »Ringsumher« mit dem »fern« einigermaaßen stößt. Allerdings ein noch verteidigenswertes Versehen gegen die grandiose Unbekümmertheit Shakespeares, der im »Wintermärchen« Böhmenland, wenn's ihm so in die unvergleichliche Handlung paßt, einfach ans Meer grenzen läßt. –

Einigen wir uns abschließend dahin, daß man einer Schönheit auch einen winzigen Leberfleck für einen neuen Reiz gelten läßt – und bei einer Häßlichen macht einer mehr oder weniger ja auch nichts weiter aus.

NEBENBERUF : DICHTER ?

Nicht etwa eine Ostdeutsche Zeitung war es – dort weist man sehr wohl dem Schriftsteller seine, wenn auch arg eingeschränkte, »Funktion« in der Gesellschaft zu – sondern ein Österreichisches Blatt, in welchem kürzlich ein angesehener Kritiker es ganz offen aussprach : daß der Nur=Dichter keine Daseinsberechtigung mehr habe; dergleichen Schmetterlinge könne sich die schwer arbeitende Menschheit nicht leisten ! Da der betreffende Herr gleichzeitig Verleger ist, also immerhin davon lebt, daß er Bücher – die ja irgendwie geschrieben werden müssen – verkauft, muß er also der Ansicht gewesen sein, daß sich »Dichten« als Nebenberuf, in der Freizeit, betreiben läßt.

Und läßt sich das nicht sogar »beweisen« ? : War nicht Schiller im Hauptberuf Universitätsprofessor; ETA Hoffmann nicht Kammergerichtsrat; Lessing nicht Bibliothekar; selbst der große Goethe nicht zehn lange Jahre hindurch fleißigster Staatsminister ? Und was haben diese Leute nicht als Dichter geleistet : da werden unsere druckgeschwärzten Epigonen doch auch nicht zu gut sein, sich ihr Brot durch ehrliche Arbeit zu verdienen !

Gewiß; Schiller war Dozent, und kein schlechter; und er dichtete »nebenbei«, – und er starb mit 46 Jahren, sinnlos verbraucht, wie eine an beiden Enden angezündete Kerze ! Und Hoffmann hat am Tage pflichtgetreu in Akten gewühlt; und nachts mit flackernder Hand die glühenden Gebilde gestaltet, an denen sich noch heute der Leser »ergötzt« – und er ist, ohnehin von schwächlichem Körper, mit 45 vergangen. Und der von der Natur mit robuster Gesundheit ausgestattete Goethe war 10 Jahre lang Minister – und schrieb während dieser Zeit kaum eine Zeile; bis er sich endlich, von Grauen ob seiner geistigen Erstarrung geschüttelt, durch eine förmliche Flucht nach Italien »rettete«, d. h. wieder ins Land des Geistes zurückkehrte.

Ist man sich in Leserkreisen überhaupt klar darüber, was ein Dichter an rein handwerksmäßiger Ausstattung mitbringen muß ? Lassen wir einmal die erst in zweiter Linie kommenden »Naturgaben« beiseite – also den angeborenen Sinn für Rhythmus und Wohlklang, für Naturschönheit und dichterische Situationen – unausgebildet befähigen sie zum, auch schon seltenen, »guten Leser«. Aber der gute Schriftsteller muß auch einen aktiven Wortschatz haben, der das mehrfache von dem des Durchschnitts beträgt; er kann gar nicht groß genug sein : »Ich habe drittehalb Tage über einer einzigen Strophe zugebracht« schreibt Wieland unruhig an Merck während der Arbeit am Oberon: »wo im Grunde die Sache auf einem einzigen Worte, das ich brauchte und nicht finden konnte, beruhte. Ich drehte und wandte das Ding und mein Gehirn nach allen Seiten; weil ich natürlicherweise gern die nämliche bestimmte Vision, welche vor meiner Stirn schwebte, auch vor die Stirn meiner Leser bringen möchte, und dazu oft von einem einzigen Zuge oder Reflex Alles abhängt.« Natürlich darf man gleich wieder spöttisch einwenden: seliger Beruf, wo man sich 60 Stunden um ein einziges Wort mühen kann; wir, bei der Dresdener Bank – – gewiß! Aber meinen Sie tatsächlich, daß ein Dichter göttliche Verse nur so hinsprudelt; daß Goethe umsonst Eckermann eingestand, wie er froh sei, wenn ihm am Tage »eine Handbreit Zeilen« vom »Faust« gelinge? Wasser im Mondschein als »mildeblitzend Glanzgewimmel« zu sehen, setzt nicht nur unerhörte Konzentration voraus, sondern bedeutet auch mehrere, immer wieder durchgestrichene und weggeworfene Notizzettel! – Zu dieser Ausweitung des verfügbaren Wortschatzes gehört nicht nur immer neue Lektüre, sondern ebenfalls die Erlernung mehrerer Sprachen; das ermöglicht Assoziationen, Anklänge an Ähnliches: »harp« heißt im Norwegischen »Egge«: schon tastet die Hand zum (auch nachts stets daneben liegenden) Block – aber was ist das dann für ein Schlaf!? – und kritzelt: »Eine Egge harfte die Erde«. Außerdem braucht man Fremdsprachen für die leider stets notwendige Brotarbeit des Übersetzens; und was es bloß an regelmäßiger Lektüre kostet, nur um sich den Besitz von einem halben Dutzend Sprachen zu erhalten, weiß ja wohl Jeder! –

Es ist schon traurig genug, daß ein Dichter, der Unwiederholbares zu leisten imstande wäre, zeitraubende Brotarbeiten »nebenbei« betreiben muß. Aber selbst so ist der Substanzverlust in diesem zehrendsten aller Berufe unerträglich: »Ich habe mich an meinem Roman auf den Hund gearbeitet – daß ich manchmal zusammenschaure und zittre wie ein Espenlaub im Wind« schreibt Scheffel vom »Ekkehard«. Tieck warnte Jeden vor dem »grausamen Metier«. »Ich hab es ihm oft gesagt: Herr Legationsrath, Sie arbeiten sich zu Tode« berichtet Jean Pauls Wirtin: »dann saß er da, die Augen groß und rot aus dem Kopfe heraus stehend, und sah mich lange an, ehe er sich besinnen konnte; und wenn er endlich aufstand und die Treppe herunter kam, da schwankte er hin und her, und ich ging, ohne daß er es merkte, vor ihm, damit er keinen Schaden nähme.« Selbst im geselligen Kreise übermannte Lessing, völlig verbraucht mit fünfzig Jahren, unwiderstehliche Schlafsucht, »so daß er unmittelbar aus der lebhaftesten Unterhaltung in dumpf bewußtloses Schweigen verfiel«. Swift, Nietzsche, Hölderlin, endeten im Irrsinn; Scott, Kant, Newton, waren im Alter stumpf und verstanden ihre eigenen früheren Bücher nicht mehr. –

Dichter im Nebenberuf?: nein; es geht wohl doch nicht!

MARTERN ALLER ARTEN.

Zwar hat er uns auch eines der ewigen Liebespaare der Weltliteratur geschenkt, die Manon Lescaut und den Chevalier des Grieux; aber dennoch geht es in seinen wild funkelnden Romanen im allgemeinen so her : Räuber in wüsten Schlössern; algierische Sklaverei; Pest; Hungersnot; Gefahr von wilden Leuten gefressen oder von Heiden mit vielen barbarischen Feierlichkeiten dem Himmelsdrachen geopfert oder in der Barbarei beim Aufstieg am Strick zu einem Fenster von säbelbewaffneten Bassen überrascht zu werden : das Seil reißt ! – Er stürzt ins Meer; wird – natürlich im allerletzten Augenblick, als er schon das in manus spricht, – durch ein Boot mit Schiffbrüchigen gerettet, und findet darin ausgerechnet wen ? : die Geliebte, um derentwillen er all das Vorstehende seit sieben langen Jahren bereits erduldet hat. Schon naht man sich dem rettenden Port – nichts weniger : ein Sturm, dergleichen seit die Welt in Angeln geht, noch nicht erhört worden, zersplittert ihr Schiffchen, und treibt ihn nach Neu=Guinea, sie von Quito bis zu den Horden am Jenissei. So irren die Beiden durch alle Zonen der Erde hin und her; bis sie endlich, wohl hundertmal ausgepeitscht, leicht vergiftet, halb erstochen, ja sogar beschnitten, – sich endlich am Ontario=See wiederfinden, wo dann der Held von seinem bereits skalpierten Liebchen auf ewig Abschied nehmen muß. Und das alles auf eine Art geschildert, die einem Kannibalen das Herz zerreißen würde, mit hochkünstlerischen, schwefligen Farben und großer Gebärdung. So ist es wortreich zu lesen in den »Memoires d'un Homme de Qualité« des großen Prevôt, also in einem Buch, das durchaus zur Weltliteratur zu zählen ist.

Womit wir zwanglos bei der Frage angelangt wären, wie die Dichter manchmal ihre Allgewalt zur Grausamkeit mißbrauchen; oder besser : wie sie sich der uns Allen innewohnenden Grausamkeit unangenehm geschickt anzupassen wissen. Und ich spreche hier ausdrücklich von der »großen Literatur«; nicht etwa von den Hintertreppenromanen ! Sie wollen mehr Belege ? Voilà ! :

Schiller. Ein großer Mann, gern zugegeben; aber was sind seine Stücke, unvoreingenommen betrachtet, mehr, als dialogisierte causes célèbres, d.h. berühmte Kriminalfälle ? – Räuber : Franz erhängt sich; Karl, der sympathische Verbrecher, stellt sich selbst der Justiz. Fiesco : gleichermaaßen an Verschwörungen wie an Ränken beteiligt, ertrinkt auf grausige

Weise. Der Giftmord der Kabale. Im Don Karlos wird Marquis Posa standrechtlich erschossen (und wie reißt es den Zuschauer hoch, wenn der Knall der Schüsse, unsichtbar, über die Szene peitscht!); der Thronfolger den Inquisitionsgerichten übergeben. Der politische Mord wird, fein nüanciert, verherrlicht im Wallenstein und Wilhelm Tell. Eine in den vornehmsten Kreisen spielende Gefängnis=, Liebes=, und Hinrichtungsgeschichte ist die Maria Stuart. Die Jungfrau von Orleans wurde bekanntlich öffentlich verbrannt (obgleich Schiller sie in der Schlacht fallen läßt, weiß doch Jedermann, wies eigentlich ausging!). In der Braut von Messina triumphieren Brudermord und Selbstentleibung. – Schiller war wesentlich morbider und radikaler, als der von seinen nationalen Schlagworten hingerissene Bürger sich normalerweise einzugestehen wagt! Hätte es zu seiner Zeit schon den Kriminalroman gegeben (zu dem er nebenbei im »Geisterseher« einen unverächtlichen Anfang gemacht hat), er hätte darin excelliert! –

Edgar Poe unterliegt der gleichen (transozeanisch vielleicht aus den Indianerkriegen herzuleitenden?) Faszinierung: Im Haus Usher geben sich »Scheintot Begraben« und brüderlicher Irrsinn ein makabres Stelldichein. Viele ertrinken im öden silbrigglänzenden Weltmeer (man vergleiche die »Flaschenpost«, den »Gordon Pym« und die »Längliche Kiste«.) Seine übrigen Helden gehen gern an der Pest zugrunde, oder werden, wie im »Amontilladofaß«, lebendig eingemauert.

Auch heute noch sind die Dichter kompromißlos glühende Wesen, geschult und an Bilder des Grauens gewöhnt durch die modernen Kriege: bei Tennessee Williams frißt der schwarze Masseur den weißen Gemordeten schlankweg auf: »in vierundzwanzig Stunden war alles getan«. In »Mein gelungenster Mord« von Ambrose Bierce läßt der Junge seinen in einen Sack eingebundenen Onkel durch den Stoß eines Widders töten, »zu einer breiigen weichen Masse zermalmen«. Wozu allerdings zu bemerken ist, daß es sich hierbei um eine seit hundert Jahren mehrfach abgedruckte Schäfergeschichte handelt, die Bierce irgendwie zu Ohren gekommen sein muß; ich selbst kenne nunmehr 5 Varianten davon: und dann ist es ja gar nicht mehr so beunruhigend, wenn man mehrere Fassungen einer Geschichte kennt, wie?

Oder doch?! – –

So tief verstört und unmutig fanden ihn die Freunde, daß sie ihm schier gewaltsam seine kostbare Geige, die er am Türpfosten zerschlagen wollte, aus der Hand winden mußten; und sie war doch ein echter Granuelo von solchem Klange, daß, wer sie einmal gehört hatte, zeit seines Lebens schwur, alle die anderen, die Amati und Stradivari, seien nur schlechte Winselinstrumente dagegen. Nur langsam beruhigte sich der große Giuseppe Tartini, der berühmteste Geiger seines Jahrhunderts, nach dessen ‹L'art d'archet› man noch heute wohl im Süden den Bogen führt, und erzählte den verwundert Lauschenden also: Heute, im Traum der Nacht, habe er in einem rot erleuchteten kleinen Saale gestanden, ganz allein, an der Tür, und den Mann im Anzug aus feuerfarbener Seide am Pult beobachtet, wie der eine Geige von altertümlicher Form kurz stimmte, und darauf eine Melodie zu geigen begann, auch dabei den Bogen mit unbegreiflicher Fertigkeit führte, daß er, Tartini, vor Bewunderung und Neid sich nicht zu lassen gewußt habe. Am Ende habe der hohe Schwarze (dem sichtlich ein Horn der Stirn zu entwachsen begann) sich nach ihm umgewandt, mit einer Fratze ein höhnisches Schnippchen geschlagen, und alles sei verschwunden gewesen. Nun habe er soeben versucht, die im Traum gehörte Melodie zu notieren und zu spielen; der Versuch sei aber so tief unter dem Gehörten geblieben, daß er eben – wie es einem Stümper ja nicht besser gebühre! – seine Geige an die Wand hätte schmettern wollen. – Noch heute gilt die berühmte ‹Sonate mit dem Teufelstriller› als Prüfstein virtuoser Beherrschung des Instrumentes. –

Wer in einem unserer großen Kupferstichkabinette den Namen Giovanni Battista Piranesi nennt, dem wird man wahrscheinlich einige seiner 2000 bezaubernden Radierungen antiker Bauwerke vorlegen; und sie sind ja auch sehenswert genug, die verödeten Plätze des gesunkenen Rom von 1750 mit den efeuumrankten Triumphbögen und der Staffage von ruhenden Viehtreibern und Pifferari. Aber es gibt auch eine Serie düsterer Blätter, die ‹Carceri› (Kerker); wo sich endlose Hallen öffnen, auf dem steinernen Pflaster riesige unbekannte Maschinen, Balkengespinste und die Fangarme mächtiger Ketten. Aus der Wand starrt ein Gigantenhaupt, im zahnlos=mächtigen Mund einen Eisenreif. Neben ihm beginnt eine Treppe, schmal an die Mauer geklebt, auf der ein menschenwinziges Geschöpf eifrig nach oben zu entkommen versucht; bald macht sie eine Wendung in die entgegengesetzte

Richtung, und wieder klimmt an ihrem oberen Ende der Kleine; wendet wieder und wieder, und immer treppt der Arme hoffnungslos höher, bis sich endlich Stiege und Piranesi=Jedermann im Dämmer der auch nach oben unendlichen Halle verlieren: – die ganze Serie gibt die Alpträume des Künstlers während einer schweren fiebrischen Krankheit wieder, und wirkt, zumal heute, im Zeitalter des Maschinenschreckens, unwiderstehlich faszinierend. –

Als der große Romantiker Fouqué seinen mächtigen Ritterroman vom ‹Zauberring› schrieb, an dem sich die Epoche der Freiheitskriege gar nicht satt zu lesen vermochte, vollendete er im ersten grandiosen Wurf leicht den ersten und zweiten Teil des umfangreichen Buches. »Dann aber begann ihm ein Dunkel vor der Frage aufzusteigen: Wie nun weiter?!«; dazu kam noch, daß die Dichtung fest auf historischen Grund gebaut, an eine allzu gewaltsame Erfindung, von der die Geschichte nichts gewußt hätte, also schwer zu denken war. Da kam es in der Nacht vom 21. zum 22. Juni 1811 seltsam über ihn: in einem Gemisch aus dunklem Geträum und Teilbewußtsein ging ihm in einem Zuge der Plan des ganzen dritten Teiles lückenlos auf. Aber nun kam die neue Schwierigkeit; denn jeder weiß ja, wie blitzschnell Träume dem Gedächtnis entschwinden! »Die Nacht lag tief, still, finster um ihn her. Keine Lampe an seinem Lager, nicht Griffel und Blatt ihm zur Hand.« Da er, rücksichtsvoll und schamhaft, auch nicht die Nachtruhe des Hauses stören wollte, beschloß er, bis zum Morgen wach zu bleiben. – Genau jenem gobelinbunten Traumgewebe entsprechend liegt heute noch der dritte Teil vor uns: seit der betreffenden Nacht hatte aber auch Fouqué stets Schreibblock und Stift neben dem Bette liegen (wie nebenbei jeder Schriftsteller!). –

Die Literatur ist voll der Beispiele, wie Träume anregend oder fördernd auf Dichtungen gewirkt haben. Nach seinem Opiumtraum vom ‹Kublai Khan› schrieb Coleridge sogleich nach dem Erwachen in einem Zuge das erste Halbhundert der Verse nieder; wurde dann – unseligerweise für uns – zu irgend einem Geschäfte abberufen; und als er zurückkam und fortfahren wollte, – hatte er den Schluß des Traumes vergessen, so daß sein in schwefligen Farben glühendes Kunstwerk ein Fragment geblieben ist. ETA Hoffmann rief eines Morgens aus dem Bette dem ihm seinen Krankenbesuch abstattenden Hitzig entgegen: von dem schnurrigen Traum, den er eben gehabt habe! Ein Kerl, dem an allen Jacken die Ärmel lang wachsen; der andere, dem durch Zauberei alles Gute und Schöne zugeschrieben wird, was andere in seiner Nähe tun: »Sollte das nicht eine scharmante Geschichte geben?!« Es hat eine scharmante Geschichte gegeben: noch heute kann, wer will, sich am ‹Klein Zaches› erfreuen. –

Das wäre doch noch eine Rundfrage an unsere lebenden Dichter und eine Sendung im ‹Nachtprogramm› wert: ob das auch heute noch so ist?!

Kriegen Sie noch alle Fünf zusammen ? : Theobald Tiger, Peter Panter, ja; – Kaspar Hauser, gut; und – und – ? Also nehmen wir Ignaz Wrobel, einverstanden ? »In Wirklichkeit« hieß er bekanntlich Kurt Tucholsky, und war, wie Heine, erst Jurist und Bankangestellter gewesen, ehe er einer unserer guten Schriftsteller wurde.

Das ist gar keine Seltenheit, daß ein Autor sich in eine Handvoll Pseudonyme und mehr zerlegt ! Da gab es im vorigen Jahrhundert in Mainz eine Romanschriftstellerin, ungeheuer fleißig und ebenso platt, namens Kathinka Zitz : sie begann ihre Laufbahn unter der halbehrlichen Buchstabenumstellung K. Th. Zianitzka; dann kamen in bunter Reihenfolge Theophile Christlieb, Tina Halein, und die blumenhaft=süßlichen Decknamen Emmeline, Eugenie, Pauline, Rosalba, Auguste und Stephanie; das sind schon Neun. Aber was sind solche Anfänger gegen Fischart und Grimmelshausen, die sich in Dutzende von affenteuerlichen Namensungeheuern verkleideten !

Amüsant wird es, wenn sich in den Erfindungen das krampfhafte Geltungsbedürfnis Luft macht. Luigi Gualtieri verlieh sich grundsätzlich hochadelige Titel, »Duca d'Atene« und »Conte di Brena« (also Herzog und Graf). Und Fräulein Minna Krusemann erfüllte endlich die Sehnsucht ihres Herzchens und nannte sich »Stella di Oristorio Frama«. Hier hat man allerdings streng die Fälle auszuscheiden, wo kalte Kalkulation auf die Mentalität des kaufenden Publikums vorliegt : Hermann Goedsche hätte nicht die Hälfte des Umsatzes erzielt, wie der hinreißend=englische »Sir John Retcliffe«; und einem wissenschaftlichen Werke traut man ja unweigerlich mehr zu, wenn auf dem Titelblatt »Dr. Bertram« steht, als wenn sich bescheidentlich Georg Schultz als Verfasser bekennen würde. Deswegen gesteht auch Tucholsky unbefangen : »Keine Zeitung mag viermal denselben Mann in einer Nummer haben, und so entstanden jene homunculi«.

Verborgene Seelentiefen mag auch der Umstand erhellen, daß sich Männer zuweilen Frauennamen geben und umgekehrt; so erschien, psychologisch nachdenklicherweise, Alphonse Daudet nicht nur als Jean Froissart, sondern auch als Marie Gaston; während Lina Schneider als Wilhelm Lux eine Hosenrolle übernahm. –

Wozu denn aber eigentlich, wird der bereits verdrießliche Leser fragen, all diese Maskerade ? Nun, es kann schon seine Berechtigung haben !

Manchmal ist es ja tatsächlich so, daß die ausgesprochene Lächerlichkeit eines Namens das beste Werk ruinieren würde; schon Goethe gesteht, daß man sich seinerzeit erst langsam an den Namen »Klopstock« gewöhnen mußte. Bei einem Buche von »W. Häring« hätte unfehlbar das ganze Leihbibliothekenpublikum aufgelacht : so nannte sich denn der Bedauernswerte (dessen französische Vorfahren dazu noch ihren schicken Hugenottennamen »Harenc« bloß eifrig=ungeschickt in die Sprache des neuen Vaterlandes übersetzt hatten !) tönender »Willibald Alexis«. Nicht Jeder hat die Stirn, sich für alle Ewigkeit »Kaspar Schmidt« zu nennen; da klingt »Max Stirner« schon besser; und noch mehr sieht man die Notwendigkeit solcher Tarnung ein, wenn man erfährt, daß der wirklich bedeutende Verfasser von »Der Einzige und sein Eigentum« Lehrer an einem Mädchenlyzeum war, wozu seine radikalen Theoreme ja nun wirklich nicht paßten !

Also Rücksicht auf Beruf und gesellschaftliche Stellung sind schon durchaus stichhaltige Gründe. Ein weiterer ist anerkennenswerte selbstkritische Schüchternheit : wenn's sehr schief gehen, und Publikum wie Kritiker geschlossen über den Erstling herfallen sollten, kann man sich dann noch immer mit Anstand wieder zurückziehen. So probiert man es erst einmal zaghaft mit »Pellegrin« (Fouqué), oder »Jakobus Corvinus« (Raabe), oder »Boz« (Dickens); oder aber gleich ganz anonym mit »Reisendem Enthusiasten« (ETA Hoffmann).

Doch sind das Alles noch nicht die entscheidenden Gründe; der wichtigste liegt tiefer : das Bewußtsein, dem Publikum inkognito, in einer gut anschließenden Maske, gegenüberzustehen, verleiht Vielen scheinbar ganz andere Kühnheit und Unbefangenheit, viel größere glückliche Leichtigkeit und keckeren Witz. Warum verzeiht Harlekinette ihrem Domino beim Maskenball das gewagte Wort, ja, erwidert es sogar – während dieselbe Frau Müller es Herrn Lehmann von März bis Dezember nie vergeben würde, wenn er sie in gleichem Stil auf offener Straße »anpöbelte« ? – Solange Walter Scott ein Dutzend Jahre hindurch der vorbildlich getarnte »Große Unbekannte« blieb, schrieb er besser, »freier«, als nach der Enthüllung, wo er sogleich tausend Rücksichten zu nehmen hatte. Deshalb hat heute Traven sicher ganz recht, wenn er Niemandem erlaubt, die Decke zu lüften !

Ist es schließlich nicht auch gleich, wenn uns Molière ergötzt, daß er »eigentlich« Poquelin hieß ? Ist nicht auch »Mark Twain« ein Begriff der Weltliteratur geworden ? Und selbst, wenn wir es einmal gar nicht mehr wissen, ignorabimus, von wem etwa »Bonaventuras Nachtwachen« sind – es ist nicht schad' : Hauptsache, das Buch ist da !

DIE FEEN KOMMEN.

Ein Erdstoß ! – nun, daran war man gewöhnt, er sah also nicht erst auf. Ein zweiter, daß sich Stücke von der Decke lösten, und auf den Schreibtisch polterten – da begab er sich doch, die Rabenfeder noch eingetunkt in der Hand, ungehalten in Richtung Keller : zu ärgerlich, diese albernen Störungen ! Als er am Fuß der Treppe anlangte, hob sich der Boden zum drittenmal; die Hauswände schlugen über ihm zusammen; dichte Wolken von Staub und Allah=Rufen erhoben sich über dem betreffenden Viertel der Stadt Smyrna. Als man am dritten Tage der Trümmerräumung dann staunend den wie durch ein Wunder wohlbehaltenen Giaur aus der Ruine grub, war seine erste Frage : das Manuskript ?! Da er weder Bakschisch noch impressive Verwünschungen in reinstem Türkisch, Persisch und Arabisch sparte, half man ihm suchen – und entdeckte, von herabgeglittenen Balken wie in einem Zelt verwahrt, die unversehrten Blätter : Antoine Galland kehrte von seiner dritten, vom französischen Staat finanzierten Forschungsreise nicht mit leeren Händen heim !

Was er an Münzen mitbrachte, wanderte ins königliche Kuriositätenkabinett; über die kopierten antiken Inschriften stritt man sich nach der Gewohnheit der Gelehrten noch manches gute Jahr; er selbst wurde programmgemäß Professor für Arabisch am königlichen Collegio zu Paris, wo er 1715, im siebzigsten Jahre, starb – ein Leben, so recht für eine kurze Lexikonsnotiz geeignet. Und doch sollte durch diesen stillen, fleißigen Arbeiter eine neue literarische Mode heraufbeschworen werden.

Nichts kann dem denkenden Leser ja anziehender zu beobachten sein, wie im Laufe der Zeiten die großen Themenkreise auftauchen, ihr Halbjahrhundert tyrannisch beherrschen, und dann, zögernd und zählebig, dem nächsten Stoffkomplex Platz machen. Jedermann ist aus dem »Don Quijote« die Herrschaft der Ritterbücher geläufig; sie wurden abgelöst von der Schäferdichtung; uns drückt seit nun schon 50 Jahren die Last der Kriminalromane.

Im Jahre 1700 aber erschienen nun (schon vorher manchen Freunden im Manuskript vorgelesen) Gallands Bände der »Les Milles et une Nuits« : die Geburtsstunde der Feenmärchen hatte geschlagen ! So befruchtend wirkte der Zauber dieser ersten europäischen Übersetzung von »Tausend und einer Nacht«, daß die faszinierten Literaten sogleich mit Nachahmungen begannen; zuerst, wie billig, die französischen; aber noch 1785 übertrug Johann Heinrich Voß das vielbändige Werk Gallands getreulich ins Deutsche.

Drei Hofdamen Ludwigs XIV. brachten den letzten Modeschrei sogleich in den höchsten Kreisen in Aufnahme; die Gräfinnen d'Aulnoy und Murat, und das Fräulein de la Force schrieben jede mehrere Bände Feenmärchen, und wenn ihnen auch nicht das Höchste auf diesem Gebiet gelang, kann man doch selbst heute noch mit Ergötzen Stücke wie das von der »Prinzessin Babiole« lesen oder den »Goldenen Zweig«. Die Fülle der Erfindungen ist durchaus unverächtlich; und bei fortschreitender Durcharbeitung der Stoffgruppe begann man soziale und philosophische Themen einzubeziehen, wovon schon Titel aussagen, wie etwa »Zulmas Reise ins Land der Ideen«.

Die Spitzenleistungen, völlig der großen Literatur zugehörig, gaben zwei schon anderweitig erprobte Literaten. Der Graf Hamilton, einer der geistreichsten Schriftsteller des ganzen Jahrhunderts, fühlte sich zuerst versucht, die Richtung zu parodieren; geriet aber im Feuer der Erfindung so völlig in den verlockenden Märchenstil, daß er am Ende lachend kapitulierte, und in den drei Stücken vom »Widder«, »Schlehdorn«, und vor allem den »Vier Facardins« sich in die Unsterblichkeit hineinscherzte. Der Andere, schon spät im Jahrhundert, war der jüngere Crébillon, dessen »Sopha«, »Tanzai und Néadarne«, sowie »Écumoire« (»Schaumlöffel«) man sehr zu Unrecht, und meist nur auf Kredit steifbeinig=prüder Literaturgeschichten hin, das Prädikat »schlüpfrig« erteilt. Freilich war er Erotiker und Atheist; aber durchaus im ehrlich=überzeugten Sinne, so daß er sogar, seines freimütigen politischen und sozialen Tadels wegen in die Bastille gesperrt wurde. Seine Gestalten haben Fleisch und Blut; die Fabel ist stets vortrefflich erfunden; der Stil elegant und gewetzt. – Noch lange danach ist immer wieder Ton und Maschinerie dieser Märchen benützt worden. Viele Werke Wielands leben aus ihrem Geist, und auch Platen hat in den »Abassiden« einen Nachklang versucht.

War also das einleitend erwähnte Erdbeben einwandfrei von den bösen Feen, einer Carabosse oder Fanferluche, die ihre Untaten der Welt nicht bekannt gemacht wissen wollten, inszeniert worden; so vermochten sie doch nichts gegen die Lumineusen und Radianten, die Hand und Zauberstab schützend hielten über das große Buch, das Lebenswerk Antoine Gallands.

»Ein andermal traf ich ihn vor einer von ihm entworfenen asiatischen Landkarte, und in trägem Hinblicken sagte er plötzlich: ‹Da ist ein gar zu leerer Fleck; ich will nur geschwind einen Berg hineinzeichnen.› Und tat es, indem er sich freute, was man künftig mit diesem Berge für Schererei haben würde.« Also erzählt Varnhagen sittlich entrüstet von dem großen Sinologen Klaproth; dabei hätte zumindest er sich jeden Tadel sparen können, denn wenn je Jemand wußte, wie man durch leichtes Verdrehen von Fakten, Unterdrückung wichtiger Einzelheiten, und Verbreitung von Klatsch, beliebig schiefe Beleuchtung auf jeden gewünschten Gegenstand fallen lassen kann, so war das Herr Varnhagen von Ense. Immerhin genügt ein solches Zitat, um auch dem größten wissenschaftlichen Namen und dem impressiv=dicksten Folianten gegenüber vorsichtig zu werden; hat es doch Kometenentdecker gegeben, die ihre Sterne frei erfanden; und was Historiker anbetrifft, sollte man nur an die Königinhofener Handschrift erinnern; oder den Rummel der jüngsten Vergangenheit um die famose Uralinda=Chronik, die angeblich altgermanische Erinnerungen aus dem Jahre 3000 vor Christi aufbewahrte, und deren Erwähnung genügen müßte, um jedem Germanisten die Schamröte ins Angesicht zu treiben.

Wenn aber dergleichen schon im gesicherten Gebiete der Wissenschaften häufig geschieht: was soll man erst in dem aus weit luftigeren Materialien gewebten Reich der Dichtkunst erwarten; hier, wo das Spiel der neckischen Phantasie das eigentliche Verdienst ist, und der Leser doch nur auf die angenehmste Weise getäuscht sein *will*?!

Ein grober Scherz ist es natürlich noch, wenn der einst renommierte Willibald Alexis seine ersten Romane von »Walladmor« bis »Schloß Avalon« als Werke des damals noch anonym schreibenden Walter Scott erscheinen ließ, was den Umsatz der ansonst recht verdienstlosen Produkte nicht unerheblich steigerte.

Im Jahre 1830 erschien in Stuttgart eine zweibändige Biographie Schillers; scheinbar aus unverächtlicher Quelle stammend, denn als Verfasserin zeichnete Karoline von Wolzogen, die Schwägerin des Dichters. Dennoch ist das Buch mit äußerster Vorsicht zu benützen; weil die Herausgeberin, wie urkundlich belegt ist, Briefanschriften umfälschte, etwa statt »Geliebte

Caroline« ein »Teuerste Lotte« einsetzte; um der Nachwelt ein zweifelhaftes Verhältnis des großen Mannes zu verbergen.

Tief tragisch bereits der folgende Fall, wo nur noch ein grobfädiger Philister von »Fälschung« reden könnte: 1752 wurde als Sohn eines armen Küsters zu Bristol Thomas Chatterton geboren. Mit elf Jahren schon schrieb er eine Satire auf einen Methodistenprediger, der finanziellen Vorteils halber seine Gemeinde im Stich ließ. Mit 14 Jahren wurde er Schreiber eines Advokaten; und brachte gleich darauf alte Gedichte zum Vorschein, die nach seiner Behauptung von einem Mönch des 15. Jahrhunderts, Rowley genannt, verfaßt sein sollten. Darin gab es etwa das Festgedicht auf die Einweihung einer Brücke, die Fragmente eines Trauerspieles »Ella«, und balladenartige Kompositionen über Begebenheiten der normannischen Eroberung: alles in hastig bewegten düsteren Bildern von großer Schönheit, und derart mit bisher ungewußten historischen Einzelheiten erfüllt, daß das erste Aufsehen maaßlos war. Bald genug jedoch setzte die Kritik der »Fachgelehrten« ein, zumal da Chatterton nicht imstande war, die behaupteten alten Handschriften vorzulegen, und die bisherigen Förderer des kindlichen Genies wandten sich »enttäuscht« von ihm ab – anstatt sich bewundernd vor dem Gedankenreichtum und der tiefen poetischen Kraft zu verneigen! Auch war die Flamme nur zu rasch ausgebrannt; seine folgenden Gedichte, in modernem Englisch, waren bereits trocken und dürr; körperlich und geistig erschöpft machte Chatterton mit 18 Jahren seinem Leben ein Ende.

Die grandioseste literarische Mystifikation aller Zeiten jedoch wird durch den Namen »Ossian« bezeichnet. Ungeheuer war die Wirkung, als James Macpherson nach 1760 die »Reste alter Dichtung« erscheinen ließ, »Fingal« und »Temora«; man lese im goetheschen »Werther« über dieses Ossianfieber nach oder bei Herder. Aber sogleich erhoben sich gewichtigste Stimmen nach der »Echtheit« der Fragmente (und man verurteile die Amusischen in diesem Falle nicht allzuhart: ging es doch um die Erinnerungen eines ganzen Volkes; ein Buch wie Homer war dem Keltenstamm erstanden!). Wohl erschienen 40 Jahre später die angeblichen gaelischen Urtexte, die »Dana Oisein mhic Finn«; aber die konnten ebensogut inzwischen von einem Patrioten umgekehrt aus dem Englischen ins Erse übersetzt worden sein. Noch heute ist der Streit nicht endgültig entschieden; zumal Macphersons eigene Gedichte die zopfigste Wasserpoesie enthalten, so daß er völlig unfähig zur Erfindung eines solchen wahrhaft wundersamen Stoffkomplexes erscheint. Jedenfalls ist eine ganze eigene Literatur von tausenden von Bänden um dieses eine große Buch entstanden; und selbst wenn es »gefälscht« sein sollte, hat es zur Erforschung keltischer Sprache und Urzeit mehr Veranlassung gegeben, als die ehrbarste »wissenschaftliche Leistung« es vermocht hätte.

Und was wir eventuell von denen zu halten haben – man lese nur den ersten Absatz nach !

GESICHT IM SPIEGEL

Von den Malern kennt es fast Jeder, das Selbstporträt; ob Dürer oder Rembrandt, ob Feuerbach oder Picasso : jeder hat einmal die Staffelei neben den Spiegel gestellt, und sich mit der Zigarette oder dem Pinsel im Munde verewigt – wieder mal das teure Modell gespart !

Die Dichter haben es da – wie nahezu immer – schwerer; einmal deshalb, weil sich ihre Kunst nicht unbefangen an einen Sinn (Auge oder Ohr) und ein zwar tiefes, aber glücklich=unbestimmtes Gefühl wenden kann, sondern weil sie erst noch über Wort und Begriff an dem älteren Herrn Verstand vorbei müssen. Weiterhin : wenn man Dürers Selbstbildnis (mit den unangenehm=zierlich gebrannten und gerafften Lockengardinen) zur Hand nimmt, hat man zwar einen Mann jenes Jahrhunderts gesehen, und einen großen dazu; aber viel mehr als »Aha : so sah er also aus !« ergibt sich letzten Endes nicht. Nun bedeutet aber die Geschichte für die Menschheit, was dem Einzelwesen seine persönliche Erinnerung ist; und kaum Jemand ist wohl ganz ohne Begier, zu wissen, »wie es früher einmal ausgesehen hat«. Das ist ein gutes und tiefes Begehren, und wird, ach so schlecht, von den Fachhistorikern gestillt; denn auf ihren meist leidlich exakten Meßtischblättern kann man zwar Daten und Entfernungen ablesen, aber es bleibt letzten Endes dort Alles flach zweidimensional. Um die wahre Revüe eines Halbjahrhunderts vom Hausgerät bis zu seinen geistigen Zyklonen, zu erleben, bleibt kein anderer Weg, als die zeitgenössischen Dichter zu lesen; noch besser : ihre Selbstbiographien – soweit vorhanden.

Schon aus solchen Betrachtungen ergibt sich, daß es ziemlich belanglos ist, wie ein Dichter »aussah« – das interessiert höchstens sehr junge Leserinnen – ; bedeutsamer ist es schon, was er erlebte und dachte – aber das ersieht man schließlich auch aus seinen anderen Werken. Das für uns Wichtigste aber ist dieses : wie da die Plätze von Autos veröden und weiter und leerer werden; wie über den Dächern die UKW-Antennen verschwinden, und von den Zimmerwänden die Elektroschalter; wie die Beine der Möbel sich graziös krümmen, und unsere Blechbüchsen= und Marmeladenglas=Kultur einer solideren Platz macht. Wie man nicht mehr Hemingway liest, sondern den »Tom Jones«; eine Demarkationslinie nicht senkrecht, sondern quer durch Deutschland verläuft; die Minister sich nicht in

Moskau gegenseitig liquidieren, sondern diesmal im Paris der Schreckenszeit. Und man schließe nicht voreilig : »Aha : es ist also immer dasselbe gewesen«. : Es war nicht dasselbe !

Im Altertum wurden religiöse Abweichungen wohlwollend besprochen; im Mittelalter stand darauf der Scheiterhaufen; heute regt sich kein Mensch mehr darüber auf. Welche Wandlungen haben etwa die Ansichten über Ehe und die öffentliche Stellung der Frau erfahren : zur Goethezeit folgte auf ein uneheliches Kind der Selbstmord; heute meldet man es im Lohnbüro an und kriegt noch Steuerermäßigung. Die »Allgemeine Wehrpflicht« kennt man erst ab 1700 : vordem war der Soldatenstand durchaus verachtet, heute verbindet man bereits mit der Bezeichnung »Wehrunwürdig« einen neuen bürgerlichen Makel.

Dies also ist der eigentliche Sinn einer »Selbstbiographie« (und sollte vom Dichter nie aus dem Auge gelassen werden!) : daß er uns am Beispiel seines Lebens das Bild seiner Epoche suggeriert; daß wir nach der Lektüre also um die bleibende Erinnerung eines Daseins reicher sind.

In der Praxis nun ergibt sich sogleich eines der allermerkwürdigsten Schauspiele : nur wenige der ganz großen Dichter haben Autobiographien hinterlassen; und davon ist keine gut und »brauchbar« im obigen Sinne ! Auch Goethes bezeichnenderweise unvollendet gelassene »Dichtung und Wahrheit« nicht; neben impressiven Stellen dehnen sich Wüsten erst viel später erfahrener unkindlicher Reflexionen.

Jean Paul begann ein gräßliches Gestümper, und brach nach 70 Seiten selbst wieder ab. Fouqué servierte mit Decknamen versehene Schattengestalten, und endlos=wässerige Brühen von Gefühlen – also nichts »Reelles« und uns charakteristisch Gewinnbringendes.

Die eigentlichen Klassiker der Selbstbiographie sind die »halbgroßen« Geister, die an der Hervorbringung eines selbstständigen Kunstwerkes aus Mangel an Schöpferkraft und Sprachgewalt verhindert werden. Die dichterischen Resultate ihres Lebens sind unerheblich; aber bei der Beschreibung ihres Werdeganges waren sie dem schwierigsten künstlerischen Problem, dem der Erfindung und Formung eines Stoffes, überhoben; als meist scharfe Beobachter und klare Kritiker sahen und notierten sie vorbildlich gut, und haben deshalb reichste psychologische und sachliche Schätze an »Privataltertümern« hinterlassen. Namen wie Grimmelshausen, Rousseau, Moritz, mögen als Beleg dienen; aber auch die Miniatüren, die das unvergleichliche Malerauge Kügelgens hinterließ. Ein nachdenkliches Beispiel, wie selbst einfachste Menschen die Summe unserer Erfahrungen entscheidend vermehren können, möge der leider ganz unbekannte »Ned Myers« sein, ein Seefahrerleben aus dem Anfang des vorigen Jahrhunderts.

Also nicht das berufene »Allgemein Menschliche« macht's hier – man stelle sich ein Porträt vor, das Jedem ähnlich sieht! – sondern die unwiederholbaren Einzelzüge eines ganz bestimmten Lebens in einer präzise geschilderten Zeit.

DER DANK DES VATERLANDES.

1.) »Ich lege hier für den Fall meines Todes das Bekenntnis ab, daß ich die deutsche Nation wegen ihrer überschwenglichen Dummheit verachte, und mich schäme, ihr anzugehören.«
(Schopenhauer).

2.) »Einige haben beliebt, mich vorzugsweise als *deutschen* Künstler hinzustellen : ich protestiere feierlichst gegen diese Lüge ! Den Deutschen bleibt das Verdienst, mich zeitlebens angefeindet, und immer schlecht bezahlt zu haben.«
(Feuerbach).

Bundestagsbeschluß vom 10. Dezember : »Nachdem sich in Deutschland in neuerer Zeit eine literarische Schule gebildet hat, deren Bemühungen unverhohlen dahin gehen, in belletristischen, für alle Klassen von Lesern zugänglichen Schriften die christliche Religion auf die frechste Weise anzugreifen, die bestehenden sozialen Verhältnisse herabzuwürdigen, und alle Zucht und Sittlichkeit zu zerstören : so hat der deutsche Bundestag – in Erwägung, daß es dringend notwendig sei, diesen verderblichen, die Grundpfeiler aller gesetzlichen Ordnung untergrabenden Bestrebungen sofort Einhalt zu tun, und unbeschadet weiterer, vom Bunde oder den einzelnen Regierungen zur Erreichung des Zwecks nach Umständen zu ergreifenden Maaßregeln – sich zu nachstehenden Bestimmungen vereinigt : sämtliche deutsche Regierungen übernehmen die Verpflichtung, gegen die Verfasser, Verleger, Drucker oder Verbreiter der Schriften jener bekannten literarischen Schule, die Straf= und Polizeigesetze ihres Landes, sowie die gegen den Mißbrauch der Presse bestehenden Vorschriften nach ihrer vollen Strenge in Anwendung zu bringen.«

Leider muß ich jetzt aber mit rauher Hand die freudige Überraschung der Soldaten und Kolpinge im Volk wieder zerstören – dabei klingt es doch so lieb vertraut : Bundestag, Pressegesetz, ei Zucht & Sittlichkeit – indem ich das obige Datum noch durch seine Jahreszahl ergänze : 1835.

In dieser denkwürdigen Sitzung nämlich faßte schon einmal ein Gremium mit dem ominösen Namen »Bundestag« jenen ungeheuerlichen Beschluß, der von staatswegen eine ganze literarische Strömung zum Stillstand bringen, das Kontinuum der Dichtung einfach abreißen sollte. Und um bei späteren Geschlechtern ja keinerlei Zweifel über ihre erprobte Urteilsfähigkeit (und also Zuständigkeit auch in solchen Dingen) aufkommen zu lassen, führten die damaligen Gesetzmacher die Avantgarde des »jungen Deutschland« auch namentlich an : Heinrich Laube; Karl Gutzkow : Heinrich Heine.

Heinrich Heine : das muß man sich einmal vorstellen ! Heute ist er einer »unserer« großen deutschen Dichter; Straßen werden nach ihm genannt, und Literaturpreise in seinem Namen verteilt ! Damals wurde er zur Emigration gezwungen; und von der Regierung sogar der nichtswürdige Versuch gemacht, seine bürgerliche Existenz zu zerstören, indem man in Fortsetzung des obigen Erlasses verfügte : »auch die Verbreitung seiner Schriften, sei es durch den Buchhandel, durch Leihbibliotheken oder auf sonstige Weise mit allen gesetzlich zu Gebote stehenden Mitteln zu verhindern.« Wobei die Formulierung von den »gesetzlichen Mitteln« besonders perfide wirkt : man hatte sie ja eben erst, und ausdrücklich für diesen speziellen Fall geschaffen ! Man : der Bundestag. –

Damit man nicht etwa von einem »Einzelfall« murmelt, will ich nur ganz kurz weitere Beispiele vom Dank des Vaterlandes an »seine« Künstler beibringen :

»Ich speise«, schreibt er, »mit den zwei Kammerdienern zusammen, und habe doch die Ehre über den Köchen zu sitzen.« Als er endlich »ganz voll Galle« um seine Entlassung bat, warf ihn ein Edler aus Baierland, Graf Arco, mit einem Fußtritt zur Türe hinaus : »Ob auch dieser Exzeß auf hochfürstlichen Befehl geschah, weiß ich nicht,« berichtet er kindlich-gramvoll; er, der große Maestro : Wolfgang Amadeus Mozart.

Nicht eher ruhte Herzog Carl Eugen von Württemberg, eine jener überflüssig vorhandenen gekrönten Bestien, bis er den Dichter Schubart, »theils um seiner schlechten und ärgerlichen Aufführung willen, theils um seiner sehr bösen und gotteslästerlichen Schreibart« in seine Gewalt bekam »um durch sichere Verwahrung dieser Person die menschliche Gesellschaft von diesem unwürdigen und ansteckenden Gliede zu reinigen.« Schubart hatte nämlich nicht nur seinen allerhöchsten Hurenbock und Tyrannen von Herrn, sondern auch die Geistlichkeit des Schwabenlandes derb angeprangert. Dafür durfte er dann die Wände seines Gefängnisses auf dem Hohenasperg so beschriften : »Ach, schon 124 Tage hier !«; »Wieder 50«. Zwei Mördern erlaubte der Herzog, regelmäßig ihre Weiber zu sprechen : Schubart nicht ! Erst nach weit über 10 Jahren wurde der Arme »um Gotteswillen« freigelassen. / Dies war der gleiche Herzog, der Schiller durch Dekret verbot, je wieder »Komödien« zu schreiben, und ihn dafür anhielt, fleißig Pflaster zu streichen – bis der Dichter sich durch die Flucht dem blödsinnigen Befehl entzog. Seitdem hat man es sich natürlich auch in Württemberg nicht nehmen lassen, vielerlei nach dem großen Manne zu benennen –

anstatt sich der betrüblichen Tatsache zu schämen, daß unsere Staaten wohl oft die Wiege, aber selten das Grab großer Männer gewesen sind!

An die Hitlerzeit brauche ich nicht zu erinnern; obwohl gerade damals das stets erstrebte – und auch bei uns fast wieder erreichte – Ideal der Einknopfbedienung unserer Literatur vollendet vorhanden war. Lassen Sie mich nur darauf hinweisen, daß sich merkwürdigerweise so manche »unserer« großen lebenden Dichter etwa in der Schweiz aufhalten: Hermann Hesse und Thomas Mann: warum, um Himmels willen, nehmen sie ihren Wohnsitz nicht am Brunnquell heutiger Kultur, in Bonn?! Alfred Döblin, der größte Prosabildner der Jahre zwischen den Kriegen, kehrte 45 nach Deutschland zurück – und ging bereits ernüchtert wieder in seine Wahlheimat, Paris: »Die (Die Deutschen!) können nur Adenauer wählen.« Vor wenigen Wochen starb Albert Einstein: in Deutschland?? Heinrich Mann: wie dankte man ihm? Ehrenstein, der große Expressionist, »Kimpink«, starb arm und vergessen in New York. Genug. –

Muß sich angesichts solcher Tatsachen aber nun nicht Jeder nachdenklich fragen: Was stimmt denn hier nicht? Ist es denn unvermeidlich, daß sich zumindest die gleichzeitige Generation stets vor dem Genius blamiert (und, was weit schwerer für die Menschheit wiegt: ihm das Leben aufs grausamste sauer macht und verbittert!). Manchmal erkennt man ja nach des Dichters Tode, daß sein Werk gut war; aber was hilft es dann dem, der unter dem Hügel liegt, und der wohl noch Trefflicheres hätte leisten können, hätte man den Lebenden ermuntert – ach was ermuntert: hätte man ihm nur Gerechtigkeit widerfahren lassen!

Ist man sich denn nicht klar darüber, daß es die größte Unverfrorenheit voraussetzt, einem solchen gequälten Unsterblichen dann später das Etikett »unser Dichter« anheften und gerührte Denkmäler setzen zu wollen?: Der würde Euch ganz schön anspucken, meine Herren! (Siehe die beiden Motti). Denn die gleichzeitige Generation ist ja deswegen, weil sie endlich den hundertsten Todestag eines Dichters zu begehen geruht, noch längst nicht einsichtiger oder kulturell reifer als ihre Vorgänger; Beweis: ihr Verhalten zu den zeitgenössischen Dichtern!

Was aber allenfalls bei dem Einzelnen noch lächelnd übersehen werden kann, wird unerträglich, wenn der Staat sich für befugt hält, nicht nur Werturteile über künstlerische Leistungen abzugeben, sondern unter skrupelloser Anwendung seiner Machtmittel diese »Richtung« fördert; dafür aber jene, mißliebige, gewaltsam unterdrückt; den Künstler direkt oder indirekt vertreibt, ja, ihn sogar hinrichten kann, wenn er nur mag! Man mache sich doch endlich von der – allerhöchsten Ortes freilich erwünschten – Einbildung frei, daß behördliche Stellen, und wenn sie zehnmal »Kultusministerien« sind, etwas von Kunst verstünden ! Man zerlege das Wort getrost in »Kultus«; also die Pflege der Staatsreligion (ein Verfahren, das freilich auch schon einseitig eine gewisse »Richtung« bevorzugt) – und »Ministerium«, oder die Bestellung von Aktenbeeten.

Das ewige Schulbeispiel für die absolute Ignoranz der Regierenden ist ja das Urteil des »großen« Friedrich über die Nibelungen : »Meiner Einsicht nach sind solche nicht einen Schuß Pulver Wert; und verdienten nicht, aus dem Staube der Vergessenheit gezogen zu werden. In meiner Büchersammlung wenigstens würde ich dergleichen elendes Zeug nicht dulden, sondern herausschmeißen.« Und auch diese Tradition hat nie einen Bruch erfahren : die Königin Luise und er lasen grundsätzlich nur Lafontaine, den »Wassermann«, nicht den unsittlichen Goethe; Hitler liebte abwechselnd Winnetou und die Lustige Witwe; und so weiter : man lasse doch endlich in Regierungs= und »ihnen nahe stehenden« Kreisen die blutig=tintigen Finger von der Kunst ! Wenn nämlich Deutschlands Name in der übrigen Welt noch einigermaßen guten Klang hat, so ist das ja bekanntlich *nicht* seinen Politikern zu verdanken : im Gegenteil !! Sondern einzig und allein seinen Dichtern und Denkern. Anstatt also den zahllosen Heerscharen der Abgeordneten Immunität und Staatsgehälter zu verleihen, sollte man dergleichen doch lieber den so viel bescheideneren und vor allem unschädlicheren Künstlern zuwenden. Man : die Bundesregierung.

Aber wie oben ausreichend belegt, ist es leider unleugbar so : daß weder »Der Staat«, noch »Das Volk« das Notwendige von Kunst verstehen ! Das Notwendige : das heißt hier : die Sichtung und Förderung des wertvollen Nachwuchses; sowie seine Beschützung vor Störungen durch Unberufene (nämlich Staat und Volk); und seine notdürftige finanzielle Sicherung. Nur der Künstler versteht etwas von Kunst ! Alle Anderen sind hinter den Grenzpfahl zu treiben !

Sollte der oder jener uniformierte Junge mich eines Mangels an Patriotismus bezichtigen, so ist er zu fragen : Wer dient seinem Lande besser ? Der, der den Mut hat, die Wahrheit zu sagen; oder der, der die augenfälligsten Gebrechen mit patriotischer Lüge übertüncht ?!

Denn was treiben wir heute wieder, von oben wie von unten ?! : ich schlage die neueste Nummer des »Spiegel« auf : ich lese darin, daß Heinrich Böll im Begriff ist, nach Irland auszuwandern ! Warum wohl ? : ich sage Euch, trommelt nicht auf Eure Brüste, sondern schlagt an sie : warum wohl ??!!

»Immer schon haben wir eine Liebe zu Dir gekannt« : wir Dichter. : Zu Deutschland. : Hahaha !!

DIE BROTARBEIT.

Freilich, schön wär' es schon, wenn die Vorstellung des Publikums vom Dichter zuträfe : schandbar begabte Burschen, die, wenn sie Geld brauchen, mit leichter Hand ein paar unsterbliche Verse aufs Papier werfen; sogleich wird ihnen das Manuskript vom Verleger, – Mäzen und Kenner in einem – mit Gold aufgewogen; und sie ziehen lachend weiter, ewig fröhliche Wanderburschen, gewissermaaßen die Schmetterlinge in unserer harten Arbeitswelt, gelt ja ?!

Dabei ist es genau umgekehrt ! Je vollendeter ein Vers klingt, um so mehr Arbeit hat er gekostet; ein gewisser Goethe, dem es doch wahrlich nicht an Talent mangelte, gestand freiwillig, daß er mit aller Anstrengung täglich durchschnittlich »eine Handbreit« am Faust zusammenbekäme. Was den Verleger anbelangt, so ist das in allererster Linie ein Kaufmann; ein Händler mit bedrucktem Papier, für den die Frage des »Absatzes« entscheidend ist. Je besser ein Buch, desto anspruchsvoller, »schwerer«, ist es auch; stellt größere Anforderungen an Kenntnisse, an das Ohr des Lesers, an sein Gefühl für Wohlklang und Rhythmus : desto kleiner also zwangsläufig der Käuferkreis ! Jeder Autor wird auf Befragen die traurige Tatsache bestätigen, daß er von seinen eigentlichen dichterischen Werken nicht leben kann; eine Absurdität, die vielleicht am eindrucksvollsten in der Kurzformel wirkt : je höher die Leistung, desto geringer der Verdienst !

Und konsequenterweise erlebt man in der Literaturgeschichte immer wieder das niederschlagende Schauspiel, daß ein Geist, bestimmt Besseres – oft das Höchste – zu leisten, sich mit nichtswürdigen Brotarbeiten herumschlagen muß; wie er noch froh und dankbar zu sein hat, wenn er einen langwierigen schlechtbezahlten Auftrag erhält; und um des lieben Brotes willen viele Monate lang mittelmäßigste Tagelöhnerarbeiten verrichten muß. Als nächstliegendes bietet sich da grundsätzlich das Übersetzen an : als Fachmann für Sprache beherrscht man ja grundsätzlich mehrere davon, die eine besser, die andere schlechter; also schreibt man, buchstäblich »der Not gehorchend; nicht dem eignen Triebe«, an den Verleger : »Haben Sie nicht etwas zu übersetzen für mich ?«

Sofort treten die befremdlich=verständlichsten Phänomene auf. Es ist ja ganz selten, daß sich ein wohlhäbiger Dichter das jahrelange Studium eines Lieblingsautors erlauben kann, und dann nach endlos sorgfältigen

Vorstudien dessen Meisterübertragung vollbringt: wohl hat sich Ludwig Tieck so den Shakespeare ausgesucht und den Cervantes; Johann Heinrich Voß den Homer und Virgil; Wieland den Lucian und Cicero. Aber gewöhnlich erhält der übersetzende Dichter vom Verleger irgendein Reißerprodukt des Auslandes vorgesetzt, mit dem das liebe einheimische Publikum schleunigst bekanntgemacht werden muß; heute ist es oft gar so, daß ein Termin beigefügt ist, da in 4 Wochen der Film uraufgeführt wird, und die Scharteke dann sofort vorliegen muß. Also setzt der Dichter sich dazu, und liefert, in der Zwischenzeit hübsch gleichmäßig von Alkohol, Kaffee und Aspirin aufrechterhalten, das Buch »termingemäß« ab.

Woraus sogleich ein zweites Ergebnis folgt: man denke sich als naiver Leser doch ja nicht, daß es dem Dichter »hohe Seligkeit« sein müsse, einen verwandten Genius zu übersetzen! Im Gegenteil: je platter und simpler der Text; je geringer der Wortschatz des fremden Romanschreibers; kurz, je »einfacher« die verhaßte Arbeit, desto angenehmer für den Geplagten! Bedauernswert der Unselige, der gar noch einen »anspruchsvollen« Ausländer vorgesetzt erhielt; fluchend wird er sich durch den schwierigen Text hindurchmaulwurfen, im schrecklichsten aller Zwiespalte: wohl könnte er die feine Goldschmiedsarbeit nachahmen, wenn er sich hinterdrein nur nicht mit dem armseligen Gedanken plagen müßte, »Geld« dabei verloren zu haben. Daher dann auch die anstößigsten Fehler und Mißverständnisse in jenen ersten, auf Bestellung angefertigten Übertragungen.

»Hast Du nichts zu übersetzen?« fragt Lessing den Vetter Mylius; und schustert dann Rollins 16bändige »Römische Geschichte« ins Deutsche; oder 4 Wälzer »Arabische Geschichte zur Zeit der Kalifen« des Abbé Marigny. Was wird Matthias Claudius, eben als darmstädtischer Beamter entlassen, im heimischen Wandsbeck tun?: »Befiehl Du Deine Wege: Asmus fortführen, und – übersetzen.« »Du weißt, was für Kunststücke ich kann« fragt der alternde Fouqué verschämt den Verleger Perthes, und dann zählt er seine zehn Fremdsprachen auf: »Hast Du nichts zu übersetzen?« (in der Zeit blieb sein gewaltiges Epos vom »Parzival« liegen; wie es nebenbei heute noch ungedruckt in Tübingen modert). Poe, selbst die Genies nennen ihn ‹Genie›, mußte immer wieder die Arbeit an seinem in geisterhaft=widersinnigen Glanz getauchten »Gordon Pym« unterbrechen, um Übersetzungen und »Bearbeitungen« vorzunehmen, wie etwa von Lemonniers läppischer Kompilation über »Naturhistorie«: nur weil er von seinen eigenen zauberhaften Geschichten nicht »leben« konnte!

Wenig verwunderlich also die Verwünschungen aus Dichtermund über eine Profession, bei der man je hungriger wird, desto besser man sie ausübt; von der man willig in Zeitungen und Literaturgeschichten bekennt, daß sie der Stolz der Nation sei – während ihre Träger sich, um nur zu existieren, zuschanden arbeiten müssen. Welch ein vernichtender Urteilsspruch aber auch für Regierungen und Lesewelt ! Jedem Deutschen sollte beim Namen Schiller Röte ins Gesicht steigen; aber nicht die des Stolzes, sondern der Scham : in Blutstürzen, durch Überarbeitung zugezogen, endete der große Mann, fünfundvierzigjährig, sein unersetzliches Leben; als er starb, war alles Geld aufgezehrt; für den schäbigen Sarg waren nur »etwas über drei Thaler« aufzutreiben; eine einzige Kerze beleuchtete den aufgebahrten Toten; zwei armselige Fackeln begleiteten den Leichenzug.

Hätte man ihm also mehr zu übersetzen geben sollen, wie ?!

DIE STRUWWELPETER

Wie geht doch der alte Kinderreim ? : »An den Händen beiden / ließ er sich nicht schneiden / seine Nägel fast ein Jahr; / kämmen ließ er nicht sein Haar . . . .« – – –

»Friedrich : Friedrich !« kam er 1806 atemlos zu dem Holzschneider Gubitz ins Zimmer gestürzt : »Friedrich : sie liebt mich noch !« Der winzige, peinlich ordentliche Mann, der gerade die Matrizen für den Druck des ersten preußischen Papiergeldes stach, legte erstaunt den Stichel beiseite und betrachtete verblüfft den langen dürren Freund. »Jawohl !« behauptete der, sich kompliziert auf dem Stuhl niederlassend und dazu eines seiner unnachahmlichen phantastisch=nervösen Gesichter schneidend : »Als wir heut nach der Scheidung Abschied nahmen, hat sie mir gesagt – mit Tränen in den Augen, Du ! – : ‹Und, Zacharias,› hat sie gesagt : ‹wasch Dich doch manchmal› !« Er breitete triumphierend die verdächtig erdfarbenen Hände, und übersah in der Begeisterung das verkniffene Lächeln des Graphikerfreundes, der sich in seiner mikroskopisch ‹gestochenen› Schrift unmerklich die Kurznotiz für seine Erinnerungen machte. Wohl war Zacharias Werner der große Dramatiker des Jahrzwanzichts um die Freiheitskriege; und seine Dramen, voll ungebändigter Kraft und schweflichten Glanzes, verdienten durchaus die Wiederbelebung, diese ‹Söhne des Tals› oder das ‹Kreuz an der Ostsee›. Wohl war er geachtet bei den erlauchtesten Geistern seiner Zeit – man vergleiche nur die unnachahmlich=liebevolle Beschreibung bei ETA Hoffmann – aber, wie bereits angedeutet : mit Wasser und Seife stand er zeit seines Lebens auf gespanntestem Fuß. Das ging so weit, daß bei einem Mittagessen in Weimar, der von ihm gleichfalls amüsiert=bezauberte Goethe eine Handvoll Lorbeerblätter aus der Bratensoße greifen und sie Werner aufs unsterbliche Haupt drücken durfte; ohne befürchten zu müssen, die Harmonie der Erscheinung dadurch zu zerstören. Auch hob jener nur stolz das magere lange Gesicht : gekrönt vom Dichterkaiser war er worden, was wollte er mehr ?! –

Julihitze 1822 in Dresden. In dem einfachen Haus an der Elbe steigt ein Mann die steilen Stiegen empor : der große Dichter Fouqué, weltberühmt durch sein Märchen ‹Undine› und vielgelesene Ritterromane, will sich einen Herzenswunsch erfüllen, und den großen Maler Caspar David Friedrich besuchen, dessen Bilder von Schiffbrüchen im Eis, und wilder haidiger Einsamkeit dem Romantiker längst brüderlich zugesagt haben. Den langen, äußerst einfach gekleideten Mann, der ihm öffnet, fragt er: »Kann ich den Maler Friedrich sprechen?«. »Ich bins« entgegnet Jener kurz; und befremdet besieht der elegante Baron jetzt den zuerst für einen Ackerknecht gehaltenen: die zum Gruß gereichte Hand groß und hart wie die eines Zimmermanns; in den tiefen Falten des eindrucksvollen Gesichts ein Niello von Ungewaschenheit; um den Hals ein zarter Reif aus Schmutz. Dennoch wirkt der große Einsame in dem monumental »langen Rock« äußerst eindrucksvoll. Aber auch über diesen ‹langen Rock› kommt von anderer Seite lustige Aufklärung; Kügelgen, der Maler, schreibt in seinen Erinnerungen von dem Gegensatz zu seinem weltmännisch glattrasierten, ordentlichen Künstlervater, »während Friedrich sich bei der Arbeit mit einem langen grauen Reisemantel zu begnügen pflegte, der es zweifelhaft ließ, ob er sonst noch etwas darunter habe: und wer ihn kannte, wußte, daß dies nicht der Fall war!«

Hüser, einer der untergeordneten Generale des Jahres 13, berichtet von dem bekannten Scharnhorst, er sei habituell so dreckig gewesen, daß man sich immer erst ins Gedächtnis hätte zurückrufen müssen, mit welch bedeutendem Mann man sprach; und auch dann habe man einen gewissen Schauder nie überwinden können. Wozu noch Beethoven erwähnen, dem Goethe in einer seiner vorsichtig=distanzierenden Formulierungen schon beim ersten Anblick die ‹ungebändigte Persönlichkeit› bescheinigte; verblüffte Besucher haben es geschildert: wie sie, bereit zu jeder Art Anbetung, eintraten, – und den Einundeinzigsten in Unterhosen sitzen fanden, den Seifenschaum vom Morgen noch als Kranz ums Gesicht, aus dem die Haare trollhaft unwirsch nach oben wucherten, heulend vor Abspannung und Nervosität – aber über Blättern, dicht beschrieben mit Ewigem!

Denn hier liegt der Schlüssel zu all dem Abstoßenden und Bizarren: ein Mensch, der, – ungleich allen anderen Berufen, man vergesse das nie! – sich auch das Material zu seiner Arbeit noch selbst schaffen muß (während alle Anderen es ja ‹vorgelegt› bekommen, sei es als Akte, Lodenjoppenstoff, Rohziegel) hat einfach ‹keine Zeit› für Anderes! Er muß sich die ‹Steine› selbst schaffen, aus denen er dann, immer allein, die Paläste zu errichten hat, die Jahrhunderte überdauern sollen! In allen anderen Berufen ist die ‹Arbeitsteilung› längst vorhanden; der Eine bricht die – auch schon vorhandenen – Blöcke; der nächste zerschlägt sie; der karrt sie fort, der verkauft, transportiert, verbaut sie; während ihm der nächste bereits Mörtel und Eisenträger reicht: da ist leicht Mensch sein! Aber der Künstler, auf unsägliche Weise überbeansprucht, kann seine Leistung nur vollbringen, wenn er dafür die meisten bürgerlichen Funktionen, die zeitraubenden, fallen läßt. Natürlich ist er nie ein ‹angenehmer› Mensch; es sei denn, er verstelle sich einmal zähneknirschend für eine Abendgesellschaft (die es aber später unweigerlich auch ‹kriegt›; sei es als Karikatur, als Satire, als affenhaft höhnische Nachahmung). Der Bürger hat also vollkommen recht, wenn er den Künstler mit Mißtrauen betrachtet; sie verdienen all solche Prädikate wie ‹unsittlich›, ‹komisch›, ‹exzentrisch› – wie Sie sehen, kann man sie sogar ‹dreckig› nennen.

Aber das Werk steht!

DER GRAF VON GLEICHEN.

Zu den doppelbödig=tiefsinnigen Fabeln und Gestalten, die uns das Mittelalter hinterließ – etwa dem Ewigen Juden, den Wahrheitssuchern Parzival und Faust, ebensovielen dichterischen Urproblemen – ist anzumerken, daß unsere bedächtigen Vorfahren auch vor heikleren Stoffen durchaus nicht zurückschreckten; man denke nur an den Tannhäuser, der den Konflikt elementar=allgewaltiger Erotik und befohlener Askese versinnbildlicht (bemerkenswert hier, daß man sich gar nicht scheute, selbst den Papst einmal Unrecht haben zu lassen : der verächtlich in den Boden gestoßene Stab Urbans des Hartherzigen grünte ! Ihm zur Beschämung.)

Und ein ähnlich nachdenkliches Sexualproblem greift auch sie auf, die Sage vom Grafen von Gleichen. – Wie war das doch noch ? : Graf Ernst zieht da von seiner waldumrauschten Thüringer Burg zum Kreuzzug von 1228 aus. Gerät in türkische Gefangenschaft, wo die schöne Tochter seines Besitzers, die sanftbraune Melechsala, in Liebe zu dem stattlichen Giaur entbrennt; sie flieht mit ihm, nachdem er ihr – und nicht nur aus Dankbarkeit, sondern auch voll ehrlicher Zuneigung – die Ehe versprochen hat. In Venedig erfährt er, daß auch seine erste Gattin noch am Leben sei; eilt verstört zum Papst nach Rom, trägt ihm den sonderlichen Fall vor, und erhält den einmaligen Dispens, mit zwei Frauen leben zu dürfen ! Die Türkin läßt sich taufen, und wird ebenfalls mit dem Grafen getraut; dann geht es an die Heimreise, und die frühere Gattin nimmt das Paar freundlich auf. Lange haben sie so zu Dritt beisammen gelebt; noch heute kann man den Grabstein des Grafen im Dom zu Erfurt besehen; wer will, auch noch die Burg Gleichen, 2 km südlich von Wandersleben im Kreise Erfurt. Ja.

Man sieht jedenfalls, daß die »Dreiecksverhältnisse« nicht nur ein Produkt etwa moderner literarischer Perversion sind; sondern kann getrost überzeugt sein, daß, wenn die Fixierung des Stoffes so früh erfolgte, der dargestellte Konflikt doch wohl häufiger sein muß, als man gemeinhin wahrhaben will.

»Ich habe da eine liebenswürdige Familie kennen gelernt,« heißt es bei Schiller am 8. 12. 1787, »eine Frau von Lengefeld«, mit zwei Töchtern, Charlotte und Caroline. Bald findet er »viel Vergnügen« im Umgang mit den beiden Schwestern, von denen er dann bekanntlich auch die jüngere

Charlotte geheiratet hat; noch heute ist es ein literarischer Genuß, die glühenden Liebesbriefe Schillers an diese seine Braut zu lesen. Nur – leider! – ist urkundlich belegbar, daß die Hälfte dieser Briefe an die ältere Schwester, Caroline, gerichtet war! Diese selbst hat, einesteils durchdrungen von dem sehr richtigen Gefühl, daß man keine Zeile des großen Mannes verloren gehen lassen dürfe; andererseits aus ebenso verständlichem Zartgefühl, später mit zitternder Hand bei den leidenschaftlichen Anreden das »Caroline« in »theure Lotte« verwandelt. Und aus diesen Briefen ergibt sich nun, daß die Beschaffenheit des »Vergnügens« allerdings einzig in ihrer Art war: die Heirat mit Charlotte von Lengefeld war keineswegs eine flammende Herzensheirat; seine eigentliche ganz ernsthafte Absicht war, mit den *beiden* Schwestern zusammenzuleben! So bekennt er selbst ganz naiv in einem Brief aus Jena vom 15.11.1789: »Dieses Dasein (die Doppelehe!) wird uns über alle Menschen um uns her hinwegrücken. Unser himmlisches Leben wird ein Geheimnis für sie bleiben, auch wenn sie Zeugen davon sind. Frei und sicher bewegt sich meine Seele unter Euch, und immer liebevoller kommt sie von Einer zur Andern zurück – derselbe Stern, der nur verschieden wiederscheint aus verschiedenen Spiegeln. Was Caroline vor Dir voraus hat, meine Lotte, mußt Du von mir empfangen; Deine Seele muß sich in meiner Liebe entfalten und mein Geschöpf mußt Du sein. Caroline hat mehr Empfindungen in mir zur Sprache gebracht, als Du meine Lotte. Wie schön ist unser Verhältnis gestellt von dem Schicksal! Worte schildern diese zarten Beziehungen nicht, aber fein und scharf empfindet sie die Seele.« Eine unnötige Pikanterie des Schicksals war es noch zusätzlich, daß Caroline bereits anderweitig, allerdings unglücklich, verheiratet war; aber auch dafür weiß Schiller Rat: »Bleibe ich in Jena, so will ich mich gern ein Jahr und etwas darüber mit der Notwendigkeit aussöhnen, daß Du mit Beulwitz (Carolinens Mann) allein lebst. Von diesem Jahr könntest Du die Hälfte bei uns zubringen,« usw. –

Gottfried August Bürger, der eigentliche Balladendichter der Deutschen, hatte 1774 geheiratet; aber sogleich nach der Hochzeit ergriff ihn die heftigste Leidenschaft für die jüngere Schwester seiner Frau, jene Auguste, die unter dem Decknamen »Molly« als eine der großen Geliebten unserer Literatur berühmt geworden ist. Sieben Jahre lang lebte Bürger, in vollendeter Doppelehe mit den beiden Schwestern. Nach dem Tode der ersten Gattin, heiratete er dann offiziell seine Molly; die aber schon nach wenigen Monaten ebenfalls starb. In einem Brief an seine dritte Braut endlich, einem menschlich wie dichterisch gleich erschütternden Dokument, hat er dann seine früheren verwirrenden Lebensverhältnisse ungeschminkt geschildert.

Jonathan Swift, einer der gewetztesten Geister, Satiriker und Menschenhasser hohen Grades, faßte noch in den Fünfzigen die berühmte Doppelneigung zu Esther Johnson (»Stella«) und Esther van Homrigh (»Vanessa«). Zerrissenen Gefühls schwankte er zwischen Beiden hin und her; er, der Pfarrer, der noch nicht, wie die späteren Mormonen, aus der Bibel herausgelesen hatte, daß die Vielweiberei ein Gott wohlgefälliges Institut sei. Obwohl er sich mit den häufigen »Ehen zur linken Hand« der regierenden Herren hätte trösten können, die die devote Kirche in solchen Fällen unbedenklich einzusegnen pflegte : hatten doch selbst Luther und Melanchthon ihrem Patron, Philipp dem Großmütigen von Hessen, als angerufene Gewissensräte erlaubt, sich eine »Zufrau« antrauen zu lassen, obwohl sie beide beklommen baten, doch um Gotteswillen nichts von dieser ihrer merkwürdigen Erlaubnis laut werden zu lassen. Ebenso haben höchste protestantische Geistliche Friedr. Wilh. II v. Preußen mehrfach Nebenfrauen angetraut. – Aber das sind ja alles unangenehme Affenstreiche gegen die oben zitierten Fälle schicksalshafter Verfangenheiten.

DIE GROSSE HEBAMMENKUNST.

Wenn das neue Kind geboren ist, und es ist wohlgestaltet und schreit kräftig, da lobt Jeder das ungebärdig=stramme Wesen, besieht wohl auch nickend=anerkennend den Erzeuger – nach dem Namen der geschickten Hebamme fragt Niemand!

Und wenn es erschienen ist, das neue Buch, bunter Worte voll und anregender Ärgernisse, da greift Mancher nach dem rechteckig=gefährlichen Wesen, nennt wohl auch betroffen=nachdenklich den Verfasser: aber welcher Kunstgriffe jener sich bedienen mußte – er, Vater, Mutter, Kind und Hebamme zugleich! – um ein neues Regsames glücklich ans Tageslicht zu fördern, danach wird kaum gefragt! –

Als Goethe eines Tages in das Arbeitszimmer seines »Freundes« Schiller trat – man kann das Wort sehr getrost in Anführungsstriche setzen; denn diese »Freundschaft« wurde hauptsächlich von arglosen Germanisten erfunden, ihrem gutmütigen Volke zu Gefallen, das zwei seiner großen Dichter gern Hand in Hand sehen will, wie es ja seitdem jedes pflichtbewußte Denkmal auch zeigt – da befiel ihn am Schreibtisch ein ausgesprochenes Schnüffeln. Er sah Frau Charlotte an; und diese zog achselzuckend das Schubfach auf, aus dem ein wahres Konzert süßlichst=fauliger Gestänke quoll: es war gefüllt mit modernden Äpfeln, in allen Stadien und Farben nur denkbarer Verwesung von Pflanzenleibern: »Er sagt, es rege ihn beim Schreiben an!«

Für Goethe selbst war die große Anregung Frauenschönheit; er hat es anstandslos bekannt, und in seiner großartig=naiven Sinnlichkeit oftmals in herrlichsten Versen geschildert, wie er »danach« nachts noch lange wach lag, und auf dem vollen nackten Frauenrücken »elegisches Maaß« sich »gefingert« hätte.

Christoph Martin Wieland, der große Romancier unseres achtzehnten Jahrhunderts und der Erprober kühnster Prosaformen, gestand Schiller einmal, daß ihn zwar schon starke Hefte leeren Schreibpapieres – nicht schneeweiß, sondern leicht gelblich, und sehr fest –, sowie ein Bündel neu geschnittener Rabenfedern recht inspirieren könnten; sein eigentliches Hausmittel zur Auslösung dichterischer Bildkraft jedoch sei dieses: lange leere Zimmerfluchten, mit hellstem goldigen Licht erfüllt, einzelne, ausgesucht schöne Möbel darin auf graziösen Beinen, auf dem leeren Diwan vielleicht noch ein altes kostbares Musikinstrument. Bei solchem Anblick beginne seine Phantasie unaufhaltsam zu arbeiten und bevölkere mühelos die Räume. »Deswegen hat er eine gar sonderbare Neigung um Fürsten zu wohnen« fügt Schiller, – überflüssig ironisch; wir haben *sein* Geheimmittel ja schon gesehen! – dem Brief an Körner bei.

Sehr geläufig ist es auch im Publikum, das die starken einprägsamen Formulierungen ja liebt, von einem Dichter zu behaupten, er habe »Alles im Suff« geschrieben; oder – um auf das einleitende Bild zurückzugreifen – die Hebamme habe das Kind gezeugt! Das ist natürlich eine völlige Verkennung der Sachlage. Wohl ist der Alkohol für viele Autoren »ihr« Mittel gewesen; aber die, meist recht kleinen, und sorgfältigst dosierten, Gaben geistiger Getränke haben eine ganz andere Funktion. Nicht einmal die der Erhöhung der Bildkraft der Seele; sondern der Entfernung alles Hinderlichen. Scheffel, Grabbe, Hoffmann, Poe, maaßen sich ihre Ration weit mehr als »Startschuß« zu; als Lockerung der Wortbremse; als Mittel, am raschesten die notwendige Naivität und Rücksichtslosigkeit gegenüber der Sprache und den Dingen herzustellen; um das störende Trümmerfeld des Alltags am schnellsten hinter die Bühne zu drehen. Zugegeben, es ist dies auf die Dauer eines der »ungesundesten« Mittel; aber was soll man tun, wenn andere nicht anschlagen? Zudem ist Alkohol eben die am leichtesten erreichbare und auch relativ billigste aller Drogen. Trakl, von Beruf Apotheker, dem die Nervengifte, auch die gesetzlich kontrollierten, unschwer zugänglich waren, erkannte diese als die für ihn geeignetste Peitsche in die Unsterblichkeit.

Cooper, der der Weltliteratur eine neue ihrer ganz großen Gestalten, den mächtigen »Lederstrumpf«, schenkte, begab sich, wenn Erfindungsgabe und Kompositionskraft zu erlahmen begannen, in sein wildnisähnliches Grundstück drüben, am anderen Ufer des Otsegosees, wo er, vom Standpunkt des Fachmannes aus, viel gärtnerischen Unfug anrichtete. Aber er war allein dort, und hatte sich mehrere Ecken so geschickt eingerichtet, daß er sich absolut einsam wähnen konnte. Auch darin nämlich glich er durchaus seinem unsterblichen Helden, daß er eine Besiedlungsdichte von 1 Mann pro Quadratkilometer als höchst unnötige Überbevölkerung betrachtete. Solche Gärtnerei als Stimulans, (diesmal allerdings in so reinlich=zierlichem Rokokostil, daß man schon wieder von »Ordnungszwang« sprechen muß) bevorzugte auch der heute leider und ganz zu Unrecht vollständig vergessene Barthold Heinrich Brockes.

Dichter gab es, die nur im Wandern schreiben konnten. Fouqué betete im späteren Alter jedesmal vor Beginn des Tagespensums, und schrieb dieser Gewohnheit alles Gelungene zu – obwohl er nachdenklicherweise wesentlich Höheres leistete, früher, als er noch Säbel sammelte.

»Grillen«?: O nein! Es ist die große Hebammenkunst!

NICHTS IST MIR ZU KLEIN.

»Um größre Schmerzen zu vermeiden, / entschloß ich mich, daß mir ein Zahn, / der mir bishero weh getan, / würd ausgebrochen zu erleiden.« meldet ein Gedicht vom Jahre 1723. Und sein Verfasser, der weiland hamburger Ratsherr und hochberühmte Dichter Barthold Heinrich Brockes, beginnt die immer wieder zeitgemäße Operation genau abzuschildern : wie er sich vorgenommen, die »strenge Pein« beherzt auszustehen; wie selbst dem »geschickten Carpser«, dem seinerzeit renommiertesten Arzt ganz Norddeutschlands, beim Anblick des übernormalen Ungeheuers von krankem Backenzahn Bedenken kamen. Aber : »er setzte drauf den Pelican, (= Zange) / den ich vorhero wohl besehen, / mit Krafft und Vorsicht an. – / Wir hielten uns im Anfang Beyde gut : / er brach; ich hielte fest; noch fester doch der Zahn. / Er knackt; ich wiche nicht. Doch endlich war mein Muth / noch eher als der Zahn gebrochen. / Es riß ein gräßliches Gekrach, / wodurch des gantzen Hauptes Knochen / zu spalten schien, ein kurtz doch kläglich Ach / mir aus der Brust.« Dabei ist der Zahn nur gesplittert ! Der Arzt muß jetzt zum Messer greifen, und mühsam das Zahnfleisch ablösen – alles hübsch ohne Betäubung ! – bis Brockes endlich, nach halbstündiger Operation, den Zahn »aus Carpsers blutgen Händen« entgegennehmen kann : »Kaum konnte mir, ihn hin und her zu kehren, / die Zacken anzusehen, ein kalter Schauer wehren, / der plötzlich mich befiel; / ich leget ihn denn nieder.« Ich möchte ausdrücklich davor warnen, das kleine Stilleben Jemandem in die Hand geraten zu lassen der selbst eben auf dem Wege zum Dentisten ist. –

Bekanntlich war es dem Apotheker Nikolaus Markgraf gelungen, künstliche Diamanten herzustellen – wie Jeder aus Jean Pauls großem komischen Roman »Der Komet« wissen muß. Was gibt es da wohl für die freudetrunkene gute Seele Angelegentlicheres, als seinem armen Feinde, dem Unteraufschläger Schleifenheimer, eine Rolle mit 100 Gulden durchs Dachfenster schieben zu wollen ? Man legt also die hohe Leiter ans Haus, er steigt hinauf – als doch der nie rastende Teufel ausgerechnet eben jetzt den Nachtwächter vorbeiführt, der die Wohltäter für Diebe hält, all'arme schreit; und sogleich beginnt eine der großen klassischen Prügeleien der Weltliteratur. Um die Operationen beider Parteien präziser beschreiben zu können, wird jede Person in einen rechten und einen linken Flügel (= die Arme) eingeteilt, und dann Ausfall für Ausfall, Schlag für Schlag diese »Schlacht bei Rom« reportiert. (Man wird mir für den Hinweis auf das Nachtgefecht dankbar sein; gerade heute, wo viele von uns behaglich gewohnt sind, ganze Stunden lang am Radio mitanzuhören, wie »braune Bomber« die Arme anwinkeln, sich die Ochsenbrüste klatschen, und die Augenbrauen für Geld spalten.) Eine Aufzählung dieser seitenlangen »Prügelszenen« auch nur in den Werken der »höchsten« Literatur würde viel Raum in Anspruch nehmen, ich erinnere nur an die leicht erreichbaren im »Don Quijote« oder »Tom Jones«; des »Hudibras« ganz zu geschweigen, wo eine davon gar mit der tiefsinnigen Feinbeobachtung schließt : »As no man can draw in his breath / at once and force air out beneath.«

Ja, aber sind denn dergleichen Rohheiten ein Gegenstand für einen Dichter ? höre ich feinsinnige Leser(innen) fragen; und frage zurück : Sind sie *kein* Gegenstand für einen Dichter ? Wobei wir wieder einmal bei einer der Grundfragen aller Literatur angelangt wären : Soll der Schriftsteller das Leben fixieren, wie es wirklich ist; oder soll er es schildern, wie es »sein sollte« ?

Ich möchte hervorheben, daß ich nicht etwa solchen Beschreibungen, wie der folgenden das Wort rede; die diesmal von einem vormärzlich=keuschen, völlig unverdächtigen, dabei wirklich bedeutenden, Dichter stammt : »Hans ging an der Milchbäuerin vorüber und begab sich zu den zwei Brunnenhäuschen. Dort lehnte er die Axt an den Stamm der Linde, kniete vor der Tür des einen Häuschens nieder, nahm den Stiel des Schöpfers, schöpfte sich Wasser heraus und trank einen Teil davon. Mit dem Reste benetzte er sich die Stirne, benetzte sich die Augenbrauen, die Augenlider und dann die Augen selber. Er ließ eine geraume Zeit das Naß auf diesen Teilen des Körpers liegen, dann zog er ein Taschentuch hervor und trocknete sich ab. Als dies geschehen war, schüttete er das Wasser, das noch in dem kleinen Schöpfkübel war, aus, und schöpfte sich neues. Von diesem tat er noch einmal einen Trunk und schüttete den Rest in den Brunnen zurück. Hierauf legte er den Schöpfkübel in seine gewöhnliche schwimmende Lage auf das Wasser und erhob sich von den Knieen. Er nahm wieder die Axt, und schlug den Weg zwischen den Baumreihen ein.« Es handelt sich nebenbei hier um den berühmten Adalbert Stifter (»Der beschriebene Tännling«); und wenn auch Stil und Prosamethode herzzerreißend langweilig, sowie alle seine Helden Menschen ohne Unterleib sind, ergibt sich doch ein weiteres gutes Beispiel für die rücksichtslose Benutzung des großen Zeughauses der Wirklichkeit.

»Nichts ist mir zu klein, / und ich lieb es trotzdem, / und mal' es auf Goldgrund und groß« sang einst Rilke; woran trotz der bestechenden Formulierung jedoch nur die erste Zeile annehmbar ist : denn der Dichter muß gewiß Alles malen, zugegeben. Aber »lieben« kann man deswegen nicht Alles; und die »Nachtseiten der Natur« en miniature auf Goldgrund zu pinseln, bedeutet ebenfalls schon wieder eine verfälschende Betrachtungsweise ! Keine Apotheose des Misthaufens, durchaus nicht; aber wenn dem Dichter in seiner Fabel Zahnschmerz und Durchfall begegnen – und wer von uns kennte dergleichen nicht überflüssig am eigenen Leibe ! – sollte er der Begegnung mit der Wirklichkeit nicht ausweichen. Wenn beim Shakespeare Junker Toby rülpst, und auf die Heringe flucht, die ihm aufstoßen, so steht mit einem Zuge der ganze Rüpel vor uns; und Shakespeare war doch wohl ein großer Mann. Und im ewigen »Sturm« führt der zarte Luftgeist Ariel die Aufrührer – in die Jauchegrube; denn in der Welt gibt es nun einmal beides : Äther und Schlamm.

DIE GROSSEN SPINNEN.

Wenn man mehrere große Spinnen zusammen in ein Glas setzt – so geht eine unausrottbar alte Volksweisheit – beginnen sie sogleich miteinander zu kämpfen, ja, fressen sich sogar gegenseitig auf, bis am Ende nur noch die eine, wildeste, zurückgeblieben ist. Es sind also ausgesprochen bissig=ungesellige Tiere, Liebhaber mürrischer Einsamkeit; dabei aber die unbestreitbaren Künstler märchenhafter Gewebe, so abstoßend ihre Sitten – vielmehr Unsitten – zunächst auch scheinen mögen. –

»Hier in Weimar,« schreibt Schiller am 10. September 1787 an Körner, »fange ich an, mich ganz leidlich zu befinden. Das Mittel ist: ich frage nach Niemand; und wohin ich nur sehe, pflegt hier Jeder ein Gleiches zu tun. So viele Familien, ebensoviele abgesonderte Schneckenhäuser, aus denen der Eigentümer kaum herausgeht, um sich zu sonnen.« Es ist nämlich lediglich ein volkstümlich=gutmütiger Irrtum, anzunehmen, daß unsere großen Klassiker dort ein Leben wie im Elysium geführt hätten, elegant, geistreich, in »vornehmer Geselligkeit«, im »anregendsten Gedankenaustausch« miteinander; aus den vielbändigen Briefwechseln jener Zeit sieht's schrillend anders heraus! »Goethe bekomme ich gar nicht mehr zu sehen!« klagt Wieland schon 1778: »denn er kommt weder an den Konzerttagen nach Hof, noch zu mir; und zu ihm zu kommen, wiewohl unsere Domänen eben nicht sehr weit von einander liegen, ist auch keine Möglichkeit, seitdem er beinah alle Zugänge verbarrikadiert hat«. Die Brückchen über die Ilm hatte Goethe mit hohen Sperrtüren verriegeln lassen: »Da man nun nicht anders zu ihm dringen kann, als mit einem Zug Artillerie, oder wenigstens mit ein paar Zimmerleuten, die einem den Zugang mit Äxten öffneten, so ist ein gemeiner Mann wie unsereiner gezwungen, das Abenteuer gar aufzugeben.« Herder?: »Er und seine Frau leben in einer egoistischen Einsamkeit, von der sie jeden Erdensohn ausschließen.« Jean Paul resümiert am 18. Juni 1796: »Ein Urteil, das ein Herder, ein Wieland, ein Goethe fällt, wird hier bestritten wie jedes andere; das noch abgerechnet, daß die drei Turmspitzen unserer Literatur – einander meiden!«. Er hätte getrost noch hinzufügen können, daß man auch dort, am Musensitz, einander Beine stellte, soviel man nur hatte.

Ich wage das Diktum, daß alle Dichter – und zwar genau proportional ihrer Bedeutung nach wachsend – im bürgerlichen Sinne ungesellige, freundlose Subjekte waren!

Die Wunschträume des gewaltigen Edgar Poe waren unvermeidlich »Visionen von Schiffbruch, Zerstörung und Hungersnot. Tod oder Gefangenschaft unter barbarisch=sprachlosen Horden. Ein langes Leben voller Gram und Tränen auf einer nackten farblosen Klippe in Weltmeeren, unbekannt und unbefahrbar.« – welch ein Gegensatz zu den Gedankenspielen des Normalmenschen, der sich als gefeierten Sänger, Zirkusprinzessin oder sonst irgendeine Czardasfürstin zu träumen pflegt!

Cooper bekannte seinem Bruder ungescheut: »Wildnisse sinds, nach denen ich mich sehne; hier der Ort ist mir viel zu volkreich und verkünstelt!« Wobei die eigentliche Feinheit darin liegt, daß Cooperstown damals etwa 50 Häuser zählte, und die Bevölkerung aus wahrlich nicht überfeinerten Hinterwäldlern bestand. Aber er war eben nicht umsonst der Schöpfer des grimmigen alten Lederstrumpf, der in die riesige Douglasfichte vor seiner Hüttentür für jeden neu ankommenden Siedler eine Kerbe einschnitt: als er die Zahl siebzehn erreicht hatte, ertrug es sein ehrliches Herz nicht länger; er schulterte die nie fehlende Rifle, pfiff seinem gleichermaaßen zähen Hundegreis, und trabte angewidert weiter: in den leeren Westen.

»Ich wohne 4 Stunden von Bremen, im sogenannten Teufelsmoor« berichtet Samuel Christian Pape, einer der Sänger des »Hainbundes«: »Kirche, Pfarre und Küsterhaus stehen ganz isoliert da, und einsam.« Und es folgt die dem Kenner alles enthüllende Entdeckung: »Ich lebe vergnügt, wie ich selten gewesen bin!« Damit streitet durchaus nicht, daß sein Biograph auch von seinem »in Gesellschaften hastigen und lauten Wesen« weiß, und von seiner schon im Kindesalter bemerkenswerten Unrast, wie er »keinem Gegenstand im Zimmer lange seinen Platz gönnen mochte« – dieser nervöse »Tapetenwechsel« ist typisch für eine nur scheinbare Variante der seltsamen Webmeister.

Wohl nämlich klagen Manche über »Isolierung« an ihren Wohnplätzen. Lessing stöhnt über »die unerträgliche Einsamkeit seines verwunschenen Schlosses« im kleinstädtischen Wolfenbüttel. Leibniz klagte: »Es ist mein Unglück, daß ich nicht in einer großen Stadt lebe. Hier in Hannover findet man kaum Jemand, mit dem man sprechen kann.« Lichtenberg schreibt neidisch an Forster: »Heil Ihnen, daß Sie in London sind – mein Herz blutet, wenn ich bedenke, daß England noch steht, und ich nicht darin sein kann.« Aber genauer besehen war es stets nur der Mangel an eben jenem »Tapetenwechsel«; die »Ablösung« der Gedanken, ihre Zerstreuung etwa durch Schauspielergesellschaft, flackerndes Gespräch am Kneipentisch, die hetzenden Rufe der Glücksspieler, die witzige Debatte mit wendigen Journalisten, wie sie vor allem Lessing gewohnt war, »als

Gegengewicht gegen sein mächtig arbeitendes Inneres« wie der alte kluge Goethe sehr richtig erkannte. Sie suchten nämlich instinktiv nie die Gesell= oder Freundschaft gleich oder ähnlich großer Männer!

Und ihre Werke entstanden doch in der beseufzten Einsamkeit.

DREI SCHWESTERN.

Man muß schon eine sehr gute Karte von England haben, um das Dörfchen Hartshead darauf zu finden; da kommt erst ein Hügelland (mit dem »höchsten Berg« Englands, dem Whernside, darin : 728 Meter stellt man lächelnd fest); dann die flachgewölbten Haidehügel der »Wolds« mit langsamen stummen Schafheerden, und endlich die wüsten Yorkmoore, schwarz vom Torfboden, einsam, voll dürrer oder fleischfressender Pflanzen. An die auch heute noch öden Landstriche grenzt im Nordwesten, gespeist von den Bodenschätzen Kohle und Eisen, das große Industriegebiet von Leeds=Bradford; der dürftigen Landbevölkerung gesellen sich ohne Übergang die Arbeitermassen der Fabrikstädte.

Hier, in Hartshead, wirkte zu Anfang des vorigen Jahrhunderts der Landpfarrer Patrick Brontë. Von seinen Kindern waren 3 Töchter am Leben geblieben; obwohl auch sie zarter Gesundheit und ständig kränkelnd. (Dazu noch ein unbedeutender Sohn). Der Vater war ein durchaus gebildeter Mann mit festen humanistischen Kenntnissen; auch Besitzer einer für seine Verhältnisse umfänglichen Bibliothek, und hatte sich sogar selbst in »Ländlichen Gedichten« versucht. So erhielten die Kinder schon bei ihm reichliche literarische Anregung, schrieben mit zehn Jahren ihr Verslein, und bekannten sich abends im Bett gegenseitig den Lieblingswunsch : später einmal berühmte Schriftstellerinnen zu werden.

Charlotte war die Älteste (geboren 1816); dann Emily (1819); und endlich Anne (1822).

Den ersten Unterricht gab der Vater selbst; und nicht nur, weil er der dazu geeignetste Mann der Umgebung war, sondern auch der eingeschränkten häuslichen Verhältnisse halber. Später gerieten sie in die hölzernen Hände britisch=kalter Internatstyrannen, religiöser Sadisten, die sie dazu noch halb verhungern ließen; aber es mußte ausgehalten werden : waren sie doch dazu bestimmt, sich später einmal ihr Brot mit Stundengeben zu verdienen. So wurde Charlotte, deren Leben sich am genauesten verfolgen läßt, Lehrerin an derselben Anstalt, in Heckmondwike, an der sie einst Schülerin gewesen war. Versuchte es dann mit Gouvernantenstellen in Familien des niederen Landadels, wo sie tief aus dem Kelch der Hauslehrerfreuden trinken durfte. Und ging endlich mit ihrer Schwester Emily als Lehrerin der englischen Sprache an ein Mädchenpensionat nach Brüssel.

Der Sommer 1845 fand die Drei, gründlich müde des undankbaren Berufes, wieder im Vaterhaus vereinigt.

Durch Zufall entdeckte Charlotte in jenen Tagen ein paar Blätter mit Versen in der Handschrift Emilys; und als sie ihr Entzücken darüber aussprach, brachte auch die jüngere Anne gleichmütig ein Bändchen beschriebenen Papieres herbei: da erwachte mit einem Schlage wieder der Traum der Jugend vom »großen Dichter«! So unerfahren die Drei auch waren, die da begeistert die Köpfe zusammensteckten, so gesund waren doch die Überlegungen, die sie anstellten. Zuerst einmal beschlossen sie, sich Pseudonyme zuzulegen; männlichen Klanges, um der Kritik keinerlei Handhabe zu bieten, sie als »Blaustrümpfe« zu traktieren. So nannte Charlotte sich Currer Bell (C.B., die Anfangsbuchstaben, beibehaltend); Emily wählte Ellis Bell; und Anne entschloß sich als Acton Bell aufzutreten. Das (nebenbei ausgesprochen mittelmäßige!) Gedichtbändchen der Drei wurde zwar gedruckt, verschwand aber sogleich sang= und klanglos wieder; worauf man, leicht geknickt, aber durchaus nicht gebrochen, verabredete, es als nächstes mit Romanen zu versuchen: Mitte 1847 offerierten sie also den Verlegern den »Professor« (Currer); »Wetterhäuser« (Ellis), und »Agnes Grey« (Acton). Die beiden letzteren wurden rasch angenommen; während Charlotte geraten wurde, ein umfangreicheres Produkt einzureichen. Sie tat es mit der seinerzeit berühmten »Jane Eyre«. Da sich der Druck der schwesterlichen Romane verzögert hatte, erschienen alle drei praktisch zur gleichen Zeit, Ende 1847.

Der Erfolg, zumal der »Jane Eyre« war durchschlagend: alle Drei waren jetzt »gedruckt«; alle Drei waren »Dichterinnen«; die kühnsten Pläne schienen nicht zu gewagt. Da brach plötzlich bei allen die Familienkrankheit, die Schwindsucht, aus. Zuerst starb, noch nicht 30 Jahre alt, am 19. Dezember 1848, Emily; und innerhalb weniger Monate folgten ihr Anne († 28. Mai 49), sowie der oben erwähnte Bruder. Charlotte hielt sich noch einige Jahre aufrecht; heiratete sogar im Juni 1854 noch den Hilfsprediger ihres Vaters, den Reverend Arthur Bell Nicholls, starb jedoch ebenfalls am 1. April 1855 – vor hundert Jahren also – zu Haworth. –

Die unbedeutendste der drei Schwestern war Anne (Acton); ihre Gedichte sind beklemmend durchschnittlich; und ihr bereits genannter Roman eine der flachsten Leistungen englischer Familienbelletristik, voller »cant« und Sittsamkeit; wie billig heiratet die geplagte Hauslehrerin=Heldin dann am Ende den Ortspfarrer. Auch die »Leute von Wildfell Hall« sind mäßige Arbeit; ihr fehlte eben die Kraft, andere Flüssigkeiten als die »Milch der frommen Denkungsart« zu würdigen.

Die Älteste, Charlotte, bietet eines der Paradebeispiele der Literaturgeschichte für die Urteilsunfähigkeit der Rezensenten! Gewiß sind ihre

Bücher solide Arbeit der Thackeray=Schule, verläßliche Sterling=Währung, voll von common=sense; gewiß sind ihre Charaktere, zumal die weiblichen, scharf und nicht unoriginell profiliert; aber sie als ausgesprochene »Löwin des Tages« zu feiern, war damals in London völlig unangebracht. Auch ist nicht die beliebte »Jane Eyre«, die sogar als deutsches Bühnenstück (bearbeitet von Charlotte Birch=Pfeiffer grausigen Angedenkens) manche Träne ausgepreßt hat, ihre beste Leistung; ebenso nicht »Villette«, die französische Gouvernantengeschichte (in die sie einen großen Teil ihres ersten, zunächst abgelehnten Romans eingearbeitet hat). Sondern »Shirley«, in dem die Schilderungen des Lebens der ärmeren Landbevölkerung, sowie der Arbeiterstädte zur Zeit der Kontinentalsperre sogar kulturhistorischen Wert haben. Das nämlich zeichnete vor allem die Werke der Schwestern aus : daß sie aus der im einleitenden Abschnitt angedeuteten Spannung der wilden Landschaft schrieben; ihre Sympathien uneingeschränkt den schwer arbeitenden Klassen widmeten; und schärfste Sozialkritik an den »höheren Gesellschaftsschichten« übten.

Das Genie der Familie jedoch war die, ein halbes Jahrhundert lang vor der bändereicheren Schwester fast Übersehene, Emily ! Ihr einziges Buch »Wuthering Heights« (was wohl am präzisesten mit »Wetterhäuser« zu übertragen wäre; etwa wie wir manchmal in Lokalbezeichnungen von den »Siebenhäusern« sprechen) trägt unverkennbar alle Spuren hoher dichterischer Veranlagung. Die überhitzte wirbelnde Luft des Buches; die sommerlich erstarrten, oder schneestiebenden, Hochmoore; die eigenwilligen beiden Cathrinen, oder der Hauptheld, der Schwarztroll Heathcliff, sind von unnachahmlicher Originalität und Kraft. Gewiß hat der Erstling manchen Fehler; die Erzähltechnik ist noch unzulänglich; zuweilen tritt ein Bruch in der Fabel auf; aber unvergeßlich bleibt der Gesamteindruck : ein boshaft=mächtiges Gesicht, auf eine schwarze Klippe im Ödmoor gezeichnet.

DOPPELT DESTILLIERT.

Wenn der Kenner die Kognakflasche hebt, und liebevoll auf dem halbmondförmigen Schildchen am schön schwellenden glasglatten Hals die drei Sternchen betrachtet, dann weiß er weshalb ! : dreifach destilliert aus den Weinen von Armagnac oder Limousin, von Languedoc oder den Departements der Charente ist das aromatische Getränk im Glase vor ihm; und von einer ätherischen Kraft – warum hat man es wohl tiefsinnig ein »geistiges« Getränk genannt ?! – die der, obwohl auch unverächtliche, einfach=sanfte Wein nicht hat. –

Als der preußische Kammergerichtsrat ETA Hoffmann am 24. Januar 1820 sein Arbeitszimmer betrat, fand er, unter anderen Geschenken zum 44. Geburtstage, auch ein Dutzend kostbarer Kupferstiche des alten lothringer Meisters, den er über alles liebte; und nach dem er sogar seinen ersten Erzählungsband benannt hatte, die »Fantasiestücke in Callots Manier«. Diesmal hatte ihm Freund Koreff die seltenen »Balli di Sfessania« auftreiben können, auf denen unnachahmliche italienische Masken springen, mit Guitarren wie mit Geliebten im Tanz wirbeln, halsbrecherisch mit gewaltigen Holzschwertern fechten, Kappenschnäbel und Federhörner über den skurrilen Nasengesichtern. So kühn waren die Verkürzungen, so lebendig die Luftsprünge festgehalten (weit vor und über aller Fotografentechnik), daß Hoffmann stundenlang darüber gebeugt saß, fasziniert von der ersten Destillation überreichlich=verwirrender Realität ins gläsern Fantastische. Wenige Tage danach schon griff er zur Feder; und im September 1820 lag sie fertig vor, die »Prinzessin Brambilla – Ein Capriccio nach Jaques Callot. Von ETA Hoffmann« : die zweite Destillation, vom bildenden Kunstwerk in eine der bedeutendsten Dichtungen der deutschen Sprache. Denn »Prinzessin Brambilla ist eine gar köstliche Schöne,« gestand Heine sogleich; und Baudelaire, der Franzose, hieß sie ehrerbietig : »einen Katechismus der Hochästhetik«.

Und völlig mit Recht. Denn was war hier geschehen ? Gestalten waren unverbesserlich von einem Meisterradierer »fixiert« worden; aber schon aus diesem Wort ergibt sich die »Erstarrung im Raum«, die letzten Endes für unser Gefühl jedem Werk der bildenden Kunst anhängt – anhängen muß; denn sie ist nun einmal eine Kunst des Raumes. Wir aber wissen nur allzu wehmütig=gut, wie der schönste Tanzsprung, der herrlichste Aufschwung, nur Sekunden dauern kann: dann muß sich die Tänzerin wieder graziös zur Erde fallen lassen; soll sich aber, so wollen=wünschen wir es, noch lange weiter drehen, in einer Umgebung, ihr gleichwertig an Anmut und verzaubernder optischer Kraft. Und eben dies war nun hier unerwartet eingetreten: eidechsenglatt hatten die Masken begonnen, durchs gleich buntscheckige Gedränge zu schlüpfen; die Guitarren klimperten vorlaut; Schwert und Tambourin klappten und plapperten fast wie mit verständlichen Worten durcheinander. Zu einem, durch die Kunst bereits gereinigten und geordneten, aber noch mit Unbeweglichkeit verwunschenen Raum, war, ideal ergänzend, die zwar optisch verwaschenere aber mit höchster Regsamkeit begabte Schwesterkunst getreten, und die Gestalten lebten! –

»Zuerst war es mir in einer zu Berlin ausgestellten Gemäldegalerie erschienen: das Ölgemälde einer schönen, seltsam aussehenden Frau, ihre Tracht zwischen dem Europischen und Orientalischen mitten inne, ihr Blick anziehend und abstoßend, herb und mild. Niemand konnte den Meister nennen, oder überhaupt Näheres davon berichten. Auf mich machte es einen fast magischen Eindruck; so daß die Freunde es nur ‹Die Hexe› zu benennen pflegten, weil immer und immer wiederum davor sie mich antrafen, wie einen Gebannten.« berichtet Fouqué, der Dichter der unsterblichen »Undine«, aus dem Jahre 1812. Und so stark war der Eindruck selbst des Hintergrundes von Mohren und Schiffen gewesen, daß er später bekannte: »Die Hexe lebt noch jetzt vor meinem geistigen Auge, und hat sich nach und nach zur ‹Corona› gestaltet, der magischen Heldin meines Rittergedichtes.« Jeder kann nach Belieben das hochromantische Zauberepos aufschlagen, und das immer wieder auftauchende Leitmotiv klingen hören: »Schau diese dunklen Brauen, finstren Locken / und dieser Augen mondlich trüben Schein«.

Heute ist das Buch des alten Geologen O. Fraas »Vor der Sintflut« freilich wissenschaftlich undiskutabel; aber unter seinen »Menageriebildern« befindet sich eines, auf dem Ichthyosaurier laokoonhaft verschlungen stumm miteinander kämpfen: das silbrig öde Meer und die bizarren Felskulissen des Vordergrundes wirkten so suggestiv auf die Einbildungskraft des geistreichen Jules Verne, daß daraus seine »Reise zum Mittelpunkt der Erde« erwuchs, ein Buch von glänzender Erfindung, und unstreitig sein gelungenstes überhaupt. –

Legion ist die Anzahl der Romane und Gedichte, die so entstanden, angeregt vom »Lächeln der Mona Lisa«, oder dem Anblick einer »Griechischen Vase« (Keats); wie oft heißt es in Fieldings »Tom Jones«, daß der oder jener aussah, »wie der Kellner in Hogarth' ‹Weg der Buhlerin›«; und wenn das spontan geschieht, ist es, wie wir sahen, weit mehr als etwa bloße Mode und Mache: es ist die geheimnisvolle ‹Zweite Destillation›.

SCHUTZREDE FÜR DIE LANGEWEILE

(Aus einem Roman).

Meine Freunde !

Die Zeit, unser Leben, ist gewiß das Edelste, was uns verliehen ist. Was unser Dasein zerstört, ist verwerflich und gehäßig; diejenigen, welche solche Zerstörung befördern, sind Verbrecher, sie mögen sich nennen, wie sie wollen.

Je mehr wir aber andererseits die Dauer der Stunde, des Tages, der Woche, fühlen, je mehr werden wir uns auch unseres Lebens bewußt; und dieses fortwährende löbliche und wünschenswerte Gefühl des Da=Seins kann nur durch das hervorgebracht werden, was rastlose Wirbelköpfe obenhin »Langeweile« schelten.

Langeweile ? Auch eines der von jenen Hochfahrenden so leichtfertig in Verruf gebrachten Worte !

Diese »Genies« freilich haben von jeher gesucht, die Zeit zu verkürzen, das Leben zu stehlen, Minuten und Stunden so völlig vergessen zu machen, als wären sie nie da gewesen; und dies vorzüglich vermittels der Poesie, dem Gedicht, dem Drama, der Erzählung. Aber, meine Freunde, darüber können wir wohl Alle einig sein, daß, wo das Gelüst, die Zeit und ihren Fortgang nicht mehr zu bemerken, schon zum Bedürfnis erhoben ist – wo ein also Süchtig=Verwöhnter nicht anders mehr leben mag, als daß ihm die Stunden möglichst eilig dahinschwinden : dies nichts als eine im wahrsten Sinne des Wortes tödliche Krankheit, und berechtigtermaßen der Auszehrung zu vergleichen sei.

Arbeiten wir also im entgegengesetzten Sinne !

Trachten wir dahin, daß uns und unsern Lesern nicht durch »geniale Überraschung«, »hinreißende Darstellung« oder wie der Ahnungslose es gutmütig noch nennen mag, die kostbare Zeit unter den Händen weggestohlen werde; sondern laßt uns redlich bemüht sein, statt zu verkürzen, den Zuschauern und Lesern die Stunden zu verlängern !

Nichts anmutiger, als bei einem Gedicht zu sitzen, und in süßer Langeweile die Zeit rechtschaffen auszukosten, Zeile mit Zeile, und Minute mit Minute zu messen. Da muß mich nichts »frappieren« oder gar »erschüttern« ! Nein : gelassen, ruhig, unmerklich, fließt mein Wesen und das Poem dahin. Man tadle doch nie : diese Gestalt und ihre Schicksale wären uninteressant; hier gingen dem Autor Rede und selbst Grammatik aus. Im

Gegenteil : nur wenn ich ganz gleichgültig bleibe, genieße ich das wahrhaft Gediegene und Korrekte.

Ich persönlich arbeite schon seit Jahr und Tag nach den beschriebenen, als so sehr wohltätig erkannten Prinzipien; und Sie glauben nicht, meine Freunde, ich darf mich wohl etwas dessen rühmen, wie viel Langeweile ich den Menschen schon gemacht habe ! Selbst meine Neider mußten gestehen, wenn sie eines meiner Bücher gelesen hatten, daß ihnen die zwei oder drei Stunden der Lektüre so lang wie sonst wohl zehn geworden wären : nun bedenken Sie einmal den Gewinn, den Überschuß an Zeit und Leben ! Wären nur mehr Menschen meines Entschlusses in der Welt und mit den nötigen Gaben ausgestattet, so könnten auf dem Wege des Kunstgenusses die Sterblichen ja fast wieder die hohen Lebensalter der Patriarchen genießen, wenn ihnen jede Stunde zu dreien und vieren ausgedehnt würde. Und vielleicht brächte man es durch Übung dahin, daß wir Dichter aus einer Stunde zehn bis zwölf machen könnten !

DU BIST ORPLID, MEIN LAND.

Natürlich gibt es auch große Dichter, die ganz ohne »Landschaft« auskommen; deren Gestalten sich in neutral=grauen Räumen bewegen : der Scheinwerfer ist nur auf die leidenschaftlich bewegte Gruppe im Zentrum gerichtet; auf dem unbeteiligten Rundhorizont erscheinen bestenfalls ab und zu Schatten von Baumähnlichem, die Münder von Hohlwegen, die Silhouette einer namenlosen Stadt. Wie gesagt, man kann das machen; und es sind bezeichnenderweise die großen Psychologen, die »Dramatiker«, d.h. die Redner= und Deklamatorennaturen, die sich gewissermaßen am Meßtischblatt einer Landschaft genügen lassen. Dostojewskis Gegenden und Städte sind im Grunde so wenig russisch, daß man nur die Namen seiner Gestalten zu französieren brauchte, und die Geschichte könnte genau so gut in Paris »spielen«. Lessing ist ein anderes gewichtiges Beispiel solcher Ausschaltung des Naturempfindens. Die meisten Romanhandlungen Balzacs geschehen zwischen teilnahmslosen Häuserfronten. Schillers Gärten von Aranjuez haben bloße Kulissenflachheit; die Ermordung des Fiesko könnte mit veränderten Namen in jeder anderen Wasserstadt auch geschehen; und bei den Räubern, die doch ganz präzise in die »Böhmischen Wälder« ziehen, hat es nicht einmal zur Freischützromantik gereicht.

Eine andere Gruppe verwendet wohl Landschaften, und weiß sie Claude-Lorrainhaft darzustellen : da winden sich buschige Gründe, von eiligen Bächen durchrauscht; Burgen krönen Felsen; ein fernes blaues Kap fällt steil ins Meer; Hirten in bunten Stoffen treiben weitgebärdig Vieh an Hainen vorbei; an Triumphbogen gelehnt träumen Bettler im Mondschein; ein Mädchen tanzt auf ihrer Marmorterrasse – das sind die Herren mit den »Erdachten Landschaften«. Mörike hat in seinem prachtvollen »Maler Nolten« gestanden, wie er sich als Kind das fast planetarisch »andere« Land Orplid ersann : mit eigener verwickelter Geschichte; eigenen wilden Wäldern und wurzellos=ätherischen Geschehnissen. Wielands große Griechenromane, unübertrefflich im Menschlich=Geistigen, spielen durchaus in einem imaginierten Hellas mit trocken=heißer Sonne und weißglühenden Häusern. Jean Pauls klingende Schilderungen, sei es im »Kampanerthal« oder dem »Titan«, sind zumeist meteorisch orientiert; d.h. er fixiert gültig Himmelserscheinungen, Gewitter, Morgen=

und Abendröten : aber über einer kosmopolitisch in Europa verstreuten Landschaft. Klopstocks Palästina im »Messias« bleibt ein verschossener Bereich voller Steinkistengräber und »Cedern«. Die großen Romantiker, etwa Tieck im »Sternbald«, befinden sich in – zugegeben schönfarbigen – Sinnesvikariaten; auch das bei ETA Hoffmann durch bestimmte Straßennamen topographisch festgelegte Berlin hat nicht das Charakteristische der sandig=ironischen Spreestadt.

Ein Thema für sich wäre, wie die Sehnsucht die Dichter ihre geistigen Räume suchen heißt; wie sie sich, unzufrieden=unruhig, zum Komplement ihres Daseins heroische Landschaften erbauen. Keiner hat das eindringlicher vorgeführt, als Fouqué, der Dichter der unsterblichen »Undine« : er, der Zeit seines Lebens nie Deutschland verlassen hat, verlegte seine großen Ritterromane grundsätzlich nach dem felsenstarrenden Norwegen; einem ossianisch vergeisterten Schottland; nach einem griechisch schallenden Byzanz, oder den erstickend=giftigen Wüsten eines nach Herodot und der Geographia Nubiensis imaginierten Nordafrika. Mit einer Ausnahme : immer und immer wieder hat er die eine spezielle Landschaft im Weserknie geschildert, die Porta Westphalica und das Steinhuder Meer; weil er dort den unvergeßlichen Roman seiner Undine erlebte, der Jugendgeliebten, die nachher doch »Den Anderen« nahm. Und hier sind ihm dann große Bilder des Weserlandes gelungen.

Womit wir bei der dritten typischen Gruppe, den sogenannten »Realisten« angelangt wären; denen, die präzise eine ganz bestimmte Landschaft, eine nach Länge und Breite fixierbare und benannte Gegend zum Schauplatz ihrer Handlungen sich erkiesen – und ich will gleich zugeben, daß die bloße »Handlung« natürlich darunter »leidet« – es ist eben, im Gegensatz zu den Ersterwähnten, die Gruppe der großen Topographen, bei denen der Mensch in Landschaft, Wind und Gewitter steht; den die hochkreisende Sonne verbrennt; der im Boot über den Dümmer treibt; der von der eisenbahnschienenhaft zusammenlaufenden Pappelallee ergriffen wird, wie vom Bild der heranschreitenden Geliebten.

Schillers flüchtig angedeutetem »Böhmerwald« steht so die Tälerweiteundhöhen des sehr großen Adalbert Stifter gegenüber, der die Gebärde eines winddurchwehten Baumes über Oberplan beschreiben kann, wie den Tanzschritt eines Mädchens. Hier hat Walter Scott recht, der als Vorstudie zum »Redgauntlet« die Ufer des Salway bereiste, und dem Freund, der sich darüber wunderte, daß der große Mann sich über die Dünen bückte und die dort wachsenden Pflanzen mühsam notierte, bedeutete, »daß eben dadurch, diese spezielle Landschaft etwas Einmaliges und Unwiederholbares, also Charakteristisches würde«. Hier floriert der alte Brockes, der in seinem unnachahmlichen »Landleben in Ritzebüttel« ein Stück Deutschland um 1740 »verewigte«; hierher gehört Cooper, dessen Otsego=See immer in der Weltliteratur glitzern wird.

Wer »Recht« hat ? : oh, fragen Sie mich nicht ! Der eine liebt den Körper, der andre das Gewand, der dritte die Seele.

HEGEMEISTER DES GEISTES.

1.) »Über den Brockhaus und seine Tolldreistigkeit bin ich höchst aufgebracht ! Der unverschämte ...... denkt, die Firma da unten sei die Hauptsache; während sie ein Quark ist, danach ernsthafte Leser nicht sehen ! Daß ein Ladenmensch, ein Buchdrucker und seine schwarzen Myrmidonen aus dem Schmierloch, die deutsche Sprache regieren wollen, ist nicht nur ein Übelstand, sondern eine Infamie !« (Schopenhauer).

2.) »All booksellers are rascals !« (Cooper).

Wenn schon das zeitgenössische Publikum versagt; wenngleich künstlerisch unempfindliche (dafür weltanschaulich desto empfindlichere) Rezensenten groteske Fehlurteile abgeben – *einen* verläßlichen Anhalt hat der Dichtergenius doch immer : die ‹Großen Verleger› ! Die, Kenner und Mäzen zugleich, das Gute nicht nur unfehlbar schnell erkennen; sondern auch mutig, allem platten Augenblicksgeschmack und jeder politischen Konjunktur zum Trotz, das unsterbliche Werk durch den Druck fixieren lassen; es so einer verständig=würdigeren Nachwelt weiterreichend. Die dem verzagten Dichter nicht nur Trost und Anerkennung heiter zusprechen; sondern ihm auch durch einen angemessenen Ehrensold die Möglichkeit zu weiterem Schaffen sichern.

So ungefähr denkt sich der kleine Fritz wohl, wenn er seinen Abituraufsatz, ‹Gesicht einer Welt voll unschuldiger Menschen›, mit idealischem Ernst niederschreibt, die Tätigkeit, die ‹Lebensaufgabe› unserer Verleger; und wenn er ‹Sehr Gut› im Deutschen gehabt hat, und selbst schon tüchtig=kleiner Formulierungen fähig ist, fällt ihm vielleicht ‹Hegemeister des Geistes› ein; und er zählt sie ehrerbietig auf, diese Cotta und Brockhaus, die Göschen und Perthes, und wie die herrlichen alten Namen alle heißen, klangvoll und rauschend, wie der Schiffskatalog beim Homer. – – –

»Eifersüchtig in seinem Patriotismus, daß wir zwar Geschichtsforscher und =stoppler genug, aber so wenig Geschichtsschreiber besitzen, war Klopstock auf den Einfall gekommen, auch diese Schmach von uns abwälzen zu helfen, und hatte sich den Siebenjährigen Krieg, Friedrichs Schlachten und Heldentaten, in historischen Bruchstücken zu behandeln als Thema vorgenommen. Diese Stücke waren zu einem ansehnlichen Bande bereits gediehen; und er erfreute und entzückte mich jedesmal, wenn ich in den Wintern nach Hamburg kam, durch ihre Vorlesung.« berichtet C. Fr. Cramer im Jahre 1807; und weiter, wie Klopstock ihn bat, anläßlich einer Reise in die Buchhändlerstadt Leipzig, einen Verleger dafür ausfindig zu machen. Anscheinend nichts leichter als das! Man denke doch nur: ein Werk von Klopstock über Friedrich den Großen: welch Namenspaar! Die pikanteste Materie von der Welt; und welche Behandlung war dem Stoff durch den Verweis auf die formal ähnlichen »Denkmale der Deutschen« in seiner gewaltigen »Gelehrtenrepublik« geworden! Cramer glaubte sich an keinen Liberaleren und von Würde und Aufgabe eines Verlegers mehr Durchdrungenen wenden zu können, als den damals hochrenommierten Göschen. Aber: »Wie fand ich mich getäuscht, und wie sehr erstaunte ich, als mir Einwendungen und Zumutungen dabei gemacht wurden, die zu hören ich durchaus nicht erwartet hatte! Nach einigen gewechselten Reden und Gegenreden« schied Cramer unverrichteter Sache von dannen; abgewiesen mit einer ‹Ware›, die auf den Knieen hätte gesucht werden müssen! Klopstock verbrannte später im Unwillen das ganze Manuskript – heute würde man es mit Gold aufwiegen! ‹Man›: das heißt, die Eintausend guten Leser in Deutschland, und ebensoviel eifrige Germanisten. Aber die Verleger immer noch nicht! Denn sonst würde ja Einer mal inmitten seiner giftig bunten Taschenbuchreihe unauffällig Bände einschieben, wie eben die erwähnte »Gelehrtenrepublik« oder den »Anton Reiser«, Tiecks »Vogelscheuche«, Fouqués »Alethes«, Wielands »Abderiten« oder Holbergs »Niels Klim«. –

Nach sechsjähriger angespanntester Arbeit hat Arthur Schopenhauer den abschließenden Teil seines Lebenswerkes, die »Parerga und Paralipomena«, beendet: »Und nun denken und vernehmen Sie: ich kann keinen Verleger dazu finden! Ich habe das Buch der hiesigen Hermannschen Buchhandlung, Dietrich in Göttingen, dem Brockhaus, Allen ganz umsonst und ohne Honorar, angeboten: wollen's nicht! Hingegen druckt Brockhaus des Chalybäus zwei Bände ‹Ethik. Über die Familie, den Staat und die religiöse Sitte› (nebst einem Eierkuchen dazu!). – Verdrießlich ist mein Unfall, aber demütigend nicht: denn eben melden Zeitungen, daß Lola Montez ihre Memoiren zu schreiben beabsichtige, und die Verleger ihr sogleich große Summen dafür geboten hätten: da wissen wir, woran wir sind!« – Erschwerend kommt hier hinzu, daß Brockhaus früher die »Welt als Wille und Vorstellung« herausgebracht hatte, und also (theoretisch) hätte wissen müssen, daß sich einer der größten Geister aller Zeiten ihm anvertraut hatte: aber der ‹Absatz› war damals eben so schlecht gewesen, daß der Krämer, obwohl längst Halbmillionär, sich vor einem zweiten solchen Experiment wohl hütete!

Gern zugestanden: der Verleger soll ‹Kaufmann› sein (so bedrückend und zwiespältig die Rolle des Zwischenhändlers mit geistigen Produkten – eine Rolle, die für den Redlichen vermutlich gleichviel vom Himmel und der Hölle an sich haben müßte – auch sein mag); wohl soll er dem unbelehrbaren großen Kaufpublikum den begehrten Ganghofer=Griesbrei vorsetzen; mag er getrost die Abzeichen aller jeweils herrschenden politischen Parteien tragen, und die Hammel scheeren, wo immer er sie nur antrifft: aber seine Rechtfertigung fände solch leimrutiges Treiben doch nur dadurch, wenn er nebenher, zäh, unbeirrbar, unauffällig, in kleinen Auflagen, die wahren Dichter seiner Zeit ebenfalls herausbrächte. Wenn. Aber das ist reine Schwärmerei!

Vielmehr berichtet Clemens Brentano von dem seinerzeit recht bekannten Hitzig=Itzig: »Geizig ist er ins Äußerste! Er druckt das Meiste ohne Honorar, z.B. Fouqués ‹Sigurd›, seine Almanache. Spricht immer von Liberalität, Eleganz und Forthelfen der Wissenschaft – und will dabei nur Geld, das ich ihm auch von Herzen wünsche.« Einmal, als er Brentano wieder eine Kantate gratis abgebettelt hat, kommt er gleich am nächsten Tage wieder: um zehn Groschen (sic!) Druckbeihilfe! »Nichts ist mir zu klein, und ich lieb es trotzdem«. –

Der klassische Baron Cotta? Erst reißt er sich um die Manuskripte des nach den Freiheitskriegen unmäßig beliebten Fouqué. Aber bald muß ihm der große Romantiker die üblichen hilflos=groben Autorenbriefe schreiben, da Cotta seine Druckversprechen nicht einhält. Dann fängt der Verleger an, das Honorar herunter zu drücken. Als Fouqués Popularität (aus politischen Gründen) langsam abzunehmen droht, geht Cotta sogleich, pfiffig jede Konjunktur verfolgend, auf Distanz. Als Fouqué eine feine Erzählung, »Galloway und Markloff«, einreicht, läßt man die Sendung erst jahrelang unbeantwortet liegen; und als der Dichter endlich nach seinem geistigen Eigentum fragt, erhält er die dürre Antwort, das Manuskript sei doch längst an ihn zurückgegangen!: Wobei die eigentliche empörende Feinheit die ist, daß es noch heute beim Nachlaß des Redakteurs des damaligen Cottaschen »Morgenblattes« (Gustav Schwab nebenbei) liegt! Als der eben frisch geadelte Cotta – gleichzeitig Großgrundbesitzer, Vizepräsident des württembergischen Landtages, und Reeder von Dampfschifflinien – Fouqué zuletzt gar zumutet, Rezensionen unbeauftragt, und also auf gut Glück einzureichen, da reißt dem Sängerkönig nun doch die Geduld. Das Ende des Verhältnisses ist das üblich=klägliche: erst haben die Dichter ihn reich gemacht, dann ennuyieren sie den Literaturjobber.

Was für eine Stirn gehört nicht dazu, wenn Perthes – gern als vorbildlicher deutscher Mann gepriesen – eben dem gleichen Dichter der unsterblichen »Undine« (der dazu noch sein »Freund« und Duzbruder heißen mußte!) einen historischen Roman unter Berufung auf sein ‹Verlagsprogramm› ablehnt: und gleichzeitig mehrere geschichtliche Schmarren von Anderen bringt?! Als selbst der milde Fouqué ihn erstaunt darauf hinweist, schickt Perthes zur Antwort lediglich die Abrechnung über das zuletzt bei ihm erschienene Buch Fouqués: in 2 Jahren wurden ganze 45 Exemplare der »Liebeslehre« verkauft – dabei hört Kaufmannsfreundschaft eben auf! Derselbe Perthes aber belehrt uns schon auf dem Titel eines seiner eigenen Machwerke wichtig, daß nur der deutsche Buchhandel »die Bedingung des Daseins einer deutschen Nationalliteratur« sei – und ich in meiner Einfalt hatte immer große Dichter für diese erste Bedingung gehalten! Vielleicht kommt ja auch noch ein Papierfabrikant, und weist nach, daß es ohne ihn keine deutsche Dichtung gäbe. –

Goethe fand für den »Götz«, heut als eines der Kleinode unserer Literatur bekannt, keinen Verleger: so unfähig waren die Händler, den Wert des großen Buches zu erkennen. Kaum aber war es im Selbstverlag veröffentlicht, und der Beifall schwoll an: als sich sogleich ein nachdruckender Verleger fand, das Stück in Riesenauflage auf den Markt warf, und natürlich infolge des Spottpreises und seines umfassenden und erprobten Versand= und Propagandaapparates nun ‹das Geschäft machte› – während Goethe auf seinen Exemplaren sitzen blieb, »höchst verlegen, wie ich nur das Papier bezahlen sollte, auf welchem ich die Welt mit meinem Talent bekannt gemacht hatte.«

Aus diesen schönen Geschichten geht zwanglos dreierlei hervor:

einmal, daß die Verleger und ihre literarisch gleich fragwürdigen Berater selten fähig sind, das Gute, ja Ewige, als solches zu erkennen;

daß sie, wenn sie es ausnahmsweise wirklich einsehen, meist zu berechnend= feige sind, es zu bringen;

und endlich, falls sie es einmal doch ächzend und sich selbst bewundernd wagen, und das Geld dann nicht gleich im Kasten klingt – der Autor endgültig für sie erledigt ist. Heute wie eh und je.

Berater und Helfer des Dichters?: Warum wohl hat Lessing – auch zeit seines Lebens schlecht bezahlt, und gezwungen, sich buchstäblich zuschanden zu arbeiten – sein buchhändlerisches Projekt »Leben und leben lassen« entworfen? (Wo eine ideale Autorengemeinschaft die Bücher herstellt: ein Drittel des Buchpreises wird auf Druck und Einband verwendet; ein Drittel erhält der Dichter – anstatt der heute üblichen empörenden 8 bis 12 Prozent!; vom letzten Drittel werden Verwaltungskosten, Reklame und Versand bestritten). Warum läßt er in der Fabel die Eule den Schatzgräber fragen: »Weil ich stille Betrachtungen liebe, kann ich deswegen von der

Luft leben? Ich weiß zwar wohl, daß Ihr Menschen es von Euren Gelehrten verlangt .....«

Widerliche Gesellen sind diese Künstler; immer reden sie von Geld. Wie wohltuend=edel dagegen die Verleger, die stets von Kunst sprechen!

Und nun lesen Sie noch einmal die beiden Motti.

NOTWENDIGE BERICHTIGUNG

der Legende vom braven Mann; zugleich eine nachdenkliche Probe verschiedenartiger Geschichtsauffassung.

> »The diverting history of John Gilpin / showing, how he went farther than he intended, / and came safe home again.« (Cowper)

Es ist hier an keine Besprechung von Roedls Claudius=Biographie gedacht; zu fern liegen der christlich=konservativ imprägnierte Gegenstand und die entsprechend mild=gewandte Technik meinen eigenen Bestrebungen. Das literaturgeschichtliche Material wird im allgemeinen einwandfrei sein; obwohl nichts darunter ist, was nicht schon vorher, oft sogar mehrfach, gedruckt vorlag. Einzelne Lücken sieht nur der Spezialist; wie etwa das überhaupt nicht erwähnte Verhältnis Claudius : Fouqué.

Als Verfasser einer (noch ungedruckten) ersten Biographie eben dieses angeführten großen Romantikers, las ich mit besonderem Interesse Roedls Darstellung der Hamburger Ereignisse 1813 (Ss. 428 ff.); also sowohl vom »barbarischen« Marschall Davout; von dem herrlichen deutschen Mann Friedrich Perthes, der so ganz anders ist, als sonst Verleger, die »nur dem Gewinn des Unternehmers, und der Sensationslust des Publikums dienen«; und von dem es beim Anmarsch der Franzosen dann konsequent heißt: »Perthes verteidigt mit der notdürftig ausgebildeten Bürgergarde die Stadt.«

Da jene »Große Zeit« der Freiheitskriege, und die nämlichen Gestalten zwangsläufig auch mir bei meinen Arbeiten immer wieder begegneten, wird es zumindest das Publikum belustigen – vielleicht gar zur Rektifizierung einseitig=roedlscher Darstellung beitragen – wenn kurz der Eindruck skizziert wird, den ich von jenen Ereignissen erhalten habe. –

* * *

> »John Gilpin was a citizen of credit and renown; / a train=band captain eke was he, of famous London town.«

Friedrich Perthes ist 1772 in Rudolstadt geboren, früh verwaist, und bei Bekannten aufgezogen worden. Mit dürftiger Schulbildung ausgestattet (was einem Verleger nur nützen kann; der Geist als Widersacher des Geschäfts!) kommt er schon mit 15 Jahren ins Buchhändlerfach nach Leipzig: hier lernt er, nach eigenem unschuldigen Geständnis, die »literarischen Bedürfnisse der verschiedenen Gegenden Deutschlands« kennen; also ebenso wie ein künftiger Textilkaufmann sich informiert, wo man Sepplhosen trägt, und wann man Lodenjoppen anbieten darf. 1796 eröffnet er in Hamburg, fast ohne Kapital, eine Sortimentsbuchhandlung: »Durch seine Rührigkeit und Tüchtigkeit, die sich besonders in dem richtigen Erkennen des Buchhandels und seiner Bedürfnisse äußerte«, erwarb er sich rasch einen großen Kundenkreis; und, was solchen Konjunkturrittern zur Tarnung immer besonders wertvoll ist, auch ausgedehnte literarische Bekanntschaften. Grundstücksspekulationen wurden nicht verschmäht; andrerseits wird von seinem »schlechten Zahlengedächtnis« gesprochen – ich stelle mir vor, armen vorschußheischenden Autoren gegenüber. 1805 schon erwarb er ein eigenes großes Haus in bester Lage; Varnhagen hat die Bedürfnisanstalt geschildert, den »Buchladen meines Freundes Perthes am Jungfernstieg, mit der reizenden Lage, der schönen Einrichtung, den weiten Räumen, und den aufgereihten Vorräten alles Neuen, Wertvollen und Anziehenden in= und ausländischer Literatur.« Bei den Seinen »schiebt Gott eben nach«, wie Perthes es einmal geistreich formuliert.

Durch die französische Besetzung Norddeutschlands nach 1806 wurde zwar der wichtige englische Handel lahmgelegt; aber Perthes wußte sich zu helfen: gab einerseits das »Vaterländische Museum« heraus, was ihm Beifall und viel Freundschaft der damaligen »Deutschen Männer« eintrug. Auf der anderen Seite edierte und vertrieb er mit der gleichen bauchrednerischen Geschicklichkeit einige hundert Bücher in französischer Sprache; zumal, nachdem die Stadt 1810 dem Kaiserreich einverleibt worden war, wußte er sich das Recht zur Herausgabe aller Verordnungen und Gesetzessammlungen zu verschaffen; die »Jahrbücher für die Hanseatischen Departements«, die neben schätzbaren statistischen Angaben auch die sykophantischsten Loblieder auf Frankreich enthalten, entstanden auf seine ureigenste Anregung: »Herr Perthes, von welchem die erste Idee und der Plan dieses Unternehmens herrühren, hat durch Herbeischaffung von Materialien so thätig für die Vervollkommnung des Werks gesorgt, daß hierin nichts zu wünschen übrig blieb« rühmt der Herausgeber im Vorwort – und siehe, Gottes Segen war bei Cohn: »trotz des Druckes gedieh sein Geschäft aufs Beste«

> »for loss of pence, full well he knew, / would trouble him much more!«

* * *

Im März 1813 nahten sich nun endlich die »Befreier« Norddeutschlands: der Allerweltsgeneral, und tatkräftige Förderer der metternichschen Stammreihe, Tettenborn; und ich gebe, wie versprochen, einen Bericht über die damaligen »Hamburger Ereignisse«, weil sie aufs köstlichste nicht nur Roedls oben zitierte schmückende Beiworte, sondern auch zeitlos=gültig die fragwürdige Seite jedes Heiligen Krieges illustrieren. –

Nun, als Tettenborn einzog – die Kosacken sanken, berauscht von so viel Liebe und Wein, in die Haferberge um die Füße ihrer Rosse; die feierlich überreichten kostbaren Schlüssel der Stadt verschwanden sogleich, und wurden nicht mehr gesehen – da schien es auch Perthes endgültig an der Zeit, in männlichem Zorn aufzulodern.

> »Good luck, quoth he, yet bring it me; my leathern belt likewise, / in which I bear my trusty sword, when I do exercise.«

Er wurde tätiger Beförderer und Offizier der »Bürgergarde« sowie der »Hanseatischen Legion«; von denen es bei Skeptikern allerdings heißt: »Einige ehrsame Leute fanden sich wohl auch; aber daneben lief alles lose Gesindel, das auf lustiges Leben ausging, zusammen; zum Teil Buben von 14/15 Jahren: Alles ward willig eingeschrieben. .... Die Offiziere wie man sie fand, ganz nach Verhältnis: Pharaobanker, Cassierte, Pensionierte. So waren die Cadres von ein paar Bataillonen bald voll; der grüne Kaftan und die weiten Hosen bedeckten alle Blößen.« Im Süden, auf der Elbinsel Wilhelmsburg wurde etwa stationiert »die Artillerie der hanseatischen Legion« – d.h. zwei Feldstücke!

Viele der sich amüsant immer höher befördernden »Offiziere« (die zuvor bestenfalls mit Uniformtuch gehandelt hatten!

> »I am a linen-draper bold, / as all the world does know«)

gingen ja vernünftig=schlicht gekleidet, so der Kommandant der Bürgergarde, von Hess (also nicht Perthes, wie man nach Roedls Darstellung annehmen muß!); »der kleine lebhafte Perthes dagegen strotzte in einer gestickten Stabsuniform mit langem Säbel«,

> »Then over all, that he might be equipped from top to toe, / his long red cloak, well brushed and neat, he manfully did throw.«

Er war ja auch »Chef des Generalstabs der Bürgergarde« geworden, der alte Schlachtenlenker, und Tag und Nacht auf den Beinchen.

»So like an arrow swift he flew, shot by an archer strong, / so did he fly; which brings me to the middle of my song.«

Hätte niemand anders als die Herren selbst sich mit solchen Affenstreichen vergnügt, so wäre das Schauspiel lediglich belächelnswert gewesen; so aber ruinierte ihr verantwortungsloses Treiben eine ganze Großstadt! Denn Keiner von ihnen hielt einen Augenblick inne, um sich zu fragen, wie denn ein nur auf Beute und wüsten Ruhm bedachter vagierender Freischärler wie Tettenborn, *mit ganzen 1400 Mann leichtester Reiterei,* Norddeutschland von den Franzosen »reinigen«, oder auch nur Hamburg gegen den unweigerlich zu erwartenden Gegenstoß verteidigen wollte! »Ein Parteigänger hatte die Freunde der guten Sache getäuscht; um des Gelingens eines Streifzugs halber das Wohl einer großen Stadt auf das gewagteste Spiel gesetzt; und voreilig veranlaßt, was zu seiner Zeit viel unschädlicher erfolgt sein würde: aber der große Haufen rechnete nicht, oder wollte nicht rechnen.« So wußte schon damals der dänische Konsul in Altona, Rist, der unaufhörlich vor Varnhagen, Pfuel, und Tettenborn warnte: daß dieser auf gut nowgorodisch den angesehenen Kaufmann Godefrey mit dem Kantschu attackierte, war ja nur eine liebenswürdige Schwäche des großen Mannes; daß er selbst das Ehrenbürgerrecht der Stadt forderte (sic!) und mit einem kleinen Douceur von 5.000 Louisdors erhielt, war wohl gleichfalls nicht mehr als billig; und wie man erst auf seinen Aufruf zu Geldspenden für die »Gute Sache« reagierte, gehört zu den rührendsten Goldgabichfüreisenzügen jener Zeit:

»Da gaben Reiche und Arme mit löblichem Eifer; da leerten die Kinder ihre Sparbüchsen; da zog die Jungfrau den Ring vom Finger, und opferte das Geschmeide; da ward werter Geschenke nicht geschont; der Knecht und die Magd brachten ihr Erspartes; die Witwe des seligen Mannes silberne Hemdknöpfe: rührend waren die täglichen Verzeichnisse zu lesen!« gesteht der Augenzeuge Rist. Freilich muß er sogleich hinzufügen: »Aber weiter ist von ihnen auch keine Spur geblieben. Die Gauner und Schelme, welche in russischer Uniform unter Tettenborns Augen mit der Annahme beauftragt waren, haben nie Rechnung davon abgelegt, und es ist zu den widerlichsten Erörterungen gekommen. Genug: diese heiligen Gaben sind meist gestohlen und verpraßt worden; während die, welche solche opferten, ihrer noch mit Herzerhebung gedachten.«

Denn die Partisanen waren inzwischen das Wühlen und Prassen gewöhnt geworden, und »die Lotterwirtschaft mochte doch manchen Freund der Ordnung mit Kopfschütteln an die Regelmäßigkeit französischer Verpflegung erinnern.« Aber Varnhagen schrieb selig an seine Rahel: »Tettenborn ist eine Art König hier«; und kann die Schönheit und Stärke der »Bürgergarde« nicht genug rühmen : wie wenn es Verbrecherischeres gegeben hätte, als völlig unausgebildete Bürger und Bauern volkssturmhaft mit Piken und anderem Waffenersatz auszurüsten, und gegen die eisernen Veteranen Napoleons einsetzen zu wollen ! Nur gut, daß wenigstens Bürgermeister und Senat einen klaren Kopf behielten, und zähe, unbeirrbar, unaufhörlich, den Taumel der Einwohner zu dämpfen suchten; die ausschweifenden Proklamationen so lange wie möglich zurückhielten – wobei sie natürlich inmitten der bodenlosen »Begeisterung« höchst piano gehen, und, wie stets die Vernunft, dafür beständig noch persönliche Verunglimpfung und fememörderische Lynchung besorgen mußten.

* * *

Und nun, als nach wenigen Wochen – wie bei klaren Sinnen längst; zumindest aber nach Lützen von Jedem vorauszusehen – Marschall Davout anrückte, sah der Bürger von seinem hanseatischen Fußvolk »mit Befremden und Unwillen Taten, die den Worten so wenig entsprachen« : Ehrenbürger Tettenborn verschwand sogleich wieder im östlichen Unterholz; auch die Bürgergarde löste sich vorher rasch auf,

> »The wind did blow, the cloak did fly like streamer long and gay; / till, loop and button failing both, at last it flew away.«

Alles war verloren. Und Varnhagen, einer der glattzüngigsten Geschichtsverdreher aller Zeiten, entblödet sich nicht, in seinen »Erinnerungen« (einer oratio pro domo, wenn je eine war !) also zu schreiben : »Es war jetzt, gleichviel durch wessen Schuld (sic !!!) mit Hamburg auf das Äußerste gekommen, wo es nur noch galt, sich bis zur Verzweiflung zu wehren, und lieber unterzugehen, als sich zu ergeben.« Welch vertraute Klänge, wie ?! Und nichts erscheint dem Schreibstubenhäuptling befremdlicher, als daß »Alle vor dem Gedanken schauderten, ihre Stadt den Flammen zu überantworten, und dem Feinde zum Gegenstand seiner Wut nur eine rauchende Brandstätte zu lassen. Als Tettenborn ihnen nichts mehr zu bieten hatte, als rote Fahnen und Pechkränze, zogen sich die Unseligen zurück.« Solch goebbels'sche Äußerungen eines Elenden lesen zu müssen, der, wie Perthes, durchaus mitverantwortlich für das folgende große Desaster gewesen ist; und dann auf einmal nicht mehr weiß, »durch wessen Schuld« es so weit kam ! Nun, wir erleben ja täglich Gleiches. –

»Am 28. Mai schafft er (Perthes) Karoline und Kinder nach Wandsbeck. ... Am nächsten Tag überwältigen die Franzosen die Verteidigung,

Tettenborn zieht ab, und Davout und die Dänen rücken gleichzeitig ein.« schreibt Roedl unbefangen. Dabei bewirkten geheime Unterhandlungen zwischen dem dänischen Obersten Hafner sowie dem Senat einer= und Davout andererseits, »daß Hamburg durch gütliche Übereinkunft dem Marschall sollte übergeben werden«; infolgedessen das bereits für einige warnende Stunden begonnene Bombardement schon am 26. 5. aufhörte. Am 29. 5. abends rückte Tettenborn ziemlich unangefochten ab. Gegen Mitternacht löste Hess durch Tagesbefehl seine Bürgergarde offiziell auf; am 30. gegen 1 Uhr nachts verließen er und Perthes im Wagen die Stadt; um 2 Uhr sind sie in Wandsbeck; um 2 Uhr 45 geht es weiter, Frau, Kinder und Gepäck mit gauleiterner Virtuosität rettend : während das betrogene Volk den Vergeltungsmaaßnahmen überlassen wurde : »Goldne Tresse / große Fresse / wenns los geht nicht da / Überschrift : SA«. – Wenig später marschierte die französische Vorhut unter Vandamme, und gegen 6 Uhr abends des gleichen Tages das Hauptkorps in die leere Stadt ein : also kein Wort von Roedls überflüssig=heroischem »gleichzeitig«. Oder von seinem »Perthes verteidigt mit der Bürgergarde die Stadt« – man sieht ihn richtig im Pulverdampf auf den Wällen dräuen, was ?!

> »Ah, luckless speech and bootless boast / for which he paid full dear !«

Dabei war er, wie nachgewiesen, weder Oberbefehlshaber aller Streitkräfte (das war ja Tettenborn gewesen), noch auch nur Kommandant der Bürgergarden (das war von Hess); also Perthes nur eine Figur dritten Ranges – aber in einer Biographie liest sichs natürlich gut.

* *
*

Und Davout war ein Ehrenmann; der, obgleich er mit rücksichtsloser Strenge Franzosen wie Deutsche notfalls zu bestrafen wußte, nachweislich die weit härteren Befehle Napoleons gemildert hat. Unverantwortliches ist über diesen Marschall gelogen worden; hauptsächlich von Stellen, die es getrost hätten besser wissen können. So entblödete sich etwa ein Moltke nicht, in einer Reichstagsrede zu behaupten, Davout habe damals »die hamburger Bank in seine Tasche gesteckt.« Diese scharfmacherische Verläumdung aus dem Munde eines typisch Halbgebildeten mußte später öffentlich von ihm widerrufen werden; denn nach sorgfältiger Untersuchung des ganzen Komplexes durch die damit beauftragten Offiziere des Großen Generalstabs ergab sich wörtlich : »Erst eine spätere leidenschaftsloser urteilende Zeit erkannte die Ehrenhaftigkeit und Makellosigkeit seines

(Davouts) Charakters; und zollte ihm die Bewunderung, die er für die tapfere Verteidigung des ihm anvertrauten Postens in vollem Maaße verdiente.« Solchem Resüme – aus in diesem Fall doch wohl keiner Parteilichkeit zu verdächtigenden Mündern – stellt Roedl sein simples »barbarisch« gegenüber.

* * *

Perthes also setzte sich – ohne jemals nennenswerte Heldentaten zu vollbringen, was ja auch gar nicht seines Amtes war – erfolgreich ab; wandte sich nach Mecklenburg; beteiligte sich an der schon damals schicken »Exilregierung«; und konnte endlich 1814 das nun »richtig« befreite Hamburg wieder betreten. Gründet die hamburgisch=altonaische Bibelgesellschaft (in der richtigen Erkenntnis, daß er einen Fürsprech im Himmel wohl nötig haben möchte). Und rührt sich überhaupt so zeitgemäß=restaurativ, daß es ihm den Ehrendoktor der Philosophie einbringt. Muß aber dann doch 1845 diese Welt verlassen; eines Platzes im Himmel und auf den Seiten der deutschen Literaturgeschichte gewiß.

* * *

Sein fromm=schäbiger Charakter enthüllt sich dem Fachmann noch überflüssig zusätzlich in seinem perfiden Betragen gegen den Duzfreund Fouqué, dem er ins Gesicht hinein schmeichelt, und sich genau gleichzeitig in Briefen über ihn lustig macht. Dem er einen historischen Roman ablehnt, weil sein »Verlagsprogramm« das nicht erlaube – und als Fouqué ihn milde erstaunt darauf aufmerksam macht, daß doch dergleichen laufend bei ihm erscheine, sendet der Literaturjobber ihm mit einem weinerlichen Brief nur die Abrechnung über die »Liebeslehre«, von der bisher lediglich 45 Stück verkauft wurden : »also« kann Perthes zur Zeit nichts von ihm gebrauchen. Als Fouqué zuletzt, Greis und völlig verarmt, ihm schamhaft die Not bekennt, ihm seine zehn Sprachen aufzählt, und um Gottes willen um einen Übersetzungsauftrag bittet, da antwortet Perthes, nach Roedl fast zum Schutzheiligen edelsten Verlegertums geeignet, dem großen Sängerkönig überhaupt nicht mehr. –

»Tebaldo« hatte ihn Fouqués Tochter, das kalte und kluge Kind Marie, nach längerem Anstarren schon 1815 etikettiert : das ist der waschhafte italienisch=quecksilbrige Spaaßvogel aus dem »Zauberring« ihres Vaters, von hoch kommerziellem und zweifelhaftem Charakter; und »das ist nicht ganz unrichtig« muß zögernd selbst sein Freund Beneke dem frühreifen Mädchen zugeben. –

So las ich's von Friedrich Christoph Perthes in Büchern und Urkunden; so geb ich's wieder ! Roedls unwahrscheinlich harmonisches Menageriebild in allen ablehnenden Ehren.

> »Now let us sing long live the king, and Gilpin, long live he ! / And when he next does ride abroad : may I be there to see.«

(Urban Roedl : »Matthias Claudius. / Sein Weg und seine Welt.« Rowohlt, 1950. Ist in allen Buchhandlungen für 14 Mark 80 zu haben.)

DIE HANDLUNGSREISENDEN.

1.) »Wißt Ihr, warum Euch die Käfer, die Butterblumen so glücken ? :
Weil Ihr die Menschen nicht kennt, weil Ihr die Sterne nicht seht !
Schautet Ihr tief in die Herzen, wie könntet Ihr schwärmen für Käfer ?
Säht Ihr das Sonnensystem, sagt doch, was wär' Euch ein Strauß ?!
Aber das mußte so sein; damit Ihr das Kleine vortrefflich
liefertet, hat die Natur klug Euch das Große entrückt.«

(Hebbel an Stifter).

2.) »Wie gewaltig und in großen Zügen auch das Tragische und Epische wirken, so sind es doch hauptsächlich immer die gewöhnlichen, alltäglichen, in Unzahl wiederkehrenden Handlungen des Menschen – gleichsam die Millionen Wurzelfasern am Baume des Lebens – in denen das *sanfte* Gesetz sich zeigt, wodurch das menschliche Geschlecht geleitet wird.«

(Stifter an Hebbel).

Das war ja der klassische Zusammenstoß der beiden großen Schulen, damals um 1850; und bezeichnend daran auch, daß der Dramatiker Hebbel, angriffslustig wie nur je ein literarischer Highwayman, die Messerbüschel seiner Distichen wetzte, während der Oberplaner gelassen hinter dem undurchdringlichen Lederschild seiner abwehrenden Prosa weiterwandelte. Noch heute kann man, kommt die Rede auf diesen Zwist unter Zauberern, Erbauliches über die Verschiedenheit von Temperamenten lesen; viel Feinsinniges über den Unterschied zwischen Idyllisch und Episch, Beschaulich und Heroisch, zwischen Tatmenschen und Träumern.

Auf die Gefahr hin, einer ausgesprochenen oratio pro domo bezichtigt zu werden, möchte ich die beiden großen Schulen – von denen die eine gar viel, die andere weit weniger Mitglieder zählt – hier einmal endgültig definieren und gegen einander abgrenzen.

Natürlich drängt sich zuerst die Hebbelsche vor, mit dem Geschrei nach Handlunghandlung, nach Aktion und blitzartig hochgerissener Gebärdung (wobei man als Dichter viel Anatomie erspart; und wenn die Fantasie einmal ausgeht, stellt sich »organisch« noch eine gefällige Staubwolke ein). Da qualmt also das Getümmel um Ilion; da brüllt man im Schwertergefuchtel; da platzen Vulkane; geschieht affenteuerlich Unerhörtes; Reporter rasen hinter Rennwagen; Morde werden erwogen; Rinaldos hechten aus durchgehenden D=Zügen mitten in die Handlung hinein; man »kämpft um ein Weib«. Oder, weniger satirisch ausgedrückt – oh, ich wette, Sie haben »meine Richtung« schon jetzt erkannt ! – es giebt Schriftsteller (und sie sind, wie gesagt, bei weitem in der Überzahl) die das Heil nur in der »Handlung« sehen, etwa nach den Rezepten jenes unselig=geschäftigen Lessingschen Laokoon. Und ich will gern zugeben – muß ich es nicht ? – : man kann das machen ! Man kann die blendendsten Kunstwerke, die erschöpfendsten Weltbilder, auf diese Weise geben; die Reihe der Belege wäre endlos, von Homer bis zum Jüngsten, der die Neune erfolgreich anredete.

Gut.

Aber es giebt eben auch eine zweite Schule, bei der die Fabel nicht aus Taten und Handlungen, sondern aus Zuständen, Denkweisen, Funktionen und Befindlichkeiten besteht !

Man kann dem großen Adalbert Stifter mühelos die Ungerechtigkeit antun (und wie man oben sieht, hat schon Hebbel viel dummes Zeug in dieser Richtung dahergeschwätzt), und die Fabel etwa des »Hochwaldes« unzulänglich nennen; unreif, backfischhaft, provinziell, klischiert, weltfremd; bekanntlich ist sie ja sogar blank gestohlen, bis in kleine Einzelheiten, vom großen James Fenimore Cooper (und die entzückend naive Unbeholfenheit dieses Diebstahls müßten unsere gewiegten Plagiatoren eigentlich gerührt lächelnd als zusätzlich vormärzlichen Reiz schmecken). Zugegeben also, man kann das : aber eben nur vom Standpunkt der Handlungsreisenden aus !

Stifter behält stets diesen unanfechtbaren Satz vor Augen : daß »in Wirklichkeit« viel weniger »geschieht«, als die Liebhaber von Kriminalromanen uns glauben machen wollen; das Leben besteht, was »Handlung« anbelangt, aus den bekannten kleinen Einförmigkeiten. Und logischerweise wird es sogleich zum vornehmsten Kennzeichen jener (»unserer«) Gruppe extremster Realisten, daß man sich um der Wahrheit willen der Fiktion pausenlos=aufgeregter Ereignisse verweigert; die radikalste Kühnheit in Denkweise, Sprache, Architektonik, kann hierbei durchaus gepaart sein mit solcher, nur dem oberflächlichen Beurteiler befremdlichen, Handlungsleere.

Den Realisten macht nämlich nicht die noch so »realistische« Darstellung eines gelungensten Mordes, wie da Blut feistet, um dampfende Eingeweide, (oder, wie ich neulich amüsiert las, gar Einer sein Opfer anschließend auf einen Sitz auffrißt); sondern der wahre Realist lehnt im Allgemeinen dergleichen Schilderungen einfach ab. Nicht aus »sittlichen« Gründen; wohl aber, weil solche äußerst seltenen Ausnahmezustände ganz und gar nichts »Bezeichnendes« haben; weil sie nichts über die Wirklichkeit einer Zeit aussagen; weil sie in einen gewichtig=ehrwürdigen säkular=addierenden Prozeß (die Handlungsreisenden nennen ihn bürgerlich=filiströs) eine verzerrte Katastrofenfreudigkeit hineinlügen, die unersetzliche Daten des Menschengeschlechtes aufs Unverantwortlichste zu verfälschen vermögen! Wie nachdenklich und menschlich höchst beunruhigend etwa der wahre »Egmont«, der holländisch=bedächtige Fast=Fünfziger und Familienvater, den eine gewaltige flegmatisch=gravitationsgleiche Deichkraft seinen Todesgang gehen heißt – und wie albern=oberflächlich wirkt der Goethesche liebelnde Springinsfeld dagegen! Deswegen würden, bei einem gegebenen Thema, beide Schulen sogleich ganz bezeichnend reagieren. Um es an einem bis zur mehrfachen Verfilmtheit geläufigen Beispiel zu erläutern: der einen Schule wäre an der berühmten Prinzessin von Ahlden der Knalleffekt der Königsmarck=Katastrofe das naturgewollt Interessante. Die andere würde mit gleich aufreizender Selbstverständlichkeit die anschließenden langen zweiunddreißig Jahre in dem einsamen Amtshause der Lüneburger Haide zu ihrem Vorwurf wählen. Hier stehen wir Stirn an Stirn.

Und der Gattungsunterschiede ist konsequenterweise kein Ende! Die Einen erwittern mit radarfeinen Sinnen nichts als Katastrofen, und überlegen: was machen wir rasch und am effektvollsten mit der Geschichte? Die Andern lesen noch mehr Chroniken, und fragen sich besorgt am Ende: Wie ist es also nun gewesen? Die Einen verabscheuen die Mathematik (oder präziser: haben kein Organ dafür; aber das geben sie nicht zu, sondern beweisen lieber, daß man sie verabscheuen *müsse*). Die Anderen – etwa Stifter, Cooper, Poe – beherrschen sie, und gewinnen gern wichtigste Anregungen aus ihr. Die Einen denken sich ihre Landschaften aus. Die Andern fahren vorher hin, und sehn sie sich an: als ein Freund den Cooper auslachte, wie der sich am Schauplatz eines künftigen Romans gar bückte und sorgfältig die Pflanzen notierte, die da wuchsen, wies Dieser ihn ruhig zurecht: auch das gehöre zum charakteristischen Porträt einer Landschaft, von denen jede ebenso einmalig sei, wie ein Menschengesicht; er würde sogar die korrekten Bewegungen und Fasen des Mondes berücksichtigen. Auch sagte er noch spöttisch: daß es doch auch einmal eine Welt ohne Menschen gegeben habe, sogar ohne handelnde Tiere, wo nur Pflanzen standen und warteten: wie langweilig das so gewesen sein müsse, was? –

Zurück zum »Hochwald«: natürlich sind die Menschen bei Stifter nicht etwa gänzlich entbehrlich; Menschen sind auch da. Aber ich zitiere Schopenhauer – mehr kann man doch wirklich nicht verlangen! – : »Die Aufgabe des Romanschreibers ist nicht, große Vorfälle zu erzählen, sondern kleine interessant zu machen.« Da bietet sich wie von selbst der »Witiko« an: wir erfahren hinreißend das »Milieu«; und auch, durch das viel geschmähte Mittel der seithundertelangen Reden auf dem Wysehrad, die Denkweisen jener Zeit. Wohl ist das große Buch voll pflanzenhaft langsamer Befindlichkeiten – »langweilig« ruft hier scharf die andere Seite dazwischen –, wohl sind in ihm nicht Personen die Träger der Handlung, sondern eben Zustände : aber gehört es deswegen weniger zu den Kronjuwelen unserer Literatur ?!

Ich reiße kurz die literarhistorische Perspektive auf : Virgils Georgica ist mehr wert als seine Äneis. Die fälschlich so festgenagelten »malenden Dichter« um 1750; voran mein verehrter Brockes, in dessen präzis glühende Gärten sich nicht Jeder wagen möchte ! Was halten Sie vom »Tristram Shandy« ? Ich verweise auf den unsterblichen »Robinson Crusoe« (man sehe ab von dem heftigen Gestaltengewimmel zu Anfang und Ende; das ist ja nur das Vehikel, um den »Helden« glaubhaft mit der Normalwelt in Verbindung zu setzen) : das faszinierende ist hier doch lediglich der »Zustand«, wie da Züge der äußersten Einsamkeit versammelt werden. Alle Ereignisse hören auf; Geschehen störte hier; nur die Denkweise und die Befindlichkeit erzwingen das unvergeßlich glühende Bild. Wielands grandiose »Abderiten« gehören hierher. Man lese Jean Pauls »Campanerthal«, wo man bei völlig unzureichender, »läppischer«, Handlung zwischen den umgrünten Marmorwänden des Pyrenäentals von Unsterblichkeit flüstert. Coopers »Pioneers«; über deren »Fabel« man nur lachen kann, während unvergleichlich Standort und Sitten sich einprägen. Was »geschieht« denn letzten Endes selbst in des allgewaltigen Poe »The Man of the Crowd« ? : ist es »Handlung«, daß zwei Männer hintereinander her-gehen ? Oder im »House of Usher« ? : freilich stürzt am Ende mit bleikammernem Gepolter das Schloß ein – aber das hat man schon gegen Ende des ersten Absatzes gewußt. »Domain of Arnheim«, wo Einer im Boote dahin *treibt.*

Herakles kai pithekos : ich habe die Stirn, mich selbst am Ende anzuführen. Ich will mich nicht herausreden, und sagen, daß bei so kurzen Formen, wie ich sie aus Gründen prinzipiell verwende, gar keine mordsmäßige Handlung möglich wäre : da könnte man mir triumfierend genügend Herren der anderen Schule entgegenhalten, die auf der gleichen Seitenzahl gut und gern ein halbes Dutzend stattlicher Totschläge erledigen. Aber etwa in meiner »Seelandschaft« ist keine »Handlung« vonnöten : ja, mehr noch : sie würde sogar nur die Zeichen von Wasser, Himmel und Sonne, von konsequenter Erotik, und – logischerweise – Atheismus, reklamehaft überkleben. (Ich protestiere hier übrigens einmal ausdrücklich gegen die Erschleichung, die in dem Wort »Atheismus« liegt : als ob sich »Theismus« von selbst verstünde ! In einem Weltparlament wären ja die Christen, mit nur 30% der Sitze, eine ausgesprochene Minderheit.)

Obwohl also von Stifter an Temperament, Weltanschauung, und sprachlichen Absichten grundverschieden, gehöre ich dennoch – und so sehr er selbst dagegen protestieren würde ! – zu seiner Schule. Seine berühmte abwehrende Formulierung vom »sanften Gesetz« bedeutet auch mir die gültige Ablehnung artfremder klappernder Handlung; die Lüge der »Aktiven«, daß am Menschen und durch ihn stets planvoll=bedeutende Aktion vor sich geht, ist zu bekämpfen : sie entspricht nicht der Realität.

Schon bin auch ich ungerecht geworden, da ich die fliegenhaft surrende Handlung schmähe, wo sie doch nur »das Andere« ist; aber im Allgemeinen sind ja in tausend Fällen neunhundertneunundneunzigmal »wir« die Angegriffenen; und wenigstens alle hundert Jahre einmal muß ja auch die Wahrheit, »unsere« Wahrheit, gesagt werden.

You this way. We that way.

ES SOLL DER DICHTER MIT DEM KÖNIG GEHEN.

Solcher vergnüglich=wahnwitzigen Gemeinplätzchen gibt es ja eine ganze Menge; angefangen von Monsieur Plato, der in vollstem Ernst eine identische Gleichung zwischen Diktator und Filosof erträumte (vgl. Wielands Essay über Athenion=Aristion); oder der Siegerkranz=Choral, der festhält, daß »nicht Roß, nicht Reisigee / schützen die steile Höh, / wo Fürsten stehn«, sondern die absunderliche brunnentiefe Liebe »ihres« Volkes; »Dichter und Bauer« ist ein guter Ulk; und auch die Titelbehauptung tritt würdig ein in den Reihen, zumal, wenn man die – bedauerlicherweise unrein gereimte – Begründung mit hinzunimmt : denn Beide wandeln auf der Menschheit Höhen !

Par nobile fratrum ! Vielleicht denkt sich der kleine Fritz, daß der Dichter, nur wolkenkratziger Odinsschlapphut und dito Vollbart, ohne Unterleib, sausenden Fracks, aus dem zwei unergründliche Blauaugen strahlen, habituell auf Gebirgskämmen lebt, das Quermaul voller Jamben – ach, Du lieber Poe ! : Kreischen tut er vor Nervosität; vollkommen zuschanden gearbeitet, oh Schweiß und Übelkeit; unregelmäßig zerlebt; schlechter bezahlt, als jeder Steinbrucharbeiter; ungewaschen, wenig rasiert, grotesker Flüche voll; und, was die »Höhen« anbelangt, durchaus subterran orientiert, you may lay to it ! – Um jenen anderen Satz von Mount Everesten, die Herren Könige, näher kennen zu lernen, bedarf es nicht einmal der Lektüre des großen Eduard Vehse (48 Bände; »Ich habe sie mit der größten Gier durchlesen« Heine; »endless matter for reflection« Carlyle); sondern schon Shakespeare läßt ja einen seiner Narren versichern : »Und wär' ich auch so ennuyant wie ein König, ich wollt' es alles auf Euch wenden !«

Aber von den normalen Hofpoeten abgesehen (man lese wieder einmal Johann von Königs Epos »Augustus im Lager«; ein schön Stück; und schöne Moral) – : wir haben in lieben Deutschlands Mitten ein grausam=ergötzliches Beispiel erlebt, wie ein richtiger gekrönter König von einem unbestreitbar großen Dichter so fasziniert war, daß er genau nach dessen poetischen Vorschriften lebte und regierte.

»Empfangen Sie meinen herzlichen Dank für den freundlichen Brief und die Gedichte, deren Inhalt mich zu lesen sehr interessierte, da es von Ihnen ist, von Demjenigen, dessen ritterliche Schriften meinen Sinn von lange her noch mehr auf diesen Sinn, der schönsten Zeit, wo der Mann die Schönheit und Liebe verteidigte, und mehr galt durch Wert und Treue, als jetzt, hinleiteten. Dies war mit eine Triebfeder, meinem Gefühl Luft zu machen in der Erbauung einer zwar kleinen Burg am Vater Rhein, die aber mich ganz in die Zeiten versetzt, in denen ich so gerne mich träume. Wenn ich Sie nur einmal dort bewirten könnte, und Ihnen den gefüllten Humpen mit dem goldenen Saft vaterländisch deutscher Trauben vorsetzen und im hohen Rittersaal kredenzen könnte – es würde mich sehr freuen !«

So schrieb am 28. 7. 1838 eigenhändig Friedrich Wilhelm IV. von Preußen an den alternden Dichter Fouqué; und hier gleich im Auszug eine frühere Schilderung jener Burg aus anderweitig prominenter Feder: der Amerikaner James Fenimore Cooper (»Sind Briten hier ? Sie reisen sonst so viel« – ganz recht, der bekannte ‹Lederstrumpf=Cooper› !) rollt in der Kutsche rheinaufwärts : »... bis daß wir an die preußische Grenze kamen, wo eine Burg, die auf einer Felsenkuppe fast schwebend hing, mich besonders anzog. Dieser Bau schien, ungleich den übrigen, noch in gutem Zustande zu sein; auch stieg Rauch aus einem Schornstein, der aus einem vorspringenden Thurme sich hoch erhob, fast senkrecht über unseren Häuptern; dazu deuteten Fensterscheiben und andere Gegenstände auf eine völlig eingerichtete Wohnung ... Wenn der Prinz nicht selbst sich in der Veste aufhielt, so war auch Fremden erlaubt, die Burg in Augenschein zu nehmen. Es war seit seiner Abreise noch keine Stunde verflossen, als wir ankamen. Die Burg selbst stand auf Felsenspitzen, die von drei Seiten fast senkrecht emporragten, in einer Höhe von beinahe 200 Fuß über dem Fahrwege ....

Wir hielten unsern Einzug über eine kleine Zugbrücke, ein beträchtlicher Teil des alten Gemäuers, vorzüglich der Thürme, ist geblieben. Im Innern hat man die alterthümliche Einrichtung mit vielem Fleiß und Eifer beachtet. Der Hausrath ist nicht bloß nachgeahmt, sondern wir vernahmen, daß vieles aus den königlichen uralten Rüstkammern von Berlin hierher gebracht worden sei. Der Rittersaal oder die Burghalle ist nicht groß, aber ein merkwürdiges Gemach, und ganz im alterthümlichen Styl gehalten. Eine Menge merkwürdiger Waffenstücke hängen in dieser Halle. Fast mehr Geschmackvolles fanden wir hier, als wir den Zeiten der Lehnsherrlichkeit zutrauen mochten. Auf einer Treppe umkreisten wir die äußere Mauer eines Thurmes bis zu einer schwindelerregenden Höhe von mehr als 300 Fuß über dem Fluß; der Thurm selbst stand am äußersten Rande des furchtbaren Absturzes ...«

(Noch heute kann, wer will, Burg Rheinstein, eine Wegstunde nördlich von Bingen, besuchen, und in den unverändert krausen Räumen wandeln.)

Noch viele solcher »romantischen« Bauten ließ der Sohn der Königin Luise errichten; in wildfelsigen Gegenden mußten Kapellen im Schinkelstil stehen, von chinesisch verworrenen Miniaturparks umgeben; (wie etwa hoch über der Saar, bei Kastel, wo Einem noch heute der Klausenwärter den Fleck zeigt – violettes Licht schmilzt da opernhaft herum – wo einst der Sarg Johanns des Blinden von Böhmen stand. Draußen wartet indes das Labyrinthchen von Grotten, Trepplein, nischt wie Efeu und Nischen : überall wird die Sächsische Schweiz seines Geistes sichtbar). Natürlich ließ er auch den Kölner Dom fertig bauen, und hielt selbst die stilvolle Weiherede : »Er rage über diese Stadt, rage über Deutschland; über Zeiten, reich an Menschenfrieden, reich an Gottesfrieden, bis an das Ende der Tage !« Na ja. –

Die Genesis jedes Geistes ist dem Betrachter belehrend; zumal, wenn sich, wie hier, durch die ständigen »ebenbürtigen« Heiraten der Fürstenhäuser untereinander, körperliche und geistige Inzuchterscheinungen mit erschreckender Schnelle in geometrischer Progression steigern – steigern müssen. So zeigen beispielsweise alle Porträts der Habsburger die bekannte Unterlippe; bei den Welfen grassierten Blindheit und periodische geistige Umnachtung; aus Coburg stahlen sich die Bluter in sämtliche regierenden Linien; zu den Hohenzollern kams aus dem Hause Hessen, wo ein gewisses Übel seit langem notorisch war.

Schon 1722 berichtet die bekannte Liselotte von der Pfalz von fixen Ideen, etwa der Geisterseherei : »Solche Sachen begegnen mehr den hessischen fürstlichen Personen, als allen anderen Leuten; wo es herkommt, mag Gott wissen.« Der hessische Landgraf Ludwig IX. verkehrte habituell mit Geistern : »Er hatte in seinen Zimmern eine große Anzahl Trommeln. Alle seine Hofleute, Wachen und Bediente, mußten trommeln können, und zwar wegen zweier Geister, mit denen er in Verbindung stand, Orlofix und Minkepinke. Wenn nun Orlofix, der böse, erschien, um ihn zu plagen, welches häufig geschah, so ergriff der Landgraf eine Trommel und fing an zu schlagen; Jeder, der es hörte, mußte herbeieilen, die erste beste Trommel, die ihm allenthalben im Wege standen, ergreifen, und trommeln. Wenn dann vielleicht hundert Trommeln durch das Schloß rasselten, so entfloh Orlofix, der diese Musik nicht vertragen konnte, und Minkepinke, der gute Geist, erschien dem Landgrafen. Dann mußten ihn Alle verlassen, und er unterhielt sich tagelang mit seinem lieben, andern unsichtbaren, Minkepinke.«

Die Tochter dieses kuriosen Herren nun heiratete in das preußische Königshaus : auch sie blieb, wie billig, was Geistesstörungen angeht, nicht dahinten. Ein doch gewiß so unverdächtiger Zeuge wie der Superpreuße Marwitz nennt sie : »eine höchst seltsame Person. Sie sah Gespenster und

Geister, schlief bei Tage, wachte bei Nacht, hatte immer zu große Hitze, so daß sie des Nachts im Sommer und Winter im Hemde am offenen Fenster saß, – wurde vor der Zeit häßlich und krumm, so daß sie sich, erst einige 40 Jahre alt, schon den Kopf mit der Hand in die Höhe halten mußte, wenn sie Jemand ansehen wollte ...« Sie wurde die Großmutter des hier zu behandelnden königlichen Burgerbauers.

Aber nicht nur der Schatten dieses Erbübels schwebte belastend über ihm; eine körperliche Mißbildung trat erschwerend hinzu : er war Hermaphrodit und total impotent ! Der damals berühmte Arzt Hufeland hatte dem königlichen Elternpaar ohne Rückhalt in einem Gutachten die verhängnisvollen Einwirkungen solchen Gebrechens auf Gemüt und Geist des künftigen Thronerben geschildert. Unterrichtete Kreise, zumal des Auslandes, pflegten nicht ohne Witz böswillig darauf anzuspielen. Dennoch verhinderte die übliche – in diesem Fall allerdings nicht zu verantwortende – elterliche Affenliebe, sogleich die notwendigen Konsequenzen hieraus zu ziehen, und die Erbfolge auf den nächsten, leidlich intakten Sohn übergehen zu lassen (der konsequenterweise dann doch auf den Thron gelangte; Wilhelm I.; das Volk hat ihn den »greisen Kaiser« genannt : Gerechtigkeit muß sein : er ist tatsächlich 91 geworden !). Das war damals üblich; auch in Hannover wurde das Staatsgrundgesetz mit leichter Hand abgeändert, um gar einem blinden Sohn den Antritt der Regentschaft zu ermöglichen : da durfte Preußen nicht dahinten bleiben ! Um dem natürlich ununterrichteten Volke den wahren Sachverhalt zu vertuschen, mußte der Unselige gar noch heiraten ! Wie zu erwarten blieb die Ehe kinderlos; und von der »Gemahlin«, der bedauernswerten bayrischen Elisabeth, wurden prompt die tragikomischsten Züge bekannt : etwa wenn die frustrierte Frau sich über ein »unsittliches« Bild entrüstet, – eine harmlose Allegorie, die zwei sich schnäbelnde Täubchen zeigt; und dergleichen Schnurren mehr.

Wie also nachgewiesen biologisch und psychisch ohne Verbindung mit der Natürlichkeit, dazu als Prinz ohnehin in Größenwahn und ohne Fühlung mit seinem Zeitalter der erwachenden Technik und sozialen Kämpfe aufgewachsen, erspürt er instinktiv den geistigen Lebensraum, der seinen Extremen angemessen war : die Ritterromantik. Hier fand er, in prästabilierter Harmonie, die ihm anerzogene Idee des absoluten Gottkönigtums; wie auch den übersteigerten Minnedienst, der am liebsten jegliches Geschlechtsleben geläugnet hätte. Schicksalhaft kam hinzu, daß soeben die literarische Romantik ihre höchste Blüte erreicht hatte; und auch der Dichter erschienen war, der in gläsern glühenden Bildern dem Rittertum zu einer Treibhausrenaissance verhalf : der Baron Fouqué, der Schöpfer der unsterblichen »Undine«.

Die Helden seiner allbeliebten und unzähligen Bücher, nur hochschlanke Rüstungen voll parzivalisch=quijotischer Geister, ohne alles Fleisch, entsprachen frappant der Physis und Mentalität des Königs. Dieser verehrte und verschlang denn auch die Fouquéschen Romane seit frühester Kindheit; sie wurden ihm nötig wie die Atemluft; und eine ganz besondere Lust machte er sich schon als Knabe daraus, wenn gar Fouqué bei Hofe selbst vorlas. Am 8.2.1815 sind die »königlichen Kinder« zum Tee bei der Prinzessin Wilhelm (also Amalie Marianne, Geborene von Hessen=Homburg) und sie notiert in ihr Tagebuch : »Um ihnen ein Vergnügen zu machen, besonders dem Kronprinzen, der sich daraus ein so großes Fest macht, habe ich den Baron von Fouqué, den Dichter, eingeladen«; er liest aus seiner »Sängerliebe«. Oder es schreibt Jahre später die Prinzessin Luise Radziwil an die gleiche Prinzessin Wilhelm; sie sei vom Kronprinzen zu einer Fouqué=Vorlesung eingeladen gewesen : »Der Kronprinz und ich hörten so emsig zu«.

Denn bei den sämtlichen Mitgliedern des preußischen Königshauses (wie überhaupt, und verständlicherweise an allen Höfen) war Fouqué wohl gelitten. Seine Romane waren dort so beliebt und geläufig, daß man sich untereinander mit Namen daraus benannte ! So hieß beispielsweise die vorerwähnte Prinzessin Wilhelm (des Kronprinzen Tante) nur »Frau Minnetrost«, nach einer Gestalt aus dem »Zauberring« (»hätte ich doch gelebt in jener Zeit«, d.h. im 12. Jahrhundert, schreibt die auch nicht glücklich Verheiratete.) Dem gleichen Roman entnahm man etwa den »Seekönig Arinbjörn« für den Schwedenprinzen Bernadotte. Der Kronprinz nannte Fouqué, als er sich eine Stirnnarbe zuzog, sogleich »Heerdegen von Lichtenried«, der auch dergleichen Zierde besaß. Und des Kronprinzen Schwester Charlotte mußte »Blancheflour« heißen; als diese dann – Jahre später, und inzwischen Zarin Alexandra von Rußland geworden – wieder einmal nach Berlin zu Besuch kommt, wird ihr zu Ehren, im Juli 1829, ein Mammutfest gegeben, jenes damals in allen Zeitungen und Memoiren gefeierte »Turnier der weißen Rose«. Und als »Weiße Rose«, eben als »Blancheflour«, gekleidet, erscheint die Kaiserin; auch die anderen Damen der königlichen Familie kommen als Bilder des Fouquéschen »Zauberrings«. Die Herren natürlich entsprechend zünftig als Ritter : »Als Blüte der Ritterschaft erschienen die schönen Prinzen; als Krone, der liebe, auch hier einzig allerliebste Kronprinz, den das Kostüm kleidet, als habe er nie ein anderes getragen; der auf seinem Kampfroß sitzt, als habe er nie ein anderes geritten.« Selbstverständlich war auch Fouqué geladen, und besang pflichtgemäß die mit devisengeschmückten Schilden dekorierten Saalwände, Undinengrotten, und Märchenwälder in Kübeln, in einem angemessenen Gedichtzyklus. – Die Wechselbeziehungen Hof=Fouqué sind gar nicht hoch genug anzuschlagen, und bisher ihrer Bedeutung nach noch nicht gewürdigt worden!

Als Beweis, wie noch dem Vierzigjährigen auch die obskursten Produktionen seines Lieblingsdichters geläufig sind – er kennt alles, was je von Fouqué kam! – diene eine weitere Stelle aus dem oben zitierten Kreuznacher Brief: »Soviel mir erinnerlich ist, haben Sie, mein bester Fouqué, in früherer Zeit, es muß im Jahr 1814 oder 15 gewesen sein, eine Geschichte geschrieben, die hieß »Der Vorfechter«; es war darin die Rede von ....«; es folgt die Inhaltsangabe; und ich hebe ausdrücklich hervor, daß die schon damals längst vergessene Erzählung tatsächlich 1816 erschienen war: *und der König weiß selbst das noch nach über zwanzig Jahren auswendig!!!*

Sogleich nach der Thronbesteigung ruft der König die romantischen Dichter seiner Jugend nach Berlin (etwa Ludwig Tieck: ein schöner Zug, zugegeben); auch Fouqué muß von Halle her für immer in seine Nähe kommen; aus freien Stücken erhöht er dessen Majorspension um 300 Thaler jährlich, und macht ihm außerdem des öfteren Geldgeschenke. Ja, er hatte sogar, wie Bischof Eylert versichert, die Absicht, Fouqué das Paradies von dessen Jugend, das Schloß Sakrow an der Havel bei Potsdam, als Aufenthalt anzubieten, wäre der greise Dichter nicht so schnell gestorben. –

So etwa stellt sich der seit 1840 in Preußen regierende Herrscher dar: allzuleicht erregbar, ohne Fähigkeit zur Ruhe; Sorgenbrecher ist ihm – er hat ja schließlich nichts anderes – der Alkohol: »Es ist ein König in Thule der hat / nen Becher, es geht ihm nichts drüber« weiß Heine; voll vorlauten Witzes: wenn ein Bonmot ihn juckt, muß es heraus, und er als König kann es sich ja erlauben; eine Improvisatorennatur und angenehmer öffentlicher Redner, schwungvoll, aber ohne Tiefe, von Idee zu Idee in rhetorischer Selbstberauschung forthüpfend, ihm genügt es, wenn er eine klingende Formulierung gefunden hat, das Problem selbst mag dann liegen bleiben. »Ich werde nun und nimmermehr zugeben, daß sich zwischen unsern Herrgott im Himmel und dieses Land ein geschriebenes Blatt eindrängt, um uns mit seinen Paragraphen zu regieren, und durch sie, gleichsam als eine zweite Vorsehung, die alte heilige Treue zu ersetzen«. Mit solchem Kreuzzeitungsgewäsch etwa »widerlegt« er für sich die Forderung des Volkes nach einer konstitutionellen Monarchie!

Wohl ist es ihm zu verdanken, daß Arndt wieder in seine Bonner Professur eingesetzt, oder der alte Turnvater Jahn aus der Polizeiaufsicht entlassen wurde; ansonsten jedoch stand er den Erfordernissen des Tages, wie dem ganzen Zeitgeist überhaupt, verständnislos gegenüber. Viel Zeit verwandte er dagegen auf Entwürfe zu Verfassungsplänen für eine Welt=Zukunftskirche, (»Ich und mein Haus wollen dem Herrn dienen« war ein anderer seiner Wortklingklänge); die bischöfliche Organisation in Preußen interessierte stark, ebenso wie der Aufbau der chinesischen Mission; eine Frucht Fouquéscher Kreuzzugsromantik war die Stiftung eines Bistums Jerusalem; und dergleichen hobbies mehr.

Im Volk aber, das nun endlich seine ihm zu Beginn der Freiheitskriege so freigebig versprochene Verfassung haben wollte, begann es, gefördert durch die erstmalige Technisierung der Welt, immer gefährlicher zu gären : »Es giebt zwei Sorten Ratten, / die hungrigen und die satten«. Der Revolution von 1848 steht der König völlig fassungslos gegenüber; er, ganz isolierter Märchenprinz, nur gewohnt mit einseitig für ihn ausgewählter Kunst zu spielen, weiß überhaupt nicht, wie so etwas möglich sei : in der Ritterzeit waren doch alle Untertanen so brav; und er doch ein repräsentativer Musterkönig ! *Das* fiel ihm nie ein (konnte ihm nie einfallen !), daß die »Weber« auch einmal der nutzlos=kostspieligen Bilderbuchmajestät und des Konsistorialen Geträtsches müde werden würden : »So eine wilde Ratze / die fürchtet nicht Hölle, nicht Katze; / sie hat kein Gut, sie hat kein Geld, / und wünscht aufs neue zu teilen die Welt !«.

Aber dies Erlebnis des großen Volksaufstandes – niedergeknüppelt von der stets zu dergleichen willigen Armee : videant consules ! – ist für den exponierten Geist zuviel; mit jedem Tage verliert der König nun mehr und mehr die klare Erkenntnis der Realität.

Und sein Verhalten nimmt unheimlich genau die bei Fouqué in solchen Fällen vorgeschriebene Färbung an ! Bei Varnhagen kann man Schritt für Schritt die Stufen verfolgen :

»Er glaubt an alles wunderbare; nicht nur religiöser, sondern auch irreligiöser, heidnischer, zauberischer Art : Geschichten von einem Zauberer in Lappland, die der König mit begeisterter Gläubigkeit, ja mit Tränen in den Augen, vorträgt.« Und wer sich mehr an finnischen Schamanen ergötzen will, braucht wiederum nur Fouqués »Zauberring« zur Hand zu nehmen !

Oder, in noch späterem Stadium : »Bei nächtlichen Promenaden, auf denen er sich oft übel zerstößt, hofft er auf eine Geistererscheinung, irgend eine himmlische Offenbarung, einen himmlischen Boten, einen Geist seiner Vorfahren, der ihm angeben, was er tun, wie er sich verhalten solle. – Gegen seinen Befehl muß ihn der wachthabende Offizier stets heimlich nachfolgen.« : dem Kenner braucht nicht erst gesagt zu werden, welche Rolle »Geistererscheinungen königlicher Vorfahren« in jedem Fouquéschen Roman spielen : hinc illae lacrymae !

Im Oktober 1857 kommt dann das Erbübel völlig zum Ausbruch; der König erkrankt unheilbar an einem Gehirnleiden; sein Geist bleibt für immer umwölkt, und der Bruder übernimmt die Regierungsgeschäfte.

Der ging nun, vielleicht durch das böse Experiment gewitzigt, mit keinem Dichter mehr, sondern wählte sich lieber Herrn von Bismarck-Schönhausen als Lebensgefährten. Wozu sich ja auch mancherlei anmerken ließe.

FLUCHT VOR DEM WERK

Zugegeben : zunächst ist es durchaus so, daß der Schriftsteller sein erstes gedrucktes Buch mit hoher Lust betrachtet; ein Gefühl, keinem anderen vergleichbar. Weiß man doch nur zu genau, wie man selbst die alten vergilbten Bändchen irgend eines Lieblingsdichters entzückt gelesen, und ehrfürchtig hin und her gewendet hat : allein die Möglichkeit einer direkten persönlichen Einwirkung noch nach Jahrhunderten ergibt einen berauschenden historischen Hintergrund – das wohl handgreiflich=größte Stückchen »Unsterblichkeit«, das uns Menschen erreichbar ist.

Und konsequent trägt ETA Hoffmann am 26. Oktober 1803 in sein Plozker Tagebuch ein : »Mich zum ersten Mal gedruckt gesehen im Freimütigen. Habe das Blatt zwanzigmal mit süßen, liebevollen Blicken der Vaterfreude angeguckt : frohe Aspekten zur literarischen Laufbahn !« Goethe gibt zu : »Schon meine Mitschuldigen hätte ich gern gedruckt gesehen !«; und vom Goetz : »Mir gefiel es gar nicht übel, meine wilde dramatische Skizze nach und nach in sauberen Aushängebogen zu sehen; sie nahm sich wirklich reinlicher aus, als ich selbst gedacht.« Und Fouqué, der Schöpfer der »Undine«, gesteht aus der Zeit seiner Schlegelschen Schülerschaft : »Ich war dazumal wie besessen von einer albernen Lust, mich gedruckt zu sehen, und zwar in ausnehmend eleganter Form.«

Theoretisch möchte man nun folgern, daß das so bleibe; daß der Dichter keine angenehmere Erholung kenne, als in einer Freistunde seine Werke wieder einmal zur Hand zu nehmen, lächelnd und nickend darin zu blättern, und überhaupt »recht was auf sich zu halten«, wie Hoffmann es später ironisch formuliert hat. Wie befremdlich klingt da zunächst die Wahrheit !

So schreibt klipp und klar Jean Paul anläßlich der Vorrede zur zweiten Auflage der »Grönländischen Prozesse« : »Bei dieser Gelegenheit lernte ich dasselbe, da ich es seit mehr als anderthalb Vierteljahrhunderten nicht angesehen, wieder kennen, und las es völlig durch.« Als Wieland bei Gelegenheit der Herausgabe »Sämtlicher Werke« seine Jugendarbeit, »Die Natur der Dinge«, mit aufzunehmen beschloß, erfahren wir, daß er es nach siebenundzwanzig Jahren zum erstenmal wieder in die Hand nahm; und so groß war die Entfremdung gegenüber dem Text geworden, daß er, um Anmerkungen ersucht, bei manchen Stellen bekennen mußte, er wisse nicht mehr, was er seinerzeit dabei gedacht oder gemeint habe ! Und das ist gar nichts Einmalig=Erstaunliches : der englische Dichter S. T. Coleridge setzt mehrfach unbefangen Anmerkungen wie diese unter seine Arbeiten : »Das sind ausgezeichnete Verse – obwohl, ich, der Verfasser, das selbst sage – dennoch soll man mich hängen, wenn ich jetzt noch weiß, was ich dabei gedacht habe !« Am 27. Januar 1799 sitzt Jean Paul mit Wieland, Schiller, Herder und Goethe am Tisch – welch eine Tafelrunde; wer würde nicht ein Jahr seines Lebens für einen Platz dabei geben ! – »Hier sagte mir Goethe, der nur allmählig warm werden will : er habe seinen Werther zehn Jahre nach dessen Schöpfung nicht gelesen, und so Alles : wer wird sich gern eines vorübergehenden Affekts, des Zorns, der Liebe, usw. erinnern ?«

Hier ist man einer Erklärung des bestürzenden Phänomens schon ganz nahe : so tief ist das Erlebnis gewesen, so giftig=klar hat man sich Alles machen müssen – um es in bewußt niedergeschriebenen Worten fixieren zu können : man durfte nicht einfach unbekümmert »fühlen«, wie die glücklich Anderen ! – so schamvoll=aufreibend hat der Dichter aus seinen Adern mitstenografieren müssen, daß er später instinktiv aus Selbsterhaltungstrieb jede Erinnerung an das Erlebnis flieht ! (Natürlich wird er logischerweise dann darum »ärmer«, löst sich langsam auf, in sein Werk). Und nun ist Fouqués Geständnis auf einmal doch wieder »natürlich«, wenn er am 6. Juni 1810 einem Freunde schreibt : »Ich saß gestern Abend allein in der großen Halle, die Anderen waren alle ausgeflogen. Es gewitterte, und die Luft war grau und rot und zuckte. Ich griff mir auf dem Klavier Miltitzens Komposition des Narrenliedes, und nahm dann meinen Alwin selbst zur Hand, um darin zu blättern : ich vermochts nicht ! So maßlos folterte mich die Erinnerung, daß ich aufschrie, und mich vor dem Buch verbarg !«

Denken Sie also in Zukunft, wenn es wieder einmal im Radio heißt : »Der Dichter liest aus seinen Werken«, auch hieran : daß er wahrscheinlich lieber alles andere tun möchte.

SIND TRÄUME SCHÄUME?

Spätherbst 1771 in Sesenheim; in Qual und leidenschaftlicher Verwirrung muß Goethe sich von der geliebten Friederike losreißen: wenn er sich das väterliche Haus vorstellt, dazu die eigenen hochfliegenden Lebenspläne, gibt es keine Möglichkeit, sie dauernd zu besitzen. Als er für immer in Richtung Drusenheim davonreitet – »Es schlug mein Herz: / Geschwind zu Pferde!« hat es früher geheißen, wenn es zu ihr ging – stutzt er: ein Reiter kommt ihm entgegen, im hechtgrauen Kleid, etwas Gold daran; als Jener ihm das Gesicht zuwendet, erkennt Goethe sich selbst!: »Sobald ich mich aus diesem Traum aufschüttelte, war die Gestalt ganz hinweg. Sonderbar ist es jedoch, daß ich nach neun Jahren, in dem Kleide, das mir geträumt hatte, und das ich nicht aus Wahl, sondern aus Zufall gerade trug, mich auf demselben Wege fand, um Friederiken noch einmal zu besuchen.«

Solche »Wahrträume« waren in der Familie erblich; von seinem Großvater Textor erzählt Goethe einige frappante Beispiele: »So versicherte er seiner Gattin, zur Zeit als er noch unter die jüngern Ratsherren gehörte, daß er bei der nächsten Vakanz auf der Schöffenbank zu der erledigten Stelle gelangen würde. Als wirklich bald darauf einer der Schöffen vom Schlage gerührt starb, verordnete er am Tage der Wahl, daß zu Hause im Stillen alles zum Empfang der Gäste und Gratulanten solle eingerichtet werden.« Als Begründung hatte er diesen Traum angegeben: »Er habe sich in voller gewöhnlicher Ratsversammlung gesehen, wo alles nach hergebrachter Weise vorgegangen: auf einmal habe sich der nun verstorbene Schöff von seinem Sitze erhoben, sei herabgestiegen, und habe ihm auf eine verbindliche Weise das Kompliment gemacht, er möge den verlassenen Platz einnehmen, und sei darauf zur Türe hinausgegangen.« War es im ersten Beispiel, wo es sich doch um einen zutiefst die ganze Seele ergreifenden Vorgang handelte, noch »verständlicher«; so erscheint die Voraussage einer beruflichen Beförderung doch schon unangenehm nüchtern=unheimlich.

Fouqué, der Dichter der unsterblichen »Undine«, war auch einmal ein flotter Leutnant im Regiment Weimar=Kürassier (ganz recht: in demselben, in dem auch Goethe seine »Campagne in Frankreich« mitmachte!). Eines Morgens sieht ihn sein Freund Danckelmann schwermütig an; auf Befragen erzählt er ihm, er habe im Traum ein Duell mit ihm ausgefochten: »Ich sah Dich bluten an der linken Seite, durch meine Hand, – und die

Fürstin war nicht fern.« Einige Wochen danach entsteht ganz ungewollt, aus nicht vorherzusehendem Anlaß, ein Wortstreit zwischen beiden; eine scharfe Äußerung fällt, und der Zweikampf in der fürstlichen Reitbahn zu Bückeburg wird vereinbart: »Die Klingen kreuzten sich. Ein kurzes heftiges Gefecht, und Fouqué blutete aus zwei tiefen Armwunden – denn der linke Arm, und vorzüglich der, war im verwilderten Hin= und Herhauen getroffen worden.«

Sind es aber hier noch verhältnismäßig wichtige, die eigene Person betreffende Ereignisse, so wird es im Folgenden wesentlich absurder, unangemessen=alltäglicher:

Zur Zeit, da man, anstatt unser Löschblatt zu verwenden, noch feingemahlenen Sand über die frischgeschriebene Tintenseite sprühte, »schrieb ich mit großem Eifer einen langen und für mich sehr wichtigen englischen Geschäftsbrief: als ich die dritte Seite fertig hatte, ergriff ich, statt des Streusands, das Tintenfaß, und goß es über den Brief aus: vom Pult floß die Tinte auf den Fußboden.« Verdrießlich schellt der große Philosoph Arthur Schopenhauer nach der Magd; während diese eifrig unten scheuert, merkt sie an, daß sie heut Nacht geträumt hätte, sie riebe hier am Pult Tintenflecke vom Fußboden. Schopenhauer: »Das ist nicht wahr!« Die Magd: »Doch! Ich habs beim Erwachen der Andern erzählt.« Kurz danach kommt diese Andere ebenfalls herein; noch ehe die Mädchen ein Wort miteinander wechseln können, tritt Schopenhauer auf sie zu, und fragt: »Was hat der da diese Nacht geträumt?« Und die Antwort ist: »Ihr hat geträumt, daß sie hier Tintenflecke aus dem Fußboden reiben würde.«

Kügelgen erzählt in seinen »Jugenderinnerungen« von der erkrankten Hauslehrerin Marianne auf Autorität der Eltern und des behandelnden Arztes hin diesen Traum: »Sie erblickte ein jenseits der Elbe wohnendes Ehepaar in anscheinend großer Trauer. Die Frau hatte das Gesicht ins Sofakissen gedrückt, während ihr Mann mit einem offenen Briefe bei ihr stand.« Da sie nun die beiden Personen sehr wohl kannte, das Zimmer aber seltsam fremdartig schien, und sie sich quälte, was dort wohl vorgefallen sein möchte, eilte Kügelgens Vater hin zum Konsistorialrat Nauwerk; und »fand beide in Tränen, da sie soeben die Nachricht von Platners (des Vaters der Frau) Tode erhalten hatten. Das Zimmer aber war neu tapeziert, und die Möbel umgestellt.« – Neuere zahlreiche Beispiele findet man in dem Buche »Ein Experiment mit der Zeit«, des Engländers J.W. Dunne, der von der Durchführbarkeit einer solchen, Jedem möglichen, Zukunftserforschung, völlig durchdrungen ist. –

Durch so viele, beliebig zu vermehrende Belege unterstützt, hat schon der alte Schopenhauer eine äußerst folgenschwere Konsequenz gezogen:

wenn alle Ereignisse, vom scheinbar läppischsten und unbedeutendsten (Tintenfleck !), bis zum persönlich zutiefst einschneidenden Erlebnis neun Jahre im voraus (Wiedersehn mit Friederike !) bereits festliegen; die Zukunft also genau so »schon da« ist, wie etwa die letzten Seiten eines unbekannten Buches, das ich eben erst zu lesen beginne – : gibt es dann noch etwas wie einen »freien Willen« ? Handle ich dann noch wie ich will, oder werde ich auf längst gelegten Geleisen entlang bewegt ? Ist der Verbrecher dann noch »schuldig«; oder geschieht mit ihm, an ihm, unabänderlich Vorgeschriebenes ? Auch letztlich : wenn mein Leben, vom ersten Atemzuge an feststand – hat dann ein Gott das Recht, mich, womöglich noch »ewig«, zu bestrafen ? Und, da es ja unleugbar Sünden und Verbrechen gibt, : auf wen fallen sie zurück ? Wer hat das »unbekannte Buch« geschrieben ?

KABBALISTISCHE BESCHWÖRUNG.

Natürlich muß man zuerst einmal einen Zauberkreis ziehen; eine hochspitze, mit seltsamen Charakteren beschriebene Mütze schadet auf keinen Fall; und wenn dann die »dienstbaren Meerkatzen« genugsam »wunderliche Geräte« herbeigebracht haben, kann es losgehen : »Du mußt verstehn / aus 1 mach 10«. Noch heute kann man anläßlich des »Hexeneinmaleins« in den Faustkommentaren die erbaulichsten Dinge über Scharlatanunwesen lesen, das Goethe angeblich damit lächerlich machen wollte. Er selbst, von einem seiner zahlreichen, ergeben=zudringlichen Eckermänner darum befragt, grinste nur kurz, und erwiderte : »Die Leute machen die Dinge immer komplizierter, als sie wirklich sind.« Und geschmeidig=ausweichend (denn er liebte die Geheimnistuerei nicht wenig !) : Natürlich habe er auch die Tausendskerlchen von Welträtsellösern damit parodieren wollen.

Dabei ist die Sache wirklich viel einfacher, obwohl längst noch nicht allgemein bekannt : es handelt sich um einen simplen ‹kabbalistischen› Zahlenzauber ! Von allem, um des Reimes willen eingeschobenen Wortzierrat entkleidet, sieht das Hexeneinmaleins ja so aus :

Aus 1 mach 10 / und 2 laß gehn / und 3 mach gleich / verlier die 4 / aus 5 und 6 mach 7 und 8 / und 9 ist 1 / und 10 ist keins.

Nun hätte ja eigentlich schon den ersten Lesern auffallen müssen, daß 1 zuerst gleich 10, und dann wieder gleich 9 sein soll – aber man hielt eben das ganze für reinen ‹höheren Blödsinn›.

Zur Lösung besehe man sich dieses ‹magische› Neunfelderquadrat :

10	2	3
0	7	8
5	6	4

Das erste Feld (= Nr. 1) enthält die Zahl 10; also : »Aus 1 mach 10«. Und 2 »laß gehn«; d. h. laß unverändert durchgehen. Und 3 »mach gleich« : nämlich sich selbst. »Verlier die 4« : dann hat man nichts mehr, also Null. Für die Felder 5 und 6 setze man 7 und 8 : und umgekehrt. Und an der neunten Stelle erscheint die zuvor »verlorengegangene« 4. Und nun sind auch die Schlußzeilen ganz klar : Neun ist eins : nämlich ein Neunfelderquadrat; und Zehn ist keins : denn es gibt kein magisches Quadrat, das 10 Felder hätte ! (Woraus sich für die Rezitation der Hexe sogleich ergibt, daß sie betonen muß: »Und Neun *ist* Eins ....« – achten Sie bitte darauf, ob sie es richtig macht, wenn Sie das nächste Mal den ‹Faust› sehen!).

Nun noch die Bestätigung von hinten her: das oben angeführte magische Quadrat ist nichts weniger als eine reine Konstruktion; sondern das sogenannte ‹Saturnssiegel› der alten Kabbalisten, welches man auf einen Zettel schrieb und sich um den Hals hängte, als Amulett in allen schwierigen Fällen von Geburt, Zeugung, Liebes= und Ehesachen: und eben das ist ja Fausts Anliegen: er will verjüngt, d.h. neu geboren werden! Goethe hat diese Zahlenspielereien genau gekannt: »Ich kenn es wohl, so klingt das ganze Buch / ich habe manche Zeit damit verloren« gesteht er anschließend. In ‹Dichtung und Wahrheit› schildert er, wie er, in der Zeit der Genesung nach dem leipziger Blutsturz, mit dem Fräulein von Klettenberg experimentierte, und fleißig las: Wellings ‹Opus magocabbalisticum›, den Paracelsus, die beiden Helmonts, den Agrippa von Nettesheim; in denen, unter vielem anderem, auch dieses ‹Saturnssiegels› gedacht wird. –

Die hier mehrfach erwähnte ‹Kabbalistik› war allerdings ursprünglich nichts weniger, als etwa die Technik, vermittels Zahlen oder Buchstabenkombinationen ‹Voodoo› zu machen; obwohl das Wort nur in dieser Bedeutung noch heute gängige Wortmünze ist. Die ‹Kabbala› (etwa gleichbedeutend mit dem griechischen ‹Logos›; also rundweg ‹Lehre›) hat, wie etwa auch der Buddhismus, das Schicksal aller Hochreligionen erfahren: aus einer tiefsinnigen Theorie zu der üblichen, dem Verständnis des Volkes angepaßten Gebetstrommelpraktik zu werden: aus den alten Büchern Jezirah, Rasiel, Sohar, siehts schon anders heraus.

Die Kabbala ist die philosophische Geheimlehre des jüdischen Mittelalters, ausgegangen von den griechischen ‹Neuplatonikern› des 3. Jahrhunderts; und lediglich neu formuliert durch Spinoza. Sie lehrt die ‹Emanation›, den ‹Ausfluß› aller Dinge aus Gott; also die teilweise Verwandlung Gottes in die Welt. (Woraus Spinoza dann seinen Pantheismus machte: daß Gott als Ganzes, ohne Rest, zur Natur geworden sei. Edgar Poe ist eine weitere Entwicklungsstufe dieser Art zu denken (‹Heureka›); oder die ‹Leviathans=Theorie› eines unserer neuesten deutschen Schriftsteller.) Heute, wo die moderne Astronomie einsteinscher Prägung vom sich ausdehnenden Weltall spricht, wirkt die kabbalistische Ausdrucksweise vom ‹Deus expansus et contractus› frappant aktuell; oder die sachlich=szientifische Definition Gottes als ‹Locus Mundi›, als ‹Ort der Welt›, also als ‹Raum› etwa. Natürlich begnügte sich die spitzfindige Grübelei eines Zeitalters, dem es an umfassenden naturwissenschaftlichen Daten durchaus noch mangelte, nicht mit Versuchen zur Begründung solcher bemerkenswerten Hypothese; sondern ersann sogleich die phantastisch=kompliziertesten, dabei völlig bodenlosen, Märchengebäude, über die möglichen Einzelstadien solcher Ausströmung der materiellen Welt aus Gott; erfand wohltönend=sinnlose Namenketten, von den zehn »Sephirot« und dem »Adam Kadmon«, bis das Ganze eben leider in einem Wust von ‹kabbalistischem› Unsinn unterging.

Dennoch ist die Erscheinung seltsam und ehrwürdig genug; und auch, wie unser Beispiel zeigt, nicht ohne Wirkung auf unsere großen Dichter geblieben. Zumindest kann es jeden nachdenklich stimmen, wenn er erfährt, daß ein Goethe oder Lessing, wenn die Rede auf Spinoza kam, erklärten : wenn sie sich schon nach einem Philosophen nennen müßten, wüßten sie keinen anderen, als ihn. Also waren sie letzten Endes Kabbalisten : Zauberer ! Und das kann ja jeder zugeben : ihre Dichtungen sind zauberhaft !

BERECHNUNGEN II

»And am I wrong, to worship where
faith cannot doubt, nor hope despair,
since my own soul can grant my prayer? –
Speak, God of Visions, plead for me,
and tell, why I have chosen thee!«

§ 1. Wenn ich in meiner ersten, der Erkennung und Handhabung von Prosakurzformen gewidmeten Untersuchung mich auf das »Musivische Dasein« und den Gehirnvorgang der »Erinnerung« beschränkte, so lag das daran, weil beiden das Kennzeichen der »einfachen« Handlung gemeinsam ist. Um der »Wahrheit« willen – d.h. um einer konformen Abbildung unserer Welt durch Worte näher zu kommen – ersetzte ich die unberechtigte Fiktion des »epischen Flusses« durch die bessere Näherungsformel vom »epischen Wassersturz«: der von Stufe zu Stufe schäumt, Zerfall als Voraussetzung überlegenen Schauspiels, der aber, siehe da, eben so sicher unten ankommt, wie Ol' Man River.
Ebenso mußte der Vorgang des Sich=Erinnerns in seine zwei natürlichen Komponenten (erster Lichtstoß als Initialzündung; und spätere reflektierend gewonnene Kleinkommentare) zerlegt, und Grundsätze für seine Abbildung durch eine entsprechende Anordnung von Prosaelementen gegeben werden.
Im letzten Paragraphen deutete ich damals an, daß ich zwei weitere Versuchsreihen beabsichtige: den »Traum«, und das »Längere Gedankenspiel«.

§ 2. Das wichtigste Bestimmungsmerkmal dieser neuen Gruppe ist, daß in beiden Fällen eine »doppelte Handlung« vorliegt, Oberwelt und Unterwelt, Laputa und Balnibarbi; woraus sich sofort ergibt, daß die konstruktive Arbeit komplizierter, die praktische Ausführung ungleich schwieriger werden dürfte, als bei der früher abgehandelten Gruppe. Der Unterschied zwischen Traum und Gedankenspiel liegt bekanntlich darin, daß zwar die objektive Realität (eben die »Unterwelt«; oder, wie ich sie im Folgenden nennen werde, die Erlebnisebene I, abgekürzt E I) bei beiden annähernd die gleiche ist; die subjektive Realität (Oberwelt; Erlebnisebene II = E II) beim Traum jedoch in ausschlaggebendem Maße passiv erlitten wird (wir erfahren darin oft unerwünscht=empörendste Rücksichtslosigkeiten, Alpträume, mythisches Grauen); während beim Gedankenspiel das Indivi-

duum wesentlich souveräner, aktiv=auswählend, schaltet (natürlich ebenfalls »konstitutionell beschränkt«).
Diese Definition mußte vorausgeschickt werden, da unser Sprachgebrauch hier wieder einmal völlig unscharf verfährt: was man nämlich im allgemeinen einen »Träumer« schilt, ist in Wahrheit weiter nichts, als ein süchtig=fauler Gedankenspieler; die »Traumspiele« der Weltliteratur sind Gedankenspiele.
Bei der Schwierigkeit des Gegenstandes und dem Umfang, den eine solche erste Untersuchung füglich haben muß, beschränke ich mich hier auf die Diskussion des längeren, oft durch Wochen hindurch fortgeführten, Gedankenspiels (zukünftig LG; im folgenden wird also verstanden: LG = E I + E II).

§ 3. Das Gedankenspiel ist kein seltener oder auch nur extremer Vorgang, sondern gehört zum unveräußerlichen Bestand unserer Bewußtseinstatsachen: ohne der Wahrheit Gewalt anzutun läßt sich behaupten, daß bei jedem Menschen die objektive Realität ständig von Gedankenspielen, meist kürzeren, nicht selten längeren, überlagert wird – wobei sich dann natürlich die wunderlichsten Interferenzerscheinungen à la Don Quijote ergeben können.
Wie tief die Neigung zum Gedankenspiel geht, ist schon beim Tier unverkennbar, etwa wenn sich die Katze, immer wieder bereitwillig, die tanzende Feder am Faden als einen Vogel ausbittet. Von da ist nur ein gradueller Schritt zum Disney=Land der Näherin am Fließband.
Die billigste Art ist das Gedankenspiel nach Vorlagen, sei es der abendliche Zeitungsroman, der, zumal vorm Einschlafen, gern übernommen wird, sei es der zuletzt gesehene Film. Obwohl in dem einen Fall die Anregung vom gedruckten Wort, im anderen vom Bildgehusche herkommt, ist der Unterschied nicht wesentlich; jedes Mal hat ein nur wenig überlegener Kollege »vorgespielt«; und es ist dem Range nach ziemlich gleichgültig, ob die trübschillernde Bildertunke durch das Diaphragma der Buchseite oder einer ausgespannten Leinwand aus einem Kopf in den anderen diffundierte. Die für den Faulen ideale Kombination legen in endlosen Bildstreifen die amerikanischen Cartoons vor: hier braucht der Mitspieler nur noch das vorgekaute schale Ragout von schematisierendem Kleinholzschnitt und Stummelworten zu schlucken.
Eine Stufe höher (»höher« im Sinne der für die vorliegende Abhandlung entscheidenden literarischen Brauchbarkeit seines LG's) steht schon der Mann der Selbstgespräche, der in verkrampften imaginierten Redeschlachten die Probleme einer nörglig=verwickelten Zukunft sinnlos »löst«. Höher steht der Beinamputierte, der sich zum mächtigen Direktor einer

Butterfabrik ernennt, und in seinem Werk natürlich lauter Kriegsbeschädigte beschäftigt. Wobei es ein Kriterium, weniger für die Rangordnung als für die Klassifizierung der Geister ist, ob man mehr vermittels Worten oder Bildern spielt.

Wie geschickt diese unsere unausrottbare Neigung zum Gedankenspiel kommerziell ausgenutzt wird – etwa von Baufirmen, die dem Leser ihrer Prospekte das beliebte umbüschte, von wohlgeratenen Kindern umtanzte »Eigenheim« vorspiegeln – ist bekannt; und beweist die Realität des Vorgangs nicht minder, als die von der Regierung begünstigten (oftmals sogar von ihr eingeführten) Vorlagen religiöser oder nationaler Art, wie sie gern vor verbotenen Gedankenpfaden als ablenkende Richtungsschilder aufgestellt werden : die Kriegswochenschauen z.B. waren solche amtlich befohlenen, ausgesprochen verniedlichenden Prospekte in usum delphini. – Selbst die Grammatik erkennt die Existenz des Gedankenspiels so bedingungslos an, daß sie das ganze Riesengebäude eines besonderen Modus dafür erfunden hat : den Konjunktiv ! Jeder Gebrauch eines »hätte, wäre, könnte« gesteht das Liebäugeln mit einer »veränderten« Realität, und leitet so recht das LG ein. Man kann den Konjunktiv natürlich auch eine gewisse innere Auflehnung gegen die Wirklichkeit nennen; meinetwegen sogar ein linguistisches Mißtrauensvotum gegen Gott : wenn alles unverbesserlich gut wäre, bedürfte es gar keines Konjunktivs ! (Woraus eifrige Theologen älteren Stils gern den Schluß ziehen dürfen, daß Adam ihn erst nach der Vertreibung aus dem Paradiese ersann).

§ 4. Wenn man auch nicht fehlgehen wird, Werke der Dichtung allgemein als Gemische aus E I und E II ihres Autors zu betrachten – und es sind hinreißende Mixturen hier möglich, etwa Ludwig Tiecks »Vogelscheuche« – so schwer ist es, *reine* Beispiele von E I oder E II beizubringen; wobei es noch äußerst nachdenklich stimmen muß, daß die reinen E I sogar die wesentlich selteneren sind – ich entsinne mich im Augenblick eigentlich nur des alten Brockes (und, allenfalls, noch Cooper's »Pioneers«). Exempel der anderen Gattung »halbierter LG's«, zu denen uns leider E I fehlt, sind ziemlich unverkennbar :

Edgar Poe : Gordon Pym	(3)
Klopstock : Gelehrtenrepublik	(2)
Brontë : Wuthering Heights	(3)
Schmidt : Schwarze Spiegel	(3)
Wells : Zeitmaschine	(3)
Verne : Reise zum Mittelpunkt der Erde	(1 ? 3 ?)

(Die eingeklammerten Zahlen finden später ihre Erklärung; es sind die Spektralklassen der Geister). – Mit absoluter Zuverlässigkeit weiß ich es vom vierten Titel: es war das E II meiner Kriegsgefangenschaft, 1945, im Stacheldrahtkäfig vor Brüssel, there was a sound of revelry by night.
Diese reinen Typen des E II (bzw. E I) sind einer Schachpartie zu vergleichen, von der nur die schwarzen Züge (oder weißen, wie man will) notiert wurden. Um jedoch ein formal vollständiges Kunstwerk, ein LG im Sinne der hier vorgetragenen Theorie, das komplette Porträt eines Menschen in einem gegebenen Zeitraum x vorlegen zu können, müßten E II und E I nebeneinander erscheinen! Es darf jedoch nicht Wunder nehmen, wenn Prosamodelle strenger Art bisher nicht vorliegen: die formale Klärung war (vielleicht aus der instinktiven Scheu des Dichters, dem, an sich wohlbekannten, offizinellen Autismus bewußt gegenüberzutreten) nicht erfolgt; zudem wäre die ehrliche Angabe von E I ein Akt nicht nur der Unklugheit (vor allem gegenüber der eben wieder entstehenden Inquisition), sondern auch der aufreibendsten und wahnwitzigsten Selbstverläugnung, den das zeitgenössische Publikum nicht wert ist (und höchstens in Geheimschrift beizugeben. Die Selbstbiographie eines Autors ist nebenbei kein Ersatz für E I. – Vielleicht ist es ja auch eine nur umso reizvollere Preisfrage, eines Sherlock Holmes der Philologie würdig, zum Gordon Pym das E I hinzu zu konstruieren).
Im Großen lebt etwa ETA Hoffmanns Werk von dieser Spannung zwischen E I und E II (Prinzessin Brambilla). Cervantes begann im Gefängnis den Don Quijote. Mörikes »Orplid« ist ein Paradebeispiel, ebenso wie die »Gondal=World« der Brontës, oder das »Ardistan und Dschinnistan« Karl Mays, eines Mannes, dem auch noch nicht die gebührende literarische Gerechtigkeit widerfahren ist.

§ 5. Erkannt und genehmigt worden also ist das Gedankenspiel durchaus; ebenso sind von Zeit zu Zeit Versuche zur formalen Bewältigung wenigstens des untersten Typs unternommen worden; obwohl meist unbewußt, und immer ohne zureichende theoretische Überlegungen: von Lucian »Das Schiff oder die Wünsche« bis zu James Thurbers »Walter Mittys Geheimleben« führt eine leider nur horizontale Linie. Beide behandeln zudem, wie gesagt, nur die künstlerisch unergiebigen Mikrotypen, und auch diese noch völlig einseitig nach der um eine entscheidende Spur zu flachen Formel des si j'étais Roi.
Das bedeutendste, obwohl formal ebenfalls durchaus »unreine« Beispiel der Weltliteratur ist Johann Gottfried Schnabels »Insel Felsenburg«. Der Biographiensymphonie, vermittels deren hier E I bewältigt wird, steht das

E II der »Inseln im Südmeer« gegenüber. In völliger Übereinstimmung mit der noch zu entwickelnden Klassifizierung ist E II bei Schnabel nicht mehr bejammertes Exil (wie bei dem im Vergleich damit arg zusammenschrumpfenden »Vorbild« des Robinson Crusoe), sondern utopisches, heilig=nüchternes Asyl. Dieses Buch so lange – und immer noch! – wenn auch weniger der »Lesewelt«, so doch den Fachleuten unzugänglich gelassen zu haben, ist ein Tatbestand, der jedem unserer »Großen Verleger« die Schamröte ins Gesicht treiben sollte.

§ 6. Die konstruktiven, durchaus dem Kalkül und der werkstattmäßigen Handhabung zugänglichen Probleme sind also nunmehr:
Ein Prinzip der Klassifizierung der LG überhaupt muß gefunden, und eine den einzelnen Gruppen angemessene Konzentration der Sprache angegeben werden.
Weiterhin ist das Mengenverhältnis der imaginären und realen »Hälften« zu untersuchen und annähernd festzulegen.
Schließlich muß man sich für die suggestivste typographische Anordnung einer kombinierten Darstellung von E I plus E II auf einer zweidimensionalen Fläche (der Buchseite) entscheiden.

§ 7. Bei der, in »Berechnungen I« des näheren erläuterten, Versuchsreihe »Erinnerung« ergab eine Gliederung nach den Bewegungskurven der Handelnden im Raum brauchbare rhythmische und formale Unterscheidungen (die »Richtigkeit« solcher Klassifizierung ist hier eine Frage untergeordneten Ranges; die Brauchbarkeit als Arbeitshypothese entscheidet). (Für das »Musivische Dasein« gab ich damals keine Tabelle, weil ich die Grundsätze, mir seit zwanzig Jahren geläufig, für selbstverständlich hielt; ich bin jedoch inzwischen auf diese Lücke hingewiesen worden, und werde sie später einmal ausfüllen.) –
Die Grobeinteilung für das LG muß, der doppelten Handlung wegen, von denen dazu die eine entscheidend vom Individuum abhängt, von anderen Gesichtspunkten ausgehen; am organischsten also von der Bedeutung, die das LG für seinen Spieler hat (wodurch sich dann gleichzeitig das quantitative Verhältnis E I : E II überzeugend regelt). – Es lassen sich so 4 recht scharf getrennte Typen unterscheiden:

1. Typ, »Bel Ami«: Das E II besteht hier aus den normalsten Flitteridealen; Illustrierten, Filmen, Schlagersuggestionen, entlehnt. Als Gegengewicht zu einem ehrbar=einförmigen Alltag übernimmt der Spieler grundsätzlich die egoistische Heldenrolle, ist immer der verwaschen=allmächtige Superman;

der Staffage fällt meist nur die Rolle bewundernd gaffender Augen und Ohren zu. Nichtswürdige, menjoubärtige Eleganz; das Leben als Modenschau; dabei bemerkenswert, daß *keine Ahnung* von erstrebtem Hochberuf vorhanden : eine Tänzerin ist eben nur ein auf= und abschwebender, blau angestrahlter Glanzwisch. / Charakteristisch für diesen, meist nur kürzerer Gedankenspiele fähigen, Typ, daß grundsätzlich K o n t r a s t zu E I gewählt wird.

2. Typ, »Querulant« : Hang zur Rhetorik, mit dem Angstzwang zur endlosen Zukunftsdiskussion. Der schon bei der entferntesten Andeutung von Verwicklungen (fast immer beschränkt=persönlicher Art) sogleich lange Rededuelle mit verfälschten Gegnern ersinnt; auch er schneidend=überlegen, mit Staatsanwaltsgebärden. Selbstgesprächler; weitgehend auf Worte angewiesen. Unsicherheit; Gefühl ständiger Exponiertheit. In reinster Ausbildung (Hesse, »Steppenwolf«) fähig, sich nach der Lektüre eines historischen Werkes etwa eine Audienz bei Friedrich dem Großen zu erzwingen, an der aber auch *alles* dran ist. »Die Wahrheit sagen.« / Meist *Parallele* zu ihrem E I; oder doch nur beamtenhafte »Entwicklung« : etwa Vorwegnahme von Beförderungen; impotente »Auseinandersetzungen« mit Vorgesetzten, etc.

3. Typ, »Der Gefesselte« : dem in tödlichen Situationen ein E II das Überleben bzw. Sterben erleichtert, manchmal sogar erst ermöglicht. Gekennzeichnet dadurch, daß das Subjekt höchstens noch als verdüsterte Hauptperson auftritt; oft sogar ist seine Anwesenheit nur noch nötig, wie die eines verläßlichen Reporters, der dem Leser die be*un*ruhigende Gewißheit der Autopsie verschafft. / Hier, bei einem auf eine finstere Null geschalteten E I, tritt das E II als pessimistische S t e i g e r u n g auf; ins bedeutend Allgemeine gewandt, tiefsinnig, utopienverdächtig. –
An sich erschöpft sich mit diesen 3 Typen das der literarischen Formung zugängliche LG, und ich erwähne die vierte Klasse nur der Vollständigkeit halber : das Kind ist ebenfalls ein berufener Gedankenspieler ! Der künstlerischen Wiedergabe durch Worte ist sein LG jedoch äußerst schwer zugängig, da die werkgerechte Handhabung des erforderlichen umfassenden Wortschatzes beim Kind einfach nicht gegeben ist : wo aber kein Bewußtwerden stattfindet, da gibt es auch keine objektive Mitteilbarkeit, zumindest nicht durch Worte. Was im allgemeinen an kindlichen LG serviert wird, ist entscheidend verfälscht durch mühsam=spätere Reflexion, die den urzeitlich=primitiven, unberechenbaren Assoziationen kaum gerecht wird. Vielleicht sind Frauen zur Wiedergabe geeigneter; ich persönlich halte

diesen, deshalb ausdrücklich von mir als Typ 0 bezeichneten Spieler, für literarisch nicht erfaßbar. –

Wahrscheinlich muß jeder Gedankenspieler des einen Typs im Lauf seines Lebens die vor ihm liegenden ebenfalls durchmachen : Typ 0 als Kind. Für Typ 1 sind selbst hochbegabte, zur weiteren Entwicklung verdammte junge Menschen anfällig. Schon zur bloßen »Übung« erscheint eine solche Entwicklung unerläßlich : während bei Typ 1 durchaus die unreifen, wenig geformten Embryonen dominieren, nehmen die E II gegen Typ 3 hin an Länge wie an Gewichtigkeit zu. Anmerkenswert vielleicht noch (als »Rückschlagerscheinung«), daß Typ 3 in normalen Situationen durchaus in Richtung 2 konvergiert; erst bei extremer Gefährdung gewinnt er im allgemeinen die letzte Höhe=Tiefe.
Ich füge diesem Bericht die tabellarisch=kurze Übersicht bei, die ich mir für meine Handübungen in dieser neuen Versuchsreihe entworfen habe (in der also gleichzeitig die Themen der geplanten Modellfälle erscheinen).

§ 8. Die Frage, welche Druckanordnung diesem Tatbestand zweier einander im allgemeinen ablösender, selten durchdringender, Erlebnisbereiche am gerechtesten wird, erledigt sich sehr einfach : die Buchseite muß, um dem Fachmann die Erkenntnis der Struktur, dem Leser (Nachspieler) Unterscheidung und Übergang aus einem Bereich in den anderen zu erleichtern, in eine linke (E I) und eine rechte (E II) Hälfte geteilt werden. (Da wir in Europa von links nach rechts schreiben : schrieben wir, wie die Chinesen, von oben nach unten, dann wäre es möglich, die Buchseite durch einen mittleren Querstrich optisch noch überzeugender in eine Ober= und Unterwelt einzuteilen). Diese Halbierung der Seiten ist gar nichts neu zu Beschreiendes : Jedem sind vom Konversationslexikon her die zwei Spalten geläufig !
Selbstverständlich muß, sobald E II einsetzt, E I abgeschaltet werden, d.h. leer bleiben. Allenfalls dürften in dem freien Raum Kleinstwiederholungen das Fading einer mechanischen Tätigkeit andeuten – z.B. wenn ich einem kaufmännischen Lehrling, während seiner Abwesenheit in E II, verstatte, in E I automatenhaft die Hände zu rühren; also, etwa bei Erledigung der Firmenpost, einzudrucken :

Falten,
Einschieben,
Falten,
Einschieben,
Falten,
Einschieben ... –

Problem	Typen		
	Typ 1 : Bel Ami LG als beglückender Spaziergang. 65% der Bevölkerung	Typ 2 : Querulant Debatte als Vehikel zu heilsamer Ermüdung. 30% der Bevölkerung	Typ 3 : Gefesselter »Entrückung« des wertvolleren Subjektteils nach E II; rettende Schmerzverlagerung. 5% der Bevölkerung
Qualitativ. Verhältnis E I : E II	Kontrast (bis zur Lächerlichkeit = Hohlheit)	Parallele (Fortsetzung)	Steigerung (oft ins Allgemeingültige)
Quantitativ. Verhältnis E I : E II	3 : 1	2 : 1	1 : 2
Psycholog. Grundhaltung	optimistisch	mißtrauisch	pessimistisch
Einstellung	unscharf=subjektiv	scharf=subjektiv	scharf=objektiv
Färbung / Konsistenz	rosa / semig	grau / bröckelig	schwarz / kantig
stilistische Konsequenzen	Langweilig=ehrbar; vermischt mit dem Wortpudding des Tages / schuldbewußte Erotica / Gestalten mit undeutlichen, »fließenden« Gesichtern / Rhythmus : undulatorisch=schlabbrig.	rednerisch=dialektisch; nervös=faserig; kränklich=kleinlich / Ordnungszwang / advokatenhafte Freude an der »Selbstbewegung der Begriffe« / knittrig=taftige Wortarten heraussuchen / (Klippe : Versuchung zur Beamtensatire)	E I stumpf=schrecklich, aus »erblindeten Fenstern« gesehen (Sp. 4). Vom Gequälten her zwar mit Gallenfarben tingiert, aber im Wesentlichen korrekt / Schädel als behaarte Kapsel des inneren Planetariums / Rücksichtslos, da »vor die Kanone gebunden«.
Rollen in E I u. E II (Themen; Titel bis auf *) noch ungewiß)	Kaufmännischer Angestellter – Entführung der »Prinzessin von Ahlden« (Filmanregung). Oberprimaner mit »Sehr gut« in Deutsch – Nobelpreisträger (mit Stellen, die den künftigen großen Schreiber wittern lassen)	Prozessierender – Wortschlachten und Fluchtprojekte. Schutzmann – Kämpfe mit Vorgesetzten (Offizieren und anderen Riesenfischen). Buchhalter=Gesandter=Diktator einer imaginär=siegreichen Macht an Friedrich den Großen.	Gelähmter – Betrieb in 2 aufeinander zufahrenden D-Zügen (vor dem Zusammenstoß). Gefangener – Wallebene Plato. Die Feuerstellung – Die Stadt der Vergnügten. *)
Ende	meist durch Stoffmangel und die daraus resultierende Verlegenheit (= Wiederholung, Ermüdung) bewirkt : es »hört eben auf.«	erfolgt nach mühsam erreichter Überzeugung von Sicherheit, Überlegenheit spitzfindig vorgeführter Macht : luftschnappender Rückzug (Pyrrhussieg).	da großer Fond an Phantasie vorhanden, hängt ein Ende meist von Beendigung der Existenz in E I ab – sei diese »Beendigung« Tod, Heilung oder Entlassung.

Eine Bestätigung für die Berechtigung der oben vorgenommenen Klassifizierung ergibt sich überzeugend aus dem quantitativen Verhältnis von E I und E II. Der »Bel Ami« verweist, philiströs völlig konsequent, das LG auf den ihm im bürgerlichen Daseinsbereich gebührenden Stehplatz : Mengenverhältnis also etwa 3 : 1. Beim letzten Typ, ludus remedium, tritt die eigene, auf ein Unwürdigstes erniedrigte, Existenz in E I zurück, vor der in E II apokalyptisch=grandios erlittenen Sorge um das Ganze : Mengenverhältnis 1 : 2.

Einige Angaben zur Technik : es versteht sich, a posteriori Jedem bekannt, von selbst, daß, wenn es in E I »gegen Abend« geht, E II mengenmäßig zunimmt und in größeren, geschlosseneren Textstücken auftritt, als »am Tage«. Zu Anfang ist eine längere Darlegung des E I unerläßlich, aus der sich langsam=konsequent dann das E II entwickelt, Topf und Kaktus.

Die »Fabel« des E II, bald Wadi also, bald Wassersturz, bewegt sich, wie in solchen ludischen Prozessen üblich, in Wirbeln, eddies and dimples, entlang; Assimilierbares wird aus E I nach der biologischen Regel von trial and error aufgenommen, und nach »persönlichen Gleichungen« transformiert; daneben aber gleichwertig auch die »Selbstvermehrung« von E II durch Sprossung, Teilung, usw.

Ständig zu beachten die merkwürdige, Ich=verändernde Kraft : das LG vermehrt durchaus den Schatz (? wohl besser Schutthaufen) der Erfahrungen. Die sprachlichen, rhythmischen, metaphorischen Konsequenzen, bereits in der Tabelle angedeutet, sind verhältnismäßig simpel zu erarbeiten, so daß jeder Experimentator das Arrangement selbst vornehmen kann.

§ 9. Hier nun, am Ende, befinde ich mich in der unangenehmen Lage, theoretisch eine Prosaform angekündigt zu haben, von welcher dem Publikum bisher keine Modellanordnung im Druck vorliegt : das ist nicht meine Schuld. (Und ich verwahre mich ausdrücklich gegen alle heroischen Formulierungen und Forderungen; vom »In großen Dingen genügt es, sie gewollt zu haben« (Nietzsche) an, bis zum »*Wie* Sie es machen, ist Ihre Aufgabe; *daß* Sie es machen, ist unerläßlich« (Alfred Andersch)). –

Ich habe mir für die Versuchsreihe I (Musivisches Dasein) 15 – formal selbstverständlich scharf von einander unterschiedlich zu behandelnde – Themen entworfen, von denen ich bisher 8 erledigt habe (Nr. 8, »Das steinerne Herz«, hat inzwischen einen Verleger gefunden; die durch Zufall erhalten gebliebene Jugendarbeit »Pharos« rechne ich nicht).

Versuchsreihe II (Erinnerung) weist 8 Themen auf, von denen bis jetzt 2 im Druck erschienen sind, »Umsiedler« und »Seelandschaft«.

Versuchsreihe III (das im Vorangegangenen besprochene LG) sieht bis jetzt

8 Themen vor. Ich habe erst einmal zögernd die Hand in dergleichen geübt (»Gadir«); jedoch war bei dem 1948 erschienenen Stück, in jener papierarmen Zeit, an eine raumverschwendende Druckanordnung gar nicht zu denken; so ließ ich denn E I und E II, beide überhaupt noch mit ungenügender Technik gehandhabt, nach alter Art zusammendrucken. Jetzt, dix ans plus tard, würde ich im allgemeinen abraten, historische LG zu wagen: die hier notwendigen, besonders überzeugend=flüssigen Assoziationen sind uns heute nicht mehr geläufig. Gestern Abend etwa sah ich von einer Chaussee aus die nicht allzuweit entfernten Reihen von Obstbäumen gegen einen nächtlich dunklen Himmel; die schlagende, uns Heutige sogleich überzeugende Metapher hierfür wäre gewesen:

> »Schwarzer Güterzug (auf Stelzen), ungleich beladen mit Kabeltrommeln, verhangenen Panzern, stand drüben, zerbombt, und wartete, um mit mir weiterzufahren.«

Mit was aber hätte sie Goethe verglichen, er, der nicht Güterzüge, Panzer noch Kabelgetrommel kannte? Oder gar Homer?: Hier stehen wir vor einer Schranke, die unsere historisierenden Shatterhands allzu leichtfüßig überspringen! – Von den in der Tabelle angeführten Titeln ist der mit einem Asteriskus*) gekennzeichnete so weit vorbereitet, daß es »nur« noch der Niederschrift, der Punktschweißung des vorhandenen Materials, bedürfte, d.h. eines Zeitraums von schätzungsweise 1 Jahr – vorausgesetzt, daß ich mich ungestört solcher Arbeit widmen könnte, was schwerlich der Fall sein wird. –
Versuchsreihe IV (Traum) bleibt einer künftigen Fortsetzung dieser »Berechnungen« vorbehalten.

DICHTER UND IHRE GESELLEN.

Daß nicht dem Dichter (‹tatenarm & gedankenreich›) die Welt gehört, dürfte eine Binsenwahrheit sein; er, das Siebenschlafkissen unterm Arm, erscheint bekanntlich erst, wenn sie ‹weggegeben› ist. Also müssen wir, um (auch äußerlich) ein bißchen leben zu können, ein ‹Wahlbündnis› eingehen. Fragt sich : mit wem ?

Burke, Maistre und Golo Mann (welche Tonika !) empfehlen uns Adel und Kirche; oder, nach einer uns geläufigeren Formel, Thron & Altar : Onward, Christian Soldiers ! – Von diesen repräsentiert der Thron die Staatsgewalt; er, – ich will es kurz machen – im Frieden Beutelschneider, im Krieg Henker, ist unser Feind !

Altar ? ? : Ich schlage den Großen Brehm auf; ich lese darin von der Sphaerularia Bombi Dufour : das haarfeine Würmchen erleidet, geschlechtsreif geworden, grundsätzlich Scheidenvorfall; das umgestülpte Organ beginnt zu wuchern, bis es zwanzigtausendmal so groß ist, wie sein Ursprungstier : so lebt das Wesen in Hummeln – wer diese Welt schon als ‹Werk› bezeichnen will, füge wenigstens ehrlich hinzu : eines Halbirrsinnigen !

Also nichts für uns; weder heilige noch profane Aufmärsche !

(A propos Aufmärsche : wie wäre das : ‹Kinderheere› ?! Kinder sind waghalsig, gelenkig=geschmeidig; intolerant, da ohne Erfahrung und Verständnis, und ganz leicht zu fanatisieren; kennen auch keine Gefahr; sind unbekannt mit den Lebensgenüssen, geschlechtlich ohnehin Neutra, die Mädchen A=Mazonen in jedem Sinne : und der Gegner würde wahrscheinlich noch zutraulich=mitleidig ! Es handelt sich schließlich nur darum gewichtsmäßig leichte Waffen für sie herzustellen; als Hordenführer kleingewachsene glattzurasierende Menschen : es wär' ja nicht das erste Mal !)

Aber natürlich haben sie Hofsänger und Butler überreichlich genug, beide, Gott und die Vaterländer. Die Bulldoggen schnauzen ihr ‹Helm ab zum Gebet !›; die Feinen ermuntern zum ‹einfachen Leben› : Todos=juntos ! Todos=juntos !

Dabei : wenn Kunst und Technik lediglich auf die Antriebe und Arbeitshypothesen des Christentums angewiesen wären : in Höhlen wohnten wir noch, fellgekleidete Anachoreten, schäumenden Mundes um Dogmensplitter keifend ! Höchste Spitze Dostojewskifiguren : Menschen ohne Renaissance; formlos; brackwassertretend; in allen rotten boroughs kauernd, und literarische

Schwedentrünke vomierend : ».... Es danket DIR mit Herz und Mund / die arme sünd'ge Made. / Dein Leichnamsduft durchweh' dies Haus, / Dein Blut bespreng die Herzen .....«. Die andere Seite würde Herms Niels und ähnliche Shatterhands beisteuern. –
‹Vorüber, Ihr Schafe, vorüber ... !›

– – – – – – –

Außer Staat und Kirche aber bedrohen uns 2 weitere wesentliche Gefahren :
1.) Vom Dichter her ! : Das ist der Fluch und Einwand gegen so Viele unter uns, daß sie mit bewegter Zunge ihren Abscheu vor der Technik aussprechen ! Das ist nicht neu : schon Schiller, Fouqué, Tieck, gaben einem Widerwillen gegen die Mathematik ungescheut Ausdruck; ohne sich scheinbar im Geringsten darüber Gedanken zu machen, daß sie damit in unverantwortlichster Weise die Realität desavouierten; die verhängnisvolle Kluft verbreiterten, an deren Rändern wir heute verdutzt stehen. (Der Einzige, der *etwas* davon ahnte, und sich um Naturwissenschaften und Technik aller Art bemühte – obwohl leider nur vom rein Optischen her; wenn er von astronomischen Maßeinheiten hörte, wurde auch ihm, als müsse er ‹unsinnig› werden ! – war Goethe. Der Einzige, der sich Fördermaschinen besah, während es ringsum noch von ‹Erdmännlein› faselte.)
Dabei stürzen ‹Unsere Dichter› also zwar mit kokett gespreizten Fingerbüscheln davon, wenn ein Wort von Cassinischen Kurven fällt; lassen sich aber andererseits leidenschaftlich im Auto fahren (heimlich triumphierend, daß sich wieder ein paar liebenswürdige imbeciles mehr gefunden haben, die dergleichen für sie erfinden und steuern : ‹Geisteswissenschaften› als Entschuldigung, daß man lebenslänglich ‹gefehlt hat› !) Die Kunst ist immer ein beliebter Treffpunkt von Dunkelmännern und Träumern gewesen; die Dichtung nun gar die Normaluhr, wo solche Pärchen ihre Stelldicheine abhalten : was ermöglicht, zumindest erleichtert, denn eigentlich solch ortsgebundenen Spuk ?
2.) Der Techniker seinerseits, der die Realität emaniert, steht vor der Gefahr, der z.B. ähnlich der hochintelligente Schachspieler unterliegt : der 5 Stunden lang, ohne 1 Wort zu benötigen, geisterhaft hochgezüchtete Spiel= (für ihn Lebens= !)regeln vollzieht !
(Man könnte ein Morlockengeschlecht heranziehen, das wortlos Lichtschalter, usw., bedient; ganze Ordnungen von alalischen niederen Technikern : Spezialkolonieen in Nevada oder Sibirien. ‹Hamm› = Essen (‹Hamm= Hamm› gleich Sonntagsessen / Braten); ‹Gluck› = Trinken (‹Gluckgluck› gleich Schnaps); dann noch ein paar Wortstummel für Schlafen, Roboten, Begatten (Preis & Ansporn), Zahlen und Logarithmen; reichliches Vokabu-

lar für die verschiedenen Schraubenschlüssel; in der knappen Freizeit Schach und Musik. – Eine solche Sprache könnte auch absolut spionensicher gestaltet werden. Die Menschen eingeteilt in 100=wortige; 1.000=wortige. – Bei Gelegenheit noch weiter ausbauen).

Zurück ! : Das also sind die beiden Gefahren unserer heutigen Welt.
Die Gefahr des Technikers (er, als der wirtschaftlich Stärkere, kommt höflich zuerst !) : daß er die deutsche Dichtung mit Stifter, Storm und Conrad Ferdinand für hilflos=‹abgeschlossen› hält (bzw. deren Fortsetzer, gewiß). Die des Dichters, daß er sein Steckenbleiben im Bilderdschungel als Absicht ausgibt; und ein buddhistisches Lächeln für einen Befähigungsnachweis hält.
Aber der Dichter hat keine Einsicht in den Bau unserer Welt, wenn er nicht aufmerksam und mit Begierde die Arbeit des Technikers und Naturwissenschaftlers verfolgt ! Und der Techniker muß einsehen, daß eine ärgerlich=Langbeinige nicht bloß ‹einschaltet›; sondern : »sie gab dem Schalter einen tückischen Kleinklaps« : so heißt es !

Ist es nicht schrecklich ?! : Wir sind heute soweit, daß wir im erschütterndst=ratlosen Dreiecksverhältnis zueinander stehen : in A der Techniker im Formelpanzer; in B der Künstler in buntschillernder Nebeltarnkappe; in C das unsäglich arbeitsüberlastete Volk – alle Drei hin= und herhuschenden Priestern und Demagogen gleichmäßig ausgeliefert ! Wir stehen wie die Neger voreinander; unfähig, uns zu verständigen : das Volk nennt den Künstler ‹verrückt›, weil es keine Zeit und vom Staat (absichtlich ?) zu wenige=falsche Ausbildung erhält, um ihm bewußt folgen zu können. Der Künstler schilt das Volk ‹verständnislos›; den Techniker ‹unmenschlich› (obwohl es wiederum nur der Staat ist, der die Arbeitsergebnisse der Naturwissenschaften machtvoll verfälscht !). Der Techniker verläßt enttäuscht die Ebene der faulen Landessprache, und entwickelt sich sein eigenes Esperanto; oft unbeholfen genug, man denke nur an den larvenhaft=vielgliedrigen ‹umgekehrten Uhrzeigersinn›.

Dabei sind wir doch eine Notgemeinschaft von Schiffbrüchigen auf einem Kugelfloß; gefährlich umbrandet von Ätherwellen weißer und schwarzer Strahlung. Von Haien aller Art um die Mitte gepackt; periodisch vor alle blanken Kanonen gebunden; wer zu unbequem ist, wird eingesperrt. Schon werden unsere Lebensmittelvorräte spärlich; alle Flöze schwinden; ‹verhouwen ist der walt› – und wir wollen hadernd in den Ecken des Floßes stehen ?

– – – – – –

Wir brauchen Dichter, die sich der Unendlichkeit verschließen : so wie sie uns verschlossen ist ! Die den Begriff der Universalität ablehnen, weil hinter ihm eine verführerisch=falsche Arbeitshypothese steht: wir wollen Lücken nicht nur zugeben, sondern einrichten. Wenn wir in der Unendlichkeit unverschuldet=schlechte Figuren machen – wohlan: versuchen wir, wie wir uns in der Endlichkeit ausnehmen! Lassen Sie uns unsere unzulänglichen biologischen Ausrüstungen wie ebensoviele Orden tragen: wir sind unsere Arbeitskraft ernsthafteren Dingen schuldig, als Ewigkeit und Unendlichkeit! (Wir sind schuldlos Gehandicapte!: Müdigkeit fällt uns periodisch. Krankheiten verändern unsre Vernunft; auch Flüssigkeiten, wie Alkohol oder Kaffee. Hormone erzwingen sich Begierden. ‹Natürlich› schleppen wir Urväterhausrat in jeder biologisch=schleimigen Beziehung mit uns herum; wir erhalten uns mühsam vermittels Impfungen und chemisch behüteter Nahrung, und werden trotzdem die Opfer aller Schmierinfektionen).

Selbstverständlich gibt es parapsychologische Reste; aber aus dem Bewußtsein sind wir sie schon so ziemlich los: nun auch fort mit ihnen aus dem berüchtigten Unterbewußtsein! Hüten wir uns vor bodenloser Mystik, oder der verdächtig=gleichnamigen Verehrung der ‹Primitiven›: hören wir auf mit ‹Negerdichtung›, ‹Chinesischen Romanen› und ‹Indischer Lyrik›: das können wir längst; und haben das früher, vor Jahrtausenden auch gemacht!

Also ein Bund mit der Technik, jawohl! Und wir Dichter müssen noch verdammt dankbar sein, wenn wir dort akzeptiert=finanziert werden! Lassen Sie uns vorher, ehe wir Jenen dieses historisch wichtigste aller Bündnisangebote machen, in unserer literarischen Ecke Klarheit schaffen! (Was soll werden, wenn wir demnächst auf dem Mars landen, und eine komplette ‹Neuwelt› ‹benennen› müssen?! Bewerben wir uns um das Vertrauen der Techniker, daß man dann wenigstens auch ein paar Dichter mit heranzieht – das Problem ist dringlicher, als Langmichel Grinsemaul vermutet!).

Lassen Sie uns die Sprache handlicher machen; etwa den Vokalüberschuß ausfällen: welch Glück, daß wir wenigstens das (nur von Germanisten aus Berufsgründen bewunderte) Gestammel des Mittelhochdeutschen los sind! (Was man sich stumm auf den Kopf stülpt, ist bestenfalls ein ‹Zobelhut›: nie ein ‹hu=ott von zobbele›. In Köln hörte ich einmal Parzival verträumt fragen: »Was duftet Ihr so süß?: Seid Ihr dännä Balumännä?«: seitdem weiß ich, was Mittelhochdeutsch ist!).

Lassen Sie uns doch mit der Sprachentwicklung entschlossen Schritt halten! Im Schreiben haben wir's längst schon eingesehen: Millionen stenografieren flink, *und* leisten ein Vielfaches gegenüber den Langschriftigen! Warum sträuben wir uns wie die Unsinnigen (die wir sind), die Konsequenz etwa aus der handlichen Einschleifung des praktisch ausgestoßenen

End=‹e› zu ziehen ? »Komm Si her !« ruft ein Jeder; »Kommön Sieh« heißt's höchstens noch bei Großherzogs.

Und weisen wir doch einmal bescheiden und ehrlich unser konstruktives Rüstzeug vor, das dem Kalkül unterworfene : der Herr Dichter wird dann, meist zu seiner eigenen Überraschung, sehen, daß seine Ähnlichkeit mit dem Techniker größer ist, als er je ahnte. Geben wir doch zu, daß wir uns in unserer formalen ‹Technik› (da ist das Wort ja schon !) entwickeln : und sagen wir nicht ‹entwickeln›, sondern das viel treffend=ehrlichere ‹experimentieren› (was Dichter, Leser und Rezensenten gern mit ‹probieren› verwechseln : probieren ertappt's bestenfalls. Experimentieren, d.h. das Anstellen bewußter Versuchsreihen, *muß* früher oder später, mich oder meinen Fortsetzer, zum Ziel führen ! Transformation ist nicht Verzerrung !).

(Von diesem Gesichtspunkt aus ist nicht mehr Goethe, mit seiner schülerhaft zusammengeleimten Prosa der ‹Meister› oder ‹Wahlverwandtschaften› unser Kirchenvater – *dafür* hatte er keine Hand – ; sondern Christoph Martin Wieland, ein Mann, der es verdient hätte, daß alle Prosaschreiber ihren ersten Meridian durch seinen Schreibtisch zögen : *ihm* war Prosa mit nichten das Freibankfleisch der Dichtung ! Nun verlagert sich endlich der Schwerpunkt von Klopstocks ‹Messias›, mit all seinen himmlischen Pflastertretern, auf die ‹Gelehrtenrepublik› und die ‹Grammatischen Gespräche›. Nichts ist formal von Jean Paul zu lernen; wohl aber von dem völlig unbekannten Karl Gottlob Cramer).

Wir Heutigen sind selbst schuld, wenn man uns für Schwätzer hält ! Wir, mit der vorgeblichen Unüberprüfbarkeit der Genesis unserer Kunstwerke. Freilich gibt es viele Dichter, die, anstatt ehrlich zu arbeiten, lieber ‹um Kraft beten›; und dann drauflospfuschen, solange der Vorrat reicht. Die, wenn sie einen Roman beginnen, selbst ja nicht wissen dürfen, ‹wie es ausgeht›; und es für das untrügliche Kennzeichen gehaltvoller Geister erkennen, daß solche nie einen Fuß in eine Großbibliothek setzen. Erst vor wenigen Wochen erklärte mir ein bekannter lebender Kollege, daß er nie eine ‹seiner› Landschaften je mit Leibesaugen gesehen habe; ein anderer gestand, daß sich in seine Romane, ihm selbst belastend=angreifend immer wieder neue Figuren drängten – :

Das ist dann natürlich die alte kokette Theorie vom Dichter als Mundstück göttlicher Intentionen ! Dann allerdings stehen sogar wir Dichter einander entscheidend in 2 Kategorien gespalten gegenüber : die einen, die sich einbilden, vom ‹Priester› herzustammen; und wir andern, die wir ehrlich genug sind, unsere Herkunft vom Hordenclown zuzugeben, vom Stammespossenreißer ! Überlassen wir die Profeten ihren Visionen : das hat doch Alles keine Form !!!

Diese, die Feinde im eigenen Lager, sind es auch, die den Technikern die Atombombe vorwerfen : anstatt Gott seine Superatombomben der Sonnen vorzuwerfen ! Die nur fünfzig Jahre allein gelassen : dann gingen wir sonntags eben nicht zum Fußball, sondern zur neuesten Hexenverbrennung; statt Boogiewoogie liefe das gleich ewige Gebet. Es kann ja sein, daß besonders veranlagte Individuen auch nachts hellzusehen vermögen : aber mit dem Lichtschalter kann's selbst der Ärmste ! Zum Tode führt immer das Leben; das ist nun mal so, the first statute in Magna Charta; aber wenn ich schon die Wahl habe, will ich lieber sterben, auf die Ogivalkappe einer Wasserstoffbombe gebunden, als in den Folterkellern heuchlerisch=liebepredigender Inquisitoren ! (Und Auspuffgase ziehe ich dem feinsten Qualitätsweihrauch vor : besser reinlich verascht werden, als schleimig verfaulen. Natürlich habe auch ich einen Blinddarm; aber bin ich stolz darauf ?? : rausnehmen laß' ich ihn mir allenfalls, Messieurs !).

Völlig verkehrt allerdings wäre ein Eingehen auf expressionistische Versstummel; ein Kultivieren von Gedanken= und Bildergeschmieren in bloßen Andeutungen, das unvermeidlich zum sprachlosen Vollziehen hin konvergieren würde : das hieße, wie schon gesagt, nur der ohnehin gefährlich vorhandenen, beruflich begründeten, Neigung der Techniker Vorschub leisten, Vierfünftel der Gehirntätigkeit in wortlose Denkspiele zu verlegen – wir wollen den verdächtig dürren Ast, auf dem wir, Hoppla Kultur, mühsam balancieren, nicht noch selbst absägen ! Nein, nein ! : keine Isopolitie zwischen Technik und Dichtung vortäuschen ! Gegenseitige Anerkennung und Unterstützung : das ist's ! Nicht, daß Einer den Andern gefällig nachahmt (wobei die Dichter ohnehin wieder die Dummen wären !).

– – – – – –

Resümee : Wir Menschen sind dabei, aus und für uns eine eigene Welt zu emanieren. Eine Welt, ausgezeichnet vor allem durch Gebilde von zweierlei Provenienz : die der Technik; und die der Kunst. (Staat, vermittels Krieg und Verwaltung, und Kirche, vermittels Scheiterhaufen solange das anging, dann geistiger Bedrohung, haben eine ungestörte Entwicklung bisher verhindert : wir sind in beiden lange nicht soweit, wie wir sein könnten. – Unsere Ähnlichkeit auch darin : frühe Techniker wurden seit Cerams Zeiten als Zauberer verbrannt; frühe unbefangene Dichter als Ketzer und Gotteslästerer : wir sind schon Brüder !). Legen wir vor, was wir trotzdem geschaffen haben : die Techniker, ständig in Aufbau und Wiederaufbau begriffen; die Künstler, die wahren, fleißigen.

Wer schneidet da schlechter ab ? : Wir, mit elektrisch Licht für den Ärmsten, mit Eisenbahn zur Verhinderung gottgewollter Hungersnöte, und

Tetanusantitoxin; wir, mit der ‹Neunten›, mit ‹Tempest›, ‹Faust› und den ‹Staalmeesters› – – oder der HERR, mit Nova Persei und Sphaerularia Bombi Dufour ?! (Bzw. seine Stellvertreter auf Erden, Staatsmänner, Generäle, Päpste, alle das maulaufreißende Wort ‹Wahrheit› vorm Gesicht!).

Aufgabe : Dichter (sie stehen hier stellvertretend für alle Künstler; sie, weil sie bewußter, d.h. in Worten, arbeiten müssen, als die anderen Schwesterkünste; weil also nur von ihnen aus die erste direkte Verbindung zur klaren Technik möglich ist) – also : Dichter und Techniker zusammen zu schließen, bis alle Menschen eines von Beiden sind (natürlich cum grano salis). Anschließend den Politikern und der Kirche die Macht aus den Händen nehmen (mit ruhiger Gewalt!) : dann wollen wir doch einmal sehen, ob es nicht reinlicher und vernünftiger zugeht! –

(*Anmerkung :* Von solcher Warte aus gesehen, wirkt der Weg des Ostens als einer der möglichen Versuche in dieser Richtung. – Wenn Ihr mich schon steinigt, will ich wenigstens dafür sorgen, daß der Haufen größer werden muß, als Eure Denkmäler!).

DIE WERWÖLFE.

Die Geschichte ist ja altbekannt, ob aus Grimm oder anderen Volksmärchen: da geht der Bauer, müde von der Tagesarbeit, neben seinem Gespann heimwärts, durch den schon nächtigen Forst. Wolfsgeheul von fern; streicht windschnell näher; die Büsche am Wegrand schlagen entsetzt mit allen Zweigen um sich; und schon schiebt sich die mächtige graue Tiergestalt über'n Graben. Der Bauer greift nach der Holzaxt, und schleudert sie in die wunderlich drohenden Gebärden hinein – da jault das Wesen aus Schattenflicken schrill auf, und hüpft, den verwundeten rechten Vorderfuß hochziehend, zurück in Dorn und Gedränge. Am nächsten Morgen aber sieht man den verlegenen Dorfschmied mit verbundenem rechten Unterarm; und nach scharfem Befragen durch Kirche und Obrigkeit gesteht der in die Enge Getriebene endlich, daß er seit Jahren sich nachts in einen Werwolf verwandelt, und in solcher Gestalt viele grausige Verbrechen verübt habe.

Nun ist diese »Lykanthropie« eine zwar äußerst rare, aber doch durchaus gesicherte Erscheinung. Aus der modernen Kriminalpraxis sind ein gutes Dutzend Fälle bekannt, wo bestbeleumundete Bürger plötzlich einer ganzen Serie schrecklicher Verbrechen überführt werden können, die sie – meist nachts – als veritable »Werwölfe« begangen haben. Die wider Willen und Wissen ein Doppelleben führten, verursacht durch eine noch wenig bekannte Art der Bewußtseinsspaltung. Nachdem sie am Tage ehrbar ihr Handwerk verrichtet hatten, aller Bürgertugenden voll – begann sich mit Einbruch der Dunkelheit ihr Wesen merkwürdig zu verändern : sie wurden fahrig, zerstreut, ihr Gesicht verfiel und verstellte sich bis zur Unerkennbarkeit; oft legten sie hastig andere extreme Bekleidungen an, schwangen sich aus den Fenstern, oder verschwanden mit tierhafter Geschicklichkeit über die Dächer, in eine zweite verwildert=gesetzlose Existenz. Gegen Morgen kehrten sie affenhaft geschickt wieder heim, schliefen ein paar Stunden – und erwachten ernsthaft, in ihr normales Dasein, ohne tatsächlich etwas von ihren nächtlichen Exkursionen zu wissen (oder doch nicht mehr, als man sich eines verworrenen Traumes erinnert. Die tollste Geschichte dieser Art ist die des französischen Detektivs, der bei Aufklärung eines Mordes feststellen mußte, daß er selbst, als ‹Werwolf›, die Tat begangen hatte : er erkannte sich selbst einwandfrei an der Spur des einen verstümmelten Fußes !).

Natürlich hat sich auch die große Literatur diese Fälle nicht entgehen lassen, zumal Dichter, die vorzugsweise die Nachtseiten des Lebens schilderten. Am bekanntesten wohl ist Stevensons Erzählung vom »Dr. Jekyll und Mr. Hyde«; aber längst vor ihm hatte ETA Hoffmann die Geschichte René Cardillacs geschrieben, der bei Tag als angesehener Goldschmied den herrlichsten Schmuck fertigte; bei Nacht aber als Werwolf in die Häuser der unglücklichen Käufer drang, und die abgöttisch geliebten Steine wieder an sich brachte : durch Mord ! .

Viel bedenklicher natürlich wird solch Doppelleben, wenn man seine Existenz bewußt in zwei widersprechende Hälften zerlegen muß. Das beginnt beim tragikomischen preußischen Hauptmann, der, geborener Franzose, sich im Alter keinen anderen Rat mehr weiß, als abwechselnd den einen Tag in Erinnerungen an die Freiheitskriege zu schwelgen, den nächsten als glühender Napoleonverehrer vom Empereur zu schwärmen.

1790 sah Hoffmann fast täglich den in Königsberg allgemein geschätzten Kriegsrat Johann Georg Scheffner; eine lange hagere Gestalt, mit scharfgeschnittenem Gesicht, ganz in Grau gekleidet, sogar der sehr hohe Stock war hellgrau lackiert (wie er dann auch in die ‹Königsbraut› eingegangen ist). Dem jungen Hoffmann war der strenge Sittenrichter im altmodischen, stets korrekt zugeknöpften Überrock, längst fatal : welche Wonne also, als Freund Hippel bei seinem Onkel, in einem diesem von Scheffner geliehenen Buche, Manuskript und Korrekturen der »Gedichte im Geschmack des Grécourt« fand – des, wie Grisebach sagt, »unzüchtigsten Buches in der ganzen deutschen Literatur«, dessen Verfasser Scheffner also sein mußte !

Dabei sollte Hoffmann selbst später als einer der bemerkenswertesten Repräsentanten einer verhängnisvoll gespaltenen Existenz in die Literaturgeschichte eingehen. Er, die vielleicht ausgeprägteste Künstlernatur der Deutschen überhaupt, hatte als Broterwerb die Juristerei erlernen müssen – sein scharfer Verstand befähigte ihn vollendet auch hierzu; eine zeitlang versuchte er sich wohl als freier Künstler, aber es war das alte Lied : »Er wußte nur die Geister zu vergnügen, / drum ließen ihn die Körper ohne Brot ! «; er mußte wieder in den Käfig des Kammergerichtes zurückkehren, und noch dankbar dafür sein. Also ergriff er den für ihn einzig möglichen – aber unsinnig aufreibenden ! – Ausweg : am Tage versah er sein Amt bei der Justiz, und versah es gut und scharfsinnig, unter allgemeiner Anerkennung seiner Vorgesetzten; gegen Abend kehrte er den Akten den Rücken, und ging ins Weinhaus von Lutter und Wegner, zum Freunde Devrient, füllte sich wie einen Luftballon mit Champagnerschaum, warf dann seine zauberhaften Geschichten aufs Papier – und starb natürlich mit 45 Jahren, verbraucht, wie eine an beiden Enden angezündete Kerze.

Das frappanteste Beispiel aber solch literarischen Werwolfes ist Christian August Fischer; seinerzeit bekannt und beliebt als Schriftsteller. Weitgereist und vieler Sprachen kundig war er – sein Spanienbuch ist wahrhaft bemerkenswert ! – ; tief gebildet und viele Jahre lang Universitätsprofessor; in Würzburg las er mit dem größten Beifall über Literatur= und Kulturgeschichte; wurde sogar konfessioneller Märtyrer, da er sich 1809 dem Befehl streng ultramontan zu lehren, nicht beugte. Besonders gewichtig ist seine Tätigkeit als Herausgeber und Mitübersetzer der sämtlichen Werke Washington Irvings und James Fenimore Coopers geworden. Wegen freimütiger Kritik an der bayerischen Regierung wurde er endlich noch zu sieben Jahren Gefängnis verurteilt; nach deren Verbüßung er nach Frankfurt am Main auswanderte. Als der 1829 starb, schrieben selbst Pfarrer über ihn, daß er »sich einer allgemeinen Achtung erfreute, die ihm gewiß auch jetzt, da er von dem Schauplatz menschlicher Leidenschaften abgetreten ist, von Allen die ihn näher kannten, wessen Partei sie auch angehören mögen, gezollt werden wird !«.

Und eben dieser Mann, der allgemein geachtete, makellose, war, wie sich nach seinem Tode herausstellte, der Verfasser unzähliger übelster, schlüpfrigster Scharteken gewesen; platter und roh=eilfertiger Erfindungen, deren Tendenz sich schon aus den bloßen Titeln ergibt, wie etwa : »Gustchens Geschichte, oder wie man trotzdem Jungfrau bleibt«, »Der Geliebte von 11.000 Mädchen«, »Acht Probenächte, nebst einer Vorfeier und Hochzeitsnacht«, »Der Hahn mit neun Hühnern«. Derart war sein Lieblingspseudonym in gewissen Kreisen zum Begriff geworden, daß man noch Jahrzehnte später, um lockeren Broschüren mehr Absatz zu sichern, auf dem Titelblatt anzukündigen pflegte : »Geschichte in Althings Manier« – ‹Christian Althing› nämlich hatte er sich als Werwolf rufen lassen, das wohl bestgewahrte Pseudonym aller Zeiten.

»Zwei Seelen wohnen, ach, in meiner Brust« hat schon Goethe geklagt; und auch gewußt, daß davon »die eine hält, in derber Liebeslust, / sich an die Welt mit klammernden Organen.«

STIGMA DER MITTELMÄSSIGKEIT

Und gleich den Schock vorweg : ich meine den Nobelpreis für Literatur ! !

– – – – – –

Wie heißt es in der Stiftungsurkunde ? : »No consideration whatever shall be paid to the nationality of the candidates; that is to say, that the most deserving shall be awarded the price, whether of Scandinavian origin or not.«

(Und gleich hierzu die Anmerkung : theoretisch machen die drei skandinavischen Brudervölker – Schweden, Norwegen, Dänemark, praktisch einer Zunge – 1/200 der Menschheit aus. Seit 55 Jahren wird der Nobelpreis verteilt; also dürfte nach der Wahrscheinlichkeitsrechnung erst in 150 Jahren der erste Dichter »of Scandinavian origin« fällig sein. Statt dessen ergibt sich die für die restliche Menschheit bestürzende Tatsache, daß von 48 Literaturpreisen die nördlichen Genien 1/4, ein rundes Dutzend, davon trugen – ein Schauer der Beschämung laufe um den Erdball, dreimal, wie seinerzeit die Flutwelle des Krakatau : ich komme auf das Phänomen noch zurück (d. h. nicht auf den Krakatau; it's puzzling work, talking is.)).

Pseudodoxia epidemica – Sie werden das Buch nicht kennen; aber Sir Thomas Browne war trotzdem ein großer Mann ! – : zu diesen volkstümlichen Vorurteilen hat sich seit dem vergangenen halben Jahrhundert auch das neue noch gesellt; daß ein Nobelpreisträger zwangsläufig ein großer Dichter sein müsse. Etwa als Ersatz für die sonst wohl im alten Heiligen Römischen Reich Teutscher Nation vorgenommene Poetenkrönung (der letzte war 1803 ein gewisser Karl von Reinhard; ganz recht : der die Balladen Samuel Christian Pape's im Göttinger Musenalmanach herausbrachte !). Untersuchen wir kurz erst diese Pia fraus.

An zweierlei erkennt man die Zuständigkeit der für die Verteilung des Literaturpreises verantwortlichen Schwedischen Akademie : erstens, an den Leuten *die* sie solchermaßen finanziell unabhängig machen (denn die können ja anschließend schreiben, was sie wollen : 100.000 Exemplare Absatz sind *immer* gesichert !); zweitens, an den Dichtern, die sie *nicht* krönen !

Siebenmal ist der Preis nicht verteilt worden, und zwar 1914, 18, 35, 40, 41, 42, 43 – also vor allem während des ersten und zweiten Weltkrieges : warum nicht ? Stand noch nicht fest, wer gewinnen wird ? Oder, wem dies zu boshaft klingt, : existierten in den angegebenen Jahren einfach keine großen Dichter (die doch seitdem wieder mit so erschütternder Regelmäßigkeit anfallen ?).

Drei Proben (anstatt vieler) mögen die Urteilsfähigkeit – ‹in secunda Petri› klingt höflich=geheimnisvoller – des für die Verteilung verantwortlichen Gremiums belegen :

1905 erhält ihn Sienkiewicz : jaja, ganz recht : ‹Quo Vadis› grellsten Angedenkens : dann hätte man ihn *genau so gut* Karl May geben können !

1910 Paul Heyse : haben Sie jemals Zuckerwasser getrunken ?

1955 Sir Winston Churchill ! Gewiß; stofflich von hohem politischen Interesse (obwohl man ihn auch da durchaus mit Handschuhen lesen muß !); ansonsten ein ausgesprochener Journalist von Mittelmaß. (Wenn man ihm meinetwegen noch den berüchtigten ‹Friedenspreis› zuerkannt hätte; der Vater Englands, der Stiefvater Europas – obwohl man nie vergessen sollte, daß eben *er* der Erfinder der Oder=Neiße=Linie gewesen ist !).

Aber das ist nichts, gar nichts, wenn man dagegen hält, wem die 130.000 gesegneten Schwedenkronen *nicht* verliehen wurden ! Uns Deutschen nenne ich aus dem Stegreif nur diese Namen : Rilke; Theodor Däubler; Kafka; Alfred Döblin; Hans Henny Jahnn (von Stramm oder Trakl ganz zu schweigen !). Wer hat im Englischen James Joyce geehrt, oder Ezra Pound ? In Frankreich Ponge oder Samuel Beckett ?

Und man sei sich doch ganz klar darüber, daß auch Thomas Mann *heute nicht* mehr den Preis erhalten würde : dazu wäre er, rühmenswert freien Geistes, den Herren in Stockholm viel zu sehr ‹links› gewesen !

Es ergibt sich also das erstaunliche Resultat, daß die Besten der Nation *mit nichten* Nobelpreisträger gewesen sind (oder je werden könnten !). Und die Gründe sind, meiner Ansicht nach, so brutal einfach, daß mich jedesmal ein Schauer überläuft, wenn ich daran denke (also denke ich nur so lange daran, wie ich diesen Artikel schreibe : kann etwas einfacher sein ?!).

Man kann, ganz einfach, *den* nicht würdigen, den man nicht versteht ! Wenn ein Ausländer also liest : »Durch die Büsche winden Sterne Augen tauchen blaken sinken Flüstern plätschert Blüten gehren Winde schnellen prellen schwellen Fallen schreckt in tiefe Nacht« – dann muß er, den ‹Webster› (oder wie das Ding auf Skandinavisch heißt) vor der Nase, ewig tüfteln, ehe er eine ungefähre Vorstellung von dem bekommt, was der Dichter solchermaßen hinzauberte. Dagegen Churchill ?! : übersetzt sich doch wunderbar einfach; und Jeder kann an dem fabelhaft interessanten Stoff teilhaben, sich als Premier dünken : so klein ist Niemand, daß er sich nicht zu Hause ‹Grande› nennen ließe! Oder, in Einfachdeutsch: was sich gut übersetzen läßt, kriegt'n Preis! Der Wert liegt also nicht mehr in der Arbeit, sondern im Material (was vollkommen falsch ist: Canova hat mal ne Statue aus Butter angefertigt. Ich kann mir ein Relief aus Scheiße vorstellen, wo der Wert in der unvergänglichen Arbeit liegt. Es ist eben der den Dichter ausmachende Unterschied ob ein See bloß ‹Wellen macht›, oder ob mir einfällt: «Mildeblitzend Glanzgewimmel«!). (Und *das* ist eben auch der Grund, warum die Skandinavier so unproportionierlich hohen Anteil am Preise haben: *das* verstehen sie, die Herren schwedischen Verteiler!).

Was ich vorschlage? – Bitte:

Wenn ein Land wieder mal ‹dran› ist, reiche man die unschätzbaren 150.000 Mark dorthin. Dann teile man sie durch 5: macht 30.000 Mark pro Kopf (also ein kleines, schüchternes Haus; am Zaun, draußen, ein gut lesbares Blechschild – ungefähr in Art der ‹Hessischen Feuerversicherung› – mit dieser Aufschrift, Gelb auf Blau: ‹Nobelpreis=Fünfling. Steuerfrei›: Mein Gott, wir Alle würden eine *solche* Regierung in unser Nachtgebet einschließen!).

Die Verteilung?: Voilà!

Das erste Fünftel verteilt der Herr *Bundespräsident* – (dieses Fünftel ist allerdings mit dem großen Bundesverdienstkreuz verbunden; also da gibt's gar keinen Kompromiß!). – Damit wäre für die *staatserhaltenden* Schriftsteller gesorgt.

Das zweite Fünftel verteilt die *Deutsche Akademie für Sprache und Dichtung* zu Darmstadt: damit wäre die alphabetische Reihe gesichert; im Augenblick ist man dort scheinbar bei ‹K›.

Das dritte Fünftel erhält die *CDU*: dadurch wird abwechselnd je ein katholischer und ein evangelischer Autor gesichert – man sieht, man hat mich verleumdet! Ich lasse durchaus auch dem Gegner etwas widerfahren.

Das vierte Fünftel bekommt die *Ostzone*: Jeder blamiere sich so gut wie er kann! (Das wird später mal – ich habe viel historischen Sinn! – ein Spaß werden, die Listen der west=östlichen Diwane zu vergleichen!)

Das letzte Fünftel wird *ausgelost*: das ist dann die Chance für die wirklich Unsterblichen: Wen's trifft, den trifft's!: Iss ja doch wurscht! (Vielleicht übernimmt's der deutsche Schriftstellerverband: und ich bin noch nicht mal Mitglied, wehe!).

– – – – – –

Messieurs, wir erheben uns von den Plätzen: was wird dereinst die Nachwelt brüllen vor Lachen!: Über uns; über uns!!

GRIECHISCHES FEUER – 400 JAHRE GEHEIMWAFFE.

Istanbul bei Nacht. Schwacher Mondschein, Waffengeklirr, verdächtig stöhnende Bäume : seit Jahren wird die oströmische Hauptstadt von den Arabern belagert. Die waren ein leidlich friedliches Hirtenvolk gewesen, bis unter ihnen der große Prophet Mohammed aufstand, und ihnen Anleitung gab, mit Feuer und Schwert den Weltislam auszubreiten : da sind sie von Süden her gegen Europa losgebrochen, und stehen nun westlich im Großangriff auf Spanien; im Osten soll das Goldene Byzanz die Beute sein. Mit 100.000 Streitern und einer Riesenflotte ist der Kalif Muawijah ausgezogen, allen Widerstand vor sich niederwerfend; jetzt, im Jahre 670, umschließt sein Heer in einem furchtbar heulenden Ringe die Stadt.

Aber – und ganz im Gegensatz zu der von panischem Schrecken ergriffenen Bevölkerung – Kaiser Konstantin und seine Ratgeber sind seltsam gefaßt. Die Generäle, zumal die von der Artillerie, umgehen pausenlos die Wälle, und lassen ständig die Entfernung messen, zu dem langsam näherrückenden Zelt= und Speerzaun der Gegner; auch deren Flotte liegt nahe genug vorm Goldenen Horn.

(Und es sei angemerkt, daß man damals längst die mechanischen Mittel besaß, um Steinblöcke von 3 Zentnern einen Kilometer weit zu schleudern – geringere Lasten entsprechend weiter. Was wir heute ‹Mörser› nennen, waren den Alten ‹Ballisten›; rasante Flugbahnen hatten die ‹Katapulte›, Riesenarmbrüste, aus denen man Großpfeile und anderes verschoß).

Eben ! : *und anderes* !

Denn das war der Grund, daß eines Nachts im arabischen Lager die Alarmsignale zu gellen begannen : langsam, in feierlichem Salventakt, stiegen von den Wällen der Stadt bisher ungekannte Feuererscheinungen in die Luft, und senkten sich in die Linien der Belagerer. »Wasser herbei !!« heißt es im international=bekannten Kommandogebrüll : ja, da wird es noch schlimmer ! Wenn man Feuchtigkeit über die seltsam glühenden Feuerballen schüttet, erfolgen Explosionen, und fauchende Gasschleier blähen sich ! Schon kommt Nachricht von der Flotte : gegen die sind Brander losgelassen worden, zum Teil dicht unter der Wasseroberfläche schwebend – und die brennen nur desto giftiger ! Es gibt keine Rettung mehr; 30.000 Araber erliegen der Geheimwaffe; die große Flotte, der Stolz der ganzen islamischen Welt, verwandelt sich binnen kürzester Zeit in verkohlte Balken.

Und auf den Wällen der Millionenstadt steht unauffällig, mit untergeschlagenen Armen ein Mann; ein Syrogrieche aus Heliopolis (wir Heutigen sagen Baalbeck in Palästina), Kallinikos, der große Chemiker, der Erfinder der Geheimwaffe. ‹Pyr Hygron› hat er sie bescheiden=sachlich genannt, oder ‹Pyr Thalassion›; d.h. ‹Wasser= bzw. Meer=Feuer›.

Nichts wissen wir weiter von dem seltsamen Gelehrten, dessen Erfindung 400 Jahre lang das Abendland gegen den Sektor Nordost bis Südost sicherte; (und also ermöglichte, daß sich Mittel= und Westeuropa über all die Stadien interner Händel und kleinstaatlicher Stänkereien bis zu leidlicher Konsolidierung entwickeln konnten : Denkmäler müßten wir ihm errichten, und Straßen nach ihm benennen ! Das einzige, was es zu seinen Ehren gibt, ist ein – auch noch ungedrucktes – Schauspiel unseres Undinen=Dichters, Fouqué).

Als *das* Staatsgeheimnis überhaupt wahrten die griechischen Kaiser seine chemische Formel ! Die Schüler und Nachfolger des Kallinikos bauten die Entdeckung und ihre taktische Anwendung aus; strichen die Masse am Abend auf Holzwerk – gegen Morgen entzündete sie sich von selbst, (wahrscheinlich durch die Feuchtigkeit des Nachttaus). Verflüssigt, aus erzenen Fässern, durch Schläuche, mit Mundstücken, die den verwirrten Feinden Fabeltierrachen entgegengähnten, schleuderte man den Stoff im Nahkampf : genau wie unsere Flammenwerfer ! Und eine ähnliche Mischung muß dieses ‹Griechische Feuer› auch gewesen sein; vermutlich Erdöl und ungelöschter Kalk, freigebig gemixt mit Schwefel, Kohlepulver, Pech, Harz – wir wissen die exakte Zusammensetzung heute nicht mehr.

Nur ihre Wirkung ! : Die Stürme der Araber, Hunnen, Bulgaren, wurden vermittelst des ‹Griechischen Feuers› grundsätzlich abgeschlagen. Im Jahre 941 erschien Zar Igor, Ruriks Sohn, im byzantinischen Taurien (als Vorstufe für einen Generalangriff), und suchte schon damals die uralte Prophezeihung zu verwirklichen, daß ‹die Russen in den letzten Tagen Herren von Konstantinopel werden würden›. Aber die griechischen Oberst=Feuerwerker Theophanes und Bardas Phokas vernichteten sämtliche russischen Flachbootflottillen – Jahrhunderte länger konnte wiederum das westliche Abendland träumen=erwachen, und wurden uns die unschätzbaren Relikte der Antike länger erhalten.

Dann kam Verrat ! Mitten in den Kreuzzügen, gänzlich unerwartet, begannen auf einmal die heidnischen Araber massiert Artillerie einzusetzen; und ihre Batterien schleuderten nicht länger Steine oder Balken, sondern – Griechisches Feuer ! Irgend ein Überläufer hatte das große Geheimnis verkauft. Und wenn man bis dahin im Westen sich schmunzelnd beglückwünscht hatte, ob der herrlichen Wirkung der christlichen Kanonen, so kam es jetzt bestürzend anders. Als Ludwig IX. von Frankreich, den man den ‹Heiligen› nennt, Ende 1249 mit 60.000 Mann gegen Kairo zog, erhielt er der östlich=chemischen Künste vollen Anteil ! Der Geschichtsschreiber jenes Feldzuges, Jean Sire de Joinville, berichtet verstört, wie der König nach jeder arabischen Salve schreiend auf die Kniee prellte, sich bekreuzte, und rief : »Beau Sire, Dieu Jesus Christ, garde moi et toute ma gent !« (Zu Deutsch : Lieber Herr, Gott Jesus Christ, erhalte doch mich und meine Leute !). Solange das Abendland die neue Waffe allein besaß, hatte man sich nur spöttlich die Hände gerieben – jetzt beschrieb man sie als ‹unmenschlich› und ‹baares Höllenwerk›; jetzt, wo ‹die Andern› sie auch hatten ! –

‹Wer Ohren hat zu hören, der höre !›

DAS GESETZ DER TRISTANITEN.

Tristaniten ?? – : Belemniten; Schiiten; Karaiten, Hedschas und Yemen; Seleniten; Cistercienser=Troglodyten : Pirouetten Kastagnetten ? – : »Sie komm' doch nicht drauf !«

– – – – –

‹Tristan da Cunha, zur Zeit in britischem Besitz› – (»Wie lange noch ?!« werden Sie am Schluß mit Recht fragen : Quousque tandem, Albion ?!) – ‹eine Inselgruppe im Südatlantik. Breite : 37°5'50"; Länge : 12°16'40" westl.› Alle weiteren Partikularitäten folgen im Laufe dieser – – (hier könnte ich schon wieder auf der Treppe stehen bleiben, wie Herr Shandy, und darüber ruminieren – während Sie die Neugierde verzehrt ! – ob's ein Bericht ist, eine Abhandlung, oder gar ein vornehmer Essay; ob eine Kurzdissertation, eine Beschwerde; ein Antrag an die Bundesregierung mit gewichtig=völkerrechtlichen Folgen – mir schwindelt ! (Wie hat Jörgensen in seiner Parabel, ‹Der Schatten›, damals ungefähr gesagt ? : Ihr Dichter, beim Lampenschein, bei Eurer Burgunderflasche, wißt gar nicht, was Ihr für Saat sät, Todesurteile unterschreibt, Gefallene tiefer stoßt .... (ich weiß das Zitat nur nicht genau; sonst würde ich's schon in Gänsefüßchen setzen). Aber ‹Ihr Dichter› : das ist gut ! : wohlgefällig grinsen; die zerrissene Hose zurechtrücken : sehr gut ! Burgunder ist's allerdings nicht, sondern billigster Fusel, ‹Münsterländer›, 1/1 Flasche 3 Mark 95 (ein Bekannter spendet zuweilen Asbach; ich nenne seinen Namen aus Rücksicht nicht, denn er ist in Staatsstellung, der vierte Mensch, der mir bisher anständig begegnete). Wo war ich stehen geblieben ?).

(Sie haben keine Ahnung, wie ‹das Schreiben› angreift !!). –

Ich stelle also endgültig=einleitend fest : da liegt eine Gruppe einsam – vergeben Sie mir das Wort, es ist ein falscher Fuffzjer, oh hätte ich es nie getippt, aber jetzt mag die Bestie stehen bleiben, ‹sie träumt von einer Palme›, im Kellergeschoß der Erde, oh wär' ich dort und nicht in Bononien ! –

»Im Südatlantik : das sagten Sie bereits.«

»Sie beschämen mich, Herr Doktor ! Ich beeile mich also ....« :

Neben mehreren unbenannten Klippen sind es die Inseln Tristan, Inaccessible, Nightingale, (‹Rossignol› sagt Jules Verne : klingt völlig unpassend, nich ?), Middle und Stoltenkoff (die letztere nach 2 deutschen Brüdern benannt, die sich – Moment, ich sehe in der Encyclopaedia Britannica nach! – die sich 1871 auf Inaccessible anzusiedeln versuchten; dort 2 Jahre hausten; und schließlich mit der Challenger=Expedition weiterfuhren : their name is on our hills).

»‹Challenger› ? – : Nie gehört.«

»Aber die Gruppe haben Sie im ‹Stieler› gefunden, Herr Doktor ? : Scharmant ! Ich gehe weiter.«

– – – – –

Wenn die Bevölkerung eines Landes (eventuell ‹Ei=› davor, meinetwegen) nach einem ‹Buch› lebt : so ist das nur üblich. Wir; die Mohammedaner; der Sachsenspiegel; schweigen wir vom Buch Mormon; richten uns auch nach Bibeln oder sonst einem fuero juzgo.

Wenn dieses Buch 200 Jahre alt, und ein Roman ist : so ist das schon ‹putzig›.

Wenn dieser Roman in einer fremden Sprache geschrieben, und den Einwohnern *unbekannt* ist, so ist das ‹unheimlich› : einverstanden ? (Denn wie wäre Ihnen zumute, wenn man Ihnen aus einem alten Buche vorläse, was Sie heutzutage treiben ?!).

»Tja; *wenn* das so ist ? – : Das wäre natürlich märkwürdich.«

Ebeneben, Herr Doktor !

– – – – –

(Und schon bin ich formal festgelegt; ich, der Franktireur des Geistes, gegen irgendeinen Bibliotheksrat. Aber es sei; es soll nicht heißen, daß ein Schmidt Punktpunktpunkt !).

(D.h. : ‹Furcht gekannt hätte›).

– – – – –

Wir haben im Deutschen – Messieurs : wir erheben uns von den Plätzen : es ist viel geschehen in dieser Sprache ! – einen alten – von mir ganz abgesehen ! – nie genug gewürdigten Roman : ‹Die Insel Felsenburg›; Verfasser Johann Gottfried Schnabel; erschienen in 4 Bänden; 1731 bis 43.

Entsetzliches ist darüber geschrieben worden; in Literaturgeschichten; (unkluge Kollegen haben ihn gelobt, kluge ihn schweigend bestohlen); abscheulich=verständnislose Dissertationen liegen vor; seit 200 Jahren ist keine brauchbare Textausgabe mehr erschienen : wo sind unsere ‹Großen Verleger› ? Die mit den Einnahmen nicht wissen wohin ? : Wo *ist* die Neuausgabe der ‹Insel Felsenburg›, Vor= und Nachwort von Arno Schmidt, wo ist sie, heh ?!

– – – – –

Die ‹Insel Felsenburg› also.

Der Inhalt ? : Ein junger leipziger Student (gebürtiger Danziger) erhält den Brief eines ihm unbekannten Kapitän Wolffgang, der ihn zu einer Fahrt in die Weltmeere einlädt; nach einer Insel, wo seit hundert Jahren die Kolonien eines Blutsverwandten von ihm blühen. Eine reinlich=gefährliche Utopie; verwegen lutherisch; ein leichter Geruch nach DDR erhebt sich. Der Student fährt hin; erfährt die Inselgeschichte; die Autobiographien der Ansiedler; wird selbst der Chronikenschreiber des neuen Staatsgebildes. Fügt sich ein; wird Mann=Ehemann; hat ein Kind; baut Häuser; zeichnet Pläne; verteidigt gegen arrogant=europäische Angriffe. Gibt den allerletzten Bericht dem Kapitän Horn mit – : die heilige Insel entschwindet wieder unseren Blicken !

Zweitausendfünfhundert Druckseiten. Ein Buch, das uns nicht nur die ausführliche, solid=bedeutende Utopie der Inselwelt vorführt; sondern auch eine unnachahmliche Biographiensymphonie aus den Jahren 1720–30 entfesselt. Ein Buch, gegen welches der unverächtlich=berühmte ‹Simplicissimus› kaum antreten kann !

»Nana, Herr Schmidt ?«

Ich weiß, was ich sage, Herr Doktor !

Dies also die ‹Insel Felsenburg› (im Folgenden IF abbreviert – ich werde den Teufel tun, und immer dasselbe Bandwurmwort hinhämmern ! Oder höflicher : ich verschaffe mir und dem Leser manchen Vorteil durch solchen Kunstgriff; z.B. kann ich die Ausdrücke ‹Insel› oder ‹Felsen›, die notwendigerweise alle nasenlang vorkommen, nun verwenden, ohne daß wir an schweren ‹Wiederholungen› zu leiden haben : IF !).

– – – – –

Seit mehr denn einhundert Jahren fehlt uns dieses große Buch gänzlich.

»Ich denke : seit 200 Jahren ?!«

Moment, Herr Doktor; es stimmt beides.

Diese letzte ‹Bearbeitung› (Breslau, 1828) von dem sehr großen Ludwig Tieck herrührend – (Einverstanden mit dem Beiwort ? : Danke !) – ist auch schon fragwürdig. Er hat die Inselgeschichte verständnislos zusammengestrichen; und also das ursprünglich sorgfältig austarierte Gleichgewicht zwischen Rahmen und Inhalt verhängnisvoll gestört. Außerdem die gallisch=gallige Sprache unerträglich ausgeplättet : ‹modernisiert›.

In unserem dürftigen Jahrhundert erschienen ‹diplomatisch getreue› Abdrücke des halben ersten Bandes – also von etwa 15–18% des Textes (und davon noch die Hälfte ausgesprochen belanglose Stellen : diese Germanisten begreifen nichts !).

Ich wiederhole : wo ist der Verleger, der in *einem* Band, Lexikonformat doppelspaltig, von 800 Seiten, uns endlich wieder den getreuen Text dieser IF vorlegt ?! Es handelt sich um eine nationale Aufgabe ! : Heute muß man sich an 4 verschiedene Großbibliotheken wenden, um nur, nach je 5 mühsamen Wochen dazwischen, begierigen Auges und im Lesesaal zeilenrennender Hand, zu wissen, worum es sich eigentlich handelt : Schande über uns Volk der Mitte ! Wir; besessen von ‹Illustrierten›, von Staatsrundfunk und Gefilm, sind nicht wert, daß je ein bedeutender Mensch Deutsch schrieb !

»Aber, Herr Schmidt : mäßigen Sie sich etwas !«

Nicht ich, Herr Doktor !

– – – – –

Aber nun langsam; denn ich spreche von Unbekanntem. –

Meine Aufgabe ist die folgende : nachzuweisen, daß IF identisch mit Tristan da Cunha ist. / Nachzuweisen, daß man noch heute – obwohl unbewußt – sich dortigen Orts nach der alten Vorlage richtet. / Verlangen : daß man die Insel also Deutschland überantwortet – – doch halt ! – (Ich stelle mir die Bundeswehr vor, adenauergetrieben, in siegendenwiegenden Schnellbooten, ‹Blaue Jungens›; nun, John Bull, nimm Dich in acht ! – : Nee ! Also *das* lieber doch nicht !)

Aber ganz am Ende werde ich mir erlauben, eine submisseste Bitte vorzubringen; eine persönliche Bitte; ganz bescheiden : ‹kings should disdain to die / and only disappear› ....

– – – – –

»Sie sind betrunken, Herr Schmidt.«

Nicht ich, Herr Doktor : Allah hat mir die Knochen eines Ochsen verliehen. *Und* die Gabe zehn Münsterländer zu vertragen, ohne zweistimmig zu singen !

– – – – –

»Woher wissen Sie denn, daß IF gleich Tristan da Cunha ist ?«

Gewiß, Herr Doktor, es *ist* eine funkelnagelneue Entdeckung. Keiner all der vor mir Dissertierenden hat sich die Mühe gemacht, sphärische trigonometrische Formeln anzusetzen; Gane nachzuschlagen, oder Barrow, Halley, Kaspar van Riesbeek – Jaja, ganz recht : eben den bekannten Kometenmenschen Edmund Halley. Bleiben Sie diesmal ruhig sitzen; ich erhebe mich allein vom Stuhl, each man a glass in hand; I'm in love with moistness : er lebe ! –

Und nun zum Beweis, Herr Doktor :

– – – – –

Am 16. Oktober fährt Eberhard Julius, der schon erwähnte Held und Historiograph der IF, ab von St. Helena – Ah : da leuchten uns're Augen, Herr Doktor ! – : das war schon damals, 1725, ein Zentrum der Sailor=Welten, eine Wasserstation, neben Kapstadt der letzte Punkt, bevor man ging, nach Ostindien, The White Man's Burden zu holen.

Nachdem man – unter gebührendem Murren des Schiffsvolks – Richtung nirgendhin mitten in den großen Südatlantik gesteuert ist, schallt endlich, vorschriftsmäßig=romantisch der Ruf ‹Land ho !› : genau nach den 27 Tagen der erforderlichen alten Segelschiffahrt ! Und das absolut nächste bewohnte Land ist also St. Helena : dies allein entscheidet schon. Denn wenn man Diego Alvarez = Gough Island mit zur Gruppe zählt : dann erfüllt kein anderer Archipel diese Bedingung, außer eben Tristan da Cunha ! –

Bei Annäherung an die IF sieht man sie als ‹einen ungeheuren aufgethürmten Steinklumpen›, einen ‹Trotzer der Winde und stürmenden Meereswellen›, ‹ringsum von gantz schroffen Felsen umgeben›. / Tristan da Cunha besteht rundum aus steilen, ein= bis zweitausend Fuß hohen Wänden ! Alle, Menschen wie Güter, müssen über Boote verladen werden; denn es gibt keinen Hafen, keine Reede : auf IF nicht, wie auf Tristan da Cunha !

Die Boote nahen sich : an der Nordwestecke der IF, wo man grundsätzlich zu landen pflegt, ergießt sich ein Wasserfall über die Felswand herunter. / Genau wie auf TdC – Sie gestatten die neue Abbreviatur; der klangvolle Name sitzt ja nun unvergeßlich : ‹it marks the landing=place› heißt es bei Barrow !

Im Roman von der IF kann man ihn abstellen, und durch den also nunmehr trocken gelegten Tunnel ins Inselinnere, ins Gelobte Land, gelangen. / In der Küste TdC's finden sich zahlreiche Höhlen; darunter eine, ‹Freshwater=Cave›, die 100 Meter und mehr ins Innere hineinführt !

Südwestlich von IF liegt, etwa zwei Meilen entfernt, eine weitere Insel, ‹Klein=Felsenburg›, die aber im Umfange höchstens wenige Meilen haben mag. / Das ist – und die Größenordnung der Maße stimmt leidlich – Inaccessible Island. (Wohin Schnabel auch den übermäßig hohen Zentralberg verlegt hat; der ihn auf IF selbst, der Schalenwelt, ja nur gestört hätte; an seiner Stelle ist nur ein Hügelstumpf für die ‹Albertsburg› geblieben).

Bei einer Fahrt nach diesem – nach Richtungswinkel und Entfernung also genau entsprechenden – ‹Klein=Felsenburg›, und der Besteigung des Peaks, entdeckt man ‹ein Stücke Land … ohngefähr 40 bis 50 Meilen entfernt …. gegen dem Süderpol zu›. / Das ist das rund 400 km entfernte Diego Alvarez (wobei anzumerken ist, daß 50 schnabelsche Meilen 375 km entsprechen !).

Auf IF liegen im Nordosten mehrere Teiche, wo ringsum Bäche mit vielen Verästelungen ein sumpfiges Delta bilden, das man auch wegen ‹der vielen dicken Bäume› nicht gut umgehen kann. / Auf TdC liegen in der moorigen Nordostecke die ‹three ponds›, untereinander durch Wasseradern verbunden, ‹the sides of which in many places are thick with trees› – :

Genügt's, Herr Doktor ?

»Naja; es scheint fast ....«

Also noch nicht ? – Dann weiter :

Inmitten der IF ein See. / Auf TdC, inmitten der Insel, befindet sich ‹the craterlake› !

Vom Rande der IF=Schale bis zu der in der Mitte liegenden ‹Albertsburg› ist es ‹fast eine Meile›; d.h. der Durchmesser der IF beträgt rund 10–12 km. / TdC hat 11 km Durchmesser. (Beide Inseln sind nebenbei ‹annähernd kreisförmig›) !

Von einem Tanggürtel ist IF umgeben. / TdC von einem ‹belt of seaweed›, so fest und wellenbrechend, daß ‹Boote an ihm für die Nacht festmachen› können.

Auf den vorgelagerten Klippen und Sandbänken der IF sieht man Tiere, ‹welche halb einem Hunde und halb einem Fische ähnlich sahen› (‹Seekälber› heißen sie später auch wohl). / An den tristanischen Küsten trägt noch heute eine flache Bucht den Namen ‹Seal=Bay›; und man findet dort Seehunde, Seelefanten, und sogar Seeleoparden.

Auf den Inseln wächst wild Wein und Obst : d.h. auf *beiden* : TdC & IF !

– – – : ??

– – – – –

»Tja. – Es ist doch wohl beinahe so ....« (Und ein ‹Hmmmm› dran). Doch. Wohl. Beinahe.

– – – – –

Aber das wäre bis hierhin noch weiter nichts, als ein Nachweis – *nur* germanistischen Kenntnissen freilich unerreichbar ! – daß Schnabel seine grandiose Utopie tatsächlich auf TdC lokalisiert hat. (Woher er es wußte ? : aus holländischen Gesandtschaftsberichten; aus Halley; aus Dampier und Fizeau).

Aber das eigentlich Unheimliche kommt jetzt erst !

»Moment ! – : ‹Unheimlich› ? : Ich denke, für Sie *gibt* es nichts Unheimliches, Herr Schmidt ?!«

Unheimlich, Herr Doktor, ist mir : wenn bei Karl May auf einmal eine hundert Seiten lange Auseinandersetzung mit Friedrich Nietzsche erfolgt. Unheimlich, wenn Barthold Heinrich Brockes seine scheinbar französisch=geregelten Gärten systematisch von Menschen entleert, bis nur noch Frösche, Blumen, und Wolkenüberritzebüttel vorkommen. Unheimlich ist, wenn ich im Hannoverschen Staatshandbuch für 1798 auf Seite 58/59 den uralten Schattenriß eines einst=blühenden Jungmädchens finden muß, und daneben den Geist eines Ahornblattes, das Chlorophyll entwich längst, weh meinem Hämoglobin!

Unheimlich ist, wenn man das folgende Blödsinnige feststellen muß: Auf TdC lebt man, wie Schnabel es vorgezeichnet hat!

– – – – –

Sein Roman schließt mit dem Jahre 1743; er selbst starb um 1750: man weiß von ihm ungefähr so viel, wie von Shakespeare.

»Das ist aber doch kein Vergleich!« (Und *das* strafend gefaltete Gesicht!)

Es *ist* dieselbe Größenordnung, Herr Doktor! –

Und TdC wurde 1506 ‹entdeckt›; d.h. von dem gleichnamigen Portugiesen gesichtet. 190 Jahre später versuchte der Gouverneur von Kapstadt eine Annexion für Holland; gab jedoch freiwillig auf, da die Küste seinen Kapitänen ein wenig allzu ‹iron=bound› erschien. Halley maß dort am Erdmagnetismus herum. Dann wieder Stille; nichts als Wellen; viel viel Wind; und das Treiben der schweigsamen ‹Mollyhawks›. Nur ab und zu strich in der Ferne ein Walfischfänger auf seinem Kurs ins Eismeer vorbei; ein Franzose, der Kerguelenland entdecken wollte; an Balken geklammert ein Schiffbrüchiger, à la ‹Salas y Gomez› (was nebenbei auch einwandfrei von IF gestohlen ist, bis zum ‹hundertjähr'gen Greis› und den ‹Tafeln, die rein in span'scher Zunge sind beschrieben›: 1828 war die dickbesagte Tieck'sche Redaktion erschienen, 1829, frisch ‹angeregt›, das Gedicht Chamissos).

1812, als England und die blutjungen USA zum zweitenmale Krieg führten, faßte man britischerseits den Felsen fester ins Auge: allzuviele amerikanische ‹Privateers› benützten ihn als Stützpunkt zur Beunruhigung des Ostindienhandels. Dann kam noch 1815 hinzu: auf dem ‹zunächst gelegenen bewohnten Stücke Land› wurde ein Mann interniert, den zu bewachen keine Mühe zu groß, kein Aufwand zu teuer schien – also stationierte man auch auf dem ‹benachbarten› TdC, 3.000 km sind's, ein Bataillon Artillerie; Schotten und Hottentotten, und wie sie alle heißen.

Als der berühmte Fall dann durch Magenkrebs geklärt war, Oh Captain, my Captain, und die Garnison zurückgezogen werden sollte, beschloß ein Corporal aus Kelso (Berwick), William Glass, auf TdC zurückzubleiben. Mit ihm ein paar Kameraden und Farbige (vgl. IF, Geschichte des Don Cyrillo de Valaro: der hatte auch ein paar Indianer bei sich!).

Glass wurde langsam ‹Der Gouverneur› (‹Altvater› heißt die Charge bei Schnabel); und noch 1910 wußten die Uralten zu berichten, wie er überm Strande, in seinem aus dem Felsen gehauenen Armstuhl zu sitzen, und die allmonatlich fern vorbeistreichenden Schiffe zu verfolgen pflegte, ‹with a spy=glass 8 feet long›.

Und es ist durchaus ein gesundes Klima ! Ganz abgesehen vom Verne'-schen ‹printemps éternel›, wird schon bei Schnabel der ‹Altvater› Albertus Julius 102 Jahre alt.

»Das ist viel : five score and two ?«

Gewiß, Herr Doktor. Aber eben hier setzt schon das Merkwürdige ein : Thomas Hill Swain, ein Tristanite, stirbt 108jährig – und auch *dann* nur, weil er sich ‹beim Holzhacken› (sic) verletzt hatte ! ! Oder der ‹Headman and Marriage=Officer› Peter William Green wird 94 Jahre alt (wie auf IF der zweite ‹Altvater›) : die Natur selbst scheint sich gehorsam nach Schnabels Erfindungen gerichtet zu haben !

Selbstverständlich fehlt es an Frauen : und woher holt man sie organisch ? : Von dem nächsten bewohnten Lande, also St. Helena ! Das ist auf IF ebenso wie auf TdC. Natürlich sind es zum Teil farbige Gattinnen : auf IF ebenso wie auf TdC !

Sehen Sie sich die ausführlichen zehnseitigen genealogischen Tabellen bei Schnabel an – von den späteren Entwicklungen im 2.500=Seiten=Text ganz zu schweigen – : die 9 Stämme heiraten ständig durcheinander, so daß selbst Gothaer=Spezialisten in Kalamitäten geraten möchten. / Wie heißt es folglich bei Barrow von den Leuten auf TdC ? : ‹The people have so intermarried, and there are so many of the same name, that it is difficult to distinguish one person from another›.

Schiffbrüchige kommen an, und bleiben da. Einmal auf IF 5 Männer und Weiber. / 1821 scheitert vor der Küste von Inaccessible die ‹Blendon Hall› : 5 der Besatzung und Passagiere, Männer und Weiber, bleiben für immer auf TdC, wie das Gesetz es befahl !

Viel Strandgut wird an der Küste IF angetrieben; nicht nur Treibholz, sondern auch ‹allerley Hausgeräthe›. / Auf TdC heißt es : ‹Many of the people's possessions are from shipwrecks›, als da sind : Porzellan, Glasgefäße, hübsche weißglasierte Milchkrüge – eben ‹Hausgeräthe› !

Oder : beim alten Schnabel ist eine Art Uniformierung eingeführt : ‹Junggesellen vom 10. Jahre an trugen bis zu ihrer Heirat rot; die Männer braun; die Ältesten und Vorsteher, sowie die Priester schwarz.› / Aus der Realität Tristans erfahren wir auch den zureichenden Grund hierfür : wenn ein günstiger Schiffbruch, ‹Denn Äin sin Dod iss denn Annern sin Brod›, einen Ballen Stoff angeschwemmt hat, wird der gleichmäßig verteilt – und nächsten Sonntag erscheinen dann alle Inselbewohner in gleicher Ehrentracht : genau nach Vorschrift !

Auf IF kursiert kein Geld; da herrscht der Tauschhandel : die Pfarrer, Lehrer, usw. werden von den Gemeindemitgliedern durch Naturallieferungen unterhalten. / Auf TdC ? : der Reverend Graham Barrow predigt und schulmeistert, *und* wird dafür reihherum mit Viktualien beliefert – genau wie 200 Jahre früher der ‹Magister Schmeltzer›, sein Pendant.

(Und wie ausführlich werden die Gottesdienste beschrieben ! Ist es nicht etwas ganz Ungewohnt=Aufregendes ?! Genau so wie bei uns der neue Film, der Fußball). Wie freut man sich auf beiden Inseln, als endlich ein Geistlicher eintrifft ! Wie werden gleich umständlich die Choräle verzeichnet, der Bibeltext angegeben, die Predigtdispositionen : es ist ja *zu* interessant !).

Bis in die absurdesten Kleinigkeiten ist die Parallelität=Identität da : Beim alten Schnabel erzählt der greise David Rawkins mühsam=rüstig vom Lord=Protektor Cromwell, den er in seiner Jugend sah. / Alexander Cotton aus Hull pflegte den Tristaniten zu berichten, wie er einst 3 Jahre lang Napoleon bewachte !

Bei Schnabel werden die Spärlich=Anlegenden am Strande mit Fakkeln begrüßt. / ‹Most of the people were carrying brands› schildert Barrow, wenn die Boote von draußen kommen !

Franz van der Leuwen stürzt sich in den Klippen IF zu Tode. / Mr. Macan will 1904 sich an den Küsten TdC versuchen – und wird zerschmettert aufgefunden !

(Sogar der Namen=Gleichklang ist vom Teufel beibehalten worden : ‹Rogers› heißen sie heute auf TdC / ‹Roberts› bei Schnabel : ‹Schaudert's Dich ?!›)

– – – – –

»Das nun allerdings nicht. – Aber bitte weiter : Sie scheinen tatsächlich Recht zu haben.«

Tatsächlich, Herr Doktor ? : Wie wenn ich den Stoff hätte 25 Jahre lang in meinem Herzen bewegen müssen, um dergleichen Einzelheiten heraus zu popeln ?

»Äh : natürlich mit Unterbrechungen !«

Natürlich; ‹mit Unterbrechungen›, Herr Doktor !

– – – – –

Ich demonstriere an diesem einmaligen Fall – ein Goebbels=Wort, ich weiß, Herr Doktor ! – wie durch die Identität lediglich der äußeren Situation (‹Bewegung der Handelnden im Raum›; vgl. meine ‹Berechnungen I›) – d.h. Formation der Insel; völlige Abgeschiedenheit, also körperliche und geistige Isolation; Meeresströmungen als oft einzige Verkehrsmittel – *und* Schnabels genial=intuitive Versenkung in solchen Zustand (vgl. meine ‹Berechnungen II› : Längeres Gedankenspiel vom Hochtyp III !) – die Wahrheit, die Realität überrumpelt, getroffen=übertroffen wird !

Denn nicht nur, daß auf IF gute Zwanzig der Neusiedler ungeschminkt ihre Biographien dem lauschenden Ältestenrat, dem für die Entscheidung über Aufnahme verantwortlichen, vortragen – eine öffentliche Beichte, nur der ‹Selbsterforschung› und ‹=bezichtigung› der Genossen in den Ostblockstaaten vergleichbar ! – und uns so ein unnachahmliches Mosaik der Jahre 1720–30 vorlegen. Der ‹guten alten Zeit› : nischt wie Inquisition und Menschenraub; Ehebruch; Nepotismus; und Mord : also berichten, ein einziger düsterer Chor, die Neuangekommenen, wie sich schon damals Europa in einen Haufen vagabundierender Einzelwesen aufgelöst hatte : Da werden sie in die heilig=nüchterne Utopie aufgenommen : oft muß man gescheitert sein; einen Vorhang aus Stürmen nach dem anderen durchbrochen haben !

Nicht nur, daß wir schon damals die Methoden der weißen ‹Kolonialherrschaft› hochbedenklich geschildert finden. Nicht nur, daß auf Friedrich ‹den Großen› et hoc genus omne ein schweflig=lemurisches Licht fällt. Daß uns Priester, ob evangelischer oder katholischer Provenienz, arg verdächtig werden : nein; nicht nur !

Die Entwicklung der ‹Republiquen› IF ist noch viel nachdenklicher ! : Da wird man in Europa aufmerksam auf die Glücklichen. Da müssen sie sich bewaffnen. Da werden Frauenregimenter gebildet, rüstige Handgranatenwerferinnen, die auch ‹zum Einsatz› kommen. Da speien selbst die kleinen Mägdlein jungfräulich=unverzüglich auf den Boden, wenn nur der Name der portugiesischen Angreifer genannt wird : aux armes, Citoyen ! : zur Verteidigung unserer sozialen Errungenschaften ! – Ich finde keine andere Parallele dafür (und habe, unter uns gesagt, keinen Zweifel an der konsequent=erhabenen Bosheit Schnabels : *der* Mann hat gewußt, was er sagen wollte !!).

– – – – –

»Gehen Sie da nicht doch etwas zu weit ?«

Es ist meine Aufgabe als Schriftsteller weit zu gehen, Herr Doktor ! Viel weiter als andere Zeitgenossen gehen; oder auch verträumte Kollegen, Burbanks der Worte, mit ihren Züchtungen von stachellosen Kakteen und steinlosen Pflaumen. Vielleicht besitze ich etwas zu viel Phlogiston; aber das ist ja, da es sich bei uns um ausgesprochene Mangelware handelt, immer besser, als das Gegenteil.

»Na, aber seien Sie vorsichtig.«

Keine Angst, Herr Doktor : ich nenne Ihren Namen ja nicht ! Aber darf ich noch etwas ......? :

– – – – –

1824 gab Adam Öhlenschläger, der Dänendichter, unter dem Titel ‹Oyene i Sydhavet› – vergeben Sie mir das Norwegisch; ich hab's auch nur im Kriege gelernt ! – seinerseits eine Neubearbeitung der IF heraus; weit kürzer und freier noch als die Tieck'sche. Hatte diese nun Sensation auf der Osthalbkugel unseres Globen gemacht, so tat es die Öhlenschlägersche in der Neuen Welt :

Zweimal hat James Fenimore Cooper den herrlichen Stoff benützt. Einmal in seinen grandios=witzigen, *auch* noch gar nicht gewürdigten ‹Monikins› : alles Themen für Dissertationen. Das zweite Mal, diesmal ganz derb und unverhüllt, in der immer interessanten Variante des ‹Marks Reef›.

(Und – dies nur hinter der Hohlhand : weiter ist die Klammer ja nichts, als der stilisierte Handbogen, hinter dem man Geheimstes flüstert ! – auch Edgar Allan Poe .....! Vergleichen Sie die Einzelheiten des ‹Gordon Pym› : den nachgeahmten ältlich=weitschweifigen Titel ! Die autobiographische Form. Die geheimnisvollen ‹Inseln im Südmeer›, mit ihren marderflachen weißen Tieren – ‹Minions› heißen sie beim Schnabel. Die arabesken, hieroglyphisch=verwickelten Schriftzeichen : die dann in einem ‹Anhang› kurz gedeutet werden ! Die Scharen schreiender Vögel; Kannibalismus und Wortzauber.)

»Na, *das* müßte ich aber doch erst mal näher untersuchen !«

Tun Sie das, Herr Doktor !

– – – – –

»Tja und nun ? Das Ergebnis ? Was sind Ihre Ziele ?«

Ja, das Ergebnis. –

Eigentlich wollte ich den Artikel überschreiben : ‹Kein Verzicht auf Tristan da Cunha !›. Das Nationalgefühl wachrütteln : ist doch uralter deutscher Boden, von Deutschen besiedelt (wenn auch nur ‹im Geiste›) : die Einwohner richten sich nach einem deutschen Corpus Juris – – –. Aber dann wurde mir doch schwumm'rig : die Verwicklungen ! Ein Krieg wegen Schnabel ? (Oder gar wegen mir ?! : gleich mal geschmeichelt lächeln !).

Aber wie wäre *das* : Müßte man nicht *mir*, der ich diese fremdeste aller Inseln als eine nunmehr hochinteressant=besungene nachwies, eine Siedlerstelle dortselbst vergönnen=zuweisen ? Dicht neben der kleinen Funkstation; so twenty acres, und ein Wellblechhüttchen von 50 Quadratmetern ? Überfahrt bezahle=pumpe ich selbst : ?!

»Das glaub' ich Ihnen : da unten atomsicher sitzen, was ?!«

Das nebenbei, Herr Doktor. – Aber was meinen Sie dazu ?

»Fragen Sie den englischen Konsul.«

DAS SCHÖNERE EUROPA.

(Zur Erinnerung an die erste große Gemeinschaftsleistung unseres Kontinentes)

Es ist lange her, und die Anregung zur Einigung kam von niemandem weniger als von den Politikern; es war die scheinbar erdenfernste aller Wissenschaften, die Astronomie (die sich aber natürlich mit derb irdischen Interessen paaren mußte).

Vor 200 Jahren nämlich war man sich über das Urmeter aller astronomischen Rechnungen – die Entfernung der Erde von der Sonne, von der alle anderen dann abhängen – nichts weniger als klar. Wir wissen heute, daß sie 150 Millionen Kilometer beträgt; aber noch der große Kepler hatte auf etwa 30 getippt; um 1750 verwendete man Werte, die zwischen 75 und 100 lagen.

Und das scheinbar abstruse Problem hatte eine sehr ernsthafte praktische Seite : solange man diese wichtigste Maßeinheit nicht genau kannte, waren sämtliche Bahnbestimmungen des Mondes zur Unsicherheit verurteilt; und auf den Mond kam es entscheidend an, wenn man den Ort eines Schiffes auf See bestimmen wollte. So sehr lag die Methode im Argen, daß erst 1742 der berühmte Weltreisende Lord Anson 80 Mann im Sturm verlor; weil er, trotz korrekter Rechnung, die Position seines Geschwaders nur auf 200 km genau bestimmen konnte : um eben so viel lag ihm nämlich die Insel Juan Fernandes näher, und mit ihr Riffe, Sandbänke, Klippen. So brennend war speziell dieses Problem geworden, daß die britische Regierung für die genaue Ortsbestimmung auf See einen Preis von 20.000 Pfund Sterling aussetzte – in jener geldarmen Zeit heutigen 10 Millionen D=Mark gleichwertig ! Es mußte hier etwas geschehen – aber wie ?

Ein Mittel gab es, den Grundmaßstab Erde–Sonne zu bestimmen. Schon 1677 hatte der englische Astronom Halley (nach dem noch heute einer der größten Kometen heißt) es angegeben : es kommt zuweilen vor, daß der Planet Venus, wenn er zwischen Erde und Sonne steht, als kleine schwarze Scheibe vor dem Sonnenrund vorbeizieht; wenn man nun an verschiedenen Orten genau die Zeiten des Ein= und Austrittes mißt, kann man durch Kombination der Resultate jene Entfernung mit hoher Genauigkeit ermitteln. Halley gab die Regeln für Beobachtung und Berechnung ausführlich an; mußte am Schluß seiner Untersuchung jedoch sachlich=tapfer hinzufügen : »Man wird dieses Maß aller Maße also erst kennen, wenn ich lange tot bin«.

Denn das war das Hindernis für die Anwendung der trefflichen Methode: die ‹Venusdurchgänge› sind so selten, daß nur alle 120 Jahre einmal welche erfolgen – dann allerdings kurz hintereinander zwei. Ein einziges Mal war bisher dergleichen beobachtet worden, am 4.12.1639, und damals nur aus Versehen. Die beiden nächsten Durchgänge fanden 1761 und 69 statt.

Mehr als ein Jahrhundert also wartete man auf das große Ereignis. Es kam, und –: ja, es war eben wieder einmal Krieg in Europa und der Welt! Im Siebenjährigen zogen die Heere umher von Frankreich bis Rußland; drüben in Amerika verdrängte England den französischen Konkurrenten aus Kanada.

Dennoch versuchten die Gelehrten das Menschenmögliche, und der Wert wurde verbessert; aber entscheidende gesicherte Resultate hatte man nicht erhalten. Voll düsterer Vorahnung blickte man in die Zukunft. Aber endlich geschah es, wie es in der schönen Bürger'schen Ballade heißt: »Der König und die Kaiserin, / des langen Haders müde, / erweichten ihren harten Sinn, / und machten endlich Friede!«: nach 1763, nachdem Diplomaten und Soldaten, auch ein Reim, wieder einmal heilsam ermüdet waren, kam die Zeit für Nützlicheres, für Höheres.

Und es beginnt das unvergleichlich ehrwürdige und menschlich hinreißende Schauspiel der ersten weltumspannenden europäischen Gemeinschaftsleistung!

Für den 3. Juni 1769 war das seltenste Ereignis vorausberechnet; aber dergleichen ist nie auf der ganzen Erde sichtbar: die Sonne muß ja zumindest über dem Horizont, also Tag sein, um Venus auf ihrer Scheibe entdekken zu können. Also hieß es genau die Regionen zu bestimmen, wo der Durchgang voll sichtbar sein würde; das war der Fall im höchsten Norden Europas, in ganz Nordsibirien, im größten Teil des Pazifik, sowie in der westlichen Hälfte Nordamerikas. Im restlichen Asien sah man nur den Austritt des Planeten aus der Sonnenscheibe; in Westeuropa und Südamerika lediglich den Eintritt. In Afrika und dessen ganzem südatlantischen Sektor blieb die Erscheinung unsichtbar.

Dies also ein neues Hindernis: ausgerechnet in den entferntesten Teilen des Globus waren die wichtigsten Beobachtungsstationen erwünscht (und damals flog man noch nicht in 4 Stunden im Düsenbomber über den Atlantik!). Aber es gelang den vereinten Anstrengungen der europäischen Gelehrtenrepublik – vor allem eben unter Hinweis auf die zu erwartenden praktischen Ergebnisse – die Unterstützung der Regierungen oder finanzkräftiger Privatleute zu gewinnen.

Der König von Dänemark lud den Arbeitsstab der Wiener Sternwarte nach Nordnorwegen ein; der von Schweden stellte Reisegelegenheit nach

Finnland. Zarin Katharina ließ auf ihre Kosten in den berühmtesten westlichen Werkstätten Instrumente anfertigen, und sandte die Mitglieder ihrer Petersburger Akademie ins weite russische Reich: Rumowski nach Kola an die Murmanküste; Islenniew ins ferne Jakutsk; Kraft nach Orenburg, Euler nach Orsk; man richtete Instrumente nach oben, in Astrachan und Samarkand nicht minder als in Lappland. Frankreich stattete Expeditionen aus: nach Kalifornien ging Chappé; Pingré nach San Domingo; in die indische Besitzung Pondicherry fuhr le Gentil; Bougainville wurde mit einer Fregatte in den Pazifik entsandt. England rüstete Schiffe: Call wurde nach Madras gebracht. Die Londoner Royal Society schickte auf ihre Kosten Dymond und Wales an den Westrand der Hudsonbay ins nördlichste Manitoba. Und am 26. August 1768 – ein Jahr vorher; um ja zur rechten Zeit zu kommen! – verließ die ‹Endeavour›, 370 (!) Tonnen, Kapitän James Cook, den Hafen von Plymouth, um den Astronomen Green nach Tahiti zu befördern (daß bei dieser Gelegenheit die Inselnatur Neuseelands und Neuguineas erkannt, sowie die gesamte Ostküste Australiens kartographiert wurde, waren unverächtliche Nebenergebnisse). – Ein Staat, auch dies sei festgehalten, schloß sich aus: Spanien, das Land ohne Renaissance; man war dort an gar nichts – oder doch so gut wie nichts – interessiert.

Ein Jahr vorher also mußten manche der Forscher bereits aufbrechen, in den Nußschalen der damaligen Segelschiffe. Bahnten sich ihren Weg 2.000 km weit durch heulende Indianerstämme, durch feucht=kalte oder =heiße Urwälder, über eisige Wildströme, durchfuhren in Schlitten die sibirischen Tundren, quälten sich ums Feuerland – und es waren zumeist nicht mehr die Jüngsten; viele davon im Dienst der Urania ergraute Rauschebärte!

Endlos wurde die Liste der Fehlschläge und Enttäuschungen: Véron war 1768 in die Südsee gestartet; er kam, aufgehalten durch widrige Winde dennoch zu spät, und starb im Mai 1770, fern der Heimat, an gebrochenem Herzen: das gibt es auch in der Wissenschaft! Chappé vollbrachte in Kalifornien seine Aufgabe: 4 Wochen später erlag er den Anstrengungen der Hinfahrt. Aber könnte man solchen Lebensabschluß immerhin noch als ideal=dramatisch bezeichnen, so gab es anderswo auch die gleichzeitig perfideste und platteste aller möglichen Enttäuschungen: schlechtes Wetter. Nach vielmonatigen abenteuerlichen Reisen standen sie dann niedergeschlagen, wie betäubt, unter dem feindselig=dicken Himmel: in Indien, in Lappland; an manchen Stellen war es ‹nur bewölkt› – dann wurden mit fliegender Hand die paar armen Minuten genützt; vielleicht waren doch einige der Notizen brauchbar. – Wie der spannendste Roman lesen sich die Berichte jener einzigartigen Leistung.

Dennoch war das Riesenunternehmen geglückt: an 5 Stellen der Erdoberfläche hatte man bei klarem Himmel 6 Stunden lang den Weg des Planeten über die Sonnenscheibe verfolgen können! In Wardöhus am Eismeer maß Hell aus Wien in der Mitternachtssonne; ebenso der Stockholmer Planman zu Kajaneborg, in den weiten Wäldern Finnlands. In Nordkanada gelang die dritte; die vierte an der Küste des mexikanischen Kalifornien; die letzte auf Tahiti.

Aber noch einmal gab es Verzögerungen, ehe das große Werk gelungen, die Entfernung der Sonne endgültig bekannt war: der Rückweg der 5 Beobachter war weit; und keine Post ging damals von der Südsee oder den ‹Barren Grounds› am magnetischen Pol. Paris, damals führend nach Anzahl der Observatorien und dem Ruf seiner Gelehrten, war zum natürlichen Sammelbecken sämtlicher Rechenunterlagen geworden; dort also saß man nach jenem berühmten 3. Juni 1769 und wartete fiebernd auf das Material. Die finnischen Messungen gingen zuerst ein – aber für sich allein waren sie wertlos; erst durch Kombination mit den anderen konnte man Sicheres sagen. Im Dezember 69 trafen die kalifornischen Ergebnisse ein. Es wurde März 1770, ehe die Expeditionen von Wardö und der Hudsonbay zurück waren. Und erst im September 1771, volle 2 Jahre später, glitt die ‹Endeavour› wieder in den Heimathafen, an Bord die unschätzbaren Zahlenunterlagen von Tahiti. –

Die endgültigen Berechnungen ergaben für die gesuchte Entfernung Sonne–Erde Werte zwischen 145 und 155 Millionen Kilometer; der führende französische Astronom de Lalande entschied sich nach ausführlicher Diskussion sämtlicher Beobachtungen für 153 – wir Heutigen verwenden als international anerkannten Wert 150. Der verbleibende Fehler von nur 2 Prozent war durchaus unerheblich gegenüber den früheren phantastischen Schätzungen; nun waren neue, verläßliche Planetentafeln möglich. –

Sechs Jahre vorher noch hatten sie nicht Fernrohre sondern Kanonen aufeinander gerichtet, diese Russen, Preußen, Engländer, Österreicher, Franzosen (und bald danach begannen sie wieder das alte blutige Spiel, unentwegt, bis heute!). Aber einmal wenigstens war man doch, und aufs Erhabenste, einig gewesen: 1769. Am dritten Juni!

ATHEIST ? : ALLERDINGS !

1.) Es ist wieder einmal hohe Zeit, dem Christentum zu bedeuten, was ein Unbefangener von ihm hält; heute, vor einem Rundhorizont von Synoden und Gottsuchern, Schattengestalten mit scholastisch gerunzelten Wolkenstirnen, unfehlbar, mißbilligend, bejahrt, seit kurzem auch wieder ‹Herr der Heerscharen› : ich habe es tragen müssen, der ihr Koppel : ‹Gott mit Uns› hieß es 6 Jahre lang auf meinem unschuldigen Bauch : da will ich doch einmal betonen, daß es nicht auch auf meinem *Kopf* stand !

2.) Meine Antwort auf die Frage »Was halten Sie vom Christentum ?« lautet also : »Nicht sonderlich viel !« –

3.) Die (mir) zureichenden Begründungen sind von dreierlei Art : einmal die Fragwürdigkeit der Stiftungsurkunde (also der Bibel; wer hier schon zuckt, lese nicht erst weiter). / Dann die (mir) ungenügende Persönlichkeit des Jesus von Nazareth. / Endlich die Betrachtung der Auswirkungen des Christentums in seinem Machtbereich (und außerhalb : the white man's burden.) während der verflossenen 2 Jahrtausende. / – Avanti ! :

4.) So lange man als die reinste Quelle ‹Göttlicher Wahrheit›, als heilige Norm der ‹Vollendetsten Moral›, als Grundlage von Staatsreligionen, ein Buch mit, milde gerechnet, 50.000 Textvarianten (also pro Druckseite durchschnittlich 30 strittige Stellen !) proklamiert; dessen Inhalt widerspruchsvoll und oft dunkel ist; selten auf das außerpalästinensische Leben bezogen; und dessen brauchbares Gute (schon vor ihm, und zum Teil besser bekannt) auf unhaltbaren Gründen eines verdächtig=finsteren theosophischen Enthusiasmus beruht – : so lange verdienen wir die Regierungen und Zustände, die wir haben ! –

Die Theologen wollen mit Gewalt aus der Bibel ein Buch machen, worin kein Menschenverstand ist. Die Haare stehen einem zu Berge, wenn man bedenkt, was für Zeit und Mühe auf ihre Erklärung gewendet worden ist; und was war am Ende, nach Jahrtausenden, der jedem Unbefangenen von vornherein selbstverständliche Preis all der Bemühungen ? : kein anderer als der : die Bibel ist ein Buch, von Menschen geschrieben, wie alle Bücher. Von Menschen, die etwas anders waren als wir, weil sie unter etwas anderen Bedingungen lebten, die in manchen Stücken unverkünstelter waren als wir, dafür aber natürlicherweise auch sehr viel unwissender. Daß sie also ein normales Buch ist, worin manches Wahre und manches Falsche, manches Gute und manches Schlechte, enthalten ist. Je mehr eine Erklärung die Bibel zu einem ganz gewöhnlichen Buch macht, desto besser ist sie; und all das würde auch schon längst geschehen sein, wenn nicht unsere Erziehung, unsere unbändige Leichtgläubigkeit, und die ‹gegenwärtige Lage der Dinge› dem entgegen wären.

Nur diese aus hunderten von Beispielen, die man dem gesunden Menschenverstand und der heranwachsenden Jugend, ich weiß nicht, ob zur Bildung oder Verwirrung, in die Hände gibt:

Lot treibt in sinnloser Betrunkenheit Blutschande mit den eigenen Töchtern: das war der frömmste Mann seiner Stadt! / Joseph, das schmeichelnde Schoßkind, wird ägyptischer Minister, durch eben das fragwürdige Talent, das er im Hause seines Vaters gebildet hat. Er legt in den fetten Jahren Magazine an: sehr lobenswert! Was aber tut er später damit? Rettet er das verhungernde Land, ‹In Frieden und Freiheit›, und wird sein Wohltäter? – Um es mit einem Wort zu sagen: *er bringt es in Sklaverei!* Erst muß man ihm Wucherpreise für sein Korn zahlen; dann bringen die Einwohner ihre arm=sonstige Habe; dann verschleudern sie gezwungenermaßen ihre Grundstücke; zuletzt verkaufen sie sich selbst zur Knechtschaft: ‹*Die* Rede gefiel Pharao und seinem Kabinette wohl›: das ist doch einmal ein Finanzminister! *Mir* ist in den Annalen der Menschheit kaum ein größerer *Bube* bekannt!!: und *der* wird aufgestellt, der Jugend und dem gläubigen Volke zum Vorbild?? Meint man denn, wir hätten keine Augen und Ohren mehr?! / Saul, der hohe großmütige königliche Mann wird verworfen, weil er dem Propheten Samuel die Amalekiter nicht genug ‹würgt›; auch nicht genau nach Vorschrift würgt. Freilich ist da der Knabe Isai's priesterfolgsamer; er, der die Weiber verführt; weitblickend die 7 Prinzen des früheren Königshauses beseitigt; die toten Feinde unten rum skalpiert, und die noch Lebenden »unter eiserne Sägen und Zacken legt, und eiserne Keile, und verbrannte sie in Ziegelöfen« – dafür wird er dann aber auch als »Mann nach dem Herzen Gottes« bezeichnet: der Himmel behüte mich, daß ich je ein Mann nach dem Herzen Gottes werde!! – /

Ist das erschauernd ‹von GOtt diktiert›, oder ne simple briefliche Mitteilung, wenn Paulus schreibt: »Den Mantel, den ich in Troas bei Karpus gelassen, bringe mir bitte mit, ebenso die Bücher.«? –

Bei heutigen Schriftstellern ist man mit gerichtlicher Verfolgung ‹wegen Pornographie, Gotteslästerung, und anderem› rasch bei der Hand;

zumal, wenn das betreffende arme Luder nicht Mitglied der gerade jeweils herrschenden Partei sein sollte : warum aber schreitet man dann nicht auch gegen Schilderungen ein, wie sie jedes Jahr millionenfach in allen Kultursprachen verbreitet werden; Schilderungen, in denen, mehr als bei jedem modernen Realisten, oben »junge Brüste steif« werden, und unten »Haare kräftig sprießen«. Und alles wird ausgiebig »betastet« von Liebhabern, merkwürdiger Weise »insgesamt wie Offiziere anzusehen«, von »Buhlen, die Glieder hatten wie Esel, und Samenerguß wie die Hengste« und »die Adern ihrer Scham starren wie Äste« .... Eltern, holt die Kinder rein ! (denn auch ‹symbolische oder kultische Unzucht› bleibt, *wenn* man mit dem Begriff schon literarisch und strafrechtlich zu manipulieren gedenkt, Unzucht ! Oder ist das ‹naturalia non sunt turpia› etwa nur christliches Privileg ? Und Goethe und Hemingway sind Schweine ?)

Muß ich noch erwähnen, daß man aus einer und derselben Bibel gleichwertige Argumente und Beispiele holen kann : für und wider Krieg und Frieden; / für Einehe oder Polygamie; (und *was* gibt es da für göttlich genehmigte Finessen : Sadika= und Leviratsehe; Brautraub und =kauf; Sklavinnen, Konkubinen und ‹Ehen auf Zeit› – mehr als im rötesten Rußland !) / für orientalisch=anmutigste Lüsternheit ebenso, wie für die Selbstkastrierung der Skopzen; / ‹in coena domini› verflucht man sich gegenseitig periodisch, / die Mormonen nennen sich Christen, und belegen es mit so vielen Bibelzitaten, daß einem der Kopf schwindelt; / dazu die endlosen inneren Widersprüche, auch der Evangelien, à la »Wolffenbüttler Fragmente« : da kann doch wohl von einer ‹einfachen, selbstverständlichen, leicht faßlichen Wahrheit› nicht die Rede sein ! (und ich warne hier gleich einmal alle ‹ernsthaften Bibelforscher› vor den kursierenden Übersetzungen ! Aus Luthers hochpoetischer reizend=falscher ‹Nachthütte in den Kürbisgärten› wird im Urtext ein waidmännisch=sachlicher ‹Jagdhochstand in den Gurkenfeldern›; und so fort, bis in die heiligsten Definitionen hinein. Also : cave !) (Nicht daß man in meiner Handbibliothek keine Bibeln finden würde : ich lese das ‹Groß wüst Buch›, den ‹Schlüssel von Sankt Peter› durchaus; wer dürfte das auch unterlassen, angesichts der immer merkwürdigen globalen Wirkung, die es hatte ? Aber ich lausche seinen Stimmen, den lieblichen und vergaunerten, lediglich historisch=literarisch; wie all den andern heiligen Rufern auch : dem Steinmaulgeklappe des Gilgamesch, den feurigen Bässen des Koran, dem geduldigen Weisheitsgewäsche Buddhas (und ‹Candide› und der ‹Tristram Shandy› sind mir, ich gestehe es frei, lieber; auch Shakespeare oder Don Quijote, selbstverständlich.))

5.) Die Persönlichkeit des Mannes, nach dem sich immerhin 30% der Menschheit nennen, genügt mir nicht! –

Was würden wir heute sagen, wenn ein junger Mann aus irgend einem unbedeutenden Zwergstaat käme; einem der immer wieder vorhandenen und nicht nur ‹wirtschaftlich unterentwickelten› Ostgebiete; keiner der großen Kultursprachen mächtig; völlig unbekannt mit dem, was in Jahrtausenden Wissenschaft, Kunst, Technik, auch frühere Religionen, geleistet haben – und ein Solcher stellte sich vor uns hin, mit den dicken Worten: »*Ich* bin der Weg; *und* die Wahrheit; *und* das Leben.«? Wir müßten's uns durch einen herbeigerufenen Dolmetsch erst noch mühsam aus dem barbarischen Dialekt übersetzen lassen – würden wir nicht halb belustigt, halb verständnislos ihm raten: »Junger Mensch: lebe erst einmal, und lerne: und komme dann in 30 Jahren wieder!«?.

Genau dies aber war der Fall mit Jesus von Nazareth: er verstand weder Griechisch noch Römisch, *die* beiden Sprachen, auf denen seit viel hundert Jahren alle nennenswerte Kultur beruhte (und beruht!). Er war mit Homer und Plato ebenso unbekannt, wie mit Phidias und Eratosthenes: was ein solcher Mann behauptet, ist für mich von vornherein *undiskutabel!* Um über etwas aburteilen zu können, muß ich es doch wohl wenigstens vorher untersucht haben! (Er selbst scheint auch im allgemeinen bescheidenere Augenblicke gehabt zu haben, in denen er einschränkend alle Nichtjuden für ‹Hunde› erklärte, und: »Ich bin nur gesandt zu den verlornen Schafen von dem Hause Israel.« Also: ‹Vorüber, Ihr Schafe, vorüber›). –

Um die Lückenhaftigkeit der von ihm verkündeten, angeblich so übermenschlich hohen, Moral zu demonstrieren, stehen Vergleiche zu Gebote, wie etwa dieser: Welch bösartig=charakteristischen Kontrast bietet nicht die ‹evangelische› Geschichte vom ‹Fischzug Petri› den der Heiland durch ein ausdrückliches Wunder dermaßen segnet, daß die Boote mit der Beute fast bis zum Sinken überfüllt werden – mit dem Verfahren des großen Heiden Pythagoras, der den Fischern ihren Zug, während das Netz noch unter Wasser liegt, abkauft: *und allen geängsteten Tieren die Freiheit schenkt!!: Wen von diesen Beiden* könnte man mit mehr Recht einen ‹Sohn Gottes› nennen? (von denen es mir überhaupt viel zu viele gibt: im Altertum kam das in jeder besseren Familie vor!).

Wenn Christus bei solch unvergleichlicher Gelegenheit – wo das Wahnsinnsprinzip einer Welt, deren lebende Wesen dadurch existieren, daß sie einander auffressen, handgreiflich vor Augen lag! – wenigstens bedrückt gemurmelt hätte: »Wenn ein Gott diese Welt geschaffen hat, so möchte ich dieser Gott nicht sein: ihr Jammer würde mir das Herz zerreißen!« – dann ja! Aber dazu mußte scheinbar erst der ‹Atheist› Schopenhauer kommen. (Oder, wie Lichtenberg es in ein Geheimbuch notierte: »Zu untersuchen, inwieweit Gott aus der Welt erkannt werden kann: sehr wenig: es *könnte* ein Stümper sein!«)

6.) Als weitere Kriterienreihe: Hat das Christentum die Summe des Guten / Wahren / Schönen / in der Welt vermehrt?

7.) Des Guten?: Wie viel Aufrüstungen, wie viel Kriege, wie viel scheußlichste Grausamkeiten hat das Christentum beseitigt, oder doch wenigstens verhindert?: im Gegenteil! Es wurde ‹zureichender Grund› zu neuen, bis dahin unerhörten Schwerttänzen, wie ‹Kreuzzüge›, ‹30jähriger Krieg›, oder ‹Albigenser›: als damals selbst Soldaten die Besorgnis äußerten, daß mit den ‹Schuldigen› (= Nichtkatholiken!) doch vielleicht auch Unschuldige umkommen könnten, tröstete sie der päpstliche Legat: »Schlagt Ihr nur tot! Der Herr wird die Seinigen schon erkennen!«: Völker, hört auch diese Signale!! –

‹Toleranz›?: predigte man erst, als man nicht mehr ‹an der Macht› war! Bis dahin hieß es ‹compelle intrare›, mit dem Scheiterhaufen als gewichtigstem Argument; ach armer Giordano Bruno! Man erwarte doch nicht, daß ich von einem System mit Ehrerbietung rede, das gegen Lessing Schreibverbot erwirkte: *weil* er die Auferstehung als eine Erfindung der Jünger Christi erachtete, und ihm alle positiven Religionen gleichmäßig verdächtig waren! Ein System, das ‹Ewige Höllen› als Fundamentale Institutionen vorsieht – was ist denn die Christenhölle anders, als ein KZ, vor allem für abweichend Denkende? Man vergleiche doch nur das abscheuliche Dantesche Handbuch für SS=Führer! – und noch nicht einmal als theoretisch=jenseitige Einrichtung (*darüber* könnte man ja immer achselzuckend hinweggehen); sondern vor allem als integrierend=diesseitigen Bestandteil des ‹Reichs der Liebe›, immer wieder als Inquisition aller Art auftauchend (auch die Protestanten haben Ketzer zu verbrennen verstanden; ich erinnere nur an Servet, oder die englischen Katholikenverfolgungen unter Karl II.): ein solches System sollte jeder anständige Mensch (meines geringen Erachtens) eigentlich verabscheuen! –

Man muß die politischen Händel nicht sehr genau, die Kirchengeschichte noch weniger, den Großen Brehm gar nicht studiert haben, wenn man nicht voll Bitterkeit gegen das Christentum werden soll!

8.) Des Wahren?: Die Forschung, von Jesus, wie bereits nachgewiesen, weder als Methode, noch in ihren auch damals schon längst vorhandenen Einzelgebieten und Ergebnissen gekannt, also auch gar nicht berücksichtigt, und bestenfalls als ‹Eitelkeiten› bezeichnet, ist denn auch von allen christlichen Kirchen konsequenterweise nach besten Kräften verhindert und geknebelt worden. Und zwar nicht, wie es menschlicher Anstand erfordert hätte, mit besseren Kenntnissen *widerlegt* (woher hätten die bei solcher Einschätzung der Wissenschaften auch kommen sollen?) sondern *niedergeknüppelt*!

Der ‹Heilige Bonifazius›, der hochgerühmte Fäller von Donarseichen – eine bei konsequentem Zuendedenken des Verfahrens nicht ganz ungefährliche Praktik: Holz bleibt ja schließlich immer Holz! – denunziert in Rom eifrigst=entrüstet den Bischof Virgilius von Salzburg: der, ein, – ja, *wir* würden ja sagen hochgebildeter, – Mann, hatte nämlich unter anderem auch angedeutet, daß seiner Überzeugung nach die Erde rund sei. Auf die Meldung des erwähnten Denunzianten hin entschied Papst Zacharias also: falls Inculpant bei seiner Verkehrtheit beharre, müsse er des Priesterschmuckes entkleidet und aus der Kirche ausgestoßen werden! Was damals einer milderen Form des Todesurteils gleichkam: und alles nur, weil das oben erwähnte Alte Buch abwechselnd vom Erd*kreis* oder sogar von den ‹4 *Ecken* der Erde› spricht!

Galilei mußte sein bißchen Einsicht vorm Inquisitionsgericht abschwören – »Ob er dabei gefoltert wurde oder nicht, steht noch nicht fest,« bemerkt der christliche Historiker nasenhaft=aktenkundlich dazu: als ob die bloße *Möglichkeit* nicht schon genügte einen noch heute die Fäuste ballen zu machen! Aber auch Luther verwarf die uralte, von uns mit Unrecht ‹kopernikanisch› genannte Lehre: *weil* in der Bibel, an der Stelle wo es steht, Josua die *Sonne* stillstehen läßt, und *nicht* die Erde. Erst 1822 gestattete die Indexkongregation offiziell den Druck von Büchern, welche die Bewegung der Erde lehren – oh, die Wissenschaften sind von den Herren schon arg gefördert worden! Und wer das Namensverzeichnis des katholischen ‹Index librorum prohibitorum› einmal durchblättert, glaubt sich sogleich in eine geistige Ruhmeshalle versetzt: Kant steht darauf, Spinoza, Ranke, Schopenhauer, Nietzsche, Goethe, – als Radbod, der Friese, sich nach jahrzehntelangem Widerstand, aus politischen Gründen endlich entschloß, Christ zu werden; und bereits mit dem Fuße im Taufwasser stand, fragte er vorher vorsichtshalber noch den Bischof Wulfram von Sens, wo denn ihre beiderseitigen Vorfahren nach dem Tode hingekommen wären? Als der Bischof selbstbewußt antwortete: *seine* in den Himmel, die *Radbods* in die Hölle, sprang dieser sogleich aus der Taufwanne und rief: »Wo so viele tapfere Männer sind, da will auch ich sein!« – There's a good fellow! –

Was das Christentum auf dem Gebiete der Kultur aus sich selbst zu leisten imstande war, haben wir in dem bekannten bleiernen Jahrtausend von 500 bis 1500 zur Genüge gesehen : die Herren haben ihre Chance übervoll gehabt ! Was will all unser armseliges heutiges Forschen besagen gegen scholastische Untersuchungen solcher Art : in welcher Sprache die Schlange zu Eva geredet habe; oder ob der Mensch ewig hätte leben können, wenn der damals nicht Obst gegessen hätte; oder, noch kniffiger : wie hätten die ersten Menschen sich fortgepflanzt, wenn sie nicht geschlechtlich gesündigt hätten ? –

Was das Christentum speziell in Sachen Weltentstehung und Weltordnung zu geben hatte, sieht man aus dem streng schriftmäßigen Weltbilde Kosmas' des Indikopleustes, das bei rechtgläubigen Theologen fast ein Jahrtausend lang gegolten hat. Oder in unserer Zeit an dem 1905 mit Approbation der katholischen Kirche zu Mainz erschienenen Werk ‹Die Hölle› des münsterschen Theologieprofessors Dr. J. Bautz. (Und die Protestanten mögen zum Vergleich ihres Jung=Stillings ‹Theorie der Geisterkunde› zur Hand nehmen; die Sekten Swedenborg.) Und der rechte Christ weiß alles zu erklären : »Höben sich die Augenlider, / durch die Muskeln selbst nicht auf, / sondern sänken immer wieder / – ach man achte doch darauf ! – / Wie erbärmlich würd es lassen, / wenn man sie mit Händen fassen, / Und erst aufwärts schieben müßt ! / : Merk's verruchter Atheist !« –

Ich fasse zusammen : Fellgekleidete Anachoreten, fuchtelgebärdige, schäumenden Mundes um Dogmensplitter keifend (oder bestenfalls im Professorenfrack, scholastisch=philologisch auf der Stelle tretend) sind noch lange keine ‹Wahrheitssucher› ! Und wer statt ‹Gott› dafür auch noch ‹God, Dieu, Deus, Theos, Jahve oder Elohim› sagen kann, ist deswegen noch längst kein ‹gebildeter Mann› : im Gegenteil : es ist ein typisches Kennzeichen jesuitischer Technik, den Geist durch übermäßiges Sprachenlernen abzustumpfen ! Jeder Arbeiter, der in seiner Muttersprache nachgedacht hat, ist solchem unergiebigen Buchstabengeplätscher überlegen.

9.) Des Schönen ? : Wenn wir Künstler lediglich auf die Antriebe und Arbeitshypothesen des Christentums angewiesen wären : höchste Spitze wären Dostojewskifiguren; Menschen ohne Renaissance; sündig=formlos; weichselzöpfige Trolle, Brackwässer des Geistes tretende; in rotten boroughs kauernde; und literarische Schwedentrünke vomierend à la : »Es danket DIR mit Herz und Mund / die arme sünd'ge Made. / DEIN Leichnamsduft durchweh' dies Haus, / DEIN Blut bespreng' die Herzen . . .« (ob der betreffende Verfasser wohl jemals kriegerische Leichenfuder gerochen hat ? Ich ja !) –

Und man soll mir nicht nur Beschäftigung mit der Dichtung vorwerfen können; nicht nur Berufung auf den großen Bruder Goethe, ihn, dem das Kreuz verhaßt war, wie Wanzen, Rauch des Tabaks, Knoblauch und Hundegebell. Wieviel hat nicht die Kirche den *Malern* zu verdienen gegeben, was ? Die rechte Antwort ist längst gegeben :

»Indem der himmlische Sinn des Guido, sein Pinsel, der nur das Vollkommenste, was geschaut werden kann, hätte malen sollen, Dich anzieht – : so möchtest Du gleich die Augen von den abscheulich dummen, mit keinen Scheltworten der Welt genug zu erniedrigenden Gegenständen wegwenden – man ist immer auf dem Schindanger ! Entweder Missetäter oder Verzückte, Verbrecher oder Narren; wo denn der Maler, um sich zu retten, einen nackten Kerl, eine hübsche Zuschauerin herbeischleppt. Unter 10 Sujets nicht eins, das man hätte malen sollen : und das eine hat der Künstler nicht von der rechten Seite nehmen dürfen. Ein ‹Johannes in der Wüste›, ein ‹Sebastian›, wie köstlich gemalt; und was sagen sie ? : der Eine sperrt das Maul auf; der Andere krümmt sich ! « (Wie hätte Malerei denn auch sollen gedeihen können, wo jahrhundertelange ikonoklastische Stänkereien ihr oftmals den Boden gänzlich unter den Füßen wegzogen ? !). –

Das Christentum ist nämlich – trotz aller später hinzuerfundenen ‹Niederen Mythologie› seiner Heiligen, oder der schüchtern fabulierenden Legenden – künstlerisch einfach nicht konkurrenzfähig ! Nicht gegenüber der Gestalten= und Gedankenfülle der Antike; nicht gegenüber dem Material der Geschichte oder der Naturwissenschaften – kurz : nicht gegenüber dem von ihm überheblich vernachlässigten, ja verleumdeten, dem Künstler aber unentbehrlichen (weil zur Gestaltung aufgegebenen) Leben schlechthin ! –

(Ich protestiere an dieser Stelle feierlich gegen die heute unaufhörlich kursierende falsche Wortmünze von der ‹christlich=abendländischen Kultur›. Eine ‹christliche Kultur› ist, eben wegen der dort grundsätzlichen Diffamierung von Kunst und Wissenschaft, ein Widerspruch in sich ! Unsere abendländische Kultur, auf Altertum und Renaissance beruhend, ist im härtesten Kampf *gegen* die ausgesprochen *kulturhemmenden* Kräfte des Christentums entstanden ! Also Schluß mit dem klangvoll=widersinnigen Silbenfall !) –

10.) Ich bin also nicht nur antiklerikal – das ohnehin ! – sondern auch antichristlich; oder präziser, bedeutend=allgemeiner, : *antireligiös !* Institutionen, die es nicht verschmähen (und nicht verschmähen können), mit den Mitteln des Fanatismus, der Massenbearbeitung, der Großen Oper, also der Tyrannei, zu operieren, lehne ich, ebenso wie ihre gleichnamigen politischen Brüder, für mich ab ! Ich bekenne mich vorbehaltlos zur alten, heute bestgeschmähten, Aufklärung : la lumière sans phrase !

Allerdings würde *ich* nie so weit gehen, einen Gläubigen an Eigentum oder gar Leben zu schädigen – dergleichen Praktiken bleiben den Christen überlassen! (»Wir Heiden sind tolerant«, hat Nehru einmal stolz gesagt). –

11.) Ich resümiere:

Die Hierarchie der 3 christlichen Großbekenntnisse (und der zahllosen kleinen dazu) zehrt borniert immer noch von jener unzureichenden Begründung, die vor 2.000 Jahren dem geistigen Mittelstande gerade angemessen war. Seitdem wird mit der wachsenden Erkenntnis in jedem Jahrhundert und jedem Einzelnen der Unwille immer größer, über den unheilvollen Riß zwischen der anerkannten Notwendigkeit gütiger Liebe, und jener unentwegt=schamanenhaften Begründung dafür. Ein Dritteil der Schuld an unserer verzweifelten geistigen und politischen Situation trägt dieser, die Meisten beunruhigende Widerspruch, der edle Menschen (Nietzsche) sogar soweit gebracht hat, daß sie in gequältem Zorn dann selbst das Mitleid (*die* ‹Grundlage der Moral›) verleumdeten.

Es wäre doch wirklich an der Zeit, die christliche Mythologie mit all ihren Göttern, Halbgöttern, Sehern, Himmeln und Höllen (und natürlich auch die rezenten Dekorationen) dahin abzustellen, wohin sie historisch und wertmäßig gehört: nämlich in die Nähe der römischen und griechischen. Etcetera.

Dann wird es ruhiger werden, in und um uns.

12.) (*Mein Vorschlag*: – oder halt; erst eine Frage:

Widerlegt man einen Gegner, indem man vom Staat – der freilich an dem ‹Göttlichen Recht der Obrigkeit› zustärkst interessiert ist! – ein Schreibverbot gegen Andersdenkende erwirkt? Und beklagt sich dann in christlichen Kreisen, weil es in kommunistischen Landen einmal umgekehrt geschieht? Noch ist, halten wir das immer fest, die Summe der durch das Christentum früher und laufend begangenen Verbrechen bezw. Vergehen (und geistigen Vergewaltigungen) um ein Vielfaches größer als die der Gegenseite! Eine Religion, die ganze Staaten ausrottete – die häufigsten Ortsnamen im fernen Mexiko sind noch heute ‹Matanza› und ‹Vittoria› = ‹Sieg› und ‹Gemetzel› – und auch bei uns 50 Generationen nach Kräften in geistigen Schlaf versenkte, verdiente noch ganz andere Behandlung. –

Aber wieder mein Vorschlag: wo ist der westliche Staat, in dem auch die Atheisten volle Bürgerrechte genießen? Wo entweder der Begriff ‹Lästerung des Atheismus› ebenso als strafbar eingeführt ist, wie jetzt der der ‹Gotteslästerung›? (Oder vielleicht *beide* abgeschafft!)

Wer fragt danach, ob das ewige Glockenläuten, Beten, und Choralen *meine* Ohren beleidigt ?! (Und ich bin hier nichts weniger als der Einzige : man lese Lichtenberg nach; und so weiter, und so weiter)

Sind wir Atheisten denn Staatsbürger zweiter Klasse ? Darf sich jeder kostümierte Beamte an uns reiben, nur weil ihm ‹die janze Richtung› nicht paßt ? Wo sind unsere offiziell anerkannten atheistischen Schulen ? Unsere atheistische Presse ? Wo unser, wenigstens *einer,* atheistischer Rundfunksender ? (Während's im Äther täglich aus tausend Stationen entsühnt jauchzt, und unverdaute Stücke von Bibeltexten pausenlos serviert.) Steuern zur Unterhaltung der Kirchen gibt es : wo ist der prozentuale Anteil zur Finanzierung des Atheismus ? Warum muß sich bei uns, im 20. Jahrhundert, immer noch Jeder, der ‹vorwärts kommen will›, als ‹Gottsucher› gerieren ?

Also zum unbestreitbaren Regentenideal : Alexander Severus : in dessen Zimmer gleichwertig nebeneinander diese Statuen standen : Abraham, Orpheus, Sokrates, Apollonius von Tyana, Christus, *und andere mehr !* Also Abschaffung des Begriffs der ‹Staatsreligion› : er vergewaltigt die intelligenten Bürger !).

13.) Atheist ?? – : Allerdings !!

DER SCHRIFTSTELLER UND DIE POLITIK.

Zwei Kreise sind es vor allem, die unablässig die Forderung nach dem ‹Unpolitischen Schriftsteller› erheben : der Staat und das Bürgertum. Von den Regierungen, ob rechts oder links des Eisernen, verwundert das nicht weiter; die wollen natürlich möglichst ungestört schalten. Und das Bürgertum will ‹seine Ruhe›; d.h. die jeweiligen paar Friedensjahre möglichst unerinnert=betäubt dahindröseln – anstatt das uns anscheinend einzig übriggelassene Mögliche zu versuchen (und jede Anstrengung in dieser Richtung zumindest mit seinem Beifall zu beehren), nämlich : die Pausen zwischen den Kriegen möglichst lang zu gestalten.

Dabei hat es vor 150 Jahren ein Großer ungescheut dem Anderen verraten : »Ach was Schicksal ?! : Die Politik ist das Schicksal !«.

Und wenn ich nun auch im Allgemeinen ein Gegner bin der wohllautenden Hypothese vom ‹Dichterwort, das die Welt verändert› (wie ich ein Gegner jedes Unendlichkeitsfimmels überhaupt bin); und überdrüssig der ebenso unermüdlich wiederholten wie lächerlichen Einwendungen gegen ‹gewisse politische und religiöse polemische Stellen› meiner Bücher; so ergreife ich doch gern die Gelegenheit, hier ein für alle Mal eine grundsätzliche Erklärung abzugeben. Wer durchaus seine Ruhe haben will, dem wünsche ich kurz die ewige Ruh', und lasse ihn bis zum nächsten Einberufungsbefehl bei Dornröschens einziehen; den ehrlich betroffenen Fragern will ich mein Großbeispiel erzählen, *die* Ermutigung für meine beständige Opposition; die Geschichte, wie der unermüdlich=tapfere Widerspruch eines Schriftstellers seinerzeit doch einmal diverse Großschweinereien von Thron & Altar verhindert hat :

* * *

Zu Toulouse lebte im Jahre 1761 ein angesehener protestantischer Kaufmann namens Jean Calas. Einer seiner Söhne hatte sich zum Katholizismus konvertiert; der zweite wurde plötzlich tot im Vaterhause aufgefunden. Und durch die niedere katholische Geistlichkeit wurde unverzüglich dieses Gerücht lanziert : der Vater habe den Sohn eigenhändig umgebracht, um nicht auch noch dessen Übertritt erleben zu müssen ! Prompt schaltete sich ‹Die Justiz› ein; und nach einem Schauprozeß von nur zwei Stunden

Dauer wurde Calas, trotz aller Unschuldsbeteuerungen, zum Tode durch das Rad verurteilt, und tatsächlich hingerichtet.

Nur ein Jahr danach ließ der Bischof von Castros ein Protestantenmädchen, die Tochter Paul Sirvens, mit Gewalt entführen und ‹bekehren›; das Mädchen war jedoch unter der Behandlung nicht nur katholisch, sondern auch irrsinnig geworden; und stürzte sich, endlich nach Hause entlassen, dort flugs in den Brunnen. Wiederum wurde, im eklen Zusammenspiel von Justiz und Klerus, der Vater des Mordes bezichtigt – der jedoch wartete diesmal den Prozeß nicht ab, sondern floh in die Schweiz.

Und zwar nach Ferney am Genfer See.

: Dort nämlich wohnte damals ein Mann, dessen Name – und sei es nur um dieser beiden Fälle willen ! – drohend in jedem Parlament, jeder Kirche, jedem Gerichtssaal, angeschlagen stehen müßte : Voltaire. Mit unermüdlicher Tatkraft griff er, nachdem er die Überzeugung der Unschuld, sowohl von Sirven als Calas, gewonnen hatte, beide Fälle auf. Machte Eingaben an die Regierung Frankreichs; veröffentlichte Zeitungsartikel in der gesamten europäischen Presse; schrieb Broschüren, Pamphlete; hielt Reden; alles dies ätzend, oder, wie der Bürger sich ausdrücken würde, ‹brutal, radikal, shocking›. Nach Jahren ehrenhaftester Wühlarbeit gegen die Staatsgewalt erreichte er, daß beide Prozesse neu aufgerollt, und diesmal ernstlich behandelt wurden; *in jedem Fall ergab sich, daß Sirven wie Calas unschuldig verurteilt worden waren;* der Tote wurde ‹rehabilitiert›– lachen wir also bitte nicht über die verrufenen ‹Ostblockstaaten›, in denen es heute leider manchmal ähnlich hergeht.

Einen bitteren Trumpf aber konnte Voltaire am Ende noch darauf setzen : zwei Stunden, schrieb er, haben sie einst gebraucht, um einen ehrlichen Mann zum Tode zu verurteilen; neun Jahre, um festzustellen, daß er unschuldig war – *und auch das nur, nachdem ich sie dazu zwang !*

Voltaire aber hieß seitdem bei den Bauern seines Dorfes : ‹l'homme au Calas›. – –

* * *

Aber nicht deswegen erzählte ich die rührende Anekdote : die Geschichte ist noch keineswegs zu Ende :

Erst in unserem Jahrhundert, nachdem sämtliche Beteiligten längst zu Staub zerfallen waren, ergab sich aus den Staatsarchiven, daß Voltaire weit mehr geleistet hatte, als etwa ‹nur› zwei Justizmorden in den Arm zu fallen. Die Randbemerkungen auf den Akten, in der eigenen Handschrift des Ministers St. Florentin, verrieten das Unglaubliche : daß man staatlicherseits die Prozesse gegen Calas und Sirven als ‹Modellfälle› angesetzt hatte ! Als lokale Vorversuche zu einer neuen allgemeinen Protestantenverfolgung, unter systematischer Aufhetzung der katholischen Bevölkerung: Hunderttausende wären dem Terror zum Opfer gefallen, hätten nicht zornige Energie und rasender Widerspruch eines großen Einzelnen dem perfiden ‹Schicksal›, dem unverantwortlichen ‹politischen› Irrsinnsmanöver, vorgebeugt!!

* * *

Fünfzehn Jahre war ich, als ich zum erstenmal die Geschichte las; mit fünfzehn Jahren schwor ich zur Fahne des ‹Homme au Calas›; auf dieser Fahne aber steht: ‹Ni Dieu ni Maître›. Sie verpflichtet die ihr Folgenden zu schärfstem Aufmerken auf Politik und wer immer solche betreibt; d.h.: Regierungen, Kirchen, Militär. Und zum schärfsten öffentlichen Widerspruch, sobald wir einen Mißstand zu entdecken meinen; *lieber einmal zu oft und lieber einmal zu laut, als einmal zu wenig!*

Leichter wäre es freilich – sicherer, bequemer, einträglicher; Literaturpreise stehen zur Verfügung, Stipendien, auch Orden – nach der alten Maxime zu handeln: »Friß Deine Knackwurst, Sklav', und halt Dein Maul!«; oder, vornehmer formuliert, die ‹Wirren des Alltags sich selbst zu überlassen› (d.h.: den Politikern), und für die eigne Person den nächsten Fußpfad in Richtung Arkadien einzuschlagen. Wenn nicht gar – es ist ja gleichfalls gedruckt und bewiesen – das noch bessere Teil zu erwählen, ‹Es soll der Sänger mit dem König gehen›: da klingt freilich das Geld *noch* munterer im Kasten!

Man verstehe mich recht: es sei ferne von mir, die Regierungssprecher unter den Schriftstellern in Bausch und Bogen charakterlich oder künstlerisch diffamieren zu wollen; es mag in Politik wie in Religion meinethalben so sein, daß es von Natur Königstreue gibt – aber ebenso gibt es auch gebürtige Schreckensmänner.

Und man vergesse vor allem doch nie dies eine: Regierungen, Kirchen, Militär, durchweg bestehend aus ‹hochgebildeten› maulfertigen Leuten, können für sich allein, ohne schriftstellerische Hilfe, reden – und tun es ja auch wahrlich ausreichend; vom Handeln noch ganz zu schweigen. Das arme, gefolterte, sprachlos preisgegebene Volk aber, bedarf nicht minder einer dröhnenden Zunge! Bedarf des vereidigten Dolmetschers für seine Schreie, sein Stöhnen, sein düstres Gemurmel in den Kolonnen der ‹politischen Häftlinge› und ‹Umsiedler›; ‹Verbotene Parteien› müssen sich, zumindest mit Worten, ebenso wehren können, wie das herumkommandierte arme Luder von Rekruten im ‹bunten Ehrenkleid›: Wenn zungenflinke Priester mit bauchrednerischer Fertigkeit Waffen segnen – dann müssen wir gleichermaßen fließend zu fluchen verstehen: ça ira!

KANN DER MENSCH NOCH AUF GEBORGENHEIT HOFFEN ?

Ich antworte mit der Gegenfrage : Konnte *je* eine Kreatur auf Geborgenheit hoffen ?

Die Antwort – dem Großen Brehm, bzw. den Büchern der Historiker zu entnehmen – ist : NIE !

Ich weigere mich, einmal mehr auf dem Thema ‹Atombombe› herumzureiten : die Konsequenzen für uns, die erste der Strahlung ausgesetzte Generation, könnten durchaus segensreich sein ! Denn wir wissen noch gar nicht, ob nicht – etwa durch Nova=ähnliche Explosionen der Sonne verursacht – die Entstehung der Spezies Mensch, der entscheidende Mutationssprung, ähnlichen Bestrahlungen zu verdanken war : *Ich* hätte nichts dagegen, wenn ich vier Arme hätte ! Oder nur ein geflügelter Kopf wäre, durch Rhododendronbuketts gaukelnd : alle Hypo=Chondrieen entfallen; Sperma wird durch Zungenkuß übertragen; Exkremente gasig durch die Nase ausgeblasen (schwefelfarbene Kote blieben uns erspart); Stimmen klängen brustlos=feiner, auch höher – : *Ich* bejahe die Technik ! (Obwohl sie in Verbindung mit der Politik sogleich urböse wird : aber das liegt nicht an den Technikern !).

Vergessen wir doch nie, daß wir uns auf einem fliegenden Kugelfloß befinden, gefährlich umbrandet von schwarz=weißen Strahlungen – auch roten, ja – : und wir kennen keine andere Wahl, als uns hadernd in die Ecken dieses Floßes zu stellen (hin und her huschenden Demagogen ausgeliefert); oder bestenfalls die Schädel in seit Eiszeiten ausgedrehte Gletschertöpfe zu stecken ? Und sind letzten Endes *wir* verantwortlich für den Apex ? Für unsere zur Erkenntnis unzureichenden Organe ?

Schaffen wir uns schreckensfrohe Seelen an; keine ‹atomsicheren Mäntel mit Kapuze›. ‹Geborgenheit› ist – nachweisbar seit dem Präkambrium – nichts für COHN=Verbindungen. Wie uns.

VOM NEUEN GROSSMYSTIKER.

Es besagt noch nichts über die Rangordnung eines Schriftstellers, ob er ein Arbeiterkind war, oder ob von seinen Bänden 10 Millionen verkauft wurden : *das* sind Merkmale, die der größte Genius und der größte Schöps gemeinsam haben können. Man muß schon entscheidendere Kriterien heranziehen, um die unerbittliche Frage zu beantworten :

Gebührt Karl May ein Platz im Kontinuum unserer Hochliteratur ?

* * *

Um ein allerknappstes Biogramm zu geben, so ist in dem vorliegenden, immer merkwürdigen Fall das Bezeichnende, daß May viele und ausschlaggebende Jahre seines Lebens hindurch ein *isoliertes Geschöpf* war. Als Junge erblindete er infolge von Mangelkrankheiten für 4 volle Jahre; als Mann verbüßte er insgesamt achtjährige Gefängnis= bzw. Zuchthausstrafen. Jedenfalls geriet er immer wieder in Lagen, in denen nur die Flucht in umfängliche, auch räumlich entlegenst lokalisierte, Gedankenspiele ihm ein Überleben ermöglichte : seine windschnellen Pferde etwa, deren ‹Hufe Raum fressen›, sind selbsterfundene diätetische Mittel zur Austarierung der Claustrophobie. Höhle = Haus = Feind : dieser Gleichung begegnet man immer wieder bei ihm. Ob Kämpfe unter Wasser; ob Ritte an brennenden Kakteenfeldern entlang – seine Welten haben die widersinnige Überzeugungskraft des Traumes.

* * *

In seinem Werk hat man 4 Epochen zu unterscheiden. In der ersten schreibt er roseggerhaft=harmlose ‹Erzgebirgische Dorfgeschichten›; sowie von Sachkenntnis unbeschwerte ‹Historische Novellen›, meist vom ‹Alten Dessauer› – einer gekrönten Bestie in Menschengestalt, die aber in ihrer unwiderstehlich=volkstümlichen Brutalität mit allen SS=Größen wetteifern kann. Etwa gleichzeitig läuft eine zweite Serie Hundert=Heft=Romane elendester Sorte; ausgesprochene Kolportageware von erschütternd geringem Wortschatz : ‹Das Waldröschen / oder / die Verfolgung rund um die Erde. / Enthüllungsroman / über die Geheimnisse der menschlichen Gesellschaft.› Hierhin gehören ‹Die Liebe des Ulanen›; der immer wieder beliebte ‹Verlorene Sohn›; auch ‹Deutsche Herzen – deutsche Helden› – alle unter diversen wohlklingenden Pseudonymen, vom noch einfach verantwortbaren ‹Karl Hohenthal› an (er war ja aus Hohenstein-Ernstthal) bis hinauf zu ‹Ramon Diaz› : stolz lieb' ich den Spanier!

Die dritte Epoche umfaßt die der sogenannten ‹Reiseromane› : rohe, eilfertige Erfindungen aus Arabien oder Wildwest; wer also *zwei* kennt, kennt *alle.* Unerbittlich gütige Apostel, christliche ‹Politiker der Stärke›, auf volkswagenschnellen Pferden beherrschen die gobelinbunte und =flache Szene; die Bösen werden gejagdhiebt; der ‹Henrystutzen› überzeugt auch heute noch als MP, in jeder ‹Schmetterhand› !

Diese seine ersten 3 Epochen sind literarisch nicht ernst zu nehmen; wie es bei einem Mann ja auch nicht wunder nehmen darf, der selbst handwerksburschenhaft naiv von sich bekannte : »Die Wahrheit ist, daß ich auf meinen Stil nicht im geringsten achte .... Ich verändere nie, und ich feile nie.«

So schrieb er immer alla prima, bis er 60 Jahre alt war. Dann begannen sich mit ihm, dem bei der Jugend zu einer unbestreitbaren Großmacht gewordenen, die Gegner zu befassen. Die meisten machten es sich leicht, arbeiteten revolverblattmäßig mit ‹Enthüllungen›, und ritten auf seinen Vorstrafen herum. Die ehrlichere Gruppe verschmähte dergleichen argumenta ad hominem; sie stellte kurzerhand – und völlig berechtigt! – fest, daß es sich bei May's bisher vorgelegten Werken um literarischen Bodensatz handele.

Litt der alte Mann schon unter den abgefeimten Attacken der Neider, so noch mehr unter der kühlen Feststellung der Hochkritik, daß er ein Schriftsteller fünften Ranges sei. Da, auf der Schwelle des Greisenalters, finanziell durch den Erfolg seiner bestseller gesichert, nach abgelieferten 50.000 Druckseiten, nachdem man ihn doch bestenfalls noch einen abgenützten Vielschreiber nennen möchte, rafft er sich auf – und nun wird es wahrhaft ernst : es beginnt die letzte, die vierte, Schaffensperiode.

* * *

Und gleichzeitig eines der allermerkwürdigsten Schauspiele; in solchem Umfang literarisch ohne jede Parallele. Der einzig mögliche Vergleich ist der mit den ewig besehenswerten ‹Fliegenden Blättern› von 1848 : damals nämlich, als politisches Oppositionsblatt durch Zensurschikanen verärgert, beschloß man angeblich, die Redaktion des Witzblattes in die Türkei zu verlegen – was sich dahingehend auswirkte, daß in der nächsten Nummer zwar die alten wohlbekannten Typen unverändert wieder auftraten; – aber – und Spitzweg hat unvergänglich Komisches hier beigesteuert – : sämtlich mit Turbanen versehen!

Und beturbant erscheinen sie alle auf den 2.000 Seiten von May's ‹Silbernem Löwen› : die beiden Frauen, seine Verleger, Gegner und Freunde, alle in Burnus und Haik. Das ist ja immer die erste und verzeihlich=leichteste Art einer Verschlüsselung : der eigene Lebenslauf bietet sich zur Deutung dar. Kindlich ergötzt und boshaft erfindet er Decknamen (zum Teil entzückend in ihrer Bildhaftigkeit!); sich selbst kann man auch ungeniert rühmen – gleich *zweimal* bringt er sich an : Karl May als Kara Ben Nemsi besucht Karl May, den ‹Ustad›; und die Feinde werden nach alter guter Dante=Sitte in *die* Höllentöpfe gesteckt, die am dichtesten beim Feuer stehen.

Soweit wäre es jedoch immer nur erst Mystifikation, nicht Mystik – aber er geht wesentlich weiter; die Fabel ist, ganz kurz, die folgende : in Südpersien liegt, umrahmt von hohen Bergen, das Tal der Dschamikun (der Leser Karl Mays), wo er als Ustad, als Meister, herrscht. Ihm unterstellt der eigentliche Scheik des Völkchens, der ‹Pädär›, der die Gedanken des Meisters sogleich ins Praktische umsetzt : das ist sein Verleger Fehsenfeld, aller Karl=May=Leser ‹Vater› – und man erinnere sich, daß z.B. auch Ernst Rowohlt sich von seinen Autoren gern ‹Väterchen› nennen hört : Vater=Father=Pater=Pädär : da haben wir's!

Hier, in Karl=Mayistan, erhebt sich, angelehnt an eine mächtige Bergwand, ein uralt=riesiges Bauwerk. Das unterste Stockwerk – wuchtig; düster; allem Folgenden Fundament – steht prähistorisch=entleert. Das nächste darüber mahnt an Altiranisches, an Parsismus. Über ihm, im wieder=nächsten, nur einige verstaubte Geräte noch : gesprungene Tafeln; ein Siebenarmiges. Ganz oben, scheinbar mitten im Ausbau erstarrt und unterbrochen, ein Gedränge zahlloser Türmchen und Küppelchen, Fialen und Campanile, lächerlich zerspalten : also ‹Alte Kirchen›, ‹Lehrgebäude›, in jedem konkreten wie abstrakten Sinne des Wortes; unerhört eindringlich; vom düsteren Heidentum, bis zur Sektenvielfalt der Christianer.

Aber der ‹Meister› hat Feinde ringsum : zu den ‹frommen Lichtern› haben sich, Karl May zu vernichten, die ‹gottlosen Schatten› gesellt; ein Geheimbund, weit verbreitet über alle Lande; unterirdisch minierende Gesellen, die sich an Worten erkennen; an Ringen; an Heimlichkeiten mancher Art. Ihre persischen Namen bedeuten, übersetzt, etwa : Demokraten; Freimaurer; Atheisten. Und an ihrer Spitze steht hoch und finster er, der Oberste aller ‹Schatten›, *der* Feind par excellence, Ahriman Mirza, Prinz Teufel! – Darf ich vorstellen? :

Hochgewachsen ist er, aber schlank und finster, Schönheit Lokis; seine Stimme der feinsten Abtönung, der unwiderstehlichsten Überredung fähig. Immer wippt ihm in der Hand die Peitsche à la »Gehst Du zum

Weibe« : und schon bummelt sie neben ihm einher, die ‹Gül-i-Schiras›, ganz Ponyfrisur und Sinnlichkeit, nicht die unfeinste ‹Unter Töchtern der Wüste›. Der über und über mit Waffen behängte Kaiser der Schatten ist er, Ahriman Mirza, aus dem Land Zarathustras : ist es nicht gespenstisch, an solcher, bisher verachteter Stelle IHM zu begegnen, dem ‹Wanderer und seinem Schatten› Friedrich Nietzsche ? Der, am Ende vorschriftsmäßig wahnsinnig geworden, neben einem Pferde zusammenbricht ? : unerwartet ist es, unheimlich=amüsant, wie wenn man unter der Serviette eine Fliegende Untertasse fände !

Und noch eines unterscheidet den ‹Silberlöwen› von der Wasserflut der früheren Bände : mitten im Prosatext – zuerst liest man darüber hinweg – erscheinen *Jamben*; bilden Reihen; Ketten von Blankversen fliegen auf; bis es am Ende ganze Seiten fünffüßiger Jamben werden, im gewollt=geheimnisvollen Halbsingsang des orientalischen Märchenerzählers, absichtlich primitiv die Cäsur meist am Ende der Zeile – ein verblüffender, völlig unerwarteter Überschuß an Formgefühl wird frei, wenn es etwa vom Dichter heißt :

»Das war das Roß der Himmelsphantasie, / der treue Rappe mit der Funkenmähne, / der keinen andern Menschen trug, als seinen Herrn, / den nach der fernen Heimat suchenden. / Sobald sich dieser in den Sattel schwang, / gab es für beide nur vereinten Willen. / Die Hufe warfen Zeit und Raum zurück; / der dunkle Schweif strich die Vergangenheiten. / Des Laufes Eile hob den Pfad nach oben. / Dem harten Felsen gleich ward Wolke, Dunst und Nebel, / und durch den Äther donnerte das Rennen / hinauf, hinauf ins klare Sternenland. / Dort flog die Mähne durch Kometenbahnen, / und jedes Haar klang knisternd nach der Kraft, / die von den höchsten aller Sonnen stammt / und drum auch nur dem höchsten Können dient. / Und taten sich die Tore wieder auf, / die niederwärts zur Erdenstunde führen, / so tranken Roß und Reiter von dem Bronnen, / der aus der Tiefe jenes Lebens quillt, / und kehrten dann im Schein der Sterne wieder. / Der Reiter hüllte leicht sich in den Silbermantel, / den ihm der Mond um Brust und Schultern warf, / und seiner Locken Reichtum wehte ihm vom Haupte. / Des Rosses düstre Mähne aber wehte, / im Winde flatternd wie zerfetzte Strophen, / schwarz auf des Mantels dämmerlichten Grund. / Und jene wunderbare Kraft von oben, / die aus den höchsten aller Sonnen stammt, / sprang in gedankenreichen Funkenschwärmen / vom wallenden Behang des Wunderpferdes, / hell leuchtend, auf des Dichters Locken über, / und knisterte versprühend in das All.«

Vor allem nicht anspruchsvoll als Gedicht deklariert, nein, bescheiden=selbstverständlich mitten im Text. Leider verbietet die Kargheit des

Raumes, mehr zu geben; stärker zu beweisen; aber die beiden letzten Bände des ‹Silbernen Löwen› sind schon eine Autobiografie einziger Art!

* * *

Und er bleibt bei solcher – mit einigem bösen Willen noch als ‹Botanische Kuriosität› anzusprechender – Probe seiner Spätkunst nicht stehen. Annähernd dem ‹Pilgrim's Progress› des Bunyan vergleichbar, erzählt er auf 1.200 Seiten die mystische Großfabel von Ardistan (= Erde; Irdenes) und Dschinnistan (= Hochland; Geisterwelt).

In einem pränatalen Zustand beginnt der (1908 entstandene, 1910 erstmalig in Buchform erschienene) Bericht; vor ihrer irdischen Existenz flüstern Seelen mit Seelen: der Held, nunmehr unverkennbar als ‹Schutzengel› angelegt, wird im Schiff ‹Wilâhde› (= Die Geburt) nach Ardistan entsandt. Dort befreit er ein ‹Kind Gottes›, den ‹Schirbani›, aus dem Stachelkäfig der Feindschaft und des Aberglaubens; aus heulend umkreisenden Geschlechtlichkeiten (symbolisiert in den bärenstarken Hunden, ‹Er› und ‹Sie›; die aber durch Kreuzung mit himmlischen Rassen zu ‹Bruder› und ‹Schwester› veredelt werden können – also ganz im Sinne des späten Tolstoi der ‹Kreutzersonate›). Durch mohammedanisch=feindliche Reitervölker, durch lamaistische Städte, wird der Erdengast geleitet, hinauf nach Dschinnistan, zu Gott: der erscheint persönlichst als liebevoller Vater, der den zurückgekehrten Sohn in die Arme schließt! (Für Feinde allerdings auch der ‹Emir›, ganz ‹Herr der Heerscharen›, an der Spitze blaugeschildeter Panzerreiter).

Und während bei dem Engländer alles doch recht puritanisch hölzern bleibt, wuchert May in blühend nackter Mystik, bei der man die Kühnheit und Anmut des Fortschreitens von einer Bilder= und Gedankenreihe zur anderen, ohne sich etwas zu vergeben, voll bewundern kann. Bedeutende Vorteile über den beschränkten Briten verschafft er sich zudem dadurch, daß er, sehr geschickt, eine historische und religionsphilosofische Entwicklung mit einer subjektiv=seelischen koppelt. Und zwar in weit vielfältigerem, farbigerem und künstlerisch konkurrenzfähigerem Sinne, als es vom bloßen Christentum her möglich wäre: der Nomade und Manichäer – denn das beides ist May letzten Endes! – hat sein angemessenes künstlerisches Ausdrucksmittel gefunden. Wie ergreifend und ewig=modern wird da etwa die Friedenssehnsucht der Menschen als Schrei nach Wasser verbildlicht, in den Gestalten der Brunnenengel, umheult=vergessen von kriegerischen wiederaufrüstenden Wildvölkern; auf den versandenden Sockeln nur die Spuren von Vogelfüßen; dennoch Treffpunkt aller, die überleben wollen.

Jedenfalls ist dieses Zwölfhundertseitenbuch von ‹Ardistan und Dschinnistan› nicht nur, wie May vor allem wollte (und man beachte die Naivität des Greises) »zur Lektüre für den Kaiser; für einflußreiche Menschen« gedacht – für die wohl am allerwenigsten! – sondern der, auch uns Außenstehenden geheimnisvoll=zugängliche Beleg, für das Vorhandensein einer eigenartigen geschlossenen Gedankenwelt; eines Binnenreiches, sehr wohl vergleichbar dem ‹Orplid› Mörikes, oder der ‹Gondal=World› der Brontë's: ich weiß, was ich sage:

In seiner vierten Periode war Karl May der bisher letzte deutschsprachige Großmystiker!

* * *

Aber – ich rate gut! – man beschränke sich als *älterer* Leser auf die erwähnten vier Bände: ‹Im Reiche des silbernen Löwen›, Band III und IV, dazu ‹Ardistan und Dschinnistan›, Band I und II. Und leider muß ich, der Nachlebende, der das Werk eines Älteren zu schirmen verpflichtet ist, noch dieses hinzusetzen:

Mag nach neueren Meldungen Arnold Bronnen in der DDR erwägen, die Bände von Mays ersten Epochen zu servieren, wie er will, à la ‹Arbeiterdichter› oder ‹volksdemokratischer Weberssohn› – es ist recht mißlich, sich deshalb bei uns zu mokieren. Denn auch im Westen sind nachweislich, und eben an den erwähnten Hauptwerken, bedauerliche Veränderungen vorgenommen worden. In den zur Zeit noch im Handel erhältlichen Neubearbeitungen wurden an zahlreichen Stellen die Jamben verstümmelt; sämtliche Fremdworte – und vielfach unbegreiflich falsch! – übersetzt; zur Entschlüsselung unerläßliche Einzelheiten sind verändert oder gar gestrichen; wobei denn viel von dem, was May an wirklich Bedeutendem gegeben hat, verwischt erscheint.

Wenn May an verwickelten Traumtüren eine »dunkle *Schattenhaftigkeit* sich tief verneigen« ließ – dann wurde aus dem so glücklich geprägten, larvenhaft=vielgliedrigen, grotesk auf ‹i› geknickten Wort in Zehntausend Bänden ein abgesägt=nichtssagender »Schatten«! Wenn früher ein Pferd »Lancaden« machte, so sind das neuerdings »Bewegungen« (anstatt zumindest doch »Bogensprünge«); aus »Konti«, im vorliegenden Fall eindeutig »Schuldbücher«, macht der Bearbeiter platte »Hefte«. Wenn Einer zwölfmal auf den Gong schlug – gleich zweimal sechsmal; entsprechend den ‹sechs heiligen Silben› im Lamaismus: Om mani padme hum – und es früher korrekt *zwölfmal* von der Waldkulisse am Fluß her antwortete; dann weiß die 1955er Ausgabe, daß *»ein hundertfaches Echo«* erweckt wurde. Ganze Seiten des alten Originals, manchmal 5 hintereinander, sind weggelassen; z.B. in ‹Ardistan und Dschinnistan› die gar nicht salzlose und recht aktuelle Satire auf das Militär.

Im Augenblick ist die Situation jedenfalls so : für die Jugend mögen die vorliegenden redigierten Bände ausreichen; für den älteren ernsthaften Leser oder gar Forscher sind sie nur unvollkommen brauchbar; stilkritische Untersuchungen sind unmöglich geworden. Wer den Dichter Karl May wahrhaft würdigen lernen will, dem empfehle ich, auf die Vorkriegsausgaben zurückzugreifen. Zur Freude aller Kenner hat jedoch der Karl May Verlag, Bamberg, endlich textkritische Ausgaben sowohl des ‹Silberlöwen› als auch von ‹Ardistan und Dschinnistan› angekündigt : sobald sie vorliegen, wird die deutsche Hochliteratur um 2 merkwürdige Bücher reicher sein !

LITERATUR : TRADITION ODER EXPERIMENT ?

Das Urbild aller Literatur ? : ergibt sich organisch aus dem Wesen der Sprache als Mittel der ‹Mitteilung›. Der Neanderthaler, der irgendeinem Chefpithekanthropus etwas meldet; der Hordenclown, der abends am Lagerfeuer witzig die Tagesereignisse durchhechelt – vornehmer formuliert : der Erzähler im lauschenden Hörerkreis – *das* ist der Beginn aller Literatur; nenne sie sich nun (nur nach Umfang verschieden) Anekdote, Märchen, Novelle, Erzählung, Roman.

Der Erste, der herausfand, daß das *Gespräch* mit einem Partner, die Diskussion in Spruch und Widerspruch, eigentlich eine ganz neue Literaturform – die des Dialoges – sei, wich ab von der Tradition, und wurde Experimentator. Es ist nämlich gar nicht so leicht, bewußt *die* Themenkreise zu erkennen, die sich damit optimal ‹erledigen› lassen; z.B. – aus dem simplen Klatsch über den Nachbarn erwachsend – die ideale Biografie ! Und nicht minder schwer ist es, sich dergestalt in 2 oder mehrere, farbig=verschiedengeartete Persönlichkeiten zu zerlegen, daß ein wirklich überzeugendes ‹natürliches› Gespräch herauskommt : *lange* muß man in Versuchsreihen die Hand üben, ehe dergleichen gelingt !

Mit vorschreitender Entwicklung der menschlichen Gesellschaft, die sich in Ortschaften auseinandersiedelte, entstand das Bedürfnis der Kommunikation zwischen – nehmen wir an – 2 Geschwistern, die Heirat oder sonst ein Schicksal in verschiedene Städte verschlagen hatte. Die Kunst des Schreibens vorausgesetzt, fehlte nur noch ein Reiter, der die Nachricht vom Tod der gemeinsamen Mutter, oder sonst einen ‹Brief›, mitnahm : der Erste, der erkannte, daß der ‹Briefroman› die ideale, ‹organische› Form ist, um 2 (bzw. mehrere) *räumlich* von einander getrennte, *zeitlich* gleichzeitige Erlebnisbereiche miteinander zu verbinden, war ein Experimentator ! Und ich möchte ausdrücklich darauf hinweisen, *was* hier alles falsch gemacht werden kann ! : der Goethe'sche ‹Werther›, so bewundernswert er immer sein mag, führt die Briefform, die immer wiederauftauchende Anrede an den ‹geliebten Freund›, *völlig unnützlich* ! Man hört nämlich diesen fernen Partner überhaupt nicht; er bleibt der Schatten eines Traums : dergleichen aber ist wider den Geist eines ‹Briefromans› ! Ist eine Schachpartie, von der wir nur die weißen Züge kennen – oder die schwarzen, wie man will. Wenn man einen vollkommenen Briefroman lesen will – *den* vollkommensten der Weltliteratur überhaupt – so greife man zu Wielands ‹Aristipp›; einem Modellfall literarischer Formung, dem selbst schreibenden Praktiker zur Schulung unerläßlich.

Man sieht: was zuerst Experiment war, wird, sobald seine Brauchbarkeit erkannt ist, von selbst nachahmbare, fortsetzbare Tradition: der Experimentator zerstört nämlich mit nichten die Tradition, sondern erweitert sie nach vorn!

Hier stehen wir einer, auch anderweitig gültigen, fundamentalen Tatsache gegenüber. Es gibt – die Unterscheidung ist seit langem allerseits anerkannt und genehmigt – etwa ‹reine› Mathematik, und ‹angewandte› Mathematik. Der ‹Angewandte› baut Brücken, konstruiert die Tropfenformen der Auto= und Flugzeugmodelle; ist der ‹praktische› ‹Techniker›. Der ‹reine› Mathematiker untersucht in der Stille seines Arbeitszimmers ‹Formeln›; erfindet neue ‹konforme Abbildungen› für den Kartenzeichner: nach denen dieser, der zeitlich nachfolgende ‹Angewandte›, einmal arbeiten wird.

Auf die Literatur übertragen heißt das: der Schriftsteller, der ‹Lehrer›, bildet (und amüsiert) das Lesepublikum, gut und recht! *Wer aber bildet den Lehrer?!* Hier liegt der eigentliche Unterschied zwischen ‹Tradition und Experiment›; etwa parallel dem vorhin erwähnten, zwischen dem ‹reinen› Mathematiker und dem ‹angewandten›.

Wohlgemerkt: mit dieser Definition ist keinerlei Werturteil zu verbinden!

Der vom Schicksal Begünstigte freilich ist der geniale ‹Angewandte›; der, der erkennt, was wirklich brauchbar ist; fruchtbringend, zu neuen Formen der Mitteilbarkeit geeignet – und der die alte oder neue Form dann erfüllt mit feurig=zeitgemäßem Inhalt, mit originellen suggestiven Wortkonzentraten. Unschätzbar ist er! Er hat die Breiten= und Tiefenwirkung; er fasziniert nach oben wie nach unten; er wird der Grand Old Man, der ganze Lesergenerationen formt. Der Sprachgut sichert und weitergibt; alte und neue Formen mit hohem Geschmack handhabt; und vollkommene Exempel zu liefern imstande ist. Gut.

Aber: er ist der – und sei es noch so geniale – Vertreter der ‹Tradition›. Der die Menschheit anfaßt und unnachahmlich rührt; der die große Orgel spielt (die allerdings ein Anderer baute und stimmte); der die Nobelpreise erhält: der, der *erntet*!

Aber vergessen wir nie die ‹Reinen›! Die Experimentatoren; die sich, fanatisch und ‹ver=rückt› ihre Ein=Mann=Pfade in den Dschungel aus Wirklichkeit und Worten hauen, mit der schartigen Machete unseres unzulänglichen Intellekts. Und selbst wenn sich herausstellen sollte, daß in ihrer

Richtung nur ein Sumpf liegt : auch dann war der Weg nicht umsonst; weiß man also, daß dort nichts zu holen ist : Bueno ! Die schreiben allerdings nicht ‹für Leser›, die ‹Reinen› – und das drückt wiederum keinerlei Verachtung aus ! Es sind im unglücklichen Falle – um im Bilde zu bleiben – ‹Verirrte› in den Bayous der Sprache; im glücklichen Falle ‹Experimentatoren› : von ihnen profitieren dann die besonneneren nachfolgenden ‹Angewandten› – es dauert manchmal beschämend lange, ehe einer folgt !

Vielleicht wundert sich Mancher, daß ich gar nicht von Experimenten im Gebiet der Sprache selbst rede; aber hier liegt nie die Schwierigkeit eines auch nur einigermaßen bedeutenden Dichters : das versteht sich von selbst, daß man neue Metaphern erfindet, oder auf Rhythmus und Vokalharmonie achtet. Und was der Expressionismus machte, hat ebenso Aristophanes geübt, der unvergleichliche Fischart, oder der ganz junge und der ganz alte Goethe. Hier sind durch das einzige kleine Wörtchen ‹Verständlichkeit› dem Experiment so enge Grenzen gezogen, daß es praktisch entfällt. Die Schwierigkeit liegt nicht in der Sammlung des schimmernden Kleinmaterials; sondern in der konstruktiven Großform, von der ich einleitend sprach.

Sie werden, mit Recht, fragen : ob denn neue literarische Großformen, denen des ‹Dialogs› oder ‹Briefromans› vergleichbar, überhaupt noch möglich seien ?!

Da gibt es noch viele !

Vielleicht haben Sie bemerkt, daß es sich in den voraufgegangenen Beispielen lediglich um solche handelte, die aus äußeren, gesellschaftlich bedingten Umständen entstanden. Praktisch unerforscht, auch unerprobt, sind auch heute noch die der ‹Inneren Ereignisse›. Ein Versuch wurde früh schon gemacht im ‹Tagebuch›; einem (gemäßigten) Sonderfall des ‹Inneren Monologes›. Aber es ist eine verhängnisvolle Trägheit mancher Dichter, bei diesen ‹klassischen› Bauweisen stehen zu bleiben. Besonders nötig wäre es, endlich einmal zu immer vorhandenen Bewußtseinsvorgängen die entsprechenden Abbildungsformen zu entwickeln; etwa dem Jedem geläufigen Prozeß des ‹Sich=Erinnerns›. Man ‹erinnere› sich eines beliebigen Erlebniskomplexes; sei es ‹Volksschule› oder ‹Alte Sommerreise› – jedesmal erscheinen (bitte, drücken Sie die Augen recht zu : schon stehen Sie im glitzernden Bach, hinten huscht grünes Kleinzeug) vereinzelte sehr helle Bilder, ‹snapshots›; um die herum sich dann, im weiteren, mehr bewußten, Verlauf der ‹Erinnerung› ergänzend erläuternde Kleinbruchstücke stellen, als ‹kommentierender Text› zu der Initialzündung des ersten auslösenden Bildes : ein solches Gemisch von ‹Foto= und Text=Einheiten› ist schließlich das Endergebnis jedes Erinnerungsversuches. Dieser

Vorgang, vom Dichter jetzt systematisch nachgeahmt, könnte dem Leser vermutlich das Gefühl eigener Erinnerung an eine Erlebnisreihe suggestiver erzeugen, als die übliche ruhige Darstellung im Imperfekt. (Selbstverständlich hat der Autor, um überhaupt verständlich zu werden – um dem Leser das Nacherlebnis, die Identifikation, zu erleichtern – aus diesem persönlich=gemütlichen Halbchaos eine klare gegliederte Kette zu bilden).

Eine weitere ‹neue Form› ergibt sich aus folgender Überlegung : man rufe sich am Abend den eben vergangenen Tag ins Gedächtnis zurück : hat man das Gefühl eines ‹epischen Flusses› der Ereignisse ? Eines Kontinuums überhaupt ? Was fällt uns denn dabei ein ? : doch nur einzelne Hellbilder, die sich uns aus irgend einem Grunde – manchmal einem unbewußt=läppischen – einprägten. Es gibt diesen ‹epischen Fluß› überhaupt nicht; Jeder vergleiche sein eigenes beschädigtes Tagesmosaik; die Ereignisse unseres Lebens springen vielmehr ! Auf dem Bindfaden der Bedeutungslosigkeit, der allgegenwärtigen Langenweile, ist die Perlenkette kleiner Erlebniseinheiten aufgereiht, innerer und äußerer. Von Mitternacht zu Mitternacht ist gar nicht ‹1 Tag›, sondern 1440 Minuten : und von diesen sind wiederum nur 50 belangvoll !

Aus dieser gnädigen Unzulänglichkeit unseres Gedächtnisses – eine der uns anhaftenden Eigentümlichkeiten unserer Gehirnstruktur; also durchaus etwas Organisches und gar nichts ‹Künstliches› ! – aus dieser porösen Struktur unserer Gegenwartsempfindung, ergibt sich ein ‹löcheriges Dasein›, ein dehydriertes. Und der Sinn einer, das präzise wiedergebenden Form wäre also : an die Stelle der früher beliebten Fiktion der ‹fortlaufenden Handlung› ein, der menschlichen Erlebnisweise gerechter werdendes, zwar magereres, oder, besser : trainierteres Dichtungsgefüge zu setzen.

Die Reihe der zu bewältigenden Aufgaben ist damit keineswegs zu Ende. Weitere Bewußtseinsvorgänge, wie etwa der ‹Traum›, oder das – gerade jedem jungen Menschen intim bekannte – ‹Längere Gedankenspiel› sind durch gültige Bauweisen zu ‹erledigen›.

Noch sind wir weit davon entfernt, für jedes äußere oder innere Erlebnis eine konforme Abbildung durch Worte zu besitzen. Aber wehe der Literatur, wo nicht beides nebeneinander herläuft : das *Experiment* des Unglücklich=Einzelnen; ebenso wie die Fülle der *Tradition !*

WAS BEDEUTET ‹KONFORMISMUS› IN DER LITERATUR HEUTE?

Es ist nicht *nur* Lust an der Bosheit, sondern vor allem an Hintergründigkeit, wenn ich eingangs die Definition eines ‹Conformers› nach der unschätzbaren Encyclopaedia Britannica gebe: hiernach ist es Einer, der auf die Uniformitätsakte von 1562 schwor, durch welche zumal die Liturgie der anglikanischen Hochkirche verbindlich geregelt wird – während ‹Non=Conformisten› ganz simpel Alle *nicht* zur Staatskirche Gehörigen sind.

Schon in dieser alten Begriffserklärung also taucht der Ausdruck ‹Uniformität› auf; und in diesem Sinne wird ‹Konformismus› heute wohl auch meistens gebraucht. Fast immer betrübt=tadelnd – wobei oft feine Kapitel zur Sprache kommen, wie ‹Vermassung› oder ‹Mangel an Frische› – und am Schluß der Aussprache erhebt sich dann wohl der Diskussionsleiter, und stellt fest, daß sämtliche Anwesende, hinsichtlich der nachdenklichen Aspekte solcher Geisteshaltung, völlig ‹konform gingen›.

(In der Mathematik gibt es noch ‹konforme Abbildungen›; ein *sehr* interessantes Gebiet; aber viel zu tiefsinnig und kompliziert, auch zu fortschrittlich, um es in dem vorliegenden Zusammenhange auch nur zu streifen!).

Es ist aber nicht nur ein böses Fehlgreifen in der Definition, sondern sogar ein verhängnisvolles Verkennen des fundamentalen Unterschiedes zwischen ‹Uniformität› und ‹Konformismus› in der Literatur, wenn man beide Worte als beliebig austauschbar behandelt.

‹Uniformität› wird befohlen! Auf einen von höchster (also staatlicher) Ebene emanierten Befehl hin, legen sämtliche armen Luder von Schriftstellern synchron das gleiche, betrüblich grau=grüne Tarnkleid an (Unterschiede ergeben bestenfalls die Kragenspiegel; je nach Größe der zum Kommandieren geeigneteren Schnauze gefärbt). Und Alle, das ‹sacrificio dell'intelletto› bringend, schreiben prompt den gewünschten Aufsatz über ‹4 Jungen, 1 Mädchen, und 5 Traktoren› – : ich spiele auf die Ostblockstaaten an, selbstverständlich.

Aber im ‹Freien Westen›, oh meine Brüder, : da gibt es ‹Konformismus›! Und wenn die ‹Uniformität› *äußerlich und befohlen* ist; so ist der ‹Konformismus› *innerlich und freiwillig*! Man ist *überzeugt,* daß die von Gott gesetzte Obrigkeit nicht unrecht haben *kann*; man *empfindet* sie gar nicht mehr, die von allen Regierungen erstrebte (und bei uns längst wieder erreichte) Einknopfbedienung der Literatur!

‹Frei› ist *der*, der *weder dem Osten noch dem Westen* durch Glaubensbekenntnis oder Verträge verpflichtet ist (ein ‹Vertrag› : das ist ja schon eine Einschränkung der Freiheit!). Frei ist *der,* den mindestens einmal am Tage die Empfindung überkommt, daß man das Leben des Schriftstellers, links wie rechts der Zonengrenze, zu einem Slalom zwischen Paragraphen gemacht hat: und der daraufhin um sich zu fluchen und zu schlagen beginnt: der ist frei!

Und die Wahl zwischen Uniformität und Konformismus ist relativ einfach. ‹Uniform› ? : das ist etwas *Äußerliches*, etwas, das man ablegen kann – und dann steht wieder der Mensch da, nackt und ‹frei›, wie ihn der Geist will. (Und wie man Uniformen im Osten ablegt, zeigen ja mühelos die diversen – bei uns ‹undenkbaren› – ‹Aufstände› !). ‹Uniformität› ? : das ist die Kinderkrankheit der jungen prallen Völker des Ostens. Und gerade wir waren mehrfach Zeugen – und werden es noch sein! – wie sich da Aufsässigkeit durch übertriebenes militärisches ‹Anhauchen› übertragen läßt, schlimmer als Grippe oder Tuberkulose! : *Für Uniformierte ist noch Hoffnung!*

Aber ‹Konformismus› ? : das ist die *selbstgewollte* Uniformität in der Restauration! Die *freiwillige* Angleichung westlich=erschöpfter, alternder, Individuen an klapperbeinig=Überlebtes (‹von 1562› hieß es spöttisch=einleitend!).

Das Ergebnis ist freilich dasselbe: gleich 6 (gemäß den altmodischen Schulzensuren, die, absteigend, von 1 bis 6 unterschieden); aber 6 kann ebensogut 3 plus 3 sein; als auch 5 plus 1! –

‹Gleichschaltung› ? : ‹Uniformität› ? : gewiß; jeder Blick in Richtung Ssemipalatinsk bestätigt es.

Aber ‹Konformismus› ? : Si monumentum quaeris, circumspice!!

REIM' DICH, ODER ICH FRESS' DICH !

In Fritz Reuters schönstem Werk – und was könnte es anders sein, als der Kurzroman von ‹Dörchläuchting› ? – erscheint mehrfach der Herr Advokat Kägebein, der ‹auch dichtet›; und im Kreise guter Freunde hebt er wohl ein zierlich beschriebenes Blättchen vor die Augen, und liest aus ‹Eigenen Werken› also :

»Einst ging 'ne Henn' mit mütterlichen Sorgen
für sich und ihre jungen Küchen
sich Maden und Gewürm zu süchen ....«

oder vom Helden, der

»... entzückt an seiner Trine Busen,
Laß mich, spricht, in dieser Gegend drusen.« –

Bei solchen Beispielen von »Küchen / süchen«, begreift man natürlich leicht, warum Arno Holz beim Reim grundsätzlich vom »inneren Leierkasten« sprach. Und er stand mit solch hartem Urteil nichts weniger als allein : in Klopstocks unvergleichlich graziösen (und völlig unbekannt=vergessenen) ‹Grammatischen Gesprächen› erhebt sich plötzlich, mitten in einer tiefsinnigen Erörterung über griechische Versmaße, ‹draußen vor der Tür› ein Gelärm : »Der Reim will herein; und sie wollen es ihm nicht zulassen !«. Natürlich dringt er dennoch ein, und schlägt polternd seine Räder mit »Fini=Crini=Bini / Omba=Tromba=Bomba / sound=round=drowned !« – worauf die sich fruchtbar unterredenden alten Rhythmen mit erhobenen Augenbrauen, vornehm=angewidert, zurücktreten. Denn auch Klopstock war der Ansicht, die ihren erschöpfendsten Ausdruck in des alten Butler prachtvollem, alle falschen Ideale niederknüppelnden ‹Hudibras› findet :

»But those, that write in rhyme, still make
the one verse for the other's sake;
for one for sense, and one for rhyme ....«

Das nämlich ist die unangenehme, gedankenvergewaltigende Kraft der Lyrik, daß der frei=logische Gedanke sich irgendwie dem einmal verrucht=vorhandenen Reim anbequemen muß !

Wie wundervoll seufzt es nicht : »Nur wer die Sehnsucht kennt, weiß, was ich leide ! « und unmittelbar daneben steht dann aufs Bestürzendste die hinzugereimte Plattheit : »Es schaudert mir, es brennt mein Eingeweide« ! Ein Reim, allenfalls einem Metzger verzeihlich; aber in Verbindung mit dem Vorhergegangenen einfach unerträglich; ob es von Goethe ist, oder nicht ! (Und wie wundervoll einheitlich liest sich dagegen der ‹Schwager Kronos›, oder die ‹Harzreise im Winter›; vom kaskadenhaft murmelnden ‹Gesang der Geister über den Wassern› noch ganz zu schweigen !).

Wie prachtvoll klingt – auch heute noch ! – Schillers ‹Schlacht›; im Vergleich zu dem, wie eine Parodie von Wilhelm Busch anmutenden, ‹Handschuh› !

Durch Eichendorff werden wir mit einem altdeutschen Recken bekannt : »Siegfried der Scharfe« – und unwillkürlich fallen einem »Texas=Bill« ein, und »Alaska=Jim« – und das nur, damit es sich hinten dann astrein auf ‹Harfe› reimt !

Und wir können die Zeiten durchmessen, wie wir wollen : da hat Wolfgang Weyrauch ein ausgezeichnetes Gedicht geschrieben :

»Gesang, daß Wasserzeichen / nicht schwemmen in die Stadt. « (wunderbar ! diese schimmelreitermäßige, deichhafte Verwahrung !)

»Daß keine Haie laichen, / jenseits von Meer und Watt. « (auch das hart und überzeugend, gewiß !) Aber wer lange Jahre gelebt und gelesen hat, kratzt sich sogleich mißmutig hinterm Ohr : »Haie laichen« ? : woll'n wir doch vorsichtshalber mal im Großen Brehm nachsehen ! Und dort finden wir dann unseren Verdacht bestätigt : Haie »laichen« *niemals*; sondern legen bestenfalls einzelne, sehr große, Eier (wenn sie nicht gar lebendige Junge gebären !).

Karl Krolow spricht in einem schönen Gedicht von »Felderschwärze« – das ist gut beobachtet, und kommt vor; aber sogleich ernüchtert dahinter das »wippen Vogelsterze« – na ja.

Und dergleichen Entgleisungen sind nicht etwa nur auf Deutschland und die Neuzeit beschränkt ! Jeder kennt die Geschichte der beiden großen Liebenden, Tristan und Isolde : bereits um 1300 reimte man »valde« (= faltete) unbeschwert auf »Isalde«; und ebenso mittelhochdeutsch »nôt« auf »Isôt« : reim Dich, oder ich freß Dich !

Am 3. 1. 1718 wünschte Brockes einem Kollegen dieses zur Hochzeit : »Der Sommer zeugt nicht so viel *Fliegen*, / der Winter so viel Flocken Schnee, / als wir in so gewünschter Eh' / Euch Anmuth wünschen und Vergnügen« – wobei also der widerlich=lästige Begriff einer Fliegenplage gekoppelt wird mit dem, ehelicher Belustigungen : um des lieben Reimes willen !

Wird einem der gedankenzwingende Reim lieber, wenn man erfährt, daß Chamisso – freilich, er war nur Halbdeutscher ! – für seine Terzinen (wo stets drei Gleichklänge aufeinander folgen müssen) grundsätzlich ein ‹Reimlexikon› verwendete ? : was muß da nicht dem Gedanken für Notzucht angetan worden sein ! Dabei ist der Reim ursprünglich wohl weiter nichts – ich folge der Definition, die der sehr große Edgar Poe vor über 100 Jahren gegeben hat – als, *in einer noch schriftlosen Zeit*, ein mnemotechnisches Mittel; und zudem eines, das dem Hörer (*nicht* Leser !) die einzelnen Zeilen, die (im naiven Sinne, die Zäsur halbsingsanghaft am Ende) je einen Gedanken brachten, das Verständnis ungemein erleichterte.

Wenn sich der Reim also ungezwungen ‹einstellt› : gut; mag er passieren ! Ansonsten gilt der umgekehrte Beweis : die besten Gedichte eines Goethe, Klopstock, Hölderlin – sind nichts, als sehr gute Prosa; anders, in Zeilen, angeordnet.

WÜSTENKÖNIG IST DER LÖWE.

Ich will hier nicht gegen die orientalisierenden Bramarbasse losziehen, die ums Ende des vergangenen Jahrhunderts in der Literatur bedeutendes Aufsehen erregten – nichts gegen Freiligrath und seine Staffage aus Mohrenkönigen und toll gewordenen Giraffen; nichts gegen Sudermanns Großwildjäger, seinerzeit durchaus vollbärtig=ernst gemeint, und heute so wonnig komisch zu lesen, daß man ihm schon deswegen gut sein muß, auch wenn er nicht noch die handfesten Tilsiter Geschichten geschrieben hätte. Und ich will ebensowenig über den ‹Großen Brehm› plaudern; oder den ‹Krüger=Park› der Südafrikanischen Union, wo man nach Belieben mit Pavianen, Grant=Gazellen oder Flußpferden zusammen frühstücken kann : das hat alles der Kulturfilm viel geschickter und farbiger erledigt, als eine Schreibmaschine das auf einem zweidimensionalen Din=A=4=Blatt vermag.

Aber es bleibt immer interessant aufzuzählen, was einem bei diesem speziellen Silbenfall ‹L–ö–w–e› so alles einfallen kann ! Von Asbach=Flaschen lacht er einen an. Der ‹Löwe der Gesellschaft›, Dandy Brummell, schlendert herbei. Theodor Däubler, dem die Araberkinder in Kairo schreiend nachliefen mit »Simba !« : und das heißt ebenfalls ‹Löwe›; denn der Zweizentnermann mit dem buschigen Brüllhaupt erschien den unverdorbenen Naturkindern als Anthropomorphisierung ihres Heldentiers.

Und das ist das Stichwort für eine neue Gedankenreihe; denn mir fiel all dies ein, als ich neulich ein mächtiges ‹Wappenbuch› betrachtete. Nicht nur die von Adelsfamilien waren darin – relativ harmlose Symbole und Geräte – ; sondern vor allem die farbenprächtigen Schilder der Staaten (Nietzsche, Zarathustra, ‹Vom neuen Götzen› !).

Und mich betrübte, wie wir da, Tag für Tag, an wappengeschmückten ‹Behörden› aller Art vorbeitraben. An ‹Öffentlichen Gebäuden›. Briefe ‹dienstlichen Inhalts› empfangen. Eidesstattliche Erklärungen abgeben; Anträge ausfüllen; Stempelungen erleiden; Urkunden aufbewahren; D=Markstücke hinreichen : immer atmen wir Wappenluft ! Und es ist fürchterlich bezeichnend, was wir uns da als Siegel aller Art aufpressen lassen – unbewußt, gewiß; wir sind auch in dieser Hinsicht abgestumpft und gefühllos geworden ! Bei Betrachtung der gängigen Staatswappen stellen sich sogleich die merkwürdigsten Betrachtungen ein : wir leben inmitten von Raubtieren !

‹Adler› : die sind's ! Unsere Bundesrepublik. Die Vereinigten Staaten : in der Linken einen Lorbeer (für sich selbst); in der Rechten ein Blitzbündel (für die Andern; also wahrscheinlich Ferngelenktes). Aus dem alten österreichischen Wappen gaffte es gerupft. Das zaristische Rußland bedurfte gar eines Gegeiers mit *zwei* Köpfen (und nicht minder die gute Stadt Lübeck : Keiner werfe den ersten Stein !).

Wenn's nicht so bedenklich, raubritterhaft=gefährlich wäre, könnte man sich ja amüsieren über die unzähligen balancierenden ‹Löwen› : Holland, Norwegen, Belgien, Luxemburg (Liechtenstein zeigt zur Abwechslung wieder zwei Adler). Im Braunschweiger Wappen marschieren gleich *drei* von den Bestien. (‹Steige hoch, Du roter Adler !› : Brandenburg, Pommern, Westpreußen, Rheinprovinz, Schlesien). Bei Hessen=Nassau hat man die Wahl zwischen einem goldgelben Löwen und einem silbern und rot gestreiften, sowie einem Silberadler mit 4 (vier) Klauen – und man vergesse nie, daß dergleichen auf jeder gestempelten Geburtsurkunde prangt, jedem friedlichen Trauschein, jedem bürgerlichen Kaufkontrakt !

Man kann natürlich auch den unverbindlich=amüsierten Standpunkt des Briefmarkensammlers annehmen, und sich an den ‹Landschaften› von San Salvador ergetzen : da dampft ein energischer Vulkan über einem scharmanten Meer; links geht eine strahlenreiche Sonne auf; und zwölf Sterne bilden nach oben den abschließenden Bogen. Spazierengehen kann man in den reizenden Paysagen von Ecuador und Costarica; von Bolivien und Nicaragua ganz zu schweigen.

Wo aber findet man vernünftige, menschenwürdige Zeichen, d.h. solche, die einmal *nicht* aus der ‹guten alten Zeit› der Raubritterschaft herrühren ? Wo solche, die Bürger= und Bauernfleiß verherrlichen; die ewig=ehrwürdige Arbeit des ‹Dritten und Vierten Standes› ? (Und sie sind in Wahrheit der ‹Erste und Zweite Stand› !).

Da ist Hamburg : ein silberner Torturm in rotem Feld (= Trotz und Sicherheit seiner Bewohner : gut !). Bremen hat einen Schlüssel – zur Welt vermutlich; auch das sinnreich und Niemandem wehetuend. Baden führt in goldenem Feld einen roten Balken; bon, das ist wenigstens unanstößig (gleichviel, was sich die Heraldiker bei einem ‹Balken› denken), und kann für's Zimmermannshandwerk vereinnahmt werden. Wo aber sind die *Großstaaten,* die sich nicht mehr der unwiderstehlich=brutalen Raubtiere bedienen; die weder der Löwen noch Adler bedürfen, noch Einhörner oder anderer Fabeleien ?

Da ist einmal Sowjetrußland : ein Hammer und eine Sichel sind doch wohl unleugbar ehrwürdigere Symbole, als ‹Wilde Männer› oder rasende Tiere. Oder die schöne Harfe des Freistaates Irland : sollte das vielleicht das gelobte Land für Dichter und Sänger sein ? Schlagen wir getrost an unsre eigne Brust, und vergleichen wir die Wappen der beiden Staaten des geteilten Deutschland : im Osten Zirkel, Hammer, Ährenkranz; im Westen der uns zum Überdruß geläufige herbarienplatte Schwarzadler ! Wie wäre es, wenn wir uns endlich einmal ermannen würden, und beide vertauschen – aus ‹Prestigegründen› könnte ja bei einer eventuellen Wiedervereinigung keiner das Wappen des Anderen übernehmen ! – gegen, meinethalben, ein aufgeschlagenes Buch : ‹Land der Dichter und Denker›. Wäre das nicht würdiger als die ausrangierten Totschlägerzeichen aus den finsteren Epochen, wo ein Mann nur so viel wert war, wie sein rechter Bizeps ? !

Man werde sich doch endlich klar darüber, daß der es schwerer hat, ein friedlicher fleißiger Bürger zu werden, der von Kind auf gewöhnt wird – und sei es nur beim Aufkleben der Briefmarken – pausenlos das Gesäß eines Großraubtiers abzulecken. Aufgabe für den künftigen Bundestag also : Ändert unser Wappen ! Ins Menschliche; ins Bürgerliche.

DICHTUNG UND DIALEKT.

Jedermann kann es nach Belieben zur Hand nehmen, das Goethesche ‹Jahrmarktsfest zu Plundersweilern›, und das geläufig geradebrechte Deutsch=Italienisch des ‹Schattenspielmannes› schmunzelnd nachplappern. »Ach, wie sie alles dunkel! / Finsternis is, / war sie all wüst und leer, / hab sie all nicks auf dieser Erd gesehe: / Orgelum, orgeley, dudeldumdey!«. Da bietet ‹der Nürnberger› Spielzeug und Pfefferkuchen feil; der Bauer im Winter gebundene Besen; die Tirolerin ihre Bänder. Und schon singt und pfeift es neu=schrill dazwischen: »Ich komme schon durch manche Land: / avecque la marmotte.« Das wirbelt alles so reizvoll und wirklich jahrmarktsmäßig durcheinander, daß man sich an dem einfach=kunstvollen Stück nicht satt lesen kann.

Erst lange nach der Lektüre stellt sich wohl bei manchem ein klein=leises Bedenken ein: ja, ist denn das aber auch alles noch ‹Hochliteratur›, wo die Menschen so ‹natürlich› sprechen?

Womit eines der allerernsthaftesten Probleme der ganzen Literatur angerissen wäre!

Wir wollen einmal die ‹reine› Dialektdichtung, so gelungen sie auch sein mag, auf den ihr gebührenden Platz verweisen: die ist, wie ein – in diesem Falle guter – Geist, in ihren geographisch arg umschränkten Kreis gebannt! Was für absurde Schwierigkeiten hat z.B. nicht ein Süddeutscher, der Fritz Reuter in der Ursprache lesen will, um das bezauberndste seiner Stücke, ‹Dörchläuchting›, kennen zu lernen! Nicht umsonst hat man Reuter mehrfach ins Hochdeutsche ‹übersetzt› – wobei dann allerdings aus dem aufrecht=irdenen Mecklenbürger ein verwässerter Allgemeinschreiber vierten Ranges wurde. (Im umgekehrten Sinne gilt ein gleiches für Hebel, dessen ‹Alemannische Gedichte› ein Norddeutscher überhaupt nicht zu würdigen vermag). Die sich selbst beschränkende Dialektdichtung also, die nie allgemein=deutsche fruchtbare Hochdichtung werden kann, schalten wir aus unserer Betrachtung aus.

Die nächste Stufe ist die der Dichter hohen Ranges, die zuweilen ganze Stücke in ‹ihrem› Dialekt geschrieben haben. Und der Kenner weiß nichts erschütternd=brusttötenderes als Gerhart Hauptmanns schlesische ‹Weber›; oder, wenn wir 15 Längengrade weiter westlich springen, die hinreißenden Bauernlieder des Schotten Robert Burns – zu denen man allerdings sofort ein Spezialdictionary benötigt. Also auch das ist noch keine Lösung, wenn man als Außenstehender mit begierig trommelnden Fingern davor stehen muß : a treasure locked; ein unzugänglicher Schatz.

Der nächste Schritt aber bringt die entscheidende Befreiung : wenn wir Walter Scott zur Hand nehmen, und, im vorbereitend=hochländischen Milieu reckt sich plötzlich der Häuptling des ‹Clan› empor, und spricht im normalsprachigen Text ein paar stomachale Worte in Gälisch : »Pibroch of Donuil Dhu ! «. Dergleichen wirkt wie eine linguistische Explosion; suggestiv, verzaubernd; *das* gibt dem Leser den entscheidenden Ruck in das vom Autor beabsichtigte Gebiet aus zeitlicher und räumlicher Fremdheit (in dem man einheimisch werden soll !).

Das hat schon der alte Grieche Aristophanes so gemacht; das praktiziert Cervantes in der Schelmengeschichte von ‹Rinconette y Cortadillo›; so schludern sie beim unsterblichen Shakespeare; und Wilhelm Busch hat es sogar illustriert : »Wat hett häi seggt ? ! so schallt's im Chor / und Besen heben sich empor«.

Wobei allerdings gleich wieder eine sehr ernste Einschränkung zu machen ist : Charles Dickens, ein – meistens – sehr großer Künstler, verwendet mit Vorliebe den ihm heimatlich=geläufigen Cockney=Dialekt des geborenen Londoners. Nun gibt es aber in Deutschland viele Menschen, die Englisch entweder gar nicht, oder doch nicht *so* gut sprechen, um Dickens in all seinen Feinheiten folgen zu können (und das ist rein geographisch bedingt : am Rhein ist es nützlicher, Französisch zu lernen; in Ratibor Polnisch) – für die müssen also Übersetzungen hergestellt werden. Das ist nicht leicht; es dauert meist hundert Jahre, ehe der genial=gleichgestimmte Übertrager geboren wird. Für Dickens war es Gustav Meyrink, der seine unschätzbare Arbeitskraft jahrelang dem Stoff gewidmet hat; und wer je ‹Master Humphreys Clock› im Deutschen lesen will, sei auf ihn verwiesen. Aber – keine Rose ohne Dornen ! – Meyrink hat den ernüchternden Fehler begangen, die Dialektstellen (und sie kommen aus Nebel und Watt her; London *ist* nun einmal so gelegen !) in seinem *wienerischen* Dialekt nachzubilden ! Mit dem Ergebnis, daß jeder englischsprechende Leser zusammenzuckt, wenn er an das Paulhörbigerhaft=gemütliche Gewäsch gerät : *das* hätte man nur in Plattdeutsch wiedergeben dürfen ! (Und deswegen vermeide ich es wie die Pest, Theodor Storm in französischer Übersetzung zu lesen : das gibt es im sonnigen Frankreich nicht, die ‹Graue Stadt am Meer› – allenfalls vielleicht im Bretonischen).

Man sieht aus den angeführten Beispielen : zahlreiche große Dichter machen das, daß sie die ‹Wirklichkeit› auch sprachlich nachbilden; indem sie jede ihrer Figuren den angemessenen Dialekt reden lassen; und das sind die ‹Realisten›, die dem Leser nicht vorlügen, sie hätten auf ihren Kreuz= und Querzügen allerorten das reinste Hochdeutsch à la ‹Duden› angetroffen.

Man mache sich nämlich von dem Vorurteil frei, der ‹Duden› sei die gußeiserne Form für alle vergangene und künftige deutsche Sprech= und Schreibweise : er ist vielmehr eine der verhängnisvollsten uns je angezogenen Uniformen ! Wolfram von Eschenbach schrieb seinen Parzival ‹zeitgemäß›; ohne sich um einen ‹Duden› zu scheren; und nicht minder Luther und Fischart; und auch wir Heutigen sollten nicht dahinter bleiben !

Denn wie und wovon lebt eine Sprache ?

Es ist eine beliebte Fiktion der – nicht minder gefährlichen – ‹Germanisten›, daß die ‹Dialekte› der ‹Urquell› einer Sprache seien; dem ist aber nicht – präziser : *nicht mehr !* – so ! Wohl existieren noch Dialekte (und der Dichter, der sein Buch in einem bestimmten Jahre, in einem genau umschriebenen Raume fixiert, tut gut daran, sich danach zu richten); aber über ihr endliches Schicksal kann kaum noch ein Zweifel sein : *sie sterben aus !*

Denn : der große, entscheidende sprachliche Nachschub und Antrieb kommt, seit etwa 1850, (und völlig mit Recht) zu 95 Prozent aus Technik und Industrie. Die neuerdings üblich gewordenen Großumsiedlungen verwischen außerdem rettungslos das Bild der lokal begrenzten Dialekte : *und es ist gut so !*

Aber : vergessen wir nie, daß fast alle ‹Dichter› – inklusive des tyrannischen Handbuches, des ewig=verruchten ‹Duden› ! – um mindestens 50 Jahre hinter der Entwicklung herhinken ! Den ‹Finger am Puls der lebenden Sprache› haben nur *die* Schriftsteller, die phonetisch=präzis sowohl die Technik verfolgen; als auch das organisch=wachsende Sprachgemisch der oberschlesischen Kumpels im Ruhr=‹Kohlenpott› : »Hast Du Sorgen mit die Deinen ? : / Trink Dich Einen !«

Noch der alternde Klopstock entwarf eine neue Rechtschreibung, nach der es etwa heißt : »Was ist'enn das ?«; wo er also bei zusammenstoßendem ‹ist› und ‹denn› das in der Aussprache nicht gehörte ‹d› konsequent auch aus der Schrift verweist : und er war einer unserer unbestrittenen ‹Klassiker›, der sehr wohl wußte, was er tat !

‹Erstarrung› : das ist die größte Gefahr aller Dichtung – : alles Lebens überhaupt !

VOM GERECHTEN RICHTER.

Das wäre freilich eine scharmante Welt: wo man die Wahrheit sogleich faßte und einsähe; da würde dann wohl auch die Tugend unverzüglich belohnt, und das Schöne ehrfürchtig bestaunt und gewürdigt. Aber es sollen hier weder die bissigen Tiraden »Verkannte Genies« noch Altvater Gellerts rührend=naive Klage angestimmt werden: »Daß doch die allerschönsten Gaben / die wenigsten Bewundrer haben!«.

Darüber wird ja längst kein Vernünftiger mehr wimmern, daß Schopenhauers Hauptwerk, die ‹Welt als Wille und Vorstellung›, nachdem in 30 Jahren 300 Stück verkauft waren, schließlich als Makulatur eingestampft wurde; daß man Lichtenbergs ‹Vermischte Schriften› – ein Buch, nach dem sich jeder Kenner heute die Finger leckt! – 32 Jahre nach Erscheinen aus Mangel an Käufern verramschte; oder daß, als Goethes ‹Tasso› erschien, sein Verleger Göschen über ‹schlechten Absatz› klagte. Es gehören nun einmal Übung und Kenntnisse dazu, etwas Neues=Gutes als solches zu erkennen; und es wäre unvernünftig, von der breiten Masse anders – und nicht schlechter! – Beschäftigter zu verlangen, daß sie hier jedesmal und sofort folgen sollte.

Anders und unangenehmer wird es schon, wenn sogenannte ‹Fachleute›, in diesem Falle Berufskritiker und =rezensenten, sich in ihren Urteilen aufs böseste vergreifen. Wie oft ist nicht dem frühen Goethe in der damals hochberühmten ‹Allgemeinen Deutschen Bibliothek› nachgewiesen worden, er sei kein Dichter, und werde nie einer werden; der ‹Werther› sei »eine Musterkarte von Unsinn«; der ‹Prometheus› »frech atheistisch«; die ‹Wahlverwandtschaften› »ein unsittliches Buch«. Am einfachsten sind solche grotesken Fehlurteile meist auf weltanschauliche Empfindlichkeit zurückzuführen; etwa wenn der, aus seinen späteren Fehden mit Lessing bekannte, hamburger Hauptpastor Goeze von Voltaires unsterblichem ‹Candide› und ‹Zadig› schreibt: »Aufsätze, welche Satan selbst zu verfertigen nicht frech genug sein würde«; oder der wohl heute noch bei ‹Stillen im Lande› beliebte Jung=Stilling sich in einem Brief an Fouqué zu der hochmütigen Äußerung aufschwingt: »Über Wieland und Goethe will ich kein Urtheil fällen; aber gelobt sey der Herr, daß er mich nicht ein solches Werkzeug hat werden lassen!«

Das alles, wie gesagt, ist ‹menschlich›; obwohl man in finsteren Stunden genug darüber grollen mag, daß auch nach einhundert Jahren Kopernikus noch nicht den Ptolemäus verdrängt hatte – wie polterte doch gleich Luther, (also ein Genie über das andere) : »Der Narr will die ganze Kunst Astronomiae verkehren !«. Oder daß immer wieder einmal, auch in unseren Tagen noch, in einem jahrhundertelang unbeachteten Bild, ein Raffael, ein Rembrandt erkannt wird – die Menschen haben eben weder Augen noch Ohren !

Und dem Kenner fällt hier wieder sogleich das grauenhaft stumpfe Urteil Lessings über Rembrandt ein : »Die Rembrandtsche Manier schickt sich zu niedrigen, possierlichen und ekeln Gegenständen sehr wohl« ; oder noch einmal : »die wilde und unfleißige Art des Rembrandt« : und *das* von einem unserer größten Männer, der ein umfangreiches berühmtes Buch geschrieben hat, ‹Über die Grenzen der Mahlerey und Poesie› !

Also müssen wir eine neue betrübliche Einschränkung vornehmen : selbst wenn Genien über einander urteilen, sind, falls sie verschiedenen Fachgebieten angehören, die unglaublichsten Fehlgriffe möglich ! An Belegen ist leider kein Mangel :

Goethe's Haß gegen Newtons Farbenlehre ging soweit, daß er in seiner Verblendung sogar die Existenz der Spektrallinien leugnete. Schopenhauer, der Philosoph, weiß es genau : »Herder hat in der Regel drei Worte gebraucht, wo er mit einem hätte auskommen können.« – wozu wir heute nur anmerken können : oh, hätte er doch immer neun Worte gewählt, dann hätten wir doch wenigstens dreimal soviel von ihm wie die große Suphansche Gesamtausgabe ! Und das ist immer so gewesen : Aristophanes, der alte geniale Lustspieldichter, ein Mann, dessen wortschöpferische und komische Kraft seitdem vielleicht erst einmal wieder – bei Fischart – ähnlich dagewesen ist, hat dem gleich ehrwürdigen Philosophen Sokrates durch seine ‹Wolken› wahrscheinlich praktisch den Todesstoß mit versetzt ! Als Bodmer und Myller, die Schweizer, 1782 das ‹Nibelungenlied›, heute eines unserer vaterländischen Kleinode, Friedrich dem Großen widmeten und nach Berlin sandten, antwortete dieser ihnen mit den famosen Zeilen : »Hochgelahrter, Lieber, Getreuer. Ihr urtheilt viel zu vortheilhaft von denen Gedichten. Meiner Ansicht nach sind solche nicht einen Schuß Pulver werth; und verdienen nicht, aus dem Staube der Vergessenheit gezogen zu werden. In meiner Büchersammlung wenigstens würde ich dergleichen elendes Zeug nicht dulten; sondern herausschmeissen.«

Also auch hier müssen wir noch einen Abstrich machen, der Satz »Nur das Genie könne das Genie würdigen« ; ist viel zu allgemein. Und es bleibt das Letzte zu untersuchen : kann das Dichtergenie den Kollegen, der Spezialist also den Spezialisten, würdigen ?

»Das Phantasiegespinst eines betrunkenen Wilden« nennt der schon erwähnte sehr große Voltaire ein Theaterstück – und meint damit den ‹Hamlet› Shakespeares. – »Jean Pauls Phantasie ist gemein. / Tieck ist ein Fasler, ein bloßer Farbenreiber; sein poetisches Talent äußerst schwach. / Humboldt ist oberflächlich. / Bei Kleist wandelt Einen ein äußerst widerliches Gefühl an« : das weiß alles Grillparzer, der ‹oite Herr Kanzläirat›, und auch ein unverächtlicher Dichter, zumal in seinen kleinen Prosastükken. Die unglaublichsten Ausdrücke haben sie gegeneinander gebraucht : Michelangelo gegen Raffael; Schopenhauer gegen Hegel; Schiller gegen Heinse; Moritz gegen Schiller; Gottsched (auch kein unbedeutender Mann !) gegen Klopstock. ETA Hoffmann galt Goethe als »krankhaft«; aber ein »Meyer aus Westfalen« wurde gelobt (von dem man dann, wie billig, nie wieder etwas gehört hat !). –

Zweifellos, Salomo hat wieder einmal Recht : nichts in der Welt sei so selten, wie ein gerechter Richter !

DER DICHTER UND DIE MATHEMATIK.

Ganz weiß war die Wüste, und er stapfte hindurch, die Hände düster in die Taschen gestoßen; wußte er doch, daß in Viertelstundenfrist die Großen Wasser am Horizont aufsteigen, und alle Erde samt ihren Völkern vernichten würden – da zuckt man als Mann am besten die Achseln, und geht noch ein paar Schritte entgegen.

Plötzlich erschien in weitester Ferne ein Punkt; wurde rasch größer – : ein Araber auf einem der windschnellen Reitkamele; der, nicht minder zusammengebissenen Gesichts, dicht neben dem Wanderer und eine Minute hielt.

Ja, bestätigte er einsilbig : das sei wahr und unvermeidlich, daß Niemand mehr das Ende der nächsten Stunde erleben werde; nur er reite noch ‹im Auftrage›, um die beiden kostbarsten Besitztümer der Menschheit an einem sicheren Ort zu vergraben.

Befragt, was denn das noch sei, diese beiden kostbarsten Güter, zieht der Araber einen Gegenstand aus den Falten seines Burnus, halb Buch, halb Muschel, und wieder keins von Beiden, und nun wieder Beides=in=Einem; und heißt den verständnislos Beschauenden, sie ans Ohr zu heben. –

: Da vernimmt Jener Geflüster und Gebrause, süß und eintönig, leichtfertig und erhaben, wie viele Stimmen durcheinander; Windesstimmen, Dichterstimmen, Götterstimmen, Zorn und Gelächter : *es ist die Dichtung selbst !*

Und das zweite ?

Stumm hält ihm die andere Hand des Reiters ein neues Buch hin; er schlägt es auf, und liest betroffen den Titel »Euklid : Grundlagen der Geometrie« !

Das nämlich ist die Mission des geheimnisvollen Reiters, dies als das Wichtigste in Sicherheit zu bringen : Dichtung & Mathematik !

Aber schon ziehen sich beider Stirnen nervös und hart zusammen; denn am Horizont hebt sich ein glitzerndes Licht, geschliffen, wie die grausamste Sense. Und steigt höher. Schon drischt der Reiter über sein zitterndes Tier; rast davon – und der Wanderer wendet sich wieder, stößt die Hände in die Taschen, senkt die Stirn tiefer, und stapft weiter, der gleißenden Wasserhölle entgegen. – So beginnt, und aufs Tiefsinnigste, das große philosophische Epos des William Wordsworth; er selbst ein Dichter hohen Ranges.

Aber nun sofort die »Andere Seite« :

»Cincinnati hat einen ehrenvollen Ruf wegen seiner Schulen. Ich war nur in einer; und in der Knabenstunde, die voll kleiner Jungen, zwischen sechs und zehn Jahren war, wollte der Lehrer, mir zu Liebe, eine Prüfung in Algebra improvisieren; *ein Anerbieten, das ich, bei meinem Mißtrauen in meine Fähigkeit, die etwaigen Fehler der Zöglinge zu bemerken, erschrocken ablehnte«* – das gesteht, ganz frei und offenherzig, Charles Dickens, anläßlich seiner ersten Amerikareise von 1842.

Und solche Äußerung ist umso bemerkenswerter, als es sich hierbei wiederum nicht um ein Einzelphänomen handelt; sondern um eine hochbedenkliche, weitverbreitete Erscheinung.

Es ist bekannt genug, daß Goethe ‹graute› sobald er von ‹Lichtjahren› hörte, wie ihm denn die Astronomie überhaupt ein durchaus verdächtiges Gebiet war; (höchstens den vertraulich=nahen Mond besah er sich eine Lunation lang. Und was Mathematik anlangt, so scheute er sich nicht zuzugeben, daß er erst Anfang der vierziger Jahre, und mit großer Mühe, »die Anfangsgründe der Trigonometrie erlernt« habe – also das, was heutzutage jeder Untersekundaner beherrscht.

Friedrich Nietzsches Abgangszeugnis weist nahezu in allen Fächern ein ‹Sehr gut› auf – ausgenommen Mathematik, wo eine stramme Fünf (der niedrigste Wert der alten Skala) prangt. Fouqué, er freilich ein ausgesprochener Romantiker, lernte zeitlebens nie mehr als nur »nothdürftig rechnen; ihm das Abstoßendste unter dem Abstoßenden«. Ludwig Tieck, der sprachlich vielleicht Unvergleichlichste derselben Schule, entgegnete einem bekannten Astronomen nach dessen Vortrag : »Euer Wissen und Rechnen, Eure Zahlen und Entfernungen, gemessene Umkreisungen und dergleichen, zersplittern mein Gefühl, und zerstreuen mich weit vom Erhabenen weg. So ist mir denn Eure Theorie völlig uninteressant.« Vittorio Alfieri, italienischer Dramatiker und sogar Graf, gestand, daß er nie auch nur den vierten Lehrsatz des Euklid begreifen gekonnt habe. Und wie empfindlich manches Dichtergemüt erst hinsichtlich der *angewandten* Mathematik, der Technik, sein kann, (der gegenüber hilft nämlich kein Augenzumachen mehr !) beweist aufs Putzigste Justinus Kerner – obwohl seine ‹Reiseschatten› allen Freunden echter Poesie ausdrücklich empfohlen sein sollen – mit einem entsetzten Gedicht ‹Im Eisenbahnhof› : »In seinem Bauche schafft ein Feuer, / das schwarzen Qualm zum Himmel treibt; / ein Bild scheint's von dem Ungeheuer, / von dem die Offenbarung schreibt !« Worauf ihm Gottfried Keller, jener ‹Klassiker der Demokratie› (Lukács), sogleich antwortete : »Willst träumend du im Grase singen, / Wer hindert dich, Poet, daran ? // Ich grüße dich im Schäferkleide, / Herfahrend, –

doch mein Feuerdrach' / Trägt mich vorbei, die dunkle Heide / Und deine Geister schaun uns nach.«

Und dergleichen Zu= oder Abneigung gilt nicht etwa nur für vergangene Zeitalter : Hans Fallada, so zeitlos und gegenwartsnah seine unvergängliche Frage, »Kleiner Mann, was nun ?«, auch sein mag, verabscheute dennoch alles Mathematikähnliche. Und wer jemals neben Ernst Kreuder am Steuer seines Volkswagens saß, wird dessen Apostrophen gegen Rechnerei und Ingenieure nicht vergessen.

Obwohl hier schon die erste Einschränkung zu machen wäre : was z.B. Luftschifferei angeht, so feiert die ‹alten Stils› (per Luftballon) Keiner eindrucksvoller, als der, meist für abstrus gehaltene, Jean Paul; und auch Wieland berichtete gierig durch viele Nummern seines ‹Teutschen Merkur› hindurch über die ‹Aëronauten›.

Denn, die vielen negativen Urteile entsprechend auszutarieren, sei es erlaubt, nun auch auf die andere Dichtergruppe hinzuweisen, die sehr wohl die Mathematik zu würdigen wissen. Oder gar ‹von ihr herkommt›. Zum Beispiel Adalbert Stifter; in dessen ‹Feldblumen› zur idealen Wohnungseinrichtung nicht nur ein achromatisches Fernrohr gehört, sondern sogar ‹Rechen=›, also Logarithmen=Tafeln. Oder James Fenimore Cooper; der sich sehr wohl auf die Theorie des Mondes und ihren Nutzen für die Längenbestimmung auf See verstand. Franz Kafka war Landmesser. Das allbekannte Märchenbuch, ‹Alice in Wonderland› hat ein Mathematiklehrer geschrieben.

Es handelt sich nämlich im letzten Grunde lediglich um die Verfahrensweisen zweier ‹Schulen›. Um die einen, die von der *Intuition* her kommen; und die anderen, die ihre Kunstwerke auf dem Wege der *Konstruktion* herstellen !

Die einen ‹zaubern›; d.h. sie beginnen zu schreiben, ohne Plan, aus der Vision heraus, stets selbst aufs angenehmste überrascht von dem Benehmen ihrer selbsterdachten Gestalten. Die ‹Anderen› : ‹montieren›; reisen sorgsam an den Ort ihres Buches; notieren sich die dort wachsenden Pflanzen; die Wolkenformen; den Dialekt der Bewohner; sie lesen die Chroniken ihrer Landschaft, und lassen die Bleistiftspitze addierend über die Spalten alter Kirchenbücher laufen. Die Einen machen aus ‹Egmont› ohne Skrupel einen jungen verliebten Springinsfeld – dabei war er fast 50, holländisch=bedächtig; und der Goethesche Egmont ist zwar dichterisch bemerkenswert; ansonsten aber eine bedauerliche Vereinfachung und Verflachung des wahren, psychologisch viel merkwürdigeren Helden. Der Andere schreibt nervös : »Ich suche so lange schon vergeblich den Tag, an dem Wladislaw die österreichische Gertrud geheiratet hat, und finde ihn nicht: *ich brauche den Tag!*« – das ist Adalbert Stifter, während der Arbeit an seinem berühmten ‹Witiko›; dem es wider die Natur geht, eine Hochzeit nach Belieben in den Sommer oder Winter zu verlegen.

Oder, mit anderen Worten: die Einen sind aufs artigste poetisch – wobei man allerdings mit in Kauf nehmen muß, daß Böhmen ans Meer grenzt (Shakespeare); die anderen beschreiben ‹Zustände› und sind nicht nur poetisch sondern auch noch ‹kulturgeschichtlich› wichtig.

Und nun muß man selbst wählen: die langsam vergiftende, durch minutiöse Details mitreißende, Schilderungskunst des ‹Robinson Crusoe›; das pflanzenhaft langsame Wachstum von Stifters ‹Witiko›; die pedantisch glühenden Gärten des alten Brockes; – oder die wilden nur angedeuteten Rundumhorizonte von Hebbels ‹Nibelungen›– er war es, der dem Zeitgenossen Stifter den Vorwurf machte, daß Jener die ‹Sterne nicht sähe; wohl aber die Käfer›?!

Die ‹Einen›: das sind die großen Fabulierer, die Handlungsgeladenen, bei denen Ilion=Troja brennt, Affenteuerliches geschieht, Detektive aus durchgehenden D=Zügen hechten: dabei freilich störte Mathematik nur!

Die ‹Andern›, die schildern jeden unserer Handgriffe; uns, umrahmt von Bücherregalen, Lichtschaltern, Betten, Mietshäusern, Straßen, zementierten Kanälen, in denen Verkehr dahinfließt; zeitgebunden sind sie, gewiß, gekettet an Daten und Namen – aber nicht zu umgehen, wenn man sich in irgend ein Säkulum ‹versetzen› will. Während die Einen uns zu dem eigenen Innern das schildern, ‹was sich nie und nirgends hat begeben›; lehren die Andern uns unsere Umwelt kennen: Beides aber *muß* sein!

Wie es die einleitend=mitreißende Fabel Wordsworth' so eindringlich lehrte: die große singende Muschel – *und* der Euklid!

BUGWELT.

Der Hintergrund ist grau, wie es der Wand jedes ernstzunehmenden Weltalls ziemt; der Raum bis zu ihr hin erfüllt mit der stehenden Strömung von Welteninseln – deren weiße Längsachsen sind sämtlich einheitlich gerichtet : Zeit zum Chaos hat nur der Schwätzer !

Hineingebaut, entsprechend den 3 Dimensionen unserer Raumvorstellung, eine Bugwelt : die düster betonierte Bodenspitze; rechts ein blauer Wandversuch; links der entsprechende schwarze (der ist der größere; wir haben zu viel Schwarzes sehen müssen). Keine feinsinnige Rede von ‹Lichthaut›; die wäre weich und kondomisch dehnbar; ihrer Häute mögen sich Mollusken rühmen. Die Wände hier sind dünn und starr; woraus sie gemacht sind, mag Schlotters Geheimnis bleiben; jedenfalls vertragen sie ohne zu splittern, daß man eine Öffnung hineinschlägt – wir wollen ja keine Gefangenen sein; möglichst nicht. Also ist das prompt rechts geschehen. Kein sicheres Lehnefenster (von einem runden noch ganz zu schweigen); wohl aber eine breitbeinige Tür, ohne Rahmen und Schwelle. Wer hineinträte, gleichermaßen breitbeinig, das Fingerspiel auf dem Rücken, könnte schräg unten ein Sonnenäquivalent sehen. Woraus sich ergibt, daß wir uns hoch über der Ekliptik befinden. Das betreffende Strahlende darf uns auf dem Fußboden ein weißes Lichtwindschief machen; dazu auf der gegenüberliegenden Wand die Projektionsfläche für unsern spiritus ludens, dessen letztes Gedankenspiel auch gleich stehen geblieben ist, genau gemäß Platons Theorie vom ‹Schatten an der Höhlenwand›. Ein Akkordeonbalg heller Stufen führt ins gehärtete Meer, dessen Oberflächenschattierungen dem erfahrenen Schiffer sogleich verraten, wo Untiefen sind, oder senkrechte Quellen aufsteigen. Am Horizont der Nicht=Archipel des ‹Roten Felsens›, auf solche Entfernung linolen und leer; wer landen dürfte, fände schon Bewohner, Nacktes mit Kormorangesichtern (oder auch nichts : noch besser !). Zuletzt das ‹Dritte Blau› des Himmels : 2 klein gepfefferte Wolken stehen darin – wahrscheinlich ‹durchgeschlagene› Welteninseln; der Verdacht liegt nahe, denn sie haben gleiche Größe und Richtung, wie die da draußen. Ihr tierisches Grün und Gelb ist das einzig biologisch Anmutende im ganzen Bild; ansonsten herrscht reinlich das Anorganische. (Die eine Wolke ist außerdem noch am Roten Felsen festgemacht : neue Theorie : es könnte auch ein Vulkan sein ! Zumindest zuzeiten.)

Dieses Selbstporträt eines harten Geistes ist streng; nicht plappermäulig. Mager und trainiert : seine vollendete Konstruktion regt zu neuen eigenen an. Wenn je eine ‹Idee› – im klassisch=philosophischen Sinne – gemalt wurde, so ist dies hier Eberhard Schlotter gelungen.

Mit solchem Bild kann man zusammenleben !

AUFGANG DER WEISSEN TAFEL.

Nie von der Ewigkeit erbetteln, was sich in der Zeit finden läßt! –

Im Himmel hat es, wie leider nur zu oft, gegoren, bis er grün wurde und dick; im Augenblick sind Widmanstättensche Figuren auf Nephrit geätzt. Die schwarzgewalmte Sturmhaube mit sparrendürrem Schopf. Gehe Du ruhig; ein Großstadtkind soll nichts fürchten!

Die Kartause von Parma, freilich; Heinrich Manns Kleine Stadt; aber was nützen die bunten Backen, wenn die Lunge verfault ist? Was ein Haus, wenn es leer steht – und hier steht die ganze Stadt leer!

Kein Wäschestück macht Riesenwelle; kein Teenagerrock schwingt; nutzlos perlt die Dachpfannenschnur. Und die Balkons wirken nicht beruhigender; wenn ich Staketen um eine Sepiaplatte stecke: dann haben doch die freien oberen Enden keinen Halt! Vor einem andern blauen Türmund buschkleppern zehn Stäbe: da fehlt der Boden! (Im Stockwerk darüber haben sie sich auch flach, schon ungleich lang, nach vorne gelegt; wer vertraut, ist immer der Dumme). Dafür wartet im Hintergrund ein kaffeebraunes Krematorium; durch den Vaginalspalt der Tür geht jeder Sarg, unbesorgt, wenn's sein muß, hochkant.

Man überrede mich doch nicht, daß hier nichts passiert sei! Warum fehlt denn den Häusern die Tiefe?: Wer hat die dritte Dimension gemordet?!

Denn es stehen nur Fronten da. Präziser: Kulissen.

Die Kulisse ist unser Schicksal. Wir tendieren zur Plakatwelt. Bestehen selbst aus mehreren, übereinandermontierten Schichten. Haben uns geübt, in Cañons zu leben. Auf's zweidimensionale Illustriertenbild zu schwören: da geschieht uns nur recht, daß Schlotter Ernst damit macht; tu l'as voulu, George Dandin!

Dergestalt entleert, und mit zarten Zeichen der Zerstörung versehen – wir dürfen nichts dagegen haben; wir lieben ja ‹das grafische Element› – ist die Stadt eine interessante Art von Gesteinsbildung. Mit schwarzen Rechtecklöchern, vor die Niemand mehr einen Vorhang zu ziehen braucht: es steckt doch nichts dahinter. Die Riesenblumen der Balkonschirme verwelkten; über der nicht mehr vorhandenen Rotskala Sonnenverbrannter. (Aber alles ist erst vor ganz kurzem passiert: der Widerrist des Daches noch straff gestriegelt, die Mauern noch nicht geborsten; höchstens die blaßgrünen Flecken in den Wänden möchten andeuten, wo sich Algiges ansiedeln könnte, und Köpfchenschimmel.

Bei solch zeitgemäß=neuartiger Siedlungsform wäre allerdings die trauliche Rocaille eines Mondes unangebracht. Deswegen geht hier hinter Allem die Weiße Tafel auf, die leere Charta der Zukunft: »Bleib', Gedankenfreund!«

Siehe: er bleibt.

»Zieh Deiner Augen Fransenvorhang auf ...«

: Das gläserne Gehörn des Catalán – mir schmeckt sein wolkiger Rest Rotwein (falls nicht zuviel ‹Satz› darin ist. Auch stört beim Genuß der Gedanke, ein entsprechender gläserner Stier könnte dazugehören; wir sind ja wohl in Spanien).

Genau das ist es nämlich ! : kein Außeruns, in das wir nicht sogleich ein Inuns mixten. Beim Durchgang durch die Wimpernreuse erfolgt Transformation (was nicht mit Verzerrung gleichbedeutend ist : Transformation erfolgt nach Gesetzen. Die man allerdings durch bloße Aufnahme von Flüssigkeiten umstimmen kann. In diesem Fall Vino Tinto).

Primär das Planetarium des Schädels. Mit blauer Ölfarbe ausgestrichen der Sockel, handfest reinlich und leer; oben beginnt Gehirngrau : wir sind in einem klaren Kopf !

Links eine Tür, massiv Karbolineum, mit sorgsam hellen Füllungslinien; wohin sie führt frage man besser nicht, man könnte es sonst erfahren. Auch rechts, gleichviel ob Schrankkante oder Regal, das gleiche plankige Schwarzbraun.

Wichtig der standfeste Tisch; ein Rahmen gefügt in den anderen, gezinkt, verleimt, die schwere Platte aufgepreßt, der gibt nicht nach : preist ihn ! Den Alkoholträger. (Es sei denn, die Beine wären sehr lang. Langbeiniges; eine Langbeinige – aber was geht's uns an, was außerhalb des Keilrahmens stattfindet ?).

In der Stirnwand ausgespart, randverstärkt, groß, wie es einem Maler wohl ansteht, das Auge : Einwurf für Bilder. (Objektiv mag draußen ‹Täglich Hochsommer› sein – das dämpfen wir beliebig subjektiv durch bloßes Brauendrücken unserer Bastvorhänge : sobald wir wollen).

Wimpernschraffiert die Hauswand der Gegenüberin. Weibliche Wäsche (Wäsche ist immer weiblich) : weiße Lakenunterlage; aha, die blaue Hose; Rot hat seine Luna; das Schwarze ist bestimmt eine Tür, die sich lediglich, listig vorgewölbt Brust & Bauch, als Stoffstück tarnt, Unberufene laufen dann vorbei. Das breite Violett ergibt die noch leere Tunika einer Teufelin : schalten wir also vorsichtshalber die Flaschenlinse dazwischen – sogleich erfolgt jene Umstimmung glasig schlierig; aber Alles noch gut zu erkennen, hebe Dich hinweg !

Oder nein. : »Komm !«

Tritt durch Wäschestücke. Näher. Trenne den Fransenvorhang. Trinke vom Tisch. Öffne die Blaubartkammer –

»Was ich nun sah, war über alle Beschreibung !«

DYA-NA-SORE; BLONDESTE DER BESTIEN.

(Vor 170 Jahren erschien die Bibel der Diktatoren).

Die Landschaft?

Was meinen Sie, wenn Sie einmal – Ihr Pfad verlor sich im Walde; die Nacht bricht ein; der Geist krümmt sich : gibt es noch ein Ziel? – auf dem erratischen Block, der Ihnen als Sitzplatz diente, diese halbverwachsene Inschrift entdecken :

»Wenn der Wanderer kommt; wenn am steilen Abhang ihn sein Aug' verläßt; wenn er zweifelnd und kummervoll jedem Fortschritt entsagt : so sey ein Blick, der bis ins Innerste dieser Verborgenheit dringt, der Zeuge seiner mit ungeschwächtem Muthe suchenden Seele. Und dann in der Stunde des Kummers dieser Stein sein Freund. / Dort, wo 3 Bäume vor der Felsenkluft stehen; wo der Stein mit hängendem Moose liegt; dort führt weit zurück in lichtloser Dämmerung ein Gang Dich aufwärts. Lange mußt Du steigen im Dunkel. Lange Dich über Klippen der Steine winden. / Dann kommt eine Brücke. Über den Abgrund eines reissenden Strohms hängt sie in Ketten; schwankt und wiegt sich im Winde. / Gehe Du ruhig. Ein Mann soll nichts fürchten. / Bald kommst Du zur Scheide des Berges. Stehst und siehst vor Dir des Thales Strohm; den Strohm, der reissend durch Felsen sich dringt; der schleichend und schwarz im Thale des Todes zwischen Klippen zu Deiner Linken ein See in öder Finsternis wird : Du siehst von Fels zu Fels Deinen Weg, und neben Dir in steiler Höhe die Schneegefilde. / Geh und sey kühn!«

* * *

Die Gesinnung?

So räsonniert, in gräulich erprobter Aforismenweis' der Führer :

»Krieg ist Wachen; Friede Schlaf : ich zittre vor dem Ende des Krieges! / Eine Erde ohne Verwüstung, eine Nazion ohne Krieg – wären ein Unglück, das man durch Gebet abwenden sollte! / Unsere Schlachten müssen blutig seyn! Der Feind soll beschränkt, aber nie vernichtet werden : Gefahr muß dem Volke stets seine Gesinnungen predigen; ein immer unentschiedenes Schicksal muß es stark, beschäftigt durch Thaten machen : das Schlachtfeld ist ein Land, das tausendfältige Frucht trägt; kein guter Mann ging noch ins Treffen, der nicht besser herauskam : Gott setzte den Krieg ein!«

* * *

Privatleben ?

: »Häusliche Ruhe, häusliche Theilnehmung : diese sind's, diese müssen herabgesetzt werden. / Das Weib ? : das beste Weib ist, als Weib betrachtet, ein zu unwichtiger Gegenstand für die Würde eines Mannes – sein Weg geht an ihr vorüber. / Das Weib als Weib ? : was ist ihr Wesen als Furcht und Weichheit ? Sie ist ein schwankend=unerträglich Ding, das sich spreizet und ächzet; und durch seine kleinen Schrecknisse mehr Ermüdung als Theilnehmung erregt. Es ist nur *ein* großes Schauspiel in der Welt : *und das ist der Mann !* / Der Mann lernt herrschen in seiner Familie; wo er allein spricht, und ein unterdrückter Haufe sich nur im Verborgenen zu urteilen erlaubt; wo man ihm dankt für jeden milderen Augenblick, und ihn vergöttert !« –

Trautes Heim; Glück allein. –

* * *

Und alle haben sie es gekannt; alle waren sie hin= und hergerissen (und das ist in diesem Falle kein salopper Slang=Ausdruck; sondern die präzise Schilderung der Reaktion der meisten damaligen Geister !); Alle haben sie es diskret ‹benützt› :

Goethe in den ‹Wanderjahren›; Jean Pauls »Ehrgefühl gab es längere Wurzeln« (und so fasziniert war er, daß er im ‹Hesperus› immer wieder darauf zurückkam); Fouqué's ‹Vier Brüder› verrät schon im Titel die Provenienz; Chamisso trugs in der Tasche; Justinus Kerner und Varnhagen rissen sich um die Bekanntschaft des Verfassers.

Und wenn man Stellen wie diese hört – eine aus tausenden ! – : »Was ist Freude ? Als der Glaube zu haben, was man wünscht. Und was verdienet denn unsre Wünsche ? Oh, meine Freunde, meine Brüder : warum ist Ungewissheit des Menschen Los ? Empfängt nicht alles seinen Werth von der Stimmung des Geistes ?« – wenn man, sage ich, dergleichen hört – dann weiß man, woher der ‹Zarathustra› kommt : denn ich bin mit nichten aus Versehen in meine Nietzsche=Ausgabe geraten !

* * *

Ehe man an das Vorhandensein eines solchen ungekannten Großbuches von 2.500 Seiten glauben kann, muß ich einige literaturhistorische Details vorausschicken – sie werden knapp genug sein.

Denn vom Verfasser ist so wenig bekannt, daß es schon nicht mehr schön ist – vom Verfasser nämlich ! : Aus den, absichtlich von ihm hergestellten, Löchern seines Lebenslaufes blickt die Eitelkeit, und nicht nur die, hervor.

Wenn man in unserm Standardwerk, der ‹Allgemeinen Deutschen Biografie›, nachschlägt, findet man unter

Wilhelm Friedrich von Meyern

eine Druckseite, deren Quintessenz sich dahingehend zusammenfassen läßt, daß man eigentlich nichts von ihm weiß. Einiges Licht brachten in den zwanziger Jahren Aktenfunde im Wiener Kriegsministerium : demnach *wäre* er 1759 in oder bei Ansbach geboren; und hieß zunächst schlichtweg Meyer mit Ypsilon. Studierte vermutlich ein wenig in Erlangen und Altdorf; taucht 1783 als österreichischer Kanonier auf, und dient sich dort langsam zum ‹Feuerwerker› empor; aber so recht geht es eben doch nicht vorwärts. Deswegen verschwindet er kurzerhand. Macht angeblich ausgedehnte Reisen zwischen England und Anatolien, Dänemark und Sizilien. Als er wieder auftaucht, ist er ‹Herr *von* Meyern› – und es ist eine rechte grafologische Lust, seine Unterschrift zu besehen : so raffiniert ist das Dings hingeschnörkelt, daß es immer noch genau so gut auch bloß ‹Meyer› heißen könnte ! Während der napoleonischen Wirren tritt er als ‹Organisator des Landsturms› auf; wird bei dem notorischen Personalmangel jener Tage rasch Leutnant; bildet pausenlos ‹Freiwilligenscharen›, ‹Letzte Aufgebote›, und wie solche – erst verantwortungslos propagierte, nachher meist im Stich gelassene – Opferscharen wohl sonst noch genannt zu werden pflegen : »Ich könnte Zehntausende an einem Schlachttag ruhig in den Tod führen« sagt er in einem Brief von sich.

Und niemand hat scheinbar den ‹Kanonier Meyer› wiedererkannt. Er bewahrte aber auch, selbst den engsten Freunden gegenüber, zeitlebens strengstes Stillschweigen über seine ‹bürgerliche Zeit› !

1815 erscheint er in der Kommission, die die Rückgabe der von den Franzosen entführten Kunstschätze regelt – zusammen mit Canova, kein unfeiner Name; vielleicht fände sich in dessen Papieren gar noch etwas ? Dann nestelt er sich beim Fürsten Schwarzenberg an, eben jenem, der damals die Schlacht bei Leipzig gewonnen haben soll; dann beim Botschafter in Madrid, Fürst Kaunitz. Stirbt endlich, unverheiratet, 1829 als Mitglied der österreichischen Militärkommission beim alten ‹Bundestage› zu Frankfurt am Main. –

Mehr wissen wir nicht, von einem Manne, der seine Hand aufs schwerste auf unsere Literatur geprägt hat, von Clausewitz bis Karl May.

* * *

Nun zur ‹Fabel› des Mammutbuches; Boy=Scout=mäßig im Grünen beginnt's, und endigt blutigrot :

»Sie fanden eine Höhle; wildes Gestrüpp hing über sie. Neben ihr rieselte eine Quelle. Unter ihr Vordach sammelten sie dürres Gras. Hell von Flammen spielte das Gesträuch im Winde. In der Stille der Nacht stand vor ihnen der Mond, glänzend in seinem Lauf. Schwarz und drohend schwebte nordhin eine Wolke; und von Westen schien in fahlem Nebel sich das Licht zu brechen.«

* *
*

Vier Brüder sind es, die ‹Wanderer› (Untertitel); der kalt=heroische Tibar, ein »unveränderlicher Charakter« – : schon faul ! Dya, der den Namen zum Buche hergibt, hochofenhaft=feurig : »Wo sind diese Berge ? Werden wir sie betreten ? fragte Dya. Er blickte unruhig um sich, daß man so lange verzog. Er haßte Ebenen und liebte nur Höhen.« Altai, den man als ‹deutschnationale Chronistennatur› charakterisieren könnte. Und endlich den »unwürdigen Weichling« Hamor, den »musischen«, ausdrücklich den 3 andern zur Folie geschaffen – denn das ist ja eine Binsenwahrheit : die ‹schlechtesten Soldaten› haben immer die Intellektuellen gestellt. (Was man allerdings auch andersherum so formulieren könnte : die Soldaten haben allweil die ‹schlechtesten Intellektuellen› gestellt : Wenn Ihr mir schon den Kopf zertretet, will ich Euch wenigstens in die Ferse stechen !). –

Durch Höhlen führt ihr Weg; über Himalayas aller Arten; denn das Buch ‹spielt› ja in einem fantastischen Indien – Nehru, Hoffnung aller Friedensfreunde, würde sich allerdings bedanken – wo auch jeder dritte Ort auf ‹ore› endet. Einsiedler werden angetroffen, die geheimnisvolle Anweisungen zu noch unbegriffenen Geheimbündlern mitgeben. Endlich gelangen die Helden zum Hauptquartier der ‹Partei› : nationale Verschwörer, die »ihr geknechtetes Volk befreien« wollen. Nach saftigen Prüfungen werden sie aufgenommen in den Bund; und man geht ans Werk.

Das Volk wird bearbeitet; durch Reden, Flugblätter, mit Geld (das von Großindustrie und Hochfinanz gestellt wird). Durch Aufmärsche in sehr farbigen Uniformen schürt man die Empörung. Anläßlich eines auswärtigen Krieges gelingt der Umsturz; weil Dya – seinerzeit für 1.000 Druckseiten durch ein Gewitter von den Heroenbrüdern getrennt – dem Feinde mit seiner »Heiligen Schar« in den Rücken bricht.

So. Nun kann das ‹Neue Reich› aufgebaut werden !

* *
*

Zunächst wird im Volk der Ahnenkult eingeführt, »die Anordnung, daß jedes Geschlecht forthin seine Stammesregister verzeichnen sollte«. (Wer das nicht ‹kann› wird kurzerhand diffamiert : »Er war von einem verachteten, durch niedrigen Wucher bereicherten Vater gezeugt.« : Peng !).

Schon im Frieden werden allgemein »die Tugenden des Soldaten geübt.« : »Die Liebe des Lebens muß der Liebe des Vaterlands weichen. Der Junge muß der Trommel zueilen, der er als Mann einst folgen soll. Spiele müssen dem Knaben seine künftige Bestimmung eigen machen, die man durch müssige Wissenschaften vergebens zu erlangen hofft : die Erduldung gemeinschaftlicher Beschwerden.«

Bereits die Kinder antworten in der Dya-Na-Sore so :

»Wer bist Du ? fragte ihn der König. / Ein Knabe, der lieber Mann wäre ! / Warum ? / Um in der Verteidigung seines Vaterlandes zu sterben !«. Und das ist nicht fratzenhaft, sondern blutigster Ernst : man denke an unsere Hitlerkinder, die gegen Panzer vorgeschickt wurden ! –

Das ‹Wissen› ist, wie in allen Diktaturen, graduell dosiert; vom Einzelnen heißt es : »Wozu er ersehen ist, erfährt er nie !«. Auch »Neue Begriffe, ungewöhnliche Darstellungen, müssen erschüttern : man hat von jeher den Menschen durch den magischen Sinn unerklärter aber desto wirksamerer Worte dahin gebracht, wozu er sich selbst hätte treiben sollen.« – Dies ist die Reihenfolge : Freunde; Erstgebildete; Lehrer; Aufseher – und selbst die kennen nur »den Stand der Gesellschaft, für die Gegend, in der sie leben.«

Und man denke ja nicht, die Lehrpläne für die OA's in den ‹Ordensburgen› seien nur hymnisch=utopisch geschildert : Meyer aus Ansbach war Praktiker ! Leider verbietet der Raum auf all die sorgfältige Unterrichtsanweisung einzugehen; jedenfalls beginnt und endet alles bei Strategie und Turnen. : »Nazionalhass ist eine ebenso notwendige Eigenschaft als Vaterlandsliebe : wer sein Volk mit den falschen Grundsätzen einer allgemeinen Menschenliebe entnervt : *der ist ein Verräter seines Landes !*«

Völlig konsequent die Einstellung Meyers zur Religion : »Denke des Himmels nie ! / Der Jünglinge Herz wird vertrocknet durch einen Gott, dem nur der zerschlagene Sinn eines abgestumpften, duldenden, ängstelnden Schwächlings gefällt. Ein Volk, das solche Gesinnungen heiligt; das einzelnen Menschen erlaubt, sich zu Sachwaltern einer Ehre, eines Glücks zu machen, deren Quellen *außerhalb* seiner Grenzen, in einem unabhängigen Lande selbsterschaffener Begriffe liegen : einen Gott zu predigen, zu dem man auch *außer* den Tempeln des Vaterlandes gelangt – : das verdamme Gott, wie es sich selber verdammt !« –

Den Fahnenjunkern wird vorm Einsatz angekündigt : »Wenn Einer von Euch zurückkommt von dem Angriff, ohne gesiegt zu haben : so seid Ihr nur noch gemeine Krieger !« – Falls eine Schlacht verloren werden sollte, treten sofort Ausnahmegesetze in Kraft : »Der Senat versammelte sich. / Jeder allzulaute Ausbruch von Jammer wurde gehemmt. / Weiber mußten die Straße verlassen. Jeder müssige Haufe Erzähler entweichen. /

Der Gram sollte sich in seine Mauern verschliessen; jedermann die Nachricht seiner Verlornen mit Ruhe zu Hause erwarten. / Niemand durfte die Stadt verlassen : ‹Ihre Mauern› hieß es, ‹sind Eure Sicherheit›. / : ‹Oder Euer Grab.›« –

Oh, ihr ‹festen Städte›, Breslau und Berlin ! –

* *
*

In der Einschätzung der Künste geht Meyer, wie billig, weit über ‹Blut & Boden› hinaus – man erfahre die Steigerung, und bewundere das erfinderische Genie des Mannes ! : Jadoch. Unter der Elite der Ordensburgen wird immer auch je ein Künstler geduldet ! :

»Jeglid war ein Dichter. Ein schöner Geist; ein Mann, dessen Empfindungen sich in Worte auflösten. – : ‹Wie kömmt solch ein Wesen unter Männer, die sich zum Kampfe verschwuren ?!› / »Wenn nach langem Ernst und manchem trüben Tag Missmuth unsre Seelen ergreift, und jeder Schwung zur verlorenen Bahn voriger Stärke uns misslingt : *dann muß solch ein Geschöpf, durch die Verachtung, die der Vergleich seines süß lallenden Geschwätzes und seiner Kleinheit erregt*, der Funke seyn, an dem unsre Herzen sich wieder entzünden !« : der Künstler als Hordenclown; damit der Chefpithekanthropus beim Vergleich seine eigene hohe Überlegenheit empfinden kann ! Denn : »Ein einziger thätiger Tag im Leben eines Feldherrn, Baumeisters, Großkaufmanns, fordert eine höhere Anstrengung, als das ganze Leben des größten Gelehrten, der nichts weiter ist. / Und fast glaub' ich : Schreiben sey das Merkzeichen, mit dem die Natur von jedem höheren Anspruche ausschließt !«

* *
*

Immer wieder die Querverbindungen : »Ich habe von Jugend auf gerade mit meinen Geliebtesten am wenigsten gescherzt; ihnen am wenigsten erlaubt, mich im Schlafe zu sehen !« (»Sahst Du Deinen Freund schon schlafen ? : Erschrakst Du nicht, daß Dein Freund so aussieht ?!« : Wer von wem ?!). –

Und er scheut nicht davor zurück, letzte, innerste Geheimnisse zu verraten :

»Nothwendige Dienste, die den Schmutz ihrer Entartung bis auf die Seele verbreiten, *werden durch Sklaven verrichtet.*«

Und wenn auch kurz zuvor ‹Das Volk› als das Höchst=Letzte gepriesen wurde : die Eingeweihten, die ‹hinter dem Vorhang›, wissen noch einen Spruch mehr :

»Der Haufe ist nichts, sobald er gegen das Schicksal eines einzigen Edlen im Spiele ist : mag eine Nazion sich umstürzen – es hat nie an Leuten gefehlt; aber an Menschen war immer noch Mangel! / Denke, daß die Natur Dich erkohr, die lebensfrohe, nimmersatte Heerde zur Weide zu führen : *ist eine Deiner vollglühenden Minuten nicht tausend ihrer schläfrigen Tage werth ?!«* Das haben wir, im schönen Monat Mai, ja genugsam erlebt : der Kreis mag zugrunde gehen. Hauptsache, daß der *Kreisleiter* entkommt ! (Allerdings trug er dann, am Steuer des Dienstwagens, meist schon Zivil).

* *
*

Und alles in dieser faszinierend=verzackten Sprache :

»Wir müssen eilen, sprach er, Das Ende ist da. Der Himmel hell. Am Abend empfängt uns heiliger Schatten : wir waren in wilden Gebürgen. Am nächsten Mittag traten wir in ein Thal, von waldigen Felsen umschlossen; in der Ferne sah ich auf dunklen Höhen den bleichen Schimmer einer Burg. : ‹Dorthin müssen wir› !« –

Sie ist keine kleine Portion, die ‹Dya-Na-Sore› !

* *
*

Man unterschätze ja dieses Buch nicht ! Man wimmere ja nicht hilflos, daß es den Menschen bei seinen schlechtesten Instinkten anfasse : an der Roheit, die ‹Härte› genannt wird; am Massenwahn, den man als ‹Volksempfinden› bezeichnet. Von ‹Ehre & Treue› spricht man – in Wahrheit ist's starre Überheblichkeit. Von ‹Gehorsam & Disziplin› : als die sich mühelos die gedankenlose Grausamkeit tarnen kann.

Wir verstehen Alexander den Großen erst seit Hitler; die französische Revolution heute noch nicht : wir lesen zu wenig die ‹Dya-Na-Sore› !

* *
*

Wie Meyer ‹zu seinen Idealen stand›, kann ein Vergleich der 1. mit der 2. Auflage belegen (die 3. von 1840 ist ein simpler Abdruck der 2.) : da ist das Wort »republikanisch« durchgehends gestrichen. Wenn es erst hieß »Mißtrauet jedem Könige !«, so läßt er nunmehr, als Offizier des Kaiser Franz, dergleichen weg. So vorsichtig ist er geworden, daß er Worte wie »Hof« oder »Höfling« völlig vermeidet, und dafür merkwürdige Neubildungen, etwa »Enggeist« setzt. Stark verwischt hat er die Stellen gegen die Religion : dagegen war man in Wien sehr empfindlich ! –

Ein Neudruck des großen Buches – natürlich nach der 1., der decouvrierendsten, Auflage – wäre überfällig. Ein Buch wie dieses, das zum eisernen Bestand jeder internationalen Wehrkreisbücherei gehören würde, muß früher oder später doch wieder serviert werden. Zur Hitlerzeit war man zu unwissend dazu – : da will ich den Herren wenigstens die eine

Schmach antun, (und mir die Ehre der Toleranz!), daß sie *von mir* auf das prachtvolle Stück aufmerksam gemacht werden mußten. Die Lektüre lohnt sich immer; so oder so: solch ein Buch *darf* nicht verloren gehen.

: »Am Ufer soll nach unserem Tode der Lobgesang unsres Daseyns widerhallen. Auf der Haide das graue Denkmal unsres Lebens sich verewigen. Der Fels soll unsern Namen führen.« –

Beschaffen wir also einen Fels – ungefähr wie den auf der Lüneburger Haide, wo unter der SS=Rune Hermann Löns liegt; aber entsprechend größer – schreiben wir darauf:

‹Meyer aus Ansbach›

und darunter vielleicht noch:

‹Dya-Na-Sore, Blondeste der Bestien.›

ULYSSES IN DEUTSCHLAND.

(Zum 75. Geburtstage von James Joyce.)

»Enkel, schütze sein Werk gegen die Leerheit, die Fühllosigkeit, die spitzfindige Denkungsart Deiner Zeitgenossen!«
(Klopstock, ‹Gelehrtenrepublik›).

Dieses Werk hat zwei Gipfel.

Der eine wolkenumhüllt, vergletschert, äußerst schwer ersteigbar, zumal für Andersssprachige : das ist ‹Finnegans Wake›. Da kommen höchstens ein paar Briten hin, seafaring men; und denen glaubt man kaum, daß sich dort ein solches arktisches Vulkanmonstrum befindet.

Der zweite Gipfel in der Kette der Joyce'schen Werke ist der ‹Ulysses› : an seinen Hängen, in seinen Steilwänden, kann man alle Linien unterscheiden, jedes Glimmerplättchen blitzen sehen. Weit ist die Aussicht vom Gipfel; zukunftweisend; denn hier hat Joyce eine neue Prosaform entwikkelt, eine der möglichen neuen Arten, die Welt konform abzubilden. Und mehr : er hat gleichzeitig ein ganz großes Musterbeispiel gegeben, nicht auszulesen bis ans Ende des Angelsächsischen.

So genau ist jedes Wort austariert, nach Betonung und Färbung der Vokale gewählt; so präzise jede Zeile durch Satzzeichen instrumentiert; so groß der Wortschatz, so genau die Bezeichnung durch Substantive, daß man, nach einigem Einlesen ins Original, unschwer zu folgen und zu bewundern vermag.

Aber viele Deutsche beherrschen nicht Englisch; oder zumindest doch nicht so gut, daß die Mühsal nicht den Genuß überwöge : für solche besitzen wir seit dreißig Jahren die Übersetzung Georg Goyerts.

Die weithin gerühmte : unzählige Klappentexte preisen sie; Kritiker waren entzückt; nahezu jeder deutsche Leser benützt sie. Auch wir wollen sie zum Jubiläum aufschlagen.

– – – – – – –

Ein Gesicht wird beschrieben : »Seine parabolischen Augen«. Das wären Mätzchen; Kultur des entlegenen Adjektivs. Im Original allerdings steht »his parboiled eyes«; d.h. »Augen wie gekocht«; und das ist ja nicht schlecht. – Freilich, wenn man als Übersetzer zu einem englischen Wort a und c zugibt; dafür e und d streicht; und den Rest noch hurtig umstellt : da kann man weit kommen ! Das ist die Technik, mit der man aus ‹Gustav› ‹Gasthof› macht.

»Blaue Augen Schöner« redet man sich bei Goyerts an – da kann man nur sagen Akrobat schööön : denn im Englischen steht eine sachliche »blue eyed beauty«, gleich »Blauäugige Schönheit« ! –

Was hielte man – ich erfinde rasch den umgekehrten Fall – von einem aus dem Deutschen ins Englische übersetzten Buch, in dem man läse »edge from royal mountain«; und beim Nachschlagen im Original dann fände »Kant aus Königsberg« ?

Denn da brennt es einmal irgendwo in der Joyce'schen Nachtstadt, und Blum taxiert die Richtung : »Beggar's Bush« murmelt er – und »Kerlsbutike« übersetzt Goyert dienstfertig : dabei ist's ein Stadtteil von Dublin !

Ich stelle die These auf : der uns augenblicklich von den Schweizern servierte deutsche ‹Ulysses› wirkt großenteils wie eine Parodie auf das Original !

Und hier der Kurzbeweis :

– – – – – – –

Wir vergleichen als erstes den Wortschatz von Joyce mit dem von Goyert. Ich schlage eine beliebige Stelle auf : Joyce weiß, wie wir Alle seit Homers Schiffskatalog, um die Wonnen der überwältigenden Aufzählung. Irland, wie quillt es über von ländlicher Fruchtbarkeit, willig dem Häuptling O'Connell Fitzsimon dargebracht !

Und die schwerschwankenden Wagen bringen »the foison of the fields«, den »Überschwang der Felder« – bei Goyert, enttäuschend karg, »die Ernte«. / Einzeln wird sie hergezählt : »flaskets of cauliflowers« – »Kisten« übersetzt Goyert; vielleicht meint er, daß es lange genug »Weidenkörbe« geheißen habe. / »Punnets of mushrooms« – »Mengen« bei Goyert; und noch farbloser gings nicht; denn »punnets« sind scharmante kleine »Spankörbchen«. / »Sieves of gooseberries« ? – »Siebe mit Johannisbeeren« wird dekretiert : dabei sind »sieves« hutförmig geflochtene Basttaschen; ganz abgesehen davon, daß es sich um Stachelbeeren handelt ! / Und so geht die Stelle fort. Jedenfalls in 9 Joyce'schen Zeilen schlecht gerechnet 15 Goyertsche Irrtümer – wie heißt es doch im Lessing'schen ‹Faust› ? : »Unter 7 Teufeln nur 6 Lügner ? Ich muß Euch näher kennen lernen !«. (Und auch die Antwort paßt : »Das sollst Du !«).

– – – – – – –

Nehmen wir ein einziges Adjektiv ‹rot›; wie variiert Joyce nicht damit; es gibt ja so viele und bestechende Varianten gerade dieser tonischen Farbe. Und wie oft setzt Goyert nicht immer wieder nur sein stereotypes Rot, Bums, Rot, Bums, Rot !

»Damasc roses« – sie sind »rot«. »Scarlet« : an 20 Stellen wird's zu »rot«. Eine Mütze hat »Magenta tassels«; und was für ein linguistischer Trompetenstoß ist nicht solch romanisches Silbengeschmeide im deutschen wie im englischen Text ! – bei Goyert sind sie natürlich »rot«, die Bommeln. Claret; ruddy birth; purple sock=suspender; carmin floral design; flushed face; rutilant; das fuchsige rufous – bei Goyert ist alles abgesägt »rot«.

– – – – – – – –

Denn es ist eine der peinlichen Eigenheiten unseres Übersetzers, daß er anstelle des farbigen, anschaulichen Einzeldinges meist den blassen Oberbegriff setzt.

Etwa wenn er für »tusks« nur »Zähne« weiß. Gewiß, es sind welche; aber eine ganz bestimmte Sorte von Zähnen; im vorliegenden Fall »Hauer«. / »Virago« wird ein »Frauenzimmer«; anstatt des speziellen »Mannweib«. / »Noggin of hemlock« heißt Goyert »Gifttrank« – also gleich ein doppeltes Beispiel der gerügten Entmannung des Joyce'schen »Schierlingsbechers« (wobei sich ja zwanglos der Name ‹Sokrates› einstellt !). / »From a corner the morning hours run out«; jungmädchenhaft=ungestüm, wie Morgenstunden nun einmal sind, kommen sie »gerannt« – bei Goyert »kommen« sie nur : alle Feinheiten sind platt gewalzt ! / Geldstücke rutschen über die Theke, »disc by disc« – »eins nach dem andern« lautet die jetzige Platitüde : dabei ist's doch so viel anschaulicher, dies »Scheibchen nach Scheibchen« !

– – – – – – – –

Ein Zwischenspiel : die Druckfehler allein wären ein Kapitel für sich. Die sorgfältigen englischen Ausgaben haben, hinten eingebunden und gewissenhaft auf dem laufenden erhalten, ein Verzeichnis aller bisher entdeckten Druckfehler – das hat der deutsch vorliegende Stoß Papier natürlich nicht nötig.

Die Folge davon ist, daß eine Frau nun in der Handtasche »elf Herzmuskeln« trägt – anstatt der entsprechenden Muschelsorte. / Aus Platons Dialog vom ‹Phädon› wird die Racine'sche ‹Phädra› – was zum Verständnis der betreffenden Anspielung ja auch wieder beiträgt ! / »South America« wird zu »Südafrika«. / »Names given her« zu »Namen, die man ihm« gibt. / Drei Joyce'sche Absätze werden in einen Goyertschen zusammengezogen. Wenn im Original verschiedene Personen sprechen, kann es bei Goyert durchaus nur eine sein : wirkt natürlich frappierend ! Bei Aufzählung einer Namensreihe setzt Goyert gern noch ein Komma zwischen Vor= und Zunamen, aus reiner Gebelaune : da ist es dann gleich wieder Einer mehr !

– – – – – – – –

Aber das ist ja alles nichts gegen die Rudel von Fehlern; nicht Böcke, sondern ein ganzer Parc aux Cerfs von Sechzehnendern.

Eine Verkäuferin, die den feinen Herrn becircen will, führt ihm zu diesem Zweck ihren Körper vor, »bending archly« – und Goyert transponiert »sie beugte sich bogenförmig« : dabei »bückt sie sich durchtrieben« (damit er ihr in den Blusenausschnitt gucken kann!). / »The neversetting constellation of Cassiopeia« – »das sich niemals setzende Sternbild« : ist denn kein Stuhl da für meine Hulda? Homer freilich kannte schon den Begriff der Zirkumpolarsterne! / »Er ruckte in das hintere Büro, und trennte den Windschlitz« : unsinnig möchte man bei solchen Tollhäuslerwendungen werden! Dergleichen schändliche Witze sind schuld daran, daß es bei uns noch so oft heißt, Joyce wäre unverständlich : Joyce ist goldklar; unverständlich nur Herr Goyert! Denn es ist an sich so einfach : »He walked jerkily into the office behind« – das ist Goyerts »er ruckte« – und weiter (der Betreffende will nämlich den Schlüssel aus der Gesäßtasche holen) »parting the vent of his jacket« »wobei er die Jackettflügel auseinander schlug« – dies das Geheimnis des »Windschlitzes«.

– – – – – – – –

Eine Sache für sich sind die Eigennamen; also Worte, hinter denen jeweils ganze Bündel von Fakten und Reminiszenzen stehen.

Viel wird über Shakespeare diskutiert; und da soll der ein Stück geschrieben haben, »Perikles, Prinz von Tyra« – bei mir und allen ehrlichen Leuten heißt die Stadt immer noch Tyrus! / Ehrerbietig wird der große Barde, nach Robert Greens bekanntem geistreichen Wortspiel, der größte »shakescene«, der »Bühnenerschütterer« genannt – und auch das verdeutscht uns Goyert, in wohl unübertrefflicher Banalität, mit »der größte Kulissenschieber« : das muß man sich einmal vorstellen!! / Ein irischer Nationalist schwärmt von der »Diamantloge« : was soll sich der Leser darunter vorstellen? Im Original steht »the lodge of Diamond«; und falls Herr Goyert sich – wie es bei solcher Aufgabe nur angemessen gewesen wäre – mit irischer Geschichte befaßt hätte, wüßte er, daß es der Name eines kleinen irischen Weilers ist, bei dem 1795 ein Gefecht stattfand. Und dann ist auf einmal alles klar; nun wird aus Goyerts nichtsnutziger »Diamantloge« einfach »die Loge von Diamond«. (Ob er einen Stadtplan von Dublin – also das, womit sich ein normaler Übersetzer als erstes versehen hätte – bei der Hand gehabt hat? Warum wohl geriet ihm die »Leinster Street« jedesmal – also nicht nur einmal! – grundsätzlich zur »Leicester Street«? »Beggar's Bush« hab' ich ja schon erwähnt.) / »The harlots cry from street to street / shall weave old Irelands winding=sheet« – da fiel Goyert dieses ein : »Von Straß zu Straß der Hure Schrei / wird weben Englands Leichentuch« – hätte er doch wenigstens »der Hure Fluch« gesagt, als zwanglosen Reim auf »Tuch«. Und »Englands Leichentuch« ? : Jaja; wenn nur nicht England und Irland zweierlei wären ! / Ein Schlager die Stelle, wo Blum sich beklagt, daß seine Frau nicht ortografisch schreiben könnte; und er gibt ein Beispiel : »Alias (a mendacious person mentioned in Sacred Scripture)« – nämlich der ständig im Buch genannte Profet »Elias (verlogene Persönlichkeit, erwähnt in der Heiligen Schrift)«. Und man höre, was Goyert daraus macht : »Alias (Ali das Aas, ein Räuberhauptmann)« ! / »Rip van Winkle« tritt auf – und das muß man Goyert überlassen, er hat ihn mitnichten durch »Reiß von der Ecke« übersetzt; nein, das nicht ! – aber der hat geschlafen, »twenty years in Sleepy Hollow«; und Jeder, der Washington Irving gelesen hat, freut sich der eleganten Anspielung, der Kombination, die Joyce mit den Titeln der beiden bekanntesten Geschichten von Geoffrey Crayon, Esquire, vorgenommen hat. Goyert hätte also nie und nimmer mit seinem elenden »Schlaftal« ankommen dürfen; sondern, wie er den ersten Eigennamen nicht übersetzt hat, ebenso mußte auch der zweite unverändert stehen bleiben ! / Wo Eigennamen vorkommen, kann man 1 gegen 1 wetten, daß Goyert sie verballhornt hat !

– – – – – – –

Aber dem Kenner wären ja alle bisher gerügten groben Fehler fast noch nicht so empfindlich, wie im Feinbau die unendlichen Verstöße gegen Vokalharmonie und Rhythmus.

»Pigeons roocoocooed« – daraus macht Goyert »wo Tauben giiiirrrrten«. Mit anderen Worten : er verwandelt eigenmächtig die von Joyce korrekt vorgenommene Lautmalerei auf ‹uuu› (und man sollte doch meinen, daß Jeder, der Tauben nur einmal gehört hat, dann ihr ‹Du Schtruhkupp, Dudu› wüßte !) in sein glashart klirrendes »iiiirrrr«. Und wie leicht wäre gerade dies gewesen, jedem Deutschen geradezu märchenhaft geläufig, dies »wo Tauben ruckediegu h machten« ! –

Am deutlichsten erweist sich das Vermögen eines Übersetzers bei Gedichtzeilen. Ich schlage, at random, Seite 638 meines Originals auf; und erfahre dort, daß Blum als junger Mensch einer Zeitung ein Gelegenheitsgedicht einreichte – Jeder will sich ja schließlich mal gedruckt sehen. Dessen Schlußstrofe hieß (und man beachte genau den Tanz der Anapäste; einer Versart, die bei uns rar ist – vom Grafen Platen, der schließlich alles probiert hat, abgesehen – bestenfalls ist noch ‹Unterlaß / leises Flehn / süßes Kosen› im Umlauf) im Original also :

»An ambition to squint / at my verses in print / makes me hope that for these you'll find room. / If you so condescend / then, please, place at the end / the name of yours truly L. Bloom.«

Sechs Zeilen also; von denen die erste und zweite, die vierte und fünfte, je zwei Versfüße aufweisen; die dritte und sechste dagegen drei haben, wie es einem Parömiakos wohl ansteht. Das Reimschema ist aab / ccb. – Was wird nun aus diesem wohl durchkonstruierten Stück unter der Feder Herrn Goyerts; wie zerstümmelt er das artige Gebilde auf gut irokesisch ? :

»Diese Verse schrieb ich nieder. / An dem Ende meiner Lieder / säh ich wirklich gerne nun / meinen Namen Leo Bloom.«

Also nicht nur, daß Goyert aus sechs englischen Zeilen vier deutsche macht (umgekehrt wäre es ja, bei der von jedem Übersetzer gefürchteten ‹Einsilbigkeit› der Angelsachsen, wesentlich verständlicher gewesen); er verändert auch den wiegenden Galopp des Taktes in den Schüdderump seiner Trochäen !

Und wenn es noch so übermenschlich schwer gewesen wäre, das Stückchen in einigermaßen entsprechendes Deutsch zu bringen ! Aber selbst mir, der ich doch wahrlich nicht den Anspruch eines ‹vom Verfasser autorisierten Übersetzers› erhebe, fiel innerhalb von 2 Minuten dieses ein :

»Ach wie schön wär es nicht, / wenn man dieses Gedicht / eines Abdrucks für würdig befände ! / Überzeugt Sie der Reim, / bitte, rücken Sie's ein, / und den Namen L. Blum an das Ende.«

Das ginge doch allenfalls noch an; man sähe wenigstens den guten Willen. Was aber ist das jetzige Gestammle ? ? – : Allerdings ! Einverstanden ! –

– – – – – – –

Eine oberflächliche, einwöchige Durchsicht ergab beiläufig 500 solcher Schnitzer, wie ich hier kaum 30 aufgeführt habe; eine sorgfältige Kritik aller Abgeschmacktheiten, aller Verworrenheiten und Mißverständnisse würde, bei vorsichtiger Extrapolation (die in der Mathematik freilich verpönt ist, who should know but I) etwa dreitausend solcher Schäkereien ermitteln können – ich bin mir ja nichts weniger als sicher, daß ich mit meinen 500 nun schon die haarsträubendsten Fehler gefunden hätte; da mögen noch ganz andere Kleinode ungehoben im Boden schlummern ! Und dann wären erst noch die jetzt nur passablen Stellen durch wahrhaft gute, identische, zu ersetzen.

Resümee : Was uns im Augenblick als ‹Ulysses des James Joyce› vorgesetzt wird, ist – ich weiß, was ich sage, »ich kenn' es wohl; so klingt das ganze Buch; ich habe manche Zeit damit verloren« –

genial übersetzt ? : ein Bruchteil.
handwerklich brauchbar (als Vorarbeit für den – hoffentlich – kommenden Besseren) : die Hälfte.
der Rest ? : eine Satire auf das grandiose Original !

Wir Deutschen wissen noch nicht, was der ‹Ulysses› ist !

– – – – – – – –

Dieses war an der Zeit.

Seit nunmehr 30 Jahren kursiert, in lieben Deutschlands Mitten, und als hoch=genuin propagiert, die verballhornte Übersetzung eines Buches, das zu den ewigen Besitztümern der Menschheit zu zählen ist. Nicht genug, daß man vor der Mißgeburt bisher nicht gewarnt hat : angepriesen hat man sie sogar; und tut es wohl heute noch munter.

Niemand lebt auf der Welt, der sich einer tieferen Ehrerbietung vor dem dichterischen Genius rühmen könnte als ich; hierin lasse ich Keinem den Vorrang : ich weiß zu verehren, wo es angebracht ist !

Deshalb wurde es meine Pflicht, auf diese, unserer Literatur unwürdige Lücke, hinzuweisen. Und damit auf den wahren James Joyce.

DIE AUSSTERBENDE ERZÄHLUNG.

Fritz Lockemann :
Gestalt und Wandlungen der deutschen Novelle.

Wir, in den letzten zwei Generationen, sind Zeugen davon, wie wieder einmal eine dichterische Ausdrucksmöglichkeit abstirbt.

Die Erzählung – denn sie ist hier gemeint – hat den klassischen Umfang von, sagen wir, 30 bis 100 Seiten. Und das ist kein Zufall; denn der Ein=Druck eines Dichtwerkes hängt eben wesentlich davon ab, daß es weder zu lang noch zu kurz sei. (Die wetterleuchtende Kürze ist einer der gewichtigsten Einwände gegen alle Lyrik : man muß den Stempel schon tiefer einpressen, damit das Wachs den Eindruck annimmt). Nach obenhin wird die Länge bestimmt durch die begrenzte Aufnahmefähigkeit des menschlichen Geistes für anhaltende subtilste Erregungen – höchstens 1 bis 2 Stunden – und die Rücksicht auf die optimal zur Verfügung stehende Lesezeit. (Dies ist andererseits der Haupteinwand gegen den ‹Großen Roman›, daß er nicht an einem Abend zu bewältigen ist, und die Tageswelt mit ihren zerstreuenden Anforderungen sich, womöglich mehrmals, dazwischendrängt). Schon von dieser Seite her betrachtet ist die Erzählung die idealste aller Dichtungsformen; (ganz abgesehen davon, daß sie für unzählige Themen die einzig mögliche Art der Stoffmontierung darstellt).

Nichts verdienstvoller also, als eine umfangreiche Studie über diese feinste literarische Gattung; selbst, wenn eine solche Studie nur die deutsche Novellistik berücksichtigen sollte. Sehen wir zu, wie Fritz Lockemann den bedeutenden Stoff bewältigt hat.

In einer 25 Seiten langen ‹Einführung›, die mit dem Beiwort feinsinnig ausreichend gekennzeichnet ist, wird das Schema für die kommende Interpretierung der Einzelstücke aufgestellt und gerechtfertigt – darauf komme ich noch zurück. Die Auswahl der zu analysierenden Beispiele geschieht bei Lockemann nach folgendem Prinzip : »eine Gattungsgeschichte hat nur das zu betrachten, was seine Standfestigkeit bewährt hat; was nicht vom Strom der Zeit hinweggeschwemmt worden ist, oder sich voraussichtlich nicht mehr lange in ihm wird behaupten können.« Hierzu ist zu bemerken, daß *ich* mich bei einer solchen Arbeit lieber auf die wirklich guten deutschen Novellen beschränkt hätte – gleichgültig ob der süße Lesepöbel des Tages sie noch in die Hand nimmt oder nicht.

Aus der Reihe fragwürdiger Behauptungen hebe ich hier lediglich zwei heraus; einmal die, daß die ‹Rahmensituation› (bei den sogenannten ‹Rahmenerzählungen›) immer einen »chaotischen Charakter« habe : »Eine sich auflösende Gesellschaft wird durch das Erzählen von Novellen zusammengehalten«; und zweitens die Leichtigkeit mit der Lockemann von Boccaccio sogleich auf Goethe hüpft; mit der Begründung : vor diesem sei die Novelle in Deutschland vernachlässigt worden.

Ich habe diese beiden Gewaltsprüche deshalb gewählt, weil Lockemann speziell hier durch ein einziges gewichtigstes Beispiel der mangelnden Kenntnis des Materials überführt werden kann ! Wir haben, sechzig Jahre *vor* Goethes ‹Ausgewanderten›, eine 2.500 Druckseiten umfassende Novellensammlung, die unsere sämtlichen Klassiker, inklusive Goethe, sehr wohl kannten; nämlich die ‹Insel Felsenburg›, die dem Bewußtsein der Gebildeten erst seit hundert Jahren entschwunden ist. Sie umfaßt rund 30 Einzelnovellen, und ihre Rahmensituation ist die einer sich bildenden, sich organisierenden, Gesellschaft; das Chaotische ist restlos in die Einzelstücke verlegt : also genau umgekehrt, wie in Lockemanns knolliger Hypothese ! (Natürlich kann er mich vornehm darauf verweisen, daß das große Buch ja »vom Strom der Zeit hinweggeschwemmt« worden sei – worauf ich nur zu entgegnen habe, daß er dann eben an diesem achsobeliebten Strom ein Stückchen weiter hätte hinaufpilgern müssen; um dort dann vielleicht erstaunt die literarisch so folgenreiche Wirkung des großen Musters zu erkennen, auf Lessing, Moritz, Voß, Chamisso, Tieck; von Ausländern, Öhlenschläger, Cooper, Poe noch ganz zu schweigen.)

Nun zu den von Lockemann besprochenen Beispielen selbst; an zweierlei erkennt man ihn dabei : an dem was er auswählt; und an dem, was er beiseite läßt.

Von Ludwig Tieck kennt er die späten – vielleicht bedeutendsten – beiden Stücke gar nicht, das ‹Alte Buch› und die grandiose, theoretisch so wichtige ‹Vogelscheuche›. Wo werden unter der Überschrift ETA Hoffmann der ‹Meister Floh› erwähnt; wo ‹Klein Zaches› und die ‹Köstliche Schöne›, die ‹Prinzessin Brambilla›; eines der ganz großen und nachdenklichen Muster unserer Novellistik ?! Wo sind Wilhelm Hauff; Leopold Schefer, oder der unverächtliche, einflußreiche Zschokke ? Ein sicherer Riehl füllt anderthalb Seiten : aber Jean Paul existiert nicht mehr, was ? Nicht mehr der tiefsinnige ‹Luftschiffer Giannozzo›; oder der ‹Attila Schmelzle› ?

Ich will den Grund angeben, warum bei dem Verfasser solche und zahllose ähnliche Stücke einfach fehlen : ein Mann, der unter der Tarnkappe der Literatur mit Begriffen wie »gottfern und gottnahe« arbeitet, weiß natürlich sachlich auch mit den größten Mustern der anderen Seite nichts anzufangen! Wie dankbar wären Herrn Lockemann nicht nur Leser sondern auch die praktisch Schreibenden gewesen, wenn er anstatt der »menschlich=göttlichen Ordnungsmacht der Liebe« und ähnlichen Blüten einer Kanzelberedsamkeit, uns handfeste klare Strukturstudien gegeben hätte.

20 Seiten lang erläutert er uns Adalbert Stifter; und wie genau weiß er, was der alles in seinen ‹Hochwald› hineingeheimnist hat: Der Wald ist natürlich »Sinnbild der göttlichen Ordnung«, klar; der alte Gregor »die menschliche Verdichtung dieses Ordnungssymbols«. Für »die Entrücktheit der göttlichen Welt ist Sinnbild das Fernrohr«. Und »eine echte Novellenwende« nimmt Stifter vor, mit jenem Ronald, der Clarissa liebt; die Zerstörung der Burg, der Tod des Vaters; undsoweiter undsoweiter – jedenfalls in 30 Zeilen ein volles Dutzend Mal »göttlich« und »Ordnung«: Te Deum laudamus!

Dabei will ich Herrn Lockemann erklären, wieso das alles in Stifters ‹Hochwald› hineingeriet, dieses sinnbildliche Fernrohr, und der alte Gregor, und überhaupt sämtliche Figuren und Einzelerfindungen, von den zwei Töchtern des Ritters an, bis zum Floßhäuschen und dem Geierschuß: Stifter hat sich einen Dreck dabei gedacht! Sondern sämtliche Einzelheiten schlichtweg gestohlen bei James Fenimore Cooper und dann aufs plumpste wieder zusammengeleimt! Niemand bestreitet Stifter seine zarte schwerfällige Eigenart; aber über die Realität war er nur selektiv unterrichtet.

Hebbels Novellen »haben in der Geschichte der Novelle keinen Platz«. Und warum nicht, bitt' schön? Herr Lockemann sagt es uns triumfierend: »Keine Ordnung wölbt sich über dem Chaos des Daseins«! Hebbel nämlich ist Realist, düster und redlich, und das kann Lockemann gar nicht vertragen. Er hat noch zu lernen, daß sich ‹Gottnähe› mit ‹Kunstferne› oft und peinlich gut verträgt.

Reizend kommen seine Ausleseprinzipien bei den neueren Erzählern zum Ausdruck: Paul Ernst ist da; Werner Bergengruen; Schäfer; Binding; Hans Grimm natürlich. Gertrud von le Fort wird gelobt, weil sie immer wieder »das Chaos bewältigt« vermittelst der »im christlichen Sinne göttlichen Ordnung«. Und auch bei Ernst Wiechert »ragt die ewige Ordnung des Gesetzes in das Chaos einer bedenkenlosen Zeit.«

Solchen Vertretern der göttlichen Ordnung steht dann eine andere, ganz knapp abgetane, Gruppe gegenüber: Kasimir Edschmid ist »chaotischer Krampf«. Kafka's »Menschen wollen die Mahnung der Ordnungswelt nicht hören«. Stefan Zweig laboriert an der »oft geradezu krampfhaften Darstellung leidenschaftlicher Zustände«. Wie Lockemann denn überhaupt generell weiß, daß »der Expressionismus der Novelle nicht günstig« war : oh Theodor Däubler, Alfred Döblin, Musil, Schickele, Jahnn, Ehrenstein, Unruh, und wenns Klabund ist ! Ob der Verfasser wohl noch einmal so weit kommen wird, einzusehen, daß es für die ästhetische Bewertung eines Kunstwerkes und seiner Struktur völlig gleichgültig ist, ob es Karl Marx besingt oder die Jungfrau Maria ?

Einfach erschütternd ist solch selbstgerechte, im gewölbten Bariton des Hofpredigers erfolgende Vergebung von Lob und Tadel; oder präziser : in der Kunst völlig fehl am Platze, ja perfide, und eine tendenziöse Erschleichung ist die wie selbstverständlich vorgenommene Gleichsetzung von ‹schön = weiß & gut = staatserhaltend = göttlich›; und, im Gegenteil dazu, ‹Leidenschaft & Realismus = schwarz = ungesund = Chaos.› –

Zum Schluß stellt Lockemann die nachdenkliche Frage, ob unserer Zeit die vornehm behauptete »Zweischichtigkeit« der Novelle überhaupt noch entspricht; oder ob nicht die Kurzgeschichte mit ihrer »Einschichtigkeit« sich heute als legitime Nachfolgerin anbiete ? Ich, selbst ein praktisch Schreibender, will ihm den Tiefsinn aufs Simpelste auflösen :

Unbestreitbar ist die Novelle im Aussterben begriffen ! Aber der wahre Grund klingt so läppisch, daß der Leser vielleicht zunächst an einen Scherz glauben wird. Wenn heutzutage ein Dichter ein Stück von 50–60 Seiten schreibt : wo soll er es dann unterbringen ? Die Tageszeitungen haben schon Mühe, Arbeiten von nur 5 Schreibmaschinenseiten aufzunehmen; und wenn er mit seiner Novelle zu einem Verleger geht, sagt der ihm : »Lieber Meister; schrei'm Se ma sechs Stück in der Art, denn ergibt det 'n brauchbaren Band von 300 Seiten« – als wenn sich die ‹Blonden Eckberts› oder ‹Schimmelreiter› so diarrhöemäßig produzieren ließen !

Mit anderen Worten : Grund zur unbestreitbaren Hochblüte der deutschen Novellistik im 19. Jahrhundert waren die zahlreich vorhandenen Veröffentlichungsorgane dafür; die ‹Taschenbücher› und ‹Almanache›, die imstande waren, auf ihren meist 400 Seiten ein halbes Dutzend solcher Erzählungen aufzunehmen – und entsprechend zu honorieren : sämtliche Novellen ETA Hoffmanns, Fouqués, Chamissos; Tiecks, Stifters, usw. sind zuerst in solchen Taschenbüchern gedruckt worden, von denen es damals rund 50 in jedem Jahre gab. Die größten Verleger waren stolz darauf, ‹ihren› Almanach zu haben, ob Cotta oder Brockhaus; und durch die scharfe Konkurrenz wurde ein unvergleichliches Niveau herangezüchtet. Man führe diese, für das Gedeihen einer Literatur eigentlich unerläßliche Mittelstufe verlegerischer Produktion wieder systematisch ein, (anstatt beste Literaturzeitungen wie zum Beispiel ‹Texte und Zeichen› und ‹Augenblick› abzuwürgen) und man wird nicht nur eine neue Blüte, sondern einen ganzen Blütenstrauß sehen ! – So; nun weiß Herr Lockemann auch den Grund für den »Niedergang der deutschen Novellistik.« –

Resümee : Lockemanns ‹Deutsche Novelle› ist die auf der Basis weltanschaulicher Empfindlichkeit vorgenommene Betrachtung einiger Handvoll einseitig und mit unzureichender Belesenheit ausgewählter Novellen. Nicht »die Geschichte einer literarischen Gattung«; wohl aber kein unfeines Beispiel erprobter klerikaler Praktik : unangenehm=Wichtiges wegzulassen (was natürlich auch reine Verständnislosigkeit oder Unwissenheit sein kann); die Vielfalt der Einzelerscheinungen in ein (hier widersinnig=unangebrachtes) christliches Schema zu pressen; und mit einer sanften Bewegung der Schreibhand Segen oder Verdammnis auszuteilen : an der platonischen Idee des Superintendenten werden alle dichterischen Erscheinungen gemessen.

Der Titel hätte redlicher gelautet : ‹Gottselige Betrachtung erlesener Novellen. / Das ist : Theoriam, daß die teutsche Erzählkunst / (wie alle Kunst überhaupt) / eintzig in majorem Dei gloriam da sey. / Allen christlichen Hertzen erbaulich und nützlich zu durchlauffen.› –

Aber genug des bitteren Scherzes : nach Belehrung sucht der neutrale Leser, nach Förderung der Fachmann vergebens ! –

Kostet bei Hueber in München 14 D=Mark 80.

DAS=LAND=AUS=DEM=MAN=FLÜCHTET.

Alfred Andersch : ‹Sansibar, oder der letzte Grund›. / Verlag Walter, Olten.

Und gleich den Schock vorweg : er meint Deutschland !

* * *

Das Buch ist kurz : die langgedehnte dünnflüssige 1200=Seiten Klarheit überlassen wir, sehr richtig, den Angelsachsen.

Der Personenapparat entsprechend auf 6 reduziert : wer mehr braucht, ist ein Schwätzer; er heiße Tolstoi oder Galsworthy; die freilich beginnen dann auf den letzten 200 Blättern ihre sämtlichen Gestalten zu ‹versorgen› – d.h. umzubringen, bzw. zu verheiraten – : aber auf 200 Seiten kann man mehr tun !

Die ‹Fabel› kann in einen Satz zusammengefaßt werden : ich habe mir erlaubt, ihn als Überschrift zu wählen.

* * *

Zuvor noch dieses : ein sehr bekannter Kritiker hat sich berufen gefühlt, ‹Sansibar› u.a. folgende wohlmeinende Beiworte zu erteilen :

»In Schönheit aufgelöste Trauer«; ein »nobler Geist«; ein »unaufdringliches Gleichnis«; »tröstlich«; ein »innerliches Buch« – vielleicht wird diese Perlenschnur grotesker Fehlurteile begreiflicher, wenn ich hinzusetze, daß der Betreffende Schweizer ist; d.h. unbekannt mit der mitteleuropäischen Realität.

»In Schönheit aufgelöste Trauer« ? : so sagt meine Waschfrau auch, wenn Grace Kelly auf der Leinwand »nölt« (ein Wort aus ‹Sansibar› selbst). Ein »nobler Geist« ? : gottlob heißt der Verfasser mit nichten »von Andersch«; bei uns sind – zumindest in Kennerkreisen – Adels= und andere Prädikate immer verdächtig (weil fast unvermeidlich auf begrenzte Kenntnis der Realität hindeutend) ! Ein »unaufdringliches Gleichnis« ? : selten las ich eine aufdringlichere Abbildung der Wirklichkeit; in Gleichnissen spricht nur der Feigling ! »Tröstlich« ? : gewiß, etwas mit ‹Trost› ist es : aber bestenfalls ‹trostlos› ! Und ein »innerliches Buch« ? : wohl uns, daß es, kalt und aufs erhabenste sachlich, die Außenwelt nicht umgeht !

* * *

In einer kleinen Küstenstadt der Ostsee – schade, daß kein exakter Name dasteht: es ist immer besser, Namen zu nennen; ansonsten provoziert man eben feinsinnige Bemerkungen, wie die erwähnte vom »unaufdringlichen Gleichnis«! – treffen, zu einer Zeit, da die KPD wieder einmal verboten ist – hier hätte die Jahreszahl 1937 getrost wegbleiben können: man sieht, ich habe durchaus den Mut auch zur Inkonsequenz! – zufällig sechs Gestalten zusammen.

»Der Junge«; Gregor, der KPD=Funktionär; Judith, die Jüdin; am Ort selbst befinden sich der Pfarrer Helander; Knudsen der Fischer und Kutterbesitzer; als Letzter die Holzplastik des ‹Lesenden Klosterschülers›.

Von 2 dinosaurierroten Türmen überragt die graue Rundumkulisse – fast wäre auch ich eben der Versuchung erlegen sie ‹zeitlos› zu nennen; aber leider paßt sie allzu genau auf Deutschland, vom ‹Soldatenkönig› an bis heute –: plattsohlige Philistrosität birgt sich wohlgenährt; Gleichgültigkeit trottet ihrem Broterwerb nach; die übliche gutbürgerliche Stagnation. »Uniformiertes Fleisch geht um«, in Gestalt der SS=förmigen »Anderen«.

Und die sechs Gestalten – alle Andern bleiben angemessene Schattenhaftigkeiten – haben kein anderes Anliegen, als Deutschland zu verlassen.

Beim »Jungen« ist es nicht nur Reiselust, sondern das dumpfe Wissen, daß in diesem Sumpf kein Stein Ringe macht: wer wirklich und voll leben will, muß hier fort.

Judith ist Jüdin – es erübrigt sich in Deutschland jedes Wort.

Gregor, ein junger harter Intellekt, gehört einer verfolgten Partei an; aber »es gibt im Emsland ein paar Übergänge, die todsicher waren; er würde sie schon ausfindig machen.« Zudem ist er eben im Begriff über seine Partei hinauszuwachsen – auch dies gut und realistisch: ein Deutscher, der nie in seinem Leben, zu gewissen Zeiten (die durchaus sehr verschieden liegen können!), Kommunist war, oder Nietzsche=gläubig: an dem ist nicht viel verloren!

Altkommunist Knudsen's Frau ist geistesschwach und in Gefahr, von den Andern abgeholt=vergast zu werden; aber er hat sie gern, dazu sämtliche Parteien satt – und 1 Motorkutter.

Der Pfarrer Helander, ein alter beinamputierter Mann, der ohnehin nicht mehr lange zu leben hat, hat endlich begriffen »daß man einen Gott, der den Seinen nicht beistand, züchtigen müsse«: nicht schlecht! (Obwohl diese Erkenntnis peinlich spät eintritt; es wäre besser, Helander wäre weiter gekommen; zu der noch tieferen Einsicht: daß er, der Mensch, besser als Gott ist. Und dann vielleicht noch: daß der Betreffende wohl gar nicht ‹Gott› heißt; eher ‹Leviathan›; und daß – falls unsere Welt schon ein ‹Werk› ist, – man so ehrlich sein sollte, hinzuzusetzen: das eines Halbirren).

Am dauerhaftesten der hölzerne Klosterschüler, der allmählich zum ‹Lesenden› schlechthin wird, zum Wißbegierigen und kritisch Forschenden – das aber ist in Deutschland stets fehl am Platze : wozu auch, wo ‹die Wahrheit› doch längst bekannt ist; sei es der NSDAP oder den Kirchen ?!

‹Folglich› ist für alle die Sechs kein Platz in Deutschland !

* * *

Und – nicht nur der Klügere gibt ja nach – : sie Alle verlassen das strotzend stapellaufende Schiff !
Es geht die frische wertvolle Abenteuerlust in Gestalt des Jungen.
Es geht – in den Freitod – der Pfarrer Helander; weil sein Gott versagt hat.
Es geht der arbeitsam derbe Fischer, dem man die Frau wegbiologisieren will.
Es geht der kalt=wilde hoffnungsvolle Intellekt Gregors.
Es geht die Schönheit Judiths.
Es gehen Kunst und Wissenschaft, unverhüllt verkörpert im Bild des Lesenden. –
: Was übrig bleibt, ist Deutschland, das=Land=aus=dem=man=flüchtet.

* * *

Nichts zu sagen von den eingehend beschriebenen Techniken erzwungen=vorbedachter Emigration : wie nachdenklich, daß ein solches Buch gerade heute erscheint.

Wie aufschlußreich !

Denn – trommeln wir doch nicht auf unsre Brüste, sondern schlagen wir daran ! – : auch bei uns ist wieder die KPD verboten. Auch bei uns werden schon wieder jüdische Friedhöfe geschändet. Auch bei uns geht allenthalben wieder »Uniformiertes Fleisch« um. Auch ‹uns› gilt – man sei doch ehrlich – Barlach oder der Expressionismus längst wieder als ‹entartete Kunst› !

Macht man sich denn in allen Kreisen keine Gedanken darüber :

Warum wohl der große Einstein emigrieren mußte; und 45 *nicht* nach Deutschland zurückkehrte ?

Warum Thomas Mann (der nach Europa zurückkam) mit *nichten* seinen Wohnsitz am Brunnquell westdeutschen Geistes, in Bonn, aufschlug; sondern lieber in der Schweiz blieb ?

Warum Hermann Hesse – ich wähle, es ist dem Bürgertum eindrucksvoller, deutsche Nobelpreisträger – still in seinem Tessin bleibt ?

Denn es genügt nicht ganz, wenn ein Land von sich rühmen kann, daß es die *Wiege* großer Männer war; es muß auch noch den Nachweis erbringen, daß es ihr *Grab* zeigen kann – und selbst *das* ist wertlos, wenn die verehrend dorthin Pilgernden immer wieder nach irgendeinem Buchenwald gewiesen werden!

* * *

»In Schönheit aufgelöste Trauer« ??: Ich, 1 Deutscher, will Herrn Professor Doktor Muschg sagen, was Andersch's großes Buch von ‹Sansibar› meiner Meinung nach ist:

Eine, sachlich unwiderlegbare, Anklage gegen Deutschland. Eine Warnung, ‹an Alle, die es angeht›. Unterricht in (ja fast Anleitung zur) Flucht als Protest. Vorzeichen einer neuerlichen, nur durch ein Wunder noch aufzuhaltenden, Emigration aller Geistigkeit (aber wohin heute?!). Ein Mißtrauensvotum ersten Ranges gegen unser behäbig=aufgeblasenes ‹Volk der Mitte›.

Kompositorisch ausgezeichnet; sprachlich bedeutend über dem Durchschnitt.

DER DICHTER UND DIE KRITIK.

Gewiß, er war bereits ein kranker Mann, obgleich erst Anfang Zwanzig; er hatte die typische Krankheit englischer Dichter : Tuberkulose. Deswegen hielt er sich ja, sobald eine winzige Erbschaft ihn dazu instand gesetzt hatte, in Italien auf. Dennoch waren die Freunde tief erschüttert, als sie ihn, blutigen Schaum vorm Munde, die Finger an der keuchenden Brust, auf der Couch fanden : für *so* krank hatten sie ihn doch nicht gehalten ! Linderungsmittel wurden herbeigeschafft; aber er deutete nur immer wieder mit der dünnen bebenden Hand auf den Tisch, wo das Exemplar der ‹Quarterly Review› lag. Befremdet nahm man's zur Hand, und fand dort den Artikel John Wilson Crokers, der den ‹Endymion›, diese prächtige, halb griechisch halb romantische Dichtung derart gehässig – und falsch=verständnislos vor allem ! – rezensiert hatte, daß sich die Besprechung heute nur noch als Kuriosum lesen läßt. Heute. Damals regte sich der arme John Keats über diese nicht Verkennung, sondern böswillige Verfälschung derart auf, daß es ihn umbrachte; zumindest sein kostbares Leben um Jahre verkürzte : »Nun singet laut den Pillalu / zu mancher Klage Sorg' und Not : / Och orro orro ollalu, / : oh weh, des Herren Kind ist tot.« –

»Schlagt ihn tot den Hund ! 'S ist ein Rezensent !« : meinen Sie, daß Goethe mit diesem entrüsteten Ausruf so ganz unrecht hatte ? Also nehmen wir noch ein Beispiel :

Zugegeben; Johann Anton Leisewitz *war* ein komischer Kauz. Von unglaublich nervöser Reizbarkeit : als 1780 sein Herzog Karl von Braunschweig begraben wurde, flüchtete er vor dem Schießen der Soldaten; als er ein andermal in ein Dorf gehen wollte, und am Ortseingang von einer Schaar Hunde angebellt wurde, kehrte er um. So sehr mied er allen geselligen Verkehr, alle Vergnügungen, wich auch jedem Besuch eines ferner Stehenden oder gar Unbekannten aus, daß Johann Heinrich Voß, Matthisson und Eschenburg sich einmal in einem Nebengäßchen versteckten, das Leisewitz auf seinem Heimweg vom Büro – er war Beamter – passieren mußte, um sich eine notwendig gewordene Zusammenkunft mit ihm zu erzwingen ! (Aber ich möchte vorsichtshalber einschalten, daß dergleichen nur dem mit literarischen Arbeiten Unbekannten merkwürdig vorkommen kann; in Wahrheit ist es so, [daß der Dichter,] bedrängt von Gesichten und Formproblemen aller Art – er spricht mit sich selbst, debattiert mit seiner gespreizten Schreibhand, ballt die Faust nach exakten Abbildungen der Realität in Worten – sich die Gesellschaft anderer Menschen nur selten, und in genau bemessenen Dosen leisten kann). Leisewitz jedenfalls reichte, als der seinerzeit berühmte Schauspieldirektor und Dramaturg Schröder im Jahre 1775 einen Preis für das beste Schauspiel ausgeschrieben hatte, einen ‹Julius von Tarent› ein – er erhielt den Preis nicht; sondern Maximilian Klinger, auch ein unverächtlicher Name, für seine ‹Zwillinge›. Leisewitz, weniger läppisch ‹verärgert›, als vielmehr an der eigenen Begabung irre geworden, trat nie mehr als Dichter auf. Eine ‹Geschichte des 30jährigen Krieges› vernichtete er selbst noch; nach seinem Tode mußten, laut testamentarischer Verfügung, seine sämtlichen Papiere, darunter fertige Schauspiele, verbrannt werden.

Aus der Fülle der Beispiele ein weiteres:

Der ‹Letzte des Hainbundes›, Samuel Christian Pape, dessen volkshafte Lieder und Balladen das Höchste erwarten ließen, wurde von der damals entscheidenden ‹Jenaer Literaturzeitung› so abgekanzelt, daß er praktisch verstummte; allzu gewichtig war der Name, der hinter dem unberechtigt harten Urteil gestanden hatte: August Wilhelm Schlegel!

Und solche Empfindlichkeit gegen – zumeist unberechtigte – Kritikerformulierungen ist nicht etwa auf relativ unbekannte Namen beschränkt: ich zitierte vorhin schon Goethe. Fouqué, der Undinen=Dichter, gestand im hohen Alter, daß ihn jede absprechende Äußerung dieser Art, bis ins innerste Mark treffe, und ihm jedesmal einige böse unproduktive Tage mache. James Fenimore Cooper, der Schöpfer des unsterblichen ‹Lederstrumpf›, athletische 6 Fuß hoch, und, neben aller Gestaltungskraft, auch jeder Derbheit des rauflustigen ‹Grenzers› voll, Pioneers, oh Pioneers, führte zu einer und derselben Zeit nicht weniger als 52 Beleidigungsprozesse gegen Rezensenten und Zeitungen auf einmal: hätte er uns statt der vergeudeten Zeit doch lieber noch einen weiteren sechsten Band der ‹Leatherstocking›-Serie geschrieben! –

Die Frage, auf wessen Seite das ‹Recht› liegt, ist relativ einfach: grundsätzlich auf Seiten der Dichter!

Denn es ist ein volkstümliches Vorurteil, anzunehmen, daß ein Rezensent etwas von seinem Fach verstünde: man vergesse doch nie, daß die größten Namen, zu Beginn ihrer Laufbahn, in der unglaublichsten Art angefeindet worden sind! Da ist Goethes ‹Werther› »unsittlich«; sein ‹Faust› »eine Musterkarte voll Unsinn«. Shakespeares ‹Hamlet›?: »Das Hirngespinst eines betrunkenen Wilden« – und dies letztere hat mit nichten irgendein Quidam geschrieben, sondern der sehr große Voltaire! Wie ehrwürdig dagegen unser Ludwig Tieck, der seinem jungen Freund und ‹Eckermann›, Rudolf Köpke, einst anvertraute: »Ich bespreche nie und nimmer einen Roman;

ich weiß zu genau, was für eine unsäglich aufreibende Arbeit die bloße Niederschrift eines umfangreichen Stückes darstellt; ich bin vorsichtig.«

Denn man unterschätze ja nicht die Bedeutung, die im allgemeinen der Dichter dem Echo beilegt. Er ist erschöpft; er hat sich zuschanden gearbeitet; er »zittert wie Espenlaub« (Scheffel nach Vollendung des scheinbar so gemütlichen ‹Ekkehard›); er wartet auf wenigstens 1 Zeichen der Anerkennung seiner grausamen, ‹selbst=mörderischen› Arbeit (denn ein Schriftsteller löst sich ja langsam auf, in seine Werke; den zurückbleibenden schäbigen Rest besieht man sich besser nicht).

Wie zappelig war nicht Voltaire, als seine berühmte ‹Zaire› uraufgeführt werden sollte! Er hatte nicht mehr die Energie, selbst ins Theater zu gehen; sondern zog es vor, auf der Straße vom Schauspielhaus bis zu seiner Wohnung eine Staffette aufzustellen, deren Boten ihm von Moment zu Moment Nachrichten von der Aufnahme des Stückes bringen mußten – so daß er, auf seiner Stube, im Schlafrock, alle Qualen, alle Lust, des Autors gemächlich zu empfinden imstande war. Man denke sich, er empfängt die Nachricht ‹Das Publikum ist unruhig› : »Ha« ruft er, »Ist es möglich, Deine Teilnahme zu erregen, leichtsinniges gallisches Volk?« / ‹Das Publikum applaudiert, schreit vor Entzücken› : »Ah, wackre Franzosen; Ihr versteht Euren Voltaire und habt ihn!«. / ‹Das Publikum zischt; auch läßt sich Pfeifen hören.› : »Verräter, treulose! Das mir, das *mir*?!« (Frei nach ETA Hoffmann). –

Es gibt, für den Autor, nur *eine* Möglichkeit, und auch die ist nicht neu (wie, nebenbei bemerkt, nichts unterm Mond – hinterm Mond mag, z.B. für Sputniks, noch einiges möglich sein); bereits der große Sir Walter Scott hat sie angewendet: er las *nie* eine Kritik, sei sie gut oder schlecht. Niemand in seiner Nähe durfte eine Anspielung darauf machen, ob Weib oder Kind, ob Freund oder Schüler. Er arbeitete, und schuf die unsterblichsten Gestalten: »Wenn das Publikum aufhört zu tanzen, höre ich auf zu pfeifen; wenn der Verleger aufhört zu zahlen, höre ich auf zu schreiben« war seine Maxime. (Der wir die schönsten, nicht=auszulesenden Dichtungen verdanken; vom immer wieder verfilmten Robin Hood an, bis zum ‹Herzen von Midlothian›, usw. usw., 30 derbe Bände hindurch.) Und solch heilsames, jedem Autor dringend anzuratendes Verfahren hat nichts mit gespielter Wurstigkeit oder mühsamer seelischer Diätetik zu tun, sondern ist im Grunde nur der angemessene Ausdruck für die sehr einfache Tatsache: die Kritik liest in 8 Tagen kein Mensch mehr; das Buch steht nach 100 Jahren noch in der Bibliothek.

Was ruft Goethe, »Es schlug mein Herz: geschwind zu Pferde«, vom Pegasus herunter dem Rezensenten zu?: »Es will der Spitz aus unserm Stall / uns immerfort begleiten; / doch seines Bellens lauter Schall / beweist nur, daß wir reiten!«.

GROSSE HERREN – GROSSE SCHNITZER.

Er mag es zunächst für einen erfolgreichen Tag gehalten haben, der berühmte Hegel, als er sich 1801 mit seiner Abhandlung »De orbitis planetarum« in Jena als Dozent der Philosophie habilitierte; wies er doch darin hochgelehrt nach, daß zwischen Mars und Jupiter kein weiterer Planet existieren könne. Nur schade, daß einen Monat später eben dieser Planet praktisch gefunden wurde, vom Astronomen Piazzi in Palermo; und Hegel lebte noch lange genug, um Zeuge drei weiterer Planetoidenentdeckungen zu sein. Noch heute kann man diese, und andere handgreifliche naturwissenschaftliche Absurditäten mehr in Hegels Gesammelten Werken nachlesen; und wird vielleicht besser verstehen, warum nicht nur der heftige Rivale Schopenhauer, sondern auch der sachlich=vornehme Gauß sich einen ‹Irrsinnsschrank› eingerichtet hatten, in dem jene berüchtigte Dissertation einen Ehrenplatz einnahm.

Eines der grausamsten Beispiele dieser Art findet man im zweiten Band des Goethe=Zelterschen Briefwechsels; da schreibt der berliner Musikprofessor an den großen Freund : »Indem ich Dein Büchlein wieder und wieder lese, sitze ich immer fest bei der Stelle : Nur Byzanz blieb noch ein fester Sitz für die Kirche und die mit ihr verbundene Kunst.« Und nun könnte man einen Preis darauf setzen, daß keinem Leser zu erraten möglich ist, was an dieser Stelle für den Bau= und Maurermeister dunkel war; für den Mann, der sich in seinen sonstigen Briefen nicht entblödet, die kernigsten Dikta abzugeben über sämtliche Erscheinungen im Gebiet der Kunst, der Literatur, der Bildung überhaupt ! Es folgt nämlich ganz unbefangen und harmlos die Frage : »Was war Byzanz ? Wo war es ? Kannst Du mir in kurzen oder wenigen Worten Aufschluß geben ? « Mag es meinethalben keine Todsünde bei einem Mann sein, der dessenungeachtet über Alles mitredet, oft ungefragt viel ungewaschenen Rat gibt, und sich für hochgebildet hält; aber das wird immer unbegreiflich bleiben, daß er sich keinen anderen Rat wußte, als Goethe, der doch wahrlich anderes zu tun hatte, mit solcher Erkundigung die kostbare Zeit zu stehlen ! Ein Blick ins kleinste Konversationslexikon hätte ja wohl genügt, wenn er schon Hemmungen gehabt haben sollte, den ersten besten Bekannten zu fragen !

Schiller, allezeit advokatenhaft scharf und maulfertig, scheute sich nicht, den Schlegels öffentlich Ignoranz vorzuwerfen – ein Vorwurf, den die Brüder von allen möglichen wahrlich am wenigsten verdienten; denn in Beziehung auf Gelehrsamkeit war Friedrich Schiller ein erbärmlich kleines Licht verglichen mit dem Begründer des Sanskritstudiums oder dem Shakespeare=Übersetzer ! Denn eben dieser Schiller übersetzte und bearbeitete selbst; z.B. Gozzis köstliche Schöne, die »Turandot«. Und da, gleich in der ersten Szene des ersten Aktes, berichtet Kalaf, der Vielverschlagene, von der Flucht aus seines Vaters Reich :

».... Was erlitten wir nicht da ! Am Fuß
des Kaukasus raubt eine wilde Horde
von Malandrinen uns die Schätze ....«

Und ein linguistischer Trompetenstoß ists schon, dieses romanische Silbengeschmeide im deutschen Text, diese neue Völkerschaft der »Malandrinen« halb Mandrill, halb Mandarinen. Hat doch auch Gozzi »Sotto'l monte Caucaseo i malandrini / ci spogliaron di tutto.« Und viele Proben des Stükkes hörten Schiller und Goethe zusammen, und manche Aufführung des fertigen Stücks; und auch Goethe, der doch jahrelang in Italien geweilt hatte, und die Sprache fertig beherrschte, sprang nicht auf, und wies darauf hin, daß »malandrin« lediglich »Bösewicht« heißt ! Das ist derselbe Schiller, der auf »Musjö« »Itzehoe« reimt – obwohl eine ganze Provinz nicht anders spricht, und anders sprach als »Itzehoe« mit »o«.

Einer der schönsten Romane des großen Walter Scott ist das »Herz von Midlothian« : dort, im 15. Kapitel, wird das Phänomen eines Vollmondes vorgeführt, der »breit im Nordwesten aufgeht«. Und während wir Normalmenschen uns schon freuen, wenn der Nebelglanz von Osten her aufsteigend Busch und Tal füllt, war Scott in seine neue Erfindung so verliebt, daß er sie immer wieder anbrachte; z.B. in der »Anna von Geierstein«.

Lessing, Scharfsinnigster der Scharfsinnigen, der einen Horazübersetzer abstach, daß es noch heut eine Lust zu lesen ist, beging bei seinen eigenen, nicht wenig zahlreichen Übertragungen die unbegreiflichsten Fehler : die berühmten »Novelas Ejemplares«, die »Exemplarischen Novellen« – gleichviel ob man darunter musterhafte oder moralische verstehen will – zitierte Lessing grundsätzlich als »Neue Beispiele«, was ja auf Spanisch hätte »Ejemplos nuevos« heißen müssen. Bei Voltaire sollen wir laut Lessing einen »Ferdinand der Fette« antreffen; während im Original nur »de Gras«, von Graz, steht. Und gar die Herrlichkeiten des mohammedanischen Paradieses, wo die Seligen »Bäder antreffen, mit schönem Hausrath versehene Zimmer, gute Betten, und *Mäuse* mit großen schwarzen Augen« : Lessing hat in der Eile der Brotarbeit die »ouris« (die berühmten immer wieder jungfräulichen »Huris«) mit »souris« verwechselt !

Allen ist es so gegangen. In Storms »Chronik von Grieshus« hat der Junker Hinrich bald schwarzbraunes, bald blondes Haar. Wenn man Eichendorffs »Dichter und ihre Gesellen« trauen dürfte, gehörten zu den Charaktervögeln der Alpen auch Möwen. In Stifters »Witiko« handhabt der Held schon um 1150 munter Messer und Gabel; während dergleichen als Eßbesteck doch erst, und ganz vereinzelt, im 15. Jahrhundert aufkam.

Der Leser sei nachsichtig, der Autor bescheiden; denn wir sind alle von Adams Kindern, und ein Buch ohne Fehler soll erst noch geschrieben werden.

NOCH EINMAL ‹ULYSSES IN DEUTSCHLAND›.

Es ist eine Binsenwahrheit, daß man bis in subtilste Feinheiten hinein nur seine eigene Muttersprache kennt; in jeder anderen, später hinzugelernten, kann man sich einen beschränkten Wortschatz erwerben, eine gewisse Gewandtheit des Ausdrucks – von einer vollkommenen Beherrschung der Fremdsprache ist schwerlich die Rede. Ein ausländischer Autor wird nie der kompetenteste Richter eines deutschen Buches sein; selbst wenn es sich um die Übersetzung eines seiner eigenen Werke handelt. So zuständig also Joyce für's Englische war – da konnte er nicht irren, wenn er von Dublin her ex cathedra sprach ! – so wenig kommt sein placet zu der vorliegenden deutschen Übersetzung einer Sanktionierung jedes Buchstabens gleich. Daß Joyce außerdem die Übersetzung nicht Wort für Wort verglichen und verstanden haben *kann*, geht einwandfrei aus zahlreichen Stellen hervor, wie z.B. aus der von mir gerügten, wo Dr. Goyert den Namen des dubliner Stadtteils ‹Beggar's Bush› mit ‹Kerlsbutike› übersetzte. Wenn also Dr. Goyert, bzw. der Verlag, keinen Buchstaben mehr zu ändern gesonnen sind, so ist eine solche eigene Unfehlbarkeitserklärung unverständlich; zumal es den Herren andererseits so wenig Ernst damit ist, daß Dr. Goyert, nur um die Zeile zu retten, wo er ‹old Ireland› irrtümlich mit ‹England› übersetzte, lieber ‹augenscheinlich *einen Fehler im englischen Text*› annimmt – was ja, in simples Deutsch gebracht nichts anderes heißt als : eher kann noch der englische Originaltext irren, als die schweizer Übersetzung ! Kommentar überflüssig.

Die beigebrachten Lobesstimmen belegen letztlich nur die Unzerstörbarkeit der Joyce'schen Dichtung, die auch eine unzulängliche, zudem durch überflüssig viele Druckfehler entstellte Übersetzung überstanden hat. Der Arbeit eines sorgfältigen Textvergleichs können sich jene Kritiker schwerlich unterzogen, bzw. müssen sich bestenfalls auf die Kontrolle einzelner Sätze beschränkt haben. Ich halte jede Diskussion für müßig, in einem Falle, wo, wenn man sich rechts die deutsche, links die englische Ausgabe auf den Tisch legt, jeder Primaner mit dem kleinen Langenscheidt in der Hand nachzuweisen vermag, daß ‹gooseberries› *nicht*, wie zur Zeit behauptet wird, ‹Johannisbeeren› sind ! Auch kann ich es nicht dahin bringen, die ‹Widerlegung› darin einzusehen, wenn ich ein Dutzend englische Worte anführe, bei denen die Übertragung durch ein einfaches ‹rot› höchst unzulänglich ist; und Dr. Goyert zur Verteidigung anführt, daß man aber doch, ‹im Ulysses blätternd›, an *anderen Stellen* ‹scharlach›, usw. fände.

Binnen kurzem werde ich jedenfalls durch Rundfunksendungen und Druck so viel weiteres Material in dieser Hinsicht vorlegen, so viele hunderte, zumindest von mir beanstandeter Stellen, daß jeder im Besitz eines englischen Wörterbuches befindliche Leser=Hörer nach eigenhändiger Überprüfung selbst entscheiden mag. Ich bin der Überzeugung, daß jede derartige Auseinandersetzung letzten Endes dem einen erstrebenswerten Ziel näher führen muß : dem Publikum endlich, spätestens 1991 nach Erlöschen des Copyrights, einen gesicherten deutschen Joyce zu bescheren. Einen, der schon auf dem Schutzumschlag nicht eine Straße in New York zeigt; sondern eine von Dublin.

FLÜCHTLINGE, OH FLÜCHTLINGE!

»Auf dem Zonengrenzbahnhof Büchen traf ein weiterer Aussiedlertransport aus den polnisch verwalteten deutschen Ostgebieten ein; es handelt sich um 263, meist ältere, Männer und Frauen, hauptsächlich aus dem Raum Breslau.« Dann folgen aber auch schon gleich die weiteren Nachrichten : wie der amerikanische Sputnik wiederum nach hinten losging; wie in Little Rock alles ruhig sei (und überhaupt gar nicht so schlimm gewesen!); und Frankreich hätte nun endlich den Algeriern das großzügige Angebot gemacht, ihnen die Hälfte der Sitze in einem zu schaffenden Parlament zu überlassen – was kann man mehr verlangen, wo doch bevölkerungsmäßig auf 1 Franzosen höchstens 10 Algerier kommen?!

Aber bei den Millionen Hörern, die selbst Flüchtlinge sind, bleibt, und aufs Schwermütigste, die erste Meldung haften : 12 ½ Millionen waren es damals (von denen 2½ Millionen auf der Flucht zugrunde gingen!); und der Strom reißt nicht ab – hat die Welt jemals dergleichen gesehen?

Eine Untersuchung solcher empörten Frage führt zu den merkwürdigsten Resultaten; nicht nur hinsichtlich des historischen Materials, sondern vor allem der Ursachen solcher Völkerwanderungen – wobei man gleich erst einmal gegen die Verniedlichung des Großelends durch die Sprache protestieren muß : den Begriff des ‹Wanderns› damit zu koppeln – »Wer recht in Freuden wandern will« – ist doch wohl, gelinde ausgedrückt, mißlich).

Soweit überhaupt schriftliche Urkunden reichen, findet man auch den Begriff der »Refugiés; Umsiedler; Emigranten;« oder wie die armen Teufel immer beschönigend benannt werden mögen. Schon die Bibel weiß das im Anfang – und ich meine jetzt nicht die ‹Vertreibung aus dem Paradies› – sondern den Auszug von 3 Millionen Kindern Israel aus Ägypten; die Gründe dazu mögen gewesen sein, was man will, ob die theatralische Motivation des betreffenden Buchs Mose, oder die wesentlich realistisch=bösartigeren Angaben des Tacitus. Es traf sie immer wieder, die Juden, dieses ‹ihr› Schicksal par excellence; ob sie 70 Jahre lang »An Wasserflüssen Babylons« sitzen mußten, oder zweitausendfünfhundert Jahre später in die deutschen KZ's ‹wanderten›.

Allerdings sei hier gleich eingeschaltet, daß man sich jüdischerseits in all den Jahren sehr wohl auf die gleichen Praktiken verstand; wer die Geduld dazu hat, mag sich selbst die zahllosen Beispiele zusammenstellen: vom Alten Testament an, wo die Bewohner der Städte regelmäßig erst »mit der Schärfe des Schwertes geschlagen« werden, und anschließend, immer zu Zehntausenden, »weggeführt«. Bis zur Gründung des neuen Staates Israel, aus dem auch erst 700.000 Araber ‹ausgesiedelt› wurden!

»Von Osten kamen wir heran – und um den Westen war's getan!«: 300 Jahre lang schoben und drängten sich die Scharen von der Krim bis Nordafrika in der ‹Völkerwanderung› – bis dann ein halbes Jahrtausend später der Gegenstoß der ‹Ostlandreiter› erfolgte: ihre Nachkommen leben und wirken mitten unter uns.

Seit die Inquisition ihres ‹Heiligen Amtes› waltete, hatten die Mauren in Spanien gegründeten Anlaß zu Wanderplänen: unaufhörlich wütete die Geistlichkeit gegen sie! Im Jahre 1602 überreichte der Erzbischof von Valencia Philipp III. 2 Denkschriften, worin den Morisken an allem Unheil, das Spanien seit eh und je betroffen, die Schuld gegeben wurde; und es wäre gar amüsant zu lesen – wenn es eben nicht grausigste allerchristlichste Wahrheit wäre – wie der Kirchenfürst da nachweist, daß die große Armada nur deshalb zugrunde gegangen, die Expedition Karls V. gegen Algier nur darum mißlungen sei, weil es Gott mißfallen habe, daß die Spanier Ketzer im eigenen Lande duldeten: sie seien daher auszurotten, zu verbannen bzw. als Sklaven in die amerikanischen Bergwerke zu verschikken! Solch überzeugender Beweisführung war nicht zu widerstehen; also wurde der Ausrottungsbeschluß 1609 zum Gesetz erhoben: weit über eine halbe Million der fleißigsten Bewohner Spaniens wurden wie wilde Tiere aus dem Lande gehetzt; viele auf dem Weg erschlagen; andere geplündert und mißhandelt; weit über Hunderttausend kamen auf das gräßlichste um: Te Deum laudamus! (Der himmlische Lohn für solche Tat blieb auch nicht aus: das Land besaß nunmehr einen ‹einheitlichen Glauben› – viel mehr allerdings auch nicht; denn da Ackerbau, Handel, Industrie, Wissenschaften, fast nur in den Händen der kulturell weit höherstehenden Araber gelegen hatten, verödeten ganze Provinzen: hatte die Stadt Sevilla zuvor 16.000 Webstühle gezählt, so waren es nach der ‹Reinigung› nur noch 300). –

»Stets weiter drängen uns, als ihre Heerde, / stets weit und weiter die verfluchten Hunde!«: die Weißen nämlich, die Lenaus Indianerhäuptling meint. Es ist ja bis zum Überdruß bekannt, wie die Spanier in Mexiko hausten. Und als nahezu alle die Armen ‹verbraucht› waren, verfiel man auf ein neues Mittel:

War Afrika nicht voll von Völkerschaften, groß, stark, tragsam, jeder Fron auch im Tropenklima gewachsen? Himmelschreiend ist was geschah!

Und wie es von ‹den Regierungen› sanktioniert wurde : unterschrieb nicht der allerchristlichste König, Ludwig XIII. von Frankreich, noch 1620 das Gesetz, nach dem jeder Neger »von Natur aus« zum Sklaven deklariert wurde ?! Wie ging England voran; und Holland folgte nach; und man schlägt sich vor den Kopf, all die ‹großen› Namen der Menschenhändler zu lesen, von Sir Francis Drake bis zu ‹unserem wackeren› Nettelbeck, dem ‹Helden von Kolberg› ! Es entzieht sich jeder Schätzung, wieviele Millionen im Laufe jenes halben Jahrtausends dergestalt ‹umgesiedelt› wurden. Die Hälfte mag schon auf dem ‹Transport› zugrunde gegangen sein : wer nicht mehr marschieren konnte oder wollte, dem wurden die Füße abgehackt als Ansporn für die Nachkommenden; und auch die ‹Behandlung› im fremden Lande war so, daß man sich schämen muß, ein Weißer zu sein. Im einzigen Jahre 1828 noch wurden nach dem einen Lande Brasilien 46.160 lebende Neger importiert. ! (Allerdings sei erwähnt, daß unser aller Mutter – die große Französische Revolution von 1789 : Messieurs, wir erheben uns von den Plätzen ! – am 4. Februar 1794 dekretiert hatte : daß sämtliche Neger und alle anderen Sklaven der Welt frei sein sollten; die Donnerstimme Dantons verkündete es im Nationalkonvent : »Heute schleudern wir die Freiheit in die neue Welt ! Von heute an ist der Engländer tot !« (Wozu man ja bei dem nahezu täglich von den Angelsachsen anfallenden Material nur nicken kann : Lord Kitchener, der sich aus dem Schädel des ‹Mahdi› ein Tintenfaß machen ließ; Little Rock, den neuesten Schandfleck der USA in dieser Hinsicht erwähnte ich schon; worauf natürlich die Engländer nicht dahinten bleiben mochten, und den ‹Fall Civil› lieferten : es lebe die Charta der Vereinten Nationen !)

Und immer wieder dazwischen die religiösen Verfolgungen ! Selbst wenn man die ewigen ‹Bartholomäusnächte› ausnimmt – sie gehören ja eigentlich nicht ‹zum Thema›; ich wollte ja nur ‹Umsiedlungen› besprechen; gewiß, Herr Konsistorialrat ! – mußten nicht 300.000 Hugenotten das Frankreich Ludwig XIV., des ‹Sonnenkönigs› verlassen ? Und noch heimlich dazu; zitternd; auf Schleichwegen : oh, man war durch das vorhin erwähnte Beispiel Spaniens gewarnt ! Einerseits sollte die ‹Einheitlichkeit des Glaubens› erzwungen werden, compelle intrare; andererseits wollte man auf keinen Fall so viel unersetzliche fleißige und intelligente Einwohner verlieren. Also griff man anläßlich dieser, wieder einmal im eklen Zusammenspiel von Thron & Altar, veranstalteten Großschweinerei, zu dem folgenden hochpolitischen Mittel : wer nicht freiwillig katholisch wurde, bekam ein Dutzend Dragoner als Einquartierung ins Haus gelegt, die ausgesucht ‹rauhesten Krieger›, versteht sich; die dann in Küche und Keller und Schlafgemach des Hausherrn so lange nach Willkür schalteten, bis jener die Wahrheit der alleinseligmachenden Lehre eingesehen hatte : das nannte man mit dem Fachausdruck ‹Dragonnaden› – und wenn das Ding einen Namen hat, unter dem man es zitieren kann, in amtlichen Berichten, oder in Lexika, dann ist es ja schon halb so schlimm, und ein ‹historischer Begriff› geworden.

Gleichermaßen flohen die Puritaner Cromwells vor der Restauration Karls II. Die Salzburger Protestanten mußten vor dem eifrigen Erzbischof Firmian entweichen : »Hab ich den Markt und die Straßen doch nie so einsam gesehen !« Wie sangen die Mormonen, als sie auf ihrem großen Treck, wiederum Tausende, die zivilisierten Oststaaten verlassen mußten : »Oft will ich dann gedenken / an Freund und Jugendland : / doch ist's mein Volk im Westen, / wo ich die Heimat fand !«

Und nach jeder ‹politischen Umwälzung› noch flossen die Flüchtlingsströme – ob nach den immer erneuten ‹Teilungen Polens› (wir verstehen das unglückliche Land hoffentlich allmählich besser, seitdem auch die ‹Teilungen Deutschlands› ein geschichtlicher Begriff zu werden beginnen; die erste erfolgte zur Napoleonischen Zeit) – ob die Ungarn zu Zehntausenden in die Diaspora geraten; oder die Indonesier die gleiche Anzahl Holländer ‹ausweisen›.

Zweierlei aber ergibt sich aus den angeführten nachdenklichen Beispielen : die Ursachen solcher Massenaussiedlungen (und im Grunde auch die jeder Einzelemigration) sind immer die gleichen. Einerseits die ausgezeichnete Perfidie der Politiker und Militärs; andererseits die nicht geringere der sogenannten ‹positiven Religionen›; bzw. das Zusammenwirken beider. (Was nebenbei verdächtig oft eintritt).

Woraus weiterhin folgt – – tja : was folgt wohl daraus ? (Gewiß, unser großer Dichter Wieland hat ein Hausmittel angegeben, gegen jedweden Konflikt mit Staat und Staatsreligion : »Friß Deine Knackwurst, Sklav, / und halt Dein Maul !« – aber klingt es nicht doch irgendwie unbefriedigend ?).

GERMINAL.

Vom großen Kalender

»Nach Entgegennahme und Prüfung des betreffenden Berichts des Ausschusses für Erziehung und Kultur verfügt der Nationalkonvent wie folgt:

ARTIKEL I. Die Französische Ära beginnt mit der Gründung der Republik, am 22. September 1792 alten Stils – im folgenden ‹Sklavenstil› genannt – am gleichen Tage, als die Sonne in das Herbstäquinoktium und das Tierkreiszeichen der Waage eintrat, und zwar um 9 Uhr 18 Minuten 30 Sekunden morgens, gerechnet nach dem Meridian von Paris.«

* * *

Und ehe man das bekannte kleine Lächeln erzeugt, oder auch nur resigniert und um eine entscheidende Spur zu historisch=gebildet die Achseln hebt – à la Ben Akiba: jede politische Umwälzung tendiert anscheinend dazu, von sich aus den Beginn der Welt zu rechnen – sei einiges zu bedenken gegeben.

Man vergesse nie, sobald man den Meterstab zur Hand nimmt oder von ‹Kilogrammen› spricht, daß deren Einführung ihr zu verdanken ist, Unser Aller Mutter – ich sage höflicherweise ‹unser› – ihr, der großen französischen Revolution von 1789. Nicht das war das entscheidende, daß 1 Meter nun ausgerechnet der zehnmillionste Teil des Erdquadranten sein sollte; und auch das wollen wir den Geodäten überlassen, sich nasenhaft darüber zu mokieren, daß man sich damals um 0,02% vermaß; der Grundgedanke war *der*: Maßeinheiten zu schaffen, die alle Völker der Erde akzeptieren könnten, ohne ihrer nationalen Eitelkeit Eintrag zu tun; folglich wählte man in unübertrefflich maßvoller Einsicht zur Grundlage aller Wägungen das neutrale Wasser; für Längenmessungen lieferte die uns gleichermaßen gemeinsame Erde die Einheit.

Soviel jedenfalls sei vorausgeschickt: die Männer der Revolution waren nicht nur Fanatiker und Dummköpfe!

* * *

Als Proben der Urteilsfähigkeit ‹objektiver Historiker› gebe ich nur zwei sehr bekannte und zugängliche.

Da weiß uns etwa Carlyle in seiner unerträglich ‹originellen›, neckisch hüpfenden Weise die Einführung des neuen Kalenders unschwer zu erklären : »Er ist für den Leser französischer Geschichte nicht das Geringste der ihn betrübenden Vorgänge. ... 4 gleiche Jahreszeiten, 12 gleiche Monate, jeder von 30 Tagen, macht 360. 5 überzählige Tage wollen wir zu Festtagen machen, ‹Tagen ohne Hosen›. ... Was den Tag des Anfangs betrifft, je nun ... Und der christliche Sonntag ? : Mag für sich selber sorgen !« (Und so geht das Gewäsche 2 volle Druckseiten lang fort).

Der erwähnte ‹christliche Sonntag› leitet auch gleich zwanglos auf den Nächsten über; ich greife in meine Kirchengeschichte (7 Bände mit zusammen 5.000 Seiten) und vernehme aus dem Munde des betreffenden Theologieprofessors : »Auch die christlichen Namen verschwanden selbstverständlich aus dem Kalender, und wurden mit heidnischen, aus der Mythologie und dem klassischen Altertum, vertauscht.«

Nach Lektüre der vorliegenden Darstellung mag Jeder die Hand an die Stirn legen und selbst entscheiden, was überwiegt : die Unwissenheit der Herren, oder ihre weltanschauliche Bosheit !

Das allerdings ist richtig, daß die Tage neue Namen erhielten; darauf komme ich noch ausführlich zurück.

* * *

In Wahrheit wurde der Neue Kalender natürlich aufs sorgfältigste vorbereitet. Den astronomischen und chronologischen Teil – Frankreich war damals führend, auch in der Astronomie ! – erledigten Lalande, Atheist und Katzenfreund; Lagrange, Monge, und vor allem der Mathematiker Romme. Politiker saßen selbstverständlich mit im Ausschuß : Frécine, Roger=Ducos, Merlin von Thionville. Für die Nomenklatur war verantwortlich der Dichter Philippe François Fabre d'Églantine – denn damals kümmerten sich die Dichter noch um die Politik !

Und ein unverächtlicher Dichter war Fabre : gebürtig aus Carcassonne (1755), in einem steifen Bürgerhaushalt; dem er folglich entlief; Soldat probierte und Schauspieler (noch heute gilt sein ‹Philinte et Molière› als eines der besten, ‹klassischen›, Charakterstücke der französischen Bühne). Schon früh erhielt er bei den ‹Blumenspielen› der Dichter zu Toulouse den Preis der ‹Wilden Rose›, der Églantine, und fügte sie seitdem seinem Namen zu. Man wußte sehr wohl im Nationalkonvent, warum man gerade ihn zur Neugestaltung des Kalenders heranzog : ein guter linker Mann; sprachgewaltig und naturverbunden – trällerte nicht das ganze Volk sein Liedchen »Il pleut, il pleut, bergère« ? – dazu vor allem fleißig und verläßlich, kein genialer Bummler.

Auch wurde, falls das ihn anderweitig empfehlen kann, die ‹Wilde Rose› am 5. April 1794 guillotiniert – ein Risiko, das die französischen Dichter zu keiner Zeit gehindert hat, sich um Politik zu kümmern.

* * *

‹September›? : Was heißt hier September ?!

Einmal ‹der Siebte› – dabei ist's der *neunte* Monat ! Und was soll uns außerdem der kalt=latinisierende Schall ?

Warum ist in den einzelnen Monaten die Anzahl ihrer Tage derart verschieden, daß das Kind sie sich mühsam einlernen muß; und auch mancher Erwachsene noch heimlich die Fingerknöchel zu Hilfe nimmt : hätten wir uns nicht wahrlich, bei der rapiden Zunahme des Wissenswürdigen, Wichtigeres einzuprägen als dergleichen antiquierte Schnurren ? Zumal wenn diese Dinge lediglich von unserer Einsicht und unserem Willen abhängen.

Also bekommt zunächst einmal jeder Monat 30 Tage. (Zwölf Monate müssen's freilich sein, des so anschaulichen Mondlaufes wegen; obwohl an sich fraglos das Dezimalsystem vorzuziehen wäre; seine Rechenerleichterung ist so groß, daß jede andere Rücksicht zu schweigen hat – dafür wird aber wenigstens jeder Monat in 3 ‹Decaden› zu je 10 Tagen abgeteilt).

Nun die Namen der neuen Monate – und zumindest kein Deutscher werfe den ersten Stein : ganz zu schweigen vom Großen Karl, der, ebenfalls des begriffsblassen Latein überdrüssig, mit seinem ‹Windumemanoth› ankam (solch vielgliedriges Steinmaulgeklappe können wir uns freilich rein zeitlich nicht mehr leisten); aber wir kennen ja auch, obwohl arg landschaftlich bedingt bzw. ‹völkisch eingefroren›, Bezeichnungen wie ‹Hornung› – solche Monatsnamen ergeben sich, im besten Sinne des Wortes ‹organisch›, aus dem Laufe der Jahreszeiten : *darüber* hätten sich die Kritiker lieber lustig machen sollen, daß einer unserer appetitlichsten Zeiträume ‹August› heißen muß (und man betone die *erste* Silbe, um den Widersinn des 2.000 Jahre alten, dazu byzantinisch=speichelleckerischen Höflingskalauers voll einzusehen !).

Da das Neue Jahr mit der Herbsttagundnachtgleiche beginnt – und sinnreicher als unser 1. Januar, der gar nichts ist : ‹Sonnenwende› fällt ja 10 Tage früher ! – *kann* der erste Monat nichts sein, als ein ‹Vendémiaire›, der Weinmonat, wo der Winzer die Trauben einheimst. Der anschließende – man beachte, daß jedes Vierteljahr seine eigene, bezeichnende Endsilbe führt – ist der ‹Brumaire›; wo der Himmel sich umdüstert, und Dünste, brumes, über die entleerten Felder geistern : genau im Sinne des Storm'schen ‹Oktoberliedes› : »Der Nebel steigt, es fällt das Laub«. Ihm folgt der, schon fonetisch frostklirrende, ‹Frimaire›, wo Reif die Höhen überzieht.

Das Wintervierteljahr (Kennsilbe ‹ôse›) beginnt mit dem flockenstiebenden ‹Nivôse›; der in die schweren Regenfälle des ‹Pluviôse› übergeht; und dieser wiederum in den windigen ‹Ventôse›, der die Winterstürme bringt, die dann vorschriftsmäßig dem Wonnemond weichen.

Denn nun erscheint er, der einzig von ihnen allen noch ein Begriff im Bewußtsein der Gebildeten geblieben ist – dank des großen Zola gleichnamigem Roman – der ‹Germinal›, wo die Saaten keimen. Dann der ‹Floréal›, wo es sprießt und blüht; und der ‹Prairial›, in dem die Wiesen das erstemal geschnitten werden.

Die vollste Zeit des Jahres beginnt mit dem ‹Messidor›, wo man die Ernte einbringt; dem hitzigen ‹Thermidor› unterm Hundsstern; und schließlich dem ‹Fructidor›, wo der braune Landmann die Früchte von den Bäumen bricht : was will dagegen unser Dummer August ?!

Denn, wie schon der Royalist Lamartine widerwillig bescheinigte : »Die Namen der Monate waren bezeichnend wie ein Gemälde, und vollklingend wie der Widerhall des kräftigsten Landlebens.«

Oder, besser, wie Fabre d'Églantine es rund heraussagte, als er vor den Nationalkonvent hintrat, und in heute noch hinreißender Rede das System seiner Namensgebung erläuterte : »Mit Gründung unserer Republik ist endlich die Zeit gekommen, den Völkern öffentlich darzutun, daß bei uns der Arbeiter – sei es der Industrie, sei es des Feldes – mehr gilt, als sämtliche gekrönten Häupter des Erdballs zusammengenommen !«

Nicht länger waren die Namen verschollener Könige, die Entwicklungsfasen längst bankerotter Reiche, auch nicht die Religionen der Völker, ausschlaggebend für die Maße des Lebens, für die seinssetzenden Stunden und Daten – alles bezog sich auf Ackerbau und Industrie, die ersten und letzten aller Künste.

* * *

Denn allerdings erhielt auch jeder einzelne Tag seinen neuen Namen – oder, richtiger : den alten, den er längst hätte führen sollen ! Und zwar wurde dieses System befolgt (System muß sein; Zeit zum Chaos hat nur der Schwätzer !) :

In jeder ‹Decade› wurden die Tage 1–4 und 6–9 nach Pflanzen benannt. Der auf 5 endigende (d.h. der 5., 15., 25.) trug den Namen eines Haustieres : also 36 ‹Tage des Tieres›, anstatt unseres heutigen *einen* : wie herrlich weit haben wir's doch schon gebracht ! Jeder zehnte Tag erhielt den Namen eines Ackerbaugerätes.

Solche Benennung geschah mit nichten unüberlegt und nach hastigem Belieben : stets wurde wohlbedächtig *die* Pflanze gewählt – gleichviel ob Getreide, Blume, oder Heilkraut – die genau zur betreffenden Jahreszeit blühte; oder geerntet, bzw. verarbeitet wurde. Der 1. Vendémiaire führt also, ganz logisch, den Namen ‹Traube›; der 10. ‹Bottich›; der 20. ‹Kelter› : wir folgen dem Winzer bei seiner Arbeit !

Ist es nicht sinnvoller – poetisch schöner sowieso ! – den 1. Floréal ‹Rose› zu nennen ? Oder am 17. Messidor bewußt die ‹Johannisbeere› zu ernten ? Es fehlt nicht der ‹Kümmel› (22. Messidor); der ‹Seidelbast› (22. Pluviôse); oder der ‹Spinat› (16. Ventôse).

Im Frimaire, wo die Stämme entlaubt und ihre Gestalten sichtbarer dastehen als sonst in der grünen Tarnkleidung (und wo auch Feuerholz herbeigeschafft werden muß), erscheinen viele der ernsten Bäume; der ‹Wacholder› (9.), die ‹Zeder› (13.), die ‹Tanne› (14.), nicht minder als ‹Zypresse› (17.), ‹Efeu› (18.) und die ‹Olive› (29.).

Im Nivôse ist die Erde kahl und schneebedeckt, die Pflanzen verschwunden : da brennt der ‹Torf› auf dem Herd (1.) oder die ‹Steinkohle› (2.). Hinterm Ofen schlummern ‹Hund› (5.) und ‹Katze› (25.). Selbst der ‹Dünger› fehlt nicht (8.). Da ist die Zeit der Mineralien und Metalle gekommen : ‹Pech› (3.) und ‹Schwefel› (4.); ‹Salpeter› (10.) und ‹Schiefer› (13.); ‹Eisen› (23.) und ‹Kupfer› (24.).

Sorgfältig ist der Neue Kalender durchkonstruiert, mit tiefer Einfühlungsgabe und Würdigung von Naturleben und Menschenwirksamkeit : ein Durchschlagen besten Heidentums !

* * *

Wie sorgfältig gearbeitet, *wie* gut und kühn geplant, *wie* tief gedacht war, zeigt sich jedoch erst, wenn man die nächste Seite im ‹Annuaire du Républicain› umschlägt – oder präziser die nächsten 354 Seiten.

Auf ihnen nämlich wird der schlechthin geniale Versuch gemacht, für jeden einzelnen Neuen Tag dem Benützer eine volkstümlich gefaßte, dabei sachlich einwandfreie, Definition und Beschreibung des betreffenden Lebewesens oder Gegenstandes zu geben. Von Pflanzen etwa den Standort, Blütezeit, Verarbeitung, ihre Kraft und Eigenschaft, auch Pflege und Wartung. Ist die Zeit für Sammler des ‹Champignon› (8. Floréal) gekommen, dann handelt der Kommentar 3 Seiten lang über Pilze und deren Verwendung. ‹Eisen› ? : dort und dort in Frankreich wird es gefunden; dergestalt verarbeitet; so schützt man es vor Rost; das und das versteht man unter Stahl.

Denn also sprach Fabre d'Églantine vor den Vertretern seines Volkes : »An jedem einzelnen Tage des Jahres, in der naturgegebenen Reihenfolge wie die Gegenstände auf den Menschen zukommen und er sich mit ihnen auseinanderzusetzen hat, werden kurze und exakte Erklärungen dieses Gegenstandes gegeben; dergestalt, daß jeder Bürger, zu Ende des Jahres, eine erste fundamentale Übersicht über den Stand der Industrie und der Landwirtschaft seines Vaterlandes besitzen kann.«

Das nämlich war der große Grundgedanke: Kalender des arbeitenden Volkes und Fibel der Bürgerkunde vereint!

* * *

12 mal 30 macht 360; übrig bleiben 5 Tage, zuweilen 6: aus ihnen wurden, zu Ende des Jahres und hintereinander, die Feiertage der Nation.

Der erste war der Bürgertugend gewidmet, das ‹Fête de la Vertu›; der zweite ehrte den Geist, ‹Fête du Génie›; der dritte war der Tag der Arbeit, ‹du Travail›.

Der vierte, sehr eigentümlicher Art, bedeutend und tiefsinnig angeordnet vor anderen, war das ‹Fête de l'Opinion› – der Tag der Freien Meinungsäußerung; originell, und dem trocken=geistreichen Charakter der Franzosen völlig angemessen. Eine Art politischer Karneval, bei dem es 24 Stunden lang Jedem erlaubt war, über jede öffentliche Persönlichkeit ungestraft alles zu sagen und zu schreiben: wer nicht öffentlich gebrandmarkt sein wollte, brauchte ja nichts anderes zu tun, als das restliche Jahr hindurch sein Amt unsträflich und tugendhaft zu versehen! Auch diese Idee war durchaus groß und moralisch; viele Mißstände kamen dadurch zur Sprache, und so manche peinliche Untersuchung war die Folge.

Der fünfte Tag galt der Verleihung der öffentlichen Belohnungen; an ihm wurden verdiente Bürger geehrt: fleißige Arbeiter; Techniker; Wissenschaftler, die eine neue Entdeckung, Künstler, die ein der Nation Ehre machendes Werk geschaffen hatten – demnach erhoben sich beispielsweise im Jahre VI (=1798) die Komponisten Monsigny, Cherubini, Lesueur und Martini auf dem Marsfeld von ihren Plätzen; und wurden, erst vom Directorium, dann vom Herold als ‹ausgezeichnete Tonkünstler der Nation› ausgerufen (womit, nebenbei bemerkt, ein Ehrensold auf Lebenszeit verbunden war).

Falls der sechste Tag eintrat – man schaltete wesentlich genauer als nach dem ‹Sklavenstil› – fiel auf ihn das Fest aller Feste, das ‹Fête de la Révolution›, an dem man sich in feierlicher Weise der Gründung der Republik und ihrer großen Jubiläen erinnerte; Aufmärsche, zumal der Jugend veranstaltete; sowie Spiele aller Arten.

* * *

Allerdings nur 12 Jahre lang rechnete das damals bedeutendste Volk Europas nach seinem Neuen Kalender; nur 12 Jahre lang geschahen folgenschwere Ereignisse am 22. Prairial oder 9. Thermidor. Wer aber die Geschichte jener Jahre nachliest, *muß* mit der Neuen Ära vertraut sein; oder er begibt sich selbst der Möglichkeit sie zu verstehen, nicht nur in (teilweise entzückenden) Einzelheiten und Anspielungen – etwa inwiefern Madame Tallien ‹Notre Dame de Thermidor› genannt werden konnte – sondern er begreift vor allem nicht Geist und Ton jener Zeit, die selbst uns heutigen soweit voraus war, daß man den Tag in 10 Stunden und diese weiter gemäß dem Dezimalsystem einteilen und neue Zifferblätter für die Uhren anfertigen ließ. Ein Beleg mehr für die Binsenwahrheit, daß die ‹Aufklärung› – die heute im Freien Westen bestgeschmähte ‹lumière› – noch nie bisher in der Geschichte die Chance nachhaltig zu wirken bekommen hat, die ihr gebührte.

Alle haben sie, und manche mehr als ein Jahrtausend, Gelegenheit gehabt, sich an ihren Früchten erkennen zu lassen, ob Kirchenstaaten ob Königreiche – nach armen 12 Jahren, am 1. Januar 1806, wurde durch Napoleons Dekret in Frankreich wieder der alte Gregorianische Kalender eingeführt.

Titelbild des ‹Annuaire du Républicain› vom Jahre II der Republik, mit folgender Erläuterung der Allegorie :

»Im Hintergrund der ‹Tempel des Jahres›, dessen Kreisgestalt die periodische Wiederkehr der Jahreszeiten versinnbildlicht. 12 dorische Säulen tragen sein Dach; auf den Kapitälen der uns zugekehrten lesen wir die Namen der schönsten Monate – Germinal, Floréal, Prairial; jeder Säulenschaft trägt, entsprechend den 3 Dekaden des Monats, 3 Kranzleisten mit den Namen der Tage.

Aus dem Tempel tritt die Freiheit, die Vernunft an ihrer Hand, die mit ihrem strahlenden Licht Päpste, Könige und andere heiliggesprochene Tyrannen verscheucht; geblendet wälzen sie sich im Kot, samt ihren Panieren, auf denen man Namen wie ‹Gregor, Pius, Benedictus› erkennt.

Von links tritt, nunmehr endlich, die Natur herzu, die einen Landarbeiter – auf sein treues Rind gelehnt, in der fleißigen Hand die Sichel – hinführt zu Freiheit und Vernunft. Eine Schar von Bauern folgt ihnen, auf den Schultern Harken, Forken, Dreschflegel und andere Ackerbaugeräte, durch deren Namen das Ministerium für Volkserziehung ebenso sinnreich wie glücklich die bankerotten Bezeichnungen des verschollenen Kalenders ersetzte : weit öffnen Freiheit & Vernunft den solchermaßen Herzutretenden die Tempeltür !«

FRONTISPICE.

Monet inv. del. *Levasseur Sculp.*

»*Eines* Mannes Rede ist *keines* Mannes Rede / : Man soll sie billig hören *Beede !*«; und wenn noch ein Dritter da ist, als Zeuge und Eideshelfer – umso besser.

Also pflege ich, wenn ich, zumal bei sinkender Nacht, die ‹Neuesten Tagesnachrichten› von einem unserer bundesrepublikanischen Sender abgehört habe, als nächstes mir die DDR=Station Leipzig zum gleichen Thema einzustellen (und wenn Inge Bartels spricht, hat man noch zusätzlich den Genuß eines Contr'alto, gegen den Zarah Leander nur ein erbärmlich kleines Licht ist.) Anschließend setze ich Beromünster drauf (es kann aber auch genau so gut die Sendergruppe Vorarlberg sein); falls es mit der Zeit paßt, folgt noch BBC London, – dann weiß ich ungefähr 60% der Wahrheit.

Mehr nicht ! – Denn ich kann leider nicht Arabisch, und habe also keine Möglichkeit, Paris PTT mit Radio Tunis oder Kairo auszutarieren; oder, nach der uralt=guten Weisheit vom groben Klotz & Keil : auf das ‹American Forces Network› gehörte eigentlich unerläßlich der Langwellensender Nowosibirsk.

Und ich möchte mich hierbei ausdrücklich gegen den Vorwurf der Frivolität verwahren ! Ich habe ein halbes Jahrhundert lang am eigenen Leibe die perfide Wahrheit jenes Bonmots erfahren, mit dem es vor 150 Jahren ein Großer dem Anderen verriet : »Was Schicksal ? : Die Politik ist das Schicksal !«

Sie ist es. Und deswegen bin ich immer gern möglichst gut informiert, – über mein künftiges Schicksal.

* * *

Woran aber bin ich mich noch häufiger zu wenden genötigt, wenn ich – im Laufe des Arbeitstages, en passant, meist stehen ja nur ein paar hastige nervöse Sekunden dafür zur Verfügung – wenn ich mich da über irgend ein Datum, eine Zahl, über Namen und Fakten belehren will ?

: Sie greifen zum Konversationslexikon ? Natürlich, ich auch; aber darf ich fragen zu welchem ? AFN oder Nowosibirsk ?

Womit wir bei einem der übelsten Themen unserer – an üblen Themen so reichen – Zeit angelangt wären. Denn es gibt ja wohl nichts Schlimmeres, als die scheinbar harmlosesten Informationsquellen systematisch in einer Art zu trüben, für die schlichtweg das Wort »Brunnenvergiftung« am Platze wäre!

* * *

Schalten wir für heute die vielbändigen Reihen aus. (Nicht nur, weil das Feld sonst zu weit würde; sondern vor allem, ganz unter uns: der ‹Freie Westen› schnitte bei einem Vergleich übel ab! Unser größtes deutsches, zur Zeit im Handel erhältliches, Lexikon, der ‹Brockhaus›, hat 12 Bände: die neuste Sowjetenzyklopädie 50 (in Worten: fünfzig). Wie elend die amerikanischen Machwerke sind, brauche ich dem Kenner, der immer wieder vergebens in ihnen nach Belehrung sucht, nicht erst zu sagen. Der französische ‹Larousse›, das einzige *drei*spaltige Großlexikon?: von zu geringem Umfang. Wenn der Westen nicht das Buch der Bücher hätte, sie, die große ‹Encyclopaedia Britannica›, die mit ihren 32 Quartanten ein rechter Trost des Wißbegierigen ist – wir müßten das Gesicht zur Wand kehren, und uns derb eins schämen!)

Beschränken wir uns heut und hier auf die Kleinlexika von 1, höchstens 2 Bänden, die man griffbereit auf dem Schreibtisch stehen haben kann.

* * *

Es hat eigentlich immer welche gegeben; vom alten spanischen Bischof Isidor im sechsten Jahrhundert an. Und die Betrachtung solcher verschollenen Bände ist mit nichten als botanische Kuriosität zu werten; sondern hat – vom sehr beachtlichen darin niedergelegten Material ganz abgesehen – ihre nachdenklichen Aspekte.

Wonach griff man im 18. Jahrhundert, wenn man sich rasch informieren wollte; was nahm der junge Lessing zur Hand, wenn er Details über die benachbarte ‹Sechsstadt› Lauban suchte?: den ‹Hübner›!

Seit 1704 nämlich erschien, immer wieder aufgelegt und auf den neusten Stand gebracht, das »Reale Staats=, Zeitungs= und Conversations=Lexikon; darinne so wohl die Religionen und geistlichen Orden, die Reiche und Staaten, Meere, Seen, Inseln, Flüsse, Städte, Festungen, Schlösser ..... als auch andere Begriffe, Gelehrten und Ungelehrten zu sonderbarem Nutzen klar und deutlich beschrieben werden.« Besonders apart ist der Anhang, der Beginn der Bebilderung; dessen sachlich=naive Überschrift wir – in dieser Hinsicht ausgesprochene Inflationisten – nur errötend lesen sollten: »Angenehme Augen= und Gemüths=Belustigungen, in acht sauberen und accuraten Kupfer=Platten«, für »Curieuse Leser«: darauf läuft's nämlich letzten Endes auch heute noch hinaus; obwohl wir weit ehrbarer tun.

Und besagter ‹Hübner› ist ein unverächtliches Buch, mit insgesamt 2520 Spalten Lexikonoktav (ich zitiere nach meiner Ausgabe von 1752): wer wissen will, wie es um die Jahre des Siebenjährigen Krieges in den Köpfen aussah, tut nicht übel daran, wenn er ihn laufend zu Rate zieht. Ich sage absichtlich nur dieses »nicht übel«; denn schon beim ‹Hübner› beginnt jene einleitend angedeutete Praktik der einseitigen, also *Falsch=Information!*

* *
*

Und ich meine jetzt nicht die, leider meist überflüssig zahlreichen, Irrtümer im Sachlichen; Lexika besitzen – wie auch Wörterbücher und Rechentafeln – das Vorrecht, Fehler aufweisen zu dürfen.

Also nicht das ist das Verwerfliche, daß man im kleinen Knaur unter ‹Olbers› die Behauptung antrifft, der habe 3 kleine Planeten entdeckt (es waren nämlich nur 2; den mittleren, Juno, fand Harding). Oder daß das letzte zweibändige DDR=Lexikon in seinen astronomischen Artikeln bedauerliche Schwächen aufweist: unter der Überschrift ‹Nova› kann man die unbegreiflichsten Behauptungen antreffen; etwa, der bekannte Crab=Nebel – für den dort ständig die irreführende Falschübersetzung »Krebs=Nebel« verwendet wird – stehe an Stelle der Supernova von 1572: dabei ist's die alte chinesische von 1054. (Ich kann hier immer nur je 1 Beispiel geben; nicht, daß es an weiteren mangelte; es ist lediglich eine Platzfrage).

Auch die Unbeholfenheit der Konstruktion mag noch hingehen – obwohl die Mängel da schon für den Benützer empfindlicher werden können – z.B. daß im Knaur wohl die netten briefmarkengroßen Porträts erscheinen (wie hieß es gleich: »Angenehme Augen= und Gemüths=Belustigung« ?) daß aber nicht ‹Lessing 1766› darunter steht, sondern eben bloß ‹Lessing›; daß der große Klopstock nur 3 arme Zeilen füllt, während so mancher moderne Schwätzer sein gutes halbes Dutzend hat; oder die sagenhafte Geschmacklosigkeit, mit der uns als »Arabische Schriftprobe« nicht etwa »Allah ist groß« dargeboten wird, sondern dreimal das im Orient anscheinend weit geläufigere »Knaurs Lexikon«. –

Also diese ‹Vorgabe› sei ihnen allen, wenn auch ungern, zugestanden – wir haben eben noch weit zu einem vernünftigen und brauchbaren Kleinlexikon – aber von nun an wird's grimmiger Ernst!

* *
*

Denn nahezu sie alle betrachten es scheinbar als ihre Aufgabe, ein »Spiel von jedem Druck der Luft« zu sein, und gefällig jeden politischen Witterungswechsel mitzumachen. Oder, fast noch schlimmer, uns unter der

Tarnkappe handbuchener Sachlichkeit gleichzeitig mit leichter Hand eine weltanschauliche Fibel unterzuschieben.

Die Nachprüfung dieser Behauptung ist wehmütig einfach : man lege sich nebeneinander auf den Tisch den katholischen Herder; den berüchtigten Volksbrockhaus von 1941; das letzte DDR=Lexikon; und den Knaur : der Vergleich lohnt sich !

Im erwähnten Volksbrockhaus umfaßt der Hymnus Hitler 56 Zeilen – Thälmann existiert überhaupt nicht : in der DDR findet man unter Thälmann 30 Zeilen, und Hitler hat nur 14 : *ich* höre mir beide Sender an !

Wollen Sie wissen, was ein Konzentrationslager ist ? : »Im Deutschen Reich seit 1933 polizeilich bewachtes Unterkunftslager für Volksschädlinge aller Art, die hier zu nutzbringender Arbeit angehalten werden.« : Ei ei ! (Oder, als nicht unbelehrende Parallele, wenn man in den verschiedenen ‹Nachschlagewerken› unter »Inquisition« nachsieht).

Wie deutlich wird beim Studium des Stichworts ‹Adenauer›, daß man ein Prinzip daraus machen sollte, lebenden Politikern nicht mehr als 5 Lexikonzeilen knappster Daten zuzugestehen (möglichst weniger), und sich jedes Werturteils zu enthalten; (dafür aber keinen, auch die unangenehmsten Gegner nicht, auszulassen !)

Wie widerlich wirkt es in dem erwähnten Jahrgang des Brockhaus, wenn man unter ‹Heine› armselige 1 3/4 Zeilen findet, die lapidar beginnen : »Heinrich, Dichter, Jude.« Dafür aber ein sicherer Dietrich Eckart 8 Zeilen bewilligt erhielt : was'n großer Mann ! !

Diese unsere ‹Bearbeitung› erstreckt sich bis in die feinsten Einzelheiten. Man nehme das unschuldige Wörtlein »Friedrich« : bei Knaur beginnt's mit »deutsche Könige, römisch=deutsche Kaiser«, und geht anderthalb Spalten lang; dann folgt Caspar David, der Maler – im DDR=Lexikon ist die Reihenfolge wohltuend umgekehrt !

Nicht ohne Absicht wurde eingangs die Stadt ‹Lauban› erwähnt : beim alten Hübner liegt sie noch in »Chur=Sachsen, am Flusse Queis« ; im Knaur ist es eine »Kreisstadt in Schlesien«; ich besitze aber, wie schon gesagt, auch das vom ‹Verlag Enzyklopädie Leipzig, 1957› und in dem steht : »Polnische Kreisstadt in der Woiwodschaft Wrocław, an der Kwisa, östl. von Zgorzelec« (dann folgen noch ein paar statistische Angaben). Erläuternd sei bemerkt, daß ‹Wrocław› früher ‹Breslau› hieß, und ‹Zgorzelec› ‹Ost=Görlitz› : Städte kommen viel rum !

Es wäre völlig unangemessen, über dergleichen schockierende Formulierung zu lachen oder zu knirschen; es ist vielmehr, und aufs Ernsthafteste, so : der Deutsche, der dieses DDR=Lexikon nicht kennt, ist über die Gegenwart nur unvollkommen unterrichtet ! So sehr man Einzelnes beanstanden mag; so unleugbar ist auf manchen Gebieten das Verdienst der beiden Bände.

Zugegeben : die Bebilderung ist dürftig; die astronomischen Artikel schlecht; die politische und weltanschauliche Sicht einseitig. Sehr instruktiv aber ist das uns, den Westdeutschen, hier erstmalig leicht zugänglich werdende Material über den Ostraum; von den statistischen Angaben über Sowjetunion und China angefangen; bis, meinethalben, zu den zwei Farbtafeln »Medaillen und Abzeichen« (die ja vielleicht unsere Verwandten drüben tragen). Sehr verläßlich (dazu ausführlicher und reichlicher als in jedem westlichen Kleinlexikon) die Geburts= und Todesdaten. Äußerst nachdenklich die Artikel über Deutsche Literatur : der ‹Knaur› – bei aller Unvollkommenheit immer noch unser brauchbarster Band – kennt keinen Johann Gottfried Schnabel oder Karl Philipp Moritz : drüben weiß man sehr klug und richtig diese, im Kontinuum unserer Hochliteratur unerläßlichen, Leute zu würdigen und einzubauen ! (Obwohl freilich auch da manches in solcher Sicht wichtige Neue zu ergänzen wäre, Vehse oder C. G. Cramer; *alle* Vorteile weiß man eben drüben auch noch nicht. Wie denn z.B. die Urteile über moderne Kunst und Literatur, nicht nur die deutsche, arg primitiv, lückenhaft, und auch bewußt entstellend sind). Immerhin rate ich Niemandem, zu übersehen – und sei es nur als Zeichen fortschreitender Konsolidierung eines Systems – daß diese Enzyklopädie nunmehr bereits in *zwei* stattlichen Bänden herauskommt; rund *dreimal* soviel Material darbietet, wie Knaur, und dieses beachtliche Material in völlig anderer ‹Sicht› : das ist das Unschätzbare daran !

* * *

Wenn sich nämlich schon, höchst befremdlicherweise, bei uns einfach kein Verleger findet, der es ‹wagt› dem Publikum ein verläßliches objektives Kleinlexikon vorzulegen – dann bleibt mir, dem Benutzer, nur dieser Akt der Notwehr übrig : mehrere, möglichst verschiedene zu konsultieren; nur so kann ich zur Zeit die mir servierten einseitigen »Belehrungen« neutralisieren, und einigermaßen nützen.

Das ist kein schönes Verfahren ! Ganz abgesehen davon, daß es die drei= und vierfache Zeit kostet, ist es immer mißlich aus Extremen einen Mittelwert herstellen zu wollen : bei 100 Grad Wärme und 100 Grad Kälte kann kein Mensch existieren; und es frommt wenig, daß der Durchschnitt unleugbar Null beträgt. Aber die Schuld liegt ja nicht bei uns; sondern bei den Verlegern, bzw. deren Hintermännern !

Ich will die Welt nicht aus nationalsozialistischer Sicht sehen ! Und ebensowenig aus Kommunistischer ! Welch homerisches Gelächter würde sich nicht erheben, wenn ich ein Lehrbuch überschriebe ‹Hessische Mathematik› (im Dritten Reich hat man dergleichen Possen freilich getrieben, ‹Deutsche Physik›, – deren vornehmstes Kennzeichen darin bestand, daß man Einstein wegließ). Was nützt also einem objektiven, lediglich Wissen suchenden, Leser die katholisierende Weltansicht eines ‹Herder› ? Allgemein : *was nützt ein Nachschlagewerk, das dem Andersdenkenden peinlich, anstößig, und ergo unbrauchbar ist ?!*

In Melbourne spielte man weder »Deutschland über alles« noch »Daß die Sonne schön wie nie«; sondern »Freude, schöner Götterfunken« – allerdings leider nur in Australien, und 4 arme Wochen lang. Und gleich anschließend kehrte jeder wieder zu seiner Leibmelodie zurück; unermüdlich; bis heute.

Und folglich muß ich abends eben immer noch *mehrere* Sender einstellen.

KANNITVERSTAN UND DIE FOLGEN.

Das war nicht nur eine der ersten, sondern auch eine der geographisch bedeutungsvollsten und schönsten Weltreisen, zu der der englische Kapitän Cook am 26. August 1768 aufbrach. Ursprünglich dazu bestimmt, auf Tahiti den am 3. Juni 1769 stattfindenden Venusdurchgang zu beobachten, ergaben sich dabei die ersten genauen Beschreibungen von Neuseeland, der Australischen Ostküste, und die Gewißheit der Trennung des jüngsten Kontinentes von Neu=Guinea.

Romantisch war die Fahrt, wie alle Vorstöße zu ‹Neuen Ufern›; (und, unbesorgt, wie schon Morgenstern singt, »unendlich ist der Text, / und seine Melodie gesetzt aus Sternen« : vor u n s liegen ausgebreitet Planeten und Monde ! Jeder kopfhängerische Seufzer nach jener ‹guten alten Zeit› wäre lächerlich und müßig bei einer Generation, der sich, falls sie nur ein Quentchen Vernunft walten läßt, komplette neue Planeten zur Besichtigung darbieten.)

Aber wie dem auch immer sei – müde des damalig=ewigen Pökelfleisches, wie auch des Gemüsemangels (beide Ursache des furchtbaren Skorbut; wir Glücklichen kennen ihn heute nicht mehr; dafür freilich radioaktiv bedingte Leukämie und Kreislaufkrankheiten) ging man in Tasmanien, oder, wie es damals klangvoll=vornehmer lautete, ‹Van Diemensland›, auf die Suche nach Frischfleisch : sah nicht aus dem Eukalyptusgebüsch dort ein Rehkopf heraus ?

Der den Weißen Göttern (»die Herren Vierundzwanzigpfünder« nennt Georg Forster mit trübem Spott seine Artilleristen=Kollegen) gern gefällige Eingeborene zog den Arm zurück; das merkwürdige und belachte Stück Krummholz flog hoch : – es brummte in der unteren Luft; 100 Meter weit sägte sich das schwanzlose Flugzeugmodell; stieg unbegreiflich hoch; traf scharf die Schläfe des ‹Rehes› – und kam zurück; unheimlich heulend; beschrieb zwei enge Kreise über den Köpfen der Herren Vierundzwanzigpfünder; worauf der Werfer gelassen in die Luft griff, sich sein Instrument wieder fing; und die Fremden neugierig weiter betrachtete.

Es war mit nichten ein Reh; sondern das völlig unbekannte Wesen schien auf zwei sehr starken Sprung=Hinterbeinen zu laufen; ein ungemein dicker Schwanz diente als Steuer und Gegengewicht : so groß war es, wie Cook persönlich !

Mit irgendeiner Redeformel, à la ‹What's what?› wendete man sich an den bärtigen Eingeborenen. Der erwiderte prompt und würdig: »Ich verstehe Dich nicht.«

Schon erschienen im Hintergrund die Notizblöcke der sehr gelehrten Herren Banks, Solander, Green und wie sie alle hießen – Ä=halt! Zur Sicherheit erst nochmals nachfragen: »What do you call it?«; (und den Mann dabei scharf fixieren, damit er nicht abschweife, an nichts anderes denke). Wiederum kam die gleiche Antwort: »Kän=Guruh« (= Kannitverstan!) – Noch heute heißt das unschuldig=hüpfende Geschöpf so, wie es dunnemals die Gelehrten, sich und ihrer europäischen Überlegenheit sehr bewußt, anmerkten. –

Mißverständnisse, oh Mißverständnisse! Was ist durch sie nicht unterm Mond bewirkt worden (und tut's wahrscheinlich heute noch). –

* * *

Als der sogenannte ‹Große Friedrich› 1765, nach dem Tode de la Croze's, einen neuen Bibliothekar und Vorleser suchte – und man merke wohl: es war dies eine ausgesprochene Pfründe; wenige Stunden Arbeit am Tage; danach völlige literarische Muße – wurden ihm von gutwilliger Seite vorgeschlagen Winkelmann, oder gar Lessing: welche Namen!

Das Gehalt hatte 2.000 Thaler betragen, damals eine Summe, einem heutigen Monatseinkommen von rund 2.000 Mark vergleichbar. Als jedoch der ‹einundeinzigste› große König vernahm, daß man ihm *einen Deutschen* empfahl, entschied er kurzerhand: für einen Deutschen seien auch 1.000 Thaler vollauf genug! Dergleichen découvrierende Details sollte man bei einer Beurteilung des gekrönten Lemuren nie außer Acht lassen; und es benimmt der Peinlichkeit und Bitternis nichts, daß der betreffende Herr auch vom unsterblichen Nibelungenlied gewußt hatte: »Ich würde dergleichen Zeug in meiner Bibliothek nicht dulden, sondern heraus schmeissen«!

Aber zurück zum Thema: Friedrich hatte sich schon früher für die ziemlich platten ‹Lettres philosophiques sur les physionomies› eines Herrn Pernetty interessiert; und fragte beiläufig einen seiner vertrauten Finanzbeamten – auch dies sehr bemerkenswert: daß Friedrich (früher führten Lakaien und Könige den bloßen Vornamen) zur steuerlichen Zwiebelung seiner Untertanen nur Ausländer einsetzte! – ob dieser Pernetty mit ihm verwandt sei? Er empfing die Antwort – aus Versehen – das sei sein Bruder. Und umgehend wurde im Juli 1767 anstelle des eigentlich gemeinten Jacques Pernetty aus Lyon, der Pariser Benediktinerpater Antoine Joseph Pernetty für den unschätzbaren Posten verschrieben (ein total mediokrer

Pfuscher; man kann nur die Fäuste ballen, wenn man sich vorstellt, was Lessing uns, solchermaßen gesichert, hätte hinterlassen können!). –

* * *

Lange hatte man, praktisch und theoretisch, gesucht nach dem Planeten in der unbegreiflichen Lücke zwischen Mars und Jupiter; unsterblicher Ruhm wartete dessen, der dort, in rund fünffacher Erdbahnentfernung, den geheimnisvollen Fremdling entdecken würde. Eben hatte Hegel noch bewiesen, daß es keinen geben *könnte* – aus ‹philosophischen Gründen›: da erschütterte 1801 die gelehrte Welt die Nachricht, daß am 1. Januar Piazzi in Palermo den geheimnisvollen Stern gefunden habe! ‹Ceres Ferdinandea› hieß er zunächst, der sofort darauf wieder in Nähe des gleißenden Sonnenrundes verschwand: Unsterblichkeit wurde Giuseppe Piazzi zuteil.

Und was war in Wirklichkeit geschehen?: Piazzi war seit Jahren damit beschäftigt, die Positionen des Mayer'schen Fixsternverzeichnisses nachzuprüfen (dergleichen ist unschätzbar, was die Eigenbewegungen von Sternen anbelangt). Da hatte er nun einen Stern vermessen, nach Rektaszension und Deklination und wollte ihn in sein Beobachtungsjournal eintragen – er stand nicht darin!

Erregt teilte er der gelehrten Welt seinen Fund mit – verschwieg aber wohlweislich, daß er an jenem Abend aus Versehen gar nicht den Mayer'schen, sondern den Wollaston'schen Fixsternkatalog aufgeschlagen hatte – und also seine ganze unsterbliche Entdeckung im Grunde auf einem bloßen Versehen beruhte!

* * *

‹Nur› Ruhm und Ehre? –: K ö n i g kann man werden, durch bloße Verwechslung!

Als Preußen 1701 die Königswürde erwarb (und *wie* schwätzen Geschichtslehrer nicht manchmal über Finessen von wegen ‹König von› und ‹König in› Preußen) klappte das lange betriebene Unternehmen im Grunde nur dadurch, daß der mit der Transaktion beauftragte preußische Gesandte Bartholdi in einer chiffrierten Depesche aus Wien berichtete: »Das Beste wäre, Ew. Durchlaucht ließe den Antrag auf Erhebung durch 161 an 110 richten«.

Der Kurfürst (spätere König Friedrich I.), stolz auf sein Gedächtnis und seine Fähigkeit im Dechiffrieren, las die Nachricht selbst; verwechselte 161 (= Bartholdi) mit 160 (= Jesuitenpater Wolff); und schrieb eigenhändig und augenblicklich an diesen Beichtvater und Vertrauensmann des österreichischen Kaisers, den einzigen Menschen, der dessen Ohr hatte, sobald er es haben wollte: – Mit Hilfe besagten Paters Wolff klappte die Sache! –

* * *

Aber wer würde sich schließlich um dergleichen Wind= und Lufterscheinungen kümmern, wenn es nicht letzten Endes doch immer ‹u n s› beträfe; uns, die wir Alles ausbaden müssen ?

Am 25. Oktober 1854, als sich ergab, daß der ‹Krimkrieg› – dank der genialen Leistungen des russischen Ingenieur=Generals Totleben – sich doch noch ziemlich lange hinziehen würde, trabt Lord Cardigan, der Befehlshaber der ‹Light Brigade› mit seinen 673 Reitern den Hang von Balaklawa hinan.

Umsehen ? : Rücken frei. Vorn ein anderthalb Kilometer langes, ziemlich schmales Tal; am Ende desselben Russische Artillerie mit 2 Batterieen von zusammen 12 Geschützen; flankiert rechts und links von anderen Einheiten; insgesamt 22 Kanonen. – Hm. –

Ein Adjutant kommt angesprengt – Captain Nolan – und überbringt diesen Befehl : »Lord Reglan wünscht, daß die Reiterei aufs schnellste zur Rekognoszierung vorstößt und den Feind daran verhindert, seine Artillerie in Sicherheit zu bringen.« (Nolan zeigt dabei erläuternd auf die Russen am Ende des Talzuges.)

Lord Cardigan, diesmal buchstäblich ‹im Eifer des Gefechts›, läßt daraufhin sogleich das Signal zum Angriff geben; – und da geschah es, wie es in Alfred Tennysons unsterblichem Gedicht heißt – ach, Jeder kennt es ja aus seinem Schullesebuch –

»Half a league ?« (das heißt die Entfernung wird geschätzt). / Dann überlegend=murmelnd : »Half a league, half a league.« / Dann (Soldaten sind ja an Gehorsam gewöhnt) der Befehl : »Onward !« –

(Und vergebens versucht der Überbringer, Captain Nolan, den Wahnsinn aufzuhalten : als er die Front entlang jagt, trifft ihn, verhängnisvollerweise, eine russische Kugel.)

Da bleibt denn freilich nichts übrig, als traurig, mit Tennyson, hinzuzufügen : »All in the valley of death / rode the sixhundred.« / Er freilich, Hofsänger der Queen Victoria, rühmt noch stolz : »All the world wondered«; wozu als Rektifikation das nüchtern=gallische Wort des Französischen Beobachters gehört : »C'est très beau. – Mais ce n'est pas la guerre.« Zu Deutsch und entsprechend kühl : »Sieht ganz nett aus. – Aber taktisch völlig unsinnig«.

Am Abend jenes militärisch so ‹rühmlichen› 25. Oktober jedenfalls meldeten sich zum Appell der 13. Light Dragoons noch 10 von 673 – ‹Ach, wir Armen› ! –

* * *

Und, damit man nicht etwa meine, nur die Ausländer vermöchten dergleichen, rasch noch ein Beispiel aus unserer deutschesten Geschichte : als, bei Dresden geschlagen, die vereinigten österreichisch=russisch=preußischen Armeen sich vor Napoleon auf Böhmen zurückzogen, geschah es, daß bei Nollendorf ein französisches Streifkorps unter Vandamme (‹den Gott verdamme› hieß es damals in der Art der Arndt'schen und Jahn'schen Wortklingklänge) am 28. August 1813 sich eingeschlossen sah.

In sehr merkwürdiger Verkennung der Lage aber meinte der preußische General Kleist, dessen Korps einen Teil des Einschließungsringes bildete, *er* sei völlig umzingelt; gab die entsprechenden Befehle, und ‹durchbrach› die französischen Linien in wilder Verzweiflung (das heißt : seine Truppen taten das; er selbst hielt auf irgendeinem ‹Feldherrnhügel›). Aber derart war alles in Verwirrung, daß männiglich auf dem Schlachtfeld durcheinander nächtigte; Franzosen und Deutsche beisammen (und die Sachsen waren noch auf Napoleons Seite; man vergesse das nie : Preußen war schon damals verhaßter, denn Frankreich). Am gemeinschaftlichen Lagerfeuer beschloß man gemütlich, sich nächsten Morgen, wenn die Situation geklärt sein würde, jeweils der siegreichen Partei zu ergeben : sehr menschlich und gutmütig und richtig.

General Kleist selbst hielt die Schlacht für *absolut verloren*, und verschwand in die Schluchten des böhmischen Riesengebirges – deshalb suchte ihn dann am nächsten Morgen der preußische König, Friedrich Wilhelm III., der Mann der Königin Louise, vergebens, den höchsten ‹Schwarzen Adlerorden› am Finger, überreichungsbereit – : tja, der Sieger war nirgends zu finden ! Und fürderhin wurde seinem Namen offiziell der Ort des großen Sieges ehrend beigefügt : ‹Kleist=Nollendorf› hieß der adlige Heerverderber und Ignorant bis ans Ende seines Lebens – wir heute wissen, hoffentlich, die grausame Ironie zu würdigen. –

* * *

Känguruhs, oh Känguruhs !

BEGEGNUNG MIT FOUQUÉ.

»Griechen und Römer hatten die Wahl / unter der Götter großer Zahl, / daß Jeder sich einen erküre, / zu dessen Fahnen er schwüre. // Aber nun denselben Gebrauch / haben die Katholiken auch, / unter den Heiligen allen / zu wählen nach Wohlgefallen. // Und wir anderen Ketzer auch / üben denselbigen Gebrauch; / von Dichtern groß und kleinen / erwählt sich Jeder seinen. // – Die Götter waren oft sunderlich, / und die Heiligen wunderlich; / : und so ist das Gelichter / auch unserer Lieblingsdichter.«

Und das Tollste an diesen Verselein ist : Rückert hat genau *den* Mann dabei im Sinne gehabt, von dem auch ich im Folgenden erzählen werde : FOUQUÉ !

* * *

Ich bin immer ein Gegner der Lehre von der Willensfreiheit gewesen; nicht nur, weil ich 6 Jahre beim Militär gedient habe; sondern auch aus theoretischen Erwägungen – als Eideshelfer zitiere ich außer dem großen Schopenhauer noch Voltaire; Freud; Spinoza; für Fromme Luther. Und da lernte ich z.B. mit 3 Jahren lesen, *weil* meine um eben so viel ältere einzige Schwester es in der Hamburger Volksschule erduldete – 1 Vierteljahr später beherrschte ich es à la maître, und war ergo zum Wortschlemmer prädestiniert.

Nun hat man im Lauf seines Lebens schätzungsweise 1 Dutzend literarische Groß=Lieblinge – es mag freilich vermessen sein, daß ich solch Diktum aufstelle; ich bin erst 47, und weiß nicht, wie ich mit 65 denken würde (falls ich so alt werden sollte; ich lege aber keinen Wert darauf.)

Mein erstes ganz großes Bucherlebnis war, mit 6 Jahren, die ‹Reise zum Mittelpunkt der Erde› des Jules Verne – obwohl ich damals noch nicht wußte, daß Storm's ‹Regentrude› davon herkommt, und anderes mehr. Anschließend, wie billig, Karl May; der – 4 oder 5 merkwürdige Bände ausgenommen – viel Mist geschrieben hat; dessen literarische Wirksamkeit aber endlich einmal untersucht werden sollte : von Zuckmayer; über Fallada und Frank's ‹Räuberbande›, bis zu mir.

Dann kam aber auch sofort schon, mit 15, Schopenhauer; Nietzsche – gegen den ich inzwischen recht mißtrauisch geworden bin; Wieland; Poe; Jean Paul; Hoffmann; Tieck : das war ein sehr großer Mann ! Aber auch Dickens; Scott; Swift.

Im Augenblick dominieren der ‹Anton Reiser›; die ‹Insel Felsenburg›; ‹Dya-Na-Sore› und ‹Tristram Shandy›; Voltaires ‹Candide› und Lessing – aber das sei jetzt einmal alles vergessen.

Ich will hier vielmehr von einem Augenblick sprechen, der ‹in meinem Leben Epoche gemacht› hat – ich weiß nicht, wer der Erfinder der Redensart war; nehme jedoch an : er wird auch nicht an die Freiheit des Willens geglaubt haben. –

* * *

Es muß also ein schöner Morgen zu Ende Juni des Jahres 1932 gewesen sein – ich weiß das deshalb so genau, weil ich Oberprimaner war, in Görlitz der Stadt, und eben die großen Ferien begannen. Wir 3 oder 4 literarisch Interessierten der Klasse standen also, die Luft war gelb & blau, in der ‹Schulbibliothek› – die bestand aus einem Schrank voll bankerotter Bücher, irgendwie zusammengelaufen; und vor uns lehnte, klein=breit und wohlwollend lächelnd, Studienrat Dr. Hasenfelder, der Mathematiklehrer, der aus unerfindlichen Gründen dies Amt zu versehen hatte – es sei denn, daß er ‹der Jüngste›, in Anführungsstrichen, des ‹Lehrkörpers› war : gehen Sie mir doch mit der ‹Freiheit des Willens› ! Er war ein persönlicher Lieblingsschüler Einsteins gewesen – das war damals noch nicht verboten ! – und mir arg zugetan; weil ich das brennendste Interesse für nichteuklidische Geometrieen und Lorenztransformationen zeigte (damit bin ich nachher, im Abitur, ‹drangekommen›, und habe männiglich damit verblüfft; damit, und in ‹deutsch›, wo ich den Expressionismus pries – was mich folglich im Frühjahr 33 das ‹Sehr Gut› im Abschlußzeugnis kostete).

Ich sehe mich also stehen – blutjung; endlos lang; dafür Beine und Hüften, mit denen ich ‹durch eines Aldermanns Daumenring schlüpfen› konnte; vergeistert & eifrig – neben mir mein Freund, Heinz Jerofsky : jetzt ist er Oberstudiendirektor und Leiter derselben Schule ! Wir tragen Jeder in der Hand 1 Mikroskop, das wir uns für die Ferien ausgeliehen haben; und wollen nun eben auch noch ein paar Bücher mitnehmen. –

‹Felix Dahn› ? : da kann ich nur frech und abfällig rotzen ! Ich habe vorher, in Hamburg, Spanisch gelernt; und lese immerhin den ‹Don Quijote› in der Ursprache ! (Und immer, wie schon erwähnt, vor den hohen Fenstern die Sommerluft, tiefblau & hellgelb : solche Beleuchtungen gibt es heute nicht mehr !).

Ich bückte mich – vielleicht ‹wurde gebückt›; von wem weiß ich nicht – und zog den unteren Schub des altmodischen Schrankes auf : da lagen etwa 10 ausrangierte Bücher, die Kreuz die Quer. Ich griff – und was heißt ‹ich› ? Ich betrachte meine adrige rechte Hand »Da sitzt 1 Herr; und ich in ihm : wer aber ist dieser ?!« hat Jean Paul erfunden – ich griff also

nach dem obersten alten Band. Der war dick, wie Bücher sein sollen; rot=
leinen eingebunden; ich schlug ihn auf und las :

»‹Die Nacht wird kalt›, sagte der alte Rudolf, ‹Von dem Wetterfähnlein kreischt es herunter; die Eichen fangen zu rauschen an – : lege mehr Holz an den Heerd, Alwin.«

Da war ich hin ! : Von dem herrlich ausgewogenen Prosatakt ! (Denn es gibt ja nichts schöneres auf der Welt, als 1 gute Seite Prosa !!).

Nun habe ich es von jeher geliebt, unnütze Fragen zu tun; ich wandte mich deshalb zu meinem verehrten Lehrer – (ein Schüler Einsteins, man bedenke doch ! Er brachte uns zukunftweisende Ansichten bei : wie es läppisch sei, 1 Schlips zu tragen, als ob man sich beständig des Stranges bewußt sein müßte; wie lächerlich, sich die Nase abzuduellieren; auch, daß über Parlamentsgebäuden grundsätzlich die Inschrift ‹Nanu !?› stehen sollte) zu dem also wandte ich mich eifrig, und fragte : »Kann ich das hier mitnehmen ?«

Er sah auf den Titel. Runzelte die Stirn (ich wußte damals noch nicht, warum). Beblickte mich Langen. Zog ein Gesicht wie Adenauer, wenn man von Anerkennung der DDR spricht. Und sagte säuerlich »Bong.«

Ich nahm also den uralten Band mit heim, und las in ihm – von der ‹Undine› (vor wenigen Jahren hat Henze sie erst neu komponiert); ‹Sintram und seine Gefährten›; das Meisterstück des ‹Alethes von Lindenstein› – Meisterstück nicht nur relativ; sondern wirklich eines der ganz großen romantischen Paradigmata überhaupt ! Die erste dichterische Formung der ‹Nibelungen›, seit Hanssachs : und der ist in solchem Zusammenhang wahrlich nicht erwähnenswert ! –

(murrend) : »Wolfsfleisch & Otternbalg – seltsame Speise ! –
Zumal zum Abendbrot; wenn gleich darnach
der Mond aufgeht, rot über'n Bergwald her,
und Nachtgespenster auf Gewitterwolken
durchreiten das schweflichte Himmelszelt. –
Tja. –
Seltsamliches Essen war's gewiß. –
Doch tischt' es mir die Schwägrin trefflich auf,
und hat mir recht den Sinn damit erfrischt. – –
Mir ist was wild zumut. – – He, nun, was schadet's ? :
wird's doch gewittern diese Nacht ! –
(weiter vorgehend) :
Bin wohl schon in des Schlangentöters Zimmern ? –
Da schläft 1 Mann. Hat in des Weibes Schoß
sein Haupt gelegt :

das Weib ist meine Schwester. –
Ganz recht: soll Sigurd doch mein Schwager sein;
ich hab's in fernen Landen schon gehört. – – – « – –

* * *

Als diese ‹Großen Ferien 1932› aufhörten, war ich gefangen.

Und versuchte mit meinen, damals sehr geringen, und eben deshalb listigst=auszunützenden, Mitteln: mir mehr von diesem merkwürdigen Mann zu beschaffen. Als nächstes fand ich bei Bäsoldt in Görlitz – einem jener geheimnisvoll=unschätzbaren Winkelantiquariate – einen Band des sogar vom berühmten Goedeke ungekannten schwedischen Nachdrucks der ‹Sängerliebe›.

Denn wie hätte ich auch, gläsern=glühend, und noch empfänglich=offen für alle Schlüsselworte, nicht *dem* unterliegen sollen, von dem ein Edgar Allan Poe bekannte: »For one Fouqué there are 50 Molières!«. Hätte ich Stellen widerstehen sollen, wie diesen?:

(Before):

»Der Pforte Ring klang.

Alwin trat in den blühenden monderhellten Garten.

Von allen Seiten nickten ihm die Gebüsche einladend zu; alle schienen ihn neckend festhalten zu wollen, und lockten ihn von einer Laube zur anderen. Bis er Lichter aus Flaminias Schlafzimmer blinken sah, und vor einer offenen Seitentür des Schlosses stand: drinnen bezeichneten Lampen mit lindem vertraulichem Schein die Wege zum süßen Ziele hinauf.

Wohlgerüche erdufteten.

Der glühende Jüngling schlich leiseleise mit hochschlagendem Herzen über die schöngewundene Treppe – an der nächsten Türe rauscht'es wie von seidnem Gewande. Sie ging auf! –: und Flaminia stand vor ihm; leicht gekleidet; fast unverhüllt jeglicher jugendliche Reiz; jegliche zarte weibliche Form.

Er führte sie, er trug sie, wollusttrunken, ins blumenumkränzte Gemach. Und sein ward alle Wonne und Herrlichkeit der Liebe.«

Und nun das *‹After›!:*

»Alwin schwankte.

Wie im Traum. Die Steigen hinab, drauf die Lichter schon größtenteils erloschen waren. Ungewiß tappte er öfters an den Wänden umher.

Als er die Tür nach dem Garten zu aufstieß, war's draußen neblicht und finster. Der Mond stand ganz bleich über den nördlichen Gebürgen. Die Gänge und Gebüsche sahen unbekannt und seltsam aus. Feuchte Morgenkühle hauchte über sein glühendes Gesicht. –

An der Pforte wartete Klothilde; vom Frost halb erstarrt; und nahm mit schläfriger Gebärde und eiskalter Hand das Gold, welches er ihr darbot.

Darauf schlug sie hinter ihm die Türe zu; und er hörte sie mit schnellen Tritten nach dem Schlosse zurückfliehen, durch ein inneres Grausen gejagt.

Fernher tönte das dumpfe Schießen von der Gegend des Berges heran.« –

* * *

500 Jahre waren seit dem Tode des ‹Mittelhochdeutschen› verflossen; als, geheimnisvoll & unerfindlich, ein anachronistischer Fluch für ihn selbst, ein Rätsel voll heiliger Absurdität für uns und die Zeitgenossen, 1777 der Mann geboren wurde, der – ein ‹reiner Tor› à la Parzival, wenn je einer war – die ‹janze Richtung› des Mittelhochdeutschen zum Abschluß zu bringen ‹bestimmt› war :

Friedrich Heinrich Karl, Baron de la Motte Fouqué,
Baron de Thonnayboutonne, Baron de Saint Surin,
Seigneur de la Grève. –

Zwei mal zehntausend Arbeitsstunden habe ich seitdem ‹freiwillig›, unterstützt von meiner Frau, an die Aufhellung des Lebenslaufes dieses Ein=und=Einzigsten gewendet. Jahre lang, immer anschwellend, hat das Manuskript seiner Biografie mir dagelegen : nunmehr liegt es vor als

FOUQUÉ UND EINIGE SEINER ZEITGENOSSEN
(2. verbesserte & beträchtlich vermehrte Auflage, 735 Ss. /
Leinen 24.80 DM, Verlag Bläschke, Darmstadt, Am Marienplatz).

Nicht, daß ich der blinde Verehrer eines Mannes wäre, den ich, im Laufe meiner Studien, als politisch und sozial ‹völlig unvernünftig› habe erkennen müssen – das ist peinlich oft vereinbar mit dem Begriff des ‹Großen Dichters›, obwohl unangenehm genug; man denke an Stifters ‹Nachsommer› oder Goethes ‹Wahlverwandtschaften› – aber ich kann mich, auch heute noch, (wo ich doch des Themas, infolge der Überbeschäftigung damit, redlich müde sein dürfte !), dem nicht entziehen, was Jean Paul bei ihm ‹Schlag= und Zündworte› nannte, die »wie Zauberspiegel plötzlich eine Ferne der Vergangenheit und eine der Zukunft aufthun; wo Würgengel die blutrothen Flügel entfalten.« –

Natürlich ist seine Welt, ganz im Sinne mittelalterlicher ‹Radkarten› vereinfacht : den Außenrand bildet 1 Wendelmeer, grauwellend, nicht allzutief; aber am schleimigen Boden bewohnt von beuligen Ungeheuern. / Nach Norden ist die Begrenzung ein heidnisch=wirres ‹Finnland›, mit Föhrenwäldern; so dicht, »daß kein Vogel durchfliegen kann«. / Im Süden dehnt sich eine, gleichermaßen apokryphe, Sandwüste; sparsam durchsetzt mit Oasen, selbstgeschaffen=willkommenen Zentren für höchstpoetisches, ‹arabeskes›, Geschehen. / Nach Westen schließt das Irland elfengrüner Pflanzenmärchen; und eine Ossianische Nebelwelt. / Im Osten wehrt ein tiefgestaffelter Hag gigantischer wandernder Staubsäulen; ausgespannt zwischen ihnen Vorhänge von Stürmen; hinter denen nur zuweilen Laut hervordringt, wie von Waffengeklirr und Rosseshufen. / Eine Weltkarte, auf der überzeugend dicht nebeneinander eine guitarrenschwirrende ‹Provence› steht, neben den Klippen ‹Norwegs›; ein prachtvoll langgewandiges ‹Mohrenland›, neben etwa solchem ‹Harzgebürge› ..... :

»Durch üppig verzweigtes Gebüsch, über unwegsames Gestein hinauf, klommen die Ritter, während der Sturm heulend den waldigen Abhang hinunterzog, und in grausiger Tiefe mit den Wellen eines ungestümen Bergwassers brüllend rang. Endlich zeigte sich durch die bereiften Äste der Buchen, durch der Tannen schneebelastetes Dunkelgrün, ein freier Platz; hoch in dessen Mitte, fast wie ein Felsengeklipp, ragte der heidnische Opferheerd gegen den Himmel an. / Noch standen die Ritter zweifelnd; ungewiß, ob sie hier die Erscheinungen der frevlen Abgötterei erwarten, oder lieber angreifend die Eingänge aufsuchen sollten – da merkten sie mit einigem Schaudern unversehens, daß sie zu Vieren waren : ein riesengroßer, aber ganz schattenartiger Mann stand neben ihnen. Der sagte mit hohler verblasener Stimme : ‹Ihr meint es gut; und ich möchte Euch doch lieber raten, abzustehen, die drunten sind verzweifelt stark ! Wollt Ihr aber durchaus nicht ablassen, da müßt Ihr an die Nordseite des Heerdes, wo die beste Einfahrt ist, dreimal mit den Klingen anklopfen, und dazu sagen :

‹Gib uns guten Gang, Du, / Gries, Gestein und Hartwuchs. / Haußen harren Starke; / haben Lust zum Abgrund !›

Damit schwand der wunderliche Waidmannsschatten in den Wald hinein; und die Herren beschlossen, seinem Rate zu folgen, weil er ja doch etwas recht ritterliches und tapfres enthalte. Sie schlugen mit den Klingen gegen die Nordseite des Opferheerdes; und Heerdegen, welcher die Beschwörungsworte am besten behalten hatte, sagte sie dazu her. / Da fing es an sich zu regen und rollen in dem Gestein; und auseinander tat sich die moosige Wand, daß man tief hinein sehen konnte, in einen langen, steil abschüssigen, sehr engen Gang. Der edle Wunsch, keiner Gefahr später als die Waffenbrüder zu begegnen, trieb Otto und Heerdegen an des Seekönigs Seite vor; und nebeneinandergereiht schritten die 3 Genossen mitsammen fürder, ihre langen glimmenden Schwerter wie Fühlhörner in die Dunkelheit vorausstreckend. / Sie trafen auf nichts feindliches. Vielmehr je tiefer sie stiegen, je mehr erweiterte sich das Gewölbe, je milder senkten sich die Stufen – plötzlich standen sie auf ganz ebenem Boden; eine Zugluft hauchte sie an, wie aus freier Gegend, und sie meinten umso mehr in eine solche geraten zu sein, da es hoch über ihnen, als von der Himmelswölbung, herabfunkelte mit einigem Sternenlicht. Wie sie in dieser ungeheuren Tiefe zum Anschauen des Firmaments gelangt sein möchten, darüber sannen sie noch zweifelnd nach, da schon der Falke von Ottos Brust in die Höhe stieg, freudigen Schwunges den ungehemmten Raum begrüßend. Bald aber kam das mutige Tier verstört und taumelnd zurückgeflattert; sie sahen wohl, es hatte seine Jagd beginnen wollen, und war auf entsetzliche Gestaltungen gestoßen, die nun dicht über den Häuptern der Ritter hinwallten – man wußte nicht, war es riesiges Geflügel von unerhörter Art, waren es Höhlendämpfe, die in dieser unterirdischen Gegend in so zahlreichen Scharen und bedräuenden Bildern umherzogen; denn daß man in einer unterirdischen Wölbung war, nur von gewaltiger Art und Höhe, und von der schwarzschwindligen Kuppel herab Lampen wie Gestirne leuchteten, davon hatten sich nun schon die in der Dunkelheit nach und nach gestärkten Augen der Wanderer überzeugt. / Ein großer See lag zu ihren Füßen, das schwarze Gewölb und die Lampensterne recht freudlos rückspiegelnd. Die Ritter fühlten mit ihren Schwertern hinein; Arinbjörn endlich mit seiner langen Hellebarde: es war auch ganz dicht am Ufer an keinen Boden zu denken. / Mehr als eine Meile lang waren sie schon am Borde hingewandert, da tat es sich vor ihnen auf, wie ein steiler Hügel, auf dem eine getürmte Feste stand. Während sie sich ihr nähern wollten, bemerkten sie, daß der See hier einen wildrauschenden Fluß aufnehme, der sich gerade zwischen sie und das nächste Ziel ihrer Reise hinzog. An Durchwaten oder Schwimmen war bei diesen schäumenden Wirbeln nicht zu denken; man hielt sich also stromaufwärts. Bald auch erreichten sie eine hohe, von lauterem Erz gewölbte Brücke, die unter den geharnischten Fußtritten der Wandelnden wie in Melodien eines grausen Marsches zu tönen anhub. Jenseits angelangt, sahen sie ein weites, ebenes Feld vor sich; man hätte es eine blühende Aue nennen mögen, denn es leuchtete wie von vielen Blumen darauf hervor, aber diese gaben sich allzumal im Näherkommen als bleiche, wunderlich geformte und Schwefelduft aushauchende Flämmlein kund. Doch war es, als ob viele seltsame, über die Ebene bald einzeln, bald in Scharen hintrabende Tiere, halb wie Rosse halb wie Stiere gebildet, ihre Nahrung daraus zögen; denn sie rupften oft solche Flämmlein ab und sprangen dann lustiger fürder. / ‹Sollten wir uns doch solch ein Roß fangen, und darauf einreiten in die Burg ?› fragte Heerdegen mit einem dreisten Lachen, verhoffend, dadurch das Grauen in sein' und seiner Gefährten Brust zu ersticken; aber der vom Entsetzen geborene Scherz weckte auch wieder zum Entsetzen auf; sie schauderten alle 3 zusammen, daß die Harnische rasselten. Zudem kam schon ein häßlicher Zwerg auf einem Beine gesprungen; der sagte : ‹Neinein ! Lasset Euch nach diesen Tieren nicht gelüsten. Das sind der Göttin Freia Zauberrosse : damit reitet sie durch den Wald, und jagt Menschen, die ihr nicht opfern wollen. Ich aber bin der edlen Rosse Hirt.› Nach diesen Worten stieß er in ein ungeheures Horn, so gellenden und zugleich donnernden Tons, daß die Ritter sich des Zurückwankens kaum erwehren konnten. ‹Erschreckt's Euch ?› lachte der Zwerg, ‹ich spiele ja nur ein bißchen auf der Schalmei, wie es der Hirten Art und Weise ist. Hier unten klingt ein eigner Schall, und blüht ein eigner Mai : da macht es denn die Schalmei den beiden nach. – Wenn Ihr wollt, kann ich Euch auch unsre Hirtentänze sehen lassen ? : ich habe noch viel Genossen hier nahe bei.› – Die Ritter winkten ihn mit den beerzten Händen fort, und gingen schweigend auf die Burg zu; gellend lachte der zwergische Hirte ihnen nach, und die Zauberrosse sprangen wiehernder über die Wiesenflämmchen. / Über Zugbrücken gingen die 3 Herren; auch durch Tore hin; wie in eine ordentliche Ritterburg; einige Männer, schien es, hielten an den Eingängen Wacht. Neigten sich auch vor den Eintretenden mit strengem Waffengruß, ohne daß man doch eigentlich recht wissen konnte, ob es nicht bloß künstliche Bildsäulen wären, die so wunderlich zusammenrasselten; und sich bückten; und dann wieder grade ständen, in regungsloser Härte fest. / Durch leere Gemächer und Säle hin führte der Gang; die Tritte hallten sehr wieder in dem, es schien, ganz erstorbenen Gebäu. Flackernde Lampen hingen hin und her an den Wänden. Endlich kamen sie in ein reichgeschmücktes, aber mit Verzierungen sehr wunderlich aussehendes Zimmer; da saß ein Ritter darin, hinter einem langen Tisch, und las in einem aufgeschlagenen Buche. Dem Otto ward es zumute, als habe er Ähnliches irgend einmal schon wo im Traume gesehen ? – Indem er sich noch darüber besann, schloß der Ritter sein Buch; richtete sich in die Höhe; und sagte, hinausgehend : ‹Ihr hättet klüger getan, weg zu bleiben. Da Ihr nun aber einmal hier seid, will ich Euch melden.› . . . . . .«

* * *

»Ihr hättet klüger getan, weg zu bleiben« – jaja.

KRAKATAU

(Am 27. August, vor 75 Jahren, erfolgte die größte aller historisch bekannten Naturkatastrofen).

– – –

Sonntag und tropische Mittagshitze in der Südsee: »das weiße Meer ist eingeschlafen, / und purpurn steht ein Segel drauf«. Und Kommodore LINDEMANN, vom holländischen Dampfer GOUVERNEUR=GENERAAL LOUDON, kann, wenn er gähnend das Doppelglas vor die Augen hebt, zumindest noch 2 Mastspitzen in der Ferne wahrnehmen; denn obwohl die Boote der eingeborenen Fischer längst auf den Strand gezogen wurden, und ihre Eigentümer Siesta halten, ist die Sunda=Straße – einer der Hauptverkehrswege unseres Globen – immer belebt.

Und wieder die gleißende Stille jenes 26. August 1883.

Gegen 14 Uhr beginnt dumpfes Rollen im Nordosten, wie wenn schwerkalibrige Schiffsgeschütze übten – aber schon nach wenigen Augenblicken verzieht Kommodore Lindemann die Stirn: *so* schnell schösse Niemand, und wenns ein ganzes Geschwader wäre! Gleich darauf bildet sich am Horizont etwas, »Wolken vergleichbar«, das sich langsam höher schiebt; bis, gegen 17 Uhr, der ganze Himmel überzogen ist. Gleichzeitig vernimmt man ein knisterndes Geräusch in der Atmosphäre; die Kompaßnadel beginnt zu tanzen; es wird immer finsterer; und der Kommodore beschließt, solange das bißchen Sicht noch anhält, lieber linker Hand in die Bucht von Lampong einzulaufen, und dort vor Anker zu gehen.

Denn der Himmel ist entsetzlich geworden! Erfüllt mit klumpigem Schwarz, aus dem in rasender Folge Blitze wimmeln: »Weiße Riesenschlangen auf tintigem Grund«, notiert einer der Offiziere.

Schon atmet man schwerer, denn feinster Staub erfüllt die Luft des zur Nacht gewordenen Tages; greifbar geht Geruch um: nach glühender Asche; und wie Schwefelflammen.

Dort im Südosten steigen »Feuerketten« in die Luft und ganze Katarakte weißglühender Bälle. Vorsichtshalber lotet man die Tiefe um das geängstete Schiff – die ist zwar noch konstant, und stimmt mit den Angaben der offiziellen Seekarte; aber als man das Bleilot, aus 200 Metern Tiefe, in die Hand nimmt, ist es so heiß, daß es den zuckenden Fingern entfällt!

Und überall beginnen Szenen, wie wir sie atemloser und makabrer nicht aus Coleridge's ‹Ancient Mariner› kennen: Masten, Rahen und Aufbauten wimmeln plötzlich von St. Elms=Feuern, unruhigen, zuckenden. Und die farbige Besatzung verliert alle Fassung : sie huschen, braun und zartgliedrig, umher, von einem der blaßblauen Flämmchen zum anderen, und schlagen sie mit den Händen aus; die eingeborenen Heizer verlassen ihre Kesselfeuer und helfen bei dem Geschäft, die schwefligen Kleindämonen zu ersticken.

Gegen Abend ertönt es wie schwerste Tritte über Deck, als gingen – dann liefen; dann rennten – Giganten : Bimssteinklötze sind es, erst faustgroß, dann wie Kürbisse, und brennend heiß dazu !

Um Mitternacht beginnt ein Regen zu fallen; aber kein Regen gewöhnlicher Art : ein Gemisch aus Wasser und phosphoreszierendem Schlamm sinkt hernieder; rieselt emsiger; wird zum Wolkenbruch – und damit beginnt eine neue lugubre Arbeit für die Besatzung. Schnell heißt es schaufeln; denn die Materie fällt pro Minute 1½ Zentimeter stark; einen Meter dick wäre die Schicht innerhalb einer einzigen Stunde geworden, und hätte den Dampfer unweigerlich versenkt, hätten sie nicht geschaufelt, blitzumzuckt, in Schwefelqualm und Donner, wie die Rasenden !

Gegen Morgen wird es ein wenig ruhiger; aber immer noch fällt, obwohl leichter, der Aschenregen, der Bimssteinschauer; immer noch reißt es in der Schwärze und schlitzt wie riesige Messer; immer noch tanzen die Korposanten. Aber dafür hat sich ein neues, beunruhigendes Phänomen hinzugesellt : von Zeit zu Zeit kommen Wellenfronten an; wenige Fuß hoch, und in dieser Gestalt unschädlich. Vorsichtshalber läßt man sämtliche Bug= und Notanker nieder, hält so das große Schiff gegen die Wogen, und atmet auf.

Atmet auf – – : bis, um 5 Uhr 30 des 27. August, es über die Wasser her rollt, mit einer bisher unvernommenen Lautstärke; sich wiederholt um 6 Uhr 44; – betäubt, mit aufnahmeunfähigem Trommelfell, stehen die wetterharten Seeleute. Um 10 Uhr 2 Minuten Ortszeit weckt sie, die nicht mehr hören zu können vermeinten, ein Schall, einzigartig in der Geschichte unseres Planeten, als bräche das Firmament zusammen ! – (Der sich 50 Minuten später noch einmal, jedoch wesentlich schwächer, wiederholt.) –

Um 10 Uhr 2 Minuten also, am 27. August 1883, erfolgte jene Katastrofe größten Ausmaßes, von der die von Menschen niedergeschriebene Geschichte weiß – das einzige bisher bekannte, g l o b a l e Geschehnis, das der gesamte Erdball verspürte; immer noch das größte; trotz aller unserer Atombombenversuche. –

Was war geschehen ?

Längst hatte man gewußt, daß sich, über Java als Achse hinweg, ein großer sogenannter ‹Grabenbruch› der Erdrinde hinziehe. Allein auf dieser Insel kennt man 49 Vulkane, darunter diverse ‹Viertausender›; mehr als die Hälfte davon hat man in der relativ kurzen Zeit der europäischen Ansiedlung in Ausbrüchen beobachtet, und diese Kette von tätigen Vulkanen setzt sich fort, nach Westen über Sumatra, nach Osten bis Flores und Timor. Senkrecht zu dieser Ost=West=Linie unterirdischer Tätigkeit verläuft von Nord nach Süd eine zweite tiefe Spalte, längs deren sich die unterirdischen Kräfte manifestieren; beide kreuzen sich inmitten der flachen Sunda=Straße in einem Punkt : Krakatau !

Und es war praktisch das erstemal, daß der wohlklingende Name der Menschheit geläufig wurde. Wohl waren 300 Jahre zuvor holländische und spanische Entdecker den 4 Inseln der Gruppe vorüber gereist und notierten : kein Unterschied gegenüber den umliegenden Eilanden; bedeckt mit allergrünster Vegetation; unbewohnt, nur selten besuchte ein Fischer oder Kokosnußsammler die verträumten Buchten.

Dennoch war seit den letzten Jahren die Insel irgendwie ‹verdächtig›; Erdstöße wurden häufiger; und am 20. Mai 1883 hatte ein erstes Beben Batavia wachgerüttelt. Am 11. August 1883 noch – also nur 14 Tage ‹vorher›; genau der ‹Tanz auf dem Vulkan›, wenn je einer war – besuchte Kapitän FERZENAAR, Leiter der geographischen Abteilung in Bantam, die Insel; skizzierte ihre Küsten; sah Dampfsäulen, und registrierte Schwefelgeruch; aber das, wie gesagt, war auf einer Vulkan=Insel, wie Java, nichts ungewöhnliches.

Bis eben zu jener Mammutexplosion vom Morgen des 27. August 1883 ! –

Da muß, geologisch betrachtet, folgendes geschehen sein : die Ausbrüche vom Nachmittag des 26. waren von heftigen Lavaflüssen begleitet gewesen, und Krakatau lag ziemlich niedrig, wurde also unschwer von Seewasser überflutet. Das heißt : die Lava, die ohnehin dazu tendiert, sich oberflächlich abzukühlen, während im Innern die Rotglut noch lange erhalten bleibt, war durch den Einbruch des Meeres oberflächlich erstarrt; und es hatte sich über dem Riesenschlot eine Art Pfropfen gebildet – daher die Pause im Ausbruch während des größten Teils der Nacht des 26. zum 27. August. Inzwischen aber hatte die Spannung der inneren Dämpfe stetig zugenommen, bis sie stark genug geworden war, besagten Pfropfen zu lokkern; anzuheben – und endlich, in einer letzten überdimensionalen Kraftanstrengung, abzuschleudern : das eben war der letzte, der entscheidende Stoß von 10 Uhr 2 Minuten des 27. August 1883; er, der alle die globalen Folgen verursachte, von denen im Folgenden die Rede sein wird. (10 Uhr Ortszeit Krakatau ? Da ist es in Europa, rund 2 Uhr Morgens; also tiefe Nacht liegt noch über Berlin, Paris, London).

Aber durch die Sunda=Straße rast bereits die riesige Wasserwand ! – In Merak, 50 Kilometer entfernt, war sie höher, als die Bauten unserer Großstädte : 45 Meter hoch überrannte sie Strand und Ortschaften; bis 30 Meter Höhe wurden die Ufer rasiert; 36.380 Menschen ertranken; sämtliche Städte längs der angrenzenden Küsten, bis tief nach Nordaustralien hinein, wurden zerstört; die Leuchttürme weggeschwemmt – wochenlang danach noch war die Sunda=Straße, schon aus Mangel an Orientierungsmöglichkeiten, unpassierbar.

In Batavia, 250 km entfernt, erlosch am hellen Mittag die Sonne, und Lampen mußten angezündet werden. Fenster und Türen barsten; die Mauern bekamen Risse; sämtliche Leitungen setzten aus; in Buitenzorg sprang ein ganzer Gasometer aus seinem Gehäuse !

Auf Ceylon, 3.000 km entfernt, begann das Wasser im Hafen zu schäumen; Boote und Schiffe wurden an den Strand geworfen; der Hafenintendant verfaßte einen entsetzten Bericht.

Aus Port Elizabeth in Südafrika – also von der anderen Seite des Indischen Ozeans ! – berichtete der Kapitän eines der großen Postdampfer, die dort vor Anker lagen : »Mein Schiff, die HAWARDEN CASTLE, lag in der Algoa Bay. Gegen 8 Uhr 30, am 27. August, bemerkte ich, daß sich plötzlich die Ankerkette bis zum Reißen spannte, so daß ich sofort in aller Eile einen zweiten Anker auswerfen ließ. Der Pegel zeigte eine Schwankung von mehr als 4 Fuß; und sie wiederholte sich viermal in einem Maße, wie ich mich nicht erinnern kann, es je während zwanzig Dienstjahren wahrgenommen zu haben !« – Das war die große Flutwelle des Krakatau, die spürbar wurde, bis nach Europa hin, und den Pegeln des Ärmelkanals.

Zuvor jedoch noch war der *Schall* um den Erdball gereist ! – In Singapure »war keinerlei telefonische Verständigung mehr möglich; sobald man den Hörer abhob, vernahm man ein Brausen, wie von einem Wasserfall; wenn man aus Leibeskräften schrie, hörte man zwar, daß Jemand am anderen Ende sprach, verstand jedoch kein Wort.« In St. Lucia Bay auf Borneo hatten die Eingeborenen gerade einen Missionar ermordet; und verließen fluchtartig ihre Dörfer, weil sie dachten, von allen Seiten sammelten sich die verhaßten Weißen zur Vergeltung. In Acheen auf Sumatra, 1.600 km entfernt, dachte der Kommandant der Garnison, ein Angriff erfolge auf sein Fort; und alarmierte die gesamte Besatzung für viele Stunden. Auf der Insel Rodriguez, vor Madagaskar in einer Weite von 4.500 km, vernahm man das Gerolle, wie schweren Donner, oder die Notschüsse von strandenden Schiffen. (Und man vergesse nie, daß es sich dabei um eine Entfernung handelt, als hörten *wir* einen Knall aus *New York* – das ist bisher, gottlob, noch nicht der Fall gewesen; (obwohl wir nichts verreden wollen.)

Staub fiel allerorten vom Himmel; die meisten Daten kamen hier von Schiffen, fern im Indischen Ozean, von den Kerguelen bis hin nach Aden. Die größte Entfernung, bis zu welcher die Aschen= und Bimssteinschauer reichten, betrug 6.000 Kilometer in Richtung West=Nord=West – war doch eine Gesteinsmasse zerstäubt worden, die *achtzehn* Riesenblöcke ergeben hätte, jeder 1 km breit, 1 km lang, 1 km hoch : dreiviertel der Insel waren verschwunden !

Zur gleichen Zeit ging, vom Krakatau als Zentrum aus, eine Luftdruckwelle um den Erdball : mit einer Geschwindigkeit von 1.200 Kilometern pro Stunde schnellten allerorten die Barometer hoch um 63 Millimeter; und fielen Herzkranke um, bis zu den Antipoden, die in diesem Fall bei Bogota in Südamerika lagen – innerhalb von 17 Stunden verdichtete sich dort ein Luftdruckknoten; zerfloß wiederum in entgegengesetzter Richtung; und umreiste dergestalt *siebenmal* den Erdball, ehe die Atmosphäre zur Ruhe kam.

Die Magnetnadeln in den Observatorien sämtlicher Kontinente begannen zu zucken, sei es in Deklination oder Inklination, mit ungewöhnlichen schnellen Schwankungen; in Para (Südamerika) waren die einzigen nennenswerten Nadelausschläge des Jahres 83 die vom Tage des Krakatauausbruchs.

Aber das war alles nichts, gegen das, was folgte. Nie noch hatte auf der Erdoberfläche eine auch nur annähernd ähnlich starke Explosion stattgefunden; war doch die Rauchsäule 700 km weit gesehen worden ! Der Himmel selbst entzündete sich, verfinsterte sich, und erzeugte Farben wie sie nie zuvor ein Auge erblickt hatte.

In den letzten Augusttagen des Jahres 1883 registrierte das Schiff EUTERPE aus dem Südatlantik einen Sonnenaufgang, mit *vier Ringen* um das Gestirn ! Medellin : »Am 3. September ging die Sonne *violett* auf. Wurde dann *blau*; anschließend *grün.*« Das Observatorium in San Salvador, Südamerika, berichtete aus den letzten Novembertagen : »Der Mond stieg auf, und zwar bis zu einer Höhe von 15 Grad überm Horizont *smaragdgrün*, wie auf einem Riesenvorhang von Karminrot, den nur Venus sonst noch zu durchdringen vermögend war, aber ebenfalls grün erschien. So stark war das Licht, daß Sterne erster Größe unsichtbar blieben.«

Aus unserem deutschen Berlin schrieb Professor Helmholtz von den Abenddämmerungen des 28., 29. und 30. November 1883 : »Gegen 16 Uhr Untergang der *grünlichen* Sonnenscheibe. Anschließend ungewöhnlich hellroter Himmel mit auffälligen Lichtbalken im *Südwesten.* Um 16 Uhr 30 lagen alle Straßen Berlins in einem seltsam bernsteinhaften Schein, als sähe man durch ein gelbes Glas. Dann folgte Dunkelheit, und die ersten Sterne wurden sichtbar. Eine halbe Stunde *danach* jedoch, weit nach 17 Uhr, färbte sich der Westhimmel erneut karminrot, oder präziser, wie ein dunkles Rosa. Man sprach allgemein entweder von einem Großfeuer; bzw. Andere, die sich über die Himmelsrichtung nicht klar waren, von einem ‹Nordlicht›.« Die ‹Bishop's Ringe› um Sonne und Mond wurden, zumal in den angelsächsischen Ländern, zum Begriff.

Als die nächste Mondfinsternis, ein volles Jahr später, erfolgte, verzeichnete Stone, der Astronom der Sternwarte Oxford, kopfschüttelnd: »Es war die mit weitem Abstand dunkelste Verfinsterung, die mir je vorgekommen ist: im verschatteten Teil des Mondes war schlechterdings *nichts* sichtbar; keine Spur des sonst üblichen ‹kupferfarbenen Lichtes›; nicht einen Einzelkrater vermochte ich darin zu unterscheiden!«

Die Ursache all dieser bezaubernden Schleiertänze von Himmelsfarben und zarten Luftgestaltungen war feinster Vulkanstaub aus dem Krakatau: bis in Höhen von 50 km war er ausgeblasen worden; und wurde nun dort oben, schwebend in den kaum merklichen Ausgleichsströmungen, monatelangsam sinkend, um die ganze Erde getragen. Von Transvaal bis Island sahen die staunenden Zeitgenossen die Bleischeiben der Sonnen, die grasgrünen Monde, Halos wunderlichster Gestalt; und endlich, wenn längst hätte tiefe Nacht sein müssen, das Super=Alpenglühen der höchsten der Staubdecken.

75 Jahre sind es her, daß dort, fern unterm Äquator, der Berg zerbarst; Wasser und Winde um die Erde pendelten; Schiffe mühsam durch Bimssteinfelder pflügten; und der Schall bis zu den Antipoden reiste. Daß 50 Tausende starben, während die Magnetnadeln verzückt tanzten, und die Gestirne ergrünten – ein Tag, wohl wert, daß die Menschheit seiner gedenke: des 27. August 1883; und des donnernden Namens KRAKATAU!

IMMUNITÄT FÜR ‹JEDERMANN›.

Das weiß die Statistik, daß zu normalen Zeiten die Kriminalität etwa 1% beträgt; oder, rauher ausgedrückt : von 100 Mann hat im Durchschnitt 1 ‹gesessen›; (nach Kriegen oder sonstigen ‹Großen Zeiten› verdoppelt sich, wie billig, die Zahl).

Schwieriger wird es schon, wenn man nach der Verteilung auf die einzelnen Berufe fragt – denn ‹Arbeitsscheue› oder ‹Prostituierte›, oder gar schlicht ‹Verbrecher eben› ist ja eine wenig befriedigende Antwort. ‹Nitrit=Fleischer›, schön (oder vielmehr : nicht schön !); aber dergleichen ist gewissermaßen ‹saisonbedingt›, und löst immer noch nicht das Problem : ob Schornsteinfeger öfter straffällig werden oder, je nun, sagen wir Fahrradhändler. Vielleicht gelingt es mir, solch intrikate Frage im folgenden entscheidend voranzutreiben, wenn ich *den* Beruf nenne, der, unschlagbar nun und immerdar, das Feld um 10 Längen anführt :

Es sind die Künstler !

Oder, präziser : die Schriftsteller. Und, noch genauer : *die guten Schriftsteller*; an deren Grab man dann gern (*falls* es zufällig im Vaterlande liegen sollte), 100 Jahre später, patriotische Tränen im fetten Auge, als von »unseren Dichtern & Denkern« spricht, Heine & Büchner, Straßen heißen nach ihnen und Schulen, Literaturpreise werden in ihrem Namen verliehen : was meinen Sie, was die – könnten sie wieder aufstehen – uns anspucken würden !

Gewiß, es liest sich scharmant, ‹geistvoll›, wenn ein Biograf des Cervantes filosofisch bemerkt : im Zweifelsfalle sei von jedem spanischen Schriftsteller jener Zeit anzunehmen, daß er eingesperrt gewesen sei – für den Betroffenen allerdings ein etwas schmerzhafter Zustand ! Und wie heroisch liest man bei der ‹Göttlichen Komödie› nicht über das urkundlich belegte Faktum hinweg, daß Dante am 10. März 1302 zum Feuertode verurteilt wurde, falls er jemals den guten Florentinern in die Hände fiele ! Dafür hat er dann, seinerseits, seine politischen Gegner in *die* Höllentöpfe gesteckt, die am dichtesten beim Feuer stehen : dort sieden die Herren noch heute; während er längst in das bißchen Unsterblichkeit einging, das uns Menschen zugemessen ist (das heißt also zeitlich vom ‹Unterkiefer von Mauer, bei Heidelberg› an – man sieht, ich bin wahrlich großzügig – bis...... naja; das dependiert vom Eisenhower oder sonst irgend einem Vogel Strauß).

Milton ?! : Am 16. Juni 1660 wurden seine Bücher von Henkershand verbrannt; er selbst verhaftet, aber – er hatte sich für die Literatur seines Volkes blind gearbeitet! – bald wieder frei gelassen. (Und was für Einzelheiten : von seinen 3 Töchtern hatte die Älteste einen Sprachfehler; den beiden Jüngsten machte es auch kein Vergnügen, dem blinden Vater vorzulesen : aus Büchern, deren Sprache sie nicht verstanden. Er schalt sie in seinem Testament, unmenschlicherweise, ‹undutiful›. Immerhin heißt noch heute eine Stadt ‹Milton next Sittingbourne› in der Grafschaft Kent.)

Dostojewski ? : erst zum Halbtode verurteilt; dann zu 10 Jahren Sibirien. / André Chénier ? : mit 32 Jahren als ‹Politischer› geköpft. / Starb James Joyce im geliebten Dublin ? : Nein; nach 30 Jahren in Zürich. / Guareschi ? : Natürlich gesessen; wegen ‹Beleidigung› (ich erkläre noch, warum ich es in Anführungsstriche setze).

Aber unbesorgt : Wir Deutschen brachten (und bringen) in überwältigender Anzahl die servilsten, die zahmsten, die ‹königstreuesten› Schriftsteller hervor – da wäre es ja eine rechte Schande, wenn wir nicht auch die meisten ‹Schreckensmänner› aufzuweisen hätten!

Fritz Reuter. – Und wer hätte sich noch nicht ergötzt an der ‹Stromtid›; oder, weit schärfer=besser noch : an ‹Dörchläuchting›; oder der ‹Urgeschicht von Meckelnborg› : 1830 in Berlin zum Tode verurteilt! – Meingott, der Mann war ‹Burschenschaftler› und sprach von einem verschwommenen ‹Großdeutschland› : anschließend wurde er vom König ‹begnadigt› : zu 30 Jahren Festung! – »er verfiel seiner krankhaften Neigung zur Dipsomanie; von der er sich, den besten Vorsätzen zum Trotz, nie befreien konnte« (zu Deutsch : Quartalssäufer war er! Kunststück bei solcher Behandlung).

Schubart ? Saß 10 Jahre gefangen auf dem Hohenasperg; bis »der körperlich und geistig zerrüttete Mann, um die Sinnlosigkeit despotischer Willkür voll zu machen, zum Hofdichter in Stuttgart ernannt wurde« – er hatte nämlich den regierenden Herzog Karl Eugen, denselben, vor dem Schiller flüchtete, libellistisch angeprangert.

Bringen wir System in die Sache : 4 Delikte sind es, wegen denen ‹man› (das heißt die Regierungen; die, die augenblicklich ‹an der Macht› sind) die Unsterblichen ‹gesiebte Luft atmen› ließen und lassen :

1.) *Politische Vergehen* – das trifft gute, ‹menschliche› Schriftsteller, die weder mit Militarismus noch Despotismus einverstanden sind;
2.) *Beleidigung* : das heißt, sie nennen die ‹Großen Politiker› ihrer Zeit mit dem, Jenen gebührenden, deutlichen Namen!;
3.) *Gotteslästerung* : sie sind zuweilen der Ansicht, daß 30% – ich meine die Christen – mit nichten ‹die Menschheit› ausmachen; und

4.) *Pornografie; Schmutz und Schund* : das heißt, sie beschreiben ehrlich, wie sich der Mann an der Frau freut; und umgekehrt. – (»Oh shocking« wispert trieflefzig der Filister, und schnuppert an den Sätteln von Damenfahrrädern).

(Meistens finden sich – nur dem Unwissenden befremdlich – alle 4 auf einmal beisammen.)

Und ich dulde keinerlei Einrede !

: Soll ich ein Land ehren, das einem Kant oder Lessing oder Schiller Schreibverbot erteilte ?! / Das des sehr großen ETA Hoffmann ‹Meister Floh› beschlagnahmen ließ, nur weil der einen Polizeipräsidenten – allerdings gleichzeitig in Jenem eine ‹janze Richtung› lächerlich machte ?! / Das Land, aus dem ein Heine flüchtete ?! / Das Land, von dem ein Nietzsche sich freute, daß er einen soliden Schweizer Bürgerrechtsbrief besitze ?! / Das Land, aus dem periodisch – sei es 1848, sei es 1933, sei es 1958, – die Besten der Nation emigrieren : wie steht es mit Nobelpreisträgern à la Thomas Mann ? Hermann Hesse wohnt in Bonn ? : ei, ei, ei ! / Alfred Döblin ? Albert Einstein ? / Die ‹Göttinger 7› ?

Und wir wollen nicht vergessen, wie die Regierungen ihre Handlanger haben; wie sie die Dichter selbst gegeneinander zu hetzen verstehen : kennen Sie den Namen Richard Dehmel ? Ein großer Mann; ‹Fitzebutze› und ‹2 Menschen› – und gegen ihn der Denunziant des ‹Pankower Haupt=Pornografen›, Börries Freiherr von Münchhausen war sein Name : ekeln kann einem davor !! –

Es gibt nur 1 Möglichkeit, und die Machthaber allerorten mögen sie sich hinter die feinen Ohren schreiben; (sonst bleibt es eben wie bisher : daß sich die Regierungen bis auf die Knochen blamieren vor der ‹Nachwelt› !) – :

Verleiht den wenigen guten Schriftstellern Eurer Nation (unbesorgt : keine Generation hat deren mehr als 1 Dutzend auf einmal !) *Immunität !* Laßt sie, die Sprecher für ‹Jedermann›, reden und schreiben ohne die geringste Furcht : *je besser sie sind, desto weniger Hörer=Leser haben sie !*

Im Augenblick ist es wieder so, daß sich die ‹Vaterländer› aller Art blamieren, ‹ihren› Dichtern gegenüber, immer und immer wieder; ob USA (Cooper & Ezra Pound) ob UDSSR (‹Formalisten› und Pasternak); ob Frankreich (Bayle, Voltaire, Sade, Sartre) oder Ungarn : ob BRD oder DDR, ob Bonn oder Pankow.

‹Den Einen genommen : und den Andern damit geprügelt !›

(Das ist ein schlesisches Sprüchwort; und ich bin Flüchtling, dazu mit Ausweis A; außerdem 6 Jahre Soldat & Kriegsgefangener : Lambe mihi !).

DEUTSCHES ELEND.

Und ich meine mit nichten, daß die bundesrepublikanischen Wähler ihre politische Reife immer wieder dadurch dokumentieren, daß sie mit absoluter Mehrheit einer Wiederaufrüstung zustimmen – obwohl auch das an sich traurig genug ist; aber das Volk in Westdeutschland will es : so sei es denn ! (‹Das sind die eigentlichen Ochsen, die sich den Fleischer zum König wählen›, las ich einmal in einem Buch).

Und ich meine auch nicht die für jeden Denkenden bestürzende Tatsache, daß Deutschland wohl die *Wiege* großer Männer war – ich nenne nur von heute Geläufigen Albert Einstein, Thomas Mann, Hermann Hesse; sämtlich Nobelpreisträger – aber nur selten ihr Grab ! Denn Einstein mußte vor uns emigrieren; der ‹zurückkehrende› Thomas Mann nahm befremdlicherweise *nicht* seinen Wohnsitz am Brunnquell westdeutscher Kultur, in Bonn, sondern blieb lieber in der Schweiz; und Hermann Hesse denkt nicht daran, Montagnola und das Tessin zu verlassen. »Die können nur noch Adenauer wählen !« schrieb er grimmig als Signalement der Bundesrepublikaner; jetzt schläft er in den Vogesen, neben seinem Sohn, *der gegen Deutschland fechtend fiel; er*, unser bester Mann zwischen 20 und 30 : Alfred Döblin !

Aber selbst das ist nicht das Betrüblichste, daß diese westdeutsche Bundesrepublik sich mit Haut & Haar dem sogenannten ‹Freien Westen› verschrieb – man vergesse doch nie, daß eben dieser Westen seit 200 Jahren seinen Namen in ganz Asien und Afrika stinkend machte – und dann heute naiv genug ist, ungekünsteltes Erstaunen zu empfinden, wenn das große Indien Nehrus mit den Farbigen sympathisiert, und in der UNO meist ‹dagegen› stimmt.

(Denn ‹Frei› ist ja – jede Diskussion darüber wäre müßig – nur Derjenige, der *weder vom Westen noch vom Osten* Handgeld genommen hat : die Zukunft gehört den Neutralen !)

Man übersehe doch nie, daß auf 1 Ungarn mindestens 3 Ägypten Algerien Syrien kommen (oder, wenn man das vorzieht, Indochina Korea Little Rock). *Wer hat wen eingekreist ?!* – ein Blick auf die Weltkarte genügt. Denn da sucht man vergebens die bedrohlichen sowjetischen Stützpunkte auf den Bermudas, auf Kuba, in Mexiko Alaska Kanada Grönland – wohl aber findet man amerikanische, von Norwegen, über die Bundesrepublik, Griechenland Türkei und Pakistan bis hin zu den Kurilen! (Aber die ‹absolute Mehrheit› des westdeutschen Volkes *wollte* diese Orientierung nach dem Wilden Westen : so sei es denn : aber klage Keiner dann, später, wenn es wieder ‹passiert› ist!). –

(Dies dazwischen geschaltet : Ich protestiere gegen den hochmütigen Einwand der Regierenden, daß ich ‹von Politik nichts verstünde› ! Wer sich vergegenwärtigt, daß Staatsminister, also ‹höchste› Politiker, ohne weiteres *austauschbar* sind – daß also in aller Welt Einer, der heute Postminister war, morgen Atom= übermorgen Flüchtlings=, den nächsten Tag Verteidigungsminister sein kann (oder, deutlicher : daß alle diese Herren den Teufel etwas von ihrem Gewerbe verstehen können : welcher ehrliche Schmied würde sich zutrauen, morgen Tischlermeister zu werden ?!) – Wer, frage ich, mag noch Zutrauen haben zu der überlegenen Weisheit einer Obrigkeit, die – leider – Gewalt über ihn hat ? / Und, wenn wir über Einzelfragen wirklich nicht im Bilde sein sollten : Wer *ist* denn daran schuld, als jene Politiker, die ‹Geheimverträge› abschließen, und uns nicht informieren ? / Ganz zu schweigen davon, daß jeder ehrliche Mensch sich mit 65 Jahren für ehrenvoll abgenützt erklärt; Politiker dagegen scheinbar erst mit 80 richtig ‹reif› werden – was braucht man in aller Welt noch Altersheime, wo es doch so viele Parlamente gibt ?)

Also nicht all das ist das Deutsche Elend (von einem ‹Wunder› kann ohnehin nur der Ausländer schwatzen; der, der es nicht miterlebt, wie eine ‹linke› Zeitschrift nach der andern abgewürgt wird; der, der nicht weiß, daß bereits wieder auf Judenfriedhöfen Spottpuppen erscheinen, und Schilder stehen mit der Inschrift »Deutschland erwache : Juda verrecke!«; daß Parteien verboten oder verhindert werden : macht sich denn Niemand klar, daß 5% bei uns 2½ Millionen Menschen bedeutet ? die ohne ‹Sprecher› sein sollen ??!!)

Sondern daß ich jeden Morgen aufstehen, und mich freuen muß, daß es die Deutsche Demokratische Republik gibt! (Und daß mein ostdeutscher Kollege sich vermutlich allmorgendlich erheben, und die Existenz der Bundesrepublik begrüßen wird!)

Das allein nämlich – das Dasein zweier radikal verschiedener deutscher Staaten – verhindert die Machthaber auf beiden Seiten daran, letzte, infamste Methoden gegen die opponierenden unter ihren Staatsbürgern anzuwenden (zumindest kommt immer wieder der Zeitpunkt, wo man die sogenannten ‹politischen Gefangenen› ‹Zug um Zug› entlassen muß). Verhindert im Großen, daß einerseits der Samum der absoluten Konfessionalisierung und Militarisierung voll entfesselt werden kann; auf der anderen Seite muß der totalitäre Staat solange segensreich ‹kurz treten›, als ihm seine Bürger, und relativ einfach, davonlaufen können. (Obwohl bei uns zu Lande gern verschwiegen wird, daß auf 3, die aus der DDR kommen, immerhin 1 nach dem Osten geht. –)

Und – nunmehr im *Größten* ! – verhindert solche Lage der Dinge hoffentlich auch *das Furchtbarste* : daß Deutsche je, und in Massen von Zehntmillionen, aufeinander schießen werden ! Nur solange sind wir Deutschen relativ ‹sicher›, als die Tyrannen in Moskau oder Washington – und wer von ihnen für uns am gefährlichsten ist, steht noch lange nicht fest : es könnte der Andere sein ! – uns ‹nicht trauen› ! Nur solange dürfen wir zu überleben hoffen, als man dort mit Recht zweifelt, ob nicht in der Stunde X der arme uniformierte Rekrut, der sich seiner Schwester, seinem Vetter, oder auch nur dem ‹Bruder allgemein› gegenübersieht, in Verzweiflung seine Flinte nach hinten, gegen die fremd= oder deutschsprachigen Antreiber richtet !

Ich verwahre mich an dieser Stelle ausdrücklich gegen den Vorwurf uniformierter Jungen (Farbe beliebig) die mich des mangelnden Patriotismus bezichtigen möchten; aber so ideal eine ‹Wiedervereinigung› auch wäre – niemand könnte ja mehr, als z.B. ein Schreibender, wünschen, daß sich sein Publikum entscheidend vergrößerte ! – so sehr bin ich dagegen, daß diese Wiedervereinigung im Geiste nur *eines* der beiden deutschen Teilstaaten vorgenommen würde : *ich will weder schwarz noch rot sein !*

Ich bedarf keiner Belehrung. Ich habe, vielleicht als Erster, in meinem ‹Steinernen Herzen› des Betrübten und Breiten beide geschildert, den Osten wie den Westen; ich kenne die Schwächen wie die Vorzüge von beiden. Ich weiß, daß im deutschen Westen wie Osten *keine* ‹Freien Wahlen› stattfinden (und auch *keine möglich* sind : das ist ebenfalls keine ‹Freie Wahl›, wenn ich, von Großindustrie und den USA finanziert, neben 1 gegnerisches Plakat 10 von Yes=Männern kleben kann; das ist keine ‹Freie Wahl›, wenn ich neben eine simple politische Entscheidung die weltanschauliche schalte, und mit irgendeiner ‹Hölle› drohe !).

Es gibt bereits, und seit Jahrhunderten, diverse deutschsprachige, souveräne, Teilstaaten; sei es Österreich; sei es die Schweiz; sei es Luxemburg. Wir sind Zeugen der Entstehung zweier weiterer : der ‹Bundesrepublik› und der ‹Deutschendemokratischen›. Finden wir uns mit dieser Tatsache ab. Begreifen wir, daß jede Pistole grundsätzlich so eingerichtet sein müßte, daß sie sich nach rückwärts, auf den Schießenden, entlädt ! –

»Elender; Dir allein ist nicht Dein Vaterland teuer ?«

: »Ja, beim Himmel, auch mich kostet es Tränen genug !«

WORTZAUBER.

Das liegt ja tief in allen Völkern begründet : der Glaube an die Macht magisch wirkender Worte; vom »eiris sâzun idisi« der Merseburger Zaubersprüche an, oder dem rätselschweren »Alau, tahalaui fugau« mit dem man dereinst in Sankt Gallen die verirrten Schweineheerden des Klosters herbeizubeschwören gedachte; bis hinauf zu den auch uns noch geläufigen Formeln anfeuernder Rufe wie »Tempooo ! « oder »Hurra ! « (Einerseits ist es für uns Schriftsteller nur förderlich, wenn man ‹dem Wort› dergleichen Macht zuschreibt; und es ist ja auch tatsächlich nachdenklich genug, daß schon Schopenhauer empfehlen konnte, einen Saal dadurch zu räumen, daß man einen Mann verstörten Gesichts hereinstürzen und »Das Haus steht in Flammen ! ! « ausrufen ließe).

Aber das ist schließlich entweder Aberglaube, beziehungsweise Fopperei oder Dummheit des Angerufenen; die Sache hat noch eine andere, wesentlich fragwürdigere Seite : wir *Alle* unterliegen, und seien es die klarsten Köpfe unter uns, dem Zauber ‹in verbis, herbis et lapidibus›. Und hier der Beweis für die ‹verbis› :

* * *

Erster Akt : ein Zimmer. Der Prinz, allein; an einem Arbeitstisch voller Briefschaften und Papiere, deren einige er durchläuft; murmelnd : »Klagen; nichts als Klagen. / Bittschriften; nichts als Bittschriften. / – Die traurigen Geschäfte : und man beneidet uns noch ! / – Tja; das glaub' ich : wenn wir Allen helfen könnten, dann wären wir zu beneiden. / – – . – – / : Emilia : Eine Emilia ? ? / Aber eine Emilia Bruneschi; nicht Galotti. Nicht Emilia Galotti. / : Was will sie, diese Emilia Bruneschi ?« / (Er liest). / »Hm. – Viel gefordert; sehr viel. – *Doch sie heißt EMILIA ! : Gewährt !!«* (Er unterschreibt, und klingelt). –

Hier sind wir dem bestürzenden Fänomen ganz nahe.

* * *

»There is something in names« sagt schon der alte Herr Shandy; und beweist es Onkel Toby und allen anderen dadurch, daß er – Hand aufs Herz ! – fragt : ob Der lebt, der seinem leiblichen Sohn in der Taufe den Namen ‹Judas› geben würde ?! (Was natürlich keinen Beweis darstellt; denn, ich wette, es leben in den Vereinigten Staaten genug Leute, die ihren Sohn lieber so, als ‹Josef Wissarionowitsch› taufen ließen – was sag ich, ‹in den Vereinigten Staaten› ? bei uns, bei uns !).

»There is something in names« : Ludwig Tieck hat die geistreichsten Betrachtungen darüber angestellt, wie er sich vor dem Vornamen ‹Ulrich› fürchten würde : dumpf, geisterhaft, zwischen dunkelgrün=feuchten Wänden im finstern murmelnd, den Besitzer geradezu auf trübe Gedanken=Schleichwege *zwingend.* (Und Samuel Taylor Coleridge, der Engländer, der Poe noch am nächsten kam – wenn es nicht gar sein Vorgänger ist – untersucht ausführlich, ob nicht das Ohr eines künftigen Literaten auf ewig darunter leiden müßte, wenn er, holterdiepolter, ‹John Donne› hieße; oder – und das gab es wirklich – ‹Burke's Works›.) Der Fall liegt schwieriger, als man vielleicht meint.

* * *

Denn man hat gut lachen über dergleichen Vorurteil; *Namensvettern* : sind Sie immun dagegen ?

Der alte Astronom Schroeter kaufte sich die gesammelten Werke (zirka 30 – in Worten dreißig ! – Bände) des gleichzeitigen Theologen Lilienthal, *weil er selbst in Lilienthal bei Bremen wohnte !* / Oder Karl May erstand das Buch des ‹K. Mey› – allerdings mit ‹e›; aber das macht nichts, ‹Ei› bleibt ‹Ei› – über ‹Die tönende Weltidee›; obwohl er Richard Wagner gar nicht mochte, (sogar in seinem großen Maskenball=Roman vom ‹Silberlöwen› hat er es dann angebracht : wieviel Bücher mögen dergestalt ‹aus Zufall› gekauft worden sein ? Mir selbst ist es passiert, daß eine 85-jährige alte Dame ein Buch von mir erstand, nur weil auf dem Schutzumschlag ein Gemälde ihres Großen Bruders, Otto Müller, prangte.

(Und ‹Namensvetter› ? : ich weiß bei mir allein von Dreien. Von denen 2 sogar ebenfalls ‹schreiben› : was meinen Sie, was da manchmal fällig ist, wenn ‹Alte Freundinnen› es sich einfallen lassen, den falschen anzurufen ?)

* * *

Aber selbst die berüchtigten ‹Namensvettern› wollen wir noch ausschalten. Wir waren eben bei Karl May : einer meiner Bekannten kann den Namen nicht mehr hören, weil – ja *weil* :

Er hatte als Kind – also vor rund 25 Jahren – dagesessen, und in einem Band von Mays doch wahrlich harmlosen ‹Erzgebirgischen Dorfgeschichten› gelesen; getragen von dem bekannten May=Fieber, den Verehrer selbst den nichtswürdigsten Produktionen des nicht unbedeutenden Mannes entgegenzubringen pflegen. Eben war er an der Stelle angelangt, wo ein Haus brennt – da stürzt im selben Augenblick die Mutter herein, schreit, entsetzt=gespaltenen Gesichts : »Das Haus steht in Flammen !!«, und torkelt an die Wand – seitdem kann jener den Namen ‹May› nicht mehr hören : *ist das ein ‹Grund› ?!*

* * *

Und der Komplex geht überall zutiefst bis in die Hochliteratur.

1818 schlägt ein gewisser Ferdinand Beneke seinem Freunde Fouqué, dem Dichter der ‹Undine› vor, den Helden seines neuen umfangreichen Romans ‹Welleda und Ganna›, ‹Wittke› zu nennen. (Also eine Frühform des Stifterschen ‹Witiko›, und germanisch durchaus begründbar.) Und dies ist, was Fouqué ihm antwortet :

»Ich *kann* meinem Helden diesen Namen *unmöglich* geben; denn er ist für mich mit allzuviel unangenehmsten Erinnerungen verbunden : *ich kann nicht !*« (Denn der Hauptmann in preußischen Diensten, Moritz von Wittke, 1789–1862, war seinerzeit aufs übelste mit ihm zusammengeraten).

Was lassen wir uns doch beeinflussen !

Scott, Sir Walter Scott, konnte nicht widerstehen, wenn der Name seines ‹Clan› erklang, oder er das karierte Stoffmuster von dessen ‹Tartan› erblickte. (Wir sahen schon, einleitend, wie bei dem Liebenden der bloße Vorname Emilia ‹zündet› : »sollst mir ewig Suleika heißen« !)

Und – ich will ehrlich sein bis zum letzten – : ginge nicht auch mir das Herz auf beim Namen ‹Marat› oder ‹Voltaire› oder beim fremden Fechtbruder, der vor der Korridortür sich nennte ‹Johann Gottfried Schnabel› ? Tief würde ich in den Seckel greifen, wenn er sich vorstellte ‹Karl Philipp Moritz bittet um eine kleine Gabe› oder ‹ETA Hoffmann›. (Und nicht minder gibt es genug Namen, denen ich eine eherne Stirn entgegenhalten würde, – vermutlich Dieselben, die *mich* vergeblich anklopfen ließen.)

BEGEGNUNGEN.

»Vorsicht mit jedem Jüngling : Du weißt nie,
was mal aus ihm wird !
Vorsicht mit jeder Jungfrau : Du weißt nie,
wer sich mal in sie verliebt !«
(Gesetz Hammurabis, 147. Platte)

* * *

Zeit : Mai 1795 / Ort : Minden an der Weser. / Handlung : die Haute volée der Stadt veranstaltet ein ländliches Fest im Freien.

Da geht es natürlich lustig zu. Die Sonne strahlt durch den westfälischen Eichenhain, daß der Rasen sich gelb und schattig panthert. Eine Musikkapelle spielt auf zum Tanz. Auch spaziert man graziös umher (lang & pastellfarben war damals Frauenmode; den Gürtel unmittelbar unter der Brust). Plötzlich regnet es; und der Schauer treibt Alle in den nahen Dorfgasthof.

Dort sitzen eben die Offiziere eines durchmarschierenden Kürassierregimentes – begehrte Partner also – und ein 18jähriger junger Mensch vergafft sich in die Blauaugen eines der mindener Fräulein; tanzt einige Runden mit ihr; wechselt einige Worte; sieht sie in den nächsten Tagen noch ein paarmal – und ist hin !

Dann zieht das Regiment weiter. Die beiden, in jedem beliebigen Sinne ‹Unbekannten›, werden voneinander getrennt : aus ihr, dem Fräulein Elisabeth von Breitenbauch (1780–1832) – ein scheußlicher Name; aber ich kann nichts dafür – ist unversehens eine der ewigen Gestalten aller Weltliteratur geworden : die ‹Undine›. Denn der junge Reiteroffizier hieß Fouqué; und sollte später, was freilich damals auch Niemand wissen konnte, einer der berühmtesten Dichter der Romantik werden.

* * *

Und gleich die andere Seite : als Michelangelo sein berühmtes Fresko vom ‹Jüngsten Gericht› an die Wand der Sixtina zauberte, erkannte sich, bei der Enthüllung, einer der Kardinäle ganz rechts unten in der Ecke : dort nämlich stürzte einer der auf ewig Verdammten, unter genial=scheußlichen Gliederverrenkungen, der Hölle zu – und die Ähnlichkeit war derart frappant, daß jeder Beschauer sogleich mit dem Finger zeigte; aufschrie vor Lachen; und den Namen nannte. Auf die Beschwerde des Kardinals hin entgegnete der betreffende Papst, witzig und achselzuckend, »Aus der Hölle kann selbst ich leider nicht erlösen« : *der stürzt da heute noch so ab !*

* * *

Moral : man hüte sich, große Künstler zu beleidigen ! Sie, die Archivare des Universums, haben ein unvorstellbar gutes Gedächtnis.

Der Eine für optische Eindrücke. Man vergesse nie die wirklich ‹Wahre Geschichte› vom großen englischen Aquarellisten William Turner, der in Gesellschaft von einer Kindheitserinnerung, 50 Jahre zurück, erzählte, einem Dreimaster, den er auf der Reede von Spithead auf den Wellen tanzen sah. Einer der Anwesenden, Kapitän von Beruf, erkundigte sich des Näheren nach dem Namen jenes Schiffes; das wußte Turner nicht mehr; griff aber sogleich nach seinem Skizzenbuch, zog ein paar Striche; und hielt das Blatt dem Frager hin – worauf der Kapitän, auch ein Fachmann, unverzüglich den Namen der Bark nannte.

Ein Anderer registriert tonbandmäßig Akusmata : Mozart war fähig, ein ganzes unbekanntes Konzert, das er als Kind hörte, hinterher wieder niederzuschreiben, mit sämtlichen Stimmen.

Und Jean Paul verbürgte sich bei Zitaten aus längst gelesenen Büchern nicht nur für den Wortlaut, sondern auch für ‹eine ungerade Seitenzahl, rechts oben› : *die Kerls vergessen nichts !*

* * *

Nichts; denn der kleine Ludwig Tieck hörte seine Mutter von Kindheitserinnerungen erzählen : »in dem märkischen Dorf Jeserig war eine alte unheimliche Frau Gegenstand des Schauers für die Jugend. Häßlich und böse saß sie allein am Spinnrocken; nur einen kleinen Hund litt sie um sich. Ungern entschloß man sich, sie anzureden; und geschah es, so antwortete sie zornig und in einem nur halb verständlichen Kauderwelsch, das den Kindern schauerlich in die Ohren klang, wie böse Zauberformeln. Am schrecklichsten erschien sie, wenn ihr einziger Gefährte, der Hund, entsprungen war : dann stand sie an der Tür; blickte spähend das Dorf hinab; oder lief mit wunderlichen Gebärden durch die Straßen; und rief mit gellender Stimme nach dem Hunde : ‹Strameh ! Strameh ! Strameh !›« – : noch heute läuft jenes Hündchen so, in einer der unvergleichlichsten Erzählungen deutscher Sprache, dem ‹Blonden Eckbert› !

Denn auch Tiere, mit ihren Namen, werden durch die Begegnung mit Jenen unsterblich, die Kater ‹Murr›, ‹Purtzel›, ‹Hidigeigei›. Sogar Pflanzen, und ‹unbelebte Gegenstände› aller beliebigen Art.

* * *

Am Groteskesten wird es natürlich, wenn sich gleich *Zwei* solcher Unsterblicher jung=unerkannt begegnen.

Da stirbt 1791 in Frankfurt an der Oder, damals eine angesehene preußische Universitätsstadt, ein belangloser berliner Studiosus, »ich glaube, er hieß Troll«. Der ordentliche Professor der theologischen Fakultät fordert einen Kommilitonen auf, Jenem die Totenrede zu halten. Der tut es. Während er eben begonnen hat, öffnet sich die Tür der Leichenhalle, und ein junger Mensch, erschöpft, über und über dreckig vom Fußmarsch, drängt sich herein; nimmt stumm an der Feier teil; und entfernt sich danach wortlos wieder.

Das ‹Amüsante› dabei ist nur : daß jener Spätankömmling, der zu Fuß die gut 50 Kilometer von Berlin bis Frankfurt zurückgelegt hatte, um den toten Freund noch einmal zu sehen, *Ludwig Tieck* hieß. Und er, der die Leichenrede hielt, und noch in später Erinnerung, unwissend=unwillig, die damalige Störung verzeichnet, war *Heinrich Zschokke,* einer unserer unverächtlichen deutschen Erzähler : Keiner von beiden hatte damals, etwas Nennenswertes geschrieben oder gar veröffentlicht.

* * *

Und dennoch ist auch hier noch eine Steigerung möglich.

Man stelle sich vor : die beiden, zur Unsterblichkeit Bestimmten, gerieten in Streit miteinander : zögen Säbel oder Pistolen; hackten atavistisch=erbittert aufeinander ein – und gefährdeten dergestalt kommende unersetzliche Meisterwerke ! –

Im Sommer 1901 wird uns aus Paris berichtet, daß zwei Dichter – oder genauer : *präsumtive Dichter*; Keiner hatte bis dahin Namhaftes vorgelegt – in jugendlich erhitzter Debatte aneinander gerieten : der Eine, ein Dreizentnermann (‹Simba› = Löwe riefen ihm später bewundernde Araberkinder nach, wenn er als vollbärtiger Riese durch Kairo schritt) beabsichtigte allen Ernstes, ‹den Gegner zu fordern› ! Jener ‹Gegner›, gefragt, was er im Falle einer Forderung getan hätte, entgegnete in aller betroffenen Selbstverständlichkeit : »Na; aber nischt wie den ersten Zug nach Dublin genommen !« – Denn er hieß James Joyce; und sein eventueller Kontrahent, derselben Größenklasse angehörig, (d.h. jener, die zum Nobelpreis sprachlich zu gut ist) Theodor Däubler. Man muß sich das illustriert vorstellen : Joyce und Däubler, mit gekreuzten Degen, Quart Terz & Seitensekunde, gegeneinander : der Eine brächte uns um den ‹Odysseus›, der Andere um's fast gleichwertige ‹Nordlicht› !

* * *

»Seid Ihr so unglücklich, in Eurer Stadt einige Dichter zu besitzen ?« – – : Dann Cave !

DIE WÜSTE DEUTSCHLAND.

Eine relative Öde unserer Literatur ist unleugbar (relativ insofern, als zuweilen ganze Meteorschwärme von Talenten auftreten, eins am andern sich entzündend, eins das andre beleuchtend, ‹Romantik› oder ‹Expressionismus›).

Wer allerdings *kein* Recht hat, sich über das seuchenhafte Verkalben unserer Autoren zu moquiren, sind die ‹Fachleute›. Einmal die Rezensenten; die begrüßen nämlich glühende junge Talente mit nichten begeistert, sondern reagieren wie die Feuerwehrmänner, als sei ihre Aufgabe, jeden Funken Genie sogleich zu löschen. Und die Literaturhistoriker hinken grausam hinterher : ein Professor, der so weit gelangt, den Expressionismus für sich zu ‹entdecken›, ist ein Fönix, und gilt bei Kollegen als ‹unruhiger Kopf›.

Dennoch sind auch bei uns zur Zeit 5 gute Leute vorhanden. (Freilich, wenn man Verlagsprospekten und Klappentexten trauen dürfte, besäßen wir durchschnittlich 3 Genies pro Quadratmeter). Diese 5 stehen – und es ist an der Zeit, auch das einmal zu sagen – meist *nicht* in den Mitgliederlisten unserer Akademien oder des PEN; auch diese Institutionen versagen bei uns. Dreiviertel ihrer Angehörigen sind nur mit bewaffnetem Auge zu erblickende Talente; und die Anerkennung wirklich guter Leute erfolgt dort derart zögernd und beleidigend spät, daß Mancher den Beitritt nur noch achselzuckend ablehnt.

Die Situation ist, nebenbei bemerkt, in ganz Europa die gleiche. Weltanschauliche Empfindlichkeit gilt als das ‹Gebot der Stunde›; in den Feuilletons meint man nicht Literatur= sondern Kirchengeschichte zu lesen (bzw. Wahlaufrufe); und eine Binsenwahrheit, wie etwa, daß es bei einem guten Dichter völlig gleich sei, ob er Karl Marx oder die Jungfrau Maria besingt, würde am liebsten gerichtlich verfolgt.

Man betrachte England : da erhält ein Churchill den Nobelpreis für Literatur ! Also ein Journalist von ausgesprochenem Mittelmaß, der dichterisch überhaupt nicht ernst zu nehmen ist. Aber James Joyce hat die rettenden 150.000 Mark nicht gekriegt. (Oder, um deutsche Namen zu nennen, nicht Rilke, Däubler, Döblin, Brecht – wie man sich denn oft in eine geistige Ruhmeshalle versetzt glaubt, wenn man die Dichter sich vorstellt, die den Nobelpreis *nicht* erhielten.)

* * *

Der Grund für solche Flaute des Geistes – wo die Bücher jener 5 praktisch nur Flaschenposten einer Skylla an die andere bedeuten – ist unschwer anzugeben.

Es ist die, östlich wie westlich des Eisernen, rüstig geübte Tyrannei der Regierungen : wer ‹vorwärtskommen› will, muß drüben SED=Mitglied sein, bei uns Gottsucher. Von einem ‹Deutschen Wunder› kann nur der unbedarfte Ausländer faseln; Der, der keine Ahnung davon hat, wie ein Oppositionsblatt nach dem andern heiß abgewürgt oder kalt aufgekauft wird; wie man längst wieder auf gut Germanisch Judenfriedhöfe schändet; und Parteien behindert, wenn nicht gar verbietet – bei allem, was brennbar ist : macht sich denn Niemand klar, daß ‹5%› bei uns Zweieinhalb Millionen Menschen bedeuten ? Die also ohne Sprecher sein sollen ?! Und das in einem Lande, in dem das Zehnparteiensystem zum Grundgesetz erhoben werden müßte !).

Was meint wohl der Leser=Hörer, wie die *Originale* der Bücher, Sendungen, Artikel, aussehen, die er gedruckt erblickt, bzw. hastig vorgeplappert erhält ? Da streichen Intendanten & Redakteure alle ‹anstößigen Stellen›; da drohen, vernehmen und haussuchen Polizei und Gerichte; die klerikalen Zeitungen fauchen, die der Soldaten brüllen. In Ländern, wo die Regierung sich mit 1 Weltanschauung und gleichzeitig dem Militarismus identifiziert – oder, frei herausgesagt, ich bin ungefähr so geschmeidig wie Stonehenge : links Kommunismus & Volksarmee; rechts Christentum & Allgemeine Wehrpflicht – in solchen Ländern *kann* keine Kunst gedeihen ! (Historischer Beleg : ich verweise darauf, daß von unseren 6 Größten – Klopstock, Lessing, Wieland, Herder, Goethe, Schiller : Messieurs, erheben wir uns von den Plätzen ! – *nicht Einer katholisch war; und nicht Einer Soldat !* Wohl aber gab es Atheisten darunter und Wehrdienstverweigerer – peinlicherweise ausgerechnet die Beiden frömmsten.)

In jeder Hälfte Deutschlands werden es die Regierungen binnen kurzem so weit gebracht haben, daß man sich als Schriftsteller über die Spaltung freuen muß : die allein nämlich verhindert manchmal noch, daß man letzte, perfideste oder brutalste, Praktiken gegen uns anzuwenden sich noch scheut, ‹aus Prestigegründen›. Das ist das wahre deutsche Elend, daß Minister uns ungestraft sagen dürfen : »Wenn's Ihn' bei uns nich paßt, könn' Se ja rüber gehn !« Der Fall liegt doch so einfach, wa Puppe ? : willste unfrei sein – oder aber unfrei ? Nu wähl' schonn !

Ich verwahre mich an dieser Stelle ausdrücklich dagegen, daß uniformierte Jungen oder befrackte Hasardeure, die ihrerseits die augenfälligsten Gebrechen mit patriotischen Lügen überkleistern, mich eines Mangels an Vaterlandsliebe bezichtigen möchten – nur weil ich nicht Ochse genug bin, mir eigenhändig den Fleischer zum König zu wählen. Wem verdankt denn Deutschland Ehrennamen wie ‹Dichter & Denker› ? Seinen Ministern und Heerverderbern ? Oder uns Schriftstellern ?

So lange es Gogen gibt, bin ich Demagoge !

* * *

Ich gebe im Folgenden das Mittel an, bei uns eine, wenn auch noch so bescheidene, echte Blüte der Literatur zu ermöglichen – falls die Regierung daran interessiert sein sollte; was ich bezweifle.

: Man verleihe 100 Schriftstellern sowohl Immunität, als auch ein monatliches Fixum von 500 Mark (je Frau und Kind weitere 200).

Mit anderen Worten : der Dichter müßte der unsinnigsten Nahrungssorgen enthoben werden; damit er, was theoretisch seines Amtes ist, gute Bücher schreiben könnte, und nicht mehr fluchend, ums lieben Brotes willen, Übersetzungen, Radiosendungen, Kurzgeschichten, und wie die süßen Nichtigkeiten alle heißen, anzufertigen brauchte. Und er müßte überdem ungekränkt und unbeunruhigt bei Namen nennen dürfen, was er für faul hält im Staate Dänemark – lieber einmal zu oft und einmal zu laut, als einmal zu wenig. Und da es eben zum Nationalcharakter des Deutschen, also auch des deutschen Poeten, gehört, daß ihm vor oder hinter einem Schreibtisch der Mut entsinkt, bedarf er der tröstlichen Gewißheit der Immunität : *ihm* verliehen würde sie schönere Früchte zeitigen, als bei den a=capella=Chören parlamentarischer Yes=Männer.

Von besagten 100 darf 20 ernennen die CDU (vermutlich wäre aber damit das Große Bundesverdienstkreuz verbunden); 15 die SPD; je 5 FDP, BHE, und die kleinen aber zukunftsreichen Rechtsparteien : macht 50. Weitere 5 nominieren je die evangelische, wie die katholische Kirche; sowie die Akademie in Darmstadt. 30 die DDR (das wird später mal ein schwermütiges Vergnügen sein, diese Listen der west=östlichen Diwane zu vergleichen). Die letzten 5 werden ausgelost – die wahrhaft Guten müssen auch eine Chance haben.

Jeder der 100 hat das Recht, alle 2 Jahre ein 5.000=Mark=Stipendium an ihm würdig scheinende Anfänger zu verteilen (Sicherung des Nachwuchses !). Das ganze Projekt würde – inklusive ‹Verwaltungskosten› – rund 2 Millionen im Jahr erfordern; also, falls man diesen Betrag nicht von den Rüstungskosten abzuzweigen verantworten könnte (von denen man, meines geringen Erachtens, 90 Milliarden anderen Zwecken zuführen sollte), würde die Ausschreibung einer neuen Steuer unvermeidlich werden : pro Jahr und Kopf der Bevölkerung 20 Pfennig.

Freilich; ich weiß wohl; es ist viel verlangt : jedes Jahr 20 Pfennig für Kultur ... ? (Zur Aufmunterung der Regierungen möchte ich aber ausdrücklich darauf hinweisen, daß die Produktion der betreffenden 100 schlagartig nachlassen dürfte – wir würden wohl Alle erstmal 10 Jahre ausspannen). –

So; nun noch das entsprechende viersprachige Emailleschild an die Korridortür :

MITGLIED DER HUNDERT
Überrollt ihn möglichst nicht !

* * *

Besorgt tut Ihr um das Schicksal der deutschen Literatur ?
: Dann fördert doch Eure Schriftsteller !

DIE REISENDEN DAMEN

Sie sind nichts weniger, als eine Erfindung unserer Neuzeit; (und wer das nicht glaubt, beschaffe sich ‹Meusch : Schauplatz der gelehrten Damen› vom Jahre 1706 – es stehen schnurrige und nachdenkliche Fakten und Anekdoten genug darin.)

Etwa die von Frau Olympia Fulvia Morata, die im Dreißigjährigen Kriege von einem begegnenden Trupp Soldaten attrapiert, und ausgeplündert wurde; und die anschließende Etappe ihrer gelehrten Reise, von Schweinfurt bis Hammelburg, barfuß und im bloßen Hemde fortsetzen durfte.

Sybille Merian ist männiglich bekannt. Oder die berühmte Madame de Staël, mit August Wilhelm Schlegel im Gefolge (und nicht nur ihm; das wechselte) – aber gerade bei ihr zeigte sich ein Nachteil der allzu pomphaft vorher, womöglich öffentlich, angekündigten Besichtigungstourneen : Jeder, den die ‹auf Geist› reisende, vollschlanke Reporterin, interviewte, rüstete sich zu ihrem Empfang, und hatte, sozusagen, wenn er ihr dann endlich gegenübertrat, längst sein ästhetisches oder intellektuelles ‹Großes Abendkleid› an.

Dabei haben gerade reisende Damen, manche bedeutende Vorteile, die Männern grundsätzlich entgehen : nur Ruth Hassoldt=Davis, als Frau, konnte 1950 die Badeplätze der Lobi=Jungfrauen an der Elfenbeinküste ungehindert besuchen; und dabei viel schnurrige, primitiv=kulthafte Sexualriten zur Kenntnis nehmen. Nur reisende Damen haben allenfalls Zugang zu Nonnenklöstern; oder, ganz allgemein gesprochen, zu ‹Sororities›, Frauenbünden aller Art.

Eine der schönsten Geschichten in dieser Hinsicht, ist die der Mary Lady Montague. Sie war 1690 in Nottinghamshire geboren; zeigte besondere geistige Anlagen, und wurde daher versuchsweise zu allem Unterricht, den ihr Bruder in Wissenschaften, sowie alten und neuen Sprachen erhielt, mit zugelassen. So erwarb sie sich eine wirkliche gelehrte Bildung – mit 20 Jahren wurden ihre Übersetzungen aus dem Griechischen gedruckt ! – und heiratete 1712 den englischen Gesandten zu Istambul : sogleich begann sie mit der Abfassung berühmt gewordener ‹Briefe›; das heißt eigentlich von vornherein für den Druck bestimmter Reiseberichte und Essays in Briefform, die nicht nur durch ihren – damals äußerst ‹exotisch› spannenden Inhalt wirkten; sondern auch tatsächlich so munter und elegant geschrieben waren, daß sie in 11 Sprachen übersetzt, und überall in Europa gelesen wurden.

Nun ist es ja bekanntlich so, daß selbst dem gewandtesten Plauderer, dem geschicktesten Journalisten zuweilen der Stoff ausgeht; zumal, wenn er die Eitelkeit besitzt, immer Neues, Unerhörteres, noch nie Gesehenes, als Erster schildern zu wollen. Und da bot gerade die damalige Türkei ein Thema, geheimnisvoll und pikant wie keines : die Harems des Sultans !

Gelehrt und neugierig, ja fürwitzig von Natur, wie es dem geborenen Reisenden wohl ansteht, erkannte Lady Montague die Aufgabe; und wendete sich an einen der vornehmsten Eunuchen und Haremswächter, um ihn zu bestechen; und von ihm die Erlaubnis zu erkaufen, für ein Stündchen, den Notizblock im Händchen, das Serail durchstöbern zu dürfen. – Vergebens; der Dicke war unerbittlich; er wußte wohl nur zu gut, was ihm blühen konnte.

Zähneknirschend und mit dem fashionablen Füßchen aufstampfend, legte Mylady fürs erste ihren Plan ad acta; und versuchte sich an harmloseren Stoffen – vor allem, da ihr Gatte ihr aufs energischste dergleichen Experimente im ‹Schatten des Großherrn› untersagte.

Wenig später mußte Lord Montague eine Dienstreise nach Kreta antreten; worauf Mylady – durch sein Verbot noch halsstarriger geworden – zum andernmale den Eunuchen aufsuchte, und ihm das Doppelte des ersten Betrages bot : ? : merkwürdigerweise willigte er jetzt sofort ein.

Er nahm die Lady bei der Hand, und geleitete sie in die prächtigsten, tausendundeinnächtig geschmückten, labyrinthisch verworrenen Gemächer, von Zimmer zu Zimmer – bis sie endlich in eines traten, wo, im Kreise der lieblichsten Odalisken, wer auf dem Diwan lümmelte ? Seine Majestät, Sultan Achmet, der Dritte dieses Namens.

Wohlgefällig musterte er die hochschlanke, hellblonde und blauäugige Tochter Albions; und warf ihr, ohne die kostbar inkrustierte Wasserpfeife von den Lippen zu lassen, sein Schnupftuch zu – das Zeichen, daß sie Wohlgefallen vor seinen Augen gefunden habe, und bestimmt sei, zur Belohnung die Nacht bei ihm verbringen zu dürfen.

So schmeichelhaft einer Dame auch dergleichen Anerkennung als solche sein mag; so kam sie doch etwas überraschend. Schon erschien der Kislar=Aga (der Chef der schwarzen Verschnittenen), kündete ihr die Ehre offiziell an; die Odalisken sprangen auf, beneideten und beglückwünschten die neue Schwester, und führten sie ins Bad, wo wohlgeübte Friseusen und Kosmetikerinnen die Lady nach allen Regeln der Kunst wuschen, frisierten, parfümierten und färbten – nämlich die Nägel der Finger und Zehen,

Fingerspitzen, Handflächen, Fußsohlen, und andere Körperteile, mit dem orangeroten Henna.

Kaum hatte sie diese Stationen passiert, als sie auch schon in ein besonderes Zimmer geführt wurde; ein Bote brachte das in solchen Fällen übliche kostbare Geschenk – tja; und dann erschien eben Seine Majestät ......

* * *

Als Lord Montague zurückkehrte, sah er auf der Stelle, was vorgefallen war; denn Hennafarbe hält wochenlang, und er kannte die Bedeutung solcher Bemalungen. Der häusliche Friede war dahin. In England ließ er sich von seiner Gattin scheiden, und ihren Sohn Eduard öffentlich für einen Bankert des Sultans erklären.

* * *

Damit könnte die Geschichte eigentlich aus sein. Aber dieser Sohn, Eduard Worthley Montague (1714–76), ist so interessant, daß sein Biogramm – und sei es als Beitrag zum Studium der Rassenmischung – als Kommentar fast unerläßlich erscheint.

Er war in seiner Jugend der Liebling der Mutter, die ihm allen Willen ließ. Dreimal entlief er von der Westminsterschule, und wurde dreimal zurückgebracht: das erste Mal fand man ihn bei einem Schornsteinfeger, wo er auch schon wacker Essen gekehrt hatte. Das zweite Mal als Ausschreier an einer Fischkarre, wo er, beide Hände voll Schollen, mit heller Stimme die Ware feilbot. Das dritte Mal trug ihn ein Schiff als Küchenjungen bis Spanien, wo er sich unverzüglich als Maultiertreiber verdingte.

Nachdem der englische Konsul ihn ausfindig gemacht, und der Mutter zurückgeschickt hatte, gab man ihm einen Hauslehrer, mit dem er weite Reisen unternahm, bis nach Westindien. Einige Jahre lang nahm er dann seinen Sitz im Oberhaus ein, wo man ihn als Redner schätzte. Auch in den gelehrten londoner Zirkeln seiner Zeit verkehrte er gern. Aber immer wieder trieb ihn eine unbezähmbare Unruhe fort, und er durchstreifte die Welt bis an seinen Tod.

»Ich bin«, schreibt er in einem seiner Briefe, »mit dem deutschen Adel umgegangen, und habe auf seinen Landsitzen mein Lehrgeld in der edlen Reitkunst gegeben. Ich bin in der Schweiz und in Holland ein Ackermann gewesen, und habe die bescheidenen Tätigkeiten eines Postillions oder Pflügers nicht verschmäht. In Paris habe ich mich in das läppische Gewand eines Stutzers gehüllt. Ich bin in Rom ein Abbé gewesen; und habe zu Hamburg, mit der lutherischen Predigerkrause, Dreifachkinn, und derartiger Kanzelsalbung, das Wort Gottes ausgespendet, daß sämtliche Geistliche neidisch wurden.«

Besonders besuchte er immer wieder den Vorderen Orient; nahm in der Türkei den Islam an, und befolgte künftig auf allen seinen weiteren Reisen die mohammedanischen Gebräuche gewissenhaft und ohne Spott. Auch kleidete er sich, und aß und trank, auf orientalische Weise; trug einen langen Bart, ließ sich jederzeit beim Ausgehen – auch am Tage ! – 2 brennende Fackeln vor, und durch einen kleinen Mohren, der sein Diener und Adoptivkind war, den Mantel nachtragen. Sein Lager war die Erde, seine Nahrung meist Reis, sein Getränk Wasser; an Genüssen kannte er nur Kaffee und Tabak. Auch unterhielt er neben seiner gesetzmäßigen Gattin noch einen Harem. Seine Bekannten gaben dem Sonderling das Zeugnis, daß er ein glänzender Gesellschafter war, der auf die anziehendste Weise in sich vereinigte : heitere Laune, französische Lebhaftigkeit, und – türkische Gravität.

WAS IST WAHRHEIT ?

Als Napoleon sein ihm aufgezwungenes Exil zu Elba verließ, um noch einmal, »Hundert Tage« lang, die Regierung Frankreichs an sich zu reißen, war die Reaktion der ‹Nachrichtenorgane› so zeitlos=typisch, daß es noch heute unwiderstehlich belustigend wirkt, diese ‹Pressestimmen› vom 1. bis zum 20. März 1815 zusammenzustellen – ich zitiere wörtlich :

1.) Der Unhold ist aus seiner Verbannung entronnen; ist aus Elba entwischt !
2.) Der korsische Werwolf (l'ogre) ist bei Kap San Juan gelandet. (1. 3.)
3.) Der Tiger hat sich zu Gap sehen lassen. Von allen Seiten her setzen sich Truppen gegen ihn in Bewegung. Entrinnen kann er nicht mehr; mag er noch einige Tage als elender Abenteurer im Bergland umherirren.
4.) Das Ungeheuer ist tatsächlich, man weiß nicht, durch wessen Verräterei, bis Grenoble gekommen. (Als Marschall Ney zu ihm überging).
5.) Der Tyrann hat sich in Lyon verweilt. (10. 3.) Entsetzen und Abscheu lähmt Alle, die ihn erblickten.
6.) Der Usurpator hat es gewagt, sich der Hauptstadt bis auf 300 Kilometer zu nahen !
7.) Bonaparte nähert sich mit ruchlos=starken Schritten. Aber vergeblich : niemals wird er bis Paris gelangen !
8.) Napoleon wird morgen Nachmittag unter den Mauern von Paris erwartet.
9.) Der Kaiser Napoleon hält sich zur Zeit zu Fontainebleau auf.
10.) Gestern abends, hielten Seine Majestät der Kaiser und König ihren Einzug in den Palast der Tuilerien : der Jubel seines getreuen Volkes ist unbeschreiblich !

Frage : was haben die Begriffe ‹Zeitung› und ‹Wahrheit› miteinander gemein ? (Und man vergesse doch nie, daß auch unsere deutschen Gazetten bis Anfang Mai 45 immer noch siegten !) Oder – weniger anzüglich dafür aber schwermütiger gefragt : Ist Wahrheit das, was der Macht gefällt ?

Zum Mindesten aber ist unbestreitbar die ‹Moral› : Glaub' nicht Alles, was Du liest !

* * *

Oder ist Wahrheit das, was man persönlich für wahr hält? –

Der Graf Las Cases, Napoleons getreuer Begleiter auch in dessen letztes Exil, erzählt in seinem ‹Mémorial de Sainte=Hélène›, wie er – einst 1789 Emigrant, Politischer Flüchtling, oder wie man es nennen will – das Frankreich jener Jahre der Revolution, des Directoriums und schließlich des Consulats sah. Seine offene, ehrliche Treuherzigkeit wäre auch heute manchem zu wünschen, und bleibt zumindest als nachdenkliches Zeugnis aller Ehren wert. So sagt er von sich und seinen Mit=Emigrés, deren Zentrum damals Koblenz war:

»Wir Ausgewanderten glaubten nämlich, und wiederholten es uns beständig, und ich selbst dachte nicht anders: die große Mehrheit der französischen Nation halte es mit uns. Freilich hätte ich mich darüber bald desillusionieren sollen; denn als unsere Scharen bis Verdun und weiter vorgedrungen waren, fand sich keine Seele zu uns; im Gegenteil, man floh scheu, wenn wir uns näherten. Trotzalledem hing ich steif und fest an jenem Glauben; auch dann noch, als ich nach der Amnestie nach Frankreich heimgekehrt war. So ganz und gar hatten wir uns in unsere alberne Einbildung verliebt. Wir sagten uns: dieses neue Regime kann einfach von keiner Dauer sein; es wird von der Nation verabscheut; es besteht nur noch durch Furcht und Terror. / Und wann kamen Sie auf andere Gedanken? fragte mich Napoleon. / Sehr sehr spät, Sire. Sogar als ich endlich ‹mitmachte›, und an den Hof Eurer Majestät kam, war ich noch immer voll der Überzeugung, daß das nicht dauern könne, daß die Nation dagegen sei. Aber als ich dann im Staatsrat saß; die Sicherheit bemerkte, mit der man dort, und rasch dazu, beschloß; als ich rund um mich her nur Ruhe und Ordnung erblickte – da kam mir's vor, wie wenn nun Ihre Macht, und die Konsolidierung der Dinge mit reißender Schnelligkeit zunähmen. Eines Tages machte ich dann die mir merkwürdige und große Entdeckung: daß Alles, von dem ich gemeint hatte, es werde erst, schon seit langer Zeit so sei! Daß ich's nur nicht hatte wahrnehmen wollen; und mich unter den Scheffel verkrochen hatte, damit nur ja das Licht nicht zu mir könnte. Als ich dann im Laufe meiner diplomatischen Missionen mehr als 60 Departements durchreiste, brauchte ich die äußerste Skepsis, die redlichste Vorsicht: ich sprach die Präfekten; ich befragte die unteren Beamten; ich sah die Akten ein; ich erkundigte mich bei unvorbereiteten einfachen Privatleuten, die mich gar nicht kannten – ich gelangte zu der Überzeugung, daß diese Regierung wirklich national und volkstümlich wäre; und daß Frankreich, solange es bestand, nie stärker, blühender, besser verwaltet, kurzum: nie glücklicher gewesen sei. / Als ich mit diesen Fakten dann wieder zu Paris in meinen ehemaligen restaurativen Zirkeln erschien, gab es einen wahren Aufstand : man konnte sich das nicht denken; es wäre nicht möglich; man überschrie mich und lachte mir ins Gesicht.«

Könnten solche Worte nicht heute geschrieben sein, wo Staaten einander hartnäckig ignorieren, und wenn sie auch 20 Jahre schon bestehen ? Aber zumindest das eine wird durch den typischen Fall Las Cases belegt : Unsere Meinungen und Vorurteile verfälschen nicht nur die Wahrheit, sondern können sie förmlich in ihr Gegenteil verkehren : *Glaub' nicht Alles, was Du denkst !*

* * *

Also bleibt das Letzte zu untersuchen : ist Wahrheit das, was das eigene Auge sieht ? Es ist ein schwermütiges Beispiel, das ich zur Entscheidung der Frage beisteuere. –

Sir Walter Raleigh, der große Seefahrer, hat auch einen, für jene Zeit sehr anerkennenswerten ‹Abriß der Weltgeschichte› geschrieben, von dem jedoch nur der erste Band erschienen ist. Die Herausgabe des vollständig fertigen zweiten wurde dadurch verhindert, daß der – damals in Untersuchungshaft befindliche – Verfasser es ins Kaminfeuer nicht aufgebracht schleuderte, sondern gedankenvoll legte. – Und hier der Grund :

Er trat an sein Zellenfenster, weil plötzlich ein Lärm auf dem Gefängnishof seine Aufmerksamkeit erregt hatte : er erblickte einen Mann, der auf einen anderen einschlug, und der, seiner Kleidung nach, ein Offizier zu sein schien. Dieser riß sogleich den Degen aus der Scheide, und rannte ihn seinem Angreifer durch den Leib. Der Erstochene, ein Mann von athletischer Gestalt fiel; hatte aber zuvor noch so viel Kraft, daß er den Offizier mit einem Stockhieb zu Boden strecken konnte. Die Wache kam herbei und schleppte den Offizier von dannen; während andere beschäftigt waren, den Toten fortzutragen. Man hatte nicht geringe Mühe, sich einen Weg durch die Gaffer zu bahnen.

Am folgenden Tage erhielt Raleigh Besuch von einem lieben Freunde, der ihm als der rechtschaffenste Mann bekannt war; und erzählte ihm – lächelnd : wird doch dem Eingekerkerten das kleinste zum erregenden Abenteuer – den Vorfall. Wie erstaunte er, als sein Freund trocken anmerkte, daß an der ganzen Geschichte Raleighs kein wahres Wort sei !

: Der angebliche Offizier sei nur der livrierte Lakai eines auswärtigen Gesandten gewesen. Auch habe dieser zuerst zugeschlagen; und zwar mit nichten den gezogenen Degen gebraucht : dessen habe sich der Andere vielmehr zu bemächtigen gewußt, und ihn dem Pseudo=Offizier durch die Rippen gejagt. Daraufhin habe einer der Zuschauer den Mörder mit einem Knüttel zu Boden geschlagen; den Erstochenen hätten ein paar Fremde mit sich fortgeschleift.

»Aber erlauben Sie,« sagte Raleigh, »das mag allenfalls sein, daß ich mich im Stande des Mörders geirrt habe; aber alles andere ist so, wie ich Ihnen erzählt habe : ich habe es mit meinen Augen, hier vom Fenster aus, gesehen. Dort unten im Hof ist es geschehen; dort, wo der große Stein liegt.«

»Ganz recht«, erwiderte Raleighs Freund, »genau auf diesem Stein habe ich ja gesessen, als der Mord geschah. Hier : sehen Sie den Ritz auf meiner Backe ? : den habe ich bekommen, als ich dem Mörder den Degen aus der Hand rang. Ich gebe Ihnen mein Ehrenwort, daß ich jede Einzelheit völlig objektiv referiert habe !« –

Sir Walter Raleigh schwieg lange. Dann erhob er sich. Sprach : »Wenn ich ein Ereignis so falsch schildere, bei dem ich doch ein uninteressierter, unparteiischer Augenzeuge war : wer steht mir für die Wahrheit von Ereignissen gut, die sich vor Jahrhunderten ereigneten ?«

Er nahm sein Manuskript; trat an das Kaminfeuer; und legte es ruhig, sorgfältig, auf die lodernden Scheite. –

: *Glaub' nicht Alles, was Du siehst.*

* * *

Glaub' nicht Alles, was Du liest.
Glaub nicht Alles, was Du denkst.
Glaub nicht Alles, was Du siehst.

Wer Andere zu verdammen sich anschickt, weil nur er ‹Recht hat›, er allein ‹im Besitz der Wahrheit› ist : Der muß ein kühner Mann sein ! (Oder vielleicht auch nur brutal).

LEONHARD EULER:
‹VOLLSTÄNDIGE ANLEITUNG ZUR ALGEBRA›

Reclam / 1959 / 18.50 Mark

* * *

Mit tiefer Bekümmerung nur kann man das treffliche, so apart weinrot=über=schwarze Bändchen zur Hand nehmen.

Nicht des Verfassers wegen – Euler war auf seinem Fachgebiet, und dort historisch gesehen, immer ein bedeutender Mann. Dazu vom Schicksal hart mitgenommen: die letzten 17 Jahre seines Lebens brachte er im Zustande völliger Blindheit zu; von 13 Kindern blieben ihm 5; Haus und MS verbrannten dem Siebzigjährigen; dann nahm auch das Gehör noch aufs grausamste ab.

Und auch das ist nicht etwa ein Grund, daß es sich um ein vor rund 200 Jahren erschienenes Buch handelt – im Gegenteil; es ist ja eine der Zeitkrankheiten, von älterer Literatur nichts mehr zu wissen und wissen zu wollen.

Aber erneut überkommt Einen die Furcht vor dem bedrohlichen Riß, der durch unser Bewußtsein geht; Angst vor jener verhängnisvollen Kluft, an deren Rändern doch schon immer Mehrere verdutzt stehen bleiben: die Mathematik, auf der Wissenschaft & Technik und ergo ‹unsere Welt› – ich sage höflicherweise ‹unsere› – beruhen, ist 95% der Bewohner der gleichen Welt nicht nur nicht bekannt, sondern sogar ein Gräuel! Und es sind da alle Gradationen vertreten; vom Faulen an, der sich damit entschuldigt, er »sei nicht dafür veranlagt«, bis hinauf zum ‹feinsinnigen› Trottel, der sich seiner Unkenntnis der Mathematik sogar noch *rühmt*; der zwar keine Wurzel ziehen kann, dafür aber schwärmerisch »Magie« flüstert, wenn die Radioskala aufleuchtet.

Seit über 300 Jahren sind nun schließlich die Logarithmen bekannt, diese unschätzbar größte aller Rechenerleichterungen: warum lernt nicht längst jeder Volksschüler mit dem simplen Täfelchen umgehen, das ihm das ganze Leben hindurch dienen und viele Stunden öden Zahlenschreibens und Verrechnens ersparen würde? Und die vielberufene ‹Formelsprache› der Mathematiker ist nicht zum zehnten Teil so schwierig zu lernen, wie Stenografie. Nein, nein; wir sind auf dem allerbesten Holzwege, eine weitere Möglichkeit unheilbar auszubauen, um wieder einmal mehr wie die Neger voreinander stehen zu können. Die Techniker rühren sich, und verändern und beherrschen die Welt; die Übrigen bescheinigen sich gegenseitig ihr buddhistisches Lächeln als Befähigungsnachweis, und warten ergeben auf die rettende Stunde der Einknopfbedienung.

Das also war das erste Betrübliche : dieses Buch, das vor 200 Jahren schon eine leichtfaßliche, allgemeinverständliche Erstanleitung sein sollte und nicht mehr – das ist auch heute noch viel zu ‹schwierig› ! Ich fürchte, der Absatz wird nicht die Druckkosten decken. –

Das zweite ist die vorangeschickte »Biographisch=wissenschaftsgeschichtliche« Einleitung; durch sie wird das Buch zur literarischen Kuriosität.

Verantwortlich für das Aufsätzchen mit dem pompösen Titel zeichnet, laut Klappentext, ein Tübinger Professor, Hofmann; und es muß christlichen Herzen gewiß recht erbaulich zu lesen sein, wie kräftig da das Wörtlein »atheistisch« gehandhabt wird. / »Der Einfluß französisch=atheistischer Aufklärung« – wie so flink gekoppelt. / »Interessant ist, daß sich Euler ... scharf gegen die Leibnizsche Lehre von der prästabilierten Harmonie ausspricht, die er für atheistisch ansieht« – interessant ist das bestenfalls als Beleg, wie vernagelt ein Mensch außerhalb seines Fachgebietes sein kann. / Friedrich der Große »veranlaßt die Aufnahme ausgesprochen atheistisch eingestellter Persönlichkeiten« in die berliner Akademie, darunter die eines sicheren »Fr. M. Voltaire«; von dem Hofmann uns weiterhin versichert, daß er eine »freche Spottgeschichte« verfaßt – ich würde den ‹Docteur Acacia› lieber witzig und boshaft nennen – und gleich darauf Preußen habe »fluchtartig verlassen« müssen : das geschah dem Atheisten recht, was ? »Mit Euler zu rechten ist nicht unsere Sache« dekretiert er am andern Ort : aber mit Voltaire darf er's ? (Und welche Erschleichung gleich wieder in diesem »nicht unsere«; woraus dann ja gleich wieder mühelos folgt, was folgt, gelt ja ?). Die Welt ist nämlich Herrn Hofmann nicht groß genug, als daß nicht auch Andere, außer ihm, auf ihr Unrecht haben dürften. / Wie erhaben dagegen wieder die Schilderung, wie Euler dem Atheisten Diderot einfach »eine Formel (sic !) entgegenschleudert«, aus der die Existenz Gottes folgt : »und läßt den hilflos Gewordenen stehen« – Teufelteufel, muß das eine Formel gewesen sein !

Manchmal kann Euler nicht schweigen, »denn hier handelte es sich für ihn nicht um eine wissenschaftliche, sondern um eine Glaubensfrage« – woraus sich mit Evidenz ergibt, daß man in wissenschaftlichen Fragen also ohne weiteres auch mal schweigen dürfe; ein interessantes Geständnis aus dem Munde eines Professors. / Reizend auch die verschämte Umschreibung : »über das Begriffliche seiner physikalischen Auffassung« hätte Euler eine leibhaftige Prinzessin unterwiesen, und »es handelt sich um eine absichtlich populär gehaltene Einführung in Form von Briefen, unter betont positiver Einstellung zu allen religiösen Fragen ..... usw., usw.« Dabei sind jene kuriosen ‹Briefe› einer der faustdicken Belege, in welchem Zustand vorkantischer Unschuld sich die Philosophie und ihre Professoren damals männiglich befanden; als Probe von der Art Eulers zu argumentieren, mag genügen, daß er die göttliche Offenbarung für absichtlich so verworren und unklar hält: aus purem Mitleid mit den Ungläubigen, weil deren Verantwortlichkeit ja sonst allzugroß wäre! – Aber statt sich an solchen Witzen betrübt, den Finger christlicher Nächstenliebe auf dem Munde, vorbeizuschleichen, und einfach festzustellen, daß eben auch Euler, wie jeder ehrliche Mann, von seinem Fachgebiet derart in Anspruch genommen und ausgehöhlt wurde, daß ihm für alles Übrige nur irgendwelche Surrogate übrigblieben, die sich der Teilnehmende besser nicht besähe – statt dessen frohlockt Hofmann natürlich: Eia, auch wir Christen haben unsere Mathematiker!

Ich bescheinige jedenfalls Herrn Professor Hofmann hiermit öffentlich, daß er Gottsucher ist (wenn er ihn nicht schon gar gefunden hat; obwohl er dann gegen Andersdenkende wohl toleranter sein müßte, und wenns der arme Voltaire ist!), und daß er uns hier ein wacker Stücklein Kirchengeschichte geliefert hat. Dem verdienstvollen Verlag empfehle ich allerdings, die Seiten 7–36, diesen unglaublichen Versuch einer Konfessionalisierung der Mathematik, künftig nicht mehr mit einzubinden – vielleicht kann er das Traktätchen, nach Anreicherung mit jener entscheidenden Formel zum Hilflosmachen Ungläubiger, der Inneren Mission zur Verfügung stellen.

‹WINNETOUS ERBEN›

Karl May und die Frage der Texte.

Als Karl May 57 Jahre alt geworden war, wurde er der Unterhaltungsschriftstellerei müde, die er bis dahin mit etwas betrieben hatte, das man ‹exemplarischen Fleiß› nennen möchte, wäre das 50=bändige Ergebnis nicht gar so flach & falsch geraten, und begab sich bewußt daran, der Lesewelt nunmehr ernstlich zu beweisen, was er literarisch zu leisten vermöchte. Ganz bewußt; denn Ende 1902 schrieb er, mitten aus der Arbeit am SILBERLÖWEN, seinem Verleger Fehsenfeld : »Sie werden finden, daß Sie etwas ganz Anderes drucken ließen, als Sie glaubten. Unsere Bücher sind für Jahrhunderte bestimmt. Man wird das endlich zuzugeben haben...... Also : Meine Zeit ist endlich da !«.

Ganz einwandfrei also ein ‹Bruch im Werk›. Nur, daß die Kurve von jetzt ab *ansteigt*, nicht, wie die ‹Kinder mit Bärten› gerne möchten, nach unten abknickt – je nun, die lieben Kleinen erkennen sich untereinander an solchen Behauptungen; blicken mit puerilem Bedauern auf die ‹Alterswerke› herab; und gehen dann gleich wieder spielen.

Wohin die May noch verbleibenden 12 Jahre führten – daß sie 2 unbestreitbar der Hochliteratur angehörende Werke ergaben – dafür verweise ich auf die 45 Seiten der in meinem Buch DYA NA SORE enthaltenen Abhandlung. Dort findet der Leser den ausführlichen Beleg, daß es für ernsthafte Menschen, d.h. solche, die von ernstzunehmender Literatur herkommen – also Herder geschmeckt haben und Poe; Joyce und Däubler; Hippel und Tieck – daß es für sie nur 1 möglichen Weg der Annäherung an Karl May gibt : nämlich mit Band III und IV des SILBERLÖWEN zu beginnen, und mit ARDISTAN UND DSCHINNISTAN. Wer klug wäre, beschränkte sich dann auf diese Beiden. Da aber, sehr begreiflicherweise, Jeder *noch* klüger ist; sich sagt : ‹Es ist nicht möglich. In den übrigen 65 Bänden *muß* doch noch etwas sein !›; auch allzuoft von Literaturhistorikern an der Nase herumgeführt wurde und nur noch den eigenen Sinnen trauen will – einen Solchen, von ehrwürdigstem Fürwitz Geplagten, der es aufrichtig und gut meint, mit der deutschen Dichtung, und mit Karl May, sollen die folgenden Notizen bei der Weiterarbeit unterstützen.

* * *

Als nächsten Schritt gilt es, die May'sche Altersproduktion im Zusammenhang zu überblicken; und ich gebe zu diesem Zweck ein Diagramm :

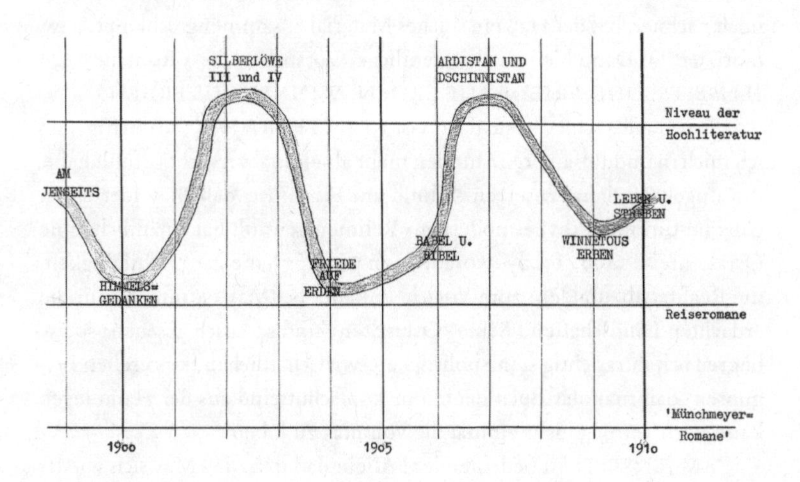

3 horizontale Niveaus sind eingezeichnet : unten das der ‹Münchmeyer=Romane› (ein Begriff, der bald erklärt werden wird), das, ohne May Unrecht zu tun, so ziemlich mit dem absoluten Nullpunkt gleichgesetzt werden darf. Zweitens das der ‹Reiseromane›; über dem dann, drittens, die ‹untere Grenze› der eigentlichen Hochliteratur verläuft. Die senkrechten Linien gleichen Abstandes stellen die Jahre 1899–1910 dar. Zwischen diesen rechtwinkligen Koordinaten verläuft das breite Band von May's Produktion, steigt und fällt; die Titel sind auf das Jahr des Erscheinens gesetzt.

Man erkennt sogleich, daß sämtliche Werke dieses Jahrdutzends qualitativ *über* dem liegen, was May bisher gegeben hatte; sieht aber auch am Verlauf der Maxima und Minima, daß selbst zwischen diesen Alterswerken wertmäßige Unterschiede von mehreren Größenklassen bestehen. Wohl sind manche als ‹Vorstufen› zu werten; und wer sich, über SILBERLÖWE und ARDISTAN hinaus, mit May befassen möchte, muß, als nächsten Schritt, nunmehr zu ihnen greifen; aber ab jetzt tut viel Vorsicht not, auch Nachsicht; eine Kenntnisnahme von May's Leben wäre anzuraten – kurzum : wer jetzt weiter und tiefer gehen will, müßte eigentlich schon ein ernsthaftes Studium daran wagen wollen.

Schalten wir die rührend unbeholfene Gedichtsammlung der HIMMELSGEDANKEN aus (mit ihren 365 Stücken unverkennbar als eine Art ‹Hauspostille› angelegt); ebenso das befremdlich=nächtliche Schattengespiele von BABEL UND BIBEL; auch das, allerdings zu den eben erwähnten ‹Hilfswissenschaften› gehörige, MEIN LEBEN UND STREBEN (zu dessen Rektifizierung und Neutralisierung jedoch unbedingt Lebius, DIE ZEUGEN KARL UND KLARA MAY, heranzuziehen ist : nie, weder vor= noch nachher, hat der Haß ein solches Material zusammengeschleppt, bzw. fabriziert !). Dann bleiben als eigentliche ‹Vorstufen› die 3 Romane : AM JENSEITS, UND FRIEDE AUF ERDEN, WINNETOUS ERBEN.

Der fraglos schlechteste davon ist ET IN TERRA PAX; so dürftig, daß ich mich in unduldsameren Stunden mehr als einmal versucht gefühlt habe, ihn ungehörig herabzusetzen. Schuld am Fiasko ist, daß May hier einen ganz bestimmten, ‹hypermodernen› Rahmen gewählt hat – nämlich seine Ostasienreise 1899/1900 – worauf denn prompt seine ganze Unfähigkeit, die Realität abzubilden, zum Vorschein kam : bei May ‹stimmen› nur die erdachten Landschaften ! Seine ‹Ostasiaten› sind so falsch gesehen; so unbegreiflich kurzsichtig seine politischen, wirtschaftlichen, kulturellen Prognosen; daß man das Buch heute nur kopfschüttelnd aus der Hand legen kann – ich vermag nicht einmal die voluntas zu loben.

AM JENSEITS ist bedeutender ! Allein dadurch, daß May sich wieder in die mythische, Alles erlaubende, Alles bergende ‹Wüste› begeben hat, ist der Leser vor schief gesehener und mild=verlogen abgezeichneter Realität sicher; sicher wie der, ebenfalls für die Erdenwelt blinde Münedschi, der von Ben Nur, dem Engel, bis zur Brücke des Todes geführt wird; dort stehen darf – eben : AM JENSEITS ! – und in unverächtlich=profetenzornigen Bildern die endlos ziehenden Scharen der Toten strafend schildert. Noch überwiegen die Elemente der Reiseromane – Handgemenge; Überfälle= Duelle; Schützenkünste und Spurenleserei – aber schon klingt, zum ersten Male, jener Ton hindurch, wird spürbar jene Kraft einfach=starker, abseitig=eindringlicher Metaforik, wie sie dann in überströmender Fülle die beiden großen Stücke so auszeichnet.

Bleibt WINNETOUS ERBEN – hier stock'ich schon ..... (und will dies Stocken flugs zu einem fundamentalen Exkurs benützen).

* * *

Wer die rechte Ordnung in seine May=Bestände bringen will, tut gut, sich 6 Fächer einzurichten :

1.) Die frühen Zeitungsarbeiten bis etwa 1880. – Diese Abteilung wird vermutlich immer leer bleiben; denn die Drucke, meist in längst abgestorbenen Zeitschriften erschienen, sind derart selten geworden, daß sie (obwohl zur Kenntnis von Mays Technik unerläßlich; sie werden einmal Gegenstand genauer Untersuchung werden müssen) selbst dem fleißigen Sammler nicht mehr erreichbar sind.

2.) Das nächste – wohl ebenso zu immerwährender Leere verurteilte – Fach wäre bestimmt, die 5 mal 5 = 25 Bände der sogenannten ‹Münchmeyer=Romane› aufzunehmen. Das sind jene zahllosen, rund 550, Groschenhefte, die May in den Jahren 1881–86 verzapft hat; jener absolute Kitsch, bei dessen diarrhöemäßiger Erzeugung er sich auf 20 Jahre hinaus die Hand verdarb. Es sind dies DAS WALDRÖSCHEN, oder die Verfolgung rund um die Erde; / DER VERLORENE SOHN, oder der Fürst des Elends; / DIE LIEBE DES ULANEN, Originalroman aus der Zeit des deutsch=französischen Krieges; / DEUTSCHE HERZEN, DEUTSCHE HELDEN (und ich gebe spaßeshalber einmal die Untertitel der Einzelbände : Eine deutsche Sultana; Königin der Wüste; Der Fürst der Bleichgesichter I und II; und Der Engel der Verbannten – Teufelteufel, das müssen schon Sachen sein !); / und endlich DER WEG ZUM GLÜCK. Glück hat May hierbei insofern gehabt, als er eine gerichtliche Bestätigung erlangen konnte, daß sein Kolportageverleger eigenmächtig 5 % der Texte geändert habe, und die Bände als nicht mehr von May herrührend zu bezeichnen seien. Da besagte 5% nirgends näher bezeichnet sind – es könnten die Zeilen dazu gehören, die man eben zitieren will ! – schließt jeder bedächtige Forscher und Leser die berufenen 25 Bände unverzüglich aus dem Kreis seiner Betrachtungen aus. – Seitdem hat man aus ihnen 18 neue gemacht, die Nummern 51–68 der augenblicklichen Gesammelten Werke; im Zuge dieser Renovation ergab das alte WALDRÖSCHEN wieder seine 5 Bände; der ULAN und das DEUTSCHE HERZ nur noch je 4; das GLÜCK 3; und vom VERLORENEN SOHN blieben lediglich noch 2 übrig – der eben zitierte bedächtige Forscher und Leser schüttelt den Kopf, und schließt auch diese zweite Bearbeitung jener ersten Bearbeitung aus dem Kreise seiner Betrachtungen aus.

3.) Nunmehr aber folgt die wichtigste der 6 Abteilungen : es ist die editio princeps; das Fundament aller Beschäftigung mit Karl May; die ‹Freiburger Ausgabe› der Jahre 1890–1912 des Verlages Fehsenfeld. Ihre 33 Bände (zu denen noch die 3 nicht in die Reihe aufgenommenen HIMMELSGEDANKEN, BABEL UND BIBEL, MEIN LEBEN UND STREBEN treten) stellen den Text dar, auf den Jeder zurückgreifen muß, der May auch nur zitieren will. Die Sache ist so wichtig, daß ich die Kennzeichen jener alten Bände hier einmal kurz zusammenfasse :

Man erkennt sie, rein äußerlich, unfehlbar an Dreierlei. Auf dem Rücken, unten, steht ‹Fr. E. Fehsenfeld / Freiburg Br.› und sonst nichts. Der Serientitel hat römische Zahlen. Die Type ist Fraktur.

Auch hier gibt es noch, in der Druckgeschichte jedes einzelnen Bandes, Unterklassen. So ist die erste Ausgabe meist eine ‹grüne›, Leinenband mit einfältigem Deckelbildchen (das mir allerdings immer noch lieber ist, als die augenblicklichen grellen Plakate!); dann folgt eine ‹blaue› mit anspruchsvollem symbolistischem Deckelbild von Sascha Schneider; auch ist von Band 1–30 eine größerformatige ‹Illustrierte› Ausgabe erschienen (blaues Leinen mit schwarzen und roten Rückenschildchen), deren ziemlich primitive Bebilderung dadurch einigen Wert bekommen hat, daß May dem Zeichner bedeutend ‹hineinredete›, und wir deshalb ungefähr erfahren, wie er sich die betreffende Situation beim Schreiben vorgestellt hat.

Auch treten im Zuge der einander folgenden Auflagen bereits kleinere Textänderungen auf, die hoffentlich bald einmal aufgespürt und zusammengestellt werden, um diese allwichtige Edition Fehsenfeld restlos brauchbar zu machen. Zum Teil sind diese Varianten persönlich bedingt – so hat May in Band I und II des SILBERLÖWEN das Lob seiner ersten Frau Emma später durch das der zweiten Klara ersetzt (Ehescheidungen ergeben nun einmal Bitterstoffe im Gemüt; und er war von der Art, die, um leben und arbeiten zu können, Störendes restlos verdrängen muß.) Noch einmal sei es ausdrücklich wiederholt: diese alten 33 Bände enthalten den Text, wie May selbst ihn gewollt hat, vom 1. Tausend an, bis zur ‹Ausgabe letzter Hand›. Mit Zähigkeit und etwas Glück wird man im Lauf von 30 Jahren die Reihe so ziemlich zusammenbekommen; obwohl manche Einzelstücke so rar geworden sind, daß selbst das Verlagsarchiv nicht alle 1. Tausende besitzt.

4.) Es folgt das Fach, welches die ‹Radebeuler Ausgabe› aufzunehmen hätte; d.h. die zwischen 1913 und 45 erschienenen 65 Bände (die jedoch, wie gesagt, höchstens bis Band 49 einschließlich als von May herstammend angesehen werden können – schon da muß man, in einzelnen Fällen, viel Spaß verstehen.)

Auch sie weisen noch Fraktur auf; tragen jedoch auf dem Rücken bereits den ‹Karl May Verlag› (darunter freilich noch zusätzlich das ‹Fehsenfeld & Co.›) und als Verlagsort ‹Radebeul – Dresden›. Die Seriennummer ist in arabischen Zahlen.

Im allgemeinen ist diese Reihe noch leidlich brauchbar; obwohl es Bände gibt, vor denen gewarnt werden muß; denn gleich nach 1913 haben leider schon die ‹Bearbeitungen› eingesetzt; weshalb der Kenner ein Gefühl des Unbehagens dabei nie ganz los wird. (Ab Anfang der zwanziger Jahre wurde dann auch noch, brav nach ‹Duden›, die

Rechtschreibung geändert). Mag sie also zu einer ersten Kenntnisnahme noch ausreichen, zur Forschung ist die Reihe bereits weitgehend untauglich.

5.) Die seit 1945 laufende Reihe, Band 1–70, will ich, nach dem einmal angenommenen System, die ‹Bamberger Ausgabe› nennen. –

Sie hat, schon äußerlich jetzt leicht unterscheidbar, auf Antiqua umgeschaltet; die Prinzipien ihrer Textgestaltung gibt sie selbst also an: »Mitarbeiter beschäftigten sich mit der Aufgabe, noch einmal eine genaue Prüfung von Text und Anlage vorzunehmen...... sinngemäßer ..... tunlichst von Fremdkörpern, Weitschweifigkeiten und Unstimmigkeiten befreit ..... die Alterswerke sind zudem ... nochmals sorgfältig auf Grund des Urtextes überprüft worden.«

Ich habe schon einmal in meinem oben erwähnten Buch, 8 Druckseiten lang, zu diesen schönen Maximen Stellung genommen, und dort nachgewiesen – man schämt sich fast, das Wort ‹nachweisen› zu strapazieren: eine simple Gegenüberstellung der betreffenden Textpartieen tut's handgreiflich, *faust*greiflich, dar! – daß es sich, zumindest in den untersuchten 3 Fällen, um plumpe und gefühllose Verballhornungen handelt, Versehen gedankenloser Handlanger, hochbedenkliche Umbiegung May'scher Gedankengänge.

Jedenfalls hat sich diese zur Zeit im Handel befindliche ‹Bamberger Ausgabe› meinem Urteil nach, das sich inzwischen immerhin auf die sorgfältige Textvergleichung von 8 Alterswerken stützen kann, wiederum noch weiter von der ‹Freiburger Ausgabe› entfernt.

6.) Die letzte Abteilung kann man bis heute leider sehr kurz abtun: das Schrifttum *über* Karl May.

Es besteht im Grunde erst noch aus einer Handvoll Broschüren. Die älteste jener schon erwähnte Lebius (1910); dann folgt der Romanist Forst=Battaglia (1931); dann die Stolte'sche Dissertation (1936); meine Darstellung in der DYA (58); und, trotz aller seiner Unvollkommenheiten, der neueste Band 34 – und damit wird es wohl zunächst sein Bewenden haben. Denn der 1 Sammelband aus den ‹Jahrbüchern›, der not täte (allerdings nicht voll neckischer Artikelchen à la Wie mir Karl May übers Zahnziehen hinweghalf; sondern etwa das vollständige Verzeichnis von Mays Bibliothek oder Wulffens Untersuchung über die Vorstrafen), sowie die von der Leserschaft inbrünstig erhofften Bände der Briefe, Biografie, der ‹textkritischen Ausgaben›, scheinen noch weit im Felde.

* * *

Und nun zurück zum vorhin noch unerledigten Roman von WINNETOUS ERBEN.

Beziehungsweise, wie er auf dem Deckel meines 1.–10. Tausends betitelt ist: ‹WINNETOU in hoc signo vinces?!› (und in der oberen Hälfte das strahlende Kreuz, auf das von allen Seiten her die Gestaltchen nackter Erlöster abgeschossen werden). Wahrlich, das hätte Niemand gedacht, daß die 3 ersten Bände WINNETOU solcher Deutung fähig gewesen wären; und das Fänomen wird noch bedeutsamer, da May auf Seite 11 ausdrücklich betont, daß »der vorliegende Band zu gleicher Zeit auch der vierte Band von OLD SUREHAND und SATAN UND ISCHARIOT ist.«

(Jugendliche Kenner – der Reiseromane nämlich, wie ich sie mir wünschte – höre ich mir hoffentlich hier mit entsprechender westmännlicher Schärfe in die Rede fallen:

a) ‹Auf Seite 11 und Umgebung steht nichts dergleichen!› – Antwort: In der Urausgabe doch; in dem neuen (mir für alle folgenden Zitate dienenden) 198.–207. Zehntausend ist die Stelle freilich gestrichen.
b) ‹Es muß ein Fehler sein; denn OLD SUREHAND hat ja nur 2 Bände!› – Antwort: In der grundlegenden Freiburger Ausgabe hat er noch 3; freilich nahm schon die Radebeuler den mittelsten heraus, und machte aus ihm Band 19, KAPITÄN KAIMAN. –

Dem jugendlichen Kenner entfährt ein betroffenes ‹Uff!›. Ende des Zwischenspiels).

Höchst bedeutungsvoll also sollten nach dem Willen des Alten WINNETOUS ERBEN sein, Abschluß, ja Krönung von 3 dreibändigen früheren Romanwerken. Interessant wird es auch dadurch, daß es sein absolut letzter Roman war (was er natürlich nicht gewußt hat). – Die Fabel ist, ganz kurz, folgende:

den alten Old Shatterhand erreichen Briefe aus den USA mit immer geheimnisvolleren Andeutungen über einen letzten großen Kampf; über noch unbegriffene Unternehmungen und Pläne, die mit dem Namen Winnetou zusammenhängen; schließlich bittet ihn ‹Tausendsonnen›, der oberste Medizinmann aller Indianerstämme, zu erscheinen und seinen Freund zu retten. May entschließt sich mit seiner Frau zu der Reise, und besteht, ehe er den Mount Winnetou, den eigentlichen Schauplatz der Handlung, erreicht, allerlei lustige und rührend, seltsam ältliche Abenteuer. Als er an Ort und Stelle eintrifft, sieht er, daß man im Begriff steht, das ‹Bild› Winnetous entscheidend zu verfälschen, d.h. es einzig und allein auf den Gewaltmenschen festzulegen (dessen Züge freilich in den alten Bänden betont ‹drin waren›!). Gleichzeitig aber hat sich, in bewußter Gegenbewegung, ein großer Bund nächstenliebender Indianer, der ‹Clan Winnetou› gebildet, die den edelmenschlicheren, friedfertigeren Seiten des großen Häuptlings nachleben wollen. Whispering Galeries, Höhlen, Berge und Bergstürze müssen ihre Rolle spielen; uralte Bauwerke, von geheimsten Gängen durchsetzt; ein vorbildlicher Wasserfall liefert die ideale Projektionsleinwand um darauf den Sascha Schneider'schen Winnetou abbilden zu können (wenn auch der dicke Euryprokte dem Kenner fatal genug wirkt). Am Ende stürzt das falsche Riesenstandbild verdientermaßen in den dafür vorhandenen Schlund : nicht das Pantherhafte ist das entscheidend=Große an Winnetou gewesen; den richtigen Weg schlug vielmehr der sich nach ihm nennende Clan der ‹Schutzengel› ein.

Hochinteressant – um 1 Lieblingswort Mays zu benützen – wie er zum ersten Mal, noch zögernd, gewisse Möglichkeiten der modernen Technik auf ihre Verwendbarkeit für seine Traumwelten abtastet : Fotoapparat; Projektor; Flugzeug; elektrisch Licht – man gewinnt manchmal den Eindruck, als sei er selbst plötzlich aus 40=jährigem Geträum erwacht, und erblicke nun staunend und betroffen eine Neue Welt. (Präziser : seine eigene Umwelt ! An deren Entwicklung nicht teilgenommen zu haben einer der größten Einwände gegen ihn ist !)

Aber mag man über diese ‹Ergänzung› der früheren Reiseromane denken wie man will; mag man einwenden, daß die Einstellung eines Mannes in den Jahren seiner Vollkraft doch wohl das Ausschlaggebende, ‹Gesündere›, sein eigentliches Credo, sei – dennoch ist diese umdeutende Ergänzung nun einmal da ! Es wäre das unfehlbare Kennzeichen des Trottels, wenn Jemand mit 70 Jahren noch genau so dächte, schriebe, handelte, wie mit 20; dergleichen ‹Einheitlichkeit des Werkes und der Weltanschauung› tritt höchstens bei ganz unbedarften literarischen Salzknäblein auf : jeder rechte volle Mensch ‹wandelt› sich und sei es organisch, im Lauf der Jahrzehnte, und mit ihm sein Werk, vorausgesetzt, daß es nicht nur das Erzeugnis 1 Stunde war. Man lebt und lernt; wächst und nimmt zu; vergißt und welkt. Und *wo* die bleibende Leistung eines Schriftstellers sich manifestieren wird – ob im Buch des Jünglings, oder des Mannes, oder des Greises – das weiß im Voraus kein Mensch. Und bei May ist die Tatsache unbestreitbar, daß er seine höchsten *künstlerischen* Leistungen eben im Alter vorgelegt hat. Akzeptieren wir also auch WINNETOUS ERBEN, diesen zitterigen Swan=Song eines Greises, der meint, eingesehen zu haben, daß Liebe & Friede wertvoller sind, als die interessanteste Prügelei, und der sein unsinnig umfangreiches Lebenswerk in dieser Hinsicht, in aller Einfalt und Ruhe, zu ergänzen gedachte.

Zu ergänzen : nicht umzufälschen ! Denn er ließ auch den früheren Bänden ihr Recht; ließ sie, wie sie waren, in all ihrer dumm=tapferen Buntheit; wies jedoch nunmehr mit strengem Nachdruck darauf hin, daß es bei jener Sorte ‹Heldentum› gefährliche Konsequenzen geben möchte. –

Man kann das Buch recht verschieden bewerten. Daß es 2 Größenklassen unter den beiden Spitzenleistungen liegt, ist unbestreitbar; die Wiederholung alt=neuer Motive, die formalen Schwächen, die gesunkene sprachliche Kraft, das moralisierende, oft verspielt=tändelnde Tremolo, sind deutliche Zeichen des endgültigen Verfalls – erklärbar aber auch aus der irrsinnigen Situation, in der der alte Mann schrieb : verfangen in den endlosen staked=plains und Dornenfeldern schäbiger, fast immer unnötiger Prozesse; bis ins Mark erschüttert durch gewissenlos=erpresserische Nekromanten, die seine eigene düstere Vergangenheit, die schon gnädig vergessen geglaubte, lukrativ wieder zu beschwören versuchten – ein Fachmann hat geschätzt, daß die von ihm mit eigener Hand geschriebenen Prozeßakten rund 6–8 Karl=May=Bände füllen würden ! Da ist es vielmehr wieder erstaunlich genug, daß er, reizbar, schlaflos, hinfällig wie ein pausenlos leicht Fiebernder, überhaupt noch die Kraft fand, irgendetwas zu gestalten.

Wichtig wird der Band durch die zahlreichen, bewußt gezogenen Querverbindungen zu früheren und künftigen Büchern; wichtig, weil sich in der müden Fahrigkeit, der hilflosen Nervosität der Kleinerfindung, der ‹Mensch in seiner Qual› offenbart; wird wichtig, weil er die unangenehme ‹Geschlossenheit› eines Lebenswerkes widerlegt, das eben durch sie unglaubwürdig geworden wäre : ein Siebzigjähriger, der nichts Schöneres kannte, als sich, wie einst im Mai, mit Schuljungen herumzuschmeißen, dürfte freilich stolz an seine Brust schlagen und behaupten, daß er sich seit seinem zehnten Lebensjahre ‹nicht gewandelt› habe – aber wäre er uns darum ehrwürdiger ??

* * *

Wobei ich beim peinlichsten Kapitel angelangt wäre : wer sich einen Band des erwähnten 198.–207. Tausend kauft, wird genau den falschen Eindruck vom alten May erhalten ! Muß ich also, zur Verteidigung meiner Thesen, an einem weiteren Bamberger Bande demonstrieren, wes Geistes Kind die zur Zeit umlaufende »sinngemäßere« Fassung ist. (Bei den angeführten Zitaten folgen in Klammern erst die Seitenzahlen der alten Originalausgabe, dann die neue Bearbeitung).

Kurz abtun will ich die kleineren Finessen – etwa wenn im Urtext »Mutter« stand, und die Neuausgabe macht eine Oma draus (157/143). / Wenn es früher »Quadrat« hieß, und jetzt »Viereck« : der Mathematiklehrer wird dem Schüler schon noch beibringen, daß Viereck der Oberbegriff ist, und Quadrat eine ganz spezielle Sorte von ‹Vierecken› ! (367/316). / Eine alte »Münchhauseniade« ist mehr als die neue »Übertreibung« : es fehlt das im vorliegenden Fall genau vorhandene haut goût des ‹Jägerlateins› (415/357). / »indolente Papusengesichter« gilt *nur* für die der Kinder; während heute die »gleichgültigen stumpfen Gesichter« ohne weiteres auch auf die ebenfalls am Wegrand stehenden Männer und Frauen bezogen werden können (418/360). / »Er ist schon seit gestern dabei, sich eigene Flügel zu bauen« – jetzt : »zusammenzubasteln« (458/394) : was soll das Tiefergreifen im Ausdruck ? / »Als ob der Tag ... zu uns herniederschaue«; heute »herabschaute« (473/407) : warum hat man den genau beabsichtigten, geheimnisvolleren Konjunktiv gekillt ? / »Eine tannenmörderische Sägemühle kreischte« (das Beiwort soll den Abscheu selbst gegen die bloßen Nebenarbeiten am falschen Riesenstandbild unterstreichen !); heute das nichtssagende »Eine Sägemühle kreischte« (558/481) : 1 Grund, 1 anständigen Grund, für die kalte Streichung solcher wirklicher Feinheiten ! / Aber Schluß mit diesen Kleinigkeiten; es würde noch Stunden dauern, und bedauerlich=Wichtigeres ist zu rügen.

Und wenn es die bloße Länge der einzelnen Kapitel betrifft. Sie liegt bei May zutiefst in seiner Arbeitsweise begründet; es ist ausreichend überliefert, wie er jedes Kapitel, in höchster Konzentration, in einem Zuge hinschrieb, bis er erschöpft war, leer, ausgehöhlt; das bedeutet aber weiterhin : daß die Länge seiner Kapitel ein wichtiges *Maß seiner Arbeitskraft* abgibt ! Früher hatte WINNETOUS ERBEN 8 Großkapitel – heute hat man sie in 15 kleine zerhackt. Schade. (D.h. *ich* weiß mir wohl zu helfen, wie unter anderem dieser Aufsatz beweist; aber Gott gnad' de Annern !).

Warum wurden May harmlose kleine Witzchen gestrichen, wie alte Leute sie lieben ? Als das Wort ‹Aleuten› fällt, weiß Pappermann sofort Bescheid : »O, das will gar nichts sagen, lachte er. Als ich in die Schule ging, drüben in Deutschland, da kannten wir die Aleuten und die Behringstraße besser als unsere eigenen Städte und unsere eigenen Gassen.« Heute bemerkt Mr. Hammerdull nur steif : »... es gehört zu dem wenigen, was ich mir aus der Schule gemerkt habe.« (277/248) – (Die kleine Bosheit, die ich mir mit den Namen erlaubt habe, werde ich dem o.a. jugendlichen Kenner gleich ausgiebig erklären). / Heute raucht Frau May die Friedenspfeife, gibt sie zurück, und hat »feuchte Augen« : Punkt. – Früher stand noch schalkhaft dabei angemerkt : »aber es war nicht zu unterscheiden, ob es die Rührung oder eine Folge des Tabaks war.« (426/367) : Warum dem Alten einen tierischen Ernst anschminken, den er nicht hatte ?

Sämtliche Verweisungen auf ein künftiges Buch, WINNETOUS TESTAMENT, sind herausgestrichen worden ! Dabei liefern gerade sie den einzig=unschätzbaren Anhalt, wie May dies kommende Stück angelegt haben würde. 2 Beispiele für rund ein halbes Dutzend. / »Ich würde mehrere

Druckbogen brauchen, um das Innere dieser wunderbaren Höhle auch nur einigermaßen zu beschreiben, doch kann ich dies einstweilen unterlassen, da sich mir später reichlich Gelegenheit geben wird, sie so zu schildern, wie sie es verdient. Sie kommt in WINNETOUS TESTAMENT des öfteren vor und ist dort der Schauplatz von Begebenheiten, über die ich jetzt noch schweigen muß.« – Heute steht an der gleichen Stelle die verlegen=verquetschte Frase : »Gern würde ich dem Leser an dieser Stelle ein genaues Bild dieser wunderbaren Höhle vermitteln, nur weiß ich nicht recht, wie ich das anfangen soll. (sic !!) Mit beschreibenden Worten ist in solchem Fall erfahrungsgemäß (sic !) nichts getan.« / Und wieder, auf der gleichen Seite, mit einem Schlage ganze Partieen jenes nicht mehr geschriebenen Buches erhellend, liest man aus Winnetous hinterlassenen Schriften vor; und während es ursprünglich ganz offen hieß : »Den Inhalt dessen, was ich vorlas, wird man kennen lernen, wenn das TESTAMENT im Druck erscheint« (nämlich eine Art Portrait of the Chief as a young Man). Heute steht da : »Den Inhalt dessen, was ich vorlas, kann ich hier nur annähernd, mit kurzen Worten andeuten.« (522/451) : Warum hat man alle Anspielungen auf das beabsichtigte Buch so sorgfältig getilgt ?! Hat etwa der Bearbeiter den Ehrgeiz gehabt, à la Band 50, IN MEKKA, die Leser=Kinder auf der Basis dieser Andeutungen mit einem TESTAMENT zu beschenken ?

Wieder um einen Grad unangenehmer wird es, wenn es über die exakten, nicht nur zur Ausdeutung, sondern zum simplen Verständnis wichtigen lokalen, etc., Angaben hergegangen ist. / »Es herrschte, genau abgemessen, ein Zweidritteldunkel.« Tja, früher vielleicht; heute herrscht »ein seltsames Halbdunkel.« (353/304). / »Ich stieg voran; dann folgte das Herzle, der ‹Junge Adler› hinter ihr her.« – Heute hat man kehrt gemacht : »Der junge Adler stieg voran; dann folgte meine Frau, ich hinter ihr her«. (366/315). Warum weiß ich nicht. / So groß ist die Hochebene vor dem Mount Winnetou, »daß ihr Durchmesser die Länge fast einer ganzen Reitstunde betrug.« Augenscheinlich handelt es sich um eine Schrumpf=Prärie; denn heute beträgt »ihre Länge wie ihre Breite fast eine *halbe* Reitstunde.« / Auf der gleichen Seite wird weiterhin beschrieben : »Die untere Stadt war dichter besetzt als die obere. Die letztere enthielt nur Zelte; in der ersteren gab es auch kleinere Blockhütten usw.« Also in der oberen nur Zelte. – Heute hat sich das geändert, es sind freilich 50 Jahre seitdem vergangen, heute heißt es : »Die untere Stadt war dichter besetzt als die obere. Sie wies nur Zelte auf; in der oberen gab es auch kleinere Blockhütten usw.« (390/337). Also genau umgekehrt wie früher ! Wodurch die ohnehin gefährlich schattenhaften Bilder nicht gerade an Deutlichkeit gewinnen. / Hinunter führt der große Erkundungsritt : »Es ging immer rundum, doch in Schraubenlinien immer tiefer hinab.« – Heute sind's »Schlangenlinien« was alles natürlich das Vertrauen zu der großzügig mitgelieferten ‹Karte› arg ramponiert! (451/388).

Noch befremdlicher wird es, wenn man feststellen muß, daß der Bearbeiter sich Freiheiten genommen hat, zu deren Verantwortung man schon im Besitz eines ziemlich gußeisernen literarischen Gewissens sein muß. Da wohnt nämlich, zu Anfang des Buches, in Trinidad ein »alter guter Bekannter von mir, namens Max Pappermann, einst ein brauchbarer Präriejäger, jetzt aber Besitzer eines sogenannten Hotels.« Und es wird recht nett geschildert, wie May in dem betreffenden ‹Hotel› absteigt; eben hat Pappermann es verkauft, und die einzigen Gäste sind der alte und der neue Wirt, die, einander die Rücken zugekehrt, tiefsinnig am selben Tisch sitzen, und Jeder den Handel zu bereuen scheinen. Also eine jener Nebenfiguren mehr, wie sie Mays Werke so zahlreich bevölkern. – Tja und heute?: »In diesem Trinidad wohnten nämlich *zwei* alte gute Bekannte von mir«; und, siehe da, es sind die unwiderstehlichen Pitt Holbers und Dick Hammerdull, und des immer wieder ach=so=spaßhaften ‹alten Coons› ist kein Ende mehr. Was schiert es den Bearbeiter, daß in der Folge nun unvermeidlich immer einer der Achtels=Heroen arbeitslos herumsteht? Neinein, da wird Einem doch gleich wieder so richtig wohl wie einst als Büblein=klein: ‹Herr Wirt, noch'n Coon!› / Hoffentlich ‹langt es›, und nicht nur dem jugendlichen, Kenner allmählich bei der aufdämmernden Erkenntnis, daß im Urtext ganz andere Figuren auftreten können, als in der jetzigen Fassung.

Und das traurigste kommt erst noch: nicht nur, daß man uns neuerdings die zuvor skizzierte Wandlung Mays vom ‹Abu Kital›, dem Vater des Kampfes, zum ‹Abu Schalem›, dem Vater des Friedens, unterschlägt: man hat seine Weltanschauung sogar durch eine andere ersetzt, durch eine andere .....

Der alte May war ausgesprochener Pazifist geworden: »Wahrhaft große Männer pflegen nicht eher zu sterben, als bis sie wenigstens innerlich das erreicht haben, was sie erreichen wollten oder sollten. Die sogenannten Helden des Krieges und der Schlachtfelder sind hiervon natürlich ausgenommen« setzt er ironisch=verächtlich hinzu. – Heute heißt es: »Die Helden, die der Kampf forderte, sind hiervon natürlich ausgenommen.« Eine Wendung, die, abgesehen von ihrer erlesenen Plattheit, genau das Gegenteil besagt! (152/139). / »Sein Pferd war kein gewöhnlicher Gaul, und die Haltung des Reiters durfte als ... indianisch=edel bezeichnet werden.« – Zur Zeit ist das Pferd ein »rassiges« Tier, und die Haltung des Reiters »schneidig«. (323/281). / Die alten Indianer denken nur an ihre Privatrache, und sind »leichtsinniger, viel leichtsinniger, als früher die jungen jemals waren.« – Das ist natürlich saft= und kraftlos, und die Neubearbeitung sagt's uns unmißverständlicher : »Sie haben die *kriegerischen Tugenden* ihrer *Rasse* verloren, weil sie diese Fähigkeiten nicht mehr geübt haben. Das ist der Fluch einer *unheldischen* Zeit; sie *entnervt* ihr Geschlecht.« (357 f. / 308). – Det ha'ck doch schonn ma jehört ? : ‹schneidig, kriegerische Tugend, Rasse, unheldisch, entnervt› ? Wieso bediente May sich denn auf einmal derart geläufig des Wortschatzes jenes 3. Reiches ?! (Freilich, er hat sich zuweilen der Gaben eines kleineren Profeten gerühmt). / »Du bist doch Duellgegner ?« fragt ihn die Frau; und Old Shatterhand antwortet greis=selbstbewußt : »Sogar sehr !« – Heute dagegen lacht er auf, und belehrt die besorgte Gattin : »Klara ! Bitte, male Dir einmal das Bild aus : Old Shatterhand, der einst gegen Blitzmesser gestanden und Intschu tschuna überwunden hat, der im Sti-poka nicht gewichen ist ..... der sollte sich plötzlich hinter die Erklärung verkriechen, er sei Zweikampfgegner. – Sie senkte beschämt den Kopf.« (528 / 456). Anstatt also Mays ausdrücklich zu Protokoll gegebene Erklärung stehen zu lassen, daß er im Alter gegen alle atavistischen Raufereien war, läßt man ihn neuerdings munter das Gegenteil behaupten; ja, sich sogar an der Aufzählung früherer blutrünstiger ‹Heldenkämpfe› berauschen. / Wenige Seiten später erhebt sich der Alte in großer Versammlung und spricht also : »Ich bin alt und bedachtsam geworden. Ich verdamme jedwedes Blutvergießen. Ich bin ein Gegner des Zweikampfes – –«. – Heute läßt man den alten Mann lügen : »So verdamme ich jegliches *unnötige* Blutvergießen ... und bin ein Gegner jedes *vermeidbaren* Kampfes –« (533 / 460). Und schon ist es durch dieses taschenspielerhaft raffinierte Einschmuggeln zweier unscheinbarer Beiwörtlein geschafft; denn über das, was ‹unnötig› und ‹vermeidbar› ist – tja, darüber gehen die Meinungen eben oft beträchtlich auseinander, und werden wohl am einfachsten vermittelst eines solennen Krieges geklärt. / Der Alte weiß, daß sein Henrystutzen »sich überlebt« hat : es wird ihm natürlich prompt gestrichen – ‹natürlich›, wenn man, was jetzt hoffentlich allmählich der Fall ist, begriffen hat : daß unter den Bearbeitern dieser heutigen WINNETOUS ERBEN mindestens 1 Nazi gewesen sein dürfte !!!

Das ließe sich allenfalls noch begreifen, wenn man im Karl=May=Verlag sich schon relativ früh entschlossen hätte, diese Alterswerke unauffällig ‹auslaufen› zu lassen; denn zu den übrigen Bänden ‹passen› sie – wenn man schon durchaus die Mentalität kindlicher oder primitiver Käuferschichten zu berücksichtigen gedächte – wahrlich nicht. Aber das Verfahren, derartige Verballhornungen bösartigster Tendenz in Umlauf zu setzen, darf nicht unwidersprochen passieren. Es stünde zu wünschen, daß der Verlag sich bald einmal öffentlich=nachdrücklich von einigen dieser Bearbeitungen distanzierte.

HAT UNSERE JUGEND NOCH IDEALE ?

‹Ideal› – auch eines jener, uns um eine entscheidende Spur zu oft offerierten großen Worte, die uns so unglücklich machen !

Und zwar deshalb, weil sich die meisten davon in späteren Jahren als absurd, wenn nicht gar gemeingefährlich entpuppen – etwa das ‹Ideal› des ‹Helden›; harmlosestenfalls hohle Nüsse, mit Spinnweben gefüllt.

Wenn ich der Truggestalten gedenke, die man erzieherischerseits an den Horizonten meiner Jugend als ‹Ideale› herumspuken lassen wollte – der ‹Mannhaftigkeit›, die sich dann grinsend als reinrassige Brutalität demaskierte; oder des ‹Genies›, des angeblich so schändlich begabten, daß es kaum noch zu arbeiten brauchte; und all das verkündet von dubiosesten Gehrockträgern – wenn ich all das bedenke, könnte ich nur begrüßen, wenn unsere heutige Jugend nicht mehr mit Idealen gefoppt würde; nicht mehr wertvolle Stunden mit dergleichen süßen Nichtigkeiten vertäte. Wenn !

* * *

Ehe wir von der Jugend – also, disons le mot, den ‹Teenagers› – ‹Ideale› verlangen, sollten wir Älteren jedesmal kurz in den Spiegel schauen; und es wäre sehr gut, wenn dazu, hinter unserm Rücken, der ‹horror=disc› abliefe :

»Habt *Ihr* Ideale ? Seid *Ihr* ideal ? –

: Ihr, die Ihr den röchelnden Tod von 50 Millionen mit dem Wort ‹Heldenkampf› deckt (und schon den nächsten, durch Freie Wahlen, sorgsam für uns vorbereitet !);

: Ihr, die Ihr Eure asthmatische Sonnabendabend=Gymnastik als ‹Liebe› bezeichnet;

: Ihr, die Ihr mit schmuddelig versagendem Körper, unrasiert, Euch ‹gehen laßt› (und zumal im ‹Schoß der Familie›, ou peut=on être mieux, – wie wär'es mit einer ergänzenden Novelle zum 4. Gebot : daß Ihr Eure Söhne und Töchter ein bißchen behutsamer ehrtet ? Oder Euch zumindest weniger wundert, wenn man Euch an Euren Früchtchen erkennt ?);

: aber von uns, die wir Eure 100=, ja selbst Eure 5=Markscheine als gefälscht erkennen, verlangt Ihr echte ?! .....«

Stellen wir die Platte lieber ab. Aber im Vergleich mit ‹Uns Älteren› schneiden die Teenager so schlecht gar nicht ab !

Weniger melodramatisch ausgedrückt: die Meisten von uns sind nicht die Leute, die das Wort ‹ideal› im Munde führen sollten. (Und daß es sich ausgerechnet auf ‹real› reimt, ist ein rechter ironischer Sprachwitz.)

* * *

Ich meine, man sollte die ganze Frage überhaupt weit nüchterner auffassen.

In jungen Jahren gibt es nur 1 Ideal: BERÜHMT SEIN! Und das ist so verschwommen und basislos, so ganz längeres Gedankenspiel, daß es gar nicht unernst genug genommen werden kann. Daran freilich, daß es sich so gern als ‹Weltrekordmann› manifestiert, als ‹berühmte Tänzerin›, als ‹Reichsmarschall›, ‹Rennfahrer›, ‹Filmstar›, und wie die Nichtswürdigkeiten sonst noch alle heißen: daran sind die ‹reiferen Jahrgänge› schuld. Wenn die nicht dergleichen Gaukler, Luftspringer, Totschläger, mit Beifall und Gagen überhäuften; vielmehr diese ‹Ideale› mit der gebührenden Nichtachtung straften, und, im Wiederbetretungsfalle, mit 50 auf die Fußsohlen; und dafür andere, ‹wirkliche› aufstellten und der Jugend schilderten – dann; tja dann würden wir vermutlich wohltuendere Fänomene heranzüchten, als jugendliche Dauertänzer, Rauschgiftler und Verbrecherbanden.

Man versuche, den Teenagern faßlich zu machen, daß es sehr wohl Ideale gibt – z.B. der ‹Große Dichter› ist eines (vielleicht das höchste; denn er formt und bildet das Gewissen der ganzen Gattung, indem er ihre jeweiligen dringendsten Anliegen, auch die dumpf und feige gefühlten, gültig ausspricht) – daß der Weg dorthin aber weder hastig erstürmt, noch träge=fleißig erträumt werden kann, sondern Jahrzehnte mühsamster, oft asketischer Arbeit erfordert. Eine Arbeit, während der sich der Körper eben unvermeidlich verbraucht und schmuddelig wird: nicht der Dichter*mensch* ist das Ideal – der ist meist nur ein schäbiger Rest, den man, es ist besser für alle Teile, lieber nicht behelligen sollte – sondern das Dicht*werk*. Die Aufgabe läge also darin, der Jugend das ‹Ideal› zu nehmen, daß man blutjung, geschmeidig & schön, *und* gleichzeitig ein ‹Großer Mensch› sein könne.

Wobei, wie gesagt, das Wichtigste die Definition eines ‹Großen Menschen› ist: Der ist es jedenfalls nicht, der lieber ‹kämpft› als arbeitet! (Freilich ist Kämpfen weit einfacher.)

Ansonsten freue man sich getrost an dem bunten Moreskenzug unser Teenager: laßt sie Radau machen – sie werden so jung sterben müssen!

HALTET IHN!

Literarisch=politisch=religiöser Quiz

In einer selbst bei Deutschen auffälligen Einmütigkeit hat die Kritik mir sattsam nachgewiesen, daß ich besser daran täte, keine Bücher mehr zu schreiben. Die Gegner bescheinigen mir mit dürren Worten, ich sei a) Gotteslästerer, b) Landesverräter, c) mein Talent so groß, daß, wenn man es in einen Straßenbahnfahrschein wickele, es zum Knipsloch herausfiele. Meine Freunde andererseits können es mir nur schwer vergeben, nicht schon längst füsiliert worden zu sein; bzw. nicht jedes Jahr 6 bis 8 STEINERNE HERZEN vorzulegen.

Bong : ich gebe dem allgemeinen Druck nach.

Da aber die Höhe meiner Schulden sogar öffentlich bekannt gemacht worden ist, wird man mir vielleicht verzeihen, wenn ich weiterhin, in bescheidneren literarischen Bezirken, dem Geldverdienen obzuliegen noch nicht lassen kann. Ich habe lange darüber nachgedacht, ob ich nicht einen neuen Test erfinden sollte; das ist sehr schick; aber mir fehlt als bürgerliche Beglaubigung irgend ein Titel, oder Orden; (und zwar hatte ich Folgendes vor : die ‹Quereinspanner› zu diffamieren. Das heißt also Die, die, mit einem DIN A 5 Bogen vor eine Schreibmaschine gesetzt, und aufgefordert, einen Brief zu schreiben, das Blatt spontan als Querformat einspannen. – Ich selbst bin natürlich Hocheinspanner.)

Aber dann sagte ich mir doch : ‹Nein !›, sagte ich mir; »ehrlich währt am längsten. Bleib Du bei der Literaturgeschichte. Und wenn Dich auch einmal der Teufel sticht, und Dich behaupten macht, Ulfilas habe in Göttingen studiert, so weiß das ja doch Jedermann besser; auch wäre es leicht durch ein Postscriptum im FOUQUÉ zu berichtigen, wo ja ohnehin lauter nicht zur Sache gehörige Dinge stehen. – Nein : bilde Du Deine bildungshungrigen Landsleute auf dem heute einzig noch möglichen Wege : mach' Du einen Quiz !« –

Hier ist er :

* * *

»..... wie süß ist's, in der Schlacht
für's Vaterland auf einem Wüt'rich sterben,
den man selbst umgebracht !«

Abgesehen von dem uns einmal mehr suggerierten ‹dulce› : welche Feinheit, ‹auf› dem Wütrich sterben zu wollen! (Wenn's noch eine ‹Wütri=*chinn*› wäre – aber dann wär's schon wieder ein Lied, auf dem Pornografen zu spielen.) – Also von wem ist das? Franz Josef Strauß? Matthias Claudius? Oder ist's ein Kampflied der ‹Jungen Pioniere› der DDR?

* * *

»Seit als ein Kind begriffen ich, / daß zweimal zwei macht viere, / hielt ich für unerschütterlich, / was die Vernunft nennt ihre.

Und lange kam ich aus damit, / wie mit der besten Waffe; / bis es mit Frechheit mir bestritt / ein jeder Zeitungslaffe.

Sie muten Ungeheuerstes / mir zu, hochfahrend, spöttlich : / ein Nichts soll sein mein Teuerstes; / und was mir nichts ist – göttlich!

Was ich mit Augen sehe krumm, / das soll ich nennen grade; / denn wer es krumm nennt, der ist dumm, / schlecht, gottlos, ohne Gnade!

Im Zickzack lenkt ein alter Fuchs / den sturmbespannten Wagen; / denn ringsum lauert wie ein Luchs, / der Haß, ihn zu erschlagen :

Der Fuchs soll gut und ehrlich sein, / (*nur er*, wer mag das fassen?); / schlecht aber Alle, Groß und Klein, / Millionen, die ihn hassen! –

Wo *Einer* zu befehlen hat, / und nicht zu mucksen *Alle* : / ‹*Seht da der wahren Freiheit Statt!*› / wird ausposaunt mit Schalle.

Wo man darf lesen oder nicht, / und schreiben nach Gefallen – : / ‹O armes Knechtsvolk, sonder Licht, / in Journalistenkrallen!›

Wer tief im Staub den Speichel leckt, / heißt frei und geistesmächtig; / doch wer mit kühnen Liedern weckt / das Volk, heißt niederträchtig.

Denn hört's! Was irgend ragt empor / an Geist, das ist verdorben! / Nur was sich tief im Pack verlor, / hat rechten Sinn erworben.

Vernunft und Urteil, Sinn und Schluß / such' ich umsonst hier, wehe! / Daß ich beinah verzweifeln muß, / ob ich noch Deutsch verstehe.

Schon muß ich rufen, schier erdrückt / von all dem Qualm und Dufte : / ‹Helft mir, und sprecht : bin *ich* verrückt? / Was? – Oder seid *Ihr* Schufte?!›« –

Nicht schlecht, was? – Tja; und wer ist nun wohl der Verfasser? Karl Gerok? Arno Schmidt (zur Zeit, als er noch was konnte; jetzt schreibt er ja nicht mehr : ecce signum)? Oder etwa Immermann? (Der war auch solcher Sachen fähig : »..... in Deutschland gerathen die Bedienten am besten.«)

* * *

»Und es (= das Volk. Anmerkung des Quizmasters) erträgt zahllose Heere, / die wie der Feind lästern und drohn; / nur genährt zum Dienste der Willkür, / dem Gewerb' und dem Pfluge geraubt! / Und es erträgt

Kriege des Thrones, / Arglisten und Launen ein Spiel. / Und – Jammer ! – an ein fremdes Volk / wird verkauft sein Blut von der Habsucht ! – / : Mit Waffen in den Kampf ! / Für Freiheit und für Recht ! / Naht, Bürger, naht – bebt, Mietlingsschwarm : / entfliehet oder sterbt ! «

Das scheinbar dissolute Metrum wird sogleich einleuchtend werden, wenn ich den Tip gebe, es auf die allerschönste Melodie abzusingen – die Marseillaise nämlich, V'zeihung. Es handelt sich nämlich um eine Nachdichtung, eine Empfehlung für die Herren Deutschen.

Und woher stammt es ? Aus Gerd Semmers ‹Ça ira !› ? Oder ist es von Heine ? Oder gar von Johann Heinrich Voß ?

* * *

Mal eins aús der rabiaten Kiste :

»Wär' das Mädel mein, und sie wollt' nicht, und ich nicht, und ich hätte einmal abgewiesen, so dürft' er mir nicht wiederkommen, der Scheißkerl; ich wollt'n zum Haus 'naus portiren ! Er sollt'n Himmel vor'n Baßgeige ansehen, und wär das ganze Heilige Röm'sche Reich vor'n. Der Kurfürst möcht mir im Arsche lecken ! .....«

Nichts für ungut, meine Herren Ästheten : Sie finden sich so oft bei der Sache; also lernen Sie auch das Wort dafür ertragen. – Leider verrät das eine arme Wörtlein ‹Kurfürst› dem denkenden Leser allzuviel von der Zeit; also kann ich ihn nicht mit Ernst Wiechert oder Ruth Schaumann foppen. – Ist es etwa Goethe ? Oder Novalis ? Oder Carl Gottlob Cramer ? Oder kennen Sie den nicht ?

* * *

So wahr es ist, daß eine Zeit kommen wird, in der unsere 20=Markscheine nur noch den Wert von Tempo=Taschentüchern haben werden.....

So wahr es ist, daß kein Dichter mehr den Plan zu einem Trauerspiel mühsam zu erfinden braucht : beeilen sich doch unsere deutschen Regierungen in Ost und West, ihm Tag für Tag 100 gratis zu liefern ....

So wahr es ist, daß nur Der andersdenkende Gegener verbrennt (Variante : verbietet), der zu dämlich ist, sie zu widerlegen ....

So wahr ist es auch, daß Voltaire seinen ‹Mahomet› dem Papst gewidmet hat : das war nicht nur witzig (was es auch war), sondern weit mehr !

Und wer hat folglich (‹folglich› ist gut; ich glaub', ich hab' jetzt doch den richtigeren Beruf !) geschrieben :

»..... Ich habe ein gar zu empfindliches Knieleder, als man haben muß, um mit guter grace katholisch zu knieen – im Winter habe ich meinen manchon untergelegt; im Sommer werde ich bloß darum ein Paar Schlaghandschuhe bei mir führen müssen, um andächtig zu knieen. Ich merke, es fehlt mir noch sehr zu meiner Seligkeit. ..... Am Aschermittwoch bin ich eingeäschert worden; ich zuckte, aus Furcht, es unrecht zu machen, mit dem Kopf, und der geheiligte Dreck wäre mir beinahe ins Maul geschmiert worden. Ich habe auch von Neuem gebeichtet : 7 Vaterunser und 7 Ave Maria soll ich beten. Zum Unglück kann ich das Ave nicht; und das Paternoster kommt aus der Mode, bis auf die Böhmen. : Sollte ich Dir nicht bald Lust machen, auch Katholik zu werden ?«

Nein; ich möchte nicht katholisch werden, und wenn ich Papst werden könnte. Aber ist es nicht wieder ein frappanter Beleg für die – oh, ich will es Euch diesmal vornehm ausdrücken ! – : für die Unfähigkeit des Skeptizismus, rein religiöse Motive zu würdigen ? (Was allerdings umgekehrt noch weit mehr der Fall ist !). Jedenfalls ist es die blanke Bocks=Satire. Und wer war nun – Moment; ich muß erst noch überlegen, wer damals alles konvertierte – wer war der Betreffende, an dem die Alleinseligmachende solch herrlichen Fang tat ? Friedrich Schlegel ? Winkelmann ? Oder Fritz Stolberg, der ein Unfreier wurde ?

* * *

Wir sind einmal bei dem Punkt (und ich möchte bemerken : es ist Alles Alles gedruckt & bewiesen !). Wer war das Lästermaul, der, à la ‹So le'em wir alle Tage›, die Stirn hatte, Folgendes niederzuschreiben :

»..... des Morgens bei dem Abendmahl, / des Mittags ein Glas Bier, / am Abend bei Herrn Jesulein im Nachtquartier.«

War es dieser Storm ? (Der ja u.a. dekretierte : »Auch bleib' der Priester meinem Grabe fern !«). Oder, nu, sagen wir : Gottfried Keller ? Oder aber Schopenhauer, in einem Briefe an Julius Frauenstädt ?

* * *

Wie jeder anständige Mensch habe auch ich eine tiefe Abneigung nicht nur gegen Gehorchen, sondern vor allem auch gegen Befehlen – lassen wir uns durch den Schwarm von Hyperbeln, mit dem man uns interessierterseits unseren völkischen Bankerott in dieser Hinsicht zu vernebeln gedenkt, nicht beirren. Freuen wir uns der folgenden Schilderung eines schlauen Völkchens, das ‹dem Kaiser Rekruten senden muß› :

»..... Wir liefern nur solche Leute, die wir los sein wollen, oder die wir auch hier in der Heimat ohnedies unterhalten müßten, ohne daß wir Nutzen davon hätten. Das sind die Kranken, die äußerlich und innerlich Kranken; die Faulen, die Leichtsinnigen, die Unzuverlässigen, die Lügner, die Diebe. In dieser Weise verhindern wir Verbrechen, und ersparen Gefängnisse.«

Wer war der ‹Wehrunwürdige›, der mit solch verruchten Augen die ‹stehenden Heere› seiner Zeit betrachtete ? War es Clara Viebig ? Così parló Zarathustra ? Oder etwa Karl May ?

* * *

Und das letzte für heut :

»Elender, Dir allein ist nicht Dein Vaterland teuer ?« –

: »Ja; beim Himmel; auch mich kostet es Tränen genug !«

Zur Erleichterung der Lösung sei das Unglaubliche verraten : Der hat Deutschland gemeint ! Der Gottfried Herder ? Oder Alfred Andersch ? Oder war er es, ER : Heinrich Friedrich Karl, Baron de Thonnayboutonne, Baron de Saint Surin, Seigneur de la Grève, Baron de la Motte Fouqué ? (Einmal muß ich ihn doch noch erwähnen; ich kann nicht anders.)

* * *

8 Fragen sind's. – Man setze für ‹Ja› plus 1; für ‹Nein› minus 1; und addiere – – –

: ?

: Sie täten am besten, sich zu hängen.

(wird fortgesetzt !)

(Auflösung des Quiz auf S. .....)

1. Beispiel : Der ‹Wüterich› war, wer hätte es gedacht, Matthias Claudius. (In den meisten ‹Auswahlen› freilich ist er »nur halb zu sehen, / und ist doch rund & schön.«)

2. Beispiel : Keiner der 3 Genannten; sondern Friedrich von Sallet (1812–43) – er ist dafür aber auch in ‹orthodoxen Kreisen› gleich als atheistisch ‹abgelehnt› worden.

3. Beispiel : Natürlich der alte Voß. Wer von Leibeigenen herstammt (und das sind ja immer noch 90% der Menschheit), dem wird bisweilen was wild zumut : ‹Das ist nun mal nicht anders !›

4. Beispiel : Das ist die Rückseite der Platte, auf der vorne steht, »Ich sehe Dich in 1000 Bildern, Maria,«; nämlich Novalis' dramatischer Entwurf des ‹Kunz von Kauffungen› – es roch also auch bei Hardenbergs nicht nur immer nach ‹Blauer Blume›.

5. Beispiel : Er bestand demnach nicht lediglich aus ‹edler Einfalt, stiller Größe›, wie man uns in der Schule mehrfach zu bedeuten beliebte, der Winckelmann, (der sich übrigens, wie ich eben entdecke, mit ‹ck› schrieb – ein Quizmaster kann nicht Alles auswendig wissen !)

6. Beispiel : Wenn Ermatinger es im 1. Band seiner Keller=Biografie abdrukken durfte, werde ich mich – vielleicht – der gleichen Freiheit bedienen dürfen. Es steht irgendwo auf einer linken Seite, ziemlich oben. (P.S. : Ich habe in diesem Fall doch lieber – man soll mich nicht so leicht auf Fälschungen ertappen können ! – nachgesehen. Wie ich schon sagte : Seite 648, oben.)

7. Beispiel : Wird man mir glauben, wenn ich ‹Karl May› sage ?

8. Beispiel : Wieder einmal Keiner der Vorgeschlagenen – ich weiß, der Trick ist jetzt als ‹abgegriffen› zu bezeichnen – sondern Samuel Christian Pape (1774–1817); ich habe über ihn ein einstündiges sogenanntes ‹Nachtprogramm› verfaßt, und stehe zu meiner Tat.

PROFIL VON LINKS.

Karl Mays ‹Leben und Werk›;
Ges. Werke, Bd. 34

Es gibt die Anekdote von den Seekadetten, die, mitten im hohen Atlantik, zum ersten Male zu Sextant und Logarithmentafel greifen durften, um ihr Problem aller Probleme – die Ortsbestimmung auf See – praktisch zu erledigen. Sie maßen, zitternd vor Stolz; und rechneten gewaltig; trugen auch das Ergebnis zum Kapitän und harrten des Lobes. Der greise Seebär ging schweigend die Blätter durch; lange ruhte sein Blick auf dem Endergebnis; dann entblößte er ehrerbietig das Haupt: »Meine Herren«, sagte er feierlich, »tun Sie desgleichen : wir befinden uns mitten in der Westminsterabtei ! «. –

Genau das gleiche Gefühl hat der Kenner, wenn er mit den 570 Druckseiten des neuen Zehntausend von Karl Mays ‹Ich. Leben und Werk› zu Ende gekommen ist. (101.–110. Tausend; Bamberg 1958). Fuß=Noten hat das Buch und Kärtchen, Bildtafeln und Faksimiles und impressive Kolonnen von Bibliografischem – und doch kann man nur einmal mehr die Achseln zucken : wieder liest man nicht von einem vollen Menschenleben; nirgends wölkt, manichäisch=überzeugend, das Gemisch kräftigster Lichter und Schatten eines kompletten Mannesdaseins. Aber Acta Sanctorum sollen wir akzeptieren; eine Pseudo= und Viertels=Biografie, in usum delphini redigiert und kastriert; ein Profil von rechts und durch immer rosaere Brillen gesehen : ein schlechtes Buch !

Dies Urteil könnte dem Nicht=Fachmann streng scheinen; also muß es – es geht immerhin um die Einsicht in eine literarische Großmacht von 50.000 Seiten ! – ausführlich begründet werden.

* * *

Die ersten 250 Seiten nimmt Mays bekannte Selbstbiografie MEIN LEBEN UND STREBEN ein. Abgesehen davon, daß *alle* Selbstbiografien nur sehr begrenzt brauchbar sind – ist es doch eine Binsenwahrheit, daß Jeder vertuscht hat, verdrängt, vergessen; retuschiert, posiert, gelogen – abgesehen hiervon also, ist das vorliegende Selbstzeugnis noch zusätzlich von einem Menschen abgegeben, der nicht die geringste Anlage zum Historiker hatte, mit dem die Fantasie ständig durchging, und der überdies mit solcher Arbeit die ganz spezielle Absicht verfolgte, sich gegen öffentliche Angriffe aus

2 bestimmten Richtungen zu verteidigen. Es handelt sich also vielmehr um eine ausgesprochene oratio pro domo; eine trüb=schallende Deklamation in eigenster Sache.

Wenn man diese Vorbehalte nie außer Acht läßt, gibt es durchaus bedeutende Partien in dem Buch; einige Stellen sind sogar hinreißend, wie etwa die Seiten 174 ff. Dennoch – und geschehe es nur als Akt ausgleichender Ungerechtigkeit (was aber gar nicht der Fall ist!) – das uns präsentierte, chemisch gereinigte Heiligenbild eines Schnurrbartmenschen ohne Unterleib muß berichtigt werden. Etwa so:

KARL MAY hatte sich, nach ärmlichster Jugend, eine leidlich solide Bildung erworben; und ist Zeit seines Lebens aufs ehrwürdigste bemüht gewesen, sie autodidaktisch immer mehr zu erweitern. Er entstammte leider einem ausgesprochenen Notstandsgebiet des Erzgebirges; mit einer Bevölkerung, die, zum Teil ohne ihre Schuld, sondern aus Armut und Verzweiflung, in jeder Beziehung richtungslos geworden war. Es gab Zeiten in diesen Weberdörfern, wo die gesamte männliche Einwohnerschaft im Gefängnis saß – wenn Frau und Kinder am Verhungern sind, geht man eben Paschen und Wilddieben! May mußte also nicht nur Mangelkrankheiten erdulden, sondern hatte zusätzlich noch Milieu=Unglück, und schlitterte ebenfalls jene schiefe Ebene hinunter, verhängnisvoll gefördert von Intelligenz und einem noch nicht in literarische Betätigung abgeleiteten Überschuß an Fantasie. Manche seiner Streiche waren ausgesprochen stilvolle Schelmenstückchen; die Mehrzahl allerdings ziemlich gemein: er war durchaus ein ‹schwerer Junge›. (Wozu sofort Heinrich Mann sehr richtig anmerkte: »Jetzt vermute ich in ihm erst recht einen Dichter.«). Er hat seine 8 Jahre Gefängnis und ‹Zet› redlich abgesessen und gebüßt: erledigt.

Während dieser Zellenzeit kam ihm die unschätzbare Erleuchtung, daß er sein Zuviel an Flogiston in Temperament, Wissen und Fantasie nicht nach auswärts, in Taten, abreagieren dürfe; sondern via Federkiel und Tinte aufs Papier: von dem Augenblick dieser Einsicht an ist er mit dem Gesetz nicht mehr in Konflikt gekommen. (Denn daß er später im Privatleben von geradezu sagenhafter, grotesker Eitelkeit war, hat offizinelle Gründe – wie bei vielen Künstlern – und die Hälfte der ‹Schuld› trugen noch die Leser=Kinder mit ihrer Anhimmelei.)

Nachdem er kümmerlich die Hand in Kurzgeschichten und ‹Humoresken› geübt hatte – sie waren ‹volkstümlich› und also schlecht – führte ihm ein guter=böser Stern (deren er mehrere gehabt hat) den Kolportageverleger Münchmeyer über den Weg, der ihm die Gelegenheit verschaffte, Großgebilde zu emanieren. Es waren ihrer 5, und, entsprechend Mays unzulänglichen Begriffen von Kunst, Kitsch – nicht ‹Schmutz & Schund›, oh nein, ein Begriff, mit dem man überhaupt nicht arbeiten sollte; aber so billig und albern, wie etwa die ‹Elfenreigen› überm Mittelstands=Ehebett. Darüber gibt es gar kein Debattieren : jene Stücke sind künstlerisch nicht ernst zu nehmen. (Und was die immer wieder schaudernd erwähnten 5% Textveränderungen anbelangt, die daran vorgenommen worden sein sollen, so haben die schwerlich etwas verschlechtert – Karl May hat mit seinen Texten eben immer Pech gehabt. Oftmals in einem Maßstab, wogegen jene 5% noch gar nichts sind : in einer der neuesten Bamberger Ausgaben von UND FRIEDE AUF ERDEN (83.–92. Tausend) sind ihm allein rund 13% (in Worten : dreizehn !) des Originals *gestrichen* worden; über die ‹Bearbeitung› des verbleibenden Restes werde ich an anderer Stelle berichten.)

Einen Aufschwung brachte die Einsicht, daß das bisher vorgelegte hintertreppige Gemisch von Kindesraub und Mord, von Gift und Gegengift, von schwarzen Schurken und weißen Helden – Kind, Heiliger und Weltmeister im Schwergewicht zugleich – in einer sich rapide technisierenden Welt allmählich völlig unglaubwürdig, weil unrealistisch, wirken müsse. Ergo nahm er 2 Großänderungen vor : verlegte einmal die Handlung in möglichst noch rauhe Weltränder, in unreinliche Landstriche, wo dergleichen Wildwestheiten noch glaubwürdiger wirkten; und ließ weiterhin praktisch sämtliche Frauengestalten weg – wodurch er sieghaft seine Unfähigkeit zur Darstellung einer kompletten zweigeschlechtlichen Welt umging. Abgesehen von dieser bedenklichen Reduzierung auf die Mentalität von Kindern und Kindes=Kindern, blieb die Themen= und Motivreihe dieselbe : er hat bis an sein Lebensende die ‹Münchmeyereien› wacker ausgeschlachtet; ja, zum Teil in einem Maße ‹übernommen›, daß seine S. 224 vorgetragene Behauptung, er habe sie nach der Niederschrift nie mehr angesehen, in die Klasse der ‹Verdrängungen› zu setzen ist. Einzelheiten aus dem WEG ZUM GLÜCK sind sogar in den späten SILBERLÖWEN übergegangen; die Mixteka=Episode des WALDRÖSCHEN in SUREHAND II.

In der beschriebenen Art – d. h. Kindern vom 1. bis zum 6. Alter Aventiuren in Wild=Ost und Far=West vorzufabulieren – hat er ‹Klassisches› geleistet : er ist schon in dieser Periode ein rechter ‹Jugendschriftsteller› gewesen.

Dann erfolgte der nächste, gleichzeitig der letzte, Schritt nach oben. Er war so bekannt geworden, daß man sich in der Presse intensiv mit ihm zu befassen begann. Neidische Kollegen, die weniger verdienten als er, verfielen darauf, mit ‹Enthüllungen› zu arbeiten, mit Veröffentlichungen seiner ‹Vorstrafen› – worauf May dummerweise, verstört und verängstigt, zu reagieren anhub (anstatt einfach mit den Fingern zu schnippen, und behaglich weiter zu schreiben : er hatte doch seine Villa und sein ausreichendes

Brot!). Aber auch ernsthafte Kritiker warfen ein paar kenntnisnehmende Blicke in sein bisher Geleistetes, und rümpften sogleich und derb die Nasen: vom Standpunkt wirklicher Literatur aus war das Zeug nicht diskutabel. Gegen dieses Urteil gibt es auch heute noch keine Berufung: es sind süße Nichtigkeiten, diese ganzen endlosen Abziehbilder. Und haben so viel mit Dichtung zu tun, wie ‹Comics› mit bildender Kunst.

Hinzu kam, daß in der ‹Villa Shatterhand› selbstverständlich nicht nur hart=männliche Räume existierten – unten Löwenfelle, an der Wand ein oder der andere ‹Henrystutzen› – sondern auch schwülste und dämmrigste Zimmer, in denen man wie narkotisiert, mit süchtigen Gesichtern, über rückende Tische gekrümmt saß; wo seine Frauen als spiritistische Schreibmedien agierten, und angeblich=wahrscheinlich saftigste Erotica stattfanden, wie bei einem Menschen starker Fantasie ja grundsätzlich der Fall ist! Nach fleißigst geleisteter Tagesarbeit ist ein Schöpferischer so hilflos und leer, so aufs ehrwürdigste ‹widerstandlos›, daß ein Raffinierter *Alles* mit ihm machen kann (und leider findet sich auch meist Einer=Eine.) Diese Seite Kara=Ben=Nemsischer Tätigkeit wird uns völlig vorenthalten: aber May war schon, wie jeder bedeutende Mann, ein unheimlicher Geselle! Auf Meeren von Unbegreiflichkeiten, ja Perversitäten aller Art, schwimmen, bunten Spänen gleich, die Bücher der Dichter. –

In der beschriebenen Weise allseitig attackiert, nahm er noch einmal einen ähnlichen Übersetzungsvorgang vor: er transponierte die gleiche Münchmeyersche Themenreihe ins Autobiografisch=Symbolisch=Märchenhafte; und erzielte nun endlich Spitzenleistungen, einmalig in ihrer Art, durchaus anhaltender Beschäftigung mit ihnen wert. Mit den beiden letzten Bänden des SILBERLÖWEN und ARDISTAN UND DSCHINNISTAN erzwang er sich die Aufnahme in unsere deutsche Dichter= und Gelehrtenrepublik:

Hut ab vor solch einer fabelhaften Energieleistung! –

* *
*

..... wenn sie uns so geschildert worden wäre .....

»So lernt der Leser das einzigartige Dokument dieser Selbstbiografie so kennen, wie Karl May es niederschrieb, mit allen Schwächen« (S. 257) – wenn es auch längst nicht genügte: es wäre aber immerhin schon etwas! Nur gibt es leider noch, außer der uns hier neu vorgelegten Ausgabe von MEIN LEBEN UND STREBEN, das Original von 1910; und schon der kürzeste Vergleich damit führt die stolze Behauptung, daß man »weitestgehend auf die Urausgabe zurück«=gegriffen habe, aufs enttäuschendste ad absurdum: das Original ist nicht halb so schlecht wie dieser neue Band 34.

– Nur ein paar kurze Andeutungen, wie man im Text gewirtschaftet hat:

‹Übersetzung› von Fremdworten: wie nett ist nicht die Szene, wo der Kleine von der Schmierenbühne herunter seine ergötzliche Rede hält: »... Also rrein mit der Hand in den Beutel! Und rraus mit den Moneten, rraus!« Heute liest man, statt des so haarscharf=populär eingepaßten ‹Moneten› ein, den Rytmus und die Situationskomik sinnlos zerstörendes, ‹Münzen›! / S. 169 liest man: »Ich zog meine Gelder ein, und machte eine längere Auslandsreise«; so spricht allenfalls der hochmütige Zechenbaron; wie aber schreibt ein Schriftsteller?: »Ich kassierte meine Honorare« – und schon stimmt Alles. / »Kulissen« werden zu »Schiebewänden«; aus »Milieu« gar »Gegenstand«; aus »Parodie« farblose »Verse« – endlos ist die Liste der gefühllosesten Purismen!

Unnötige Auslassungen paaren sich mit bedenklichen Kürzungen und Änderungen: S. 92 gibt May anklagend eine Liste der Schundlektüre seiner Jugend; als Letztes ‹DIE SÜNDEN DES ERZBISCHOFS› – das ist neuerdings weggelassen; Erzbischöfe sündigen anscheinend nicht. / S. 83 steht heute nur einmal »evangelisch=lutherisch« – im Original wird es *viermal hintereinander* dem Leser eingehämmert. Was insofern wichtig ist, als manche Katholiken – die May gar nicht leiden konnte: man vergleiche die ‹Taki› des SILBERLÖWEN – ihn gar zu gern für sich vereinnahmen würden. / S. 89: »... Humboldt, Bonpland und alle jene Großen, die der Wissenschaft mehr als der Religion vertrauen .....«: im Original steht das ‹Großen› in Extra=Anführungsstrichen, woraus man ja sogleich wieder den verfluchten überheblich=muckerischen, dunkelmännischen Sinn des Alten erkennt, den er leider nur zu oft entwickeln konnte – diese Gänsefüßchen sind heute diskret fortgelassen. (Zugegeben: es war hoch=albern von May; aber die Wahrheit ist eben trotzdem ein schön Ding!). / S. 175 lehnt May sich an die Kirchhofsmauer und schluchzt: »... das war wohl unmännlich; aber ...« – schon hat man ihm den Passus gestrichen: ein May *ist* nicht unmännlich! / Wenn er einmal, erleuchtet und ehrlich, offen zugibt: »In meinen Werken (gibt es) keine einzige Gestalt, die ich künstlerisch durchgeführt und vollendet hatte, selbst Winnetou und Hadschi Halef Omar nicht, über die ich doch am meisten geschrieben habe.« – dann streicht man ihm dieses aller Achtung werte Zeugnis der Selbsterkenntnis: *warum?!* / S. 229 bezeichnet May die ewigen ‹Leserbriefe› als »störend« (und jeder Schriftsteller kann da ja nur wehmütig Bestätigung nicken) – heute ist es zu einem »hemmend« abgedämpft. / S. 235 ist die Rede von den erwähnten 5 »Schundromanen« – heute hat man die erste Silbe gekappt. / Jedes Schättchen ist herausoperiert: das harmlose »gestohlen« auf S. 118. Die »Detentien« auf S. 134, die man heute auf den Singular reduziert hat. / S. 24 wird empfohlen, »der Schutzengel eines andern« zu sein – im Original steht: »eines, resp. einer Anderen«: mußte selbst an dieser unverfänglichen Stelle das Ewig=Weibliche weichen?

Womit wir zwanglos bei dem folgenreichsten Kapitel der Textveränderung angelangt wären: Mays erste Frau, Emma Pollmer, kommt sehr schlecht bei ihm weg. Er hat sie, nachdem der erste Sexualrausch vorüber war – und er dauerte lange; denn sie besaß machtvolle Reize! – zur Hälfte als dumme fette ‹Köchin› empfunden, zur andern Hälfte als dämonische Bestie und urböse Sfinx; so erscheint sie z.B. als Doppelgestalt Pekala=Gul im SILBERLÖWEN, so liest man es auch einwandfrei im Original seiner Selbstbiografie. Heute ist das nahezu alles gestrichen. / Wenn er ursprünglich bekümmert schrieb, daß Emma »nie« in seinen Büchern gelesen habe, dann steht heute an der gleichen Stelle »wenig«. / Wenn er die schreckliche Szene schildert, wie ihren Großvater der Schlag gelähmt hatte, und »sein Enkelkind saß in einer seitwärts liegenden Stube bei einer klingenden Beschäftigung. Sie hatte nach seinem Gelde gesucht und es gefunden. Es war nicht viel; ich glaube, kaum 200 Mark. Ich zog sie davon fort, zu dem Kranken hinüber« – so ist uns neuerdings, auf S. 200, diese bedeutende Menschlichkeit verschwiegen. / Daß Münchmeyer sehr bald zum »Hausfreund« wurde, wird nicht minder vertuscht, wie überhaupt das ganze makabre Bild jener ‹Rose von Schiras›. (Es soll, laut LEBIUS, S. 106, eine ganze Studie über diese erste Frau, von Mays eigener Hand gegeben haben: warum wird, falls noch vorhanden, diese nicht einmal veröffentlicht? Es gäbe doch wahrlich nichts Wichtigeres in Bezug auf biografisches Material!).

Als Ersatz für solche Auslassungen wichtigster Portionen sind dann freilich Stellen unbekannter Provenienz in den Text hineinredigiert, mit einer literarischen Unbefangenheit, bei der Einem die Haare zu Berge stehen, und zu der man schon aller filologischen Elemente baar sein muß! Ich wähle ein beliebiges Beispiel von Dutzenden: auf S. 90 des Originals heißt es von der kuriosen ‹Lügenschmiede› nur »Das Haus wurde der Erde gleich gemacht«. Heute steht da: »Das Haus wurde 1900 abgebrochen, und es blieben nur einige wenige Abbildungen erhalten« – die geleistete ‹Forschungsarbeit› in allen Ehren: *aber das hätte doch in eine Fußnote gehört; das darf man doch nicht einfach in den Urtext einsetzen!* (Ähnliche Beispiele finden sich auf den Ss. 111, 116, 117, 166 usw. usw.) Freilich stößt man heutzutage überall, was die Begriffe von ‹gesicherten Texten› angeht auf die traurigste filologische Verwilderung, ob Nietzsche, ob Büchner; aber soweit soll es hoffentlich nie kommen, daß dergleichen unwidersprochen hingenommen wird.

Wenn manche Varianten nur nicht so völlig unbegreiflich wären! Da führt May, S. 186/87 im Zuchthaus Waldheim ein Gespräch mit dem ehrwürdigen katholischen Katecheten; und »Haben Sie alles verstanden?« fragt Jener bezüglich eines psychologischen Schriftchens. »Nein, noch nicht« antwortete May früher; heute sagt er: »Das meiste, wie ich glaube« – warum diese Veränderung? / Das Gespräch geht weiter; und »Nein, das verstehe ich noch nicht« gesteht May ein: »Sie sollten darüber nachdenken!«, Ausrufungszeichen, kommandiert daraufhin der geistliche Herr heute. Ursprünglich äußerte er sich nachdenklicher und wohltuend=bescheidener: »Ich auch nicht,« gab er zu, »Aber denken Sie darüber nach!« – Nun frage ich jeden unbefangenen Leser: Was, in aller Welt, hat solche Text=Veränderungen ‹nötig› gemacht? Zumal, wo man sich noch ausdrücklich damit brüstet, daß man uns hier ebbes Echtes vorgelegt habe?

Einer der glänzendsten Witze – unvergleichlich dazu angetan, die ‹Folgen› solcher ‹Bearbeitung› zu illustrieren – findet sich auf S. 223, anläßlich der bekannten Bemerkung Mays: »Ich habe ein einziges Mal etwas Künstlerisches schreiben wollen …«. Hierzu erscheint neuerdings eine Fußnote, die ich der Rarität halber vollständig hersetze:

> Dieses bekannte und bisher zuweilen unrichtig zitierte Wort (‹… ich habe ein einziges Mal etwas Künstlerisches *und Formvollendetes geschrieben* …›) erscheint hier wieder im Urtext.

Oh ja, es *ist* des Öfteren unrichtig zitiert worden, in humorvoller oder auch kopfschüttelnder Entrüstung, daß das gemeinte BABEL UND BIBEL selbst vom Verfasser derart überschätzt werden konnte: so hat sich der Romanist Forst=Battaglia darüber mokiert, oder Stolte, und amüsantesterweise heißt es sogar in der allerneuesten Bamberger Ausgabe der LICHTE HÖHEN (1956, S. 462) noch falsch (sic!). Ja, und warum? Antwort: *weil der Karl May Verlag uns von 1916 bis 57 das betreffende Wort einhunderttausendmal falsch serviert hat!!!* Das schätze ich über Alles: dem Leser erst fehlerhaftes Material unterbreiten, und sich dann im Druck darüber aufhalten, daß der Arme fehlerhaft zitiert! –

Endergebnis: mein Vergleich mit dem Original hat mich die Überzeugung gewinnen lassen, daß auch in diesem Fall von MEIN LEBEN UND STREBEN der Text nicht nur ‹bearbeitet› sondern sogar ‹zugerichtet› worden ist!

* * *

Bezüglich der ‹Bibliografie› wäre es sehnlichst zu wünschen, daß der betreffende Bearbeiter einmal über einen Band des ‹Goedeke› geriete, damit er endlich sähe, wie man so etwas macht. Wiederum sucht man vergeblich nach – sagen wir – dem Jahrgang des DEUTSCHEN HAUSSCHATZES, mit Nummer und Seitenangabe, in dem die ersten Fassungen so vieler Stücke erschienen sind. Wenn man sich leider schon nicht dazu aufraffen konnte, im Anhang endlich einmal die allwichtigen Textvarianten abzudrucken : dann hätte man aber doch wenigstens verraten dürfen, wo das Alles notfalls=mühevoll aufzutreiben wäre, vom SCHATTEN DES GROSSHERRN an bis hinauf nach DSCHINNISTAN. (Und ein Register wäre auch was Schönes !).

Oder was sollen Scherze, wie der auf S. 344; wo zwar zugegeben wird, daß May schwerlich die Dutzende von Sprachen, mit denen er supermännisch aufschnitt, beherrscht haben kann; »aber diese Sprachproben haben immerhin die bisherigen Nachprüfungen großenteils bestanden.« Wie rätselhaft und geheimnisvoll ! : Sollte doch etwas daran sein ?! Dabei weiß ja jedes Kind – oder halt; nein : *die eben nicht !* – wie ein Schriftsteller so etwas macht. Wenn ich in einem Buch 1 Russen auftreten lassen will (von dessen Sprache ich leider keinen blassen Dunst habe) : dann kaufe ich mir für 5 Mark 50 einen kleinen ‹Sprachführer›, und finde darin mehr Redensarten, als ich brauche, fertig vorgestrickt – und, gottswunder !, die ‹bestehen dann immerhin großenteils› (einesteils & andrerseits & außerdem) jede Nachprüfung !

»Das persönlichste aller bisherigen Werke« über May schrieb, wenn man S. 392 glauben wollte, Fritz Barthel mit seinem LETZTE ABENTEUER UM KARL MAY. »Gipfelpunkt und einmalige Kostbarkeit« des betreffenden Buches ist allerdings nicht die »packende Schilderung« von Mays letztem Wiener Vortrag; sondern, meines Erachtens weit charakteristischer, die Behauptung, daß Barthel 1938 Verbindung mit Karl Mays GEIST (sic !) aufgenommen, und von diesem, durch ein dreifaches ‹Ave Maria› gesichert, die Mitteilung empfangen habe, daß er auferstanden sei !

: Eingeklemmt zwischen dergleichen Offenbarungen via Null & Nonsens auf der einen, und ‹Textbearbeitungen› wie die beschriebenen auf der anderen Seite, steht nun heute, fast 50 Jahre nach Karl Mays Tode, der verzweifelnde Leser immer noch da !

Gewiß, einzelne Daten und Angaben bringen den kritischen Benutzer doch zuweilen 1 Stückchen weiter. Die Bildtafeln sind zum Teil schätzbar; die Stammtafel; und ein Aufsatz wie der von H. Wollschläger über DAS ALTERSWERK entschädigt für so manchen grausamen Witz vorhergehender Seiten (obwohl man auch hier schmerzlich Präzises – Namen Daten Seitenzahlen – vermißt.)

Dennoch bleibt wieder nur übrig, weiterhin auf eine wirkliche, ernstzunehmende Biografie zu hoffen : Quousque tandem, Bamberg ?!

MUSS DAS KÜNSTLERISCHE MATERIAL KALT GEHALTEN WERDEN?

(Anmerkungen zu Extrakten aus BENN'S PALLAS und KUNST UND MACHT.)

»Vom Wind Geformtes / und nach unten schwer« : das ist gut. Als Theoretiker dagegen ist BENN *nicht* stimmfähig; denn er wußte nie in seinem Leben die Grenze zu ziehen, wo der ‹lernäische Leim› aufzuhören, und die Sprache des Werkstattberichtes zu beginnen hat; die nämlich muß redlich sein einfach=verständlich=eindeutig.

Wer anläßlich einer Frage, die die ‹zweite Säule› unseres Berufes – nämlich das Handwerklich=Mitteilbare – betrifft, mit Wendungen wie »siderische Vereinigung«; »phallische Kongestion« oder »Vor=Ure« auf den Plan tritt, bietet dem Belehrung Suchenden nur nichtswürdig=aparte Hülsen : es ist unglaublich, *wie leer* die artigen Büchschen sind!

Zu schweigen noch von der Bodenlosigkeit einer Argumentation, welche die »schmale kinderlose Göttin« Pallas heranzieht, »die die Flöte erfand« – mit weit mehr Berechtigung behaupte *ich,* daß es sich bei der betreffenden Dame um ein 6 Fuß hohes Flintenweib gehandelt habe; die sich zwar einmal ein tönendes Röhrchen zwischen die athletischen Lippen steckte, es jedoch, als das Gesicht entstellend, sogleich wieder, eitel, wegwarf : was soll, bei einer ernstzunehmenden theoretischen Erörterung dergleichen unredliches Ge=Metafere ?

Wenn ich ebenfalls zum Schmuggel mit antiken Altmaterialien tendierte, würde ich BENN's Thesen etwas vom ‹mystelnden Gemurmel eines verkantet=gestürzten Saturn vindizieren› – so aber sage ich einfach : BENN schwatzt.

* * *

Seine Begriffe sind keine; in je einem Halbdutzend schwammiger Zeilen schminkt er uns angebliche ‹Typen› zurecht, um die Puppen nachher nach Belieben tanzen lassen zu können.

Der »Beauftragte der Formvernunft« ..... abgesehen von dem schon wieder hierin angebrachten metafysischen Falltürchen einer ‹Beauftragung› : von *WEM* wohl, möcht' ich wissen ! – wie *schlecht* schmeckt das im Munde, dieser vom Hitlertum sieghaft angekränkelte Wortschatz ! Es fehlt nur ein ‹Reichs=› davor !

Der »Kunstträger ... weiß kaum etwas von *vor* ihm und *nach* ihm, lebt nur mit seinem inneren Material« ..... das wäre freilich ein leichter Beruf, wo man sich nur um so eine reduzierteste Ein=Mann=Welt zu kümmern brauchte, und sein Hätschelseelchen Monologe girren zu lassen ! Etwas von »*nach* ihm« zu wissen, wie BENN sich geistreich ausdrückt, verlangt wohl Niemand; aber daß er nun auch kaum etwas von *vor* sich wissen dürfe ? Und wenn ‹draußen› ein Hitler auftaucht, dann ist es nicht nur meine verdammte Pflicht & Schuldigkeit als Künstler, sondern sogar reiner Selbsterhaltungstrieb, das Affen=Monstrum derart zu erläutern, daß dem BENN'schen »Kulturträger« der Wahlzettel in der Hand wackelt. Wer nach BENN'schem Rezept nur »mit seinem inneren Material lebt«, ist nicht der »Kunstträger«, sondern der *Drückeberger* !

»Es ergibt sich, der Kunstträger ist aus seinem natürlichen Wesen heraus eine gesonderte Erscheinung« – : oh, carry me home to die ! Dazu muß ich mehrere Seiten BENN lesen, um diese große Neuigkeit noch einmal, im anmaßendsten Ton, als ‹Ergebnis›, serviert zu bekommen ?!

* * *

BENN meint auch gar nicht den »Kunstträger« allgemein; er meint eine ganz kleine, die dubioseste, Randgruppe von Künstlern; nämlich die ausgesprochenen *Kurzstreckenläufer* unter den Wortbastlern : die Lyriker, bzw. die Aforistiker à la Eff Nietzsche. Die machen sich's allerdings beneidenswert einfach : »meißeln auf Handflächengröße«; jaja, die Herren Lyrikers ..... JAMES JOYCE hat zum ODYSSEUS freilich 8 Jahre gebraucht !

Noch deutlicher geht seine voreingenommene Beschränktheit aus jener découvrierenden Stelle hervor, wo er den *Romanschriftsteller* in die Nähe der bloßen *Kulturträger* stellt : »Beiden eignet das Pflegliche und in=die=Breite=gehen, auch das Einträgliche; während der *Lyriker ein ausgesprochener Kunstträger ist*«; und, noch einmal, nur wenig später, in lapidarer Borniertheit : *»Der Aforismus gegen den historischen Roman !«*

Das ist nicht nur eine These von ausgezeichneter Unfruchtbarkeit; sondern geradezu eine bewußt falsche Unterstellung – ich will es, als Akt ausgleichender Ungerechtigkeit, flugs umkehren :

Zum lyrischen Gedicht bedarf es nur eines beneidenswert kurzen Darms; und schon der Ablauf nur 1 einzigen Tages widerlegt alle Lyrik : dem wechselnden Tempo von auch nur 24 Stunden wird nur gute Prosa gerecht. Natürlich nicht der so geschickt mit dem abfälligen Beiwörtchen angeschmitzte BENN'sche »historische Roman«; aber, noch einmal : wie wär's mit LEOPOLD BLOOM ?

* * *

Womit ich endlich nach ausgeräumtem Wortschutt, zur eigentlichen Frage kommen kann.

Anstatt all des literastischen Wort=Maßwerks vom »Dionysos« – wenn ick *den Nam'*schonn immer hör' ! – und »Neunmonatszauber«, hätte BENN lieber die Entstehung wirklicher umfangreicher Kunstwerke, *also länger anhaltende Prozesse,* nüchtern untersuchen sollen. Hätte unterscheiden sollen : die *Einsammlung* von Material; von seiner *Verarbeitung.*

Selbstverständlich hat der *Sammel*vorgang relativ ‹kalt› zu erfolgen : das *gerichtete* Aufsuchen und Notieren von Charakteren, Beleuchtungen und Kleindetail aller Art, erfordert *Jahre*; man muß ja schließlich alles zum Thema Gehörige angefaßt haben, gerochen, im Munde gehabt. Und man stopft ja mit nichten Alles zwischen die 4 Ecken einer Prosa=Seite; sondern ‹sieht› letztlich nur noch das, was ‹dazu› brauchbar ist. Die zu einem guten Stück erforderlichen 1–3 Tausend Zettel – vom Stichwortumfang an, bis zur fertigen Viertelseite – jeder einzelne ein halbes Dutzend mal umgeschrieben, muß man freilich zunächst *unterkühlt* halten – nicht bloß »kalt« – damit das Material nicht vorzeitig zu keimen anfange.

Ein Anderes ist dann freilich die *Zusammenschweißung*, die nahtlose, des solchergestalt lange und mühsam an sich gezogenen Materials – dabei treten natürlich ‹Zustände› auf, denen des lyrischen Kurzarbeiters ähnlich; (aber immer noch mit dem beachtlichen Unterschied, daß die unsägliche Konzentration des Prosaschreibers ein rundes halbes Jahr anzuhalten hat : selig, wem Allah hierfür die Knochen eines Ochsen verlieh !)

So haben sie Alle, die wirklich Guten – der große Jean Paul; Beethoven; die Maler – über ihren Riesen=Zettelkästen, Notizbüchern mit ‹Motiven› und Skizzenmappen, gehockt : in den Monaten der Niederschrift dann, wird das Material angewärmt, erhitzt, ja, *glühend gemacht !*

* * *

Mit BENN'schem »Flug & Traum« hat das gar nichts zu tun. Das sind alles völlig irrelevante Verlegenheits=, Verlogenheits=Ausdrücke eines Mannes, der konstitutionell zur künstlerischen *Mikro*=Äußerung veranlagt war : für die war er zuständig; für die mag er sich selbst Einiges zu sagen gehabt haben.

Aber man stelle sich eine – hoffentlich bald kommende – Schriftstellerschule vor und einen Lehrer, der nach BENN'scher Manier dort ‹Sternbaldisierte› : was würden fleißige, lernbegierige, begabte Schüler sich von dergleichen Satz=Gelee dann Abends mit heimnehmen ? Dem werdenden Autor gibt jedes Lehrbuch des Maschine=Schreibens unvergleichlich Brauchbareres ! Ich halte wahrlich nicht übertrieben viel von ‹Germanistischen Seminaren›; aber *mehr* lernt man dort immer noch. –

Bemerkenswerte Gedichte sind BENN ab & zu gelungen, und auch in den »Gehirnen« hat er volles Maß. Sein Theoretisieren aber mag vielleicht als ‹subjektives Bekenntnis› interessant zu lesen sein – beim Versuch jedoch, es irgendwie in die Praxis zu übertragen, erweist es sich als reiner Silbenwind und unfruchtbare Zungengaukelei.

BEDEUTEND; ABER ...

(Ernst Kreuder : AGIMOS oder die Weltgehilfen. Europäische Verlagsanstalt, Frankfurt)

Allem voraus : Das Buch ist nicht unbedeutend !

Wenn wir nur jedes Jahr eine Ernte von 20 solchen Stücken aufzuweisen hätten; dann könnten wir uns doch mit Grund einbilden, etwas vor der DDR vorauszuhaben – leider haben wir sie nicht.

Hingewiesen sei auf die gute Oberflächenbearbeitung. Die Sprache hält grundsätzlich ein Niveau wie etwa Hesses STEPPENWOLF (was allerdings keine überschwängliche Bewunderung ausdrücken soll); liegt also etwa ebensoweit über dem Durchschnitt, wie unter den wahren Spitzenleistungen der Prosagenialität, z.B. dem ODYSSEUS des James Joyce.

Kleinsteinfälle sind von einer skurrilen Vollkommenheit, daß man nur schmunzelnd salutieren kann : ich däumele auf gut Glück ins Buch hinein – und finde überall stumm aus Schwimmbecken in die gut beschriebene Luft aufsteigende rote Gummifische; eine Polizeihündin geht mit einem Sträfling durch; Pflanzennamen, so rar, daß man annehmen könnte, die schweigsamen Wesen hätten sie sich selber gegeben; (die besten stammen entweder aus dem Slawischen oder Keltischen; die Herren Germanen hatten selten Zeit und Geduld zu dergleichen, Tiere unter Auerochsengröße interessierten kaum.) Und das handelt sich nicht etwa nur um vereinzelte feine Bemerkungen, rari nantes in gurgite vasto; sondern um eine wirkliche Fülle.

(Leider hat der Verfasser manchmal die Schwäche, sich wegen Metafern ersten Ranges noch zu ‹entschuldigen› : ein Olivenbaum tritt auf, »der gebeugten Gestalt eines versteinerten Mannes ähnlich, der das knorrige Geäst, die Büschel glatter Zweige, geduckt auf den Schultern trägt.« Dieses eine »ähnlich« entwertet das schön=reale Bild wieder ein wenig : warum hat er nicht 1 Mann, wie beschrieben, oben am Hang stehen und dem Helden zuschauen lassen ? (‹Natürlich war es 1 Olivenbaum›, hätte Jener dann erleichtert feststellen können. Die EDDA sagt nie, daß Pfeile ‹ähnlich Vögeln› vom Bogen abzwitschern, sondern dekretiert kalt und selbstbewußt den Begriff ‹Bogenvögel›. Nie mit ‹Ähnlichkeit› sich entschuldigen, wo man Identität behaupten kann !)).

* * *

Das Buch ist natürlich nicht ‹einheitlich›; weil kein Buch das Erzeugnis 1 Stunde ist – Lyriker haben's da freilich leichter (vielleicht *zu* leicht ?); aber hier beginnen nun die ersten Skrupel.

Denn es besitzt mit nichten, wie der üblich=übertreibende ‹Waschzettel› sich zu behaupten bemüßigt fühlt, einen »geschlossenen Aufbau« oder eine »folgerichtige Handlung«. Im Gegenteil : das Buch ist hoffnungslos *nicht*=gebaut; and the bowsprit got mixed with the rudder sometimes ! Die einzelnen kleingeschnittenen Geschichten, Episoden, Anekdoten, Selbst=Erinnerungen, könnten durchaus auch in anderer, fast beliebiger, Reihenfolge stehen. (Wenn Kreuder sich doch nur einmal diese unerträglich geschäftige ‹Handlung› abgewöhnen könnte; diese Kurzgeschichten=Betriebsamkeit, die keine ‹Form› ergibt, kein Buch, sondern nur Italienischen Salat.)

In seiner jetzigen Gestalt liefert das schmackhafte Buch den Dramatikern und Epikern nur einen hochmütigen Beleg mehr, wie leicht es die Prosaschreiber mit ihrem ‹Schubladenauskehren› letzten Endes eben doch hätten; und daß die Anfertigung eines Romans auf Zusammenkleistern von zufällig Vorhandenem, wenn nicht gar Übriggebliebenem, hinauslaufe. Auf Schritt und Tritt wird peinlich spürbar, daß der Verfasser keinerlei Plan gehabt haben kann (man kommt selbst dann nicht weiter, wenn man die Lektüre unter dem Aspekt der ‹Rahmenerzählung› versucht – was allerdings ja nur ein vornehmerer Ausdruck für Zusammenkleistern ist); sondern einfach an einer Ecke des polygonen Gewebes zu spinnen begann, selbst=neugierig, was nun wohl dabei herauskommen würde. Denn es ist reinliche Willkür, wenn man 1 der Gestalten – und es sind ohnehin nicht die klarsten Köpfe ! – zu erzählen anfangen; sie dann nach 2 Seiten durch ebbes Aufgeregtes unterbrechen; und dann einen der Neuankömmlinge seinerseits eine maghrebinische Geschichte anheben läßt. (Gewiß, 1001 Nacht weist die gleiche entzückende *Nicht*=Technik auf; aber ein Kunstwerk kommt auf die Weise nicht zu Stande.)

Sehr nachdenklich, daß der Verfasser über 1 Jahrzehnt an dem Buche arbeiten konnte – freilich immer wieder, wie die Zeittafel der Entstehung seiner Bücher ausweist, derb durch anderes unterbrochen – ohne daß stilistische oder gedankliche Brüche allzu schmerzlich fühlbar würden. Hier ist ihm einmal zugute gekommen, daß alle diese MORGENLANDFAHRER, diese ‹Dichter, die vom Priester herkommen›, keine Entwicklung haben, und auch keiner bedürfen. Je unrealistischer, bodenloser, sie verfahren, desto besser gelingt's ihnen; am besten solche Stücke, bei denen die Nabelschnur zur Realität gänzlich abgebunden ist : ORPLID / ANGRIA / GONDAL.

Und auch Kreuder manipuliert – selbstverständlich nicht ungeschickt; er ist nun einmal ‹erste Garnitur› – mit einer hochbedenklich reduzierten Welt.

* * *

Womit wir nun bei den Nachtseiten des Buches angelangt wären.

Äußerlichstes Merkmal : die Gestalten heißen nicht Max, Karl oder Paul; sondern Hieronymus, Nikodemus, Archibald und Berenice : »Wollen Sie etwas trinken, Paridam ?« : »Ich möchte mit Ihnen repetieren, Asbjörn.« – Menschenkinder können ja nichts dafür, wenn verrückte Eltern sie mit einer dergleichen gußeisernen Belastung auf den ohnehin mühsamen Weg ins Leben schicken; aber wenn ein Schriftsteller seine Helden systematisch so tauft, dann steckt eine Weltanschauung dahinter, und zwar eine verdammt dubiose ! (Abgesehen von hastigen Geschmacklosigkeiten, wie daß ein Neger »Blackie« heißt; gewiß, es ist in diesem Fall die übliche immer=grinsende stereotype Bilderbogenfigur; aber z.B. einen israelitischen Staatsbürger grundsätzlich ‹Jud !› zu rufen, wäre nicht nur taktlos, sondern auch gefährlich !).

Sehr nett die Anekdote der dem Fleischer entschwimmenden Kuh – aber andererseits *essen* die Helden wiederum découvrierend gern & gut, belegte Brote, Slibowitz und dampfende Braten : »Ich hoffe, daß der Pilaw inzwischen nicht kalt geworden ist ?«. Einerseits werden mystisch Fastende verführerisch geschildert – das war bei allen Mystikern schick; sie wären ja sonst auch zu dick geworden – andererseits grenzt es schon an Snobismus, was Kreuders Helden so ‹zu sich nehmen› : Virginia Latakia; Grappa & Halwa; »zuletzt gab es für Jeden noch ein Stück Rachat Lokum«. (‹Racha› = ‹Du Narr ?›; ‹Lokkum› = ‹Evangelische Akademie› ? – Ich hatte einmal eine Tante Emma, die 3 Tage in Dänemark gewesen war, und seitdem für Marmelade nur noch ‹Skyr› (oder so ähnlich) sagen konnte.) Ich habe darauf geachtet : im ganzen Buch kommt nicht 1 Mal ‹Corned Beef› vor, auf das man als fleißiger Intellektueller ja entscheidend angewiesen ist. Aber lassen wir ‹uralt=göttlich=Ginseng› und all die aparten Fressalien beiseite.

Hinzutritt die Maschinerie Ariosts und Tassos : Kostümierte, wenn nicht gar Vermummte; Geheimbündeleien, d.h. der unvermeidliche Kreuderische Verein wird gegründet, wie schon früher in den UNAUFFINDBAREN oder der GESELLSCHAFT. Wildeste Schützen – wozu ich nur anmerken möchte, daß ein anständiger Mensch weder soviel schießt, noch soviel beschossen *wird*; *an*geschossen, und wohl auch einmal *er*schossen, das ja; aber dieses infantile, mit verdächtiger Freudigkeit beschriebene Geknalle, das man kaum Karl May oder Robert Kraft verzeiht ? Freilich lassen sich durch solche Balkanmethoden sehr leicht ‹kompositorische Brüche› tarnen : wenn man nicht weiter weiß oder mag, läßt man die Gesellschaft durch ein MG auseinandersprengen; das wußten schon die alten ‹Schlachtenmaler› : wo die Anatomie ausgeht, fängt der Pulverdampf an.

Die Helden sind sämtlich Schöngeister, die gegen die Technik deklamieren – und sie dabei leidenschaftlich benützen : jede Seite ist überwimmelt von Autos, Eisenbahnen, Brauereien, Telefonen, Geheimtüren werkeln. Und, typisch für die Herren Einödler : im ganzen 400=Seiten=Buch *arbeitet kein Mensch* ! Nicht »Weltgehilfen« sehen wir, wohl aber Weltschmarotzer. Weltfremdheit nicht im guten Sinne; sondern Vertreter einer ‹feinsinnigen› Künstelei, die sich, apart lächelnd vor Sanduhren setzen, um ‹die Zeit› lautlos verstreichen zu sehen; oder beim »Licht aus alten Schiffslaternen« dösen : man vermag sich mit dem besten Willen keine Gesellschaftsordnung vorzustellen, in der solche Leute nützliche, oder auch nur nicht=störende, Mitglieder sein könnten ! Ich habe ein tiefes Mißtrauen gegen die, leider noch häufigen, Menschen, die einen Lichtschalter anknipsen, und dazu begeistert=versonnen ‹Magie !› murmeln; oder nachts an einer erleuchteten Fabrik vorbeifahren, und ‹Also wie ein Feenpalast!› sagen können : bei einer derartig gefühllosen Mißachtung der schwer Arbeitenden, gleichviel ob Arbeiter ob Techniker, spiele ich nicht mit !

Auf die betrüblich naheliegende Frage, wie all diese kuriosen ‹Bünde der Einsamen› – eine typisch tüdeske contradictio in adjecto, bei der man unwillkürlich grinsend den Mund zerren muß : schwatzen wollen die Kerls; weiter nichts ! – finanziert werden, wird man mit dem verschwommenen Hinweis abgefunden, daß auf dem Grunde eines Sees noch Bleikanister mit Gold & edlen Steinen genug lägen – oh, carry me home to die !

Natürlich haben jene »Selbstvertriebenen« insofern Recht, als die Fragen ‹ob mein Nachbarskind im Winter eine warme Hose auf dem Hintern habe ?› oder ‹ob 1 Gott sei ?› (bzw. irgendwelche mystischen Äquivalente) *nicht* gleichwichtig sind; aber jene Drückeberger halten Gott für wichtiger : *ich die Hose !* (Und mag man meinethalben noch so vornehm auf meine derben und anmutlosen Nöte herabsehen : meine ‹Beziehungen zur Religion› haben mir nie schlaflose Nächte bereitet; wohl aber, wenn meine Beziehungen zu meinen Mitmenschen nicht in Ordnung waren !)

* * *

Oft ist die Gesinnung brav – Kreuder ist schon, er mag wollen oder nicht, ein ‹guter linker Mann› !

Sehr schön die ehrliche Entrüstung gegen den Hitlerkrieg; aber der ist überlebt : warum nicht, gleich eifrig, gegen die laufende ‹Wiederaufrüstung› ? Sehr nett der snapshot, wie die Lokomotive vorbeifährt an den

Wachsbüsten von Stalin=Hitler=Churchill=Roosevelt, (nachher kommen noch Mussolini und Chruschtschow dazu) : wo aber bleiben, gleichermaßen mit Namen genannt, Eisenhower, der Papst, de Gaulle, und – in dem betreffenden unscharfen Zusammenhang hätte nicht einmal Mut dazu gehört – Adenauer ? Ebenso fehlt das Problem aller Probleme, das jeden Tag dringlichere : die sorgliche Betrachtung (zumindest besorgte Erwähnung !) der Bildung des neuen deutschsprachigen Teilstaates im Osten, gekontert mit den dubiosen Praktiken unserer einheimischen Bundesregierung.

Erschütternd unrealistisch auch das Allheilmittel des Verfassers : die Massenherstellung und Verteilung von wacker=tapferen Kleinstdrucksachen ! Gewiß, es ist ein in Gebildeten=Kreisen nicht seltenes, und nicht nur ein typisches Kreuder=Verkennen, daß ‹unser Volk› gar nicht von Politikern, Zechenbaronen oder gar Technikern (Kreuders ‹Schwarzer Mann› !) vergewaltigt wird : *unser Volk wählt sich bewußt diese Leute* ! Vor die Alternativen gestellt : ‹Wollt Ihr eine starke Wehrmacht ? Wollt Ihr die christlich=abendländisch=verantwortungsbewußte Atommacht ? !›; oder aber (und hier wird die Stimme natürlich ironisch und abfällig) : ‹Wollt Ihr ein fleißig=unbedeutendes Dasein als Kleinstaat ?› – da wählte, auch heute und künftig wieder, das deutsche Volk unweigerlich den Donnerer Thor. Der Verfasser übersieht vollkommen, daß das Volk unsere, der Wenigen, Ansichten nicht nur nicht teilt, sondern sie auch überhaupt nicht hören will : die Deutschen sind, und, nach Germanenart, geschlossen, längst wieder um die gleiche Kurve gegangen wie 1933 !

Aber im AGIMOS finden sich in dieser Hinsicht mehrere der fatalsten Irrtümer : was soll uns die schablonierte Fabel der ‹drei weisen alten Männer› ? Sollen wir wieder einmal mehr dergleichen mystelndes Gemurmel akzeptieren; all diesen Salm von einer ‹Altersweisheit› ? (‹Alters*frech*heit›, das gibt es sehr wohl !). Kreuder sollte selbst alt genug sein, um schmerzlich gefühlt zu haben, wie Körper= und Geistesmaschinerie ab 40–50 zu versagen beginnen; und wenn er da freimütig empfohlen hätte, daß das Wahlrecht, aktiv wie passiv, ab 50 erlöschen sollte – dafür auf 18 heruntergesetzt werden; denn die eigentlichen, die schwersten Lasten, tragen ja einwandfrei die 20–40=Jährigen ! – ja, *dann* wäre er uns einsichtig und ehrwürdig gewesen. Aber daß er ausgerechnet wieder die nicht nur abgegriffene sondern gefährlichste aller Legenden kolportieren muß, daß man je älter je weiser werde .....

Aber im Grunde sind wir hier wieder auf eine der Begrenzungen des Verfassers geprallt : Kreuder glaubt (eine bei ihm ohnehin unnötig gut entwickelte Fähigkeit) fest daran, daß es etwas wie Weisheit gebe. Natürlich nicht bei den Wissenschaftlern, die – ebenso konsequent wie verbohrt – tief verachtet werden; und auch nicht bei den ‹Magermilchrealisten› (worunter er diejenigen Schriftsteller versteht, die nicht an Visionen leiden); sondern eben bei jenen geheimnisvoll=Anderen – von der ‹Tabula smaragdina› an, über die Kabbala und Paracelsus, bis hinauf zu den schalmeienden Poeten der Jetztzeit. Und also lesen wir auch im AGIMOS wieder von der »ursprünglich sakralen, und das ist auch : poetischen Welt«. Was soll uns, den Tiefst=Betrogenen aller Dinge, dieses verfluchte – übrigens typisch christliche – Wichtignehmen der eigenen Seele, oder gar des ‹Seelenheils› ? Was soll das krampfhafte Hantieren mit Tod & Unendlichkeit & Unsterblichkeit und anderen dicken Worten auf ‹Un...› ? Man nenne es höflich ‹Jenseitsneugier› – beziehungsweise, derber, ‹Unendlichkeitsfimmel› – aber hätten wir nicht wahrlich Wichtigeres zu tun, als uns an derlei hohlen Nüssen, gefüllt mit Spinneweben, abzuarbeiten ? Ich will gar nicht ruchlos sein, und, wider meine bessere Überzeugung, bei der Vorstellung der Erde als Nova, witzeln : daß dann doch wenigstens ‹etwas los› wäre – aber könnten wir nicht wenigstens versuchen, den doch unvermeidlichen Weg mit Anstand zu Ende zu gehen ? Schwer zu arbeiten : damit Kinder und Alte sorglos ruhig sitzen können (oder spielen; je nach Belieben; meinetwegen). Und dann mit möglichster Fassung wegzusterben : weiter wissen wir nichts; ja, *können* nichts wissen; und Die, die behaupten, mehr davon zu wissen, die wissen am allerwenigsten davon ! Nur Der lebt richtig, der – wenn auch diese Stunde noch sämtliche Gesetze & Religionen aufgehoben würden – nichts an seiner Lebensweise zu ändern brauchte !

Kreuder, im echten Verein mit all seinen dunkelmännischen, gott=vergifteten, Vorgängern *scheint* Geheimnisse auszusprechen; er *scheint* Lösungen anzubieten, *scheint* Handlungsweisen zu empfehlen – in Wahrheit weicht er den Erfordernissen des täglichen Lebens aus. Niemandem, zumal den, aufs achtungswürdigste, Rat suchenden jüngeren Lesern, gibt er 1 Anhalt, 1 Regel, wie man sich als Sohn, Gatte, Vater, Arbeiter, Bürger, *also als Mensch*, verhalten solle ! Von diesem Standpunkt aus betrachtet, ist es unglaublich, wie leer die artigen Anekdötchen sind !

* * *

Aber ich will nicht eine Intoleranz mit der anderen vergelten. Einigen wir uns dahingehend, Herr Kreuder : Die Welt ist groß genug, daß wir *Beide* darin Unrecht haben können !

VOM ISKANDER ZUM ALEXANDER.

Abgesehen davon, daß der große Albert Ehrenstein vielleicht Besseres geleistet hat – KIMPINK – ich muß schon diesen ISKANDER nennen; denn auch »auf meine Schulter setzte sich / der Seelvogel und letzte sich« : mir haben die Ohren nicht schlecht geklungen, als ich meinen ALEXANDER schrieb !

Die erste Bekanntschaft mit dem antiken Ganoven hatte der KUMSTELLER ergeben, das Geschichtslehrbuch, nach dem damals, Anfang der 20er Jahre, in Hamburg unterrichtet wurde – oh WEISSE ZEIT & ROTE ZEIT : das wird möglicherweise einmal der größte Schandfleck des kulturellen Deutschland heißen, wie es seinen Expressionismus verleugnet, verschmäht, abgewürgt, gekillt, hat !

Dann kam DROYSEN, natürlich Droysen; von dem es mich immer gewundert hat, wieso er nicht darauf gekommen ist, Alexander mit Napoleon zu konfrontieren : unter dessen Marschällen hätte er den ‹Schwarzen Kleitos›, le brave des braves, und überhaupt Alles, genau wiederfinden können. Aber auf Berufshistoriker kann man sich eben nie verlassen; ihre Verläßlichkeit wird durch ihre Verständnislosigkeit und Feigheit mehr als austariert. (Auf dem Alexandermosaik der Casa del Fauno sah er auch arg gut aus – da wurde ich wieder unsicher.)

Dann geriet ich tief in die Materie – genau nach Vorschrift : »mich überschwemmt der Zeiten Schwall« ! – vom PSEUDO=KALLISTHENES an; über ALBERICH VON BISENZUN und LAMBERT LI TORS; unsern deutschen PFAFFEN LAMPRECHT (in der ältlich=schönen WEISMANN'schen Edition – mit der haben die Polen dann, östlich der Oder=Neiße, Fußball gespielt); auch RUDOLF VON EMS; am poetischsten war freilich die englische Version (obgleich mich sofort wieder der Teufel stach, und ich – ich gestehe einen ‹Ordnungszwang› ein, der meine Umgebung verrückt machen kann – sogar zum EUSTACHIUS VON KENT griff : it doesn't pay; zur Warnung für kommende Fürwitzige.) Jedenfalls hat der ‹Zweigehörnte› mir viel zu schaffen gemacht.

Zu entscheidender Hilfe kam mir der unschätzbare KONRAD MANNERT, der den Sohn des Philippos gar nicht mag; und, mit dieser Lupe einmal in der Hand, begannen sich die alten, von antiken Yes=Männern porträtierten Gestalten, an den mich umgebenden Spiegelwänden der

Hitlerzeit gar seltsamlich zu verformen. Da verstand ich's erst richtig : den ‹Führertyp›; und den ‹Ostfeldzug›; die Attentatsversuche der Generäle; den Größenwahn; und, als ich düster=älter wurde, erkannte ich in Kallisthenes das Urbild des Aufstands redlicher Intelligenz gegen den »Padischah«, den Großtyrannen; und Aristoteles rächte den Neffen, den im KZ von Ungeziefer aufgefressenen, und vergiftete den einstigen Prinzen=Schüler – ein ‹Gerücht›, das ausreichend ‹innere Wahrheit› besitzt, um jeden Einwand der Historiker zu entkräften (die ohnehin immer übersehen, daß uns keinerlei Berichte von Alexander=*Gegnern* erhalten sind. Etwa wie wenn wir die Geschichte jenes wüst=Dritten Reiches nur aus Goebbels & Rosenberg rekonstruieren wollten; und nicht Kogon als Antidotum hätten – eine Gefahr, die ja ebenfalls bestanden hat.)

Da habe ich denn die »ewig flüchtende Gestalt« einmal ganz kurz auf *meine* Art »in einen Käfig menschennah« gesteckt, ehe sie wieder echappieren konnte. Lasse auch an 1 Stelle – in absichtlicher Erinnerung an EHRENSTEIN, einen meiner Lehrmeister, denen ich heilsame Rücksichtslosigkeit verdanke und die schneidende Energie des Ausdrucks – Verse rezitieren, genau in Maß und Sinn dieses ISKANDER.

(Weitläufig & verzwickt wäre ein solches ‹Verhältnis› ? : Es ist das übliche, zwischen einem guten Lehrer, und einem selbstständigen Schüler.)

ANHANG

EDITORISCHE NACHBEMERKUNG

Das editorische Prinzip dieser Werkausgabe ist bereits im zweiten Band der ersten Werkgruppe der BARGFELDER AUSGABE dargelegt. Für den vorliegenden und den folgenden Band III,4 sei zusätzlich auf die editorischen Bemerkungen zu den »Kleineren Erzählungen« in BA I,4 hingewiesen, die sinngemäß auf die hier vollständig gesammelten »Essays und Aufsätze« übertragen werden können: Auch diese Texte sind zum Teil mehrfach in Zeitungen und Zeitschriften veröffentlicht worden, oftmals mit von Schmidt nicht autorisierten Eingriffen, weswegen die Abdrucke (mit einer begründeten Ausnahme) bei der vorliegenden Edition nicht berücksichtigt wurden.

* * *

Als Arno Schmidt im August 1954 eine Anfrage des »Hamburger Anzeigers« um einen Beitrag zum Thema Rechtschreibereform erhielt, war er ohne einen festen Verlag und somit nicht nur ohne Publikationsmöglichkeit, sondern vor allem ohne Einkünfte. Die Anfrage kam also äußerst gelegen, zumal Abdruck und Honorierung des aus ihr resultierenden Artikels (GESEGNETE MAJUSKELN) mit der Aufforderung verbunden war, weitere Texte zuzusenden. Im Herbst 1954 verfaßte Schmidt denn auch in rascher Folge eine ganze Anzahl Aufsätze, die er dem »Hamburger Anzeiger« und anderen Zeitungen anbot. Aber die Produktion brach bald wieder ab, da mehrere Redaktionen die Artikel (teils wegen zu großen Umfangs) ungedruckt zurückschickten, und Schmidt begann die Niederschrift des ersten Teils seines Romans DAS STEINERNE HERZ.

Anfang Februar 1955 besuchte Ernst Kreuder Arno Schmidt und erzählte ihm laut Alice Schmidts Tagebuch, daß er einen großen Teil seines Einkommens aus dem regelmäßigen und durchaus auch mehrfachen Versand kleinerer Erzählungen an alle großen deutschen Zeitungen beziehe – und er empfahl Schmidt ein ähnliches Vorgehen. Dieser war auf Grund seiner eigenen Erfahrungen skeptisch, doch als er wenige Tage später durch Kreuder von Karl Korns Verriß seiner SEELANDSCHAFT MIT POCAHONTAS in der »Frankfurter Allgemeinen Zeitung« erfuhr, beschloß er, »nichts gutes mehr zu schreiben, nie mehr, es sei denn ein Verleger böte ihm viel Geld – man mache sich ja kaputt für nichts dabei. Da habe Kreuder recht. Jetzt wirds mal mit Artikeln versucht, würde auch ein saures Brot, aber längst nicht so anstrengend. Kurzgeschichten will er auch üben u. vielleicht gar ein Hörspiel«. (Tagebuch Alice Schmidt vom 15.2.1955)

Schmidt begann noch am gleichen Tag mit einer bis Mitte März nicht abreißenden Serie von Aufsätzen und kürzte auch die älteren, als zu lang abgelehnten Artikel ein. (Diese Kurzfassungen werden, sofern sie sich als Typoskript erhalten haben, im Varianten-Apparat der Edition wiedergegeben.) Zwar erfolgte dann – ohne daß ein Verleger ihm »viel Geld« geboten hätte – die Niederschrift vom zweiten und dritten Teil des STEINERNEN HERZENS, doch von Ende April bis Ende des Jahres verfaßte Schmidt fast ausschließlich Zeitungsartikel und Kurzgeschichten und fing an, die Form seiner Funkdialoge zu entwickeln.

Schmidt weitete nun den Versand seiner Artikel nach kreuderschem Vorbild auf Zeitungen im ganzen Bundesgebiet aus, so daß auch er bis in die Mitte der sechziger Jahre hinein einen erheblichen Teil seiner Einkünfte aus diesen Arbeiten erzielen konnte. Daß Form und Gegenstände seiner »Brotarbeiten« (wie er selbst sie mehrfach etwas herabstufend nannte) im Laufe der Jahre freilich immer gewichtiger wurden und immer mehr Verbindungen zu Schmidts Hauptarbeiten bekamen, wird jeder Leser selbst bemerken – eine Kurve, die sich übrigens auch an Schmidts Übersetzungen aus dem Englischen ablesen läßt.

* * *

In diese Edition der Essays und Aufsätze wurden auch Texte aufgenommen, die zwar in keiner Reinschrift existieren, die aber in ihrer ersten oder zweiten Niederschrift eindeutig und fortlaufend zu lesen sind und somit ein (wenn auch möglicherweise vom Autor nur als vorläufig gedachtes) »Endstadium« erreicht haben. Alle in ihrer Textgestalt noch offenen Entwürfe (wie z. B. die BERECHNUNGEN III) werden in einem späteren Supplementband erscheinen.

Die Datierungen der Texte im Varianten-Apparat entstammen drei verschiedenen Quellen:

– Ein großer Teil wurde von Schmidt selbst direkt auf den Typoskripten datiert, ohne daß allerdings in jedem Fall deutlich ist, ob es sich dabei um das Datum des Entwurfs, der ersten Niederschrift, der Durchsicht oder der Reinschrift handelt – eine Frage, die freilich nur bei längeren Texten relevant sein dürfte;

– die Datierungen der meisten frühen Texte (etwa bis Herbst 1955) ergeben sich nur aus Erwähnungen im Tagebuch Alice Schmidts;

– für dort unerwähnte Arbeiten läßt sich aus der Korrespondenz Schmidts mit den Zeitungsredaktionen oder aus seinen systematisch geführten Versandlisten wenigstens ein Datum ermitteln, vor dem der fragliche Text geschrieben sein muß.

* * *

Ein alphabetisches Verzeichnis sämtlicher Essays und Aufsätze wird der Band III, 4 enthalten.

* * *

Für Vorarbeiten bei der Edition dieses Bandes danke ich Dr. Wolfgang Schlüter (Emlagh Slat).

Bargfeld, Januar 1995 Bernd Rauschenbach

ABKÜRZUNGEN

BA = Bargfelder Ausgabe der Werke Arno Schmidts
EA = Erstausgabe
hs = handschriftlich
TbZ = Trommler beim Zaren, Stahlberg Verlag, Karlsruhe 1966
TS = Typoskript
ZS = Zeitschriften- bzw. Zeitungsabdruck

VARIANTEN-APPARAT

9 HERRN DANTE ALIGHIERI
Niederschrift 18.–20.10.1948
Textgrundlage :
Typoskript

Dieser und die folgenden 15 fiktiven Briefe bilden zusammen »Arno Schmidts Wundertüte« (erst postum 1989 im Haffmans Verlag mit einem ausführlichen editorischen Nachwort erschienen); die hier nach ihrer zeitlichen Entstehung angeordneten Briefe sollten im geplanten Buch folgende Reihenfolge erhalten : AN DEN LESER, HERRN DANTE ALIGHIERI, AN DIE UNO, HERRN PROF.DROYSEN (mit der Beilage ALEXANDER ODER WAS IST WAHRHEIT), AN DIE EXZELLENZEN, HERRN THEODOR VON TANE, HERRN PROF. BREMIKER, HERRN J. G. SCHNABEL (mit der Beilage DIE FREMDEN), HERRN PROF. STEWART, HERRN H. J. (2 Briefe), AN UFFZ. WERNER MURAWSKI (3 Briefe), HERRN W. CARL NEUMANN (mit der Beilage DER UNTERGANG DES HAUSES USHER), S. H. HERRN F. G. KLOPSTOCK, HERRN MAJOR VON VEGA, AN DIE ROWOHLT VERLAG GMBH, HERRN DR. ZIESEMER.

13 HERRN THEODOR VON TANE
Niederschrift 22.10.1948
Textgrundlage :
Typoskript

16 HERRN W. CARL NEUMANN
Niederschrift 24.–27.10.1948
Textgrundlage :
Typoskript

Als Beilage Schmidts frühe Übersetzung von Edgar Allan Poes DER UNTERGANG DES HAUSES USHER (s. ARNO SCHMIDTs WUNDERTÜTE, Zürich 1989, S. 163 ff., bzw. einen späteren Supplementband der BARGFELDER AUSGABE mit Schmidts Übersetzungen).

25 HERRN PROF.GEORGE R.STEWART

Niederschrift 27.–29.10.1948

Textgrundlage :

Typoskript

30 HERRN MAJOR GEORG FREIHERRN VON VEGA

Niederschrift 30.10.–1.11.1948

Textgrundlage :

Typoskript

42 HERRN H.J.

Niederschrift 3.12.1948

Textgrundlage :

Typoskript

Adressat ist Schmidts Görlitzer Schulfreund Heinz Jerofsky.

48 AN DEN LESER !

Niederschrift 5.12.1948

Textgrundlage :

Manuskript

49 AN UFFZ. WERNER MURAWSKI

Niederschrift 18.–23.12.1948

Textgrundlage :

Manuskript

Typoskript

Von den ersten zwei Seiten des dritten Briefs ist die typoskribierte Reinschrift verloren gegangen; sie werden hier nach der Handschrift des ersten Entwurfs wiedergegeben. Der Text des Typoskripts beginnt Seite 60, Zeile 8 : »diese Reinheit«.

62 HERRN PROFESSOR DOKTOR K. BREMIKER

Niederschrift vor 25.12.1948

Textgrundlage :

Typoskript

70 HERRN PROFESSOR JOHANN GUSTAV DROYSEN

Niederschrift 13.3.1949

Textgrundlage :

Typoskript

Als Beilage Schmidts Erzählung ALEXANDER ODER WAS IST WAHRHEIT (s. BA I,1, S. 77 ff.).

71 AN DIE EXZELLENZEN ...

Niederschrift 13.3.1949

Textgrundlage :

Typoskript

72 HERRN DR. WALTER ZIESEMER
Niederschrift 21.–25.3.1949
Textgrundlage :
Typoskript

Varianten : (Seite / Zeile)

72/30 »Zeit keine« : TS (Klammer dort hs gestrichen) : Zeit (wie ich !) keine
82/37 », Leo Slezak« : TS (dort hs verbessert) : ; Sartre, Thomas Mann

88 AN DIE UNO
Niederschrift 1949 (undatiert)
Textgrundlage :
Manuskript

90 HERRN JOHANN GOTTFRIED SCHNABEL
Niederschrift 1949 (undatiert)
Textgrundlage :
Typoskript

Als Beilage Schmidts Erzählung DIE FREMDEN (s. BA I, 4, S. 497 ff.).

91 S. H. HERRN F. G. KLOPSTOCK
Niederschrift 1949 (undatiert)
Textgrundlage :
Typoskript

92 AN DIE ROWOHLT VERLAG GMBH
Niederschrift 1949 (undatiert)
Textgrundlage :
Typoskript

95 RUDOLF KRÄMER-BADONI : MEIN FREUND HIPPOLYT.
Niederschrift 22.6.1951
Textgrundlage :
Typoskript

Die Rezension wurde im Auftrag von »Die neue Zeitung – Amerikanische Zeitung in Deutschland« geschrieben; ein Abdruck ist nicht nachweisbar.

97 RHEINISCH=PFÄLZISCHE SCHRIFTSTELLER
TAGTEN IN OBERWESEL –
Niederschrift 9.7.1951
Textgrundlage :
Typoskript

Der Bericht wurde im Auftrag Ernst Kreuders für die Mainzer Akademie der Wissenschaften und der Literatur geschrieben; ein Abdruck ist nicht nachweisbar.

101 BERECHNUNGEN

Niederschrift 10.9.1953 (Reinschrift)
Textgrundlage :
Typoskript-Abschrift

Im Bargfelder Nachlaß Arno Schmidts findet sich weder ein Manuskript noch ein Typoskript dieses Textes; der Abdruck erfolgt nach einer Abschrift, die sich Martin Walser im Herbst 1953 vom Originaltyposkript machte, das ihm als Redakteur des Süddeutschen Rundfunks von Schmidt zugeschickt worden war. Das Original muß als verschollen gelten. – In einem Brief vom 27.11.1953 schickte Schmidt Walser eine »Ergänzung«, die in den § 4 hinter das Wort »fixiert« (Seite 102, Zeile 38) einzufügen sei :

Um den Unterschied zwischen den genannten »Umsiedlern« und der »Pocahontas« ganz klar zu machen, gebe ich noch nachstehend die weitere Unterteilung für meine beabsichtigte Versuchsreihe in dieser Form :

			I	II
a)	Umsiedler	:	Gerade Linie. Vorwärts.	Sehr schnell.
b)	Pocahontas	:	Hypozykloide.	Langsam.
c)	......	:	Lemniskate.	Wechselnd (d.h. : langsam im Schnittpunkt).
d)	......	:	Gerade. Rückwärts.	Ruckweise.
e)	......	:	Logarithmische Spirale.	Schneller werdend.
f)	......	:	Punkt.	Drehend.
	usw.			

Unter I ist hierbei die Bewegung der handelnden Personen im Raum angegeben; es ist ja ein fundamentaler Unterschied, ob man einen Ort z.B. rasch durchfahren *muß* (Umsiedler), oder ihn langsam in einer Hypozykloide umkreisen *kann* (Pocahontas) : im letzteren Fall sieht man ihn nämlich von allen Seiten, unter vielen Beleuchtungen, usw. Durch II wird das Verhältnis der Personen zur Zeit fixiert; im Falle b »hat« man nämlich eine ganz andere »Zeit« als in a (und es ist nicht nur eine Frage des Tempos !). Jedenfalls entsprechen die Fälle a–z jeweils ganz bestimmten Themengruppen, die sich von den benachbarten, (unter demselben Oberbegriff »Fotoalben« befindlichen), vor allem durch die angegebenen Kriterien I und II unterscheiden. – Wem solche Überlegungen zu abstrakt oder weit hergeholt erscheinen, möge zu seiner vielleicht unangenehmen Überraschung erfahren, daß ich meine Experimente bewußt nach solchen Prinzipien plane und durchkonstruiere; ein Ingenieur, der Brücken entwirft. (Wohlgemerkt : ich spreche hier nur von der »äußeren« Form; Satz und Rhythmus, Metapher und Wort werden weiter unten erläutert). –

107 GESEGNETE MAJUSKELN
Niederschrift 12.8.1954
Textgrundlage :
Typoskript

Der Artikel ist geschrieben auf Anfrage des »Hamburger Anzeiger« vom 10.8.1954 für eine »Reihe von Diskussionsartikeln, die sich mit dem Für und Wider der angestrebten deutschen Rechtschreibereform befaßt«.

109 SIEBZEHN SIND ZUVIEL !
Niederschrift 31.8.1954
Textgrundlagen :
Typoskripte 1–3

Der Abdruck erfolgt nach TS 3, da von diesem außerdem drei textgleiche Abschriften Alice Schmidts existieren. – In TS 1 und 2 folgt am Schluß auf »noch etwas zu tun« :

– aber das ist Schwärmerei; mußte ja auch Cooper am Ende eines langen, unter Buchhändlern verbrachten Lebens so resümieren : »Ich fürchte, alle Verleger sind Gauner !«
Dabei hat er noch gar nicht mal unsere deutschen gekannt ! –

Der Schlußsatz ist in beiden Typoskripten handschriftlich gestrichen.

112 UNDINE.
Niederschrift 9.9.1954
Textgrundlage :
Typoskript

Vom 25.10.1954 datiert folgender genealogischer Anhang :

von Breitenb(a)uch.

Das Geschlecht erscheint zuerst urkundlich 1147 in Naumburg a.d. Saale. Bis zum Jahre 1530 lautet der Name ...buch; danach in ...bauch verderbt; seit dem 17.3.1906 wird wieder der alte korrekte Name geführt. – Wappen : In Blau zwei rote Sparren, auf dem Helm zwei Hörner, blau und rot.

1. Franz Traugott, * ..... 6.1.1739, † Minden 5.5.96, Herr auf Ranis, Brandenstein, Lichtentanne, Schmiedeberg und Wickendorf, kgl. preuß. Kriegs= und Domänenkammerpräsident, ⚭
   a) ..... 1763, mit Philippine Albertine Winter von Marbach, * Stuttgart etwa 1740, † Minden 26.1.1794
   b) Minden 3.2.1795, mit Antonie von Gustedt, * ..... 6.1.1766, † 25.1.14
   Kinder :

1/a/1. Franz, * Stuttgart 16.11.1764, † Darmstadt 24.1.81, Fahnenjunker.

1/a/2. Antoinette, * Berlin 25.12.1766, † Gotha 22.12.21,

⚭ ..... 16.7.87 mit Heinrich Friedrich Ludw. Sennft v. Pilsach,
* Höpsen 25.5.1744, † Breslau 20.5.15, als Stadt= und
Polizeidirektor daselbst.

1/a/3. Friedrich, * ..... 30.6.1767, † ..... (vor 1817)

1/a/4. Wilhelmine, * ..... 21.2.1768, † ..... (vor 1817)

1/a/5. Eleonore, * ..... 16.12.1772, † ..... ?

1/a/6. Luise, * Minden 30.6.1773, † Hess. Oldendorf 21.6.12,
⚭ Minden 17.3.96 mit Karl von Mengersen,
* Oldendorf 11.8.1762, † das. 24.12.10, kgl. preuß. Hauptmann.

1/a/7. Clamor Werner, * ..... 12.5.1775, † 24.6.00,
⚭ ..... ?, mit ..... von Schilling, * ..... ?, † ..... ?

1/a/8. Albert, * Minden 18.8.1776, † Brandenstein 24.4.52,
Herr auf Ranis, Brandenstein, Taubenhain u. Petzkendorf,
kgl. preuß. Landrat des Kreises Ziegenruck
(dies der von Fouqué erwähnte »Bruder« !), ⚭
a) Grafendorf 25.2.05, mit Karoline v. Brandenstein,
* Gräfendorf 7.11.1783, † Brandenstein 24.5.15
b) Burg Ranis 9.12.21, mit Julie v. Breitenbauch,
* Wurzen 2.2.1800, † Brandenstein 30.1.39

1/a/9. Hugo, * ..... 19.1.1778, † ..... (vor 1817)

1/a/10. Friederike Sidonie Klementine, * ..... 23.4.1779, † ..... (vor 1817)

1/a/11. (Tochter), * Minden 7.5.1780, † (wenige Tage später);
ihre Zwillingsschwester ist

1/a/12. Friederike Lisette Auguste Eberhardine Ernestine, genannt
Elisabeth, die »Undine«, * Minden 7.5.1780, † Halle 27.5.32,
⚭ Halberstadt 14.5.00, mit August v. Witzleben, * Wolmirstedt
11.8.1768, † Halle 28.2.21, kgl. preuß. Hauptmann a. D.
Kinder:

1/a/12/1. August, * Halberstadt 29.3.1802, † Potsdam 5.2.42,
⚭ ..... 6.4.33, mit Karoline Freiin v. Meysenbug,
* ..... ?, † ..... ?. – Zwei Kinder:
Elisabeth, * Quedlinburg 19.1.1834 / August, * das. 5.9.1835

1/a/12/2. Elisabeth, * Halberstadt 20.11.1803, † das. 12.7.09

1/a/12/3. Antoinette, * Halberstadt 24.5.1805, † das. 10.7.09

1/a/13. Philippine, * Minden 17.4.1782, † Breslau 4.2.64,
⚭ Breslau 8.7.02, mit Friedrich Gottlieb Moritz v. Thielau,
* Lampersdorf 30.5.1767, † Breslau 20.12.21, Major.

Da die Fouqué=Forschung noch völlig im Anfangsstadium begriffen ist, besteht durchaus die Möglichkeit, daß sich bei den Nachkommen all der genannten Familien noch wertvolles, von der Forschung bisher unberührtes, Urkundenmaterial befindet. Für jede Mitteilung und Beratung bin ich dankbar.

117 SAMUEL CHRISTIAN PAPE.
EIN VERGESSENER NORDDEUTSCHER DICHTER.
Niederschrift 16.9.1954
Textgrundlage :
Typoskript

Vom 25.10.1954 datiert folgender genealogischer Anhang :

Pape.

1. Henrich, * Bremen 9.3.1745, † Visselhövede 18.4.05,
Pfarrer zu Wulsbüttel (71–83) u. Visselhövede (83–05), ⚭
a) Bremen 17.9.71, mit Luise Marg. Henr. Lappenberg (Tochter d. Pfarrers zu Lesum, Sam. Christ. L., 17.8.1720–15.5.88),
* ..... ?, † ..... ?; die Ehe wurde geschieden)
b) Visselhövede 19.3.94, mit Marie Sophie Bartels (Tochter d. Regiments=Chirurgus B. aus Rethem / Aller),
* ..... 29.1.1764, † Visselhövede 22.3.33
Kinder :

1/a/1. Johann, * Wulsbüttel 6.8.1772, † Retham / Aller 15.4.33, Notar, ⚭ Holtorf 18.6.09, mit Dorothea Marg. Harries, * Holtorf 7.11.1783, † Rethem 28.9.51 (Nachkommen leben noch heute in Rethem / Aller).

1/a/2. Samuel Christian, der »Dichter«, * Lesum 22.11.1774, † Nordleda 5.4.17 morgens 6 Uhr (beerdigt 11.4.), Pfarrer, ⚭
a) Nordleda 21.6.01, mit Amalie Joh. Lerche (Tochter d. Pfarrers zu Nordleda Lerche, u. dessen Gattin, Christine geb. Pflaumenbaum, † 12.7.07),
* Nordleda 17.9.1783, † Nordleda 18.7.08 (beerdigt 22.7.)
b) Bremen 9.10.09, mit Elisabeth Schneider (Tochter d. Pfarrers zu Nordleda, Schn. 1735–01, und der Henr. Katharine Bromberg, 12.3.1751–etwa 40),
* Nordleda 19.9.1787, † ..... 13.7.39 (heiratete in 2. Ehe den dortigen Organisten Beckmann). –
Kinder :

1/a/2/a/1. Kathar. Marie Amalie Agathe, * Nordleda 20.2.1803 (get. 27.2.), † Nordleda 13.6.04 an den Blattern.

1/a/2/a/2. August Heinrich Johann Justus, * Nordleda 7.3.1804 (get. 12.3.), † ..... ? (lebt 34 in New Orleans, USA).

1/a/2/a/3. Ludwig Heinr. Gust. Eugen, * Nordleda 11.2.1806 (get. 16.2.), † ..... ?, ⚭ ..... ?, mit ..... Lane (Tochter d. Pfarrers L. zu Nordleda), * ..... ?, † ..... ?

1/a/2/a/4. Johanne Gustave Amalie Agathe, * Nordleda 15.4.1807 (get. 19.4.), † Nordleda 4.12.07 an der Schwindsucht.

1/a/2/b/1. Alexander Joh. Matthias Adolf, * Nordleda 21.7.1810 (get. 29.7.), † Nordleda 28.10.10

1/a/2/b/2. Henriette Katharine, * Nordleda 10.4.1812 (get. 15.4.), † Nordleda 6.6.20 (beerdigt 10.6.)

1/a/2/b/3. Elisabeth Juliane Marie, später als »Marie v. Hadeln« Lokaldichterin, * Nordleda 27.1.1814 (get. 6.2.), † ..... 5.3.90, ⚭ Bremen ..... 38, mit Carl Matth. Müller, Pastor zu Eutin, * ..... 1808, † Eutin 23.4.69

1/a/3. Meta Rebekka, * Lesum 29.1.1776, † ..... 23.8.62, ⚭ ..... 13, mit dem verw. Oberdeichgrafen zu Harburg, Friedr. Emanuel Kehrer, * ..... ?, † 1819

1/a/4. Juliane Judith, * Lesum 18.10.1777, † ..... ?, ⚭ Bremen ..... 08, mit Kaufmann Hermann Wulsen, * ..... ?, † ..... ?

1/a/5. Luise Margarete, * Lesum 13.8.1781, † ..... 14.7.62, ⚭ Bremen ..... 06, mit Kaufmann Hermann Deetjen, * ..... 18.11.1773, † 17.12.38

1/b/1. Anna, * Visselhövede 9.2.1795, † Estebrügge 9.9.65, ⚭ ..... 27.9.19, mit Einnehmer Friedrich Matthies, * ..... ?, † ..... ?

1/b/2. Ludwig Matth. Henrich, * Visselhövede 25.3.1797, † das. 10.10.01

1/b/3. Ludwig Matth. Henrich, * Visselhövede 14.1.1802, † Buxtehude 27.5.72, Pfarrer zu B.; Bekannter Fouqués und Geroks, und selbst Dichter, ⚭ Stade 22.1.30 mit Sophie Willemer, * ..... 7.1.1809, † ..... 22.11.91 (Nachkommen leben noch heute)

2. Justus Henrich (studierte in Göttingen die Rechte), * ..... ?, † .....

3. Rebekka Margarete, * ..... (etwa 1775), † .... ?, ⚭ ..... ?, mit J. Christian Lülmann, Pastor in Hollern, * Burlage 21.9.1748, † Hollern 3.9.28 (Nachkommen leben noch heute)

Eine Fassung vom Januar 1957 wird ihrer vielen Varianten wegen im Folgenden komplett wiedergegeben:

Der Letzte des »Hainbundes«:

SAMUEL CHRISTIAN PAPE.

(Am 5. April 1817, vor 140 Jahren, starb ein vergessener norddeutscher Dichter.)

»Ach, den 12. September (1772) da hätten Sie hier sein sollen! Die beiden Millers, Hahn, Hölty, Wehrs und ich (Voß) gingen noch des Abends nach einem nahe gelegenen Dorfe. Der Abend war außerordentlich heiter und der Mond voll. Wir aßen in einer Bauernhütte eine Milch, und begaben uns darauf ins freie Feld. Hier fanden wir einen kleinen Eichengrund, und sogleich fiel uns allen ein, den Bund der Freundschaft unter diesen heiligen Bäumen zu schwören. Wir umkränzten die Hüte mit Eichenlaub, legten sie unter den Baum, faßten uns Alle bei den Händen, tanzten so um den eingeschlossenen Baum herum – riefen den Mond und die Sterne zu Zeugen unseres Bundes an und versprachen uns eine ewige Freundschaft.«

So, auch heute noch unverwelklich jünglingshaft zu lesen, beginnt die ‹Stiftungsurkunde›, des ‹Hainbundes›, der an jenem windigen und kühlen Abende geschlossen wurde. Späterhin traten Bürger, die beiden Stolberge, Boie, und gar der Kirchenvater unfertiger Deutschheit, Klopstock, hinzu; aber Einer um den Andern verließ Göttingen, und schon 1774 war die Verbindung so gut wie aufgelöst. Dennoch ist das Organ des Bundes, der ‹Göttinger Musenalmanach›, noch bis 1798 erschienen, und hat nicht nur die Beiträge der einstigen Gründer gebracht, sondern auch immer wieder neue geistesverwandte junge Dichter angezogen. Als Letzten dieser spezifisch norddeutschen Schule Samuel Christian Pape. –

Pape war ein echtes Kind der Heiden und Moore. Seit lange vor dem Dreißigjährigen Kriege bis heute ist die Familie im Winkel zwischen Weser und Elbe ansässig gewesen; nachdenklich auch, daß sich durch Generationen hindurch immer wieder die poetische Begabung offenbart hat. In Lesum bei Bremen, wo sein Vater, Henrich, Pfarrer war, ist Pape am 22. November 1774 geboren; die entscheidenden Jahre aber – 10 bis Anfang 20 – hat er in Visselhövede zugebracht, einem kleinen Ort am Westrand der Lüneburger Heide, etwa gleichmäßig 70 Kilometer von Hamburg, Bremen und Hannover entfernt, wohin der Vater 1783 versetzt worden war. Zeit seines Lebens hat er die schwermütigen nebelvollen Wälder, die seltsamen Wacholdersteppen, das ‹Ostermoor›, die einsamen Dörfer und Einzelhöfe, als sein ‹Jugendparadies› bezeichnet.

Obwohl äußerlich ein schöner kräftiger Knabe, läßt er doch bald die bezeichnenden Züge des Melancholikers spüren, außerdem eine viel zu geringe Ruhefähigkeit, eine seltsame Neigung zum Wechsel: »Keinem Tische, keinem Bücherbrette, sofern sie von ihm abhängig waren, konnte er lange ihre Stelle gönnen. Selbst als Mann hat er seine Kleider und sonstigen Sachen immer bald wieder verkauft, um sich andere dafür anzuschaffen; und sobald er in seinen Kinderjahren mit andern Schulknaben in Verbindung trat, waren seine Bücher einem beständigen Tauschhandel unterworfen.« Immer wieder erscheint der neblige Visselhöveder Kirchhof in seinen Gedichten, mit der Quelle der jungen Vissel, die dort unter den Gräbern als starke Wasserader entspringt.

Zunächst erhält er an dem schulenlosen Orte den Unterricht des vielgelehrten Vaters – 21 Nummern umfaßt das Verzeichnis von dessen Schriften! – und kann dann nach ein paar Jahren zum Großvater nach Bremen geschickt werden, um dort die Domschule zu besuchen. Auch jetzt wieder sind die Lichtpunkte die Ferien, wo er sich rastlos Bilder für die steinernen Stadtmonde einsammelt. 1791 kehrt er dann nach Visselhövede zurück, um sich unter der Leitung des Vaters, speziell im Hebräischen, für die Universität vorzubereiten.

Die erste Liebe kommt, wie billig; und es ist natürlich – schwermütig sicher legt sein Schicksal einen grauen Stein zum anderen – die unheilbar schwindsüchtige Friederike W., voll jenes zarten hinfälligen Liebreizes, auch der süßen schmächtigen Stimme, wie sie Solche oft auszeichnet:

»Draußen auf der braunen Heide, / linker Hand zum Thor hinaus, / unter einer Pappelweide, / liegt ein kleines Schäferhaus. // Wo die hohen Pappelbäume, / wo das stille Häuschen liegt, / ward ich oft in süße Träume / unter Thränen eingewiegt. // In der Hütte wohnt ein Mädchen, / eine Lautensängerin. / Öfters ging ich aus dem Städtchen / nach den Pappelweiden hin. // Mußte dann das gute Mädchen, / an der Thür, mich wandern sehn; / ließ es wohl das Spinnerädchen / in der Myrtenlaube stehn.« Und die ewige ‹Mutter› mischt sich natürlich auch noch ein, die ‹Erfahrene› – anstatt die so sichtbar Unschuldigen getrost dort vorm Haus sitzen zu lassen; es ist ja doch nur ein kurzes Glück: Ostern 1794 muß er die Universität Göttingen beziehen. Im September kommt er auf kurzen Urlaub: »Täglich ging ich aus dem Städtchen / nach den Pappelweiden hin, / nach der Hütte, nach dem Mädchen, / nach der Lautensängerin.« Und das liebe magere Gesicht ist wieder *noch* blasser geworden, und die Laute klingt *noch* leiser; nach wenigen Tagen muß der Brotstudent sich losreißen: »In die Fremde mußt' ich scheiden – / weh mir! – im Septembermond.« Im November bereits erhält er die Nachricht vom Tode der Geliebten. –

Drei Jahre lang bleibt er in Göttingen. Die ersten Gedichte erscheinen im Musenalmanach auf das Jahr 1796; eine weitere Probe seines Talents gibt er mit einer poetischen Übersetzung des Buches Hiob, die 1797 mit einem Vorwort des berühmten Professors Eichhorn erscheint, und die nach dem Urteil von Kennern meisterhaft gelungen sein soll. Dann kehrt er zum Vater zurück. Aber es ist nicht mehr die Stätte der Kindheit: im Oktober 1795 hat ein furchtbarer Brand den größten Teil von Visselhövede zerstört, auch das Pfarrhaus und die erlesene, 3.500 rare Bände umfassende Bibliothek des Vaters, dazu noch sämtliche Kirchenbücher. Geblieben ist jedoch die nun im schweren Herbst Ossianische Landschaft – sein Lieblingsdichter, vor anderen – der stürmende Wind und die weiten wirren Forste: »Wenn der Nord durch kahle Wälder hallte, / durch die Heide, durch die tote Flur, weilt' ich gern am Grabe der Natur!«.

‹Mittelgroß› schildert ihn ein Bericht von damals; ungewöhnlich breitschultrig; braunes Haargelock umgibt das frischfarbige Gesicht; und, damit auch der letzte Zug des Hypochonders nicht fehle, wird sein *»in Gesellschaft* heiteres und munteres Temperament« zögernd erwähnt.

Schon am Ende des gleichen Jahres 95 beginnt auch für ihn die damals bei Kandidaten unvermeidliche Hauslehrerzeit, zunächst beim Prediger Sartorius in Grasberg: »Ich wohne 4 Stunden vor Bremen, im sogenannten Teufelsmoor. Kirche, Pfarr= und Küsterhaus stehen ganz isoliert da. Die ganze Gemeinde ist erst seit 15 Jahren ungefähr von dem berühmten Findorf angelegt; die Verschiedenheit der Kolonisten hat in ihr einen artigen Weltbürgergeist hervorgebracht.« schreibt er am 15.12.1797 an den Freund Reinhard. Und hier, in langen und harten Wintern, erfaßt ihn die Einsamkeit doppelt stark; denn der Ort hat noch 1812 erst 2 Feuerstellen mit 14 Einwohnern, ringsher nur Moor und Himmel, und in weißer Weite, kaum noch sichtbar, der Rauch ferner Einzelgehöfte: »Ich lebe vergnügt, wie ich selten gewesen bin.« verrät er sich.

Nun sind bereits mehrere Jahre lang seine Gedichte erschienen: Balladen im Volkston, Liedhaftes, Romanzen und Elegien, vereinzelt auch Epigramme; und schon macht sich der erste Kritiker an die Arbeit, sogar gleich ein sehr gewichtiger Name: in Nr. 13 des Jahrgangs 1797 der Jenaischen Allgemeinen Literaturzeitung fällt Schlegel hart darüber her, und vergällt Pape die Lust an der Produktion gründlich. Dabei kann man wahrhaftig in den besten seiner Lieder weder nach Form noch Inhalt ein Talent verkennen, das, wenn man ihm Zeit zum Ausreifen gelassen hätte, Großes zu leisten imstande gewesen wäre! Gedichte wie ‹Die Kleine›, ‹Der Jäger›, oder die poetische Epistel der ‹Abreise von Friedbad›, könnten mit Ehren in jeder Anthologie der Lyrik jener Zeit ihren Platz finden. Nun aber, mit zunehmenden Jahren, wird die Sprache nach und nach bitterer, der Ton schärfer: »In den Tagen frommer Jugend / hab ich einen Bund geglaubt / zwischen Erdenglück und Tugend – / : dieser Wahn ist mir geraubt ! «. In den kommenden Dezennien wird er schweigsamer; nur selten noch gelingt ihm ein düsteres Stück, wie etwa ‹Timoleon›; bei Tobackspfeife und Flasche verstummt er endlich, ein enttäuschter Hypochonder.

Denn auch schweres persönliches Leid erfährt er die paar letzten Jahre. – Nachdem er noch ein wenig in Stade, beim Justizrat von Spilcker, gehauslehrert hat, besteht er dort das Examen, kommt in die ‹zweyte Klasse der Kandidaten›; und wird 1801 Pastor secundarius in Nordleda bei Cuxhaven, wo er im Juni die Tochter des Primarius, Amalie Lerche, heiratet : nach 7 Jahren sterben ihm die Frau und zwei von den vier Kindern. 1809 dann ehelicht er in Bremen Elisabeth Schneider, ebenfalls eine Predigerstochter; von den drei Kindern dieser zweiten Ehe finden wiederum zwei einen frühen Tod; die übrigbleibende Marie wird später als »Marie von Hadeln« einen Ruf als Lokaldichterin erwerben.

»Ich bin jetzt, seitdem ich Witwer bin, so äußerst hypochondrisch, und dabei so träge und faul, als ich nie gewesen bin; so daß ich mich kaum überwinden kann, die allernötigsten Geschäfte zu tun.« schreibt er 1809 an die Stiefmutter im geliebten Visselhövede. Denn in der Nordledaer Pfarrstelle hat er selbst den Trost ‹seiner› Landschaft nicht mehr : baumlos, nur nasse Marschen und geradlinige Deiche, dazu graues Wasser, das zeigt sich ihm überall, so daß er, der Pflanzenfreund, aufklagt : »Am entfernten Meeresstrande / träum' ich von dem bessren Lande / meiner Kindheit manche Nacht. / Ach, es ist ein Traum ! Doch einer, / von den alten, der wie keiner, / immer täuschend glücklich macht. // Ach, da seh ich sie schon wieder, / jene Büsche voller Lieder / auf der väterlichen Flur ! / Und ich seh die Lämmer weiden / auf den freien braunen Heiden / meiner heimischen Natur. // Und ich seh die grünen Felder / im Gehäge dunkler Wälder, / wo die Quelle murmelnd rinnt; / wo die Saaten reiner düften, / und wo oben in den Lüften / alle Wesen muntrer sind. // Oft sieht mich die Morgenfrühe, / wie ich so von Träumen glühe, / eingewiegt in alte Lust. / Meine Jugendfreuden schweben / um mich her, und neues Leben / senkt sich in die kranke Brust.«

Denn er ist nun auch, den Körper gleichgültig vernachlässigend, und für das nasse Küstenklima sehr anfällig, brustkrank geworden. Atembeklemmungen mit schrecklichen Beängstigungen kommen, an denen er sichtlich dahinwelkt. »Er wollte seinen Mißmut bei der Bouteille verscheuchen,« meldet diskret=boshaft der Ortschronist, nicht nur durch Verse, wie die vorhergehenden, sondern auch privat gegen den Dichter verstimmt, »gebrauchte diese Kur aber zuletzt in einem solchen Übermaße, daß er sein Leben dadurch verkürzte.« Wenige Tage vor seinem Tode schleppt er sich, allein in der Stube, zum Ofen, und verbrennt, was er an ungedruckten Manuskripten mit den flatternden Händen erlangen kann; die Frau findet ihn, befriedigt röchelnd, mit schon sich entleerenden Augen, vor dem Ofenloch und dem Stoß blättriger Glut. Am 5. April 1817, morgens gegen 6 Uhr, ist Samuel Christian Pape gestorben, erst 43 Jahre alt.

Die wenigen bei seinen Lebzeiten erschienenen Lieder sammelten sein – ebenfalls dichtender – Stiefbruder, Ludwig Matthias Heinrich Pape (1802–72), und Fouqué, der große Romantiker, der den Verstorbenen seit seinen Kinderjahren geschätzt hatte; 1821 erschien so in Tübingen wenigstens dieses eine, kaum 150 Seiten starke Bändchen; eine Nachlese im Jahrgang 1823 der Zeitschrift ‹Der Gesellschafter›.

Und wenn Sie künftig beim Namen ‹Hainbund› die tanzenden Gestalten der Jünglinge vor Ihrem geistigen Auge erblicken, nehmen sie in den ewigen Reigen auch diesen Letzten mit auf: Samuel Christian Pape.

Dieser Fassung beigelegt sind Abschriften von Papes Gedichten »Der Jäger« (s. BA II, 1, S. 188 f.) und »Die Kleine« (s. BA II, 1, S. 192 ff.)

122 FINSTER WAR'S DER MOND SCHIEN HELLE.
Niederschrift 18.9.1954
Textgrundlage:
Typoskript

124 FOUQUÉ. DER LETZTE RITTER.
Niederschrift 19.9.1954
Textgrundlage:
Typoskript

Auf der letzten Seite des Typoskripts findet sich folgende, offenbar für eine Zeitungsredaktion gedachte Anmerkung:

(Mitten in den Text ist noch dieses Gedicht Fouqués einzufügen):

Trost.

Wenn alles eben käme,
Wie Du gewollt es hast,
Und Gott Dir gar nichts nähme,
Und gäb Dir keine Last:
Wie wärs da um Dein Sterben,
Du Menschenkind, bestellt?
Du müßtest fast verderben,
So lieb wär Dir die Welt!

Nun fällt – eins nach dem andern –
Manch süßes Band Dir ab,
Und heiter kannst Du wandern
Gen Himmel durch das Grab.
Dein Zagen ist gebrochen,
Und Deine Seele hofft; –
Dies ward schon oft gesprochen,
Doch spricht man's nie zu oft.

Fouqué.

Vom 21.2.1955 datiert die folgende gekürzte Fassung:

FOUQUÉ, DER LETZTE RITTER

»Alwin schwankte wie im Traum die Steigen hinab, drauf die Lichter schon größtenteils erloschen waren. Ungewiß tappte er öfters an den Wänden umher; als er die Tür nach dem Garten zu aufstieß, wars draußen neblich und finster, der Mond stand ganz bleich über den nördlichen Gebürgen, die Gänge und Gebüsche sahen unbekannt und seltsam aus. Feuchte Morgenkühle hauchte über sein glühendes Gesicht; an der Pforte wartete Clothilde, vom Froste halb erstarrt, und nahm mit schläfriger Gebärde und eiskalter Hand das Gold, welches er ihr darbot. Darauf schlug sie hinter ihm die Türe zu, und er hörte sie mit schnellen Tritten nach dem Schlosse zurückfliehen, durch ein inneres Grausen gejagt. Fernher tönte das dumpfe Schießen von der Gegend des Berges heran.....« – solche Stellen vermochte um 1813 Niemand ohne Herzklopfen zu lesen; und gleich beliebt wie dieser »Alwin« war auch sein Verfasser, Friedrich Baron de la Motte Fouqué.

Am 12. Februar 1777 wird er, als Sprößling einer Hugenottenfamilie, in Brandenburg geboren. In einem Spukhaus steht seine Wiege; später sind es schöne reichliche Schlösser, Sakrow bei Potsdam etwa, in denen der Kleine, wohlbezopft und im Tressenröckchen, an der Hand des »Hofmeisters« dahinwandelt. Erst einer der Seitengestalten der Frühromantik, Hülsen, gelingt es, den Knaben für Sprachen und Wortgetön empfänglich zu machen.

Entsprechend der Familientradition (er ist Patenkind Friedrich des Großen; der Großvater ein bekannter General) tritt Fouqué ins Heer ein; und zwar bei den »Weimar=Kürassieren«, bei denen auch Goethe eben die »Campagne in Frankreich« mitgemacht hat. An den Gefechten des Jahres 1794 nimmt er redlich Anteil, bis man sich dann im Oktober über den Rhein zurückziehen muß. Im Frühjahr 1796 wird sein Regiment aus der Friedensgarnison Aschersleben ins Bückeburgische abkommandiert; wo er, zumeist aus Trotz über eine an Nichtigkeiten zerbrochene Jugendliebe, die Tochter seines Kommandeurs, Marianne von Schubaert, heiratet. Unausgefüllt von der Einförmigkeit des täglichen Exerzierdienstes, hat er mit Feuereifer wieder begonnen, die Wissenschaften zu betreiben, und versucht auch schon die Hand in eigenen Dichtungen. Da wird denn die Ehe mit dem unreifen, kaum sechzehnjährigen Mädchen, das zudem Kopf und Mund nur voll von Paraden und Beförderungen hat, denkbar unglücklich; schon nach wenigen Jahren wird Fouqué von ihr geschieden, und überläßt ihr die Reste seines Vermögens als Entschädigung.

Schuldig geschieden nämlich. Er hatte in Berlin eine schöne und geistreiche Witwe kennen gelernt, zwar etwas älter als er, und im Grunde zweifelhaften Rufes; aber die Bezauberung durch die elegante und reiche Schriftstellerin Caroline von Rochow wirkt unwiderstehlich. Auch wird er hier für die »Neue Schule«, die Romantik, geworben : zu Anfang 1803 quittiert er den Dienst; im Januar schließt er die neue Ehe, und zieht in Nennhausen bei Rathenow ein.

Sogleich nimmt ihn A.W. Schlegel, der Talenttrainer, mitleidslos in die Lehre : zu Griechisch, Latein, Englisch, Französisch, kommen jetzt Spanisch, Italienisch, Portugiesisch, später noch die nordischen Zungen, von Isländisch bis Dänisch hinzu; formvollendete Übersetzungen aus jeder dieser Sprachen zeugen von ihrer untadeligen Beherrschung. – Die ersten eigenen Bücher, unter dem Pseudonym »Pellegrin« veröffentlicht, sind noch Schülerwerk. Dann aber sind alle Erfordernisse zu eigentümlicher Aussage endlich beisammen : errungene Herrschaft über die Sprache, menschliche Reife, ländliche Einsamkeit und gesicherter Lebensunterhalt.

So veröffentlicht Fouqué in den folgenden Jahren Buch auf Buch; nur einmal unterbrochen durch die Freiheitskriege, an denen er als freiwilliger Jäger teilnimmt : Lützen, Dresden, Leipzig. Aber wenn er nun, nach der glücklichen Vertreibung Napoleons, erst recht seine Zeit als Dichter gekommen glaubte, sah er sich schrecklich enttäuscht. Die gebildete deutsche Jugend, die immer ungebärdiger den zu Anfang des Volksaufstandes so freigebig versprochenen Anteil an der Regierung verlangte, wandte sich ernüchtert von dem kritiklosesten Paladin der absoluten Monarchen ab.

Als ihm 1831 die zweite Frau starb, war er jedenfalls schon isoliert genug; kaum noch gelang es ihm, Manuskripte unterzubringen. Auch mit der einzigen Tochter, Marie, zerfiel er, als er 1833 die um 30 Jahre jüngere Albertine Tode heiratete – die Ehe ist (nach dem er bereits unter Caroline über Vernachlässigung, ja »Sklaverei«, geklagt hatte) todunglücklich gewesen. Als ihn 1840 König Friedrich Wilhelm IV., der »Romantiker auf dem Throne«, von Halle, wo Fouqué seit 1834 ein knappes Auskommen gefunden hatte, unter Erhöhung seiner Militärpension nach Berlin berief, schildern die wenigen gebliebenen Freunde schon erschüttert den Greis, wie er da durch die Straßen schlürft, und Vergessen im Trunk sucht. – Am 23. Januar 1843 erliegt er auf der Treppe zu seiner Mietswohnung einem Schlaganfall. –

Wenn er auch in der Märchennovelle »Undine« eine noch heute Jedem geläufige Gestalt der Weltliteratur schuf; oder die erste Nibelungentrilogie, »Der Held des Nordens«, sowie ein bedeutendes, noch ungedrucktes Epos, »Parzival«, schrieb – sein Bestes gab er im Roman. Der »Alethes von Lindenstein«; der große Ritterroman vom »Zauberring«; »Die vier Brüder von der Weserburg«; und endlich der oben zitierte, autobiographische »Alwin«, verdienten durchaus, ins Bewußtsein der Nation zurückgerufen zu werden : Tolle, lege !

129 DER ZAUBERER VON HELMSTEDT.
Niederschrift 21.9.1954
Textgrundlage :
Typoskript

Vom 26.2.1955 datiert die folgende gekürzte Fassung :

DER ZAUBERER VON HELMSTEDT.

»Bei guter Zeit in Helmstedt eingetroffen, kam es mir in den Sinn, den von vielen fast für einen Magus angesehenen – von andern fast zum Gaukler hinabgewürdigten – Hofrat Beireis aufzusuchen. Er war nicht daheim, aber sein Diener, des rätselhaften Greisen gleichaltriger Gefährt, empfing mich freundlich, und meinte, ich möge nur binnen eines Stündleins wiederkommen. Von diesem alchymistischen Knappen berichtete die Sage, er sei des Meisters Gefährt gewesen, in jenen schlaflos=geheimnisreichen Nächten, wo man den Stein der Weisen gesucht und gefunden habe. Vielleicht habe man gar auch ein Lebenselixier bereitet, hinlänglich zur Unsterblichkeit.« So beginnt ein Bericht vom Juli 1806 über den Besuch bei einem Manne, der zu Ende des wundersüchtigen 18.Jahrhunderts die Geister nicht wenig beschäftigte.

Gottfried Christoph Beireis wurde 1730 zu Mühlhausen in Thüringen geboren, wo sein Vater Ratsherr war; schon dieser ein religiöser Schwärmer, schon er eifrig mit »Projektionen auf Blei« experimentierend. Bereits bei ihm erlernte der bewegliche und phantasievolle, ungewöhnlich gut veranlagte Knabe, Methode und Gebärden der Rosenkreuzer. Im Elternhaus ging es ansonsten ärmlich zu; eine große Familie, sowie die teuren kriegerischen Zeiten; dazu die Konsequenzen selbstgerecht=sektiererischer Absonderung – dennoch gelang es, dem Sohn seit 1750 den Besuch der Universität zu ermöglichen.

Und nun der erste geheimnisvolle Zug : nach drei Jahren bricht er das Studium ab, und begibt sich, der fast Mittellose, auf weite Reisen, von denen er erst 1756 wieder nach Helmstedt zurückkehrt – Ägypten und Indien deutet er sparsam an. Bald erwirbt er auch ein großes Haus, in dem er, unverheiratet und fast ohne allen Umgang, allein mit einem Bedienten haust und laboriert; seit 1759 Professor verschiedener Fakultäten, und bis ins höchste Alter geschätzter Universitätslehrer.

Zumal in Physik und Chemie zeigte er unverächtliche Kenntnisse, und erläuterte sie durch treffliche Experimente; las außerdem über die verschiedensten Wissenschaftszweige, ein echter Polyhistor : Botanik, Mineralogie, Ökonomie, Gartenkultur und Forstwesen, Musik, Numismatik und Malerei.

Das unterschied ihn vom bloßen Charlatan, daß sein Reichtum tatsächlich unbegrenzt schien – sehr zum Verdruß der steiferen Kollegen, die den kleinen Mann mit dem prahlerisch=geschickten Auftreten gern zum betrügerischen Goldmacher älteren Stils gestempelt hätten; so aber wußte man faktisch, daß er unglaubliche Summen auf Antiquitäten, Gemmen, Mineralien und Präparate wandte. Sein Münzkabinett enthielt viele wohlerhaltene Stücke des Altertums, zumal goldene; die Gemäldesammlung wies neben ausgesprochenen »Schinken« auch zahlreiche Originale, vorzüglich aus der Dürerzeit, auf. Auch behauptete er von einer durchsichtigen Masse, größer als ein Hühnerei, daß sie ein Diamant von 6400 Karat sei, den alle Fürsten der Erde zusammen nicht zu bezahlen vermöchten. Auffallend und charakteristisch für jene maschinenfremde Zeit war seine Vorliebe für »Automaten«; so besaß er z.B. drei der berühmten Vaucanson'schen Stücke, vor allem den renommierten »Flötenspieler«, eine lebensgroße Puppe, die 20 Musikstücke spielen konnte, und mit der rechten Hand auf einer großen Trommel den Takt dazu schlug; aber auch wertvolle Rechenmaschinen und Uhren.

Als Arzt erfreute er sich ungewöhnlichen Vertrauens, das er durch zahlreiche glückliche Kuren und uneigennützige Sorgfalt in der Behandlung der Patienten auch rechtfertigte; sodaß er 1802 sogar zum Leibarzt des Herzogs ernannt, und häufig zur Mittagstafel im Schloß zugezogen wurde : hier ließ er dann wohl über Tisch seinen hellbraunen Rock zum Beweis seiner Zauberkraft langsam die Farbe verändern, über Scharlachrot zum eben modernen Schwarz. – Als er am 18. September 1809 starb, hinterließ er allein in barem Gelde weit über eine Million; dazu das Mehrfache an Wert in Raritäten. Den Riesendiamanten suchte man vergebens; der treue Diener wandte den Fragern verächtlich den Rücken, und verschwand bald darauf aus der kleinen Stadt. –

Die Quelle seines beträchtlichen Reichtums verdankte Beireis seinen chemischen Erfindungen. So hatte er eine den teuren Importindigo gleichwertig ersetzende blaue Farbe, eine Methode, Eisen durch Kobaltzusatz zu veredeln, sowie neue Verfahren der Essigbereitung entdeckt, und die Patente gegen große Summen nach Holland und Sachsen verkauft. –

»Als der Diener mich, indem ich wiederkehrte, in ein Gemach führte, sahen auch die Umgebungen magisch genug aus : das Zimmer mit alter schöner Haut=Lice tapeziert, schien, obgleich geräumig, sehr eng, wegen seiner ungewöhnlichen Höhe. Drin standen physikalische Instrumente umher, zum Teil mir ganz unbekannter Art, alle leuchtend blank. Zu meiner Linken tat sich die Wand langsam von oben bis unten auf, und durch die Tapetentür – dergestalt eingefügt, daß man bisher nichts hatte von ihr bemerken können, und ihrer Höhe wegen imposant – herein trat feierlich ein kleiner, hagerer, todbleicher Mann mit scharfen bedeutsamen Gesichtszügen, die Augen wie dunkle Flammen leuchtend, seine galonnierte Sammetkleidung nach altfränkischer Hofsitte, den Galanteriedegen an der Seite, das hochauffrisierte Haar stark gepudert und in einen Haarbeutel auf dem Rücken zusammengefaßt. Es war der Hofrat Beireis, der mich, den ihm völlig Unbekannten, mit der liebenswürdigsten Gastlichkeit empfing. Er fragte, was ich zu sehen wünschte, und mein Wunsch nach altdeutschen Bildern schien ihn zu erfreuen. So brachte er denn Stück auf Stück heran getragen, eifrig und rüstig hin und wieder laufend : Bilder von unwidersprechlicher Echtheit und großem Kunstwert; nur jegliches seltsam auf der Rückseite mit einem lateinischen Distichon von des Besitzers Hand bezeichnet, voll der unmäßigsten Anpreisungen, somit auch auf das Tüchtige und Schöne einen Anstrich des Lächerlichen durch Übertreibung werfend. Aber wir kamen dennoch gut miteinander zurecht.«

134 DAS MUSTERKÖNIGSREICH.
Niederschrift 22.9.1954
Textgrundlage :
Typoskript

139 ZWEI KLEINE PLANETEN – EIN GROSSER SCHÜLER
Niederschrift 24.9.1954
Textgrundlage :
Typoskript

142 EIN NEUER KRIEGSHAFEN : ALTENBRUCH.
Niederschrift 4.10.1954
Textgrundlage :
Typoskript

Laut Alice Schmidts Tagebuch kürzte Arno Schmidt am 23.2.1955 den Artikel ein; da sich nur ein einziges, undatiertes Typoskript erhalten hat, ist unklar, ob es sich hierbei um die Lang- oder um die Kurzfassung handelt. Der relativ geringe Umfang läßt vermuten, daß sich die Kurzfassung erhalten hat.

145 DIE GEFANGENE KÖNIGIN.
Niederschrift 8.10.1954
Textgrundlage :
Typoskript

150 CURIEUSES MEUBLEMENT.
Niederschrift 10.10.1954
Textgrundlage :
Typoskript

153 WIE SICH DIE BILDER GLEICHEN !

Niederschrift 11.10.1954

Textgrundlage :

Typoskript

Vom 25.2.1955 datiert die folgende gekürzte Fassung :

WIE SICH DIE BILDER GLEICHEN !

Nun braucht ein »Großer Mann«, das heißt ein Künstler oder Wissenschaftler, zwar nicht von seiner Schönheit zu leben, wie der Filmstar; oder im Sonnenbad ein Hügelland von Muskelgruppen auszustellen wie die »Braunen Bomber« aller Gewichtsklassen – aber es stimmt doch nachdenklich, wenn man erfährt, daß von Tausend hinsichtlich ihrer äußeren Ansehnlichkeit überprüften Dichter und Gelehrten kaum 20 ein ausgesprochen gefälliges Äußere aufweisen konnten. Der Rest war bestenfalls durchschnittlich, wenn nicht gar nur »plain«; und 450 erhalten mitleidslos das Prädikat »häßlich«. Das beginnt bei Sokrates, der ein Profil wie ein Schweinsfisch, große hervortretende Augen und einen dicken unwürdigen Bauch sein eigen nannte; und reicht bis Bernard Shaw, der körperlich ja auch nicht eben dem »Canon« glich.

Es ist natürlich schwer, jetzt noch genau zu wissen, wie nun so vor hundert Jahren und mehr ein Mensch »wirklich« ausgesehen hat; vor allem wenn der Bildnisse nur noch wenige oder gar keine erhalten sind – und selbst dann : oft hat der Maler absichtlich geschmeichelt, um ein höheres Honorarium herauszuschinden, oder er hat in rühmlicher Ekstase mehr die »Schöne Seele« porträtiert als ihr ramponiertes Futeral.

Mit der allergrößten Vorsicht sind ja die »Selbstbildnisse« aufzunehmen ! Oder was würden Sie von einer literarischen Dame halten, die fähig war, sich in ihren Lebenserinnerungen folgendermaaßen vorzustellen : »Mein Haar von feinstem Golde; meine hellblauen Augen, mein schlanker Wuchs, mein rosiger Mund mit sanftgerundeten Lippen, meine schneeweiße Haut, waren für mich Schmucks genug !« Helmina von Chézy (von der man bestenfalls zu wissen braucht, daß der Operntext zu Webers »Euryanthe« von ihr stammt), war zusätzlich auch noch der Ansicht, daß die »Krone des Genius ein Kunkellehn in der ganzen Familie« sei; während Jakob Grimm über die Gedichte und Übersetzungen des eitlen Weibes urteilte, daß die einen so miserabel wären wie die anderen.

Verhältnismäßig einfach ist es auch noch, sich ein Bild von dem »Grossen Manne« zu machen, wenn die Schilderungen nicht gar zu weit auseinander gehen; und man sollte ja denken, daß eigentlich nichts simpler sein könnte, als sein Gegenüber kurz zu beschreiben, nicht wahr ?! : Bitte :

»Die Tür ging auf – er kam! / Dreimal bückten wir uns tief – und wagten es dann, an ihm hinauf zu blinzeln: ein schöner, stattlicher Greis! Augen so klar und helle wie die eines Jünglings; die Stirn voll Hoheit, der Mund voll Würde und Anmut. Er war angetan mit einem langen schwarzen Kleid, und auf seiner Brust glänzte ein schöner Stern .... mit der feinen Wendung eines Weltmannes lud er uns zum Sitzen ein.« Und Derselbe, in anderer »Beleuchtung«: »Ein langer, alter, eiskalter, steifer Reichstagssyndicus trat mir entgegen in einem Schlafrock, winkte mir, wie der steinerne Gast, mich niederzusetzen, blieb tonlos nach allen Seiten, die ich anschlagen wollte ..... es war mir, als wenn ich mich beim Feuerlöschen erkältet hätte!«; Goethe, zunächst von Wilhelm Hauff in ehrfurchtsvoll=angeregter, dann vom Ritter von Lang in kritisch=erkälteter Stimmung gesehen. Ist hier aber wenigstens der Eindruck im Äußeren – lang und stattlich – bei beiden gleichmäßig erkennbar; so wird es im nächsten Falle weit verwirrender:

Im Jahre 1817 besucht Tholuck (später einer der bekannteren Theologen seines Jahrhunderts) den Dichter der »Undine«, Friedrich Baron de la Motte=Fouqué, auf seinem Gute Nennhausen bei Rathenow, und schildert ihn, wie er »plötzlich erschien, bewegsam mit männlicher Kraft einherschritt, einem schlachtfertigen Sigurd vergleichbar«. Nicht ganz zwei Jahre vorher hatte ihn Ferdinand Beneke, ein hamburger Freund des Dichters, aber also gesehen: »Die kleinen chinesischen braunen Augen, das häßlich geformte Kinn, der unansehnliche Wuchs, erschienen mir zwar, weil treuherzig gutmütige freundliche Züge das Gesicht belebten, weniger unangenehm .... aber die quäkige feine Stimme, das dünne schnarrende Organ, und die fatale meißnische Mundart machtens wieder schlimmer.« – Hier stockt man mit Recht! Was soll man von der Vexierfigur eines Mannes halten, der dem Einen als »schlachtfertiger Sigurd« erscheint (und wir Alle denken uns ja doch wohl bei dem Nibelungennamen den gleichen überdimensionalen Breitensträter), und dem beinahe zur selben Zeit ein anderer seinen »unansehnlichen Wuchs« bescheinigt? Wenn ich jedoch verrate, daß Beneke gute 6 Fuß in Socken maaß; wogegen Tholuck Mühe hatte, die 1.50 zu erreichen, dann wird doch wieder alles klar: Fouqué muß also in der Mitte zwischen den beiden gestanden haben! –

Hegel sah aus wie ein Bierbrauer; Jean Paul wie ein schläfriger fetter Pächter; Voltaire wurde je älter desto affenähnlicher – aber vielleicht wär' es ja auch zuviel: klug *und* gleichzeitig schön zu sein?

156 FONTANE UND DER ESKIMO.
Niederschrift 12.10.1954
Textgrundlage:
Typoskript

Vom 28.2.1955 datiert die folgende gekürzte Fassung:

FONTANE UND DER ESKIMO.

Eine gute Handübung für die »Verwendung« fremder literarischer Materialien ist es schon, wenn man mehrere Bände »Wanderungen durch die Mark Brandenburg« zusammenträgt; wo sich dann leichte=allzuleichte geographische Abschilderung aufs zwangloseste mit »Stammessagen« der betreffenden Herrensitze paaren läßt; Dorfchroniken zitiert man gern – so eine alte holzschnittkräftige Stelle ziert ja ein ganzes Kapitel – anstößige Stellen werden ausgelassen oder gefälscht.

Als die Konjunktur es dann gebieterisch forderte, gab Fontane seinen »großen« (d.h. umfangreichen) nationalen Roman »Vor dem Sturm« heraus, bei dessen Lektüre man unschwer einsieht, daß es sich ursprünglich um einen neuen Band der »Wanderungen« handeln sollte; so unverkennbar sind hier Auszüge aus Kirchenbüchern und märkische Anekdoten aneinander geleimt. Schlimmer noch: der Leser älterer Literatur stößt auf Schritt und Tritt erbittert auf Stoffe, die er längst aus Nidda oder Fouqué vorher kannte! Ich will diese Plagiate jetzt nicht im Einzelnen festnageln, sondern mich heute lediglich auf die Episode beschränken, nach der sogar ein ganzes Kapitel heißt: »Vom Kajarnak, dem Grönländer«.

Fontane – was der Blitzkerl für eine Phantasie gehabt haben muß! – hat nämlich in die unvermeidliche Adelsfamilie eine alternde Tante eingeführt, die in ihrer Jugend Missionarsgattin auf Grönland gewesen ist, und, bei stockender Fabel, ihrerseits aus dem reichen Schatz ihrer Erfahrungen etwa dieses mitteilt:

Kajarnak war ein Eskimo, der anläßlich der Vorlesung einer Übersetzung des Johannesevangeliums, die Bruder Matthäus Stach verfertigt hatte, plötzlich aufsprang, und mit zitternder Stimme – also einwandfrei »vom Geist ergriffen« – ausrief: »Wie war das? Ich will das noch einmal hören.« Kein Wunder, daß er bekehrt wird; daß die heidnischen Angekoks dann gar Mörder gegen ihn aussenden, so daß er mit seiner 14 Mitglieder zählenden Großfamilie, nachdem er am 2. Osterfeiertage mit Frau und Tochter Anna getauft worden, nach Süden fliehen muß. Ein Jahr später dann – »wir feierten eben Johannistag« – und zusätzlich noch die Hochzeit von Anna Stach und Friedrich Böhnisch (einem weiteren Missionarspaar), kehrt Kajarnak zurück. Kann sich fürderhin in seiner Glaubenstreue nicht genug tun; »übernimmt sich«, trotz seines »schwachen Körpers«, bei der Verbreitung des Evangeliums unter seinen Landsleuten; wird schwächer; hält am 25.2.1741 eine gottselige Rede, und schläft danach ein. Seine Frau bestand darauf, daß er nach christlicher Weise begraben würde. – So erzählt das, natürlich weit ausführlicher und das Gemüt angreifender, die Tante Schorlemmer (die, als Augenzeugin, mindestens 100 Jahre alt sein müßte). –

Nun ist aber leider im Jahre 1765 ein über 1100 Oktavseiten umfassendes Buch erschienen, »David Crantz : Historie von Grönland«, in welchem ebenfalls fromm=weitläufig die Geschichte der dortigen Stationen Neu=Herrnhut und Lichtenfels exponiert wird. Da, verstreut auf den Seiten 490–531, wird der Lebenslauf Kajarnaks, des Eskimos, ausführlich angegeben :

Die Übersetzung des Johannesevangeliums war nicht von Bruder Stach, sondern von Johann Bek : eine Veränderung, an sich völlig unverständlich, und von Fontane nur zur Verschleierung seiner Quelle vorgenommen ! / Kajarnak sagte bei der Verlesung zwar genau die oben angeführten Worte, fügte jedoch als unbefangen ehrlich=begehrliches Naturkind noch hinzu : »Denn ich möchte auch gern selig werden !« Das schien ihm sicher etwas Hübsches ! / Nicht 14 Mitglieder hatte seine Familie; sondern nur 9 ! / Als nach einem halben Jahre endlich die Taufe dieser 4 ersten Grönländer erfolgte, war das nicht am zweiten Osterfeiertag, sondern am ersten ! / Fontane gibt den Taufnamen der kleinen Tochter immer vornehm mit Anna an; bei Crantz heißt sie stets, nach der verspielten Brüderweise, Ännel ! / Wohl kommt Kajarnak nach rund einem Jahr wieder; aber nicht Johanni – oh, wen ergriffe hier nicht die preußisch=exakte Symbolik, daß am Lichtfeste der erste grönländische Zeuge des Lichtes wiederkehrte ! – sondern am 4. Juli 1740 ! Leider muß ich auch dies herrliche Faktum ruinieren ! / Gewiß wäre es ein rührender Zug, daß sich Kajarnak (»er war nur von schwachem Körper !«) in seinem Eifer, das Evangelium unter seinen Landsleuten zu verbreiten, »übernahm«. – Von alledem weiß Crantz nichts; wohl aber, daß er ein »Meister im Tantz« gewesen sei; was bei Wilden ja eine ziemlich angreifende Übung zu sein pflegt !! / Gewiß hält er seine rührende Totenrede; aber nicht »danach schlief er ein, während unsere Gebete seine scheidende Seele dem Erbarmer empfahlen« ! Man kann natürlich der Ansicht sein, daß es ganz einfach Kajarnaks Pflicht gewesen wäre, sofort nach solch erbaulichen Worten zu verscheiden; aber leider hält die Brüderhistorie fest, daß sein Tod erst drei Tage später erfolgte ! / Die gleichfalls bekehrte Gattin »besteht« bei Fontane darauf, daß ihr Mann nach Christenweise bestattet werde; während Crantz erstaunt verzeichnet : Frau und Anverwandte seien »gegen der Grönländer Gewohnheit« ganz gelassen geblieben, und hätten nur gesagt : »wir sollten es mit dem Begräbnis halten, wie es unter den Christen gebräuchlich wäre«. Was ja dem Sinne nach wohl etwas grundverschiedenes von »bestand darauf« ist ! –

Scheinbar hat Fontane angenommen, daß er der letzte Lebende sei, der die olle ehrliche Brüderchronik aufschlagen würde. Aber wer seine Bücher mit einem solchen gußeisernen Maaßwerk von Namen und Daten, mit soviel grauseidnen hochadeligen Einzelheiten versieht, muß dann auch schon, als ambitiöser Halbgelehrter, mit der entsprechenden Kritik rechnen.

Nichts gegen »Hoppenmarieken«, oder seine späteren handfest=versponnenen berliner Romane; nichts gegen das Primat der märkischen Angelegenheiten über die göttlichen; aber mit Grönländern läßt sich ein Berliner scheinbar besser nicht ein !

160 DER ARME ANTON REISER
Niederschrift 14.10.1954
Textgrundlage :
Typoskript

Vom 12.8.1957 datiert die folgende abweichende Fassung :

DER ARME ANTON REISER

(Vor 200 Jahren wurde Karl Philipp Moritz, eine der merkwürdigsten Gestalten unserer Hochliteratur, geboren.)

Man gehe uns doch mit den fremden ‹Großen Psychologen›, den vielbewunderten Balzac oder Strindberg; und nichts gegen die ‹Brüder Karamasow› – es ist ein bewundernswertes Buch, zugegeben ! Aber was sind sie alle, Alte und Neue, gegen den Größten unter ihnen, dieses seelische Hochland für sich, unseren Einundeinzigsten Deutschen Karl Philipp Moritz ? ! : Messieurs, wir erheben uns von den Plätzen ! –

Moritz war am 15. September 1757 zu Hameln geboren worden; in traurigsten Familienverhältnissen : »Die ersten Töne, die sein Ohr vernahm und sein aufdämmernder Verstand begriff, waren wechselseitige Flüche, und Verwünschungen des unauflöslich geknüpften Ehebandes« der Eltern. So knapp war das Geld, wie nur je in einer Arbeiterfamilie; und dazu der wilde Intellekt des Knaben, der sich aus dem bloßen Klangnamen ‹Bremen› sogleich lange weißliche Städtebilder erbaut, etwas flach, und mit einer Art Mond darüber in Rosigem schwebend. Wie billig wird er zwecks Erhöhung dieser Anlagen zu einem pietistischem Hutmacher, Lohenstein, in die Lehre gegeben, der ihm blutige Hände macht, und in der eisigen Dezemberoker zu Braunschweig Hutfilze spülen läßt. Wie er dann verächtlich von jenem entlassen wird, als einer, »in dessen Herzen sich Satan einen Tempel gebauet«; und sich anschließend als Halbschüler des Gymnasiums zu Hannover wölfisch an Freitischen herumfrißt. Wie er körperlich verwahrlost um des Geistes willen; bis die Sonne durch ihn hindurchscheint, und er stur auf den Hausboden geht, um dort zwischen Balkengespinsten Pflaumenkerne mit dem Hammer zu zerklopfen, »Lasset uns ein Schicksal machen !«. Und in ihm läuft solche Lektüre um wie etwa diese : »Engelbrechts, eines Tuchmachergesellen zu Winsen an der Aller, Beschreibung von dem Himmel und der Hölle«, gemischt mit eigenster Prosa von Wüstenwanderungen und Menschen mit Straußengesichtern. Prediger will er werden, denn Deklamation und deren hypnotische Beeinflussung locken ihn; oder Schauspieler – und sein Mitschüler ist Iffland : welch ein Name dem Kenner ! Endlich brennt er durch und begibt sich nach Gotha zu Eckhof – auch einer der Mimen, denen die Nachwelt wenig Kränze flocht – bis er bei den Herrnhutern zu Barby eine Zuflucht fand. Von jenen unterstützt, und es ist das größte Verdienst der Brüdergemeinde in meinen Augen, studierte er in Wittenberg Theologie, und wurde gar Lehrer an Basedow=Hagebuck's ‹Philantropin› zu Dessau ! Dessen Geistestyrannei trieb ihn aufs neue zum Wandern; in Berlin wurde er Lehrer am Militärwaisenhaus und am Grauen Kloster. Galt in den berliner Aufklärerkreisen für einen »guten Kopf«; aber gleichzeitig auch als »exzentrisches Original«. Eine Reise nach England, zumal die ‹Höhle von Castleton›, beschrieb er in einem Buche, das die Begeisterung seiner Zeitgenossen erregte; wurde darauf Professor am Kölnischen Gymnasium in Berlin; versuchte als Redakteur der Vossischen Zeitung diese zu einem Volksblatt umzugestalten. Geriet – ach, auch das im Telegrammstil; es ist ja so lange her ! – durch die Leidenschaft für eine verheiratete Frau in »verhängnisvolle Herzenswirren«, und suchte geistige Genesung durch eine 1786 unternommene Reise nach Italien. Hier traf er in Rom mit Goethe zusammen; brach auch den Arm dort, und vielleicht stimmt es manchen nachdenklich, daß Goethe offiziell bekannte : »Ich hätte nie gewagt, die ‹Iphigenie› in Jamben zu übersetzen, wäre mir nicht in Moritzens ‹Prosodie› ein Leitstern erschienen.«

Zum Dank half Goethe nun auch seinerseits dem Freunde : »er ist wie ein jüngerer Bruder von mir, von derselben Art; nur da vom Schicksal verwahrlost und beschädigt, wo ich begünstigt und vorgezogen bin.« So erhielt Moritz eine Professur in Berlin; seine Vorträge dort waren ungewöhnlich besucht; nicht nur von Schülern der Akademie; sondern auch junge Literaten, wie Tieck und Alexander von Humboldt, saßen zu seinen Füßen.

Eines seiner unschätzbaren Verdienste sei noch erwähnt : am 7. Juni 1792 sandte ihm der an sich und der Welt fast schon verzweifelnde Jean Paul seinen ersten großen Roman, die ‹Unsichtbare Loge›, im handgeschriebenen Manuskript zu : und das ist denn wahrlich eine Zumutung ! Schon am 19. Juni empfing Paul diese Antwort : »Und wenn Sie am Ende der Erde wären, und müßt' ich hundert Stürme aushalten, um zu Ihnen zu kommen, so flieg' ich in Ihre Arme ! « Die ersten 100 Dukaten Verlegergelder empfing der große Humorist so durch Vermittlung des neugewonnenen Freundes.

Bald, nur *zu* bald, am 26. Juni 1793, starb Karl Philipp Moritz als Professor der – es klingt fast komisch – ‹Altertumskunde› in Berlin. –

Sehen wir von seinen Brotarbeiten ab, (obwohl sei etwas mehr sind), wie etwa der Schrift über die römischen Altertümer, oder die ‹Götterlehre der Griechen und Römer›; auch die ‹Reisen eines Deutschen in England› sind schließlich nur noch historisch zu lesen. Unvergänglich jedoch, Bücher, wie sie kein Volk der Erde sonst besitzt, gegen die alle gepriesenen Ausländereien nur Schatten bedeuten, sind der 1785–90 erschienene Bekenntnisroman ‹Anton Reiser›; zu dem unauflöslich die seltsam=großartigen, stark verschlüsselten Fortsetzungen vom ‹Andreas Hartknopf› und dessen gleichnamigen ‹Predigerjahren› gehören.

So viele ‹Taschenbücher› werden in unseren Tagen gedruckt, mit reprints aller Arten : wo ist der Verleger, der diese Bücher wieder ins Bewußtsein der Gebildeten zurückführt ?

163 BERECHNUNGEN I

Niederschrift vor 22.10.1954
Textgrundlagen :
Typoskript
Zeitschriften-Abdruck in : Texte und Zeichen 1, 1955
Erstausgabe in : Rosen & Porree, Stahlberg Verlag, Karlsruhe 1959
Korrekturfahnen zur Erstausgabe

Typoskript und Zeitschriftenabdruck tragen den Untertitel

Ein Werkstattbericht

und enden mit der Anmerkung

(kann fortgesetzt werden)

Variante : (Seite / Zeile)

165/7 hinter »später noch folgenden« folgt im TS : ; es ist eine reine Geldfrage; wenn ich 200,– DM im Monat sicher hätte, könnte ich's machen

169 NUR LUMPE SIND BESCHEIDEN !

Niederschrift 7.11.1954
Textgrundlage :
Typoskript

Vom 24.2.1955 datiert die folgende gekürzte Fassung :

NUR LUMPE SIND BESCHEIDEN !

Nun ist dies übermütige Wort zwar auch nichts weniger als richtig, gleichviel, was Goethe unter »Lumpen« verstanden haben mag; vielmehr liegen die Dinge ja unläugbar so, daß *Jeder* recht was auf sich hält : soll er ! Umso unbilliger aber wäre es, nun ausgesprochen bedeutenden Männern zu verdenken, wenn diese sich selbst einmal beifällig auf die Schulter schlagen; ebensogut könnte man verlangen, daß ein 6 Fuß großer Mann nicht merken solle, daß er die Meisten seiner Umgebung überragt.

Schön parodiert hat das ETA Hoffmann in dem doppelten Vorwort zu seinem »Kater Murr« : »Schüchtern, mit bebender Brust, übergebe ich der Welt einige Blätter des Lebens .... Werde, kann ich bestehen vor dem strengen Richterstuhl der Kritik ?« – während der Originalentwurf des genialischen Katers doch lautete : »Mit der Sicherheit und Ruhe, die dem wahren Genie angeboren, übergebe ich der Welt meine Biographie, damit sie lerne, wie man sich zum großen Kater bildet; meine Vortrefflichkeit im ganzen Umfang erkenne, mich liebe, schätze, ehre, bewundere, und ein wenig anbete !«. Und so recht con amore hat dann Jean Paul in »Dr. Katzenbergers Badereise« einen sich selbst anbetenden Dichter abgeschildert; so einen, der noch bei Benützung des Wirtshausklosetts sich einbildet, mit welchen Wonnegefühlen künftig ein Leserjüngling sich darauf niederlassen wird ! –

Daß dergleichen nicht etwa übertrieben ist, ließe sich durch tausende von Beispielen belegen; und es ist äußerst bemerkenswert, daß je größer der Mann, desto ärger auch der Unfug ist, den er treibt !

Von dem bedeutenden Formkünstler (aber letzten Endes doch ziemlich weißlebrigten Gesellen), August Graf von Platen=Hallermünde, ist bekannt, daß, wenn er nicht gerade »nächtlich am Busento« lispelte, er sich »mit einem Lorbeerkranz auf dem Kopfe auf der öffentlichen Promenade zu Erlangen den Spaziergängern in den Weg stellte, und, mit der bebrillten Nase gen Himmel starrend, in poetischer Begeisterung zu sein vorgab«.

»Von den hiesigen großen Geistern kommen einem immer närrischere Dinge zu Ohren« schreibt Schiller am 29. August 1787 aus Weimar an Körner : »Herder und seine Frau leben in einer egoistischen Einsamkeit und bilden zusammen eine Art von heiliger Zweieinigkeit, von der sie jeden Erdensohn ausschließen. Aber weil beide stolz, beide heftig sind, so stößt diese Gottheit zuweilen unter sich selbst aneinander. Wenn sie also in Unfrieden geraten sind, so wohnen Beide abgesondert in ihren Etagen und Briefe laufen Treppe auf, Treppe nieder; bis sich endlich die Frau entschließt, in eigener Person in ihres Ehegemahls Zimmer zu treten, wo sie eine Stelle aus seinen Schriften rezitiert, mit den Worten : ‹Wer das gemacht hat, muß ein Gott sein, und auf den kann Niemand zürnen› – dann fällt ihr der besiegte Herder um den Hals und die Fehde hat ein Ende !« – nebenbei ein unschätzbares Rezept für alle Schriftstellerfrauen (und wohl auch für andere; »Er, der Herrlichste von Allen !«).

Sie sehen, daß da oft wunderliche Blüten treiben; und vielleicht ist es auch ganz falsch, zu den Werken eines Dichters nun immer noch die

Biographie des Unglückseligen haben zu wollen : da kommt so mancherlei Mooskrauses ans Tageslicht – möglicherweise hat doch Cooper Recht gehabt, der sterbend seiner Tochter zur heiligen Pflicht machte, alle seine Tagebücher zu vernichten, und überhaupt eine authentische Biographie mit allen Mitteln zu verhindern.

Da sendet Klopstock der alten Schulpforte, deren Zögling er einst war, eine Prachtausgabe seines »Messias« mit folgender selbstgefälliger Anweisung : »Lassen Sie das Buch auf folgende Art in die Bibliothek bringen : Sie wählen den unter Ihren Jünglingen, welchen Sie für den Besten halten; .... Bitten Sie diesen, in meinem Namen das Buch zu tragen ... vielleicht mögen Sie ihm auch die Wenigen zu Begleitern geben, die gleich nach ihm die Besten sind.«

Einige Wochen später wurden dann gleich 12 Klopstockgedenktage hintereinander verabredet; und in wahrhaft widerlicher Überhebung ordnet er diese *Feiern für sich selber* eigenhändig bis ins Kleinste an. 4 Pförtner werden zu je 3 Vorlesungen aus dem »Messias« ausgewählt – natürlich die Frömmsten und überhaupt »Besten«; von denen man denn auch später, wie billig, nie mehr etwas gehört hat – und jedem dafür eine große goldene Medaille zugesagt (die noch nicht einmal er selbst sondern ein Freund hergibt) : »Jeder liest 3 Mal vor, und jede der 3 Vorlesungen geschieht an einem anderen Tage. Die Alumnen wählen unter sich den jedesmaligen Vorleser. Dieser hat die Wahl der zu lesenden Stellen ... Der Lehrer, welcher die Woche hat, gibt die Medaillen.« Scheinbar genügte ihm selbst diese 12tägige Mammutfeier noch nicht; auch die Vorbereitungen dazu wußte er mit sinniger Meisterschaft der Selbstverehrung vorzuschreiben : »Ich denke, daß die Wählenden nicht übel tun werden, wenn sie sich von denen, welche sie für wählbar, oder auch nur von denen, die sich selbst dafür halten, vor der Wahl manchmal vorlesen lassen.« – Und dann gibt er noch seitenlange Anweisungen, wie seine kostbaren Stücke zu betonen und deklamieren seien; sich selbst, wie Jean Paul es witzig=bissig formulierte »als sein eigenes Reliquiarium voll heiliger Knochen« anbetend. –

Bei solchen unangenehmen Affenstreichen fühlt man die nachdenkliche Berechtigung des Wortes : Schriftsteller sollte man niemals persönlich kennen !

173 OH, DASS ICH TAUSEND ZUNGEN HÄTTE !

Niederschrift 21.1.1955
Textgrundlage :
Typoskript

Laut Alice Schmidts Tagebuch kürzte Arno Schmidt am 24.2.1955 den Artikel ein; als Typoskript hat sich nur diese (allerdings mit der erst ab Herbst 1955 möglichen Ortsangabe »Darmstadt« versehene) Fassung erhalten. Im »Hamburger Anzeiger« vom 29.1.1955 ist die erste Fassung veröffentlicht worden, die folgende (nicht auf redaktionelle Eingriffe zu beruhen scheinende) Abweichungen aufweist:

Varianten: (Seite / Zeile)

173/19 »Sprache ..... Satz.«: ZS: Sprache kennt ihn überhaupt nicht; die übernächste umschreibt ihn durch einen ganzen Satz.

/40 nach »zu übertreffen ist« folgt im ZS: Leider sind dann meist Jahrhunderte vergangen, so daß zum Verständnis ein voluminöser Kommentar erforderlich ist, und das Ganze doch wieder wirkungslos verpufft.

174/4 nach »natürlich!).« folgt im ZS: Beim Cooper steckt sich der Schiffsjunge, um die Schnellkraft der Fußtritte des »Boß« etwas zu mindern, eine »Unions-Jacke« in die Hose (und der »Union-Jack« wird sich auch gewundert haben!). Zuerst liest man darüber hinweg, daß in desselben Verfassers unsterblichem »Conanchet« dann weiter wie in 174/5

/14 »Concetti«: ZS: Concetti und Calembourgs

/37 nach »Sevilla führt! –« folgt im ZS: Meinen Sie ja nicht etwa, das alles sei aber doch wohl nur in jenen dunklen Zeiten unserer Literatur möglich gewesen, auch in dieser Hinsicht, wie in so vielem anderen, sind wir den einfältigen Altvordern weit überlegen. Der Verlag Reclam brachte erst vor wenigen Jahren die Poe-Übersetzung eines sicheren Herrn Neumann heraus, der an Plattheit und Gefühllosigkeit wahrlich seinesgleichen sucht. Aus »soundless day« (im »House of Usher«) wird da »Schweigen der Natur«; »sulphurous lustre« ist ganz gemütlich »seltsames Licht« (anstatt des genau entsprechenden »schwefligen Glanzes«!). Es wimmelt von ausgesprochenen Schnitzern: »indications of extensive decay« sind »kleine Anzeichen der Verwitterung« (also genau das Gegenteil!); »having carefully shaded his lamp« wird zu »nachdem er die Lampe hingestellt hatte« (während es doch jedem Biedermann »verdunkelt« heißt!). – Die Bändchen (leider sind es eine ganze Reihe!) stellen eine ausgesprochene Widerlegung von Deutschland als dem »Land der Mitte« dar!

176 MAN NEHME ...
Niederschrift 15.2.1955
Textgrundlage:
Typoskript

179 DER »ZWEITE TEIL«.
Niederschrift 16.2.1955
Textgrundlage:
Typoskript

181 DIE AUSSTERBENDE ERZÄHLUNG.
Niederschrift 17.2.1955
Textgrundlage :
Typoskript

184 SATIRE UND MYTHOS AM SÜDPOL.
Niederschrift 18.2.1955
Textgrundlage :
Typoskript

188 VORSICHT : GESAMTAUSGABE !
Niederschrift 19.2.1955
Textgrundlage :
Typoskript

190 DIE PFLICHT DES LESERS
Niederschrift 21.2.1955
Textgrundlage :
Typoskript

192 IM EIFER DES GEFECHTS
Niederschrift 22.2.1955
Textgrundlage :
Typoskript

194 NEBENBERUF : DICHTER ?
Niederschrift 23.2.1955
Textgrundlage :
Typoskript

196 MARTERN ALLER ARTEN.
Niederschrift 3.3.1955
Textgrundlage :
Typoskript

198 TRAUMKUNSTWERKE.
Niederschrift 4.3.1955
Textgrundlage :
Typoskript

Es existiert eine typoskribierte zweite Fassung vom 17. 9. 1960, die folgende Ergänzung aufweist :

Variante : (Seite / Zeile)

199/24 nach »Schriftsteller !). –« folgt in TS 2 : Das war seinerzeit, trotz des bombastischen Titels, ein gar beliebtes Stück, Zschokke's ‹Alamontade, der Galeerensklav› ; und also war er zustande gekommen : »An einem Morgen erwacht ich aus einem Traum mit Tränen, die ich geweint hatte und noch fortweinte : an einem sandigen öden Ufer des Meeres war ich einem schönen Jüngling begegnet, der die armselige Tracht und eiserne Kette eines gemeinen Verbrechers trug. In seinem blassen, etwas gesenkten Antlitz lag Ausdruck stillen Duldens, und es lächelte doch zugleich ein ganzer Himmel, wenn er sprach – ich fühlte mich, wie in Verzauberung, zu ihm hingezogen; und im Gespräch tauschten wir, wie Liebende, Seele um Seele. Es war etwas Überirdisches in seinem Wesen; und dann wieder der graue Sträflingskittel und die klingenden Fesseln; er hieß Alamontade ...«. Und weiter berichtet Heinrich Zschokke in seiner ‹Selbstschau›, wie ihm der Unbekannte, dessen ganzes Verbrechen darin bestand, daß er Unschuldige vor der Wut eines Diktators hatte in Sicherheit bringen wollen, sein Leben erzählte. Mitten im Gespräch jedoch, »... scholl Kettengerassel eines Zuges der Galeerensklaven heran. Mein Liebling mußte von mir scheiden; in ihre Reihen sich eingliedern. Ich weinte ihm nach und erwachte. – Noch in der ersten lebhaften Bewegung entwarf ich, am nämlichen Morgen, die Umrisse jener Erzählung.«

Obschon etwa ein Lessing zu Protokoll gab, daß er nie in seinem Leben geträumt habe, ist die Literatur doch voll der Beispiele

dann weiter wie in 199/25

200 DER GROSSE UNBEKANNTE
Niederschrift 5.3.1955
Textgrundlage :
Typoskript

202 DIE FEEN KOMMEN.
Niederschrift 8.3.1955
Textgrundlage :
Typoskript

204 VERDIENSTVOLLE FÄLSCHUNG
Niederschrift 9.3.1955
Textgrundlage :
Typoskript

207 GESICHT IM SPIEGEL
Niederschrift 10.3.1955
Textgrundlage :
Typoskript

Variante : (Seite / Zeile)

207 / 19 »Nun« : TS (wohl fehlerhaft) : Nur

210 DER DANK DES VATERLANDES.
Niederschrift 29.4.1955
Textgrundlage:
Typoskript

214 DIE BROTARBEIT.
Niederschrift 2.5.1955
Textgrundlage:
Typoskript

217 DIE STRUWWELPETER
Niederschrift 3.5.1955
Textgrundlage:
Typoskript

220 DER GRAF VON GLEICHEN.
Niederschrift 4.5.1955
Textgrundlage:
Typoskript

223 DIE GROSSE HEBAMMENKUNST.
Niederschrift 5.5.1955
Textgrundlage:
Typoskript

225 NICHTS IST MIR ZU KLEIN.
Niederschrift 6.5.1955
Textgrundlage:
Typoskript

228 DIE GROSSEN SPINNEN.
Niederschrift 8.5.1955
Textgrundlage:
Typoskript

231 DREI SCHWESTERN.
Niederschrift 9.5.1955
Textgrundlage:
Typoskript

234 DOPPELT DESTILLIERT.
Niederschrift 18.5.1955
Textgrundlage:
Typoskript

236 SCHUTZREDE FÜR DIE LANGEWEILE
Niederschrift 24.5.1955
Textgrundlage :
Typoskript

Der Untertitel »Aus einem Roman« ist wörtlich zu nehmen : Der Text stammt aus Ludwig Tiecks »Vogelscheuche«.

238 DU BIST ORPLID, MEIN LAND.
Niederschrift 27.5.1955
Textgrundlage :
Typoskript

241 HEGEMEISTER DES GEISTES.
Niederschrift 28.5.1955
Textgrundlage :
Typoskript

246 NOTWENDIGE BERICHTIGUNG
Niederschrift 28.–31.5.1955
Textgrundlage :
Typoskript

254 DIE HANDLUNGSREISENDEN.
Niederschrift 13.6.1955
Reinschrift 22.6.1955
Textgrundlage :
Typoskript

259 ES SOLL DER DICHTER MIT DEM KÖNIG GEHEN.
Niederschrift 15.7.1955
Textgrundlage :
Typoskript

267 FLUCHT VOR DEM WERK
Niederschrift 20.7.1955
Textgrundlage :
Typoskript

269 SIND TRÄUME SCHÄUME ?
Niederschrift 21.7.1955
Textgrundlage :
Typoskript

272 KABBALISTISCHE BESCHWÖRUNG.
Niederschrift 9.8.1955
Textgrundlage :
Typoskript

275 BERECHNUNGEN II

Niederschrift bis 4.11.1955

Textgrundlagen :

Typoskript

Zeitschriften-Abdruck in : Texte und Zeichen 5, 1956

Erstausgabe in : Rosen & Porree, Stahlberg Verlag, Karlsruhe 1959

Korrekturfahnen zur Erstausgabe

Typoskript und Zeitschriftenabdruck tragen den Untertitel

Ein Werkstattbericht – Fortsetzung

Varianten : (Seite / Zeile)

275 / Motto nicht in ZS

278 / 13 »offizinellen« : ZS (fehlerhaft) : offiziellen

/ 14 »ein Akt nicht nur« : ZS : ein Akt ; EA : nicht nur ein Akt

282 unter der Tabelle im TS folgendes »Schema der Buchseiten : «

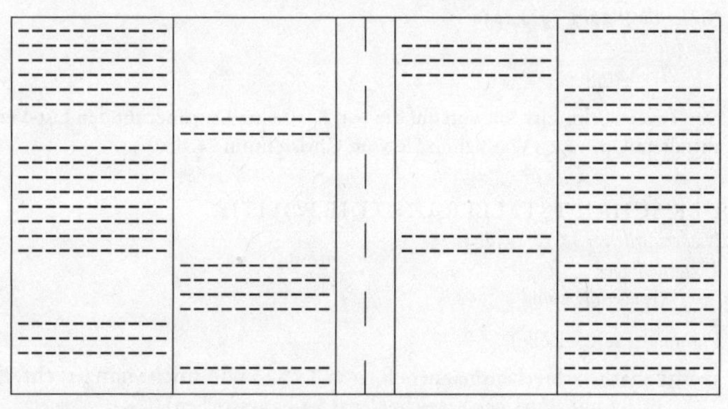

283 / 8 »Mengenverhältnis 1 : 2« : TS : Mengenverhältnis etwa 1 : 2

/ 36 »inzwischen einen« : TS / ZS : noch keinen

284 / 15 »hätte sie« : TS / ZS : hätte ihn

285 DICHTER UND IHRE GESELLEN.

Niederschrift 13.–30.12.1955

Textgrundlage :

Typoskript

292 DIE WERWÖLFE.

Niederschrift 21.3.1956

Textgrundlage :

Typoskript

295 STIGMA DER MITTELMÄSSIGKEIT

Niederschrift vor 3.6.1956

Textgrundlage :

Typoskript

298 GRIECHISCHES FEUER – 400 JAHRE GEHEIMWAFFE.
Niederschrift 3.6.1956
Textgrundlage :
Typoskript

301 DAS GESETZ DER TRISTANITEN.
Niederschrift 24.7.1956
Textgrundlage :
Typoskript

313 DAS SCHÖNERE EUROPA.
Niederschrift 16.8.1956
Textgrundlage :
Typoskript

317 ATHEIST ? : ALLERDINGS !
Niederschrift 26.7.–9.9.1956
Textgrundlage :
Typoskript

Der Text ist Schmidts Antwort auf die von Karlheinz Deschner für den List-Verlag veranstaltete Umfrage »Was halten Sie vom Christentum ?«.

327 DER SCHRIFTSTELLER UND DIE POLITIK.
Niederschrift vor 18.12.1956
Textgrundlagen :
Typoskripte 1 und 2

Variante : (Seite / Zeile)

329/27 nach »Schreckensmänner« folgt in TS 2 : : wie mich, ganz recht.
(im mit »Vorlage« bezeichneten TS 1 hs gestrichen)

330 KANN DER MENSCH NOCH AUF GEBORGENHEIT HOFFEN ?
Niederschrift zwischen 20.11. und 18.12 1956
Textgrundlage :
Typoskript

Antwort auf eine Umfrage der »FAZ« vom 19.11.1956.

331 VOM NEUEN GROSSMYSTIKER.
Niederschrift vor 24.1.1957
Textgrundlage :
Typoskript

338 LITERATUR : TRADITION ODER EXPERIMENT ?
Niederschrift 24.1.1957
Textgrundlage :
Typoskript

Die Schulfunkredaktion des Süddeutschen Rundfunks bat Schmidt am 23.1.1957 um einen Beitrag zu diesem Thema.

342 WAS BEDEUTET ‹KONFORMISMUS› IN DER LITERATUR HEUTE?
Niederschrift 28.1.1957
Textgrundlage:
Typoskript

Die Redaktion »Radio-Essay« des Süddeutschen Rundfunks bat Schmidt am 23.1.1957 (unabhängig von der Schulfunkredaktion, s.o.) um einen Beitrag zu diesem Thema.

344 REIM' DICH, ODER ICH FRESS' DICH!
Niederschrift 6.2.1957
Textgrundlage:
Typoskript

347 WÜSTENKÖNIG IST DER LÖWE.
Niederschrift 6.2.1957
Textgrundlage:
Typoskript

350 DICHTUNG UND DIALEKT.
Niederschrift 7.2.1957
Textgrundlage:
Typoskript

353 VOM GERECHTEN RICHTER.
Niederschrift 2.5.1957
Textgrundlage:
Typoskript

356 DER DICHTER UND DIE MATHEMATIK.
Niederschrift 28.5.1957
Reinschrift 7.6.1957
Textgrundlage:
Typoskript

360 BUGWELT.
Niederschrift 13.6.1957
Textgrundlage:
Typoskript

Diese und die beiden folgenden Bildbetrachtungen schrieb Schmidt für einen Ausstellungskatalog des Malers Eberhard Schlotter. – Wiedergabe der 3 Gemälde mit freundlicher Genehmigung von Prof. Eberhard Schlotter.

362 AUFGANG DER WEISSEN TAFEL.
Niederschrift 18.6.1957
Textgrundlage:
Typoskript

Am 23.4.1961 überarbeitete Schmidt den Text für die Serie »Mein Bild« in der »Zeit«:

Eberhard Schlotter

‹AUFGANG DER WEISSEN TAFEL›

Nie von der Ewigkeit erbetteln, was sich in der Zeit finden läßt! –

Im Himmel hat es, wie leider nur zu oft, gegoren, bis er grün wurde und dick; (im Augenblick sind Widmanstätten'sche Figuren auf Nephrit geätzt). Die schwarzgewalmte Sturmhaube, mit sparrendürrem Schopf? –: Gehe Du ruhig; ein Großstadtkind soll nichts fürchten.

‹Messingstadt›, ‹Karthause von Parma›, ‹Gebrannte Siena›, Heinrich Mann ‹Die kleine Stadt›, sicher; aber was nützen die buntesten Backen, wenn die Lunge verfault ist? Was ein Haus, wenn es leer steht?: Und hier steht die ganze Stadt leer!

Kein Wäschestück macht Riesenwelle; kein Lampenschirm schwingt um Teenager=Hüften; nutzlos perlt die Dachpfannenschnur. Und die Balkons wirken nicht beruhigender: wenn ich Staketen um eine Sepiaplatte stecke; dann haben doch die ›freien› oberen Enden keinen Halt! Vor einem anderen blauen Türmund buschkleppern 10 Stäbe – da fehlt wieder der Boden! (Im Stockwerk darüber haben sie sich auch flach, schon ungleich lang, nach vorne gelegt; wer vertraut, ist immer der Dumme.) Dafür wartet im Hintergrund ein kaffeebraunes Krematorium; durch den Analspalt der Tür geht jeder Sarg; unbesorgt; wenn's sein muß, hochkant.

Man überrede mich doch nicht, daß hier nichts passiert sei.: Wieso fehlt den Häusern die Tiefe?: Wer hat die dritte Dimension gemordet?!

Denn es stehen nur Fronten da. Präziser, Kulissen.

Die Kulisse ist unser Schicksal. Wir tendieren zur Plakatwelt. Bestehen selbst aus mehreren, übereinander gepappten Schichten; Litfaßkerle. Wir. Haben uns geübt, durch Cañons zu defilieren. Schwören beim Illustrierten=Bild: je gröber der Raster, desto froher der Wilde!

: Da geschieht uns ja nur Recht, daß Schlotter Ernst damit macht.

Dergestalt entleert, und mit zarten Zeichen der Zerstörung versehen, ist die Stadt eine interessante Art von Gesteinsbildung. Mit schwarzen Rechtecklöchern, vor die Niemand mehr einen Vorhang zu ziehen braucht – es steckt doch nichts dahinter. Die Riesenblumen der Balkonschirme verwelkten; über der nicht mehr vorhandenen Rotskala Sonnenverbrannter. (Aber alles ist erst vor ganz kurzem passiert: der Widerrist des Daches noch straff gestriegelt; die Mauern noch nicht recht geborsten; höchstens blaßgrüne Flecken in den Wänden möchten andeuten, wo Algiges sich ansiedeln könnte, und Köpfchenschimmel.)

Bei solch zeitgemäßer Nichtmehr=Siedlung wäre allerdings die trauliche Rocaille eines Mondes unangebracht; deswegen geht hier hinter Allem die Weiße Tafel auf, die leere Charta der nusagnwaschonn Zukunft. : »Bleib', Gedankenfreund ! « –

Siehe; er bleibt.

364 DRINNEN & DRAUSSEN.
Niederschrift 18./19.6.1957
Textgrundlage :
Typoskript

366 DYA-NA-SORE; BLONDESTE DER BESTIEN.
Niederschrift 14.8.–16.10.1957
Textgrundlage :
Typoskript

374 ULYSSES IN DEUTSCHLAND.
Niederschrift 7.9.1957
Textgrundlage :
Typoskript

Auf der letzten Seite des Typoskripts folgende Ergänzung :

Variante für die FAZ :

..... wohl heute noch munter.

Dabei geht es Jedem, der die Mönchsarbeit eines Textvergleichs auf sich nimmt, unfehlbar wie Stephen Dädalus im Buch, als er sich den lädierten Daumen stößt : »He winces«; d.h. zuckt zusammen vor Schmerz – wofür zur Zeit freilich steht : »Er grinst«.

Was man natürlich auch tun kann, am besten abwechselnd : zucken und grinsen !

381 DIE AUSSTERBENDE ERZÄHLUNG.
Niederschrift 26.9.–7.10.1957
Textgrundlage :
Typoskript

Vom 18.12.1957 datiert die folgende gekürzte Fassung :

DIE AUSSTERBENDE ERZÄHLUNG.

Fritz Lockemann : Gestalt und Wandlungen der deutschen Novelle.

Wir, in den letzten zwei Generationen, sind Zeugen davon, wie wieder einmal eine dichterische Ausdrucksmöglichkeit abstirbt : die Erzählung. – Sie hat den klassischen Umfang von 30 bis 100 Seiten; und das ist kein Zufall; denn der Ein=Druck eines Dichtwerkes hängt wesentlich davon ab, daß es sich in einem Zuge lesen läßt. Nichts verdienstvoller also, als eine umfangreiche Studie über diese feinste literarische Gattung.

In einer 25 Seiten langen Einführung stellt Lockemann ein Schema für die Interpretierung der Einzelstücke auf, sowie eine Reihe fragwürdiger Behauptungen, die seine mangelnde Kenntnis des Materials zeigen, – etwa die, daß die deutsche Novelle mit Goethes ‹Ausgewanderten› beginne; und ein Rahmen, falls vorhanden, stets der einer ‹sich auflösenden Gesellschaft› sei : ich empfehle ihm zur Rektifizierung beider Vorurteile die 60 Jahre ältere ‹Insel Felsenburg›.

Von Tieck kennt L. die späten – vielleicht bedeutendsten – beiden Stücke gar nicht, das ‹Alte Buch› und die grandiose ‹Vogelscheuche›. Wo werden bei ETA Hoffmann der ‹Meister Floh› erwähnt; wo ‹Klein Zaches›, oder die ‹Köstliche Schöne›, die ‹Prinzessin Brambilla›; wo sind Wilhelm Hauff, oder der unverächtliche Zschokke ? Ein sicherer Riehl füllt anderthalb Seiten : aber Jean Paul existiert nicht mehr, was ? Nicht mehr der ‹Luftschiffer Giannozzo›; oder der ‹Attila Schmelzle› ? Hebbels Novellen »haben in der Geschichte der Novelle keinen Platz«. Und warum nicht ? Herr Lockemann sagt es uns : »Keine Ordnung wölbt sich über dem Chaos des Daseins« ! Hebbel nämlich ist Realist, düster und redlich, und das mag Lockemann gar nicht. Ein Mann, der unter der Tarnkappe der Literatur mit Begriffen wie »gottfern und gottnahe« arbeitet, weiß natürlich sachlich auch mit den größten Mustern der anderen Seite nichts anzufangen ! Er hat noch zu lernen, daß sich ‹Gottnähe› mit ‹Kunstferne› oft und peinlich gut verträgt.

Reizend kommen seine Ausleseprinzipien bei neueren Erzählern zum Ausdruck : Paul Ernst ist da; Werner Bergengruen; Schäfer, Binding; Hans Grimm natürlich; Gertrud von le Fort wird gelobt, weil sie immer wieder »das Chaos bewältigt« vermittelst der »im christlichen Sinne göttlichen Ordnung«. Und auch bei Ernst Wichert »ragt die ewige Ordnung des Gesetzes in das Chaos einer bedenkenlosen Zeit.«

Solchen Vertretern der göttlichen Ordnung steht dann eine andere, ganz knapp abgetane, Gruppe gegenüber : Kasimir Edschmid ist »chaotischer Krampf«; Kafka's »Menschen wollen die Mahnung der Ordnungswelt nicht hören«; Stefan Zweig laboriert an der »oft gradezu krampfhaften Darstellung leidenschaftlicher Zustände«. Wie L. denn überhaupt generell weiß, daß »der Expressionismus der Novelle nicht günstig« war : O Theodor Däubler, Musil, Schickele, Jahnn, Ehrenstein, Unruh, und wenn's Klabund ist ! Ob der Verfasser wohl noch einmal einsieht, daß es für die ästhetische Bewertung eines Kunstwerkes und seiner Struktur völlig gleichgültig ist, ob es Karl Marx besingt oder die Jungfrau Maria ? Einfach erschütternd ist solch selbstgerechte Vergebung von Lob und Tadel; und in der Kunst völlig fehl am Platze, ja eine tendenziöse Erschleichung, die vorgenommene Gleichsetzung von ‹schön = weiß & gut = staatserhaltend = göttlich› und im Gegenteil dazu, ‹Leidenschaft & Realismus = schwarz = ungesund = Chaos›.–

Zum Schluß stellt Lockemann die nachdenkliche Frage, ob unserer Zeit die »Zweischichtigkeit« der Novelle überhaupt noch entspricht; oder ob nicht die Kurzgeschichte mit ihrer »Einschichtigkeit« sich heute als legitime Nachfolgerin anbiete ? Ich, selbst ein praktisch Schreibender, will ihm den Tiefsinn aufs Simpelste auflösen : unbestreitbar ist die Novelle im Aussterben begriffen. Aber der wahre Grund ist läppischerweise der : wenn heutzutage ein Dichter ein Stück von 50 Seiten schreibt : *wo soll er es denn unterbringen ?* Die Tageszeitungen haben schon Mühe, nur 5 Maschinenseiten aufzunehmen; und der Verleger sagt ihm : »Lieber Meister, schrei'm Se ma 6 Stück in der Art, denn ergibt det 'n brauchbaren Band« – als wenn sich die ‹Blonden Eckberts› oder ‹Schimmelreiter› so diarrhöemäßig produzieren ließen !

Denn der Grund zur unbestreitbaren Hochblüte der deutschen Novellistik im 19. Jahrhundert waren die zahlreichen ‹Almanache› die imstande waren, auf ihren meist 400 Seiten ein halbes Dutzend solcher Erzählungen aufzunehmen – und entsprechend zu honorieren : sämtliche Novellen ETA Hoffmanns, Fouqués, Stifters, usw. sind zuerst in solchen ‹Taschenbüchern› gedruckt worden, von denen es damals rund 50 in jedem Jahre gab und die größten Verleger waren stolz darauf, ‹ihren› Almanach zu haben. Durch die scharfe Konkurrenz wurde ein unvergleichliches Niveau herangezüchtet. Man führe diese Mittelstufe verlegerischer Produktion wieder systematisch ein (anstatt beste Literaturzeitungen, wie ‹Texte und Zeichen›, abzuwürgen) und man wird eine neue Blüte erleben.

Resümee : Lockemanns ‹Deutsche Novelle› ist die auf der Basis weltanschaulicher Empfindlichkeit vorgenommene dilettantische Betrachtung einiger Handvoll einseitig und mit unzureichender Belesenheit ausgewählter Novellen. Nicht »die Geschichte einer literarischen Gattung«; wohl aber kein unfeines Beispiel, die Vielfalt der Einzelerscheinungen in ein hier unangebracht christliches Schema zu pressen, und mit einer sanften Bewegung der Schreibhand Segen und Verdammnis auszuteilen : nach Belehrung sucht der neutrale Leser, nach Förderung der Fachmann vergebens ! –

Kostet bei Hueber in Müncher 14 D=Mark 80.

386 DAS=LAND=AUS=DEM=MANN=FLÜCHTET.
Niederschrift 12.10.1957
Textgrundlage :
Typoskript

390 DER DICHTER UND DIE KRITIK.
Niederschrift 8./9.11.1957
Textgrundlage :
Typoskript

Variante : (Seite/Zeile)

390/39 »[daß der Dichter,]« : Ergänzung des Herausgebers

393 GROSSE HERREN – GROSSE SCHNITZER.
Niederschrift 18.11.1957
Textgrundlage :
Typoskript

396 NOCH EINMAL ‹ULYSSES IN DEUTSCHLAND›.
Niederschrift 25.11.1957
Textgrundlage :
Typoskript

Am 22.11.1957 wurde Schmidt von der »FAZ« Goyerts Entgegnung auf seine Kritik zugesandt (s. FAZ vom 6.12.1957, wiederabgedruckt in ÜBER ARNO SCHMIDT II (Hrg. Hans-Michael Bock und Thomas Schreiber), Haffmans Verlag, Zürich 1987, S. 35 f.). Vom 23.11.1957 datiert eine, als Reinschrift vorhandene, kürzere Fassung von Schmidts Antwort :

NOCH EINMAL : ‹ULYSSES IN DEUTSCHLAND› :

Wer die deutsche Übersetzung eines fremdsprachigen Buches angreift, hat mit nichten mit dem Verfasser zu tun; wohl aber mit dem betreffenden Übersetzer. Der Autor selbst kennt seine Muttersprache; in jeder anderen, später erlernten, kann er sich einen gewissen Wortschatz erwerben, eine gewisse Gewandtheit des Ausdrucks – von einer vollkommenen Beherrschung einer Fremdsprache bis in subtilste Feinheiten hinein, ist schwerlich die Rede. Der fremdsprachige Autor wird also nie der beste Richter der Übersetzung selbst seiner eigenen Werke sein. Das ist eine Binsenwahrheit, die jeder praktisch Schreibende gern bestätigen wird. So zuständig also Joyce für's Englische war, so wenig entscheidendes Gewicht hat sein damals gegebenes placet für die Übertragung ins Deutsche.

Die beigebrachten Lobesstimmen belegen letztlich nur die Unzerstörbarkeit der Joyce'schen Dichtung, die auch eine unzulängliche Übersetzung überstand. Der Arbeit eines sorgfältigen Textvergleichs werden sich jene Kritiker schwerlich unterzogen, bzw. müssen sich auf die Kontrolle einzelner Sätze beschränkt haben; andernfalls wären auch dem ungeübtesten unter ihnen die zahlreichen Verstöße gegen Sinn und Metrum aufgefallen.

Die von Herrn Goyert geübte Methode, einige der von mir beanstandeten Stellen zu verteidigen, überzeugt mich nicht. Wenn ich ein Dutzend englische Zitate anführe, wo die Übertragung der betreffenden Farbnuance durch ‹rot› unzulänglich ist; dann kann man es wohl schwerlich als Widerlegung bezeichnen, daß man ‹im Ulysses blätternd›, *an anderer Stelle* auch ‹scharlach› usw. zu finden vermag! Wenn ich für ‹bending archly› ‹sie bückte sich durchtrieben› vorschlug, und Herr Goyert die Bezeichnung ‹durchtrieben› für ‹sinnlos› hält, so ist das eine, vielleicht landschaftlich bedingte, Lücke seines Wortschatzes: im Vergleich zu dem jetzigen ‹bogenförmig› bleibt es immer ein ergon Hephaistoy! Die Behauptung Herrn Goyerts, daß ich ‹the neversetting constellation› mit ‹Zirkumpolarstern› übersetzt sehen möchte, ist ein Irrtum; ich hatte lediglich darauf hingewiesen, daß bereits Homer diesen Begriff kannte; das im Augenblick ‹sich niemals setzende› Sternbild bleibt deswegen abgeschmackt. Daß meine ‹Loge von Diamond› auf jeden Fall eine Verbesserung gegenüber der augenblicklichen ‹Diamantloge› darstellt, werde ich auch weiterhin behaupten. Wenn Herr Goyert freilich, nur um die Zeile zu retten, wo er ‹old Ireland› mit ‹England› übersetzte, lieber ‹augenscheinlich einen Druckfehler *im englischen Text*› annimmt – dann allerdings muß ich bekennen, daß ich einem solchen Gegner nichts zu erwidern weiß! –

Binnen kurzem jedenfalls werde ich durch Rundfunksendungen und Druck so viel Material in dieser Hinsicht vorlegen, so viele hundert, zumindest von mir beanstandeter Stellen, daß jeder Leser=Hörer nach eigenhändiger Überprüfung selbst entscheiden mag. Ich bin der Überzeugung, daß jede derartige Auseinandersetzung letzten Endes dem einen erstrebenswerten Ziel näher führen wird: dem Publikum endlich einen gesicherten deutschen Joyce zu bescheren.

398 FLÜCHTLINGE, OH FLÜCHTLINGE!
Niederschrift 8.12.1957
Textgrundlage:
Typoskript

402 GERMINAL.
Niederschrift 15.12.1957
Textgrundlagen:
Typoskript
Erstausgabe in: TbZ
Korrekturfahnen zur Erstausgabe

Schmidts Übersetzung der »Erläuterung der Allegorie« datiert erst vom 20.2.1959.

Varianten: (Seite/Zeile)

402/22 »Meterstab«: TS: Metermaßstab
408/33 »nunmehr endlich«: TS: endlich
/39 »den solchermaßen«: TS: solchen
/40 »Tempeltür«: TS: Tempeltüren

410 HÄNDE WEG VOM LEXIKON!
Niederschrift 12.2.1958
Textgrundlage:
Typoskript

416 KANNITVERSTAN UND DIE FOLGEN.
Niederschrift 8.3.1958
»Durchgesehen« 16.10.1958
Textgrundlage:
Typoskript

421 BEGEGNUNG MIT FOUQUÉ.
Niederschrift 27.3.1958
Textgrundlagen:
Typoskript
Erstausgabe in TbZ
Korrekturfahne zur Erstausgabe

Geschrieben für die vom Bayerischen Rundfunk gesendete Reihe »Autoren lesen ihre Lieblingsautoren«.

Varianten: (Seite/Zeile)

421/21 »Freud«: TS: Hume
/28 »erst 47«: TS: erst 45
423/20 »Jahren«: TS: Monaten
425/21–24 »nunmehr ... Marienplatz).: TS: endlich wird es in diesen Tagen erscheinen.
/36 »Wendelmeer«: TS: Weltmeer

429 KRAKATAU
Niederschrift 31.3.1958
Textgrundlage:
Typoskript

Handschriftliche Notiz auf einem Typoskript-Durchschlag des Funkessays KRAKATAU (vgl. BA II,2, S. 87 ff.):

Zusammengestrichen für Zeitungsartikel am 31.3.58, morgens 5.30–7.30 Sch

435 IMMUNITÄT FÜR ‹JEDERMANN›.
Niederschrift 31.5.1958
»Durchgesehen« 16.10.1958
Reinschrift ca. 1960
Textgrundlage:
Typoskript

438 DEUTSCHES ELEND.
Niederschrift 28.11.1957
2. Fassung 3.6.1958
Textgrundlage:
Typoskript

Auf einem Typoskript-Durchschlag der Reinschrift der Zweitfassung hat Schmidt undatierte, umfangreiche handschriftliche Änderungen vorgenommen. Obwohl von dieser 3. Fassung keine Reinschrift existiert, wurde sie in der vorliegenden Edition als Lesetext gewählt, da alle Änderungen einen eindeutigen, abgeschlossenen Text ergeben. – Im Folgenden ist die 2. Fassung wiedergegeben:

DEUTSCHES ELEND.

Und ich meine mit nichten, daß die bundesrepublikanischen Wähler ihre politische Reife dadurch dokumentierten, daß sie mit absoluter Mehrheit einer Wiederaufrüstung zustimmten – obwohl auch das an sich traurig genug ist; aber das Volk in Westdeutschland wollte es: so sei es denn! (‹Das sind die eigentlichen Ochsen, die sich den Fleischer zum König wählen›, las ich einmal in einem alten Buch.)

Und ich meine auch nicht die für jeden Denkenden bestürzende Tatsache, daß Deutschland wohl die *Wiege* großer Männer war – ich nenne nur von heute Geläufigen Albert Einstein, Thomas Mann, Hermann Hesse; sämtlich Nobelpreisträger – aber nur selten ihr Grab! Denn Einstein mußte vor uns emigrieren; der ‹zurückkehrende› Thomas Mann nahm befremdlicherweise *nicht* seinen Wohnsitz am Brunnquell westdeutscher Kultur, in Bonn, sondern blieb lieber in der Schweiz; und Hermann Hesse denkt nicht daran, Montagnola und das Tessin zu verlassen. Denn es genügt auch noch nicht ganz, wenn ein Land von sich rühmt, daß es Wiege und Grab großer Männer sei: es muß auch noch den Nachweis erbringen können, daß die verehrend dorthin Pilgernden nicht immer wieder nach irgend einem ‹Buchenwald› gewiesen werden!

Und selbst das ist nicht das Betrüblichste, daß die westdeutsche Bundesrepublik sich mit Haut & Haar dem sogenannten ‹Freien Westen› verschrieb – man vergesse doch nie, daß eben dieser Westen seit 200 Jahren seinen Namen in ganz Asien und Afrika stinkend gemacht hat! (Und dann heute noch naiv genug ist, ungekünsteltes Erstaunen zu empfinden, wenn das große Indien Nehrus mit den Farbigen sympatisiert, und in der UNO ‹dagegen› stimmt).

Denn ‹Frei› ist ja – jede Diskussion darüber wäre müßig – nur Derjenige, der *weder vom Westen noch vom Osten* Handgeld angenommen hat: die Zukunft gehört den Neutralen!

Man übersehe doch nie, daß auf 1 Ungarn mindestens 3 Ägypten Algerien und Syrien (oder, wenn man das vorzieht, Indochina Korea und Little Rock) kommen. *Wer hat wen eingekreist ?* : ein Blick auf die Weltkarte genügt. Denn da sucht man vergebens die bedrohlichen sowjetischen Stützpunkte auf den Bermudas, auf Kuba; in Mexiko, Alaska, Kanada – Grönland – wohl aber findet man amerikanische von Norwegen, über die Bundesrepublik, Griechenland, Türkei und Pakistan bis zu den Kurilen ! (Aber mehr als die absolute Mehrheit des westdeutschen Volkes *wollte* diese Orientierung nach dem Wilden Westen : so sei es denn. (Aber Keiner klage dann später wenn es wieder ‹passiert› ist !). –

(Dies dazwischen geschaltet : Ich protestiere gegen den hochmütigen Einwand der Regierenden, daß ich ‹von Politik nichts verstünde›. Wer sich vergegenwärtigt, daß Staatsminister, also ‹höchste› Politiker, ohne weiteres *austauschbar* sind – daß also in aller Welt einer, der heute Postminister war, morgen Atomminister, übermorgen Flüchtlings=, den nächsten Tag Verteidigungsminister sein kann (oder, deutlicher : daß alle diese Herren den Teufel etwas von ihrem Gewerbe verstehen können ! : Welcher ehrliche Schmied würde sich zutrauen morgen Tischlermeister zu werden ?) – Wer, frage ich, mag noch Zutrauen haben zu der überlegenen Weisheit einer Obrigkeit, die – leider – Gewalt über ihn hat ? / Und, wenn wir über Einzelfragen nicht im Bilde sind : Wer ist denn daran schuld, als jene Politiker, die ‹Geheimverträge› abschließen, und uns nicht informieren ? / Ganz zu schweigen davon, daß jeder ehrliche Mensch sich mit 65 Jahren für ehrenvoll=abgenützt erklärt; Politiker dagegen scheinbar erst mit 80 richtig ‹reif› werden.

Also nicht all das ist das Deutsche Elend – von einem ‹Wunder› kann ohnehin nur der *Ausländer* schwatzen; der, der es nicht miterlebt, wie eine ‹linke› Zeitschrift nach der andern abgewürgt wird; der, der nicht weiß, daß bereits wieder auf Judenfriedhöfen Spottpuppen erscheinen und Schilder stehen mit der Inschrift »Deutschland erwache : Juda verrecke !« –

Sondern daß ich jeden Mogen aufstehen, und mich freuen muß, daß es die Deutsche Demokratische Republik gibt !

Und daß mein ostdeutscher Kollege sich allmorgendlich erheben, und die Existenz der Bundesrepublik begrüßen wird !

Das allein nämlich – das Dasein zweier radikal verschiedener deutscher Staaten – verhindert die Machthaber auf beiden Seiten daran, letzte, infamste Methoden gegen die opponierenden unter ihren Staatsbürgern anzuwenden (zumindest kommt immer wieder der Zeitpunkt, wo man die sogenannten ‹politischen Gefangenen› ‹Zug um Zug› entlassen muß). Verhindert im Großen, daß einerseits der Samum der absoluten Konfessionalisierung und Militarisierung nie voll entfesselt werden kann; auf der anderen Seite muß der totalitäre Staat solange segensreich ‹kurz treten›, als ihm seine Bürger relativ einfach davon laufen können. (Obwohl bei uns zu Lande gern verschwiegen wird, daß auf 3, die aus der DDR kommen, immerhin 1 nach dem Osten geht. –)

Und – nunmehr im *Größten* ! – verhindert solche Lage der Dinge hoffentlich auch *das Furchtbarste* : das Deutsche je, und in Massen von Zehntmillionen, aufeinander schießen werden ! Nur solange sind wir Deutschen relativ ‹sicher›, als die Tyrannen in Moskau ode Washington – und wer von ihnen für uns am gefährlichsten ist, steht noch lange nicht fest : es könnte der Andere sein ! – uns ‹nicht trauen› ! Nur solange dürfen wir zu überleben hoffen, als man dort mit Recht zweifelt, ob nicht in der Stunde X der arme uniformierte Rekrut, der sich seiner Schwester, seinem Vetter, oder auch nur dem ‹Bruder› allgemein gegenübersieht, in Verzweiflung seine Flinte nach hinten, gegen die fremdsprachigen Antreiber richtet !

Ich verwahre mich an dieser Stelle ausdrücklich gegen den Vorwurf uniformierter Jungen – Farbe beliebig ! – die mich des mangelnden Patriotismus bezichtigen möchten; aber so ideal eine ‹Wiedervereinigung› auch wäre – niemand könnte ja mehr, als z.B. ein Schreibender, wünschen, daß sich sein Publikum entscheidend vergrößerte ! – so sehr bin ich dagegen, daß diese Wiedervereinigung im Geiste nur *eines* der beiden deutschen Teilstaaten vorgenommen würde : ich will weder schwarz noch rot sein !

Ich bedarf keiner Belehrung. Ich habe, vielleicht als Erster, in meinem ‹Steinernen Herzen› des Betrübten und Breiten beide geschildert, den Osten wie den Westen; ich kenne die Schwächen wie die Vorzüge von beiden. Ich weiß, daß im deutschen Westen wie Osten *keine* ‹Freien Wahlen› stattfinden (und auch *keine möglich* sind : das ist auch keine ‹Freie Wahl›, wenn ich, von Großindustrie und den USA finanziert, neben 1 gegnerisches Plakat 10 von Yes=Männern kleben kann; das ist keine ‹Freie Wahl›, wenn ich neben eine simple politische Entscheidung die weltanschauliche schalte, und mit irgendeiner ‹Hölle› drohe !)

Es gibt bereits, und seit Jahrhunderten, diverse deutschsprachige, souveräne, Teilstaaten; sei es Österreich; sei es die Schweiz; sei es Luxemburg. Wir sind Zeugen der Entstehung zweier weiteren : der ‹Bundesrepublik› und der ‹Deutschendemokratischen› : finden wir uns mit dieser Tatsache ab. Begreifen wir, daß jede Pistole grundsätzlich so eingerichtet sein müßte, daß sie sich nach rückwärts auf den Schießenden, entlädt ! –

»Elender; Dir allein ist nicht Dein Vaterland teuer ?«

: »Ja; beim Himmel, auch mich kostet es Tränen genug !«

441 WORTZAUBER.
Niederschrift 19.8.1958
»Durchgesehen« 16.10.1958
Textgrundlage :
Typoskript

444 BEGEGNUNGEN.
Niederschrift 27.9.1958
»Durchgesehen« 16.10.1958
Textgrundlage :
Typoskript

447 DIE WÜSTE DEUTSCHLAND.
Niederschrift 15./16.11.1958
Textgrundlage :
Typoskript

Anlaß für diesen Text war eine Umfrage des Berliner »Tagesspiegel« vom 12.11.1958, »ob die vielen Kulturkritiker recht haben, daß sich seit dem Kriege in Deutschland auf nahezu allen Gebieten des Kulturlebens vollständige Öde breit mache«, ob dies auch auf andere Länder Europas zutreffe und ob es eine Erklärung dafür gebe. – Schmidts Antwort wurde als zu lang abgelehnt.

451 DIE REISENDEN DAMEN
Niederschrift 5.2.1959
Textgrundlage :
Typoskript

455 WAS IST WAHRHEIT ?
Niederschrift 6.2.1959
Textgrundlage :
Typoskript

459 LEONHARD EULER : ‹VOLLSTÄNDIGE ANLEITUNG ZUR ALGEBRA›
Niederschrift 13.4.1959
Textgrundlage :
Typoskript

Der Text liegt in keiner abgeschlossenen Reinschrift vor, sondern nur als typoskribierter »2. Entwurf« mit zahlreichen handschriftlichen Korrekturen, die zusammen jedoch eine eindeutige, abgeschlossene Textgestalt ergeben. Zum Titel des Textes wurde in der Edition der Untertitel gewählt, den noch fehlenden Haupttitel deutete Schmidt durch eine Punktreihe an.

462 ‹WINNETOUS ERBEN›
Niederschrift 16.–18.4.1959
Textgrundlage :
Typoskript

Dem Typoskript beigelegt ist ein handschriftlicher Zettel :

Vorsicht ! Waldröschen 6 Bände

475 HAT UNSERE JUGEND NOCH IDEALE ?

Niederschrift 20.5.1959
Textgrundlage :
Typoskript

Anlaß für diesen Text war eine Umfrage der Ulmer »Schwäbischen Donauzeitung« vom 29.4.1959.

477 HALTET IHN !

Niederschrift 8.7.1959
Textgrundlage :
Typoskript

483 PROFIL VON LINKS.

Niederschrift 25.8.1959
Textgrundlage :
Typoskript

Variante : (Seite / Zeile)

490/19 hinter »Nachprüfung !« folgt im TS (dort bereits gestrichen) : Es sei denn, ich geriete beim heutigen Abschreiben mit dem Finger mal in die falsche Zeile – Nezanum, ich weiß es nicht.

491 MUSS DAS KÜNSTLERISCHE MATERIAL KALT GEHALTEN WERDEN ?

Niederschrift 24.–26.9.1959
Reinschrift 14.10.1959
Textgrundlage :
Typoskript

Anlaß für diesen Text war eine Umfrage von Radio Bremen vom 7.9.1959.

495 BEDEUTEND; ABER ...

Niederschrift 3.–8.10.1959
Textgrundlage :
Typoskript

501 VOM ISKANDER ZUM ALEXANDER.

Niederschrift 6.–11.10.1959
Textgrundlage :
Typoskript

Der Text ist Schmidts Beitrag für die »Zeit«-Serie »Mein Gedicht«; vorangestellt war ihm Albert Ehrensteins Gedicht »Alexander« (Abdruck mit freundlicher Genehmigung der Edition text + kritik) :

Iskandar von Kandahar,
Iskander zu Samarkand,
Isfendiar der Dulkarnaïn,
Der Herr der wilden Hörner,
Der Feind der ungeschlachten Nacht
Aufhob sich von der Erde.
Sein Antlitzlicht fuhr hoch zum Strahl
Der Sonne – Gruß, Beschwerde :

»Mein Freund, der Held der Blume Morgenrot
Sank hin mir in den schwarzen Tod.
O Wasser, Wasser, Wasserfall !
Mich überschwemmt der Zeiten Schwall.
Nacht sang mir meine Nachtigall
In einem tiefen, tiefen Tal.
O Welt, wie bist du gesterngelb :
Die schönste Blume gartenschön
wohl tausend, tausend, tausendmal
Starb in Erde.«

»Ich Sonne muß auch untergehn,
Wir Sterne sterben Auferstehn.
Das Angesicht : Gott schau ich nicht,
Wir sind totkleine Bilder,
Die seines Schattens Affenhand
Erschöpfend schuf : Euch Licht.
Dulkarnaïn in Maweralnaher,
Wildes Zweihorn im Zweiströmesand,
Mein Held du im Wehwinterland –
Der rote Herbst, das weiße Eis
Und ewig grün das Paradeis,
Der Wolken Himmel, Feuers Glut,
Des Abends Stille tiefer ruht.
Der Seele Pracht,
Der Rache Macht,
Ein Gras im Wald –
O ewig flüchtende Gestalt !
Bevor ich diese Sonne war,
Flog ich dahin : ein lichter Aar,
Ein weißer Adler wunderbar.
Erstarrt bin ich zur Leuchte nun,
Ach, lösch mich aus, ich bitt dich drum.«

Iskandar auf Samarkand
Ertrank an dieses Bittermeeres Wüstenstrand.
Auf meine Schulter setzte sich
Sein Seelvogel und letzte sich.
Der Schinder sah ihn ohne Schwingen da,
Der Schinder sah ihn ohne Schwingen da,
Stahl den fliehenden Padischah
In einen Käfig menschennah.
Gram sitzt der Vogel und weint stille
Augen in unsre Tränenhülle.